W0195286

BASTEI
LÜBBE

Von Michael Grant sind außerdem als BASTEI-LÜBBE-Taschenbücher lieferbar:

61065 Jesus
64074 Das Heilige Land
64077 Mittelmeerkulturen in der Antike
64084 Die Geschichte Roms
64130 Die klassischen Griechen

Michael Grant

DIE RÖMISCHEN KAISER

Von Augustus bis zum Ende des Imperiums

Eine Chronik

Aus dem Englischen von
Dr. Joachim Rehork, Berlin

BASTEI-LÜBBE-TASCHENBUCH
Band 64147

1. Auflage Dez. 1996
2. Auflage Jan. 1999

Originaltitel: THE ROMAN EMPERORS
Originalverlag: Weidenfeld & Nicolson, London

Printed in Germany
Redaktion: Lore Woernmann, Köln
Titelillustration: Gemälde von Gian Paolo Panini
»Römische Ruinen« (ca. 1740),
Walker Art Gallery, Liverpool
Druck und Bindung: Ebner Ulm
ISBN 3-404-64147-7

INHALT

Verzeichnis der Karten

Verzeichnis der Stammtafeln

VORWORT

Das vorliegende Buch enthält in knapper Form die Lebensgeschichten der römischen Kaiser bis zum Jahre 476 n. Chr. Sie herrschten dem Namen nach und oft auch tatsächlich über eines der größten Vielvölkerreiche, das die Welt bis heute erlebt hat und dessen Errungenschaften noch mannigfach in unsere Gegenwart hineinreichen. Es ist deshalb durchaus der Mühe wert, nach dem Wesen dieser Männer zu fragen. Natürlich sind wir nach allem, was wir in unserem Jahrhundert erlebt haben, gegenüber jeder Art von Personenkult mißtrauisch. Dieses Mißtrauen ist manchmal auch im Rückblick auf die römische Kaiserzeit zu beobachten, wenn nämlich der Verdacht geäußert wird, daß frühere Historiker sich zu sehr mit den einzelnen Kaiserpersönlichkeiten und zu wenig mit den sozialen, ökonomischen, politischen und kulturellen Verhältnissen beschäftigt hätten. Dabei ist ein vernünftiges Maß an Mißtrauen durchaus angebracht, doch muß vor jeder Übertreibung gewarnt werden. Denn trotz der ungeheuren Kräfte, die auf ihre Zeit und auf sie selbst wirkten, sind bei weitem nicht alle Kaiser willenlos und ohne ihr Zutun »nach oben« geschoben worden. Im Gegenteil, einige von ihnen haben einer Reihe von Ereignissen einen starken Impuls gegeben, ja sogar eine entscheidende Wendung. Wer wollte wirklich glauben, daß die Geschichte die gleiche geblieben wäre, wenn es keinen Augustus, Aurelianus, Diokletianus oder Constantinus gegeben hätte oder wenn sie ganz andere Eigenschaften besessen hätten? Jeder der Männer, welche Fehler und Schwächen er auch hatte, der gerufen und bereit war, das gewaltige, ungeheure Römische Reich zu lenken, verdient es, im Mittelpunkt unseres Interesses zu stehen und Gegenstand unserer Wißbegier zu sein.

Die 92 Kaiser dieses Buches werden in chronologischer Reihenfolge dargestellt. Die Jahreszahlen am Anfang einer jeden Abhandlung beziehen sich auf ihre Regierungszeiten. Neben den genannten Kaisern gibt es aber noch etwa hundert andere, die ich nur beiläufig erwähnt habe, ohne eigene Überschriften und Kapitel, weil sie entweder nur über geographisch sehr kleine Gebiete zu herrschen beanspruchten oder in anderer Hinsicht bedeutungslos waren. Doch selbst im Hinblick auf die genannten 92 Kaiser gibt es Schwierigkeiten, denn die Informationen, welche die griechischen und lateinischen Autoren bieten, sind oft höchst unzureichend.

Am Ende des Buches befindet sich ein Verzeichnis derjenigen Autoren, auf die ich mich bei meinen Darlegungen bezogen habe. Ihre Zeugnisse habe ich weitgehend durch Erkenntnisse ergänzt, die wir von Münzen haben. Sie sagen nämlich oft mehr über die Eigenschaften der Kaiser aus als die nicht selten durch Feindseligkeiten getrübten Darstellungen der Schriftsteller. Auch Inschriften, archäologische Funde und Kunstwerke habe ich bei meinen Darlegungen berücksichtigt. Außerdem befinden sich im Anhang eine Liste lateinischer Fachausdrücke sowie mehrere Stammtafeln und eine Reihe von Karten und Plänen. Der Index zu den Karten und Plänen enthält außer den antiken auch die heutigen Namen.

Michael Grant, 1985

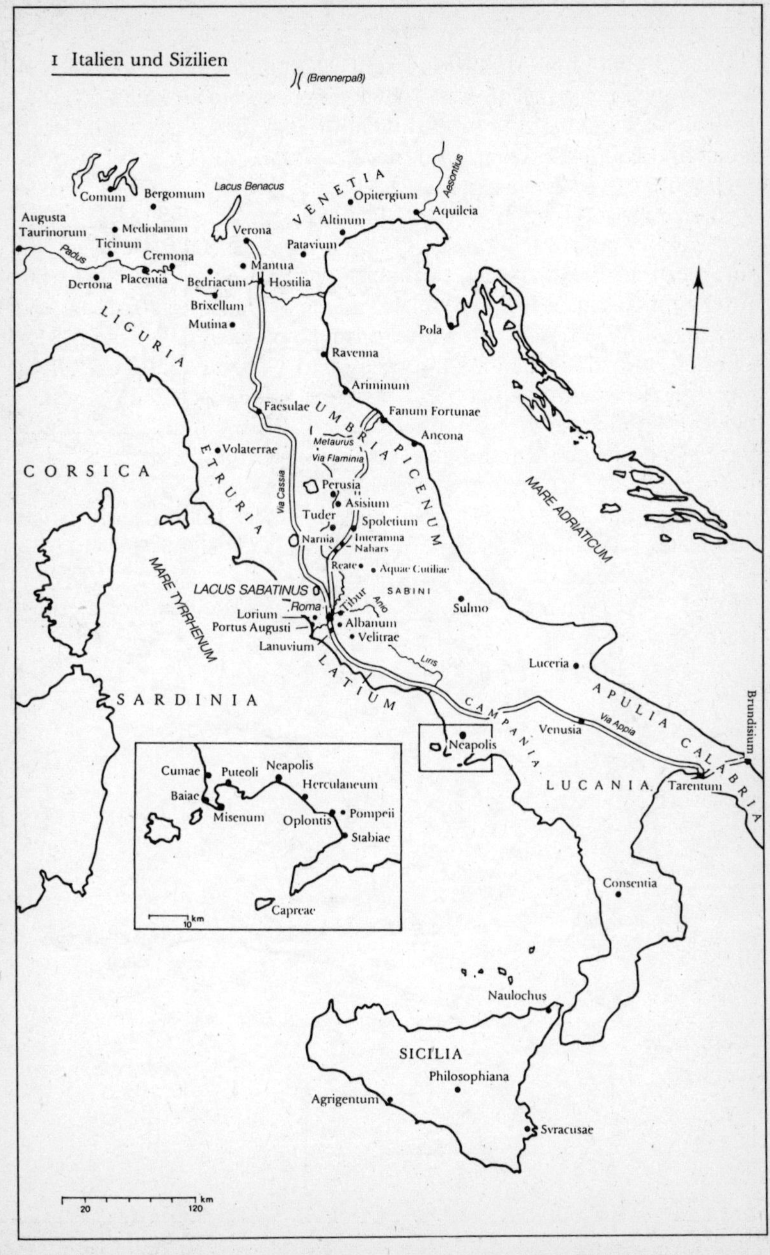

1 Italien und Sizilien

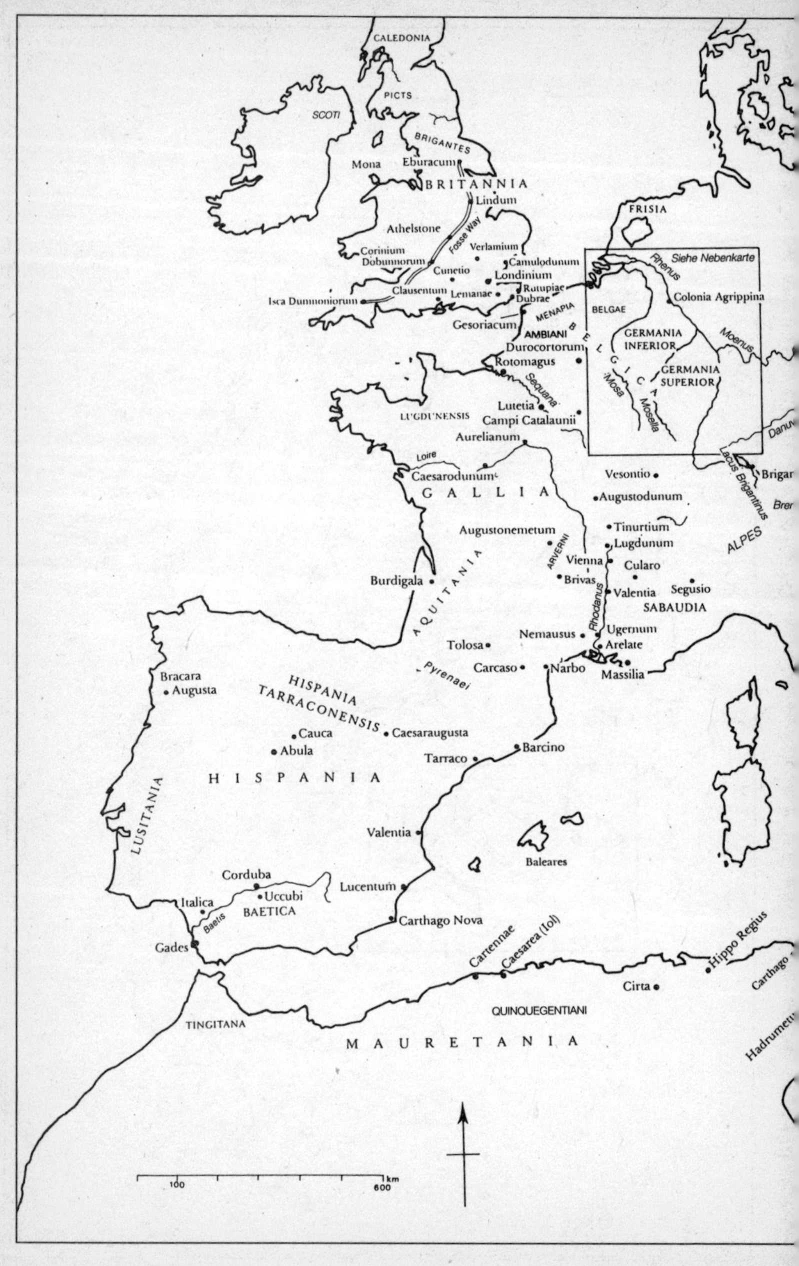

CALEDONIA
PICTS
SCOTI
BRIGANTES
Mona
Eburacum
BRITANNIA
Lindum
Athelstone
Fosse Way
Corinium Dobunnorum
Verlamium
Camulodunum
Cunetio
Londinium
Rutupiae
Clausentum
Lemanae
Dubrae
Isca Dumnoniorum
Gesoriacum
MENAPIA
AMBIANI
Durocortorum
Rotomagus
Sequana
Lutetia
Campi Catalaunii
LUGDUNENSIS
Aurelianum
Loire
Caesarodunum
GALLIA
FRISIA
Siehe Nebenkarte
Rhenus
Colonia Agrippina
BELGAE
BELGICA
GERMANIA INFERIOR
Moenus
GERMANIA SUPERIOR
Mosa
Mosella
Danu
Lacus Brigantinus
Brigar
Brer
Vesontio
Augustodunum
Tinurtium
Lugdunum
ALPES
Augustonemetum
ARVERNI
Vienna
Cularo
Brivas
Valentia
Segusio
SABAUDIA
Burdigala
AQUITANIA
Rhodanus
Ugernum
Nemausus
Arelate
Tolosa
Carcaso
Narbo
Massilia
Pyrenaei
Bracara Augusta
HISPANIA TARRACONENSIS
Caesaraugusta
Cauca
Abula
Barcino
Tarraco
HISPANIA
LUSITANIA
Valentia
Baleares
Corduba
Uccubi
Lucentum
Italica
BAETICA
Baetis
Carthago Nova
Gades
Cartennae
Caesarea (Iol)
Hippo Regius
Carthago
Cirta
QUINQUEGENTIANI
TINGITANA
MAURETANIA
Hadrumetu
100
600
km

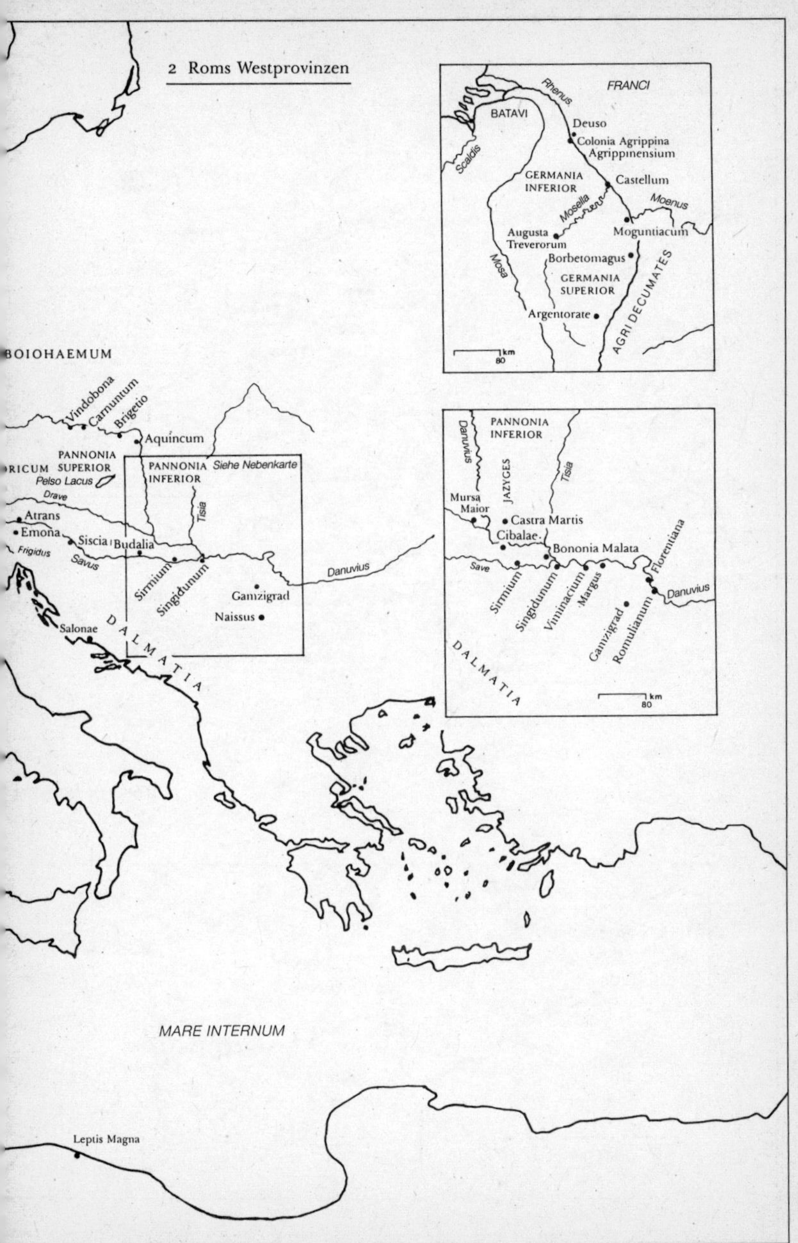
2 Roms Westprovinzen
FRANCI
Rhenus
BATAVI
Deuso
Colonia Agrippina Agrippinensium
Scaldis
GERMANIA INFERIOR
Castellum
Moenus
Mosella
Augusta Treverorum
Moguntiacum
Mosa
Borbetomagus
GERMANIA SUPERIOR
AGRI DECUMATES
Argentorate
km 80
BOIOHAEMUM
Vindobona
Carnuntum
Brigetio
Aquincum
PANNONIA SUPERIOR
RICUM
Pelso Lacus
PANNONIA INFERIOR
Siehe Nebenkarte
Drave
Tisia
Atrans
Emona
Siscia
Budalia
Frigidus
Savus
Sirmium
Singidunum
Danuvius
Gamzigrad
Naissus
Salonae
DALMATIA
PANNONIA INFERIOR
Danuvius
JAZYGES
Tisia
Mursa Maior
Castra Martis
Cibalae
Bononia Malata
Save
Florentiana
Danuvius
Sirmium
Singidunum
Viminacium
Margus
Gamzigrad
Romulianum
DALMATIA
km 80
MARE INTERNUM
Leptis Magna

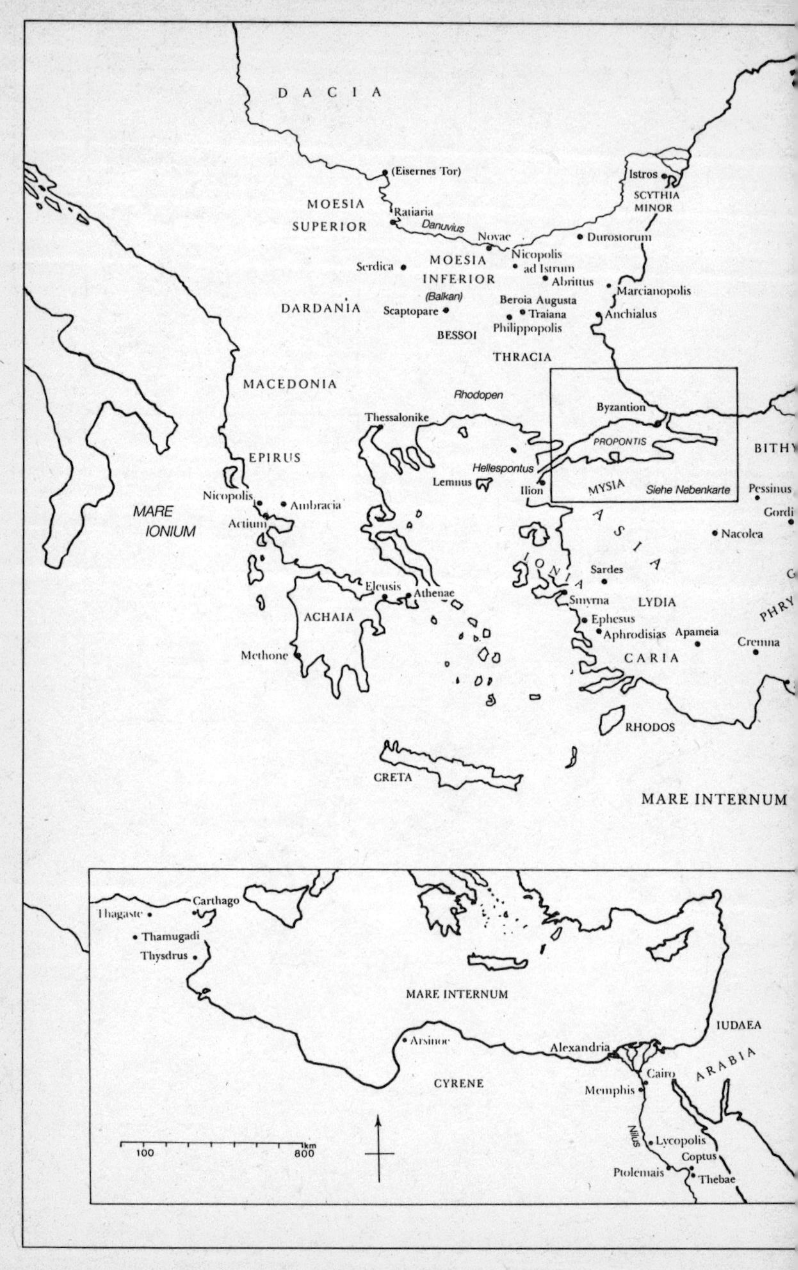
DACIA
(Eisernes Tor)
Istros
SCYTHIA
MINOR
MOESIA
SUPERIOR
Ratiaria
Danuvius
Novae
Durostorum
Serdica
MOESIA
INFERIOR
Nicopolis
ad Istrum
Abrittus
Marcianopolis
(Balkan)
Beroia Augusta
Traiana
DARDANIA
Scaptopare
Anchialus
Philippopolis
BESSOI
THRACIA
MACEDONIA
Rhodopen
Byzantion
Thessalonike
PROPONTIS
BITHY
EPIRUS
Hellespontus
Lemnus
Ilion
MYSIA
Siehe Nebenkarte
Pessinus
Nicopolis
Ambracia
MARE
IONIUM
Actium
Gordi
ASIA
Nacolea
IONIA
Sardes
Eleusis
Athenae
Smyrna
LYDIA
ACHAIA
Ephesus
Aphrodisias
Apameia
PHRY
Cremna
Methone
CARIA
RHODOS
CRETA
MARE INTERNUM
Thagaste
Carthago
Thamugadi
Thysdrus
MARE INTERNUM
IUDAEA
Arsinoe
Alexandria
ARABIA
Cairo
CYRENE
Memphis
Nilus
Lycopolis
Coptus
100
800
km
Ptolemais
Thebae

3 Roms Ostprovinzen
CAUCASUS
Pityus
NUS
PONTUS
Trapezus
Kainepolis
Artaxata
Euphrates
ARMENIA
MEDIA
Amida
CAPPADOCIA
Caesarea
Elazig
OSRHOENIA
Sampsata
Cucusus
(Kilikische Tore)
Anazarbus
Mopsucrene
Tarsus
Issus
CILICIA
Seleukeia ad Calycadnum
Corycus
Cyrrhus
Antiochia
Carrhae
Nisibis
Rhesaena
Singara
ASSYRIA
Nicephorium
MESOPOTAMIA
Hatra
Circesium
Zaitha
Tigris
Dura Europos
Euphrates
Apameia
Salamis
Raphaneae
CYPRUS
Emesa
SYRIA
Caesarea sub Libano
KOILE (COELE) SYRIA
PHOENICIA
Damascus
GAULANITIS
Tyre
GALILEE
TRACHONITIS
Bostra
SARACENI
Caesarea Maritima
Iamnia
Jerusalem
PERAIA
Bethlehem
Askalon
Bethar
Gaza
Masada
IUDAEA
Ctesiphon
Seleucia ad Tigrim
Persepolis 400 miles ESE
100
400
km
100
200
km
Hadrianopolis
Arkadiopolis
Tzirallum
Caenophrurium
Thrakischer Bosporus
Herakleia (Perinthus)
Selymbria
Chrysopolis
Chalcedon
Byzantion
Nicomedia
PROPONTIS
Limnae
Cycicus
Nicaea
Prusa
Hadriani

1 DIE IULISCH-CLAUDISCHEN KAISER

AUGUSTUS (31 V. CHR.–14 N. CHR.)

Augustus (Gaius Octavius) war der erste römische »princeps« oder Kaiser. Nach Caesars Tod änderte er seinen Namen Gaius Octavius in Gaius Iulius Caesar um, wurde aber weiterhin allgemein Octavianus genannt, bis ihm 27 v. Chr. der Titel Augustus verliehen wurde.

Am 23. 9. 63 v. Chr. in Rom geboren, stammte er aus einer wohlhabenden Familie in Velitrae, die dem Ritterstand (»equites«) angehörte. Sein Vater Gaius Octavius war als erster der Familie Senator geworden und hatte es bis zum Prätor gebracht. Als er 59 v. Chr. starb, lag die Erziehung des Kindes in den Händen seiner Mutter Atia. Sie war eine Nichte Iulius Caesars, der dem späteren Kaiser den Weg zu seiner politischen Laufbahn ebnete. Mit zwölf Jahren hielt Augustus seine erste öffentliche Rede, die Leichenrede zu Ehren seiner Großmutter Iulia. Als er fünfzehn oder sechzehn Jahre alt war, wurde er zum »pontifex« gewählt. Im Jahre 46 v. Chr. begleitete er Caesar in seinem Triumphzug und nahm ein Jahr später, obwohl er von zarter Gesundheit war, an Caesars Kämpfen in Spanien teil. Obgleich Caesar als Diktator die absolute Alleinherrschaft besaß, hat man ihn niemals als den ersten römischen Kaiser betrachtet. Schließlich erhielt Octavianus in Apollonia (in Epirus), wohin er mit seinen Freunden Marcus Agrippa und Marcus Salvidienus Rufus zur Vervollkommnung seiner Studien geschickt worden war, die Nachricht, daß sein Großonkel Caesar durch Brutus und Cassius, die sich beide nach Osten absetzten, ermordet worden sei.

Caesar hatte, wie die Veröffentlichung seines Testamentes zeigte, Octavianus adoptiert und zu seinem Haupterben gemacht. Entgegen den Ratschlägen seiner Familie und seiner Freunde nahm Octavianus, der noch sehr jung, erst achtzehn Jahre alt war, dieses gefährliche Erbe an und beschloß, den Tod seines Adoptivvaters zu rächen. Er begab sich daher nach Rom und versuchte, Caesars engsten Par-

Das iulisch-claudische Haus

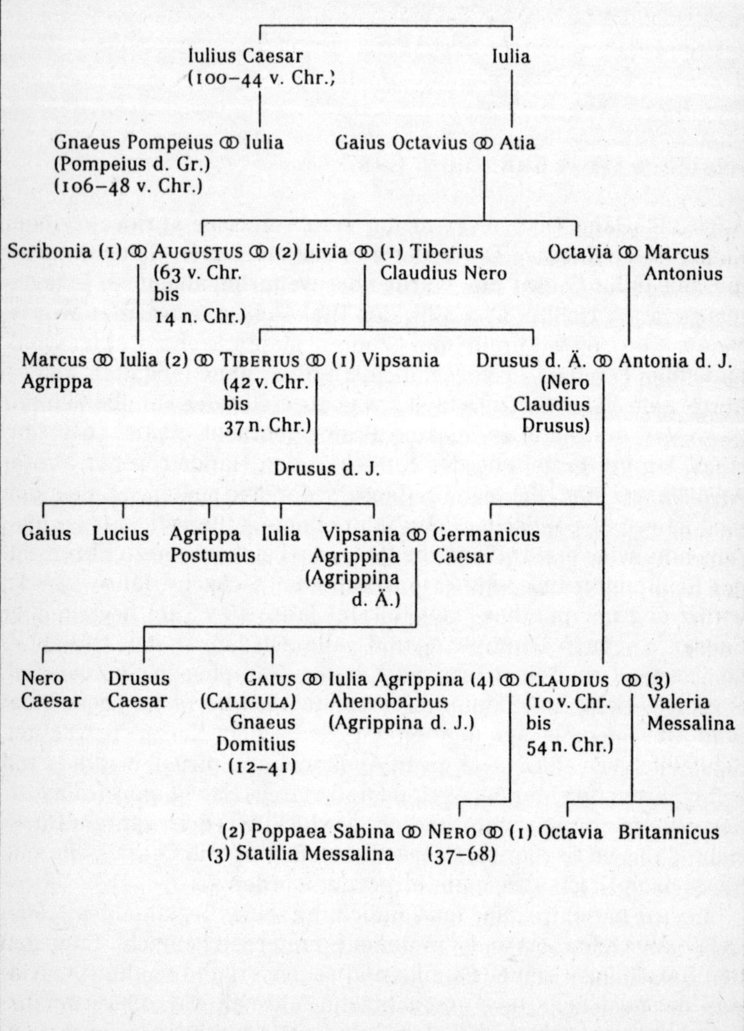

teigänger, Marcus Antonius, zur Herausgabe des von dem verstorbenen Diktator hinterlassenen Vermögens und seiner Dokumente zu bewegen. Aber der Versuch schlug fehl, und Octavianus mußte andere Quellen suchen, um die von Caesar dem römischen Volk ausgesetzten Legate zu finanzieren. Bei diesem Streit ging es nicht zuletzt darum, daß sich Octavianus gegenüber den Anmaßungen des Antonius durchsetzte. Als erstes ordnete er Siegesspiele zu Ehren Caesars an, um die öffentliche Meinung für sich zu gewinnen. Noch bevor er zwanzig Jahre alt war, nahm ihn der Senat in seine Reihen auf und verlieh ihm die Vollmachten eines Proprätors. Das geschah auf Betreiben des älteren Staatsmannes und Redners Cicero, der allerdings nicht das ganze Ausmaß der Fähigkeiten erkannte, die in dem jungen Mann schlummerten. Als der Senat seine Hilfe im Kampf gegen Antonius in Anspruch nahm, besiegte er Antonius bei Mutina in Norditalien, und Antonius mußte sich (43 v. Chr.) nach Gallien zurückziehen. Da beide Konsuln in dieser Schlacht gefallen waren, übte Octavianus mit Hilfe seiner Truppen auf den Senat Druck aus, ihm eines der frei gewordenen Ämter zu übertragen.

Weil aber der Senat sich Octavianus gegenüber weiterhin sehr zurückhielt, nahm er schon bald die Verbindung mit Antonius wieder auf und verständigte sich auch mit Marcus Lepidus, einem anderen einflußreichen, ehemaligen Anhänger Caesars, der sein Nachfolger als »pontifex maximus« geworden war. Am 27. November 43 v. Chr. wurden diese drei Männer als »tresviri rei publicae constituendae« für fünf Jahre mit nahezu unumschränkten Vollmachten ausgestattet. Das war das zweite Triumvirat. Das erste war Ende 60 v. Chr. zwischen Pompeius, Caesar und Crassus geschlossen worden. Als Iulius Caesar Anfang des Jahres 42 v. Chr. zum römischen Staatsgott (»divus«) erhoben wurde, legte sich Octavianus den Beinamen »divi filius« zu, d. h. »Sohn des unter die Götter Entrückten«. Allerdings mußte er hinter Antonius zurücktreten, als er in dem Kampf gegen die Caesarmörder Brutus und Cassius, der mit deren Niederlage und Tod bei Philippi in Makedonien endete, krank wurde.

Als die Verwaltung des Reiches im Anschluß an diese Ereignisse aufgeteilt wurde, erhielt Antonius den Osten (und anfangs auch Gallien), während Octavianus nach Italien zurückkehrte. Dort sah er sich vor die schwierige Aufgabe gestellt, Siedlungsland für seine Veteranen zu beschaffen. Dabei geriet er mit Marcus Antonius' energischer Gattin Fulvia und dessen Bruder Lucius in Konflikt, und es kam zum Perusinischen Krieg, der 41 v. Chr. in der Belagerung und Eroberung Perusias durch Octavianus gipfelte und wegen seiner besonderen Grausamkeit in die Geschichte eingegangen ist. Um einem anderen möglichen Gegner, nämlich Sextus Pompeius, dem Sohn Pompeius »des Großen«, der die Provinzen Sizilien und Sardinien verwaltete, den Wind aus den Segeln zu nehmen, heiratete Octavianus Scribonia, eine Verwandte des Sextus. Aber diese Verbindung bestand nicht lange. Denn als Octavianus im Oktober des Jahres 40 v. Chr. mit Antonius den Vertrag von Brundisium schloß, ließ er Sextus fallen, was ihn veranlaßte, sich von Scribonia zu trennen. Bald darauf heiratete er Livia Drusilla, die bis zu seinem Tode seine Lebensgefährtin blieb, und durch die er seine Verbindung zur Aristokratie festigte.

Der Vertrag von Brundisium sicherte Antonius alle Ostgebiete des Römischen Reiches. Octavianus behielt Italien und erhielt zusätzlich die Westprovinzen mit Ausnahme Africas, das an Lepidus fiel. Der Vertrag wurde mit der Vermählung von Antonius mit Octavianus' Schwester Octavia besiegelt. Doch Antonius trennte sich schon bald wieder von ihr und kehrte zu Kleopatra VII. zurück, der Ägypterkönigin, mit der er schon früher liiert gewesen war. Trotzdem erneuerte Octavianus, der mit Sextus Pompeius in Feindschaft lebte, im Jahre 37 v. Chr. in Tarent sein Bündnis mit Antonius, wodurch auch das Triumvirat um weitere fünf Jahre verlängert wurde.

Im Jahre 36 v. Chr. besiegte Octavianus' hervorragender Admiral Agrippa die Flotte des Sextus Pompeius vor Naulochus auf Sizilien. Zur gleichen Zeit setzte Lepidus Octavianus im Westen militärisch unter Druck. Aber Octavianus entmachtete ihn. Er entzog ihm seine Vollmachten als Mitglied des Triumvirats und zwang ihn, sich für immer ins Privatleben zurückzuziehen. Es zeigte sich bald, daß ein Entscheidungskampf zwischen Octavianus, der weiterhin unermüdlich Kolonien für seine getreuen Veteranen gründete, und Antonius um die Herrschaft über das gesamte Römische Reich kaum mehr vermieden werden konnte. Um zu zeigen, daß seine Befehlsgewalt unantastbar war, begann Octavianus, seinem Namen den Titel »imperator« voranzustellen. Zwischen 35 und 33 v. Chr. kämpfte er in drei aufeinanderfolgenden, beschwerlichen und nicht immer ganz erfolgreichen Feldzügen in Illyrien und Dalmatien und machte dadurch die Nordostgrenze Italiens sehr viel sicherer als sie jemals war.

Unter der Mitwirkung von Agrippa gab Octavianus ungeheure Summen für herrliche Bauten in Rom aus. Er tat aber auch alles, um den öffentlichen Zorn gegen Antonius zu schüren, der Gebiete an Kleopatra verschenkte, die zum Römischen Reich gehörten. Als Folge zügelloser, öffentlicher Beschuldigungen wurde die Kluft zwischen den beiden Männern sehr schnell immer tiefer. Das Jahr 32 v. Chr. brachte das offizielle Ende des Triumvirats. Octavianus gab vor, auf alle Sondervollmachten zu verzichten, und Antonius trennte sich in aller Form von Octavia, der Schwester seines Rivalen. Daraufhin veröffentlichte ihr Bruder das Testament des Antonius, das er an sich gebracht hatte und das, wie er behauptete, Antonius zugunsten Kleopatras und zum Schaden des römischen Staates abgefaßt habe. Jeder der beiden Streitenden ließ die Bevölkerung der von ihm verwalteten Gebiete den Treueid auf seine Person schwören. Der Eid, den die Bewohner Italiens zugunsten Octavianus' schworen, ist als »coniuratio Italiae« berühmt geworden. Schließlich erklärte Octavianus den Krieg, und zwar nicht gegen seinen Landsmann Antonius, denn ein neuer Bürgerkrieg war undenkbar, sondern gegen die fremde Herrscherin Kleopatra, die seiner Ansicht nach ihre Verpflichtungen als Klientelkönigin Roms nicht eingehalten hatte.

Antonius, dem Kleopatra zur Seite stand, sicherte mit seiner Flotte und mit seinen Landstreitkräften die Westküste Griechenlands. Aber Anfang des Jahres 31 v. Chr., noch bevor der Winter vorüber war, entsandte Octavianus Agrippa. Er nahm den Weg durch das Ionische Meer und eroberte Methone. Damit hatte Antonius nicht gerechnet. Schließlich folgte Octavianus selbst, nachdem er Italien der Obhut seines etruskischen Freundes Maecenas überlassen hatte. In kürzester Zeit war Antonius' Flotte im Golf von Ambrakia eingeschlossen, und als die Schiffe aus der Umklammerung auszubrechen versuchten, kam es am 2. September 31 v. Chr. zur Schlacht bei Actium, die mit einem glänzenden Sieg Octavianus' endete. Dennoch konnten Antonius und Kleopatra mit einem Viertel ihrer Seestreitkräfte durch die offene See nach Ägypten entkommen. Als Octavianus im darauffolgenden Jahr ihnen dorthin folgte, begingen der ehemalige Triumvir und seine königliche Gemahlin Selbstmord.

Octavianus ließ Kleopatras Sohn Caesarion töten, dessen Vater, wie sie behauptete, Iulius Caesar war. Er machte Ägypten zu seinem persönlichen Eigentum und ließ die Provinz durch einen Präfekten verwalten, der ihm persönlich unterstand (»praefectus Aegypti«).

Der Griff nach Kleopatras Vermögen ermöglichte es Octavianus, viele seiner Soldaten auszuzahlen und überall im Römischen Reich Kolonien für sie zu gründen, denn er beherrschte es nun praktisch unumschränkt. Er verringerte allmählich die Zahl seiner Legionen von 60 auf 28 mit einer Gesamtstärke von 150 000 Mann, die vorwiegend aus Italien und nur zum geringen Teil aus anderen, romanisierten Gebieten stammten. Sie wurden durch Hilfstruppen von annähernd gleicher Stärke ergänzt, die aus den Provinzen kamen, das heißt aus den außeritalischen Gebieten des Imperiums. Alle Legionen und Hilfsstreitkräfte waren außerhalb der Apenninenhalbinsel stationiert, weil Octavianus eine Reserve im Zentrum des Reiches nicht nur für zu kostspielig hielt, sondern auch für eine zu große Versuchung für potentielle Gegner. Das Offizierskorps wurde unter seiner persönlichen Aufsicht straffer organisiert, dabei galt seine besondere Aufmerksamkeit den Zenturionen, den Berufsoffizieren, die das Rückgrat der Armee bildeten. Gegen Ende seiner Regierungszeit wurde dann eine Militärkasse gegründet, um die Soldaten beim Ausscheiden aus dem Militärdienst aus Steuermitteln entlohnen zu können. Auch die Flotte wurde neu organisiert. Ihre Hauptstützpunkte waren Misenum und Ravenna. Selbst seine ehemalige spanische Leibgarde blieb von einer Reform nicht verschont. Sie wurde durch eine germanische Einheit ersetzt. Allerdings ergänzte sie nur seine alle übrigen Truppeneinheiten an Bedeutung überragende Prätorianergarde, die sich aus den Leibwachen früherer Feldherren entwickelt hatte und hauptsächlich aus Soldaten zusammensetzte, die das römische Bürgerrecht besaßen. Diese Elitetruppe war in neun Kohorten zu je 500 Fußsoldaten und 90 Reitern gegliedert. Die Prätorianer, deren erste beiden Präfekten von Augustus im Jahre 2 v. Chr. ernannt wurden und aus dem Ritterstand kamen, waren in Rom und anderen Städten Italiens stationiert. Außerdem stellte Octavianus drei weitere Kohorten zu je 1 000 Mann auf, die als Polizei in der Hauptstadt dienten und dem Stadtpräfekten »praefectus urbi« unterstanden.

Diese Reformen der Streit- und Sicherheitskräfte stellten nur einen, allerdings wesentlichen Teil einer langen Reihe von Versuchen und kleinen, ein hohes Maß an Geduld erfordernden Schritten dar, die insgesamt das römische Prinzipat begründeten. Obwohl dieses System dem »Ersten Mann im Staate« die absolute Macht verlieh, ließ Octavianus es nicht an großen Worten fehlen, mit denen er die

Würde des Senats hervorhob, dessen Mitgliederzahl er allerdings von ursprünglich 1 000 auf 800 (später 600) beschränkte. Zwar fügten sich die Senatoren diesen Maßnahmen und waren sogar über das Ende der Bürgerkriege erleichtert, aber trotzdem gewahrte Octavianus, der das Schicksal Caesars vor Augen hatte, daß diese ehemalige herrschende Schicht ihn nur akzeptierte, wenn er, wenigstens dem Anschein nach, die republikanischen Traditionen wiederbelebte. Also verkündete er im Jahre 27 v. Chr., obgleich er von 31 bis 23 v. Chr. ununterbrochen das Konsulat bekleidete, die Rückgabe der Verfügungsgewalt über die Staatsgeschäfte an den Senat und das römische Volk (eine etwas irreführende Verlautbarung, da er mit Volk die Volksversammlung meinte, die keine politische Bedeutung mehr hatte). Andererseits übertrug man ihm zur gleichen Zeit offiziell für zehn Jahre die Leitung der Provinzen Spanien, Gallien und Syrien, in denen der Hauptteil der Streitkräfte stand. Die Verwaltung dieser Provinzen lag in den Händen ihm persönlich verantwortlicher Legaten. Die übrigen Teile des Reiches außerhalb Italiens sollten wie bisher von Prokonsuln verwaltet werden, die der Senat ernannte. Dabei ging Octavianus von der Annahme aus, daß das außerordentliche Ansehen, daß er genoß, genügend Sicherheit biete, daß die betreffenden Beamten, deren Wahl er selbstverständlich mehr oder weniger beeinflußte, sich seinem Willen nicht widersetzten.

Das Ansehen des Kaisers läßt sich am besten mit dem ehrwürdigen Begriff »auctoritas« umfassend beschreiben, in dem traditionelle und religiöse Werte mitschwingen. Auf diesen Begriff sowie auf die alte Kultpraxis der »augures«, der Deuter göttlicher Zeichen, geht etymologisch der Titel »Augustus« zurück, der Octavianus nun verliehen wurde und der ihn über alle Zeitgenossen erhob, ohne gegen die Verfassung zu verstoßen. Seine Ehrfurcht vor der traditionellen Religion zeigte sich in der Wiederaufnahme vieler alter Zeremonien und im Wiederaufbau der zerfallenen Tempel. Seine Bemühungen wurden von den besten Schriftstellern des sogenannten Goldenen Zeitalters der römischen Literatur unterstützt, von dem Geschichtsschreiber Livius und den Maecenas-Schützlingen Vergilius und Horatius, denen wiederum Propertius und Ovidius mit patriotischen Versen zur Seite standen. Der allgemeinen Restauration diente auch im Jahre 17 v. Chr. die Wiederaufnahme der schon in sehr früher Zeit gefeierten Säkularspiele (»ludi saeculares«), die jeweils den Beginn eines neuen Zeitalters markierten. Außerdem ließ Augustus einen Friedensaltar »ara pacis« errichten und mit herrlichen Reliefs im klassizistischen Stil seiner Epoche schmücken, und noch viele andere bedeutende sakrale und profane Bauwerke überall im Römischen Reich verdanken ihm ebenfalls ihre Entstehung. Schließlich wurde er, als Lepidus im Jahre 12 v. Chr. starb, zum »pontifex maximus« gewählt, zum höchsten Amtswürdenträger des Staatskultes.

Die Versuche, das Prinzipat mit republikanischen Traditionen in Einklang zu bringen, wurden seit 27 v. Chr. von durchgreifenden Maßnahmen zur Erweiterung und Sicherung der Reichsgrenzen begleitet: unruhige Alpenstämme wurden niedergeworfen, Galatien (Zentral-Kleinasien) wurde annektiert, und Augustus selbst leitete einen Teil der Feldzüge, um Spanien vollständig zu unterwerfen. Als aber einmal seine Gesundheit versagte und er sich dem Tode nahe glaubte, da verzichtete er im Jahre 23 v. Chr. auf die jährliche Neuübernahme des Konsulats und ließ sich statt dessen das »imperium maius« erteilen, das ihn über die Prokonsuln erhob und zugleich von der Bürde der Amtsgeschäfte befreite. Außerdem übertrug man ihm die tribunizische Gewalt (»tribunicia potestas«), unter der alle Vollmachten zusammengefaßt waren, die man ihm bereits früher eingeräumt hatte, unter anderem das Recht, den Senat einzuberufen. Weil es die traditionelle Aufgabe der jährlich gewählten Volkstribunen war (von ihnen leitet sich der Begriff »tribunicia potestas« her), die Rechte der Bürger zu verteidigen, deshalb war es gerade diese Gewalt, die ihn mit der Aura »demokratischer« Staatsführung umgab und die er um so dringender benötigte, als die wahre Grundlage seines Systems von der Oberschicht abhing. Im Jahre 19 v. Chr. kamen dann weitere Machtbefugnisse hinzu, die ihm die ungeteilte Machtausübung in Italien ermöglichten, und in den beiden folgenden Jahren ergingen Gesetze – wahrscheinlich ohne große Wirkung –, die das soziale Leben betrafen und die u. a. den Ehebruch und die Verschwendungssucht verurteilten.

Ein paar Jahre später wurde das »consilium principis«, zunächst ein inoffizieller Freundeskreis (»amici principis«), ins Leben gerufen, aus dem sich später eine Art Planungsstab entwickelte, der Augustus bei der Vorbereitung der formell vom Senat zu beschließenden Vorlagen zur Seite stand. Ähnlich vorteilhaft auf die Regierungsgeschäfte wirkte sich die Erweiterung seines persönlichen Mitarbeiterstabes aus. Er setzte sich aus Angehörigen der Ritterschaft zusammen, denen verlockendere Berufswege offenstanden als früher, und aus Freigelassenen, ehemaligen Sklaven. Sie bildeten die Keimzelle einer Beamtenschaft, die Augustus half, die Arbeitslast zu tragen und den Maßnahmen seiner Regierung größeres Gewicht zu geben. Tatsächlich wurde das gesamte Verwaltungssystem der Stadt Rom und des gesamten Imperiums von Grund auf erneuert. Dabei spielte eine tiefgreifende Reform des Finanzwesens eine besondere Rolle. Sie beruhte auf der Verknüpfung der Staatsfinanzen mit denen der Provinzen, besonders mit jenen der kaiserlichen Provinzen. Wie dieses komplizierte System allerdings im einzelnen funktionierte, ist unbekannt. Zu den Einnahmequellen des Reiches zählten vor allem zwei direkte Steuern, eine Kopf- und eine Grundsteuer. Ausschlaggebend war dabei die Grundsteuer, denn die Wirtschaft des Römischen Reiches beruhte noch immer im wesentlichen auf der Landwirtschaft. Auch der augusteische Friede trug viel zum wirtschaftlichen Aufschwung bei, der außerdem durch eine ungeheure Verbreitung und Verbesserung des römischen Münzwesens gefördert wurde, das nicht mehr nur auf Gold- und Silbermünzen basierte, sondern auch auf völlig neuen Scheidemünzen aus gelblichem Messing und rötlichem Kupfer, die in Rom, aber auch in Lugdunum (Lyon) und anderen Münzstätten geschlagen wurden.

Bei der Prägung dieser Münzen ließ man keine Gelegenheit ungenutzt, mit Hilfe von Bildern und Inschriften Propaganda zu treiben. So erwähnte man beispielsweise stolz eine im Jahre 20 v. Chr. mit den Parthern getroffene Vereinbarung, der zufolge sie die römischen Feldzeichen zurückgaben, die sie dem Triumvirn Crassus abgenommen hatten, als er im Jahre 53 v. Chr. in der Schlacht bei Carrhae gefallen war, und die außerdem Rom die »Schutzherrschaft« über Armenien garantierte. Allerdings stand Armenien künftig nicht immer auf der Seite Roms. Zunächst aber war es einer jener Klientelstaaten, mit denen Augustus, der bezeichnenderweise auch in diesem Punkt auf frühere Gepflogenheiten zurückgriff, das Römische Reich umgab. Diese Klientelstaaten besaßen das Recht, eigene Münzen zu prägen. Sie bestanden meistens aus Bronze, oft aber auch aus Silber und gelegentlich (wie im Bosporanischen Reich) sogar aus Gold. Selbst innerhalb des Römischen Reiches genossen einzelne Städte das Privileg einer eigenen Bronzewährung. Das galt eine Zeitlang für die Städte Spaniens, vor allem aber für die Stadtstaaten in den Ostgebieten, die mit ihren auf die Griechen zurückgehenden Institutionen und ihrer ebenfalls griechischen Kultur noch immer mehr oder weniger selbständig waren, allerdings unter der losen Kontrolle der Statthalter und ihrer Finanzbeamten (»procuratores«).

Obwohl das Prinzipat seiner Beschaffenheit nach kein Amt war, für das ein Nachfolger bestimmt werden konnte, konzentrierte sich die öffentliche Aufmerksamkeit schon seit langem auf Augustus' Pläne für die Zukunft. Sein Neffe Marcellus, der mit seiner Tochter Iulia vermählt war, starb 23 v. Chr. Im selben Jahr ging Agrippa als Augustus' Gesandter in den Osten, und vier Jahre später gelang es ihm, Spanien vollständig zu erobern. Doch obwohl ihm die verwitwete Iulia zur Frau gegeben worden war, hätte ihn der Senat niemals als Herrscher akzeptiert. Deshalb adoptierte Augustus 17 v. Chr. Agrippas und Iulias Söhne Gaius und Lucius, die drei Jahre bzw. ein Jahr alt waren. Dessen ungeachtet nahm er aber auch seine erwachsenen Stiefsöhne Tiberius und Nero Drusus (Drusus den Älteren) in die Pflicht und vertraute ihnen wichtige Aufgaben an. Sie annektierten Noricum und Rätien und schoben in den Jahren 16–15 v. Chr. die Reichsgrenze bis an die Donau vor.

Als Agrippa im Jahre 12 v. Chr. starb, zwang Augustus seine zum zweiten Mal verwitwete Tochter Iulia, Tiberius zu heiraten, obwohl beide zögerten. Tiberius und sein Bruder Nero Drusus verbrachten die nächsten fünf Jahre kämpfend im Norden. Dort starb Nero Drusus, nachdem er bis zur Elbe vorgedrungen war, im Jahre 9 v. Chr. Drei Jahre später wurde Tiberius ermächtigt, die tribunizische Gewalt mit seinem Stiefvater zu teilen. Aber dann verschwand er aus dem Blickfeld und erschien erst als Augustus' Adoptivsohn und offenkundiger Nachfolger wieder, nachdem Lucius und Gaius in den Jahren 2 und 4 n. Chr. gestorben waren. Unmittelbar darauf entsandte ihn Augustus in das Gebiet des heutigen Böhmen, um den mächtigen Staat der westgermanischen Markomannen zu unterwerfen und auf diese Weise die Reichsgrenze zu verkürzen. Aber Tiberius mußte diese Aufgabe abbrechen, als in Pannonien und Illyrien Aufstände ausbrachen (6 n. Chr.) und dann auch in Germanien, wo die Cherusker unter der Führung ihres Fürsten Arminius im Jahre 9 n. Chr. Varus und seinen drei Legionen eine furchtbare Niederlage zufügten. Augustus war über diese Ereignisse zutiefst erschrocken. Die Eroberung Germaniens und Mitteleuropas mußte auf unbestimmte Zeit verschoben werden.

Allmählich begann Augustus auch, seinem fortgeschrittenen Alter Rechnung zu tragen. Trotzdem setzte er die Verwaltungsreformen fort. Im Jahre 13 n. Chr. wurde Tiberius ihm verfassungsmäßig in jeder Hinsicht gleichgestellt. Außerdem hinterlegte Augustus sein Testament und andere Dokumente im Heiligtum der Vesta zu Rom. Dazu gehörte auch eine Übersicht über die finanziellen und militärischen Reserven des Reiches sowie ein hervorragend durchdachter, in keinem Punkt unzutreffender, doch oft tendenziöser Rechenschaftsbericht, der als »res gestae Divi Augusti« in die Geschichte eingegangen ist. Man bezeichnet das Dokument auch als »Monumentum Ancyranum«, weil die besterhaltene Abschrift an den Wänden des Heiligtums der Roma und des Augustus in Ancyra (Ankara) gefunden wurde. Ein Jahr später wurde Tiberius, der unterwegs nach Illyrien war, zu seinem schwer erkrankten Stiefvater zurückgerufen. Augustus starb am 19. August 14 n. Chr. und wurde bald darauf durch Senatsbeschluß vergöttlicht.

Augustus war einer der begabtesten, energischsten und fähigsten Staatsmänner, welche die Welt je gesehen hat. Seine ungeheuer weitreichenden Maßnahmen zur Neuordnung und Stärkung der Gesellschaft, die nahezu jeden Lebensbereich der Bewohner des Imperiums erfaßten, schufen eine bisher ungekannte »pax Romana«, in der alle, außer den niedrigsten Bevölkerungsschichten, von den Verbesserungen im Kommunikationssystem und vom aufblühenden Handel profitierten. Die Regierungsform der Alleinherrschaft, die er (wobei er aus Caesars Fehlern gelernt hatte) an die der zusammenbrechenden Republik gesetzt hatte, sollte von langer Dauer sein, obwohl sie von Anfang an immer wieder durch Verschwörungen bedroht war. Für mehr als 200 Jahre brachte sie einem bisher ungeahnt großen Teil der Bevölkerung Stabilität der Lebensverhältnisse, Sicherheit und Wohlstand. Sie garantierte die Fortdauer und schließlich die Weitergabe des politischen, sozialen, ökonomischen und kulturellen Erbes der klassischen Antike – und zwar der griechischen ebenso wie der römischen. Und sie schuf den Rahmen, innerhalb dessen sich sowohl das Judentum als auch das Christentum ausbreiten konnten (Jesus wurde geboren und Judäa von einem Klientelstaat in eine römische Provinz umgewandelt).

Augustus besaß auch einige literarische Fähigkeiten und hatte eine Reihe von Schriften verfaßt, unter anderem eine Anregung zur Philosophie, eine Kampfschrift gegen Brutus, eine Lebensbeschreibung des Drusus, eine frühe Selbstbiographie sowie verschiedene Verse. Alle diese Werke sind verschollen, aber die hervorragende

Qualität der »res gestae« verrät, was Augustus auch auf diesem Gebiet zu leisten vermochte. Bezüglich seines Charakters sagte man ihm nach, daß er in seiner Jugend grausam gewesen, später jedoch milder geworden sei. Vielleicht hing dies aber nur damit zusammen, daß später weniger Veranlassung zu Grausamkeit bestand, denn gelegentlich erwies er sich noch immer als rücksichtslos, wenn er es für nötig hielt. Im privaten Leben war er bescheiden. Obwohl er seine Frau Livia Drusilla betrog, blieb er ihr in tiefer Zuneigung verbunden. Seine moralischen Grundsätze waren, soweit sie sein öffentliches Ansehen betrafen, streng. So verbannte er sowohl seine Tochter als auch seine Enkelin (beide hießen Iulia), weil sie gegen die von ihm verfochtenen Prinzipien verstoßen hatten, und mit ihnen den Dichter Ovidius, der offensichtlich zu viel vom Lebenswandel der jüngeren Iulia wußte. Außerdem verbannte er seinen Enkel Agrippa Postumus, der als exzentrisch und widerspenstig galt. Seinen anderen männlichen Verwandten aber, die ihm zur Seite standen, schrieb er freundliche Briefe, von denen sogar noch einige erhalten sind. Allerdings hatten auch sie nichts zu lachen.

Mit sich selbst ging er ebenso schonungslos um, obwohl ihn ständig alle möglichen Leiden plagten. Seine äußere Erscheinung (die von den hervorragenden Bildhauern seiner Zeit in einer bemerkenswerten Reihe vielfältiger Kaiserporträts festgehalten wurde) beschreibt der Biograph Suetonius folgendermaßen:

Augustus war von außergewöhnlicher Schönheit und während seines ganzen Lebens von großer Anmut; trotzdem verschmähte er jede aufdringliche Eitelkeit. ... Sein Antlitz strahlte, ob er sprach oder schwieg ...

Augustus hatte helle, glänzende Augen; er ließ seine Umgebung in dem Glauben, in ihnen stecke göttliche Kraft, und er freute sich, wenn jemand, den er scharf ansah, vor ihm wie von der Sonne geblendet die Augen senkte. Im Alter sah er allerdings auf dem linken Auge weniger gut. Seine Zähne standen auseinander und waren klein und unsauber. Sein Haar war leicht gelockt und hellblond, ... seine Figur klein – doch gibt sein Freigelassener und Hofhistoriograph Iulius Marathus seine Größe immerhin mit ein Meter siebzig an. Allerdings wurde dieser Nachteil durch die gute Proportion und Ausgeglichenheit seiner Gliedmaßen verborgen, so daß man es nur gewahrte, wenn jemand Größerer neben ihm stand und man so eine Vergleichsmöglichkeit hatte.

Tiberius (14–37)

Tiberius (Tiberius Claudius Nero) wurde im Jahre 42 v. Chr. geboren. Er war der Sohn des Aristokraten Tiberius Claudius Nero und der Livia Drusilla. Als er zwei Jahre alt war, mußte sein Vater wegen seiner republikanischen Gesinnung vor den Triumvirn fliehen, und als er vier Jahre alt war, ließen sich seine Eltern, kurz bevor sein jüngerer Bruder Nero Drusus geboren wurde, scheiden, so daß Livia den Octavianus (den späteren Kaiser Augustus) heiraten konnte.

Von 20 v. Chr., als er mit Augustus in den Osten ging und von den Parthern die römischen Feldzeichen zurückholte, die 33 Jahre früher an sie gefallen waren, bis 12 n. Chr. – allerdings mit einer Unterbrechung von zehn Jahren, von der noch kurz zu sprechen sein wird – durchlief Tiberius eine zwar sehr anstrengende, aber auch sehr erfolgreiche militärische Karriere. Zwischen 12 und 9 v. Chr. brachte er Pannonien an das Römische Reich. Von 9 v. Chr. (als Nero Drusus starb) bis 7 v. Chr. und noch einmal von 4 bis 6 n. Chr. kämpfte er in Germanien. Während der folgenden drei Jahre schlug er größere Aufstände in Pannonien und Illyrien nieder und stellte anschließend die Grenze am Rhein wieder her, nachdem der Cherusker Arminius die drei Legionen des Varus aufgerieben hatte (s. Augustus).

Als Agrippa im Jahre 12 v. Chr. gestorben war, zwang Augustus Tiberius, sich von Vipsania zu trennen, der Mutter des jüngeren Drusus, und Agrippas Witwe Iulia (seine Tochter) zu heiraten. Die Ehe war unglücklich, und Iulia wurde 2 v. Chr. in die Verbannung geschickt. Im Jahre 6 v. Chr. erhielt Tiberius die tribunizische Gewalt, doch wenig später zog er sich nach Rhodos zurück, empört und befremdet darüber, daß Augustus seine Enkel Gaius und Lucius als Nachfolger in Betracht zog. Erst als sie nicht mehr lebten, erkannte Augustus ihn – zögernd, wie vermutet wurde – öffentlich als seinen Nachfolger an. Im Jahre 4 n. Chr. adoptierte er ihn und übertrug ihm erneut die tribunizische Gewalt für zehn Jahre und Sondervollmachten an der Rheingrenze. Doch gleichzeitig mit ihm adoptierte Augustus auch seinen noch lebenden Enkel Agrippa Postumus – der allerdings später verbannt wurde –, und Tiberius mußte seinerseits seinen achtzehnjährigen Neffen Germanicus, den Sohn des Nero Drusus, an Sohnes Statt annehmen. Trotzdem war es Tiberius, der in diesen Jahren die

Verwaltung aufrechterhielt und Verbesserungen durchführte, die zwar nicht weiter auffielen, aber von Nutzen waren. Im Jahre 13 n. Chr. wurden seine rechtmäßigen Vollmachten auf der Grundlage der Gleichheit mit denen des Augustus erneuert, und als Augustus ein Jahr später starb, trat Tiberius unangefochten seine Nachfolge an.

Als erste Amtshandlung unter der neuen Regierung beschloß der Senat, wie vordem Iulius Caesar, nun Augustus zu vergöttlichen und setzte außerdem die Höhe der Auszahlung fest, die die Soldaten aus dem Erbe des Augustus erhielten. Zudem fiel es dem Senat zu, Tiberius, obwohl er sich zögernd gab, formal die Würde des »princeps« (Kaisers) zuzuerkennen, wie es nun üblich wurde.

Unmittelbar nach seinem Regierungsantritt meuterten die Truppen an der Donau (in Pannonien) und am Rhein (in Untergermanien), weil ihre Abfindung zu kurz ausgefallen war und nicht mit dem übereinstimmte, was Augustus ihnen versprochen hatte. Drusus der Jüngere, Tiberius' Sohn, bekam die pannonischen Unruhen in Griff, wogegen Germanicus, der geschwätzige und großspurige Neffe und Adoptivsohn des Kaisers, in Germanien eine weniger glückliche Hand hatte. Er machte den Aufständischen Zugeständnisse, die Tiberius samt und sonders zurücknehmen mußte. Anschließend versuchte Germanicus in drei Feldzügen, die Gebiete zwischen Rhein und Elbe zurückzugewinnen, welche die Römer nach Varus' Niederlage im Jahre 9 n. Chr. geräumt hatten. Obwohl er dieses mit großem Aufwand verfolgte Ziel verfehlte, gewährte man ihm dennoch einen Triumph und empfing ihn in Rom mit großer Begeisterung.

Unklar blieb, welche Stellung Germanicus bzw. Drusus der Jüngere im Hinblick auf eine eventuelle Nachfolge einnahmen. Drusus erhielt das Oberkommando an der Donau, und Germanicus wurde mit einer vergleichbaren Aufgabe im Osten betraut. Als er dort eintraf, wurde er in eine heftige Auseinandersetzung mit dem Statthalter von Syrien verwickelt, mit Gnaeus Culpurnius Piso, der ein Vertrauter des Tiberius gewesen sein soll. Als Germanicus im Jahre 19 in Antiochia starb, begab sich seine darüber erbitterte Witwe, Agrippina die Ältere, mit seiner Asche nach Rom. Auch Gnaeus Piso, der unklugerweise versucht hatte, sich gegen die zu wehren, die ihn entmachten sollten, kehrte in die Hauptstadt zurück, aller-

4 Das antike Rom

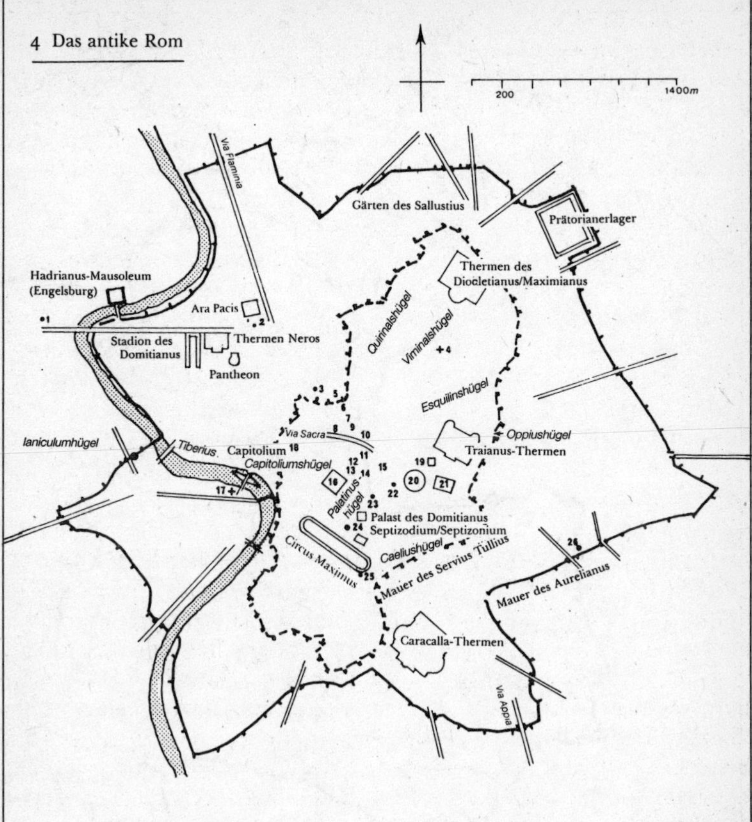

1 Peterskirche
2 Säule des Marcus Aurelius
3 Traianus-Säule
4 Santa Maria Maggiore
5 Basilica Ulpia
6 Traianus-Forum
7 Augustus-Forum
8 Caesar-Forum (Forum Iulium)
9 Nerva-Forum (Transitorium)
10 Vespasianus-Forum
11 Maxentius-/Constantinusbasilika
12 Septimius-Severus-Bogen
13 Forum Romanum
14 Titus-Bogen
15 Tempel der Venus und der Roma
16 Palast des Tiberius
17 Kirche des Hl. Chrysogonus
18 Tempel des Iupiter Capitolinus
19 Titus-Thermen
20 Amphitheatrum Flavium (Colosseum)
21 Domus Aurea (Villa Neros)
22 Constantinus-Bogen
23 Kaiserpaläste
24 Hippodrom des Domitianus
25 Tempel des Sol Invictus
26 Lateranusbasilika

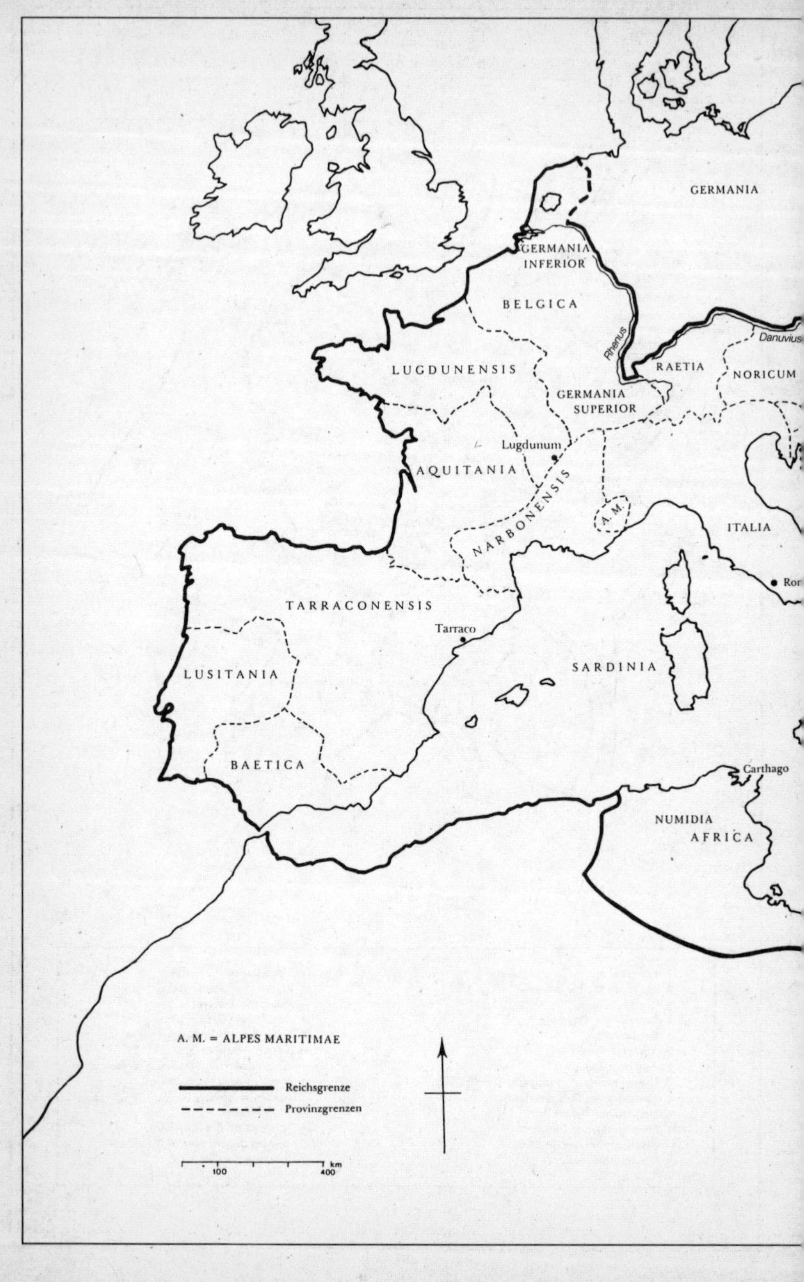
GERMANIA
GERMANIA INFERIOR
BELGICA
Rhenus
Danuvius
RAETIA
NORICUM
LUGDUNENSIS
GERMANIA SUPERIOR
Lugdunum
AQUITANIA
NARBONENSIS
A. M.
ITALIA
TARRACONENSIS
Tarraco
LUSITANIA
SARDINIA
BAETICA
Carthago
NUMIDIA
AFRICA
A. M. = ALPES MARITIMAE
Reichsgrenze
Provinzgrenzen
100
400
km

5 Roms Provinzen beim Tode des Augustus (14 n. Chr.)

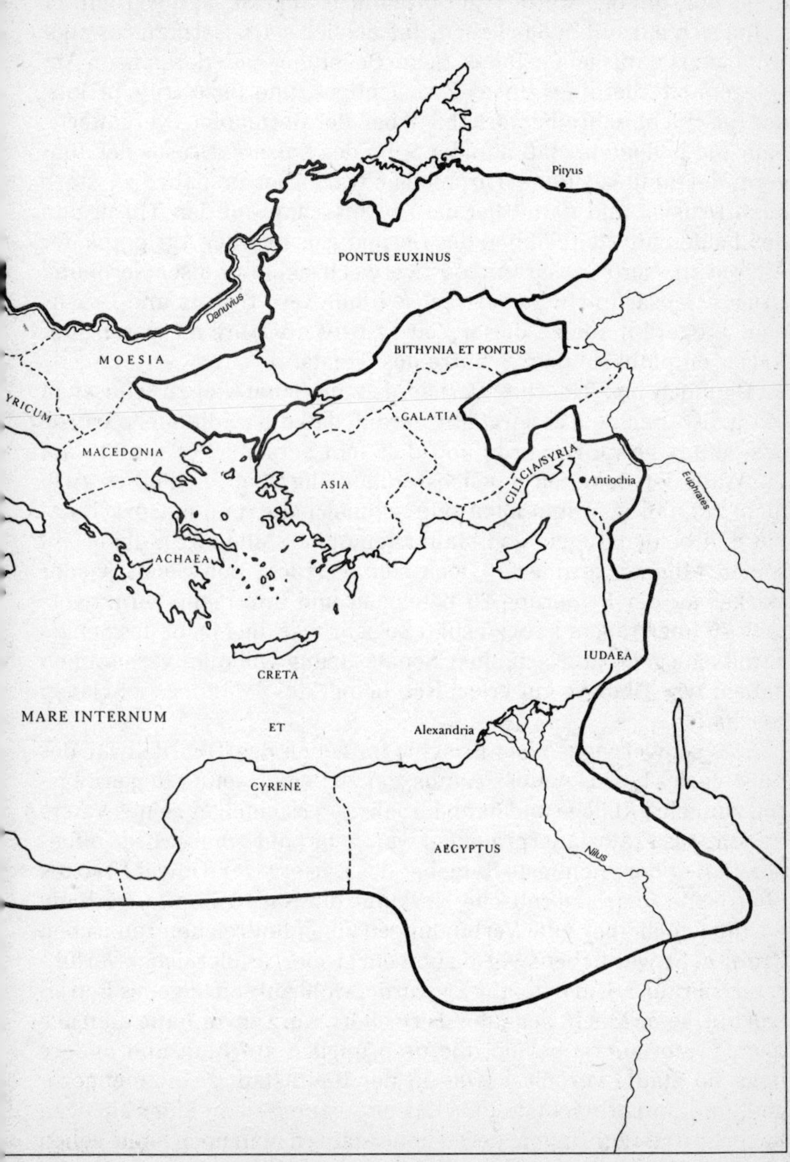

dings nur, um des Mordes an Germanicus angeklagt zu werden. Er nahm sich daraufhin das Leben. Tatsächlich starb Germanicus aber wohl eines natürlichen Todes. Seine Beliebtheit gab der ganzen Angelegenheit allerdings etwas Zwielichtiges, und dazu trug Tacitus, der Geschichtsschreiber, erheblich bei, der Germanicus vergötterte. Sein Tod bedeutete, daß nun der Sohn des Kaisers, Drusus der Jüngere, der unumstrittene Thronfolger war. Aber im Jahre 23 starb auch Drusus, und damit fiel die Anwartschaft auf den Thron nun den beiden ältesten Söhnen des Germanicus und der Agrippina der Älteren zu, Nero Caesar (nicht zu verwechseln mit Kaiser Nero) und Drusus Caesar (nicht zu verwechseln mit Nero Drusus und Drusus dem Jüngeren), die zu dieser Zeit 17 bzw. 16 Jahre alt waren. Der Kaiser empfahl sie dem Schutze des Senats.

Dennoch ließ Tiberius' Verhältnis zum Senat viel zu wünschen übrig. Zwar achtete er sorgfältig darauf, daß die traditionelle Würde des Senats gewahrt wurde und daß sein persönlicher Einfluß auf die Wahl der Beamten möglichst unauffällig blieb. Er ließ es auch nicht zu, daß man ihm allzu sehr schmeichelte, und entsprach damit den beiden Tugenden »Maßhalten« und »Milde«, an die er auf seinen Münzen erinnerte. Doch sein Versuch, den Senat wieder stärker an der Regierung zu beteiligen und ihm mehr Verantwortung zu übertragen, kam zu spät. Zu sehr war die Macht des Senats bereits ausgehöhlt. Nach einer Senatssitzung will man vernommen haben, wie Tiberius auf griechisch bemerkte: »Männer zu Sklaven geschaffen«.

Das schwerwiegendste Ereignis im Leben des Tiberius war der Aufstieg des Lucius Aelius Seianus, der zu Beginn seiner Regierungszeit zunächst Kollege und dann im Jahre 15 Nachfolger seines Vaters im Amt des Prätorianerpräfekten war. Sehr bald schon wurde offenbar, daß er der wichtigste Ratgeber des Kaisers war. Obwohl Tacitus über seine unaristokratische Herkunft die Nase rümpfte, verfügte Seianus doch über gute Verbindungen zu einflußreichen römischen Kreisen. Er war liebenswürdig und ein großer, erfolgreicher Verführer der Frauen. Um das Jahr 23 wurde, wohl auf sein eigenes Betreiben hin, seine Macht bedeutend erweitert. Kurz zuvor hatte man alle neun Prätorianerkohorten, die ursprünglich auf Rom und andere italische Städte verteilt waren, in der Hauptstadt zusammengezogen, und nun ermächtigte der Kaiser Seianus, sie in einer einzigen Kaserne unterzubringen, deren hohe Mauern man noch heute sehen kann. Als Drusus der Jüngere, der den Präfekten ablehnte, starb, blieb Seianus der einzige Freund und Vertraute des Kaisers, sein »Arbeitspartner«, wie er ihn vor dem Senat und der Volksversammlung nannte.

Von nun an häuften sich die Hochverratsprozesse, denn Seianus teilte nicht nur, sondern schürte auch Tiberius' Angst vor Verschwörungen und berief sich auf die Hochverratsgesetze, um sich seiner eigenen Feinde zu entledigen. Dennoch hatte er den Kaiser nicht völlig in der Hand. Er durfte zum Beispiel Livilla (Livia Iulia), die Witwe des jüngeren Drusus, nicht heiraten, weil eine Ehe zwischen einem Ritter und einer Aristokratin beim Senat Unwillen erzeugt hätte. Aber schon im darauffolgenden Jahr, 26 n. Chr., erhielt Seianus erneut Gelegenheit, seine Macht zu erweitern, als Tiberius beschloß, sich von Rom nach Capri zurückzuziehen, um niemals wieder den Boden der Hauptstadt zu betreten. Man sagte ihm nach, diesen Schritt getan zu haben, um sich dem Einfluß seiner herrschsüchtigen und schwierigen Mutter Livia Drusilla zu entziehen, die den Namen Iulia Augusta führte, seit Augustus sie in seinem Testament adoptiert hatte. Tiberius wollte sich jedoch überhaupt von den Menschen zurückziehen, besonders von den Senatoren, mit denen er schwer auskam. So waren es nur wenige Freunde, mit denen er sich auf Capri umgab, die meisten waren griechische Gelehrte und Astrologen. Außerdem war er in höchstem Maße um seine persönliche Sicherheit besorgt, weshalb ihm die nur schwer zugängliche Insel und die »Iuppitervilla« auf ihrer Ostspitze ein ganz besonders geeigneter Zufluchtsort gewesen sein muß.

Von dort aus regierte er das Reich weiterhin mit der für ihn bezeichnenden Gewissenhaftigkeit. Seine Zurückgezogenheit gab jedoch jeder Art von Gerüchten Nahrung, insbesondere Gerüchten über angebliche sexuelle Verirrungen. Noch weitaus entscheidender aber war, daß seine Kontakte mit dem Senat sich nun nur noch auf schriftliche Mitteilungen beschränkten und daß dadurch die Autorität des Seianus ins Ungeheure wuchs. Aller Wahrscheinlichkeit nach war sogar er es gewesen, der den Anstoß zu Tiberius' Rückzug nach Capri gegeben hatte, denn nun bestimmte er, wer Zutritt zu Tiberius erhielt, und beaufsichtigte er die Soldaten, die den Kurierdienst des Kaisers versahen.

Seianus brachte den Kaiser dahin zu glauben, daß die Hauptgefahr für sein Leben von Agrippina der Älteren und ihren beiden

Söhnen Nero Caesar und Drusus Caesar ausginge, die noch immer von der Popularität ihres Vaters Germanicus zehrten. Im Jahre 26 erlaubte Tiberius anscheinend nicht, daß Agrippina wieder heiratete. Drei Jahre später wurden auf Anzeigen des Seianus und dann auch des Kaisers hin Gerichtsverfahren gegen sie und die beiden jungen Männer eingeleitet. Die Anklagen gegen Nero Caesar (wegen sexueller Perversion) und gegen Agrippina (wegen verräterischer Umtriebe) lösten in der Bevölkerung Empörung aus. Beide wurden verhaftet und auf Inseln verbannt. Auch Drusus Caesar wurde gefangengenommen und ins Gefängnis der Hauptstadt gebracht. Ob sie sich nun gegen Tiberius verschworen hatten oder nicht – auf jeden Fall waren alle drei vier Jahre später tot. Nur der dritte Sohn des Germanicus und der Agrippina überlebte, der junge Gaius (Caligula).

Im Jahre 31 wurde Seianus, obwohl er als Ritter nicht in den Senat gewählt werden konnte, Konsul und somit Amtskollege des Tiberius. Nach Beendigung des Konsulates erhielt Seianus wahrscheinlich die gleiche Machtbefugnis (»imperium«) wie Tiberius sie von Augustus erhalten hatte. Nun durfte er auch Livilla, die Witwe des jüngeren Drusus, heiraten. Aber sein Sturz folgte auf dem Fuß. Antonia, Livillas Mutter, hatte dem Kaiser eine vertrauliche Mitteilung zukommen lassen. Offensichtlich plante Seianus, den neunzehnjährigen Gaius umzubringen, dessen Nachfolge auf den Thron das Ende seiner eigenen Karriere bedeutet hätte. Allem Anschein nach wünschte er sich einen jüngeren, leichter formbaren Thronfolger, wie etwa Tiberius Gemellus, den zwölfjährigen Sohn Drusus' des Jüngeren. Auf diese Nachricht hin übertrug der Kaiser den Befehl über die Prätorianer insgeheim einem anderen seiner Freunde, Macro. Ihm gelang es, in Zusammenarbeit mit einem der Konsuln und dem Kommandanten der Feuerwehr, Seianus während einer Senatssitzung verhaften zu lassen, und ohne besondere Befehle des Kaisers abzuwarten, beschloß der Senat sofort seine Hinrichtung.

Es folgten weitere Prozesse und Todesurteile. Apicata, Seianus' Witwe, beging Selbstmord, nachdem sie den Kaiser davon unterrichtet hatte, daß der Tod seines Sohnes Drusus des Jüngeren, der acht Jahre zurücklag, von ihrem Mann und seiner Geliebten Livilla veranlaßt worden sei. Obwohl das wahrscheinlich nicht stimmte, schenkte der Kaiser diesem Bericht doch Glauben und ließ Livilla verhungern. Schließlich machte Tiberius sein Testament und setzte Gaius und Gemellus gemeinsam als Erben ein, obschon bekannt war, daß Gaius sein Nachfolger sein würde. Im März des Jahres 37 starb Tiberius 78jährig in Misenum, in der Villa des Lucullus. Er ist wahrscheinlich eines natürlichen Todes gestorben. Allerdings liefen, wie immer unvermeidlich, auch gegenteilige Gerüchte um.

Tiberius war, wie Suetonius uns berichtet, ein hochgewachsener, stattlicher Mann mit einer außergewöhnlich starken linken Hand, der sich fast bis an sein Lebensende bester Gesundheit erfreute, abgesehen davon, daß er manchmal an einem Ausschlag im Gesicht litt. Er fürchtete sich vor Donner, und wenn er aufwachte, konnte er eine Zeitlang im Dunkeln sehen. »Er schritt mit steifem zurückgebogenem Nacken einher, meist mit ernstem Gesicht, fast immer schweigend, denn er pflegte sogar mit seiner engeren Umgebung nicht oder nur sehr selten zu sprechen, und dann sehr bedächtig, mit einer gewissen gezierten Bewegung der Finger.« Obwohl er nicht religiös war, interessierte er sich für Mythen und glaubte wie die Astrologen fest daran, daß alles vom Schicksal bestimmt sei. Ihm fiel es schwer, schnell Zugang zu anderen Menschen zu finden, eine Gabe, die Augustus im Übermaß besaß. Der Historiker Cassius Dio notierte später: »Tiberius hielt nichts davon, wenn ein Herrscher seine Gedanken offen zeigte. Nach seinen Worten war nämlich ein derartiges Verhalten oftmals Ursache schwerer Mißerfolge, während das Gegenteil zu weit mehr und größeren Ergebnissen führte.« Dieses Unvermögen, sich zu erkennen zu geben, das er auch auf Capri beibehielt, war die Ursache vieler Schwierigkeiten. Außerdem war er, wenn er sprach oder schrieb, oft sarkastisch und verletzend. Obwohl er nicht unmenschlich war, wirkte er finster und unheimlich. Der Geschmack der Zeit war seine Sache nicht. Er konnte sich nicht einmal zum Schein an den Gladiatorenspielen erfreuen. Wenn aber jemand sein Verhalten kritisierte, und das kam häufig vor, dann geriet er außer sich und reagierte über die Maßen heftig. Darüber hinaus war er zutiefst mißtrauisch und leicht zu ängstigen.

Für den Geschichtsschreiber Tacitus hatte Tiberius geradezu etwas Alptraumhaftes. Er verzeichnet eine ganze Reihe von Verschlechterungen, die sich im Laufe seiner Regierung einschlichen. Er hatte recht, zumindest soweit es die herrschende Schicht betraf. Aber auch in den Provinzen fraß sich ein gewisser Schlendrian fest, obwohl der allgemein hohe Standard einer verantwortungsbewußten Verwaltung erhalten blieb. Wie viele andere Schriftsteller der Antike so glaubte allerdings auch Tacitus, daß die Persönlichkeit eines Menschen sich während seines Lebens nicht verändere und daß, falls diese Persönlichkeit sich nicht in seinen Taten widerspiegele, dies nur daher käme, daß er sich verstellen könne. Also mußte ihm Tiberius durch und durch schlecht erscheinen (zumal Tacitus immer Domitianus vor Augen hatte, unter dem er gelebt hatte), und das viele Gute, das er offenkundig bewirkt hatte, nichts anderes als böse Heuchelei sein.

Das komplexe und geschickt ausbalancierte Prinzipat, das Tiberius von Augustus übernommen hatte, war als politisches Erbe fast zuviel, als daß es ein einzelner allein tragen konnte. Und trotzdem erklärte Tiberius: »Ich fasse alle seine Taten und Worte so auf, als ob sie Gesetzeskraft hätten«, denn er wußte, daß es zu spät war, um den Mechanismus der Alleinherrschaft rückgängig zu machen. So bildete seine Regierung den Übergang von dem auf eine einzelne Person abgestimmten System des Augustus zu dem Kaisertum der kommenden Generationen, das eigene Formen entwickelt hatte. Sie war eine Periode behutsamer Konsolidierung. Dennoch blieb Tiberius beunruhigt, denn im Grunde seines Herzens war er ein Republikaner wie seine Vorfahren. Er war zu ehrlich, um eine Situation, die ihm nicht lag, einfach zu überspielen, und das Verhalten allzu vieler Senatoren, mit denen er zu tun hatte, flößte ihm tiefes Mißtrauen ein.

Unter Tiberius predigte Jesus von Nazareth, und unter ihm wurde er in Jerusalem gekreuzigt. Wenn, nach dem Evangelisten Matthäus, Jesus die Pharisäer aufgefordert hat, ihm eine Steuermünze zu bringen, und wenn er, nachdem er sie gefragt hatte, wessen Bild und Name darauf zu sehen seien, gesagt hat: »Gebt dem Kaiser, was des Kaisers ist, und Gott, was Gottes ist«, dann kann es sich bei der Münze nur um einen Denar gehandelt haben, der das Porträt und die Namen des Tiberius trug.

Gaius (Caligula) (37–41)

Gaius (Gaius Iulius Caesar Germanicus) wurde im Jahre 12 als dritter Sohn des Germanicus und der Agrippina der Älteren in Antium geboren. Den Kosenamen Caligula (»Militärstiefelchen«) erhielt er, als er zwischen seinem zweiten und vierten Lebensjahr von seinen Eltern nach Germanien mitgenommen wurde und dort eigens für ihn angefertigte kleine Militärstiefel trug.

Während seines achtzehnten und neunzehnten Lebensjahres wurden seine beiden älteren Brüder und seine Mutter in Haft genommen und starben. Gaius dagegen wurde 31 zum Priester und 33 zum Quästor ernannt. Ab 32 lebte er mit Tiberius auf Capri, und dieser setzte ihn zusammen mit Tiberius Gemellus, dem Sohn des jüngeren Drusus, als Erben ein, gab aber zu verstehen, daß er Gaius als Nachfolger bevorzuge. Doch Gaius wurde deswegen keineswegs in besonderer Weise auf die neuen Aufgaben vorbereitet. Als Tiberius im Jahre 37 starb, liefen Gerüchte um, daß Gaius ihn erstickt oder vergiftet hätte, doch man braucht ihnen keinen Glauben zu schenken, denn Tiberius' Leben neigte sich natürlicherweise dem Ende zu.

Sofort nach Tiberius' Tod wurde Gaius auf Betreiben des Prätorianerpräfekten Macro durch den Senat zum Kaiser ausgerufen, und es scheinen sogar die Senatoren selbst gewesen zu sein, die, sobald er nach Rom zurückgekehrt war, die Volksversammlung veranlaßten, ihm mit einer umfassenden Maßnahme sämtliche kaiserlichen Vollmachten zu verleihen. Außerdem wurde das Testament seines Vorgängers für ungültig erklärt, so daß Gaius das gesamte Vermögen erbte, ohne daß Gemellus auch nur einen Teil davon erhielt. Es waren vor allem die Soldaten, welche die Familie des Germanicus, zu der ja Gaius gehörte, liebten, weshalb es ganz in ihrem Sinne war, daß er das Andenken seiner Verwandten ehrte, die so kläglich ums Leben gekommen waren. Er ließ zwar pflichtgemäß das Begräbnis des Tiberius ausrichten, der für alle diese Greueltaten verantwortlich war, aber da niemand seinen Tod bedauerte, unterließ er es, den üblichen Antrag auf Vergöttlichung zu stellen, und sprach bald in der ihm eigenen herabsetzenden Art von ihm.

Seine Großmutter Antonia die Jüngere, die Witwe Nero Drusus', die möglicherweise zügelnd auf den jungen Kaiser gewirkt hatte, starb am 1. Mai 37. Im Oktober desselben Jahres erkrankte Gaius schwer, und dem jüdischen Philosophen Philon zufolge, der keineswegs eine besondere Vorliebe für Caligula hegte, war seine Beliebtheit im ganzen Reich so groß, daß die Nachricht von seiner Erkrankung überall große Trauer und Sorge auslöste. Er erholte sich zwar, aber Philon meint, wahrscheinlich zu recht, daß er von da an nicht mehr derselbe wie früher war. Im Jahre 38 trieb er den Mann, der seine wichtigste Stütze war, den Prätorianerpräfekten Macro, in den Tod und Tiberius Gemellus, den er als potentiellen Rivalen fürchtete, erlitt das gleiche Schicksal. Außerdem wurde Marcus Iunius

Silanus, der Vater der ersten der vier Ehefrauen des Kaisers, zum Selbstmord getrieben. Diese Vorkommnisse alarmierten den Senat, zumal Gaius im Januar des Jahres 39 verkündete, daß er die Hochverratsprozesse wieder einführen wolle, die aus der Regierungszeit des Tiberius noch in schmerzlicher Erinnerung waren. Auf diese Weise wurde die Erinnerung an Tiberius wieder öffentlich geweckt. Bald kamen dem Kaiser auch Gerüchte über Untreue zu Ohren, und ein Statthalter Pannoniens, der erst kurz zuvor abgedankt hatte, wurde zum Selbstmord gezwungen.

Gaius hatte geplant, die expansionistischen Unternehmungen seines Vaters Germanicus jenseits des Rheins wiederaufzunehmen. Doch noch bevor er die Hauptstadt verließ, erfuhr er, daß der sehr einflußreiche Befehlshaber der römischen Truppen in Obergermanien, Gnaeus Cornelius Lentulus Gaetulicus, ihm in Moguntiacum (Mainz) nach dem Leben trachte. Trotzdem brach der Kaiser im September 39 plötzlich nach Norden auf. In seiner Begleitung befanden sich eine zahlenmäßig starke Abteilung der Prätorianergarde, seine beiden noch lebenden Schwestern, Iulia Agrippina (Agrippina die Jüngere) und Iulia Livilla, sowie Marcus Aemilius Lepidus (der Witwer seiner dritten Schwester Iulia Drusilla), der möglicherweise sein Nachfolger werden sollte. Doch bald nach ihrer Ankunft in Germanien wurden Lepidus und Gaetulicus umgebracht, die beiden Schwestern verbannt, und Gaius bemächtigte sich ihres Vermögens.

Den Winter verbrachte Gaius in den Garnisonen am Rhein und in Gallien. Doch weder sein Germanienfeldzug noch seine in Aussicht genommene Invasion Britanniens, das ein Jahrhundert, nachdem Iulius Caesar zweimal dort gelandet war, immer noch unabhängig war, fanden statt. Daß er seine Truppen an der Kanalküste habe Muscheln sammeln lassen, ist wohl übertrieben. Außer Zweifel steht dagegen, daß Gaius gar nicht schnell genug wieder nach Rom zurückkommen konnte, wo der Senat, wie er wußte, in gefährlicher Weise sein Befremden über sein Verhalten äußerte. Noch bevor er Italien erreichte, stiftete er zusätzliche Unruhe unter den Senatoren, weil er sie in Sendschreiben aufforderte, Verfolgungsmaßnahmen im Zusammenhang mit der Verschwörung des Gaetulicus zu ergreifen. Und als er sich im Sommer der Hauptstadt näherte, versäumte er es, wie es die Höflichkeit erfordert hätte, ihnen seine Ankunft zu melden. Dennoch gewährte der Senat ihm eine Ovation für seine Scheinsiege und gestattete ihm, in Begleitung einer Leibwache an den Senatssitzungen teilzunehmen und an einem erhöhten, geschützten Platz zu sitzen.

In kürzester Zeit wurden mindestens drei weitere Verschwörungen gegen ihn geplant. Eine Gruppe von Römern wurde gerichtlich verfolgt, die ihr Handeln philosophisch, und zwar aus stoischen Grundsätzen heraus begründeten. Ernster zu nehmen war dagegen Gaius' Verdacht, daß die beiden Prätorianerpräfekten, Marcus Arrecinus Clemens und sein uns unbekannter Kollege, seine Ermordung zum Ziele hatten. Von dieser Anschuldigung alarmiert, schlossen sich Clemens und wohl auch sein Kollege einer Gruppe empörter und unter dem Terror leidender Senatoren an, die tatsächlich an einer Verschwörung arbeiteten. Für die Ausführung der Tat hatten sie einen langgedienten Prätorianeroffizier namens Cassius Chaerea ausersehen, über den Gaius sich wegen seiner angeblichen Weichlichkeit lustig gemacht hatte. Am 24. Januar 41 überfiel er mit zwei Kollegen den Kaiser in einem Gang unterhalb des auf dem Palatin gelegenen Palastes. Einige seiner germanischen Leibwächter stürzten herbei, doch zu spät, um sein Leben zu retten. Danach erstach ein Prätorianer Caesonia, Gaius' vierte Frau, und ein anderer zerschmetterte den Kopf ihrer kleinen Tochter an einer Mauer.

Gaius' Vorstellung von der imperialen Machtausübung wich von der sorgfältig verborgen gehaltenen Alleinherrschaft seiner beiden Vorgänger in ganz erheblichem Maße ab. Vielleicht stand er unter dem Einfluß von Freunden aus dem Osten des Reiches, besonders unter dem des jüdischen Königs Iulius Agrippa. Auf jeden Fall wollte er von solchem Versteckspiel nichts wissen, sondern herrschte lieber offen als Despot wie die Monarchen der hellenistischen Welt. Große Kupfermünzen, die während seiner Regierungszeit herausgegeben wurden, erwähnen seine drei Schwestern, Agrippina die Jüngere, Iulia Drusilla und Iulia Livilla. Alle drei werden, wie die vergöttlichten Königinnen der Ptolemäer, in aufrechter Haltung, versehen mit Attributen von Göttinnen, dargestellt. Agrippina die Jüngere und Iulia Livilla sind später in Ungnade gefallen. Dagegen wurde Iulia Drusilla, die Gaius innig liebte, nachdem sie im Jahre 38 gestorben war, offiziell zur Göttin erhoben. Sie war die erste Römerin, der diese Ehre widerfuhr.

Wenn Gaius stolz erwähnte, daß er seine Gesinnung nicht geändert habe, dann müssen seine Zuhörer erschrocken gewesen sein, die miterlebten, wie alarmierend schnell sich sein Wesen veränderte. Offenbar hatte er nichts anderes im Sinn, als die noch immer bestehende pseudorepublikanische Fassade des Kaisertums augusteischer Prägung niederzureißen. Zu den spektakulärsten Demonstrationen, mit denen er aller Welt sein überstiegenes Verständnis imperialer Gewalt bekunden wollte, gehörte der Bau einer Schiffsbrücke, die zwischen drei und fünf Kilometer lang in der Bucht von Neapel errichtet wurde und ihm die Behauptung ermöglichte, daß er wie ein neuer Neptunus über die Wogen geritten sei. Sogar in Rom war man nahe daran, ihn bereits zu Lebzeiten zu vergöttlichen, obwohl die Münzen keine Hinweise auf diese absolute Neuerung enthalten.

Dieses Problem der Vergöttlichung führte zu einer ernsten Krise unter den Juden im Osten des Reiches. In Alexandria war es 38 zu erbitterten Kämpfen zwischen den dort ansässigen Juden und den zur Mehrheit in der Stadt gehörenden Griechen gekommen, die den Anspruch ihrer jüdischen Mitbürger auf das volle Bürgerrecht der Stadt ablehnten. Dieser Konflikt führte zum ersten schweren Pogrom in der Geschichte, in dessen Verlauf heidnische Banden sich mordend den Weg zu den Synagogen bahnten, wo sie Statuen des Kaisers aufstellten. Im Jahre 40 sandten beide Parteien Abordnungen nach Rom, um dort ihren Standpunkt zu verteidigen. Philon, der die jüdischen Gesandten anführte, hat uns eine lebendige Darstellung der Ereignisse überliefert. Die Juden versuchten, dem Kaiser zu erklären, daß es ihnen aus religiösen Gründen verboten sei, *ihm selbst* zu opfern, daß sie sich aber glücklich schätzten, wenn sie *für ihn* Opfer darbrächten, was sie auch wirklich regelmäßig taten. Gaius erwiderte nur, daß es nicht so sehr ein Verbrechen, als vielmehr unverantwortlicher Wahnsinn sei, seine Göttlichkeit nicht anzuerkennen. Bald darauf liefen in Rom auch schlimme Nachrichten aus Jamnia in Judäa ein. Dort gab es ebenfalls eine gemischte Bevölkerung aus Griechen und Juden, und weil die Juden den Altar zerstört hatten, den die Griechen zu Ehren des Kaisers errichtet hatten, ließ Gaius alle Heiligtümer des Landes in Kultstätten des Kaisers umwandeln. So befahl er Publius Petronius, dem Statthalter von Syrien, eine Kaiserstatue in der Gestalt Iuppiters (Zeus') in Auftrag zu geben und im Tempel von Jerusalem aufstellen zu lassen. Obwohl Petronius sich darüber im klaren war, daß dies zu offenem Aufruhr und zu Scharen von Märtyrern führen mußte, stellte er dennoch eine Armee von der Stärke einer Legion auf, um dem Befehl des Kaisers Nachdruck zu verleihen. Auf den Rat seines jüdischen Freundes Iulius Agrippa hin nahm der Kaiser diesen Befehl allerdings wieder zurück. Wenig später wurde er ermordet.

Dem Biographen Suetonius zufolge war Gaius hochgewachsen und außerordentlich bleich. Sein Körper war unförmig, sein Hals und seine Beine waren sehr dünn, und seine Augen und seine Schläfen waren hohl und eingefallen. Seine Stirn war breit und trotzig und sein Haar schütter. Es bedeckte nur den Hinterkopf. Sein Körper dagegen war stark behaart. Angeblich duldete er wegen seiner Kahlköpfigkeit, aber auch wegen seiner starken Körperbehaarung nicht, daß man auf ihn herabblickte oder in seiner Gegenwart das Wort »Ziege« in den Mund nahm. Beides betrachtete er als Kapitalverbrechen. Im übrigen gab er sich alle Mühe, sein abstoßendes Äußeres noch widerwärtiger zu machen, indem er sich vor dem Spiegel im Grimassenschneiden übte. Er schwärmte für den Zirkus und das Theater und vernachlässigte deshalb in gefährlichem Ausmaße die Staatsgeschäfte. In den Gerüchten über sein ausschweifendes Liebesleben ist von Sadismus, Homosexualität und Inzest mit seinen Schwestern die Rede. Suetonius kommt zu dem Schluß, daß er sowohl seelisch als auch körperlich krank gewesen sei. Gaius, so schreibt er, habe an akuter Schlaflosigkeit gelitten und manchmal weder seine Glieder bewegen noch einen klaren Gedanken fassen können. Außerdem konnte er oft nicht genug Menschen um sich haben, dann aber war er wieder äußerst menschenscheu und sehnte sich nach völliger Abgeschiedenheit. Außerdem konnte er entsetzlich reizbar und grenzenlos zornig sein. Für Philon lag der Grund dafür in den allzu ungezügelten Ausschweifungen zu Beginn seiner Regierungszeit. Andere Schriftsteller schildern ihn als epileptisch, schizoid, schizophren und chronisch alkoholsüchtig, und zu allem Überfluß soll ein Aphrodisiakum, das seine letzte Frau Caesonia ihm verabreicht haben soll, sein Nervensystem zerstört haben. Allerdings lassen sich alle diese Behauptungen nicht beweisen.

Trotz seiner Unausgeglichenheit verfügte Gaius über beachtliche Fähigkeiten. Es ist wahr, daß er unstet war und daß es seiner an Fanatismus grenzenden Energie an Ausdauer fehlte, dafür war er aber ein außerordentlich beeindruckender Redner. Seine zahlreichen kurzen Äußerungen zeugen von einem wachen und scharfen Realitätssinn, und seine literarischen Anforderungen, die er stellte, waren gleichermaßen anspruchsvoll. Homeros, Vergilius, Livius – keiner von ihnen wurde von seiner scharfen Kritik verschont, auch nicht der Philosoph Seneca der Jüngere, den Gaius mit »kalklosem Sand« verglich. Er übte nach dem Tod des Kaisers Vergeltung, indem er ihn in das denkbar schlechteste Licht rückte.

Claudius (41–54)

Claudius (Tiberius Claudius Nero Germanicus) wurde 10 v. Chr. in Lugdunum, dem heutigen Lyon, geboren. Er war der jüngste Sohn des Nero Drusus, des Bruders des Tiberius, und der Antonia der Jüngeren, einer Tochter des Triumvirn Marcus Antonius und der Octavia. Von Krankheit und auffälliger Behinderung gezeichnet, welche die Folgen einer geistigen Entwicklungsstörung zu sein schienen, fand er unter Augustus keine weitere Beachtung. Er wurde nur Augur und erhielt auch unter Tiberius kein öffentliches Amt. Als sein Neffe Gaius Kaiser wurde, machte er ihn 37 zu seinem Mitkonsul, beachtete ihn aber im übrigen nicht weiter.

Nachdem Gaius ermordet worden war, versteckte sich Claudius im Palast hinter den Vorhängen einer Balkontür. Dort entdeckte ihn ein Prätorianer und führte ihn in ihr Lager, wo die Soldaten ihn zum Kaiser ausriefen, allem Anschein nach auf Betreiben der beiden Gardepräfekten, von denen zumindest einer bei der Ermordung des Gaius seine Hand im Spiel hatte. Der Senat allerdings zögerte, die Wahl anzuerkennen, denn er war sich zu diesem Zeitpunkt über sein weiteres Vorgehen nicht schlüssig und erwog sogar den völlig aussichtslosen Plan, die Republik wieder herzustellen. Doch der Senat schloß sich bald der Politik der Prätorianer an und gewährte Claudius die kaiserlichen Machtbefugnisse. Claudius vergaß allerdings nie, daß die Senatoren anfangs gezögert hatten, ihn zum Kaiser zu ernennen, und sie wiederum verziehen ihm nicht, daß er ihnen die Entscheidung aus der Hand genommen hatte. Das war das erste Mal, und viele sollten noch folgen, daß das Recht des Senates, den Thronfolger zu wählen, mißachtet wurde.

Claudius war auch der erste Kaiser, der die Prätorianer dafür, daß sie ihn zum Herrscher ausriefen, reichlich belohnte, womit er ein weiteres, für die Zukunft unheilvolles Beispiel gab. Darüber hinaus verkündete er mit bisher ungekannter Offenheit auf Gold- und Silbermünzen, daß er den Prätorianern und ihren Präfekten den Thron verdanke. Eine der Münzserien erinnert an den Treueid, den die Prätorianer ihm geschworen haben (PRAETOR*iani* RECEPT*i in fidem*), eine andere noch deutlicher an seinen ersten Besuch in ihrem Lager (IMPER*ator* RECEPT*us*). In diesem Zusammenhang hatte »imperator« die Bedeutung von »Kaiser« erlangt. Allerdings wagte es Claudius noch nicht – wie seine beiden Vorgänger es auch nicht gewagt hatten –, den Titel, nach dem Vorbild des Augustus, zu einem festen Bestandteil seines Namens zu machen. Obwohl Claudius keine militärische Erfahrung besaß, leistete das Heer ihm bereitwillig Gefolgschaft, war er doch der Bruder des beliebten Germanicus, der im Jahre 19 gestorben war, und dessen Namen er trug.

Im Jahre 42 verschlechterte sich das politische Klima, als bekannt wurde, daß der Statthalter von Oberillyrien (Dalmatien), Marcus Furius Camillus Scribonianus, eine Revolte angezettelt hatte. Sie wurde zwar noch im Keime erstickt, aber es kam dabei auch zutage, daß die Verschwörer Beziehungen zu einflußreichen Familien in Rom unterhielten. Die Folge war, daß Claudius strengste Sicherheitsmaßnahmen ergriff, so daß keine der sechs oder mehr Verschwörungen gelang, die sich in den verbleibenden Jahren seiner Regierungszeit gegen ihn richteten. Ihre Niederwerfung kostete angeblich 35 Senatoren und zwischen 200 und 300 Rittern das Leben. Daher überrascht es nicht, daß die Ehrerbietung, die der Kaiser nach außen hin dem Senat zollte, bei den Senatoren jeglichen Eindruck verfehlte. Im Gegenteil, Claudius' oft ausgesprochener Wunsch, daß der Senat unabhängig und in eigener Verantwortung handeln solle, stieß auf taube Ohren, zumal er selbst, strenger als seine Vorgänger, die Zusammensetzung des Senats kontrollierte und dafür eigens das Amt des Zensors wieder ins Leben gerufen hatte, das er in der Zeit von 47–48 sogar selbst bekleidete.

Unmittelbar nach dem Putschversuch des Scribonianus wollte Claudius die Öffentlichkeit von diesen unerfreulichen Ereignissen ablenken und beschloß zu diesem Zweck, Britannien zu erobern, was Gaius nicht gelungen war. Claudius hatte Erfolg. In der Zeit zwischen 43 und 47 wurden unter dem Kommando von Aulus Plautus Süd- und Mittelengland eingenommen und zur Provinz Britannia gemacht. Die Grenze bildete der Fosse Way, der von Lindum (Lincoln) bis in die Nähe von Isca Dumnoniorum (Exeter) verlief. Um Camulodunum (Colchester), die Hauptstadt der besiegten Belgen, einzunehmen, kam Claudius höchstpersönlich nach Britannien. In der Zwischenzeit hatte er auch die beiden thrakischen Klientelkönigreiche annektiert und in eine weitere neue Provinz umgewandelt. Aus diesem Gebiet kamen übrigens viele neue Hilfstruppen, und Claudius achtete genau darauf, daß die Bedingungen, unter denen sie ihren Dienst angetreten hatten, auch eingehalten wurden. Aus seiner Regierungszeit stammen auch die ersten Funde bronzener »diplomata«, Urkunden, die den Soldaten der Hilfstruppen, wenn sie nach 25 Jahren aus dem Dienst schieden, sowie ihren Frauen und Söhnen das römische Bürgerrecht zuerkannten. Schon Claudius' Vorgänger kannten diese Praxis, doch erst unter ihm wurde sie zur festen Regel. Außerdem eröffnete er den Angehörigen des Ritterstandes neue Aufstiegsmöglichkeiten beim Militär. Er reorganisierte die kaiserliche Flotte und erweiterte den Flottenstützpunkt Puteoli durch den Bau eines neuen, großen Hafens, durch Portus Augusti bei Ostia, und kleinere Flotteneinheiten wurden in britischen und pontischen Häfen stationiert.

Claudius wehrte sich dagegen, daß das Imperium hauptsächlich von Bewohnern Italiens verwaltet wurde. Deshalb legte er Wert darauf, daß zum Beispiel freigewordene Sitze im Senat nicht nur mit Männern aus Italien oder dem romanisierten Süden Galliens besetzt wurden, sondern auch mit Männern, die aus den weniger entwickelten Gebieten Galliens kamen. Auf einer Inschrift ist uns eine Rede überliefert, die Claudius zu diesem Thema vor dem Senat hielt. Darin begegnet er dem Vorwurf, daß er alte Gepflogenheiten aufgebe, mit dem Hinweis, daß Neuerungen stets eine wichtige Eigenschaft des sich fortwährend weiterentwickelnden Römischen Reiches gewesen seien, und daß der Schritt, den er zu tun gedenke, keineswegs ein Abweichen von der Tradition, sondern ihre konsequente Weiterführung bedeute. »Ihr fragt mich«, fuhr er fort, »solle man nicht einen Senator aus Italien einem, der aus einer Provinz stammt, vorziehen? ... Ich meine, daß man Provinzbewohner keineswegs von der Mitgliedschaft im Senat ausschließen soll, vorausgesetzt, daß sie das Ansehen des Senats mehren.« Doch so fortschrittlich diese Rede auch klingt, enthält sie doch immer noch bedeutende Zugeständnisse an die Vorrangstellung der Bewohner Italiens; und die Veränderungen, die sie einleitete, waren alles andere als sensationell, denn auch in den Folgejahren blieb die Zahl der nichtitalischen Senatoren vergleichsweise klein. Trotzdem beschworen die behutsamen Ausführungen des Kaisers einen Sturm der Fremdenfeindlichkeit herauf und boten Anlaß zu bitteren Scherzen über Claudius' vermeintliche Vorliebe für Fremde.

Darüber, wie Claudius Nichtrömern begegnete, können wir auch etwas einem anderen Edikt entnehmen, das sich auf ein Problem bezieht, mit dem er es seit Beginn seiner Regierungszeit zu tun hatte, den gewalttätigen und nicht enden wollenden, blutigen Auseinandersetzungen zwischen Griechen und Juden in Alexandrien (s. Gaius). Beide Seiten sandten unmittelbar nach seiner Thronbesteigung Delegationen zu ihm, die er streng und unparteiisch ermahnte:

»Was die Frage angeht, welche Seite für die Unruhen und Streitereien (ja, um die Dinge beim Namen zu nennen, für den Bürgerkrieg) mit den Juden verantwortlich war ... so hatte ich keine Lust, eine strenge Untersuchung durchzuführen, obwohl in mir gegen jede Partei, die den Konflikt wieder aufleben ließ, der gleiche Zorn schwelte. Und ich erkläre euch ein für allemal: Wenn ihr dieser Schaden stiftenden, widerwärtigen Feindseligkeit gegeneinander kein Ende macht, könnte ich mich veranlaßt sehen, euch zu zeigen, wozu selbst ein von Wohlwollen erfüllter ›princeps‹ fähig ist, wenn man ihn immer nur zu gerechtem Zorn reizt.«

Claudius konzentrierte sich besonders auf die Arbeit, die es in Rom zu tun gab. Vor allem schenkte er den richterlichen Aufgaben mehr Aufmerksamkeit als seine Vorgänger. Im Gegensatz zu modernen Regierungsoberhäuptern fungierten die römischen Herrscher selbst als Richter und saßen keineswegs nur beobachtend den Gerichtsverhandlungen bei, die unter den Auspizien des Senats stattfanden. Vielmehr verfügten sie sogar über einen eigenen kaiserlichen Gerichtshof, dem sie vorstanden, wenn er tagte. Claudius widmete sich beiden Aufgaben, der Teilnahme an den Gerichtssitzungen des Senats und dem Vorsitz seines eigenen Gerichtshofes, mit großem Eifer. Dabei galt seine besondere Aufmerksamkeit dem kaiserlichen Gerichtshof, denn dort fanden zum Beispiel Hochverratsprozesse statt, die seine Vorgänger oft dem Senat überlassen hatten. Auf diese Weise wurde die kaiserliche Jurisdiktion wesentlich erweitert. Vermutlich gehen die vielen Anekdoten, denen zufolge Claudius als Richter ein Narr gewesen sein soll, auf die Verärgerung zurück, die viele Senatoren über diese Entwicklung empfunden haben müssen. Tatsächlich aber hat Claudius wirksame Reformen im Bereich der Rechtsprechung durchgeführt. So beschleunigte er anhängige Verfahren, schuf Rechtsgarantien für die sozial Schwachen und Schutzlosen und achtete darauf, daß das Gesetz nicht kleinlich nach dem Buchstaben, sondern gemäß seiner Bedeutung ausgelegt wurde. Das ist aber nur ein Beispiel für den Einsatz, mit dem Claudius seinen Amtspflichten nachkam. Auf den Münzen, die gleich zu Beginn seiner Regierungszeit herausgegeben wurden, wird deshalb auch eine neue Tugend gerühmt, die »constantia Augusti«, die Beharrlichkeit des Kaisers.

Da er aber nicht alle Aufgaben alleine erledigen konnte, brauchte er, wie andere Machthaber auch, Hilfe und setzte sich dadurch wie sie Gefahren aus. Einer seiner wichtigsten Mitarbeiter war Lucius Vitellius, der Vater des späteren Kaisers Vitellius. Lucius Vitellius kam aus den Reihen der Senatoren, denen gegenüber Claudius im allgemeinen mißtrauisch war. Obwohl er nur ritterlicher Abstammung war, sein Vater stammte aus Luceria, wurde er einer der tüchtigsten und anpassungsfähigsten Politiker seiner Zeit. Sein Aufstieg begann unter Tiberius und Gaius, und unter Claudius widerfuhr ihm die seltene Ehre, zum dritten Mal Konsul zu werden. Außerdem wurde er Claudius' Kollege als Zensor. Doch die Arbeitslast des Kaisers war so groß, daß er sich nach weiteren vertrauenswürdigen Helfern umsehen mußte. Infolgedessen erweiterte er den Aufgabenkreis der Mitarbeiter aus seiner engsten Umgebung, bei denen es sich vorwiegend um Freigelassene aus den Ostgebieten des Reiches handelte. Auch in dieser Hinsicht machte er nur eine Zeiterscheinung zur Regel. Allerdings gab es gerade unter seiner Herrschaft mehrere Freigelassene, deren Einfluß alles bisher Dagewesene übertraf. Die Schriftsteller jener Zeit, die den Kaiser ablehnten und die nur Abscheu übrig hatten für diese Männer aus dem Osten, die dem Senat nicht angehörten, warfen Claudius vor, daß er sich nur allzu bereitwillig von den schmählichen Einfällen dieser Günstlinge lenken lasse. In Wahrheit aber entglitt ihm die Kontrolle über die Ereignisse erst in seinen letzten Regierungsjahren. Bis dahin gingen alle wichtigen Entscheidungen von ihm aus. Es trifft jedoch zu, daß die Nähe zum Thron diesen Freigelassenen zu ungeheurem Einfluß und Wohlstand verhalf.

Einer dieser Männer war Polybios, der als Archivsekretär (»a studiis«) wirkte, das heißt, er hatte für die Bestallung der Männer zu sorgen, die der Kaiser für bestimmte Ämter und Aufgaben ausersehen hatte. Daher gingen in seinem Vorzimmer einflußreiche Leute aus und ein. Ein anderer war Callistus, der sich als Sekretär für Bittgesuche (»a libellis«) mit den Eingaben befaßte, die von überallher aus dem Reich eingingen. Der wichtigste und einflußreichste dieser Leute aber war Narcissus, der »Kabinettchef« (»ab epistulis«), der dem Kaiser bei der Erledigung seiner umfangreichen Korrespondenz zur Seite stand und in alle Geheimnisse eingeweiht war. So war auch er es, der die entscheidenden Maßnahmen ergriff, als es im Jahre 48 zu einer Krise kam. Sie ging von Valeria Messalina aus, der Enkelin von Augustus' Schwester Octavia. Die 23jährige Messalina war Claudius' dritte Frau. Der letzte in der langen Reihe ihrer Liebhaber war ein reicher, aus vornehmer Familie stammender Anwärter auf das Konsulat, Gaius Silius, der Sohn eines berühmten Feldherren in Germanien. Während der Kaiser in Ostia weilte, versuchten Silius und Messalina einen Staatsstreich. Es ist denkbar, daß sie Britannicus, den siebenjährigen Sohn des Kaisers, auf den Thron bringen wollten, um als seine Regenten die Geschäfte des Reiches zu führen. Claudius war dieser unerwarteten Gefahr nicht gewachsen, und die Macht schien ihm zum ersten Mal zu entgleiten. Doch da griff Narcissus energisch ein. Er ließ Silius verhaften und hinrichten und trieb Messalina zum Selbstmord.

Paradoxerweise beschleunigte Narcissus' unerschrockenes Eingreifen seinen eigenen Untergang, denn Claudius' vierte Frau, seine Nichte Agrippina die Jüngere (Iulia Agrippina, Tochter des Germanicus und der Agrippina der Älteren), die er im Jahre 49 heiratete, hatte sich mit einem Rivalen des Narcissus, dem Freigelassenen Pallas, verschworen. Pallas war als Finanzsekretär (»a rationibus«) tätig, und der Senat überhäufte ihn mit schmeichlerischen Ehren. Auch Agrippina wurde geehrt, sie wurde zur Augusta erhoben, was vor ihr noch keiner Frau widerfahren war, so lange ihr kaiserlicher Gemahl lebte. Nun, als Gemahlin des Kaisers, setzte sie alles daran, ihren zwölfjährigen Sohn aus einer früheren Ehe, den späteren Kaiser Nero, an Stelle des Britannicus zum Thronfolger zu machen. Deshalb sorgte sie dafür, daß er Claudius' Tochter Octavia heiratete und der Kaiser ihn ein Jahr später adoptierte.

Als Claudius im Oktober 54 starb, war er 64 Jahre alt. Es gibt sehr unterschiedliche Darstellungen seines Todes. Am verbreitetsten ist die Ansicht, Agrippina habe ihn mit vergifteten Pilzen umgebracht. Tatsächlich kann man in Italien die unterschiedlichsten

Pilze sammeln, deren Genuß tödlich ist, aber es ist durchaus nicht einzusehen, warum sie zu diesem Mittel gegriffen haben soll, da ihr Sohn Nero ja offiziell zum Thronerben bestimmt worden war. Andererseits war er immerhin schon 17 Jahre alt, und vielleicht wollte seine Mutter nicht warten, bis er alt genug war, um ohne sie als Regentin auszukommen.

Claudius war, wie uns sein Biograph Suetonius berichtet, ausschließlich heterosexuell, eine Seltenheit bei den römischen Herrschern. Er war groß und von angenehmem Äußeren, hatte ein ausdrucksvolles Gesicht und volles, weißes Haar. Allerdings stotterte er und sabberte, und immer lief seine Nase. Außerdem litt er an chronischem Nervenzucken und konnte bis zur Bewußtlosigkeit essen und trinken. Nachts konnte er nur schlecht schlafen. Dafür nickte er oft tagsüber ein, oft gerade dann, wenn er den Vorsitz bei einem Gerichtsverfahren führte. Plinius der Ältere fügt noch hinzu, daß seine Augenwinkel von feingeäderten und manchmal blutunterlaufenen Hautpartien verdeckt gewesen seien.

Als Kind war er der Schrecken seiner Großmutter Antonia. Sie bezeichnete ihn als ein Ungeheuer, das die Natur zwar entworfen, aber nicht vollendet habe. In seinem späteren Leben litt er unter dermaßen quälenden Magenschmerzen, daß er sogar an Selbstmord dachte, und das, obgleich sich seine Gesundheit allgemein gebessert hatte. Wie dem auch immer war, er scheint schwer leidend gewesen zu sein. Seine Beschwerden werden bald als Folge einer Kinderlähmung, bald als Nachwirkungen einer pränatalen Hirnhautentzündung, als multiple Sklerose oder auch als angeborene Gehirnerweichung angesehen. Tatsächlich scheint es eine Art Paralyse gewesen zu sein, welche die vielen Beschwerden namentlich seiner jungen Jahre hervorrief.

Leider ist es schwierig, seine positiven wie auch seine negativen Charaktereigenschaften im rechten Maße darzustellen, weil in der Überlieferung das Urteil überwiegt, das die ihm feindlich gesonnenen Senatoren über ihn gefällt hatten. Wie Augustus, den er verehrte, so versuchte auch Claudius Tradition und Fortschritt miteinander zu verbinden. Sein eigener Beitrag dazu war eine verwirrende Mischung aus großzügiger Fortschrittlichkeit und kleinlichem Festhalten an Veraltetem. Er hatte ohne Zweifel viele gute Ideen, aber es fiel ihm schwer, sie zu ordnen und in die Tat umzusetzen. Argwohn und Angst konnten ihn leicht aus der Bahn werfen. Abgesehen von seinem eigenartigen Äußeren und seinem seltsamen Benehmen fiel vor allem seine große Gelehrsamkeit auf. Plinius der Ältere, selbst hochgelehrt, zählt Claudius zu den besten hundert Schriftstellern seiner Zeit. Und Livius hatte ihm in seiner Jugend eine Karriere als Geschichtsschreiber vorausgesagt. Tatsächlich hatte Claudius den in seiner Jugend an ihn ergangenen Rat befolgt, sich nicht mit dem heiklen Thema der jüngsten Geschichte Roms zu befassen. Dafür verfaßte er zwanzig Bücher über die Geschichte der Etrusker, acht über die Geschichte Karthagos, und weitere acht enthielten seine eigenen Erinnerungen. Leider sind sie alle verschollen. Außerdem schrieb er eine historische Studie über das lateinische Alphabet, dem er auch drei neue Buchstaben hinzufügte, die aber bald wieder fallengelassen wurden.

Claudius war viermal verheiratet. Seine erste Frau, Plautia Urgulanilla, eine Etruskerin, trug vielleicht dazu bei, sein Interesse für die Etrusker zu wecken. Nach der Scheidung von ihr war er kurze Zeit mit Aelia Paetina verheiratet. Im Jahre 39 vermählte er sich mit Valeria Messalina, die damals erst vierzehn Jahre alt war, und zehn Jahre später heiratete er die 34 Jahre alte Agrippina die Jüngere.

Nero (54–68)

Nero (Nero Claudius Caesar) wurde im Dezember 37 in Antium geboren. Ursprünglich hieß er Lucius Domitius Ahenobarbus. Sein Vater, Gnaeus Domitius Ahenobarbus, stammte aus einer außergewöhnlich vornehmen, alten Familie. Seine Mutter, Agrippina die Jüngere, war die Tochter des Germanicus und der Agrippina der Älteren. Als Nero zwei Jahre alt war, wurde seine Mutter von Gaius (Caligula) verbannt, der ein Jahr nach dem Tod des Gnaeus Domitius Ahenobarbus auch das Vermögen an sich riß, das der Sohn von seinem Vater hätte erben sollen.

Unter Claudius kehrte Agrippina die Jüngere, die eine Nichte von ihm war, aus dem Exil zurück. Sie konnte nun dafür sorgen, daß ihr Sohn eine gute Erziehung erhielt. Als sie im Jahre 49 Claudius geheiratet hatte, wurde sogar der bedeutende stoische Philosoph Lucius Annaeus Seneca (Seneca der Jüngere) zum Erzieher des Knaben bestellt. Außerdem wurde dieser mit Claudius' Tochter Octavia verlobt, die er vier Jahre später heiratete. Im Jahre 50 überredete

Agrippina ihren Mann, Nero zu adoptieren. Von diesem Augenblick an zog Claudius ihn dem einige Jahre jüngeren Britannicus vor, seinem Sohn aus seiner Ehe mit der verstorbenen Messalina. Nero nahm nun die Namen Nero Claudius Drusus Germanicus an. Als Claudius im Oktober 54 starb, wurde Britannicus in der Thronfolge übergangen, und Agrippina sorgte mit Unterstützung des Prätorianerpräfekten Sextus Afranius Burrus dafür, daß Nero den Thron erhielt.

Da der junge Kaiser bei seiner Thronbesteigung noch nicht siebzehn Jahre alt war und damit viel jünger als jeder seiner Vorgänger, führte zunächst Agrippina die Regierungsgeschäfte, war sie doch Schwester und Gattin früherer Kaiser und nun auch Mutter eines dritten. Dieser bisher beispiellose Einfluß einer Frau auf die römische Regierung findet seinen Ausdruck auf den Münzen aus Neros früher Regierungszeit. Sie zeigen die einander zugewandten Köpfe Neros und Agrippinas, wobei Agrippina besonders hervorgehoben wird. Wenn der »Kaiserrat« (»consilium principis«) tagte, soll sie hinter einem Vorhang zugehört haben; und sie machte auch von ihrer Macht Gebrauch, wenn es darum ging, potentielle Rivalen aus dem Weg zu räumen, zum Beispiel Marcus Iunius Silanus, der wie Nero ein Urgroßenkel des Augustus war.

Doch ihr alles beherrschender Einfluß dauerte nur kurze Zeit. Schon im Jahre 55 dominierte auf den Münzen der Sohn über die Mutter, und auf den Münzen der folgenden Jahre erscheinen ihr Name und Bild überhaupt nicht mehr. Als Britannicus Anfang des Jahres 55 während eines Banketts im Palast starb – vermutlich auf Geheiß Neros, wofür es allerdings keine Beweise gibt –, soll Agrippina sehr betroffen gewesen sein, denn sie wünschte angeblich, auf den Knaben zurückgreifen zu können, falls ihr eigener Sohn sich eines Tages gegen sie wenden sollte. Wenn das auch nur eine Vermutung ist, so zeichnete sich doch deutlich ab, daß ihre Macht im Schwinden war. In diesen Zusammenhang gehört auch, daß der junge Kaiser ihr eine eigene Residenz zuwies und auf diese Weise ihren beeindruckenden und einflußreichen Empfängen auf dem Palatin ein Ende machte.

Unter der Führung von Seneca und Burrus brach eine Periode maßvollen Regierens an. Der verstorbene Claudius, Neros Vorgänger, wurde vergöttlicht (er war der erste Kaiser nach Augustus, dem diese Ehre widerfuhr, und böse Zungen machten sich auch sofort lustig darüber), und Nero versprach, sich seinen Vorfahren Augustus zum Vorbild zu nehmen. Außerdem äußerte er den zwar verlockenden, aber auch unrealistischen Wunsch, daß der Senat und die Konsuln ihre alte Machtfülle zurückerhalten sollten. Maßnahmen wurden ergriffen, um die öffentliche Ordnung zu sichern, Betrügereien zu unterbinden und die Verwaltung der Finanzen neu zu ordnen. An die Statthalter der Provinzen und ihre Mitarbeiter erging das Verbot, auf Kosten der einheimischen Bevölkerung Gladiatorenspiele zu veranstalten. Nero selbst nahm, je älter er wurde, seine Aufgaben sehr ernst. Er arbeitete hart und legte besonderes Gewicht auf seine Verpflichtungen als oberster Richter. In dieser Eigenschaft brachte er auch sinnvolle und realisierbare Ideen zu Verfahrensfragen ein.

Nero hegte durchaus fortschrittliche, liberale Ansichten. Er versuchte zum Beispiel, nachdem entsprechende Beschwerden laut geworden waren, im gesamtem Imperium die indirekten Steuern aufzuheben. Weiterhin wollte er die Überwachung der Zirkusspiele und Theateraufführungen durch die Prätorianer abschaffen und verbieten, daß Gladiatoren und Verbrecher, die schuldig gesprochen waren, in öffentlichen Spielen umgebracht wurden. Doch erwiesen sich alle diese Reformideen als undurchführbar; erstens, weil die direkten Steuern nicht erhöht werden konnten; zweitens, weil die Unruhe in den Arenen immer bedrohlichere Formen annahm; und drittens, weil die öffentliche Unterstützung ausblieb. Alle diese Vorhaben zeigen jedoch, obwohl sie ergebnislos blieben, daß Nero im Grunde menschlich war, so aggressiv er auch reagieren konnte, sobald er sich persönlich bedroht fühlte. Zum Beispiel äußerte er, ebenso wie sein Lehrer Seneca, Einwände gegen das Töten; er lehnte sogar die Todesstrafe ab. Es muß ihm deshalb außerordentlich schwergefallen sein, als der Stadtpräfekt Lucius Pedanius Secundus von einem seiner Sklaven ermordet worden war, gemäß dem römischen Recht alle 400 Sklaven seines Haushaltes zum Tode zu verurteilen, obwohl die Öffentlichkeit erheblichen Druck zu ihren Gunsten ausübte.

Alle diese Rückschläge dämpften allmählich Neros Begeisterung für die Regierungsgeschäfte, bis es schließlich dazu kam, daß er nur noch seinen Vergnügungen lebte. Er liebte Pferderennen, Gesang, Theater, Tanz, die Dichtkunst und ein ausschweifendes Liebesleben. Glaubt man den Skandalberichten seiner Zeit, dann war Nero, was sein Liebesleben anbelangt, offenbar geradezu unersättlich. Seneca und Burrus versuchten, diese Neigung in einigermaßen vertretbare

Bahnen zu lenken, um öffentliche Aufmerksamkeit zu vermeiden. So förderten sie zum Beispiel die häusliche Beziehung zu einer Freigelassenen namens Acte, vorausgesetzt, daß eine Ehe mit ihr aus Standesgründen ausgeschlossen blieb. Agrippina freilich dürfte kaum davon erbaut gewesen sein, daß eine Fremde ihren Platz im Palast einnahm. Außerdem bedauerte sie Neros »unrömische« Begeisterung für die Künste, ganz zu schweigen von der weichlichen griechischen Kleidung, die er gerne trug. Daher faßte ihr Sohn, als er hörte, wie abfällig sie sich über ihn äußerte, den Plan, sie in der Nähe des Golfs von Cumae (in der Bucht von Neapel) umbringen zu lassen. Das geschah im Jahre 59. Der Geschichtsschreiber Tacitus schildert dieses Ereignis unnachahmlich dramatisch. Ihm zufolge hatte Nero einen Schiffsunfall vorgetäuscht: Agrippina fuhr auf einem Boot, das dazu bestimmt war, während der Fahrt auseinanderzubrechen. Womit Nero allerdings nicht gerechnet hatte, war, daß sie an Land schwimmen konnte, wo sie ihrem Mörder dann aber doch nicht entkommen konnte. Die melodramatischen Züge in Tacitus' Darstellung können getrost übergangen werden. Doch wahr bleibt, daß Nero seine Mutter umbringen ließ, und daß er vor dem Senat beteuerte, Agrippina habe ihn zu dieser Tat gezwungen, weil sie einen Anschlag auf sein Leben vorbereitet habe. Für die Nachwelt war dieser Muttermord eine unvergeßliche Schreckenstat. Die Senatoren waren jedoch keineswegs allzu unzufrieden mit der Tatsache, daß Agrippina, die sie wegen ihrer unrechtmäßigen Machtstellung und ihres arroganten Wesens haßten, beseitigt worden war, und zu Neros Erleichterung nahmen auch die Prätorianer und die Öffentlichkeit offensichtlich nicht allzu viel Notiz von dieser Angelegenheit, und das, obwohl Agrippina die Tochter des einst so beliebten Germanicus war.

Im Jahre 62 änderte sich der Regierungsstil von Grund auf, als Burrus und Seneca die politische Bühne verließen. Burrus starb an einem Kehlkopfabszeß oder -tumor. In seine Nachfolge als Prätorianerpräfekt teilten sich Faenius Rufus und der bei weitem unsympathischere Gaius Ofonius Tigellinus, ein Sizilianer, der sich als Neros böser Geist erweisen sollte, der ihn zu allen seinen Ausschweifungen ermutigte. Seneca zog sich ins Privatleben zurück und genoß den enormen Reichtum, den er, ungeachtet der Kritik, die er stets geübt hatte, anhäufen konnte. Ihm war die Zusammenarbeit mit Tigellinus und dem nun völlig veränderten, starrsinnigen Kaiser zu schwierig geworden. Bald nach dem Ausscheiden der bewährten Berater demonstrierte Nero seine neugewonnene Unabhängigkeit, indem er sich von Octavia trennte. Obwohl sie keine politische Gefahr für ihn darstellte, schickte er sie in die Verbannung und ließ sie im Jahre 62 umbringen. An ihre Stelle trat Poppaea Sabina, die Frau oder Geliebte seines leichtlebigen Freundes Otho, eine Schönheit mit bernsteinblondem Haar, der nachgesagt wurde, daß sie in Eselsmilch bade.

Tigellinus, der angesichts dieser Vorkommnisse beide Augen zudrückte, unterschätzte offensichtlich die Mißbilligung, mit der die Senatoren Neros künstlerische Neigungen verfolgten. Anfangs trat der Kaiser nur in geschlossenen Gesellschaften als Wagenlenker und Sänger auf. Im Jahre 64 gab er jedoch diese Zurückhaltung auf und gab seine erste öffentliche Vorstellung in Neapel. Zur Freude des leidenschaftlichen Griechenfreundes Nero war sein Publikum dort griechischer Abstammung. Ein Jahr später stellte er sich auch dem römischen Publikum. Anlaß dazu waren die nach griechischem Vorbild zum zweiten Mal veranstalteten und von ihm selbst ins Leben gerufenen Neronischen Spiele. Tacitus gibt einen sehr farbigen und mit giftigen Bemerkungen gespickten Bericht dieser kaiserlichen Aktivitäten. Er beschreibt auch die Wettkämpfe für die Jugend, die der Kaiser ebenfalls gestiftet hatte, bei denen es sehr unmoralisch zugegangen sein soll, und bei denen Nero ebenfalls höchstpersönlich, obwohl er großes Lampenfieber hatte, auftrat, wobei eine Gruppe römischer Ritter dafür sorgte, daß es ihm nicht an Beifall fehlte. Nero verfaßte auch Gedichte, die, nach Tacitus, nur aus Aussprüchen seiner Zechkumpanen zusammengesetzt waren. Suetonius dagegen ist weniger giftig und anderer Meinung. Er zeigt anhand von Notizen, daß Nero durchaus in der Lage war, eigene Gedanken in Verse zu fassen. Außerdem interessierte er sich recht sachkundig auch für die Malerei und Bildhauerei.

Für Roms Senatoren waren das Irrwege. Aber sie beeinträchtigten den Frieden und Wohlstand und auch die innere Sicherheit des Reiches nicht weiter. Nur an einigen entlegenen Grenzen gab es Kriegshandlungen. So gelang es in Britannien dem römischen Feldherrn Gaius Suetonius Paulinus zwar, die Druidenfestung Mona zu erobern, aber die römische Expansion in ihrer Gesamtheit wurde durch den Aufstand der Icener in Ostanglien vorübergehend aufgehalten. Dieser Aufstand wurde durch die hohen Steuern provoziert, die die Römer erhoben, sowie durch den Unwillen der Briten, eine katastrophal hohe, noch von Seneca vergebene Anleihe zurückzuzahlen. Im Jahre 60 eroberte die Stammesfürstin Boudicca die römischen Siedlungen Camulodunum (Colchester), Londinium (London) und Verulamium (St. Albans), wobei 70000 Römer bzw. romanisierte Einheimische ihr Leben ließen, bis sie selbst schließlich den römischen Waffen bei dem heutigen Atherstone unterlag. Am »anderen« Ende des Römischen Reiches hatte der fähigste Feldherr der damaligen Zeit, Gnaeus Domitius Corbulo, die wichtige Aufgabe erhalten, Armenien der Oberhoheit der Parther zu entreißen. Er hatte dieses Ziel schon beinahe erreicht, als sein Amtskollege Caesennius Paetus 62 in der heutigen Osttürkei, bei Elâziğ, eine folgenschwere Niederlage erlitt. Doch bereits ein Jahr später konnte Corbulo die römische Überlegenheit wiederherstellen und mit den Parthern ein Abkommen schließen, durch das Tiridates I., ihr Schützling auf dem Thron Armeniens, den Status eines römischen Klientelkönigs erhielt, und als Tiridates 66 einer römischen Einladung in die Hauptstadt des Reiches folgte, wurde er als Neros Gast prunkvoll empfangen.

Damals wurden in Rom und in Lugdunum (Lyon) in Gallien die herrlichsten Messing- und Kupfermünzen geschlagen, die die römische Welt jemals gesehen hatte. Die Münzbilder gaben das grobe und derbe Antlitz des Kaisers in bestechender Weise realistisch und zugleich doch auch idealisiert wieder, und überschwengliche Darstellungen und Inschriften auf den Rückseiten der Münzen rühmen die Wohltaten, mit denen der Kaiser, wie er für sich in Anspruch nahm, Rom und alle Völker seines Reiches überschüttet habe. Einige dieser Münzen spielen sogar vorsichtig auf seine Vorliebe für Theater und Pferderennen an, indem sie, ganz im Sinne der Tradition, den göttlichen Leierspieler Apollon und Reiterszenen zeigen.

Allmählich verschlechterten sich jedoch die Verhältnisse in Rom. Ein entscheidendes Ereignis im Laufe dieser Entwicklung war der große Brand Roms im Jahre 64, durch den zahlreiche Familien obdachlos wurden, und der weitverbreitet große Unruhe hervorrief. Einer berühmten Passage des Tacitus zufolge versuchte Nero, die Schuld für den Brand der kleinen Christengemeinde der Hauptstadt zu geben, die als jüdische Splittergruppe galt, und ließ viele Christen bei lebendigem Leibe verbrennen. Auch der Märtyrertod der Apostel Petrus und Paulus soll das Ergebnis dieser Verfolgungen gewesen sein. Trotzdem hielt sich hartnäckig das Gerücht, daß der Kaiser das Schauspiel der brennenden Stadt genossen und sogar ein eigenes Gedicht auf die Zerstörung Roms gesungen habe, ja, daß er sogar selbst das Feuer gelegt habe, um Platz zur Errichtung seines »Goldenen Hauses« zu gewinnen.

Bereits einige Jahre früher hatte Nero sich eine beeindruckende Residenz bauen lassen. Sie, die unter dem Namen »Domus Transitoria« bekannt ist, bildete nun nur noch die Eingangshalle des neuen, erheblich größeren »Goldenen Hauses«, das mit seinen Parkanlagen ein riesengroßes Gebiet mitten im alten Rom einnahm, das vorher dicht besiedelt war. Niemals zuvor und auch nie wieder hatte ein europäischer Monarch für sich alleine eine so großflächige Residenz mitten im Herzen seiner Hauptstadt erbaut. Entworfen von Neros Architekten und Ingenieuren Severus und Celer, bestand das »Goldene Haus« aus einer Anzahl anmutiger Pavillons inmitten eines bezaubernden Parks, zu dem unter anderem ein künstlicher See mit vielen Fisch- und anderen Tierarten gehörte. Heute kann man sich kaum noch eine Vorstellung von diesem Palast machen, der am Esquilin lag und im Laufe der Zeit immer wieder überbaut wurde, so daß seine Reste nun tief unter der Erdoberfläche liegen. Wir wissen aber, daß die kuppelgekrönte Halle, die ihr Licht durch eine kreisrunde Öffnung in der Mitte der Kuppel empfing, ein frühes und kühnes Beispiel für einen unter Verwendung von Beton errichteten Bau war, dessen Außenseite mit Backsteinen verkleidet war. Dieses Bauwerk enthielt technische Raffinessen jeder Art, Bäder mit fließendem schwefel- und salzhaltigem Wasser, der Welt größte Wasserorgel, Decken, die verschiebbar waren, und aus denen Blumen und duftende Essenzen auf die Teilnehmer an Gastmählern herabregneten, sowie eine Kuppel über dem zentralen Speisesaal, die sich mechanisch »wie der Himmel« drehte. Als das »Goldene Haus« vollendet war, soll Nero ausgerufen haben: »Gut, jetzt kann ich endlich wie ein Mensch leben!«

Mit der Zeit hatten sich Neros Beziehungen zu den Mitgliedern des Senats erheblich verschlechtert. Eine der ersten Amtshandlungen des Tigellinus bestand darin, das verhaßte Hochverratsgesetz wieder aus der Schublade zu holen und eine Reihe verdächtiger Personen aus dem Wege zu räumen. Im Jahre 65 wurde eine Verschwörung aufgedeckt, die als sehr gefährlich angesehen wurde und die als »Pisonische Verschwörung« in die Geschichte eingegangen ist, denn ihre treibende Kraft war – wenigstens einer überlieferten Lesart zufolge – ein gewisser Gaius Calpurnius Piso, ein gutaussehender, aber oberflächlicher Aristokrat. Eine andere Darstellung bezeichnet dagegen Faenius Rufus – einen der beiden Gardepräfekten, der voller Ingrimm war, weil Tigellinus ihn ausmanövriert hatte – und den ins Privatleben zurückgezogenen Seneca als die eigentlichen Anführer. Wie sich die Dinge wirklich verhielten, wird sich wohl nie mehr aufklären lassen. Nur soviel steht fest: Die Anschuldigung, an der Verschwörung beteiligt gewesen zu sein, kostete 19 Männern der römischen Oberschicht das Leben. Sie wurden entweder hingerichtet oder kamen durch Selbstmord um. Weitere 13 Personen wurden verbannt. Unter denen, die sterben mußten, waren auch Piso, Faenius und Seneca, ebenso Senecas Neffe, der Dichter Lucanus, einst einer der engsten Freunde Neros, und eine Tochter des verstorbenen Kaisers Claudius.

In den folgenden Jahren wurden auch schon dann Strafen verhängt, wenn jemand nur im Verdacht eines Vergehens stand. Zu denen, die aus diesem Grunde ums Leben kamen, gehörte ein Mann von strengen philosophischen Grundsätzen, Thrasea Paetus. Auch der hervorragende Feldherr Corbulo sowie die römischen Truppenbefehlshaber in Ober- und Untergermanien verloren ihr Leben. Sie wurden auf persönlichen Befehl Neros hingerichtet, der unterdessen nach Griechenland gereist war, um mit seinen künstlerischen Fähigkeiten zu prunken, Siegeslorbeeren einzuheimsen (zum Beispiel den Preis im Wagenrennen, obwohl er aus dem Wagen gestürzt war), Kunstwerke zu sammeln, den Bau eines Kanals in Korinth zu eröffnen, der allerdings nie fertiggestellt wurde, und den Griechen, die er über alles liebte, immer wieder die Freiheit zu beteuern. In Rom dagegen folgte eine Hinrichtung der anderen, die Lebensmittelknappheit führte zu großer Not unter der Bevölkerung, und die Lage spitzte sich so zu, daß der Freigelassene Helios, dem Nero die Führung der Regierungsgeschäfte in der Hauptstadt anvertraut hatte, sich gezwungen sah, dem Kaiser nach Griechenland nachzureisen und ihn zur sofortigen Rückkehr zu bewegen.

Tatsächlich kehrte Nero, wobei er viel Aufsehen erregte, im Januar 68 nach Rom zurück. Doch bereits im März erhob sich Gaius Iulius Vindex, der Statthalter von Gallia Lugdunensis, gegen ihn, und Galba in Spanien unterstützte die Revolte. Unabhängig von außen erhob sich in Afrika Lucius Claudius Macer, und sogar die am Rhein stationierten Legionen, die Vindex bei Vesontio geschlagen hatten, weigerten sich, Nero weiterhin als Kaiser anzuerkennen. Nero hätte mit diesen Schwierigkeiten fertig werden können, wenn er nur entschlossen gehandelt hätte. Statt dessen aber begnügte er sich damit, nur von Vergeltung zu träumen oder davon, seine aufsässigen Truppen mit Tränen zurückzugewinnen. Tigellinus war ernsthaft krank geworden und deshalb machtlos, während der amtierende Prätorianerpräfekt Nymphidius Sabinus seine Soldaten dazu brachte, Nero den Gehorsam zu verweigern. Als Nero obendrein noch hörte, daß auch der Senat sich gegen ihn gewandt und ihn zum Tode durch Peitschenhiebe verurteilt habe, beschloß er, mit Hilfe einer seiner Sekretäre Selbstmord zu begehen. Er tötete sich am 9. Juni 68 mit einem Dolchstoß in die Kehle, und seine letzten Worte waren: »Qualis artifex pereo« (»Welch ein Künstler geht mit mir zugrunde«).

Suetonius skizziert seine Erscheinung und sein Verhalten folgendermaßen:

Nero besaß eine etwa mittelgroße Figur, sein Körper war mit Flecken bedeckt und übelriechend, sein Haar hellblond, sein Gesicht eher schön als anmutig, seine Augen bläulich und schwach, sein Hals dick, sein Bauch hervortretend, seine Beine sehr dünn, seine Gesundheit gut; trotzdem er nämlich ungeheuer ausschweifend lebte, war er während seiner vierzehnjährigen Regierungszeit nur dreimal krank gewesen, und auch dann hatte er sich weder des Weines enthalten noch seine sonstigen Gewohnheiten aufgeben müssen.

Seine Kleidung und sein ganzes Auftreten waren schamlos: so trug er sein Haar immer in langen Lockenreihen und während seiner Reise in Griechenland sogar bis auf die Schultern herabwallend. Meistens zeigte er sich auch in der Öffentlichkeit in einem Hausrock, mit einem Taschentuch um den Hals, ohne Gürtel und barfuß.

2 DAS VIERKAISERJAHR UND DIE FLAVIER

Galba (68–69)

Galba (Servius Sulpicius Galba; Juni 68 bis Januar 69) wurde als Sohn des Patriziers Gaius Sulpicius Galba und der Mummia Achaica, die ebenfalls aus einer angesehenen Familie stammte, 3 v. Chr. geboren. Augustus, Livia Drusilla, Tiberius, Gaius und Claudius hatten alle eine hohe Meinung von seinen Fähigkeiten. So wurde er Statthalter von Aquitanien, 33 Konsul, Militärbefehlshaber in Obergermanien, 45 Prokonsul von Africa und schließlich Statthalter von Hispania Tarraconensis.

Gaius Iulius Vindex, sein Amtskollege in Gallia Lugdunensis, der sich im Jahre 68 gegen Nero erhob, wollte selbst nicht Kaiser werden, weil ihm klar war, daß ihm das nötige Ansehen fehlte, um der Unterstützung durch eine breite Öffentlichkeit sicher zu sein. Deshalb ließ er Galba den Vortritt. Galba zögerte. Doch als der Statthalter von Aquitanien ihn um Waffenhilfe gegen Vindex bat, mußte er sich entscheiden. Galba tat es, indem er sich am 2. April 68 in Carthago Nova zum »Legaten des Senates und des römischen Volkes« ausrufen ließ. Das bedeutete zwar noch keinen Anspruch auf den Thron, wohl aber die Bundesgenossenschaft mit Vindex, und Otho, der Statthalter von Lusitanien war, schloß sich ihm an. Da Otho keine Legion zur Verfügung stand und Galba selbst nur eine, die wahrscheinlich von seinem Militärberater Titus Vinius kommandiert wurde, begann Galba sofort, eine weitere aus den Reihen der Spanier auszuheben.

Ende Mai wurde Vindex von Lucius Verginius Rufus, dem Militärbefehlshaber in Obergermanien, bei Vesontio vernichtend geschlagen und beging Selbstmord. Daraufhin zog sich Galba angesichts einer anscheinend aussichtslosen Lage ins Innere Spaniens zurück. Doch etwa zwei Wochen später erfuhr er, daß Nero tot war und der Senat, zu dem er geheime Kontakte gepflegt, ihn zum Kaiser ausge-

Das flavische Haus

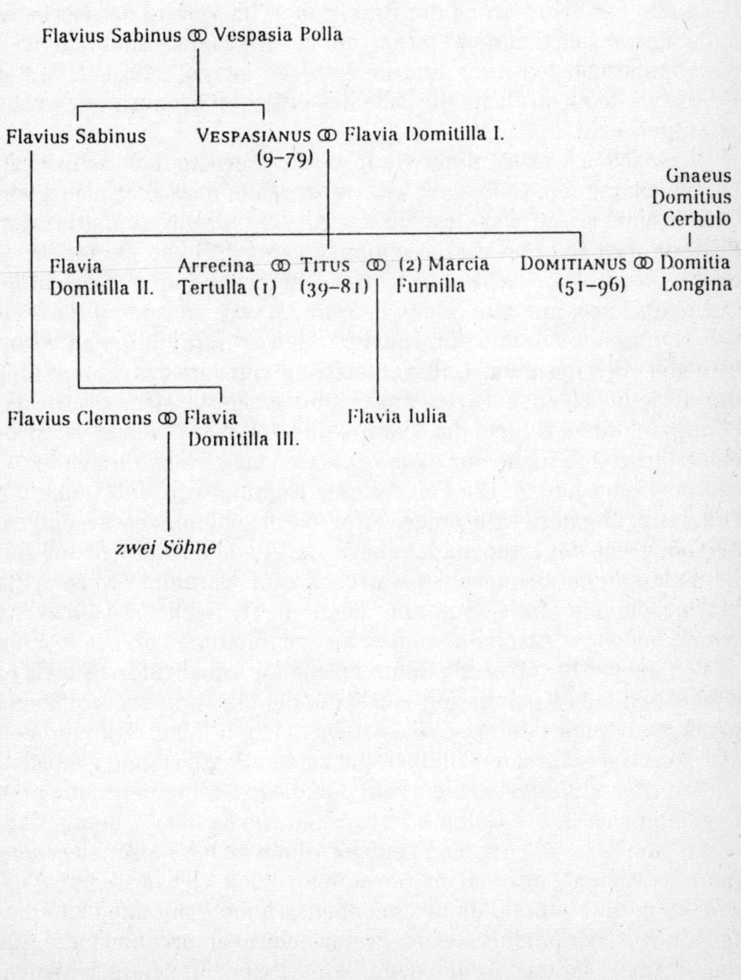

rufen hatte. Diese Entwicklung fand auch die Unterstützung der Prätorianer, deren Präfekt Nymphidius Sabinus seine Soldaten bestochen hatte, damit sie von Nero abfielen.

Mit der erwähnten neu ausgehobenen Legion zog Galba nordwärts nach Gallien und empfing Anfang Juli in Narbo (Narbonne) Gesandte des Senates und der Prätorianer. Im Verlauf des Herbstes entledigte er sich Claudius Macers, der in Afrika einen unabhängigen Kurs eingeschlagen hatte und im Verdacht stand, selbst nach der Kaiserwürde zu streben. Mit Hilfe des örtlichen Prokurators wurde er umgebracht.

Inzwischen war es in der Hauptstadt zu ernsthaften Schwierigkeiten gekommen. Galba war zwar sehr reich, hielt aber nichts von Geldausgaben und war deshalb der Ansicht, daß Nymphidius den Prätorianern zu hohe Versprechungen gemacht habe. Daher setzte er ihn, noch bevor er in Rom eintraf, kurzerhand ab und ernannte Cornelius Laco, mit dem er eng befreundet war, zu seinem Nachfolger. Nymphidius mußte den Umsturz, den er daraufhin plante, mit seinem Leben bezahlen. Galba ersetzte die Offiziere des Nymphidius durch seine eigenen Parteigänger und weigerte sich, die Bestechungsgelder zu zahlen, die Nymphidius in seinem Namen versprochen hatte. »Ich suche mir meine Soldaten aus, ich kaufe sie nicht«, soll er gesagt haben. Die Folge dieser Haltung war, daß Galba die Unterstützung der Prätorianer verlor. Noch schlimmer war, daß es, als Galba sich der Hauptstadt näherte, zu einem Zusammenstoß seiner Soldaten mit meuternden Matrosen kam. Daraufhin wurden die Marinesoldaten entlassen, und auch die kaiserliche Leibwache wurde aufgelöst. Als Galba weitere Sparmaßnahmen ergriff, machte er sich bei der Bevölkerung Roms zusehends unbeliebter. Und als er schließlich eine Kommission einsetzte, die die von Nero großzügig gemachten Zugeständnisse rückgängig machen sollte, entfremdeten sich ihm viele führende Politiker, die zu den Begünstigten gehörten.

Am allerschlimmsten aber war, daß die in Germanien stehenden Legionen sich gegen Galba erhoben. Sie waren der Meinung, daß, wenn eine Legion in Spanien genügte, einen neuen Kaiser zu ernennen, es sieben Legionen in Germanien noch viel besser zuwege brächten, und hofften, dafür eine ebenso hohe Belohnung zu empfangen wie Nymphidius sie den Prätorianern versprochen hatte. Als daher am 1. Januar 69 der neue Befehlshaber in Obergermanien, Hordeonius Flaccus, von den Soldaten die Erneuerung ihres Treueides auf Galba verlangte, verweigerten ihn die beiden in Moguntiacum (Mainz) stationierten Legionen. Statt den Eid zu leisten, stürzten sie die Statuen Galbas um, schworen, nur dem Senat und dem römischen Volk die Treue zu halten, und forderten einen neuen Kaiser ihrer Wahl. Einen Tag später rebellierten auch die Truppen in Untergermanien und riefen ihren neuen Oberbefehlshaber Vitellius zum Kaiser aus.

Galba waren vielleicht diese allerletzten Ereignisse unbekannt – über die Vorgänge in Moguntiacum war er jedoch unterrichtet –, als er beschloß, einen Sohn zu adoptieren, um den Eindruck einer ununterbrochenen Erbfolge zu vermitteln. Seine Wahl fiel auf Lucius Calpurnius Piso Licinianus, einen jungen Mann aus bester Familie und von untadeligem Charakter. Doch diese Adoption enttäuschte Otho, einen der ersten Parteigänger Galbas, der gehofft hatte, selbst Galbas Nachfolger zu werden, dermaßen, daß er eine Verschwörung unter den Prätorianern anzettelte. So kam es, daß sie, ohne Einverständnis ihres Präfekten Laco, Galba und Piso auf dem Forum Romanum ermordeten und ihre abgeschlagenen Köpfe zu Otho ins Prätorianerlager brachten.

Zweifellos war Galba eine Persönlichkeit, die sowohl durch ihre Abstammung als auch durch ihre Fähigkeiten beeindruckte. Auf den Münzbildern bestechen die ernsten, strengen Züge seines Greisenantlitzes. Doch als Kaiser blieb ihm der Erfolg versagt. Der Geschichtsschreiber Tacitus bemerkt dazu: »Er war zum Herrschen gemacht – doch er herrschte nie.« Seine sparsame Finanzpolitik, so lobenswert sie nach Neros Verschwendungssucht auch war, ließ jedes Fingerspitzengefühl vermissen. Bei der Auswahl seiner Berater – Laco, Vinius und des Freigelassenen Icelius – hatte er keine glückliche Hand, und die Wahl seines Nachfolgers brach ihm schließlich völlig das Genick. Doch indem er einen Nachfolger bestimmte, der nicht seiner Familie angehörte, machte er den Anfang einer neuen und brauchbaren Thronfolgeregelung, der zufolge die Kaiserwürde auf Grund von Verdiensten erworben werden konnte. Er selbst war bereits römischer Kaiser geworden, obwohl er nicht dem iulisch-claudischen Hause angehörte. Außerdem war er der erste Kaiser, der durch seine Soldaten an die Macht gekommen war. Von nun an stritten Roms Feldherren um den Preis, die Macht über die gesamte römische Welt zu erlangen. Schließlich offenbarte Galbas Tod, daß die Prätorianer eine neue und unheilvolle Bedeutung erlangt hatten.

Prätorianeroffiziere hatten Gaius getötet; weil einer ihrer Präfekten abgefallen war, hatte Nero den Tod gefunden, doch in Galbas Fall war es die gesamte Prätorianergarde, die für den Tod des Kaisers verantwortlich war.

Otho (69)

Otho (Marcus Salvius Otho; Januar bis April 69) wurde im Jahre 32 als Sproß einer Familie geboren, die aus dem Ritterstand hervorgegangen war und unter Augustus zum ersten Mal einen Konsul stellte. Von Claudius erhielt sein Vater die Patrizierwürde. Zur tonangebenden römischen Gesellschaft gehörend, war Otho in seiner Jugend der Geliebte, vielleicht sogar eine Zeitlang der Gatte der schönen Poppaea Sabina. Sobald aber Nero sich ihr zuwandte (er heiratete sie später), schickte er Otho im Jahre 58 als Statthalter nach Lusitanien.

Zehn Jahre später, als Galba sich von Nero lossagte, wurde Otho sein erster wichtiger Parteigänger, und als Galba zum Kaiser ausgerufen worden war und seinen Marsch nach Rom antrat, schloß Otho sich ihm an, wobei er sich bemühte, die Gunst der Truppen zu gewinnen. Immer wieder äußerte er sich sehr besorgt über die Strapazen des Marsches. Ihm ging es darum, sich die Adoption durch Galba und damit die Anerkennung als sein Nachfolger zu sichern. Mit der gleichen Absicht legte er in Rom den Prätorianern gegenüber eine Großzügigkeit an den Tag, die er sich im Grunde nicht leisten konnte. Um so betroffener war er, als Galba Piso Licinianus zu seinem Thronerben machte. Er zettelte daraufhin unter den Prätorianern eine Verschwörung an. Als er am 15. Januar 69 das Prätorianerlager betrat, wurde er wohlwollend empfangen, und die Soldaten leisteten den Treueid auf ihn. Die Offiziere allerdings zögerten noch, doch dann schworen auch sie den Treueid, und Galba und Piso wurden noch am selben Tag auf dem Forum ermordet und ihre Köpfe Otho gebracht. Der Senat fügte sich in Othos Erhebung zum Kaiser, obwohl er wußte, daß in Germanien Vitellius ebenfalls zum Kaiser ausgerufen worden war. – Beide Thronanwärter schufen einen Präzedenzfall: Beide gehörten dem neuen Amtsadel an, der aus dem Ritterstand hervorgegangen war.

Othos Kontakte zur Armee waren – abgesehen von der Prätorianergarde, auf die er sich stärker als jeder seiner Vorgänger stützte – in geradezu verhängnisvollem Maße gering. Angeblich hatte er nicht damit gerechnet, daß Vitellius ihm den Thronanspruch streitig machen würde, denn er verabscheute jeden Gedanken an einen Bürgerkrieg. Tatsächlich wird auf einer seiner Münzen die Idee eines universalen Friedens, PAX ORBIS TERRARVM, gefeiert. Aber der Krieg war unabwendbar, nachdem Valens und Caecina, die Feldherren des Vitellius, die Alpen überschritten hatten, in Italien eingerückt waren und ihre Streitkräfte bei Cremona vereint hatten. Die Entsendung von Marinesoldaten nach Südgallien half Otho dabei nur wenig. Dafür hatte er die Unterstützung der Legionen an der Donau und am Euphrat. Erstere rief er um Hilfe, und bis zu ihrem Eintreffen hielten seine Feldherren Vestricius Suprinna und Annius Gallus die Vorhut des Vitellius am Po auf.

In Rom konnte Otho den bereits im Ruhestand lebenden Verginius Rufus dazu bewegen, in die Politik zurückzukehren und zum zweiten Mal als Konsul zu amtieren, in der Hoffnung, daß er eine Atmosphäre des Vertrauens verbreiten würde. Trotzdem mußte er Unruhen innerhalb der Prätorianergarde bekämpfen; dabei setzte er den unbeliebten Präfekten Laco kurzerhand ab. Als er 2000 Gladiatoren ausheben ließ, gab er allerdings ein äußerst schlechtes Beispiel für die Zukunft. Ebenfalls unklug war es, die Befehlsgewalt über die im Feld stehenden Truppen zu teilen, obwohl das kaum zu ändern war, weil kein geeigneter Kommandeur zur Verfügung stand.

Trotz all dieser Schwierigkeiten brach Otho am 14. März 69 mit seinen Truppen nach Norden auf. Er wollte die ihm nachgesagte Weichlichkeit Lügen strafen und schritt deshalb zu Fuß und unrasiert seinen Soldaten voran. Als er sich den Truppen des Valens und Caecina näherte, waren auch die Donaulegionen, die ihm zu Hilfe kommen sollten, nicht mehr weit. Aber der Gegner hatte ebenfalls inzwischen Verstärkung erhalten und war – trotz eines geringfügigen Rückschlages in einem Scharmützel – Otho zahlenmäßig überlegen, zumal Otho selbst mit einem Teil seiner Streitkräfte in seinem Hauptquartier bei Brixellum, südlich des Po, zurückblieb.

Trotz dieser bedrohlichen Situation und gegen den Rat seiner besten Feldherren Gaius Suetonius Paulinus, Annius Gallus und Marius Celsus beschlossen Otho, sein Bruder Lucius Salvius Otho Titianus und der Prätorianerpräfekt Licinius Proculus, unverzüglich die Entscheidung herbeizuführen, noch bevor ihr Heer dezimiert würde oder Vitellius selbst einträfe oder aber auch Otho kein längeres Warten mehr ertrüge. So kam es östlich von Cremona zur entscheidenden Begegnung, die als »Erste Schlacht von Bedriacum« in die Geschichte einging. Als die Soldaten des Vitellius Othos Truppen an der Flanke angriffen, erlitten diese eine vernichtende Niederlage, und die Kampfhandlungen hörten auf. Als die Botschaft von dieser Katastrophe in Brixellum eintraf, beschworen Othos Ratgeber ihn, den Kampf fortzusetzen. Diesem Appell schloß sich auch die Abordnung der zum Entsatz bestimmten Donaulegion an, die meldete, daß ihre Vorhut bereits Aquileia erreicht habe. Aber Otho schlug alle diese Ratschläge in den Wind und beging am 16. April Selbstmord.

Der Geschichtsschreiber Tacitus entwarf ein düsteres Bild von Otho und Vitellius, denn er verabscheute Bürgerkriege und sah in der erwähnten Auseinandersetzung keinerlei Gründe, die sie rechtfertigten. Soweit es Otho betrifft, war seine Regierungszeit zu kurz, um seine Fähigkeiten angemessen beurteilen zu können. Offensichtlich war er durchaus fähig, das Imperium zu verwalten; doch machte er im militärischen Bereich große Fehler, die allerdings entschuldbar sind angesichts der chaotischen Lage, in der er sich befand. Wenn er sich als Neros eigentlicher Nachfolger verstand, so brachte ihm das bei der breiten Masse der Bevölkerung zweifellos Sympathien ein. Einflußreiche Kreise dagegen waren dem gegenüber eher skeptisch, denn er war eine Marionette der Prätorianer, die ihn auf den Thron gebracht hatten. Außerdem stand er in dem verhängnisvollen Ruf, der erste Kaiser zu sein, der die Ermordnung seines Vorgängers in Kauf genommen oder gar ins Werk gesetzt habe, um selbst dessen Nachfolger zu werden. Sein übereilter Selbstmord, der praktisch einem Verrat an seinen Anhängern gleichkam, läßt sich – ebenso wie sein voreiliger Entschluß zur Entscheidungsschlacht bei Bedriacum – als Zeichen mangelnden Durchhaltevermögens deuten, aber auch als ein Abgang, um den Schrecken des Bürgerkrieges ein Ende zu setzen.

»Otho«, so berichtet Suetonius, »soll nämlich klein gewesen sein, schlecht zu Fuß, krummbeinig und fast von weiblicher Eitelkeit: so habe er sich die Körperhaare auszupfen und sich der Spärlichkeit seines Haupthaares wegen eine Perücke so anpassen und befestigen lassen, daß es niemand merken konnte; ja er soll sich sogar täglich das Gesicht rasiert und mit feuchtem Brot abgerieben haben, und zwar seit sich der erste Flaum gezeigt hatte, damit er nie einen Bart bekomme.«

Vitellius (69)

Vitellius (Aulus Vitellius; April bis Dezember 69) wurde 15 geboren. Sein Vater, Claudius' wichtigster Berater, war dreimal Konsul und Claudius' Kollege als Zensor. Aulus wurde im Jahre 48 Konsul und etwa 61/62 Prokonsul von Africa. Galba ernannte ihn zum Oberbefehlshaber in Untergermanien, wo die römischen Truppen bereits den Aufstand planten, als er im November 68 das Kommando übernahm. Als die Soldaten des Vitellius erfuhren, daß die Truppen in Obergermanien sich von Galba losgesagt hatten, riefen sie auf Betreiben ihres Befehlshabers Fabius Valens und seines Kollegen Vitellius am 2. Januar 69 zum Kaiser aus. Auf den Münzen, die er daraufhin schlagen ließ, trägt er den Beinamen Germanicvs – nicht weil er, wie andere Träger dieses Ehrentitels vor ihm, den Germanen Niederlagen zugefügt hatte, sondern weil er von den römischen Truppen in Germanien, der stärksten Streitmacht der römischen Welt, zum Herrscher erhoben worden war.

Als sich die Truppen bald darauf unter der Führung von Valens und Aulus Caecina Alienus nach Rom in Bewegung setzten, befehligte jeder der beiden Heerführer eine eigene Abteilung. Vitellius selbst blieb zunächst in Untergermanien zurück, um neue Truppen auszuheben und später mit ihnen nachzufolgen. Caecina war bereits über 200 Kilometer marschiert, als ihn die Nachricht erreichte, daß Galba ermordet und Otho zum Kaiser ausgerufen worden sei. Das hinderte ihn aber nicht daran weiterzumarschieren – im Gegenteil, er zog nur um so rascher entlang der Ostgrenze Galliens nach Süden, während Valens weiter westlich marschierte. Beide Abteilungen überquerten im März, noch vor der Schneeschmelze, die Alpen und schlossen sich nördlich des Po, in der Nähe von Cremona zusammen. Unweit von diesem Treffpunkt rieben ihre aus Batavern bestehenden Hilfstruppen in der Ersten Schlacht von Bedriacum Othos Streitkräfte auf. Otho beging am 16. April Selbstmord, und drei Tage später leisteten auch die Truppen in der Hauptstadt den Treueid auf Vitellius, und der Senat erkannte ihn ebenfalls als Kaiser an.

Vitellius legte auf seinem Marsch nach Süden in Lugdunum (Lyon) eine Pause ein, um seinen sechsjährigen Sohn, der wie er Germanicus hieß, den Soldaten als seinen möglichen Nachfolger vorzustellen. Auf diese Weise bekundete er seine Absicht, ein zweites römisches Herrscherhaus zu gründen. Sein Weg nach Rom nimmt sich in der Schilderung des ihm feindlich gesonnenen Geschichtsschreibers Tacitus wie ein Eroberungszug aus, und tatsächlich hat es auch nicht an Greueltaten gefehlt. Bevor Vitellius in Rom eintraf, gab er an Valens den Befehl aus, die gesamte Prätorianergarde, die sich hinter Otho gestellt hatte, aufzulösen und durch eine größere Truppe zu ersetzen, die aus seinen eigenen Soldaten und aus Angehörigen seiner Hilfstruppen bestand. Als Vitellius im Juli endlich in Rom eintraf, ernannte er zwei neue Prätorianerpräfekten, von denen der eine ein Parteigänger des Caecina war, der andere ein Anhänger des Valens, und deren Beziehungen zueinander dementsprechend gespannt waren.

Inzwischen hatten die Truppen im Osten des Reiches einen weiteren Kaiser ausgerufen, Vespasianus, den Statthalter von Judäa, und in seinem Auftrag rückte Mucianus, der Statthalter von Syrien, mit einer Armee nach Rom vor. Im August bekannten sich die Donaulegionen, die zuvor Otho unterstützt hatten, zu Vespasianus, und einer ihrer Befehlshaber, Antonius Primus, zog in Eilmärschen über die Iulischen Alpen nach Italien. Valens war krank, und Caecina, der Konsul war, konspirierte mit dem Befehlshaber der in Ravenna stationierten Flotte. Beide wollten sich von Vitellius lossagen und zu Vespasianus übergehen. Aber Caecinas Truppen in Hostilia weigerten sich, dieses Spiel mitzumachen, und nahmen Caecina gefangen. Danach versuchten sie mit den übriggebliebenen Vitellianern, die Stellung am Po bei Cremona zu halten.

Dort stießen im Oktober die gegnerischen Truppen aufeinander, und es kam zur Zweiten Schlacht bei Bedriacum. Da sich Vitellius noch in Rom aufhielt, gingen seine Truppen praktisch führerlos und entmutigt in den Kampf. Dennoch verteidigten sie sich mit letzter Kraft, bis der Mond hinter der Armee des Primus aufging und sie in seinem Schein den Soldaten des Primus ein leichtes Ziel des Angriffs boten. Die Verteidigung der Vitellianer brach zusammen, und sie ergriffen die Flucht. Cremona wurde von den Siegern gnadenlos geplündert. Auch die Flotte in Misenum sagte sich von Vitellius los, und am Rhein erhoben sich die Bataver unter Civilis. Ihr Aufstand griff auf Gallien über und wuchs zu einer größeren gallisch-germanischen Erhebung an. Valens, der wieder gesund war, versuchte, ein zweites Heer in Gallien aufzustellen, aber der Durchbruch scheiterte. Schließlich kam Primus die Kapitulation der Streitkräfte des Vitellius bei Narnia zugute, und er konnte nach Rom vorstoßen.

Dort hätte der Stadtpräfekt Sabinus, Vespasianus' Bruder, Vitellius beinahe überredet abzudanken, was noch kein römischer Kaiser getan hatte. Aber die in Rom stationierten Truppenteile, die noch immer hinter Vitellius standen, und die Zivilbevölkerung zwangen ihn, die Verhandlungen darüber abzubrechen. Sabinus mußte sich auf das Kapitol flüchten. Dort wurde er von germanischen Truppen aufgebracht und getötet. Bei den Kämpfen ging sogar der Iuppitertempel, das Symbol des römischen Staates, in Flammen auf und brannte bis auf die Grundmauern nieder. Als Primus vor den Toren der Stadt stand, leisteten ihm die Bewohner der Stadt verzweifelt, aber vergeblich Widerstand. Am 20. Dezember wurde Vitellius, der sich alleine im Palast aufhielt, von Soldaten gefangengenommen, auf das Forum geschleppt und dort rücksichtslos ermordet.

Suetonius zufolge war Vitellius ungewöhnlich groß. Sein Gesicht war meistens vom Alkohol gerötet. Er hatte einen gewaltigen Wanst und einen leicht verkrüppelten Schenkel, weil ihn einmal ein vierspänniger Wagen überfahren hatte, den Gaius gelenkt hatte. Die Schriftsteller der Antike schildern Vitellius auch als grausam, gefühllos, pervertiert und ausschweifend. Möglicherweise war er auch ein Vielfraß. Aber die Berichte darüber stammen alle aus der Feder von Leuten, die Vitellius haßten. Leider fehlte ihm jede militärische Erfahrung, weshalb er sich auf zwei miteinander verfeindete Truppenführer verließ, von denen keiner viel Vertrauen erweckte. Trotzdem war er keineswegs unbeliebt, und so kurz seine Regierungszeit auch war, gab es doch Anzeichen maßvollen, konstruktiven Verhaltens. Zum Beispiel ließ Vitellius seine Regierungszeit mit dem 19. April beginnen, dem Tag, an dem der Senat ihn als Herrscher angenommen hatte, und nicht mit dem 2. Januar, an dem er von seinen Soldaten zum Kaiser ausgerufen worden war. Ja noch mehr: Er nahm gewissenhaft an allen Senatssitzungen teil, gestattete der Opposition freie Meinungsäußerung und setzte sich persönlich, aber bescheiden für seine Kandidaten ein, die sich um das Konsulat bewarben. Anfangs beanspruchte er nicht einmal die Titel »Caesar« und »Augustus«, die seine großen Vorgänger geführt hatten. Obwohl er diese Zurückhaltung bald aufgegeben haben dürfte, erscheint der Titel »Caesar« auf seinen Münzen überhaupt nicht. Allerdings beanspruchte er das Amt des Konsuls auf Lebenszeit. Er spürte wohl, daß ein Herrscher, der weder dem iulisch-claudischen Hause noch dem alteingesessenen Adel angehörte, auf derartige äußere Formen, die mit Privilegien und Ansehen verbunden waren, nicht verzichten konnte.

Vespasianus (69–79)

Vespasianus (Titus Flavius Vespasianus) wurde 9 n. Chr. in Reate im Sabinerland, nördlich von Rom, geboren. Sein Vater Flavius Sabinus war Zolleinnehmer und gehörte wie auch die Familie seiner Mutter Vespasia Polla dem Ritterstand an. Allerdings war der Bruder der Mutter schon Senator geworden, und Vespasianus und sein älterer Bruder Sabinus waren ebenfalls Senatoren.

Im Jahre 40 wurde Vespasianus Prätor und erfuhr durch den einflußreichen Kanzleibeamten des Claudius, den Freigelassenen Narcissus, weitere Förderung. In Claudius' Feldzug nach Britannien, 43–44, zeichnete er sich als Legionskommandeur aus und erhielt die Triumphalinsignien und zwei Priesterwürden. Im Jahre 51 wurde er Konsul und um das Jahr 63 Prokonsul von Africa, wo seine Verwaltungsarbeit Anerkennung fand, weil er seine Stellung nicht mißbrauchte, um sich zu bereichern. Dabei wäre er sogar beinahe bankrott gegangen, wenn sein Bruder ihn nicht gerettet hätte, allerdings um den Preis einer Hypothek auf sein Haus und seinen Grundbesitz.

Als Nero im Jahre 66 die römische Provinz Achäa bereiste, fiel Vespasianus in Ungnade, weil er während einer Gesangsdarbietung des Kaisers eingeschlafen war. Dennoch ernannte Nero ihn im Februar 67 zum Statthalter von Judäa, wo er den Aufstand der Juden niederwerfen sollte, der als Erster Jüdischer Aufstand in die Geschichte eingegangen ist. Vielleicht hatte Nero mit Vespasianus absichtlich nur einen wenig bekannten Feldherren an die Spitze der starken römischen Truppen gestellt, die nämlich im Falle einer Revolte eine Gefahr für den Kaiser bedeutet hätten. Wie dem auch war, auf jeden Fall hatte Vespasianus um die Mitte des Jahres 68 fast das gesamte Land, mit Ausnahme Jerusalems und einiger Randbefestigungen wieder unter Roms Botmäßigkeit gebracht. Als er erfuhr, daß Nero am 9. Juni Selbstmord begangen hatte, unterbrach er die Vorbereitungen zum Sturm auf Jerusalem und erkannte Galba als Neros Nachfolger an.

Doch nun begann Vespasianus, eigene ehrgeizige Pläne zu entwickeln. Dabei spielte der Statthalter von Syrien, Gaius Licinius Mucianus, eine entscheidende Rolle. Es war noch nicht lange her, da hatte es zwischen den beiden Männern Meinungsverschiedenheiten gegeben. Mucianus war eifersüchtig auf Vespasianus gewesen, weil dieser als Feldherr eine höhere Stellung innehatte als er in seiner Eigenschaft als Statthalter. Aber nach Neros Tod begruben sie ihren Streit und verfolgten gemeinsam das politische Geschehen. Als im Januar Galba ermordet wurde, begannen sie, selbst einen Aufstand zu planen, und Othos Selbstmord im April bestärkte sie in diesem Entschluß. Zwar erkannten sie Vitellius, der Otho besiegt hatte, als neuen Kaiser an, doch versicherten sie sich insgeheim der Unterstützung des Präfekten von Ägypten, Tiberius Iulius Alexandros. Weder Alexandros noch Mucianus konnten den Thron für sich beanspruchen. Alexandros gehörte nur dem Ritterstand an, war kein Senator, ja nicht einmal Römer von Geburt, sondern ein jüdischer Renegat, und Mucianus hatte keine Söhne, um eine Dynastie zu begründen. Vespasianus dagegen hatte zwei Söhne, Titus und Domitianus (aus der Ehe mit der verstorbenen Flavia Domitilla der Älteren). Also stellten die beiden Provinzstatthalter, die mit ihm verbündet waren, Vespasianus als Anwärter auf den kaiserlichen Thron auf.

Am 1. Juli 69 befahl Alexandros den Truppen in Ägypten, Vespasianus den Treueid zu leisten, und noch vor Mitte des Monats folgten die Armeen in Judäa und Syrien ihrem Beispiel. Es war geplant, daß Mucianus mit 20 000 Mann nach Italien marschierte, während Vespasianus vorerst im Osten blieb, um die Getreidelieferungen Ägyptens zu kontrollieren, die für Rom lebenswichtig waren. Ende August hatten auch die Donaulegionen sich Vespasianus angeschlossen. Bei ihnen ging die Initiative von Marcus Antonius Primus aus, einem Gallier aus Tolosa (Toulouse), der eine der in Pannonien stationierten Legionen befehligte. Er begab sich, offensichtlich auf eigene Verantwortung, in Eilmärschen nach Italien, wo er, ebenfalls eigenmächtig, die Soldaten des Vitellius in der »Zweiten Schlacht bei Bedriacum« schlug.

Anschließend marschierte Primus direkt nach Rom, wo man ihm verzweifelt Widerstand leistete. Kurz vor seinem Eintreffen hatte Vespasianus' Bruder, der Stadtpräfekt Sabinus, versucht, Vitellius zur Kapitulation zu bewegen. Daraufhin wurde er von wütenden Vitellianern auf dem Kapitol ermordet. Am 20. Dezember fand auch Vitellius ein gewaltsames Ende. Einen Tag später zog Primus in die Stadt ein, und der Senat bestätigte Vespasianus als neuen Kaiser.

Bald darauf erreichte auch Mucianus die Stadt und tadelte Primus wegen seiner Eigenmächtigkeit. Außerdem wurde er beschuldigt, Greueltaten begangen zu haben. Daraufhin reiste Primus nach Osten und beschwerte sich bei Vespasianus. Dieser zeichnete Primus zwar aus, entließ ihn dann aber in seine Heimat, nach Tolosa.

Mucianus, der nun Rom in seiner Gewalt hatte, ließ Vitellius' Sohn und andere potentielle Unruhestifter hinrichten. Außerdem hielt er ein wachsames Auge auf Vespasianus' ehrgeizigen jüngeren Sohn Domitianus, der sich zunächst bei seinem todgeweihten Onkel Sabinus auf dem Kapitol aufgehalten hatte, dann aber auf dramatische Weise fliehen konnte. Vespasianus selbst kehrte im Oktober 70 nach Rom zurück. Seinen älteren Sohn Titus hatte er in Judäa zurückgelassen, um Jerusalem zu erobern, ein Ereignis, das auf Münzen, die berühmt geworden sind, mit der Inschrift IVDAEA CAPTA gefeiert wird.

Vespasianus hatte sich durch die Beendigung der Bürgerkriege um das Reich verdient gemacht. Ein Zeichen dafür war der Friedenstempel, den er auf seinem neuen Forum errichten ließ, und den Plinius der Ältere unter die Weltwunder rechnete. Auf seinen Münzen wird immer wieder an die Wiederherstellung des Friedens erinnert, denn er mußte alle Kraft zusammennehmen, um die öffentliche Meinung für sich zu gewinnen, zumal er niedrigerer Abstammung war als seine glücklosen Vorgänger.

Die Hauptstütze der kaiserlichen Macht war nach wie vor die Armee. Durch sie wurde unter Titus der Jüdische Aufstand beendet (allerdings hielt sich Masada noch bis 73) und an der Nordgrenze des Reiches unter dem Feldherrn Cerealis den rebellierenden Germanen und Galliern, die einen unabhängigen Staat gegründet hatten, bei Augusta Treverorum (Trier) eine entscheidende Niederlage bereitet und ihr Rebellenführer Civilis zur Kapitulation gezwungen. Sobald die Soldaten ihre militärischen Aufgaben erfüllt hatten, entließ sie Vespasianus mit großem Geschick und Fingerspitzengefühl aus dem Dienst. Er zeigte sich ihnen gegenüber großzügig, aber nicht übertrieben, sondern, wie Augustus, in angemessenem Rahmen. Außerdem reorganisierte er das Heer, um sicherzustellen, daß die Legionen, die Vitellius unterstützt hatten, keine Schlüsselpositionen einnahmen. Er ließ die Heerlager am Rhein und an der Donau abbrechen, die durch ihre Größe zu einer politischen Gefahrenquelle geworden waren, und brachte die Legionen in kleineren, voneinander getrennten Lagern unter. Weil die Soldaten darüber Klage geführt hatten, daß Vitellius sie aus den Gebieten, in denen sie heimisch geworden waren, abgezogen hatte, gestattete Vespasianus ihnen mehr Seßhaftigkeit. Allerdings galt das nicht für die Hilfstruppen. Sie durften nach dem Schrecken des Gallieraufstandes seltener in der Nähe ihrer Heimat bleiben. Außerdem versuchte Vespasianus, in jeder Einheit möglichst viele Vertreter unterschiedlicher Nationalitäten zusammenzuziehen, um zu vermeiden, daß ein Truppenteil von einer einzigen ethnischen Gruppe beherrscht wurde. Eine weitere Errungenschaft war der Erwerb der »agri decumates«, des Gebietes zwischen Hochrhein und Donau, wodurch die Nordgrenze des Reiches erheblich verkürzt wurde. In Britannien unterwarf Cerealis das feindliche Grenzvolk der Briganten und schob die Reichsgrenze nach Norden in Richtung Caledonien vor. Derartige Operationen bildeten allerdings eine Ausnahme, denn der größte Teil des Reiches erfreute sich ungestörter Ruhe.

Dennoch achtete Vespasianus sorgfältig darauf, daß die Truppen nicht in Versuchung kamen, an seiner militärischen Macht zu zweifeln. Die Folge war, daß er sich nicht weniger als zwanzigmal von verschiedenen Truppeneinheiten zum Imperator ausrufen ließ. Deshalb betrachtete er auch als Beginn seiner Regierungszeit nicht den Tag, an dem ihn der Senat als Kaiser anerkannt hatte, sondern den 1. Juli 69, als er von den Truppen zum Herrscher ausgerufen worden war. Damit gab er in aller Öffentlichkeit zu, daß er Amt und Würde den Soldaten verdankte, und erinnerte die Senatoren daran, daß nicht sie, sondern das Heer die Grundlage seiner Macht bildeten. Er nahm zwar regelmäßig an den Sitzungen des Senates teil und unterließ es nicht, ihn zu konsultieren, doch hütete er sich, dem Senat irgendwelche Handlungsfreiheit zuzugestehen. Im Gegenteil, trotz so mancher Lippenbekenntnisse zu Augustus, dem angeblichen Wiedererbauer der Republik, führte Vespasianus die Politik des Claudius fort, welche die Stärkung der Alleinherrschaft zum Ziel hatte. So rief er, wie einst Claudius, das Amt des Zensors 73/74 wieder ins Leben, bekleidete es selbst und kontrollierte somit offen die Mitgliedschaft im Senat. Was dabei herauskam, war ein Senat, der sich weniger aus eigentlichen Römern als – mehr denn je – aus Bewohnern des übrigen Italiens zusammensetzte und in dem auch die Zahl der Provinzialen zunahm.

Obwohl in der Beamtenschaft die Bewohner Italiens weiterhin

dominierten, nahm auch da die Zahl der Provinzialen rasch zu, und zwar auf Grund der Verleihung des römischen Bürgerrechts und des sogenannten latinischen Rechts. Vespasianus kannte die Probleme der Provinzbewohner, denn sein Augenmerk war auf das ganze Römische Reich gerichtet. Damit schuf er die dauerhafte Grundlage, dank derer die römische Geschichte nicht die Chronik eines Herrscherhauses wurde, sondern die Geschichte der gesamten damaligen Welt.

Besonderes Fingerspitzengefühl war in der Finanzverwaltung vonnöten, denn der Bürgerkrieg hatte die Finanzen des Reiches zerrüttet. Das bedeutete, daß Vespasianus versuchen mußte, auf jede nur erdenkliche Art Geld zu bekommen. Dabei wollte er keinen Druck ausüben. Er war zum Beispiel sehr vorsichtig bei der Besteuerung der Provinzen. Dennoch konnte er nicht umhin, die Steuersätze drastisch zu erhöhen und nach Steuersündern zu fahnden. Allerdings entsprach er damit nicht den allgemeinen, traditionellen Vorstellungen vom Verhalten eines Herrschers, so daß unzählige Witze über seine angebliche Habsucht die Runde machten. Aber diese Nadelstiche schadeten ihm kaum, denn er kannte die Grenzen. Ganz abgesehen davon, daß man einen Herrscher, der den Friedenstempel errichten ließ, unter dem mit dem Bau des Kolosseums begonnen wurde, und der den ersten Lehrstuhl für Griechisch und Latein in Rom stiftete, nicht als geizig bezeichnen konnte.

Auch wenn sich Vespasianus Zeit für eine tägliche Ausfahrt und Mußestunden in Gesellschaft einer Geliebten gönnte, arbeitete er doch ungewöhnlich hart. Schon vor Morgengrauen las er die eingegangenen Briefe und empfing während seiner Morgentoilette Freunde zum Gespräch. Während des restlichen Tages verbrachte er viel Zeit mit der Wahrnehmung seiner richterlichen Aufgaben. Noch auf dem Sterbebett versuchte er, auf die Beine zu kommen, wobei er meinte: »Ein Kaiser sollte stehend sterben.« Der Mann, der im Besitz des kaiserlichen Thrones war, fühlte sich rund um die Uhr in die Pflicht genommen, und dazu gehörte auch, daß er für jedermann zu sprechen war. Deshalb wurden in seiner Lieblingsresidenz, den »Gärten des Sallustius«, die Schutzmaßnahmen für seine Person erheblich gelockert. Mit allen diesen Maßnahmen betonte er immer wieder seine verhältnismäßig bescheidene Abstammung. Diese Selbsteinschätzung spiegeln auch die vielfältigen Porträtbüsten wider, die von außerordentlich einfühlsamen Bildhauern geschaffen wurden.

So viel Arbeit Vespasianus auch persönlich leistete, er brauchte Hilfe. Anfangs war es Mucianus, der ihn maßgeblich beriet, dann aber stützte er sich mehr und mehr auf seinen älteren Sohn Titus. Immer deutlicher zeichnete sich ab, daß Titus, der unter ihm Prätorianerpräfekt war und der das Amt des Zensors mit ihm teilte, eines Tages auch sein Thronfolger werden sollte. Seit Beginn nämlich seiner Regierungszeit ließ Vespasianus keinen Zweifel daran, daß er (dem Beispiel seines weniger erfolgreichen Vorgängers Vitellius folgend) die Absicht hegte, eine neue Dynastie, und zwar die der Flavier, zu gründen. Daran lassen auch seine Münzen keinen Zweifel. Energischen Einspruch dagegen erhoben allerdings die Konservativen. Sie widersetzten sich der Auffassung, daß die Kaiserwürde durch Erbfolge weitergegeben werden könne, so als ob sie persönlicher Besitz ihres Trägers sei, zudem in einem Hause, das keineswegs das gleiche Ansehen genoß wie das iulisch-claudische. Infolgedessen sah sich Vespasianus recht massiven Anfeindungen ausgesetzt.

Zu Vespasianus' Kritikern zählten auch Moralisten, die sich zur Schule der Zyniker rechneten und eine anarchistische, gegen jede Ordnung gerichtete Auffassung vertraten. Doch auch weniger philosophisch orientierte Senatoren lehnten Vespasianus' dynastische Pläne mit aller Härte ab. Eine besondere Rolle unter ihnen spielte Helvidius Priscus, ein Stoiker, der in eine Familie mit stark republikanischer, antimonarchistischer Tradition geheiratet hatte (sein Schwiegervater war Thrasea Paetus, den Nero in den Selbstmord getrieben hatte). Priscus hatte einst Vitellius öffentlich angegriffen und war ursprünglich mit Vespasianus befreundet. Doch mit der Zeit war er zu einem so scharfen Gegner des Kaisers geworden, daß dieser sich gezwungen sah, ihn zu verbannen und 75 hinrichten zu lassen, nicht ohne Bedauern, wie behauptet wird. Doch unvergleichlich gefährlicher als Priscus' Kritik war die vier Jahre später aufgedeckte Verschwörung, die zwei angesehene ältere Senatoren, Eprius Marcellus und Caecina Alienus aus Vespasianus' engstem Freundes- und Beraterkreis gegen ihn angezettelt hatten. Auf Titus' Betreiben kam keiner der beiden mit dem Leben davon.

Nur kurze Zeit später ereilte Vespasianus eine fieberhafte Erkrankung, und er zog sich in die Sommerfrische nach Aquae Cutiliae, unweit seines Geburtsortes, zurück. Dort starb er am 24. Juni 79. Suetonius beschreibt ihn als kräftige, vierschrötige Erscheinung mit seltsam angespanntem Gesichtsausdruck. Er erfreute sich einer ausgezeichneten Gesundheit, und um sie zu erhalten, legte er jeden Monat einen Fastentag ein. Für seine Freunde war sein skurriler Humor oft langweilig. Er drehte sich zum großen Teil um die Art, wie er die Staatskasse aufzufüllen verstand, wobei er auch die Niederungen des Lebens nicht ausließ. Zum Beispiel soll sich Titus über die Steuer mokiert haben, mit der der Kaiser die Benutzung der öffentlichen Bedürfnisanstalten in Rom belegt hatte. Als Erwiderung darauf gab Vespasianus ihm eine Münze, die aus den ersten Einnahmen dieser Art stammte, und fragte: »Stinkt sie etwa?« Als Titus zugeben mußte, daß sie es nicht tat, fuhr sein Vater fort: »Und doch stammt sie vom Urin.« Sogar auf dem Sterbebett soll er noch gescherzt haben: »O weh, ich glaube, ich werde ein Gott« (»Vae, puto deus fio«).

Titus (79–81)

Titus (Titus Flavius Vespasianus) wurde als erster Sohn des Vespasianus und der Flavia Domitilla der Älteren im Jahre 39 geboren. Seine Erziehung genoß er zusammen mit Claudius' Sohn Britannicus, der sein engster Freund wurde. Als Britannicus angeblich an den Folgen eines Giftes starb, das er bei einem Gelage im Hause seines Stiefbruders Nero zu sich genommen haben soll, ruhte Titus am selben Tisch, und man behauptet, daß er selbst etwas von dem Gift zu sich genommen habe und davon schwer erkrankt sei. Nachdem er in Germanien und Britannien als Militärtribun gedient hatte, wurde er um 65 Quästor und kommandierte 67 eine Legion seines Vaters in Judäa. Dort eroberte er die aufständischen Städte Taricheae und Gamala (Orte, deren Lage sich heute nicht mehr genau bestimmen läßt). Dabei sei sogar einmal sein Reitpferd unter ihm getötet worden. Gegen Ende des Jahres 68 sandte Vespasianus ihn zu Galba, um ihn zum Machtantritt zu beglückwünschen. Als er aber in Korinth erfuhr, daß Galba ermordet worden war, kehrte er um.

Bei den Verhandlungen der Statthalter der östlichen Provinzen, die zu Vespasianus' Ernennung zum Kaiser führten, spielte Titus eine wichtige Rolle. Mucianus, der Statthalter von Syrien, zu dessen Versöhnung mit Vespasianus Titus viel beigetragen hatte und der nun Vespasianus in ganz besonderer Weise unterstützte, war von Titus nicht nur als Thronprätendent, sondern auch als fähigem

Verhandlungspartner hellauf begeistert. Im Sommer des Jahres 69 beauftragte Vespasianus Titus, den Judenaufstand niederzuwerfen, und ein Jahr später fiel nach viermonatiger Belagerung Jerusalem. Das Entsetzen über die Zerstörung des Tempels wirkte noch Jahrhunderte lang nach. Zwar beteuerte der jüdische Historiker Flavius Iosephus, der die Fronten gewechselt hatte und auf seiten der Römer stand, daß Titus versucht habe, den Tempel zu retten, doch gibt es auch Überlieferungen, die das Gegenteil behaupten. Auf jeden Fall hat Titus die jüdischen Kriegsgefangenen sehr grausam behandelt.

Nach der Eroberung Jerusalems wurde Titus mit Ehrenbezeugungen überschüttet. In Memphis, in Ägypten, ließ er sich mit einem Diadem krönen, und auf den Münzen, die in den Ostprovinzen geprägt wurden, führt er den Titel Imperator, der bisher nur den wirklichen Herrschern vorbehalten war. Darüber hinaus gewährte ihm der römische Senat sogar einen eigenen Triumph, der jedoch in einen Doppeltriumph für Vater und Sohn umgewandelt wurde. Die Reliefs am Titusbogen in Rom halten das Ereignis fest. Titus' Erfolg ließ den Verdacht aufkommen, er könne sich vielleicht gegen seinen Vater erheben. Er tat es nicht. Seine Treue zum Vater blieb vom Erfolg unangetastet, und er kehrte im Sommer 71 auf schnellstem Wege nach Italien zurück.

Ein Grund für Titus' schnelle Rückkehr mag die Sorge gewesen sein, daß Mucianus' Einfluß auf seinen Vater zu stark werden könnte. Aber darin täuschte er sich, denn Vespasianus ließ keinen Zweifel daran, daß er Titus nicht nur als seinen Nachfolger betrachtete, sondern auch die Verantwortung für die Regierung mit ihm teilte. »Entweder mein Sohn wird mein Nachfolger oder überhaupt niemand«, soll er geäußert haben. Entsprechendes liest man auch auf den Münzen aus dem Jahre 71, die Titus und seinen jüngeren Bruder in Soldatenkleidung zeigen. Auf Titus bezogen steht dort: DES(*ignatus*) IMP(*erator*), was soviel bedeutet wie »designierter Kaiser«. Bereits im Jahre 70 wurde er zusammen mit seinem Vater Konsul, 71 teilte er sich mit ihm die tribunizische Gewalt, und 73/74 bekleideten beide gemeinsam das Amt des Zensors. Titus wurde außerdem sehr schnell Prätorianerpräfekt. Die Garde des Vitellius bestand nicht mehr, und die an ihre Stelle getretene Truppe war kleiner als die vorherige. Aber das Amt des Präfekten war wichtiger denn je, und Titus, der sonst sehr umgänglich war, verwaltete es mit aller Härte.

Titus mußte Senatoren und andere Persönlichkeiten des öffentlichen Lebens im Auge behalten, denen es mißfiel, daß Vespasianus die erbliche Thronfolge zum Ziel hatte. Doch die größte Gefahr für Titus schien von seiner Beziehung zu der jüdischen Prinzessin Berenike auszugehen. Als er sie in Judäa kennenlernte und tiefe Zuneigung zu der zehn Jahre älteren, reichen, schönen und klugen Berenike ihn ergriff, war er bereits zweimal verheiratet gewesen, zuerst mit Arrecina Tertulla (deren Bruder er als Prätorianerpräfekt abgelöst hatte) und nach ihrem Tod mit Marcia Furnilla, die ihm als einziges Kind die Tochter Flavia Iulia gebar und von der er sich im Jahre 64 oder 65 trennte. Obwohl Berenike über ausgezeichnete Verbindungen zum römischen Hof verfügte, kam sie erst 75 nach Rom, als sie und ihr Bruder, König Agrippa II., der Hauptstadt einen Besuch abstatteten. Dabei wurden sie vor aller Augen hoch geehrt. Berenike und Titus, die ihre Beziehung nicht verhehlten und offen zusammenlebten, zogen sich jedoch heftige Kritik zu. Man betrachtete ihr Verhältnis als einen Skandal und sah in Berenike eine zweite Kleopatra. Titus trennte sich deshalb bald wieder von ihr.

Zu Titus' schärfsten Kritikern zählte Eprius Marcellus, der im Jahre 79 zusammen mit Vitellius' früherem Feldherren Caecina in den Verdacht geriet, einen Anschlag auf Vespasianus' Leben zu planen (s. Vespasianus). Titus lud Caecina zu einem Gastmahl ein und ließ ihn erdolchen, und Marcellus, der vom Senat zum Tode verurteilt worden war, nahm sich das Leben, indem er sich die Kehle durchschnitt. Als kurz darauf Vespasianus starb, geriet Titus in Verdacht, seinen Vater ermordet zu haben. Hadrianus schenkte später einem entsprechenden Gerücht Glauben. Dagegen erwähnt sein Sekretär Suetonius, der mit wahrer Leidenschaft alles sammelte, was ihm zu Ohren kam, in seiner Darstellung der Todesstunde Vespasianus' diesen Verdacht mit keinem einzigen Wort.

Titus mußte, als er an die Macht kam, erkennen, daß sein rücksichtsloses Vorgehen als Prätorianerpräfekt und vor allem seine rücksichtslose Beseitigung der vermeintlichen Verschwörer einen schlechten Eindruck hinterlassen hatten. Deshalb beeilte er sich, in einem neuen und milderen Licht zu erscheinen, behielt allerdings einige notwendige wirtschaftliche Maßnahmen seines Vaters stillschweigend bei. Dagegen wurden Denunzianten, auf die er früher viel gegeben hatte, nun scharf in die Schranken verwiesen, und die

Klage auf Hochverrat wurde abgeschafft. Über zwei weitere mutmaßliche Verschwörer wurde Stillschweigen bewahrt, und als Berenike erneut nach Rom kam, distanzierte er sich, zu ihrer beider Leidwesen, wieder von ihr.

Drei Katastrophen überschatteten Titus' kurze Regierungszeit. Die erste ereignete sich schon einen Monat nach seinem Regierungsantritt, als der Vesuv ausbrach und die Landhäuser und Städte am Golf von Cumae verschüttete: Pompeii, Herculaneum, Stabiae und Oplontis – ein Ereignis, dessen verheerende Folgen weltweit bekannt sind. Plinius der Jüngere, der sich damals bei seinem Onkel Plinius dem Älteren aufhielt, der die Flotte bei Misenum befehligte, schildert in einem Brief die dramatischen Ereignisse. Nachdem sich Titus an Ort und Stelle über das Ausmaß der Verwüstung informiert hatte, bildete er einen Krisenstab aus Senatoren, um jede nur mögliche Hilfe zu leisten. Allerdings kam seine Anordnung, die zerstörten Städte wieder aufzubauen, niemals zur Ausführung. Die zweite große Katastrophe geschah, als Titus sich 80 in der Campania aufhielt, um sich vom Fortgang der Aufräumungsarbeiten zu überzeugen. Ein großes Feuer, das drei Tage und drei Nächte lang in Rom wütete, zerstörte viele bedeutende Bauwerke und Kunstschätze. Abermals leistete Titus großzügige Hilfe. Die dritte Katastrophe war eine der furchtbarsten Pestepidemien, die Roms Annalen verzeichnen. Laut Suetonius versuchte der Kaiser, der Seuche nicht nur mit medizinischen Mitteln Herr zu werden, sondern auch mit zahllosen Opfern, zweifellos, um die zutiefst beunruhigte Bevölkerung zu beschwichtigen und eine Panik zu verhüten.

Es gab aber auch ein großes, erfreuliches Ereignis, die Vollendung und Eröffnung des Amphitheatrum Flavium. Es war unter Vespasianus begonnen worden und sollte als Schauplatz für Gladiatorenkämpfe, Tierhetzen und Seeschlachten dienen, wofür die Arena mit Wasser gefüllt werden konnte. Dieser Bau, der später als Kolosseum bekannt wurde, weil vor ihm eine Kolossalstatue des Kaisers Nero aufragte, war als erstes Amphitheater der Hauptstadt ein reiner Steinbau. Er wurde das berühmteste Bauwerk der Flavier und beeinflußte die spätere Baukunst Europas. Die mit Travertin verkleidete Außenfront wirkte trotz aller Monumentalität graziös. Der Bau, der heute eine Ruine ist, war vier Stockwerke hoch. Die Mauern des obersten waren von Fenstern durchbrochen. Die Arkaden der drei anderen bildeten Bögen und Pfeiler aus Beton, die das Gewicht des gesamten Baus trugen, so daß die außen angefügten dorischen, ionischen und korinthischen Säulen hauptsächlich dekorativen Charakter hatten.

Das Kolosseum hatte 45 000 Sitz- und 5000 Stehplätze. Man erreichte sie durch 76 numerierte Bogeneingänge. Zwei Zugänge waren nur den Gladiatoren und zwei weitere ausschließlich dem Kaiser und seinem Gefolge vorbehalten. Ein riesiges, von Masten getragenes Sonnensegel, das Matrosen über die Sitzreihen zogen, schützte die Zuschauer vor der Sommerhitze. Anläßlich der Einweihung des Kolosseums eröffnete Titus auch die nach ihm benannten Thermen. Sie befanden sich im Bereich des Esquilin auf dem Boden, der ursprünglich zum »Goldenen Haus« des Nero gehörte. Von ihnen ist nur noch wenig erhalten. Doch aus Skizzen, die aus der Renaissancezeit stammen, wissen wir, daß sie die Vorläufer jener mächtigen, symmetrisch angelegten »Kaiserthermen« waren, die später von Traianus, Caracalla und Diocletianus erbaut wurden.

Zweifellos hatte Suetonius recht, wenn er in der äußeren Erscheinung, dem Charakter und den Gewohnheiten des Kaisers etwas Gewinnendes fand. Obwohl er klein und etwas beleibt war, wirkte er doch würdevoll. Er war nicht nur ein guter Reiter und geschickt im Umgang mit Waffen, er konnte auch singen und Harfe spielen, ja sogar Gedichte, auch in griechischer Sprache, schreiben und aus dem Stegreif vortragen. Allerdings sah Suetonius auch die Fehler, die Titus vor seinem Regierungsantritt begangen hatte, als Kaiser später aber weitgehend vermied. Seine Zuneigung zu Berenike hatte ihm viele Feinde geschaffen. Doch weitaus schlimmer war, daß er als Prätorianerpräfekt hart durchgegriffen hatte (von Grausamkeiten gegenüber jüdischen Kriegsgefangenen spricht Suetonius nicht). Außerdem soll Titus habgierig gewesen sein. Mit seinen extravaganten Freunden feierte er nächtelang wilde Feste, und er umgab sich mit einer ganzen Schar Homosexueller und Eunuchen. Doch nach seiner Thronbesteigung, so erfahren wir, brach er »die Beziehungen zu einigen seiner Lieblingsknaben ab, und obwohl diese gut genug tanzen konnten, um sich auf der Bühne einen Namen zu machen, besuchte er ihre öffentlichen Darbietungen nie mehr«.

Auch die Gedanken, die Titus äußerte, verfehlten ihren Eindruck auf Suetonius nicht, zum Beispiel wenn er bei der abendlichen Tafel vielleicht nur nebenbei anmerkte, »Freunde, ich habe einen Tag verloren«, weil er sich daran erinnerte, daß er seit Tagesanbruch noch niemandem etwas Gutes getan hatte. Tatsächlich scheint für Suetonius Titus als Kaiser nicht seinesgleichen gehabt zu haben. Suetonius bezeichnet ihn als »Liebling und Wonne des Menschengeschlechtes« (»amor ac deliciae generis humani«) im Gegensatz zu seinem Bruder, der nach ihm den Thron bestieg. Der Historiker Cassius Dio allerdings beurteilt Titus' zweijährige Regierungszeit kritischer. Anders als Augustus, der mit brutaler Gewalt begonnen, aber als Wohltäter der Menschheit geendet habe, schreibt er, »regierte Titus mit Milde und starb auf dem Höhepunkt seines Ansehens; es wäre aber vielleicht, wenn er länger gelebt hätte, deutlich geworden, daß er seinen augenblicklichen Ruf mehr dem Glück als dem Verdienste schuldete«. (Cassius Dio: Römische Geschichte, Bd. V. Zürich/München 1987). Auch der Dichter Ausonius, der später lebte, kam zu dem Schluß, daß Titus das »Glück einer kurzen Regierungszeit« gehabt habe.

Am letzten Tag der Spiele, mit denen die Einweihung des Amphitheaters und der Thermen gefeiert wurde, brach Titus zusammen und weinte vor aller Augen. Niemand weiß, warum. Vielleicht ahnte er, daß er an einer unheilbaren Krankheit litt. Wie dem auch gewesen sein mag, seine Schaffenskraft ließ seitdem nach, und im Herbst des folgenden Jahres erkrankte er ernsthaft. Am 13. September 81 starb er in Aquae Cutiliae, wo auch sein Vater gestorben war. Plutarchos gibt zu bedenken, ob vielleicht das Wasser dort für ihn zu kalt war. Natürlich blieben auch Gerüchte nicht aus, denen zufolge Domitianus ihm vergifteten Fisch habe reichen lassen.

Angeblich waren Titus' letzte Worte: »Nur eines habe ich falsch gemacht.« Trotz aller Zweifel, wie er weiter regiert hätte, kann Ausonius sich nicht vorstellen, warum der Kaiser solche Reue nötig gehabt haben sollte. Bereute er vielleicht die Liebschaft, die ihm mit Domitia, der Frau seines Bruders, nachgesagt wurde? Suetonius allerdings stellt sie überhaupt in Frage, weil, wenn es sie gegeben hätte, Domitia sie gewiß nicht verschwiegen hätte. Vielleicht war Domitianus der Urheber der Gewissensbisse, die Titus offensichtlich plagten, denn er war überzeugt, daß ihr Vater ihn zum vollen Teilhaber der kaiserlichen Macht ernannt habe, und daß Titus, der es ausgezeichnet verstand, Handschriften nachzuahmen, das väterliche Testament geändert und die entsprechende Stelle gestrichen habe.

Eine andere Erklärung findet sich bei Cassius Dio. Er ist der Ansicht, daß der Sterbende bereute, Domitianus nicht von der Thronfolge ausgeschlossen zu haben, denn er habe spüren müssen, daß er dadurch ein großes Unglück heraufbeschwor. Vielleicht war das tatsächlich der Grund für Titus' rätselhafte Äußerung und vielleicht auch für die Tränen, die er bei der Einweihung des Kolosseums weinte.

Domitianus (81–96)

Domitianus (Titus Flavius Domitianus) wurde im Jahre 51 als zweiter Sohn des Vespasianus und der Flavia Domitilla geboren. Als sich sein Vater im Sommer 69 im Osten des Reiches gegen Vitellius erhob, hielt Domitianus sich in Rom auf. Dort drohte ihm bis zum 18. Dezember keine Gefahr. An diesem Tag aber mußte er zusammen mit seinem Onkel, dem Stadtpräfekten Flavius Sabinus, auf dem Kapitol Zuflucht suchen. Im Gegensatz zu Sabinus konnte er jedoch entkommen, als die Anhänger des Vitellius das Kapitol stürmten. Später trug er dafür Sorge, daß Maler und Dichter dieses Ereignis festhielten. Nach dem Tod des Vitellius begrüßten ihn die in die Hauptstadt eingerückten Truppen des Primus als Caesar. Primus, der aus Pannonien herbeigeeilt war, hatte zugunsten Vespasianus' die »Zweite Schlacht bei Bedriacum« gewonnen. Und als Vespasianus' Beauftragter Mucianus wenig später in der Stadt eintraf, stand Domitianus' Name schon über den ersten Erlassen der neuen Regierung.

Doch es dauerte nicht lange, bis es zu Spannungen zwischen ihm und Mucianus kam. Mucianus wies nämlich eifersüchtig Domitianus' Forderung zurück, Primus eine einflußreiche militärische Stellung zu gewähren. Und zusammen mit Cerealis, der gegen die aufständischen Germanen und Gallier kämpfte, sorgte Mucianus dafür, daß Domitianus' Hoffnung, mit der Niederwerfung der Aufständischen ebenso erfolgreich zu sein wie sein Bruder Titus es war, zunichte wurde. Während der verbleibenden Regierungsjahre Vespasianus' wurde Domitianus zwar eine Reihe Privilegien zuteil, die für sein Ansehen von Bedeutung waren: Er wurde mehrmals Konsul, erhielt den Titel »Erster der Jugend« (»princeps iuventutis«) und wurde auf den Münzen erwähnt. Da nämlich Titus keinen Sohn hatte, verstand es sich von selbst, daß der Bruder dem Bruder auf den Thron folgte. Aber Vespasianus schloß Domitianus von jeder Verantwortung aus. Er ließ es auch nicht zu, daß er sich bei der Truppe bewährte. Domitianus behauptete zwar, daß ihm das nichts ausmache, und suchte Zuflucht in der Kunst, der Dichtung und Malerei, aber in Wirklichkeit war er verbittert und voll von ungestilltem Ehrgeiz.

Die Situation besserte sich auch nicht, als Titus an die Macht kam. Zwar verhalf er Domitianus zu weiteren Ehren und betonte immer wieder, daß er die Macht mit seinem Bruder teile und dieser aller Voraussicht nach sein Nachfolger sein werde, aber die Aufgaben, die die Grundlage für eine solche Partnerschaft gewesen wären, enthielt er ihm vor. Domitianus war überzeugt, daß sein Vater ihn zum gleichberechtigten Mitherrscher seines Bruders gemacht habe, daß Titus aber, der vorzüglich Handschriften nachahmen konnte, Vespasianus' Testament gefälscht habe (s. Titus).

Nach Titus' Tod sorgte Domitianus dafür, wie es üblich war, daß sein Bruder vergöttlicht wurde, denn das Ansehen der Flavier mußte auch weiterhin hervorgehoben werden, welchen Belastungen auch immer die brüderlichen Beziehungen ausgesetzt waren.

Der neue Kaiser war fest entschlossen, die Lücke zu schließen, die zwischen den militärischen Erfolgen seiner Vorgänger und seiner eigenen Ruhmlosigkeit klaffte. Er ernannte seine Frau Domitia Longina, die Tochter Corbulos, zur Augusta. Mit ihr hatte er in die Familie eines berühmten Heerführers eingeheiratet und fühlte sich auch von daher verpflichtet, selbst ein siegreicher Eroberer zu werden. Deshalb führte er im Jahre 83 die von seinem Vater begonnene Eroberung der »agri decumates«, des Gebietes zwischen dem Oberrhein und dem Oberlauf der Donau, fort, unterwarf die Chatten, annektierte das heutige Taunusgebiet und schob die Grenze bis an die Lahn und den Main vor. Diese Unternehmungen, die Ausdruck einer genialen Kombination aus Vorwärtsstrategie und defensivem Festungsbau waren, trugen ihm den Ehrennamen Germanicus ein, und zwar in der ursprünglichen Bedeutung, nämlich Sieger über die Germanen zu sein, und nicht in der Bedeutung, mit der Vitellius diesen Titel belastet hatte, nämlich von den in Germanien stationierten Legionen zum Kaiser ausgerufen worden zu sein. Seitdem pflegte Domitianus, sogar bei Senatssitzungen sich als siegreicher Feldherr zu kleiden. Nach Beendigung dieser Kampfhandlungen erhöhte er auch den Lohn aller militärischen Dienstgrade. Doch das war keine so einschneidende Maßnahme, wie seine Kritiker immer wieder behaupteten, denn die Inflation hatte die Kaufkraft der römischen Münzwährung erheblich gemindert. Andererseits zeigte gerade dieser Schritt, welche zentrale Rolle das Heer nun spielte.

Inzwischen unternahm auch der Statthalter Britanniens, Gnaeus Iulius Agricola, der schon unter Domitianus' Vorgänger im heutigen Wales und Südschottland militärisch operiert hatte, drei erfolgreiche Vorstöße nach Caledonien und gewann eine Schlacht am Mons Graupius (vielleicht Bennachie in der Grafschaft Aberdeen). Um das Jahr 85 wurde er nach Rom zurückgerufen, sehr zum Ärger seines leidenschaftlichen Parteigängers und Schwiegersohnes Tacitus, der den Kaiser nun zu hassen begann, vielleicht aus Reue über die hohen Staatsämter, die er angenommen hatte. Auf jeden Fall war die Schlacht am Mons Graupius nicht so entscheidend, wie der Geschichtsschreiber Tacitus sie hinstellte, denn sie brachte keinen Landgewinn.

Domitianus' nächstes und zugleich ehrgeizigstes Ziel war Dakien, das nach einem Jahrhundert der Schwäche unter seinem König Decebalus wiedererstarkt war. Decebalus setzte 85 über die Donau und schlug Oppius Sabinus, den Statthalter von Mösien. Domitianus begab sich persönlich zum Kriegsschauplatz, wobei er unterwegs noch Hilfstruppen aushob. Aber schon ein Jahr später kehrte er ruhmlos nach Rom zurück. Inzwischen hatten seine Truppen eine weitere Niederlage erlitten, wobei der Prätorianerpräfekt Cornelius Fuscus sein Leben verlor. Doch 88 errichtete Tettius Iulianus durch seinen Sieg bei Tapae, nicht weit von der dakischen Hauptstadt Sarmizegethusa entfernt, die römische Vormachtstellung wieder. Aus diesem Anlaß veranstaltete Domitianus nach der Feier der Jahrhundertspiele in Rom einen Triumph.

Allerdings konnte er aus diesem Sieg keinen dauerhaften Gewinn ziehen, denn 89, ausgerechnet im Jahr des Triumphes, brach unter den römischen Truppen in Obergermanien, die von Lucius Antonius Saturninus angeführt wurden, eine Meuterei aus.

Angeblich war Saturninus' Homosexualität Anlaß dieser Erhebung, denn Domitianus machte aus seinem geradezu puritanischen Abscheu vor dieser Art von Liebe keinen Hehl. Mit Sicherheit jedoch stand Saturninus auch noch mit anderen Senatoren in Verbindung, die das selbstherrliche Verhalten des Kaisers ablehnten. Auf jeden Fall bemächtigte sich Saturninus der Spargelder der beiden römischen Legionen in Moguntiacum (Mainz) und bewog auf diese Weise die Legionäre, ihn zum Kaiser auszurufen. Seine germanischen Hilfstruppen schlossen sich der Rebellion an. Dagegen verhielt sich Lappius Maximus, der Militärbefehlshaber von Untergermanien, Domitianus gegenüber weiterhin loyal und leistete den Aufständischen Widerstand. In einer Schlacht bei Castellum kam Saturnius ums Leben. Domitianus, der auf schnellstem Wege aus Rom herbeigeeilt war und persönlich auf dem Kriegsschauplatz erschien, ließ die aufständischen Offiziere gnadenlos bestrafen, obwohl Lappius Maximus in der Hoffnung, das Morden in Grenzen zu halten, die Aufzeichnungen des Saturninus vernichtet hatte. Bereits 42 Tage nach dem Ausbruch dieses Aufstandes feierten die Priester in Rom seinen Zusammenbruch.

Nachdem Domitianus das gesamte Heerwesen in Germanien reorganisiert hatte, mußte er seine Aufmerksamkeit dem Donaugebiet zuwenden, wo es zu ernsthaften Schwierigkeiten mit den germanischen Stämmen der Markomannen und Quaden und mit den sarmatischen Jazygen gekommen war. Um für ihre Beilegung freie Hand zu haben, mußte Domitianus, so meinte er wenigstens, auf die Nutzung des römischen Sieges über Decebalus verzichten. Deshalb nahm er Decebalus' Friedensangebot an. Erst danach fühlte er sich tatsächlich frei genug, um gegen die Jazygen vorzugehen. Er besiegte sie auch, aber nicht so überwältigend, daß die Feier eines Triumphes gerechtfertigt gewesen wäre. Diese Schwierigkeiten im Donauraum gaben schon einen Vorgeschmack der Krisen, die die Germanen im folgenden Jahrhundert heraufbeschwören sollten.

Domitianus verbrachte viel Zeit bei seinen Soldaten, und sie liebten ihn. Dennoch schuf er, um ihre Zenturionen besser kontrollieren zu können, eine neue Heeresverwaltung. Im Zuge dieser Änderung wurden über jeden Zenturion genaue Aufzeichnungen angefertigt, an Hand derer die Kaiser ohne weiteres selbst über personelle Veränderungen, Beförderungen und Versetzungen, entscheiden konnten. Das war aber nur ein Teil seiner straff organisierten, auf strenger Kontrolle beruhenden Verwaltung des Imperiums, die er mit seinem scharfen Intellekt geschaffen hatte. Sogar Suetonius, der Domitianus als wahres Scheusal hinstellt, kam nicht umhin festzustellen: »Die Behörden in Rom und die Statthalter in den Provinzen hielt er so fest im Zaum, daß es zu keiner Zeit ehrlichere und gerechtere Beamten gab.« Und der bedeutendste aller neuzeitlichen Historiker Roms, Theodor Mommsen, bezeichnet Domitianus als einen der fähigsten Administratoren, die das Römische Reich jemals regierten.

Allerdings hatten die Strenge, die er walten ließ, und die Korrektheit, mit der das Recht angewandt wurde, etwas Erschreckendes. So verurteilte Domitianus 83 drei Vestalinnen wegen ihres unmoralischen Lebenswandels zum Tode, wie die Tradition es erforderte. Und sieben Jahre später ließ er aus dem gleichen Grund die Obervestalin Cornelia lebendigen Leibes in einem unterirdischen Verlies einmauern und ihre Liebhaber zu Tode peitschen. Diese unverhältnismäßig harten Strafen standen in schroffem Gegensatz zu dem Abscheu, den der Kaiser angeblich vor jedem Blutvergießen empfand. Allerdings paßten sie zu seiner Ehrfurcht vor der alten römischen Religion, deren Rituale er mit großer Feierlichkeit vollzog. Der italischen Göttin Minerva, deren Kult in seinem Heimatort in den Sabinerbergen eine wichtige Rolle spielte, bezeugte er eine fast an Besessenheit grenzende Verehrung. In mehr als vier verschiedenen Formen bildete sie das Hauptthema auf seinen Münzen, und ihr Tempel den Mittelpunkt des neuen Kaiserforums, das er zu bauen begann, des Forum Transitorium oder des Forum der Nerva, wie es später hieß.

Seiner Selbstherrlichkeit entsprechend, veranstaltete Domitianus nicht nur sehr aufwendige öffentliche Spiele, die er nur bezahlen konnte, weil er die Steuerschraube fest anzog, sondern entfaltete auch eine äußerst rege Bautätigkeit. Er vollendete den Wiederaufbau des Jupitertempels auf dem Kapitol, aus dessen Trümmern er einst im Bürgerkrieg entflohen war. Er errichtete ein Stadion für 30 000 Zuschauer. In ihm drängten sich die Massen, um den Kapitolinischen Spielen beizuwohnen, die er, trotz seiner Bindung an die römische Tradition, ganz im Stil der griechischen Olympischen Spiele gestaltete. Zu ihnen gehörten literarische, musikalische und athletische Wettkämpfe ebenso wie Pferderennen. Außerdem ließ er eine neue, beeindruckende Residenz auf dem Palatin errichten, die in jeder Hinsicht seiner übersteigerten Vorstellung von der Rolle eines Herrschers entsprach. Und schließlich entstand auf sein Geheiß eine großartige Villa außerhalb Roms am Albanersee. Zu ihr gehörten ein Theater und ein Amphitheater, und in beide lud er oft zahlreiche Gäste ein. Ein weiteres Bauwerk, das in seiner Regierungszeit zur Vollendung kam, war der Titusbogen am Ende der Via Sacra in Rom, dessen einfache architektonische Formen ebenso faszinieren wie seine Reliefs, die den Triumphzug seines Vaters und seines Bruders nach der Einnahme Jerusalems darstellen. Zu den Beutestücken aus Jerusalem, die im Relief gezeigt werden, gehören der Tisch für die Schaubrote, der siebenarmige Leuchter (die Menora) und die Trompeten, mit denen die Gläubigen zusammengerufen wurden.

In Judäa setzte Domitianus in verstärktem Maße die Politik seines Vaters Vespasianus fort. Das bedeutet, daß er die Juden, die ihre Abstammung auf das Haus König Davids zurückführten, verfolgen und töten ließ. Das veranlaßte Gamaliel II., den Vorsteher der Hauptgemeinde der Juden (heute hat sie ihren Sitz in Jamnia), um das Jahr 95 mit drei weiteren führenden Vertretern der Pharisäer nach Rom zu eilen, wohl um seine Landsleute vor weiterer Unterdrückung zu bewahren. Inzwischen waren aber auch die Juden in Rom in ernsthafte Schwierigkeiten geraten. Der »fiscus Iudaicus«, die von Vespasianus allen Juden auferlegte Steuer, wurde mit äußerster Härte eingetrieben. Außerdem wurden viele Bürger, die jüdische Gewohnheiten übernommen hatten, wegen Gottlosigkeit verurteilt, weigerten sie sich doch, am offiziellen Kaiserkult teilzunehmen.

Diese Strafmaßnahmen blieben der Öffentlichkeit nicht verborgen, denn zu den Verfolgten gehörten auch zwei sehr bekannte Persönlichkeiten der römischen Gesellschaft, Flavius Clemens, der in ebendiesem Jahr (95) Konsul war, und seine Frau, Flavia Domitilla die Jüngere, beide Verwandte (Vetter und Nichte) des Kaisers. Obwohl sie wahrscheinlich gar keine Juden waren, sondern nur mit dem Judentum sympathisierten, wurde Clemens hingerichtet und Domitilla verbannt. Dabei ist es durchaus denkbar, daß sie ihren Sturz gar nicht in erster Linie ihrer religiösen Überzeugung verdankten, sondern der Tatsache, daß sie Söhne hatten, die der Kaiser als mögliche Thronprätendenten fürchtete. Wahrscheinlich wurden auch sie umgebracht.

Diese Vernichtungsaktionen waren keine Einzelfälle; sie waren der Indikator für die fortschreitende und schließlich vollständige Entfremdung des Kaisers von Roms Führungsschicht. Er zeigte ihren Mitgliedern nur allzu deutlich, daß er nichts als Verachtung für die Auffassung des Augustus übrig hatte, der zufolge der Senat in einer wiederhergestellten Republik der Partner des Kaisers sei. Domitianus betonte mit allem Nachdruck seinen Anspruch auf die absolute Monarchie, indem er sich 85 den bis dahin unbekannten Titel »Zensor auf Lebenszeit« zulegte. Die feindliche Haltung, die die Senatoren ihm gegenüber einnahmen und die sie zuweilen unter dem Deckmantel freisinniger Gedanken äußerten, konnte ihm nicht verborgen bleiben. Deshalb betrachtete er den Senat mit zunehmendem, unverhülltem Mißtrauen. Dieser Entfremdungsprozeß erhielt Auftrieb, als die Verschwörung des Saturninus entdeckt wurde. Nun gab es wieder Hochverratsprozesse, Spitzelwesen und Zuträgerei. Suetonius schätzt, daß nicht weniger als zwölf Konsuln sich wegen Hochverrats verantworten mußten. Die Meldungen von angeblichen Verschwörungen überschlugen sich, und zum Teil hatten sie sogar einen wahren Kern. Es stimmt nun einmal, was Domitianus klar erkannte, daß es das unselige Schicksal Herrschender sei, daß den Berichten über Anschläge auf ihr Leben so lange nicht geglaubt wird, bis sie stattgefunden haben.

In diesem Klima des Mißtrauens war Domitianus immer stärker der Gefahr ausgesetzt, tatsächlich Opfer eines Anschlags zu werden. Außerdem schwächte er seine Position weiter, als er beide Prätorianerpräfekten entließ und unter Anklage stellte. Aber auch die neuen Männer, die an ihre Stelle traten, Petronius Secundus und Norbanus, fühlten sich nicht sicher, und das erst recht nicht, als ihnen zu Ohren kam, daß man sich beim Kaiser über sie beklagt habe. Deshalb beschlossen sie aus Selbsterhaltungstrieb, Domitianus umzubringen. Wahrscheinlich waren auch einflußreiche Männer in den Provinzen und Truppenführer in Germanien in den Plan eingeweiht. In Rom gehörten Domitianus' Kämmerer und einer seiner Staatssekretäre zu den Verschwörern. Eine wichtige Rolle dabei spielte auch die Gattin des Kaisers, Domitia Longina. Domitianus hatte sich von ihr getrennt, sie dann aber wieder geheiratet. Allerdings erscheint ihr

Name auf den Münzen, die danach herausgegeben wurden, nicht mehr. Ein gewisser Stephanus, ein Ex-Sklave der verbannten Witwe des Clemens, führte zusammen mit einem Komplizen den Mordanschlag aus. Nach einem heftigen Handgemenge gelang es ihm, Domitianus zu töten. Allerdings verlor auch Stephanus sein Leben dabei.

Domitianus, so erfahren wir von Suetonius, führte ein ausschweifendes Liebesleben, das er als »Ringkämpfe im Bett« bezeichnete. Obwohl er seine Frau, Domitia Longina, liebte, verführte er später Flavia Iulia, die Tochter seines Bruders Titus. Er soll sogar ihren Tod verschuldet haben, weil er sie zu einer Abtreibung zwang. Vielleicht ist in der Beziehung zu Iulia einer der Gründe zu sehen, der in Domitia den Wunsch nach seinem Tod reifen ließ. Suetonius schildert Domitianus als hochgewachsenen Mann mit rötlichem Gesicht und fügt hinzu, daß er schlechte Augen, spindeldürre Beine und Hammerzehen gehabt habe. Außerdem soll er überaus empfindlich gewesen sein, wenn jemand ihn auf seine Kahlköpfigkeit ansprach. Obwohl er gleichermaßen an römischer und griechischer Kultur interessiert blieb, verflog seine anfängliche Begeisterung für die Poesie doch bald, wenn sie nicht überhaupt, wie Tacitus meint, nur nichtiges Gehabe war. Vor allem aber war Domitianus gefühllos und grausam. Man erzählte sich, daß er mit Vorliebe Fliegen gefangen und mit zugespitzten Federkielen aufgespießt habe. Cassius Dio fügt hinzu, daß er sich ganz besonders an Ringkämpfen zwischen Frauen und Zwergen ergötzt und mit großem Vergnügen Senatoren zu Gastmählern eingeladen habe, bei denen alles in schwarzer Trauerfarbe gehalten war und entsprechend düstere Gespräche geführt wurden, so daß die geladenen Gäste vor Angst außer sich gerieten.

Plinius dem Jüngeren zufolge pflegte Domitianus schon vormittags ganz allein eine schwere Mahlzeit zu sich zu nehmen, um dann, selbst satt, seinen Gästen zuzuschauen, die sehr respektlos bedient wurden. Andererseits waren – und auch das berichtet Plinius – seine Nerven so schwach, daß er, wenn er auf dem Albanersee gerudert wurde, das Geräusch, das dabei enstand, nicht ertragen konnte und er deshalb in einem Boot für sich Platz nehmen mußte, das von einem anderen gezogen wurde. Er wurde auch immer ängstlicher, seitdem er – es war kurz vor seinem Tode – trotz seiner Beliebtheit bei den Soldaten erkennen mußte, daß der Preis für seinen Entschluß, absolut alleine zu regieren, in einer erhöhten Gefahr für sein Leben bestand. Für die unmittelbare Zukunft versprachen daher die behutsameren Methoden der Machtausübung, wie sein Vater Vespasianus sie geprägt hatte, größeren Erfolg.

3 DIE ADOPTIVKAISER UND DIE ANTONINER

NERVA (96–98)

Nerva (Marcus Coceius Nerva) wurde wahrscheinlich im Jahre 30 in Narnia geboren. Sein Großvater, dessen Namen er trug, war Konsul und ein enger Freund des Tiberius, mit dessen Haus er sogar durch Heirat entfernt verwandt war. Nerva selbst war ein angesehener Jurist und enger Freund Neros. Nero bewunderte seine Gedichte und zeichnete ihn wegen der Rolle, die er bei der Niederwerfung der »Pisonischen Verschwörung« gespielt hatte, mit den Ehrenzeichen eines Triumphators aus. Daraus ergab sich, daß Nerva auch bei Vespasianus hohes Ansehen genoß und Vespasianus ihn im Jahre 71 zu seinem Mitkonsul ernannte. Als er zum zweiten Mal Konsul wurde, im Jahre 90, teilte er das Amt mit Domitianus. Dennoch ist anzunehmen, daß er in die Verschwörung verwickelt war, die zu Domitianus' Ermordung führte, denn noch an dessen Todestag wurde Nerva zum Kaiser ausgerufen.

Münzen und Porträtbüsten zeigen Nerva als einen Mann mit schmalem, hagerem Gesicht, langem Hals und einer langen Hakennase. Er stand als Kaiser vor schweren Aufgaben. Einerseits war er der klare Favorit der Senatoren; die Achtung, die er ihnen erwies, spiegeln die Münzen mit der Inschrift wider: PROVIDENTIA SENATVS (»die Voraussicht des Senates«); und andererseits waren die Soldaten über die Ermordung Domitianus' zutiefst empört. Nerva gab sich alle Mühe, die Lage durch eine Politik der Versöhnung und mit Hilfe durchgreifender Reformen zu entspannen. In der Hauptstadt wurden Getreidespeicher errichtet und Wasserleitungen instandgesetzt, die Kornverteilung wurde verbessert und die Erbschaftssteuer teilweise aufgehoben. Die Gemeinden in Italien wurden von den unpopulären Abgaben für das Postwesen befreit, die auf den Staat abgewälzt wurden. Von dieser Maßnahme zeugen die Münzen mit der Inschrift: VEHICVLATIONE ITALIAE REMISSA. Den

Die Adoptivkaiser und die Antoniner

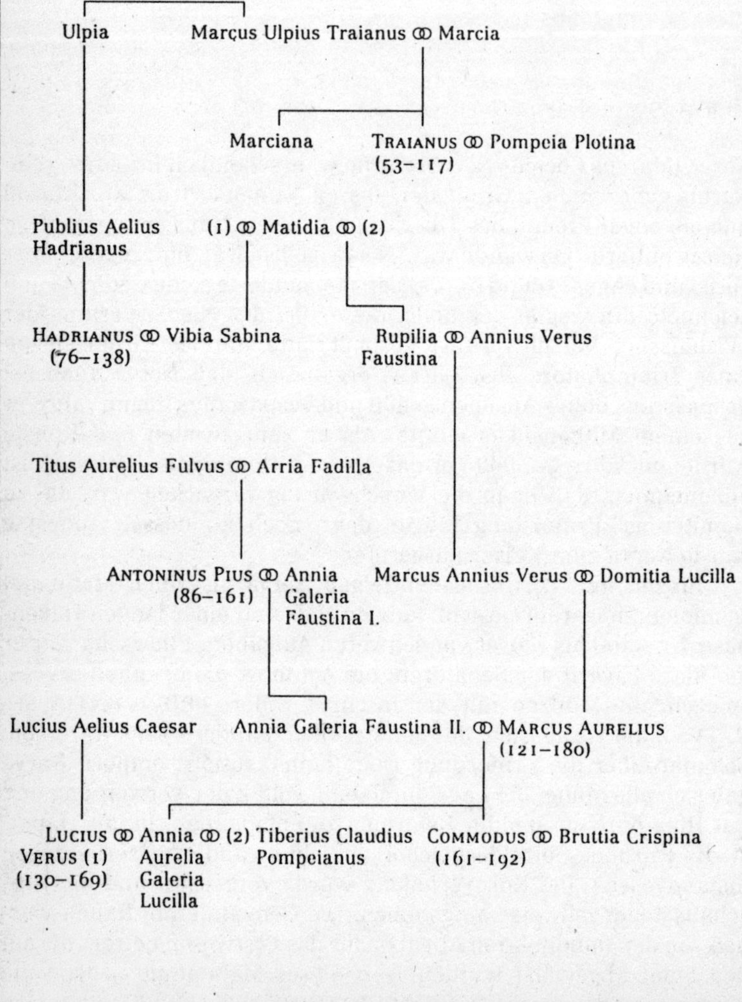

Armen wurde Land zugeteilt, und Nerva selbst veräußerte einen beachtlichen Teil seines Vermögens, um die Kosten für diese Maßnahmen aufzubringen. Allerdings erwiesen sich alle diese Versuche, die Bevölkerung für sich zu gewinnen, als so kostspielig, daß der Senat eine fünfköpfige Kommission einsetzen mußte, die Pläne für die Einschränkung der öffentlichen Ausgaben ausarbeitete.

Nerva tat aber noch mehr. Obwohl er an zahlreichen Maßnahmen Domitianus' festhielt, zum Beispiel an den berufsmäßig tätigen Informanten, war es doch sein Ziel, seinen Vorgänger öffentlich bloßzustellen. Personen, die Domitianus verbannt hatte, durften zurückkehren und erhielten ihr Eigentum zurück. Ja, Nerva erlaubte ihnen sogar, mit den Anhängern Domitianus' abzurechnen. Er versuchte nach Kräften, seinen Vorgänger in ein möglichst ungünstiges Licht zu stellen. Die Zuneigung der Soldaten hoffte er zu gewinnen, indem er ihnen anläßlich seines Regierungsantrittes Geschenke machte. Die Münzen, die die Inschrift ADLOCVT*io* AVG*usti* (»Ansprache des Augustus«) tragen und die zeigen, wie der unmilitärische Nerva die Soldaten persönlich anspricht, erinnern an dieses Ereignis. Trotzdem brachten die Soldaten nur sehr wenig Sympathie für den neuen Herrscher auf, und darüber konnten auch die Münzen mit der Inschrift »die Eintracht der Truppen«, CONCORDIA EXERCITVVM, nicht hinwegtäuschen. Es kam zu einer Meuterei in einer Garnison an der Donau; die Loyalität des Statthalters von Syrien, der über ein starkes Heer verfügte, war keineswegs mehr gesichert; und es geschah wahrscheinlich mit Zustimmung der Armee, daß der Aristokrat Gaius Calpurnius Crassus Frugi Licinianus (er war mit Galbas Erben Piso verwandt) einen Anschlag auf Nerva plante.

Die größten Schwierigkeiten kamen jedoch von seiten der Prätorianer. Sie hatten auf Nerva Druck ausgeübt und ihn gezwungen, ihre beiden Präfekten, Secundus und Norbanus, abzusetzen, weil sie bei dem Mordanschlag auf Domitianus ihre Hand im Spiel hatten. Aber Nerva traf keine glückliche Wahl, als er einen früheren Parteigänger Domitianus', Casperius Aelianus, an ihre Stelle setzte. Er unterstützte nämlich die Forderungen der Soldaten, die verlangten, daß Secundus und jener Kämmerer des toten Kaisers, der ebenfalls an seiner Ermordnung beteiligt war, ihnen zur Hinrichtung auszuliefern seien. Als die Soldaten in den Palast eindrangen, stellte sich Nerva ihnen entgegen. Sie stießen ihn jedoch rücksichtslos beiseite, ergriffen die beiden gesuchten Beamten und brachten sie um. Anschließend wurde Nerva sogar gezwungen, den Prätorianern öffentlich für die Hinrichtung seiner Freunde und Parteigänger zu danken. Plinius der Jüngere, ein Bewunderer Nervas, war über diese Gesetzlosigkeit und Demütigung entsetzt. Er sah das Reich bereits auseinanderbrechen und fürchtete, daß die Schrecken des Jahres 68/69, als es vier Kaiser gab, sich wiederholen würden.

Nerva beschwor sogar selbst die Erinnerung an diese Ereignisse herauf, und zwar durch die Adoption eines Sohnes und Erben aus dem Kreis außerhalb seiner Verwandtschaft, die über gute Beziehungen verfügte. Er hoffte, auf diese Weise die Situation zu retten. Das gleiche hatte vor ihm schon Galba getan. Doch während Piso, den Galba zu seinem Erben bestimmt hatte, zwar von vornehmer Geburt, ansonsten aber unbekannt war, fiel Nervas Wahl auf Traianus, den Statthalter von Obergermanien, den namhaftesten Heerführer seiner Zeit. Nerva stattete ihn mit nahezu unbegrenzten Vollmachten aus, die den seinen fast gleichkamen. Das geschah im September des Jahres 97, und schon im Januar des folgenden Jahres starb der Kaiser. Es war ihm nicht geglückt, sich gegenüber dem Heer zu behaupten. Dafür aber war es ihm gelungen, die Erbfolge durch Adoption so zu regeln, daß »der beste Mann« sein Nachfolger auf dem Thron wurde. Das gleiche hatte schon Galba versucht, doch ohne Erfolg. Anders Nerva. Die Thronfolge so glücklich durch Adoption gesichert zu haben, das war sein Verdienst. Auch die folgenden vier Kaiser, deren bemerkenswert lange Amtszeiten die nächsten acht Jahrzehnte umfaßten, wurden in gleicher friedlicher Weise ernannt. Das Prinzip der Erblichkeit des Thrones wurde zwar nicht aufgegeben, aber es spielte nun keine Rolle mehr, ob ein Herrscher kinderlos war oder aber seine Kinder schon früh verloren hatte.

Traianus (98–117)

Traianus (Marcus Ulpius Traianus) entstammte einer Familie, die ursprünglich in Tuder in Umbrien beheimatet war, sich dann aber in Italica, in der Provinz Baetica (Südwestspanien), niedergelassen hatte. Sein Vater, Marcus Ulpius Traianus, der erste aus dieser Familie, der als Senator bekannt ist, stieg bis zum Konsul auf und wurde Statthalter der Provinzen Asien und Syrien. Die Herkunft seiner Mutter Marcia ist unbekannt.

Wahrscheinlich um das Jahr 53 geboren, diente Traianus mehrere Jahre lang (nach Plinius dem Jüngeren waren es zehn) als Militärtribun (»tribunus militum«) in Syrien, wo sein Vater im Jahre 75 Statthalter war. Nachdem er Prätor gewesen war, befehligte er eine Legion im Kampf gegen Saturninus, der sich um das Jahr 88 gegen Domitianus erhob. Allerdings traf Traianus zu spät am Kampfplatz ein. Als er ankam, war der Aufstand schon niedergeschlagen. Im Jahre 91 wurde er Konsul, und als er 97 von seiner Adoption durch Nerva erfuhr, war er Statthalter von Obergermanien. Seine Wahl wurde in gleicher Weise von den Soldaten wie auch vom Senat und den führenden Kreisen Roms gebilligt. Nerva starb im Januar 98, und Traianus trat ohne den geringsten Widerstand die Nachfolge an. Pflichtgemäß sorgte er dafür, daß sein Adoptivvater vergöttlicht wurde.

Wahrscheinlich baute Traianus schon bald nach seinem Regierungsantritt einen militärischen Geheimdienst zum Schutz seiner Regierung und seiner Person auf. Für die wichtigsten Aufgaben dieses Nachrichtendienstes wurden vor allem die »frumentarii« (ursprünglich wohl im militärischen Verpflegungswesen tätige Kuriere) herangezogen. Sie operierten von einem Lager (»castra peregrinorum«) auf dem Caelius in Rom aus und unterhielten an den Straßen weit außerhalb Roms Stützpunkte. Außerdem schuf Traianus eine neue Leibwache aus berittenen Soldaten, den »equites singulares«. Die zunächst 500, später 1 000 Mann, aus denen sie sich zusammensetzte, wurden sorgfältig zunächst aus den Germanen und Pannoniern ausgewählt, die in den Hilfsregimentern der Reiterei dienten. Mit dieser neugeschaffenen Einheit bewies Traianus, daß er den Fremden und den Hilfstruppen ebenso vertraute wie der vorwiegend aus Italikern bestehenden Prätorianergarde.

Das alles war aber nur ein Vorspiel zu dem, was Traianus als sein eigentliches Lebenswerk betrachtete, nämlich Gebietserweiterungen, die sogar die Eroberungen seines Vorbildes Iulius Caesar in den Schatten stellen sollten. Weil er sich mit dem Kompromiß nicht abfinden wollte, den Domitianus mit dem Dakerkönig Decebalus ausgehandelt hatte, und weil er von solchen Friedenslösungen nichts hielt, fing er den Krieg gegen ihn wieder an. In zwei Feldzügen (101–102 und 105–106) überrannte er ganz Dakien und machte es zu einer neuen römischen Provinz. Das war die letzte größere Eroberung in der Geschichte des antiken Rom. Sie brachte Traianus reiche Beute, darunter eine große Menge Gold.

Das sich spiralartig emporwindende Reliefband an der Trajanssäule auf dem Forum Traiani in Rom zeigt Einzelheiten dieses Feldzuges. Die kaiserliche Armee war vielleicht 400 000 Mann stark. Darunter befanden sich etwa 180 000 Legionäre, das sind 30 Legionen (früher waren sie weniger stark). Sie setzten sich auch nicht mehr vorwiegend aus Italikern zusammen, sondern aus zum Militärdienst verpflichteten Provinzbewohnern. Zahlenmäßig noch stärker als die Legionen waren die Hilfstruppen. Ihnen gehörten mehr als 200 000 Mann an. Hinzu kamen etwa 11 000 Mann, die in nicht genauer definierten Einheiten zu je 300 Mann zusammengeschlossen waren und die verschiedenen Völkern angehörten. Die Schaffung dieser »numeri« oder »symmachiarii«, wie diese Einheiten hießen, stellten den Versuch dar, die besonderen Fähigkeiten und Eigenschaften einzelner Volksgruppen militärisch zu nutzen.

Im Osten erweiterte Traianus in den Jahren 106 bis 112 die Reichsgrenze, indem er die neue Provinz Arabien mit der Hauptstadt Petra (heute in Jordanien) gründete. Obwohl Arrianos, ein Zeitgenosse Traianus', behauptete, daß Traianus zunächst eine friedliche Lösung des Konfliktes mit den Parthern angestrebt habe, war es doch allein sein Ziel, ein für allemal das schon so lange schwelende Problem aus der Welt zu schaffen, d. h. das Partherreich zu zerschlagen und das Gebiet zu annektieren. Im Jahre 114 fiel er erfolgreich in Armenien und Obermesopotamien (Nordmesopotamien) ein, eroberte ein Jahr später die parthische Hauptstadt Ctesiphon und drang dann bis zur Mündung des Tigris am Persischen Golf vor. Doch ab 116 brachen überall im Nahen und Mittleren Osten in verschiedenen Zentren der jüdischen Diaspora Aufstände von bisher unbekannter Heftigkeit aus. Abgesehen von ortsbedingten Unzufriedenheiten spielten dabei messianische Erwartungen eine Rolle, die durch die Erinnerung an die Zerstörung Jerusalems und des Tempels durch Titus Auftrieb erhielten. Darüber hinaus lehnten viele Juden in den römischen Ostprovinzen die ihren Gemeinden auferlegte Sondersteuer ab (den »fiscus Iudaicus«) und sympathisierten mit den Parthern, zumal viele von ihnen Untertanen der Parther waren. Sie fürchteten nämlich, daß ihr Handel beeinträchtigt würde, wenn die Römer das Partherreich zerstörten. Der Funke sprang offenbar von der jüdischen Gemeinde in Cyrene über. Dort lehnte sich ein gewisser Andreas Lukuas (der »König«?) zuerst gegen seine griechischen Mitbewohner auf und wandte sich dann gegen seine römischen Oberherren. Seine Erhebung wurde grausam niedergeschlagen. Zur gleichen Zeit brachen aber auch in Ägypten zwischen Juden und Griechen Feindseligkeiten aus, die in ihrer Heftigkeit alles bisher Dagewesene übertrafen. Der römische Heerführer Quintus Turbo, der mit einer stattlichen Streitmacht diesen Unruhen ein Ende bereiten sollte, mußte außerdem noch einen erbitterten Judenaufstand auf Zypern niederschlagen, wo die rebellierenden Juden unter ihrem Anführer Artemion die Stadt Salamis verwüstet hatten. Auch in Judäa selbst scheint es zu einer Erhebung gekommen zu sein, die jedoch schnell und gründlich von Roms bestem Reiterkommandeur, von Lusius Quietus, einem Mauretanier, gewaltsam unterdrückt wurde.

In der Zwischenzeit mußte Traianus in den riesigen, viel zu schnell annektierten Gebieten Mesopotamiens neue und noch größere Schwierigkeiten bewältigen. 116 stand der gesamte Südteil des Landes in Aufruhr. Gleichzeitig vereinigten sich die Streitkräfte der Parther und griffen die römischen Basen im Norden Mesopotamiens sowie in Adiabene und Armenien an vielen Stellen an und bedrohten dabei Traianus' Nachschublinien. Bis zu einem gewissen Grad gelang es ihm, der Lage Herr zu bleiben. In Ctesiphon installierte er sogar einen parthischen Marionettenkönig, der sich allerdings nicht behaupten konnte. Doch noch bevor seine Unfähigkeit offenbar werden konnte, hatte Traianus den Rückzug nach Rom angetreten. Er kam aber nur bis Selinus in Kilikien (im Südosten Kleinasiens). Dort erkrankte er an Wassersucht, erlitt einen Schlaganfall, und bald darauf trat auch der Tod ein.

Zwischen den Feldzügen fand Traianus genügend Zeit, die Zivilverwaltung zu verbessern. Dabei hielt er sich streng an die überlieferten Formen der römischen Verfassung und achtete sorgfältig darauf, daß die Privilegien des Senats nicht angetastet wurden. Aber er kümmerte sich auch um die materiellen Belange der Bevölkerung. Die Getreideversorgung wurde sichergestellt und die freie Getreideverteilung fortgeführt, wobei die Zahl der Empfänger größer war als je zuvor. Weitere soziale Maßnahmen seiner Regierung waren die »alimenta«, d. h. die finanzielle Unterstützung kinderreicher Familien durch staatliche Instanzen (ihre Anfänge liegen weiter zurück). Die Abgaben anläßlich der Thronbesteigung, die den römischen Bürgern früher abverlangt worden waren, wurden nicht mehr erhoben, und die Steuerlast, die vor allem die Provinzbewohner bedrückte, wurde verringert. Mit besonderer Sorgfalt wurden die Statthalter für die Provinzen ausgewählt, und da, wo die Finanzverwaltung der Provinzen und Städte außer Kontrolle geraten war, legte man sie Fachleuten in die Hände, wie beispielsweise in Achaea dem Sextus Quinctilius Valerius Maximus und in Bithynien Plinius dem Jüngeren. Eine Reihe noch erhaltener Briefe, die Plinius dem Kaiser geschrieben hatte, und dessen ebenfalls noch erhaltene Antworten zeugen davon, wie sehr Traianus um das Wohl der Provinzbewohner besorgt war. Mit dieser Sorge verband sich allerdings auch eine gewisse Ängstlichkeit im Hinblick auf die innere Sicherheit und die Neigung, die nach außen hin unabhängigen Städte zu bevormunden und sich in ihre nicht immer zur allgemeinen Zufriedenheit laufenden inneren Angelegenheiten einzumischen. In einem dieser Briefe fragt Plinius, wie denn am besten mit den Christen zu verfahren sei. »Nachspionieren soll man ihnen nicht«, antwortet Traianus und fährt fort, »werden sie angezeigt und überführt, sind sie zu bestrafen, so jedoch, daß, wer leugnet, Christ zu sein und das durch die Tat, das heißt: durch Anrufung unserer Götter beweist, wenn er auch für die Vergangenheit verdächtig bleibt, auf Grund seiner Reue Verzeihung erhält.« So fest diese Antwort im Kern auch ist, zeugt sie doch in ihrer Formulierung von Traianus' Abneigung gegen jede unnötige und übertriebene Härte und beweist auf jeden Fall, daß dem Kaiser mehr daran lag, das politische Klima zu verbessern als die Gemüter weiter zu erhitzen.

Während seiner ganzen Regierungszeit förderte Traianus ein immer umfangreicher werdendes Programm öffentlicher Bauvorhaben. Unter anderem schuf er ein weites Straßen- und Brückennetz, das sich über das gesamte Reich spannte. Die Veteranenkolonie Thamugadi, die er im Jahre 100 in Numidien gründete, und die an der Kreuzung zweier wichtiger Straßen der Provinz lag, gehört mit dem Senatsgebäude, der Basilika und dem Forum zu den am besten erhaltenen römischen Ruinenstätten auf afrikanischem Boden. In Italien wurde durch den Bau der »aqua Traiana«, des letzten der großen Aquädukte, die Wasserversorgung der Bewohner Roms erheblich verbessert. Von Quellen im Bereich des Lacus Sabatinus (Bracciano) gespeist, führte er bis zum Ianiculum-Hügel in Rom, lieferte dort Wasser für die Werkstätten, überquerte dann den Tiber und endete, wie neueste Entdeckungen gezeigt haben, auf dem Esquilin.

Auf dem Esquilin standen auch die Thermen des Traianus. Sie

erhoben sich über dem einstigen Hauptgebäude des von Nero errichteten »Goldenen Hauses« und wurden im Jahre 109 eingeweiht, zwei Tage früher als die »aqua Traiana«. Obwohl von den Bädern heute nicht mehr viel zu erkennen ist, läßt sich ihr Plan doch annähernd rekonstruieren. Daß allein schon ihr Baukörper alles bisher Dagewesene übertraf, liegt auf der Hand, das heißt, sie waren die ersten wirklich großen Bäder Roms, das schließlich elf solche Anlagen aufwies. Allein das eigentliche Bad, das den Kern der Trajansthermen bildete und mit Räumen für unterschiedliche Luft- und Wassertemperaturen ausgestattet war, war dreimal so groß wie die benachbarten Thermen des Titus. Seinen Mittelpunkt bildete eine riesige Halle mit einem Kreuzgewölbe. Sie war von Räumlichkeiten umgeben, in denen sich das vielfältige gesellschaftliche Leben der Stadt abspielen konnte. Dieser äußerst gewaltige und großartige Mehrzweckbau, der den neuesten Stand der Bautechnik widerspiegelte, war das Werk des Architekten Apollodoros aus Damaskus. Wie kein zweiter bemächtigte sich dieser Baumeister Traianus' der Betonbauweise, die es ihm ermöglichte, mit einem Selbstvertrauen ohnegleichen, all die vielen Bögen, Apsiden und Decken emporzuwölben.

Apollodorus entwarf auch das Forum Traiani, das jüngste, komplexeste und großartigste jener Foren, die eine Reihe von Kaisern dem ursprünglichen Forum Romanum hinzugefügt hatten. Mit einer Fläche von 166 × 110 Metern bildete es ein Rechteck, das tief in den Hang des Quirinals einschnitt. Wie viele andere Bauten stehen auch jene Bibliotheken nicht mehr, die einst die Werke der griechischen und lateinischen Sprache enthielten. Die Säule allerdings, die zwischen den Bibliotheken emporragte, ist erhalten geblieben. Ihre Reliefs feiern die Eroberung Dakiens durch Traianus. Nicht weit davon entfernt befand sich die mit einer Apsis versehene, von Säulen umgebene Halle der Basilica Ulpia, und auf dem weiträumigen, offenen Platz des Forums mit seinen halbkreisförmigen Kolonnaden stand auch ein Reiterbild des Kaisers. Im Norden schloß das Forum mit der halbrunden Fassade der Markthallen des Traianus ab. Auf drei stufenförmigen Terrassen fanden mehr als 150 Läden und Geschäfte Platz. Die Markthallen waren aus Beton und harten, im Ofen gebrannten und hitzebeständigen Ziegelsteinen gebaut. Ihr Mauerwerk blieb roh, d. h. es wurde nicht mehr mit Marmor oder anderem Stein verkleidet. Den Mittelpunkt dieser Anlage bildete eine Halle, deren Kreuzgewölbe ein rund 26 Meter langes und knapp 10 Meter breites Rechteck überspannte.

Zahllose Inschriften auf Traianus' Münzen sowie der »Panegyricus«, eine Lobrede Plinius' des Jüngeren auf den Kaiser, spiegeln Traianus' Bestreben wider, Diener und Wohltäter der Menschen, ja Statthalter der himmlichen Mächte auf Erden zu sein. Nicht als »dominus« oder allgewaltiger Gebieter, sondern als »princeps«, als »Erster«, wie Augustus diese Bezeichnung verstand, wollte er regieren, und auf einer großen Anzahl von Münzen, die seit 103 erschienen, verknüpfte er diese Bezeichnung mit dem Zusatz »optimus«, »der Beste«. Das wiederum erinnerte an keinen Geringeren als Jupiter selbst, der als »Optimus Maximus« verehrt wurde. Traianus' Militärpolitik erfüllte allerdings kaum die hohen Erwartungen, die man in sie gesetzt hatte. Und spätere Senatoren glaubten zu Recht, von neuen Kaisern fordern zu können, daß sie »glückhafter als Augustus und besser als Traianus seien« (»felicior Augusto, melior Traiano«). Eutropius, der das berichtet, läßt keinen Zweifel daran, daß er Traianus über Augustus stellte, weil Traianus die Rechte des Senats achtete. Ein anderer Geschichtsschreiber, Florus, sieht in Traianus' Regierung das Wunder einer Wiedergeburt Roms.

Traianus war hochgewachsen, von guter Figur und strahlte eine Würde aus, die durch sein frühzeitig ergrautes Haar noch unterstrichen wurde. Cassius Dio schreibt in seiner »Römischen Geschichte« (Bd. V. Zürich und München 1987):

Traianus zeichnete sich nämlich in hohem Maße durch Gerechtigkeit, Tapferkeit und einfaches Wesen aus ... Keinem Menschen gegenüber empfand er Neid oder wollte ihn töten, im Gegenteil, er ehrte und erhöhte alle tüchtigen Männer ohne Ausnahme und brauchte darum niemand von ihnen zu fürchten oder zu hassen. Verleumdungen war sein Ohr verschlossen, und auch vom Zorn ließ er sich ganz und gar nicht übermannen, so wie er gleichermaßen von fremdem Geld und ungerechten Hinrichtungen nichts wissen wollte.

Er wandte Riesensummen für Kriege und ebensoviel für Werke des Friedens auf, und während er eine Masse dringend nötiger Erneuerungsarbeiten an Straßen, Häfen und öffentlichen Bauwerken vornahm, ließ er niemandes Blut für einen einzigen dieser Zwecke fließen. ... Er war gerne mit anderen zusammen auf Jagden und Banketten, so wie er auch ihre Mühen, Pläne und Scherze teilte. Wiederholt fuhr er selbviert in seinem Wagen, betrat – zuweilen sogar ohne Bewachung – Bürgerhäuser und vergnügte sich dort. Eine gründliche Ausbildung, was die Redekunst anlangt, besaß Traianus nun zwar nicht, wußte aber um ihr Wesen Bescheid und brachte es zur Anwendung. Kurz gesagt, er besaß alle guten Eigenschaften in hohem Maße. Natürlich ist mir wohlbekannt, daß er eine Schwäche für Knaben und für Wein hatte, doch wenn er infolge dieser Neigungen eine niedrige oder gemeine Tat begangen oder hingenommen hätte, so wäre er getadelt worden. So aber trank er wohl übermäßig Wein, blieb dabei aber nüchtern, und was seine Beziehungen zu Knaben anlangt, tat er damit niemandem etwas zuleide.

Traianus und seine Familie sind ein Beispiel für den Aufstieg der Provinzbewohner in die herrschende Schicht Roms. Seine streng blickende Gattin Pompeia Plotina, eine Verwandte von ihm, die an seinem Sterbebett ausharrte, stammte aus Nemausus (Nîmes) in Südgallien, das ebenso, wenn nicht sogar noch stärker romanisiert war als Traianus' spanische Heimat. Sie wurde, wie auch Ulpia Marciana, des Kaisers Schwester, im Jahre 105 zur Augusta ernannt. Als Marciana noch im selben Jahr starb, wurde sie sogar vergöttlicht und der Titel Augusta ihrer Tochter Matidia (sie starb 119) verliehen. Auch der Vater Traianus' wurde unter die Götter eingereiht.

Hadrianus (117–138)

Hadrianus (Publius Aelius Hadrianus) wurde im Jahre 76 wahrscheinlich in Rom geboren. Seine Familie lebte allerdings in Italica, in der Provinz Baetica, wohin sie, die ursprünglich in Picenum im Nordosten Italiens ihre Heimat hatte, ausgewandert war. Sein Vater, Publius Aelius Hadrianus, trug den Beinamen Afer (»Afrikaner«), vermutlich, weil er in Mauretanien gedient hatte. Seine Mutter, Domitia Paulina, stammte aus Gades (Cádiz). Sein Großvater väterlicherseits, ein Mitglied des römischen Senats, hatte Traianus' Tante Ulpia geheiratet. Als Hadrianus' Vater im Jahre 85 starb, übernahmen Publius Acilius Attianus und der zukünftige Kaiser Traianus, der selbst keine Kinder hatte, die Vormundschaft für den Knaben.

Nachdem Hadrianus in die Armee eingetreten war, diente er als Militärtribun (»tribunus militum«) bei den Legionen in Unterpannonien, Untermösien und Obergermanien, und als Traianus Kaiser geworden war, begleitete er ihn nach Rom. Dort heiratete er im Jahre

100 Vibia Sabina, die Tochter von Matidia Augusta, der Nichte Traianus'. In den beiden Dakerkriegen war Hadrianus nacheinander Quästor, Stabsoffizier, Legionskommandeur und Prätor. Anschließend wurde er Statthalter von Unterpannonien und 108 Konsul. Während des Partherkrieges war er Statthalter von Syrien. Im Jahre 117 wurde er zum zweiten Mal zum Konsul gewählt. Er sollte das Amt im darauffolgenden Jahr antreten.

Aber am 8. August starb Traianus in Selinus, und am 9. wurde in Antiochia bekanntgegeben, daß er Hadrianus adoptiert und zum Nachfolger bestimmt habe. Doch erst am 11. August wurde Traianus' Tod offiziell verkündet. Seine Witwe, Pompeia Plotina, befürwortete Hadrianus' Adoption, doch bestehen erhebliche Zweifel, ob der sterbende Kaiser die Adoption auch wirklich vollzogen hatte. Diese Zweifel können auch nicht durch die Münzen ausgeräumt werden, die sofort herausgegeben wurden, um das Ereignis zu feiern, zumal auf einer Hadrianus nur als Caesar und nicht als Augustus bezeichnet wird (HADRIANO TRAIANO CAESARI). Das aber war kein Problem für das Heer. Es begrüßte Hadrianus als neuen Kaiser, und die Senatoren, von denen einige glaubten, besser für den Thron qualifiziert zu sein als er, hatten keine andere Wahl, als sich den Soldaten anzuschließen.

Hadrianus begegnete den Senatoren mit gebührender Achtung, schwor, niemals einen Senator zum Tode zu verurteilen und beantragte die Konsekration seines Vorgängers. Doch dann ging er eigene Wege. Vor allem im Osten des Reiches verfolgte er eine Militärpolitik, die zu der seines Vorgängers in krassem Widerspruch stand. Die jüngsten Unruhen überall in Mesopotamien hatten in ihm die Erkenntnis reifen lassen, daß das offensive Vorgehen Traianus' die Kräfte des Reiches weit überfordert hatte. Die Ressourcen an Menschen und Material waren erschöpft, die Kassen leer. So gab er Traianus' ehrgeizige Expansionspolitik von einem Tag zum anderen auf, verzichtete auf die erst jüngst gegründeten Provinzen und überließ die Herrschaft in den betreffenden Gebieten (sofern dort überhaupt noch eine Bindung an Rom bestand) Klientelkönigen. An der Nordgrenze dagegen, wohin er sich alsbald selbst begab, um die Roxolanen und andere sarmatische Stämme niederzuwerfen, bekräftigte er Dakiens Annexion durch Traianus. Allerdings teilte er Dakien auf, zunächst in zwei, später in drei Provinzen.

Doch noch bevor Hadrianus' Pläne für die Ostpolitik allgemein bekannt wurden, gab es Anzeichen einer gefährlichen innenpolitischen Opposition. Sein früherer Vormund Attianus, der Prätorianerpräfekt geworden war, warnte ihn vor drei einflußreichen Männern, die im Verdacht standen, sich gegen ihn zu erheben. Einer von ihnen, Gaius Calpurnius Crassus, der bereits ein Gegner Traianus' war, verlor, wie behauptet wurde, ohne daß Hadrianus dafür verantwortlich war, sein Leben. Was die beiden anderen Verschwörer betrifft, so hielt es der Kaiser für klug, sie einfach zu ignorieren. Dagegen eilte er, als er 118 in Nicomedia in Bithynien überwinterte und ihm eine weitaus ernstere Verschwörung gemeldet wurde, sofort nach Rom zurück. Inzwischen hatte aber der Senat die Angelegenheit schon eigenmächtig erledigt und vier Ex-Konsuln hinrichten lassen. Sie waren alle enge Freunde Traianus'. Zu ihnen gehörte auch der Offizier Lusius Quietus, den Hadrianus aus Judäa zurückgerufen hatte, und der wohlhabende und über ausgezeichnete Verbindungen verfügende Gaius Avidius Nigrinus, der als möglicher Nachfolger Hadrianus' galt. Es ist denkbar, daß Hadrianus' Zurücknahme der Grenze im Osten diese Männer in die Opposition getrieben hatte. Hadrianus versicherte, daß er vom Tod dieser Männer nichts gewußt und ihn auch niemals gut geheißen habe. Er schob die Verantwortung für ihren Tod Attianus zu, der zwar seine Stellung verlor, zur Entschädigung aber in den Rang eines Konsuls erhoben wurde. Die Senatoren aber blieben dem Kaiser gegenüber mißtrauisch und unversöhnlich, denn, obwohl sie selbst die Todesurteile gefällt hatten, hatten sie nicht aus eigener Initiative gehandelt. Vielmehr hatte Hadrianus ihre Leichtgläubigkeit mißbraucht (was sie nun zutiefst bereuten) und so tatsächlich sein Versprechen, niemals einen von ihnen hinrichten zu lassen, gebrochen.

Schon bald begann Hadrianus, weite Reisen durch das Imperium zu unternehmen. Diese Gepflogenheit behielt er auch bei und wurde der bedeutendste »Reisekaiser«, den Rom je kannte. Zwischen 121 und 132 verbrachte er viel Zeit damit, landauf, landab durch die Provinzen zu reisen, wo er sich aus erster Hand über die Probleme der Bevölkerung informierte, das Vertrauen der Menschen zu gewinnen suchte und sich ihrer Sorgen annahm. Etwa ein Jahr danach gab er eine in ihrer Art einmalige Serie verschiedener Münzen heraus, auf denen alle die Gebiete der römischen Welt, die er besucht hatte, namentlich aufgeführt und ihre unterschiedlichen, besonderen Merkmale personifiziert dargestellt wurden. Die Bilder und Inschriften dieser Münzen beziehen sich entweder auf seine Ankunft (»adventus«) in den Zentren der verschiedenen Regionen (dargestellt durch Opferszenen), oder sie heben seine Rolle als ihr Wiederhersteller (»restitutor«) hervor, wobei der Kaiser eine auf die Knie gesunkene Frauengestalt emporzieht. Auf diesen Münzen werden die Provinzen in der Gestalt von friedfertigen oder kriegerischen Frauen abgebildet. Sie tragen die Tracht und Zeichen ihres Landes. Ganz besonders sorgfältig werden die Charakteristika der einzelnen Gegenden hervorgehoben: die Städte bzw. das Krummschwert Asiens, die Wettspiele Griechenlands und die Ibisse Ägyptens.

Hadrianus war auch der erste Kaiser, der die Territorien seines Reiches nicht nur aus römischer Sicht betrachtete. Das Reich sollte nicht nur im Zentrum, sondern in allen Teilen ein lebendiger Organismus sein, nicht nur eine Ansammlung eroberter und unterworfener Gebiete, sondern eine Gemeinschaft, in der jedes einzelne Land und jedes Volk stolz auf seine Eigenheit sein und sie auch bewahren konnte. Seiner sehr genauen Beobachtung der örtlichen Verhältnisse entsprach sein Verständnis für die Erwartungen und Belange der Provinzen, für die er Lenker und Symbol der Einheit sein wollte.

Doch den allergrößten Wert legte Hadrianus auf einen regelmäßigen und sachkundigen Kontakt mit den Truppen, die er besuchte, um sicherzustellen, daß sie sich auch im Zustand maximaler Kampfbereitschaft und Kriegstauglichkeit befanden. Durch den Verzicht auf Eroberungen hatte sich ihre Situation weitgehend verändert. Die bestehenden Grenzen hatten an Bedeutung gewonnen, was zu einer Verstärkung der Grenzbefestigungen führte. Die Verteidigung beruhte nun mehr denn je auf fest stationierten Grenztruppen und dem Bau immer wirksamerer Verteidigungsanlagen. Eines der ersten Ergebnisse dieser Politik, der eine unbedeutendere Grenzzurücknahme auf britischem Boden vorausgegangen war, war der Hadrianswall in Nordbritannien, die noch heute am besten erhaltene römische Grenzbefestigung überhaupt. Der Hadrianswall erstreckte sich vom Tyne bis zum Solway und war teils aus Steinen, teils aus Grassoden errichtet und mit Wehr- und Wachtürmen (an den Toren) versehen. Vor dem Wall war ein Graben V-förmig ausgehoben. 15 000 Hilfssoldaten bewachten von ihm aus das unwirtliche Kaledonien im Norden. Auch in Germanien und Rätien ließ Hadrianus, wo immer natürliche Grenzen wie Flußläufe fehlten, Verteidigungswälle bauen. Diese Schutzwälle, zu denen auch der mehr als 300

Kilometer lange Limes zwischen Oberrhein und Donau gehörte, bestanden aus Holzpalisaden, die in steilwandige Gräben eingerammt und mit Querbalken zusammengehalten wurden.

Durch Hadrianus' Konzentration auf die Verteidigung der Grenzen und die damit verbundene feste Stationierung der Truppen entstand in der Nähe ihrer Unterkünfte ein Umfeld, in dem die zivilen Siedlungen immer mehr an Größe und wirtschaftlicher Bedeutung zunahmen. Auch die Aufgaben, die in Zeiten der Waffenruhe zu den Pflichten der römischen Soldaten gehörten, wurden immer vielfältiger. So kümmerten sie sich um die Pferde, sorgten für die Kleidung, überwachten die Getreideversorgung, arbeiteten in Steinbrüchen und hüteten Vieh. Die Zunahme dieser Aufgaben wurde außerdem dadurch gefördert, daß die Grenztruppen, die im allgemeinen eine Reservearmee bildeten, normalerweise nicht als geschlossene Einheit von einem Gebiet in ein anderes verlegt werden konnten. Hadrianus erweiterte auch die mehr oder weniger regulären Einheiten Traianus' und machte sie zu einem festen Bestandteil des römischen Heeres. In der sich daraus ergebenden Unterscheidung von standortgebundenen bzw. nicht an einen Standort gebundenen Einheiten zeichnete sich bereits die spätere Trennung in ein mobiles Feldheer bzw. ein fest stationiertes Grenzheer ab. Die Mobilität der Grenztruppen wurde jedoch nicht restlos aufgegeben. Für besondere Aufgaben konnten Truppenabteilungen (»vexillationes«) vorübergehend von einem Stützpunkt zum anderen verlegt werden.

Allen diesen Truppenteilen widmete Hadrianus bei seinen Besuchen stets uneingeschränkte Aufmerksamkeit, nicht die geringste Kleinigkeit entging ihm. Den größten Wert legte er auf militärische Disziplin, und diese Wertschätzung brachte er sogar auf den Münzen zum Ausdruck (DISCIPLINA AVG*usti*). Obwohl er sich wiederholt bei den Truppen aufhielt, litt sein Ansehen nicht darunter. Im Gegenteil, seine Teilnahme an ihren Manövern und ihrer Lebensweise, sein Interesse für ihre Unterkünfte und ihre Ernährung gewann ihm die Herzen der Soldaten. Neben den Münzen, die er zu Ehren der Provinzen prägen ließ, gab er auch eine einmalige Serie heraus, die jede einzelne seiner zehn wichtigsten Armeen feierte und das Besondere jeder einzelnen hervorhob (eine numismatische Neuerung, die seine Nachfolger wieder aufgaben, weil sie vermutlich fürchteten, dadurch separatistische Bestrebungen zu fördern).

Hadrianus' Regierungszeit verlief verhältnismäßig ruhig. Zu einer ernsten kriegerischen Auseinandersetzung kam es erst gegen Ende seines Lebens, zu einem Judenaufstand, der nicht, wie unter Traianus, in der jüdischen Diaspora ausbrach, sondern in Judäa selbst. Es handelte sich gleichsam um die Fortsetzung des Jüdischen Aufstandes, den Vespasianus und Titus gewaltsam unterdrückt hatten. Ausgelöst wurde er durch Hadrianus' Kosmopolitismus, der sich mit dem jüdischen Separatismus nicht vereinbaren ließ und den Juden ein Dorn im Auge war. Hadrianus hatte in Jerusalem eine römische Kolonie eingerichtet, einen Tempel erbauen lassen und die Stadt in Aelia Capitolina umbenannt, nach dem Namen (Aelius) seines eigenen Geschlechts.* Solche Eingriffe empörten die Juden dermaßen, daß sie sich im Jahre 132 unter der Führung von Simeon Bar Kosiba (mit dem Spitznamen Bar Kochba, »Sternensohn«) erhoben. Er verstand es, durch flammende Aufrufe die Rebellen anzufeuern und mitzureißen. Die jüdischen Freiheitskämpfer besetzten Jerusalem, prägten eigene Münzen und konnten sich drei Jahre lang behaupten. In dieser Zeit hielt sich der Kaiser mindestens ein-, wenn nicht sogar zweimal in Judäa auf. Wahrscheinlich war er sogar persönlich anwesend, als im Jahre 134 Jersualem fiel. Die am Leben gebliebenen Freiheitskämpfer wurden ein Jahr später bei Bethar endgültig geschlagen, und zu den strengen Vergeltungsmaßnahmen, die Hadrianus gegen die Juden ergriff, gehörte auch das totale Beschneidungsverbot. Hadrianus' Härte gegenüber den Juden war eine Ausnahme, denn er war im allgemeinen bestrebt, Gegensätze auszugleichen und Härten zu lindern.

Da Traianus' Militärpolitik Unsummen verschlungen hatte, mußte Hadrianus seine Aufmerksamkeit auch auf die Staatsfinanzen lenken. Er versuchte, sie aufzubessern, aber nicht durch kleinliche Sparmaßnahmen oder Enteignungen (er ließ vielmehr eine Unzahl falscher Belege über angebliche Schulden dem Staatshaushalt gegenüber verbrennen), sondern durch die Streichung unnötiger Ausgaben.

Auch die Gesetzgebung lag Hadrianus zum allgemeinen Wohl sehr am Herzen. Er beauftragte deshalb einen namhaften Juristen aus der Provinz Africa, Lucius Salvius Iulianus, alle Edikte zu sammeln und zu überarbeiten, die seit Jahrhunderten die jährlich gewählten Prätoren zu Beginn ihrer Amtszeit erlassen hatten. Die

* Vielleicht wurde die Kolonie aber auch erst nach dem Aufstand gegründet.

Veröffentlichung dieser Edikte durch Iulianus half den Armen (»humiliores«), die vor Gericht immer zugunsten der Privilegierten (»honestiores«) benachteiligt wurden, doch wenigstens zu verstehen, daß sie ein Anrecht auf Schutz vor dem Gesetz hatten.

Unter Hadrianus begann eine besonders schöpferische und folgenreiche Periode der römischen Rechtsgeschichte, die man als ihr »Goldenes Zeitalter« bezeichnen kann. Die Praxis der Rechtsprechung machte bedeutende Fortschritte. Bezeichnend dafür war beispielsweise die Ernennung von vier Richtern, die für die Rechtsprechung in Italien zuständig waren (allerdings erhoben sich dagegen Stimmen des Protestes, die um die wirksame Einflußnahme des Senats bangten). Aber Hadrianus tat noch mehr. Um die Effizienz seines eigenen kaiserlichen Gerichtes in Rom zu stärken, hob er das Ansehen der Beisitzer, die den Kaisern als beratendes Gremium zur Seite standen, indem er sie in den Kaiserrat, das »consilium principis«, aufnahm. Dadurch erhielt auch der Kaiserrat einen formellen Charakter. Er war nun kein bloßer, lockerer Freundeskreis mehr, wie ihn die Kaiser seit Augustus inoffiziell zur Beratung zusammengerufen hatten. Salvius Iulianus, der der überragende Kopf unter Hadrianus' Beratern war, nahm als Senator eine führende Rolle ein und wurde im Jahre 175 Konsul. Aber auch Männer aus dem Ritterstand gehörten zu den Beratern des Kaisers. Ihnen vertraute Hadrianus weitere Aufgaben in führenden Stellungen an, so daß die Wirksamkeit der kaiserlichen Verwaltung ständig zunahm. Andererseits wurde Hadrianus' Verhältnis zum Senat, das ohnehin seit seinem Regierungsantritt getrübt war, gegen Ende seiner Regierungszeit immer gespannter, was zum Teil an seinem Gesundheitszustand gelegen haben mag (man vermutet, daß er an Tuberkulose und Wassersucht litt), der seine Stimmung trübte.

Die Regelung der Nachfolge sollte sich für Hadrianus schwieriger gestalten. Das Verhältnis zu seiner Gattin Vibia Sabina, die 128 starb, war kühl, und die Ehe war kinderlos geblieben. Deshalb adoptierte er 136 einen eleganten, das verschwenderische Leben liebenden Senator von Mitte Dreißig, Lucius Ceionius Commodus, der sich von diesem Zeitpunkt an Lucius Aelius Caesar nannte. Hadrianus machte ihn zu seinem Erben und Nachfolger und zum Statthalter von Pannonien. Gleichzeitig befahl er, seinen schon betagten Schwager Iulius Ursus Servianus und dessen Enkel umzubringen, den er verdächtigte, als Gegenkandidat von Aelius auftreten zu wollen. Doch

Aelius starb schon im Januar 138. Deshalb mußte Hadrianus einen neuen Nachfolger suchen und adoptierte einen Monat später Antoninus Pius. Um die Thronfolge längerfristig zu sichern, veranlaßte er Antoninus, seinerseits zwei Söhne zu adoptieren, Marcus Aurelius und Lucius Verus (den Sohn von Aelius Caesar), der eine siebzehn, der andere sieben Jahre alt. Als Hadrianus im Sommer desselben Jahres, am 10. Juli, in Baiae gestorben war, wurde er in dem Mausoleum bestattet, dessen Bau er angeordnet hatte und das als Castel S. Angelo erhalten geblieben ist. Dem Antrag seines Nachfolgers Antoninus, Hadrianus zu vergöttlichen, folgte der Senat allerdings nur zögernd (s. Antoninus).

Hadrianus verkörperte in vieler Hinsicht seine Zeit. Er war in Mysterienkulte eingeweiht und interessierte sich lebhaft für Astrologie und Magie. Wie so mancher seiner Zeitgenossen reiste er viel und beschäftigte sich gern mit Literatur, wobei er einen Hang zum Altertümlichen nicht verbergen konnte. Er umgab sich gern mit Gelehrten und schriftstellerte auch selbst. Aus seiner Feder ist noch ein kurzes, zu Herzen gehendes Gedicht an seine Seele erhalten. Außerdem war er ein guter Maler, und seine künstlerischen Interessen gaben einer ganz neuen, an Griechenland orientierten Kunstrichtung Auftrieb. Von nun an haben die Kaiserbüsten Lockenbärte und lassen die Verwendung von Farbe erkennen. Die Darstellungen sind idealisiert, wobei die Bildhauer kräftige Licht- und Schattenkontraste berücksichtigten. Auf einigen wenigen Porträts ist es ihnen sogar gelungen, Hadrianus' energiegeladene Sensibilität zum Ausdruck zu bringen. Doch noch sprechender sind die Statuen und Köpfe des jungen Antinoos, des Lieblingsknaben des Kaisers, dessen dramatischer Tod 130 im Nil im gesamten Osten, wo man ihn unter die Götter erhob, eine Welle religiöser Empfindungen aufbranden ließ. Für die Porträts dieses vergöttlichten Knaben bemühte man die gesamte, von Hadrianus hochgeschätzte Tradition der griechischen Bildhauerkunst, um seinen träumerischen Blick und seine weichen Körperformen wiederzugeben und auf diese Weise der Trauer über die Vergänglichkeit der Jugend und Schönheit Ausdruck zu verleihen.

Hadrianus' ästhetisches Empfinden kam auch in der Architektur seiner Regierungszeit zum Ausdruck, vor allem in der geräumigen ländlichen Residenz, die er sich in den Olivenhainen der Berge bei Tibur (Tivoli) bauen ließ. Die locker aufeinander bezogenen oder sogar ganz und gar zusammenhanglosen Bauten, die in ihrer Gesamtheit die sogenannte »Villa Hadriana« bildeten, sollten die Erinnerung an alle die Stätten wachrufen, die Hadrianus auf seinen Reisen besonders bewundert hatte. Sie waren aber nur der Vorwand für eine Fülle kühner und origineller Formen. Diese Schöpfungen begabter und experimentierfreudiger Architekten, inspiriert vom rastlosen Gestaltungswillen Hadrianus', waren in vollendeter Weise den Gegebenheiten und Möglichkeiten des unebenen Geländes angepaßt und stellten die vollkommene Beherrschung des Materials (Beton und Ziegelsteine zur Verkleidung) unter Beweis. In reicher Fülle findet man Rundungen jeglicher Spielart, gerade Linien dagegen sind kaum zu erblicken.

Den Höhepunkt der architektonischen Revolution, die sich unter Hadrianus vollzog, bildete der Bau des Pantheon auf dem Marsfeld in Rom. Unter völliger Umgestaltung eines bereits vorhandenen Tempels, der von Augustus' Freund Agrippa stammte, schuf Hadrianus' Architekt einen Rundbau. Kultbauten dieser Form kannte man schon aus sehr viel früherer Zeit, doch erst die Erfindung des Betons ermöglichte Bauwerke, die bedeutend kühnere Dimensionen und Formen aufwiesen. Hinter einer mächtigen Säulenvorhalle erhebt sich, ebenso breit wie hoch, die Rotunde, die von einer riesigen Kuppel überwölbt wird und die ihr Licht durch eine sonnenartige Öffnung in der Mitte der Kuppel empfängt. Die jetzt schmucklose Gewölbedecke war mit reliefförmigen Sternen übersät. Das Mauerwerk ist durch rechteckige und halbrunde Nischen unterbrochen, durch die das Gewicht des Bauwerkes verteilt wird. Dem gleichen Zweck dienen die fünf Reihen von Kassetten im Gewölbe, das so stark ist, daß ihm die Entfernung der goldüberzogenen Bronzedachplatten im Jahre 663 nicht schadete. Das Pantheon ist wahrscheinlich das älteste große Baudenkmal, das vom Innenraum her gestaltet wurde. Nicht mehr das massive Mauerwerk war die Hauptsache, sondern der Raum, den es umgab. Im Gegensatz zu den griechischen Tempeln, deren Innenraum nicht für die Versammlung einer Kultgemeinde bestimmt war, war das Pantheon des Hadrianus gerade dafür vorgesehen.

In einem anderen Teil der Hauptstadt, in der Nähe des Forum Romanum, errichtete Hadrianus ein Heiligtum von ebenfalls außergewöhnlicher Größe, den Tempel der Venus und der Roma. Auch für den vergöttlichten Traianus ließ er auf dem Forum Traiani einen riesigen Tempel bauen, und schließlich war er für den in großem

Umfang betriebenen Umbau des Tempels für den Olympischen Zeus in Athen verantwortlich. Daran läßt sich klar und deutlich Hadrianus' Denken erkennen, der trotz seiner tiefen Verwurzelung im Römertum ein großer Freund und Bewunderer griechischer Traditionen war.

Antoninus Pius (138–161)

Antoninus Pius (Titus Aurelius Fulvius Boionius Arrius Antoninus) wurde im Jahre 86 bei Lanuvium in Latium geboren. Seine Familie stammte aus Nemausus (Nîmes) in Südgallien, war aber nach Rom übergesiedelt, wo sowohl sein Vater als auch sein Großvater (beide hießen Titus Aurelius Fulvus) Konsuln waren. Sein Großvater bekleidete das Amt sogar zweimal und war außerdem Stadtpräfekt. Antoninus' Mutter war Arria Fadilla. Ihr Vater, Arrius Antoninus, stammte gleichfalls aus Südgallien und war ebenfalls zweimal Konsul gewesen. Als Nerva im Jahre 96 Kaiser wurde, soll er ihm sein Beileid ausgesprochen haben.

Seine Jugendjahre verbrachte Antoninus in Lorium, in der Nähe Roms. Nach dem frühen Tod seines Vaters übernahmen seine beiden Großväter seine Erziehung. In seinem dritten Lebensjahrzehnt heiratete er Annia Galeria Faustina (Faustina die Ältere), die Tochter des Marcus Annius Verus. Nachdem er Quästor und Prätor gewesen war, wurde er im Jahre 130 zum Konsul gewählt. Wenig später ernannte ihn Hadrianus zu einem der vier Richter, die in Italien für Konkurs- und Erbschaftsangelegenheiten zuständig waren. In dieser Eigenschaft wirkte er in Etrurien und Umbrien, wo er ausgedehnte Ländereien besaß. Als Prokonsul der Provinz Asia (irgendwann zwischen 133 und 136) erwarb er sich einen ausgezeichneten Ruf, und nach seiner Rückkehr in die Hauptstadt wurde er in den neuorganisierten kaiserlichen Beraterstab, das »consilium principis«, berufen. Als im Januar 138 Hadrianus' Adoptivsohn und Erbe, Lucius Aelius Caesar, starb, fiel Hadrianus' Wahl für einen Nachfolger auf Antoninus, der nach längerer Bedenkzeit dieser Entscheidung zustimmte und am 25. Februar desselben Jahres von Hadrianus adoptiert wurde. Kurz darauf erhielt er die tribunizische Gewalt und das »imperium«, die höchste Staatsgewalt. Nun wurden auch Münzen mit seinem Namen, und zwar in der Form Titus Aelius Caesar Antoninus, geprägt. Zur gleichen Zeit verlangte Hadrianus von ihm, daß er seinerseits Marcus Aurelius und Lucius Verus adoptiere, die eines Tages Antoninus' Nachfolger werden sollten. Als Hadrianus in den folgenden Monaten auf dem Krankenbett lag, führte Antoninus für ihn die Regierungsgeschäfte, und als der Kaiser am 10. Juli starb, trat Antoninus unwidersprochen seine Nachfolge an.

Seine Regierung begann mit gewissen Schwierigkeiten. Als Antoninus beim Senat die Konsekration Hadrianus' und die offizielle, nachträgliche Billigung seines Handelns beantragte, verweigerte der Senat die Zustimmung mit der Begründung, Hadrianus habe das Ansehen des Senats untergraben und sei (das war die Vorstellung des Senats) für die Hinrichtung einiger seiner Mitglieder verantwortlich. Aber schließlich gaben die Senatoren doch nach, weil sie fürchteten, die Armee könnte eingreifen, falls die neue Regierung einen Rückschlag erlitte. Allerdings verlangten sie als Gegengabe die Abschaffung der vier Richter, deren Tätigkeit in Italien ihnen ein Dorn im Auge war. Ja, sie gingen über dieses Einlenken sogar noch hinaus, denn obgleich einige Senatoren keinen Unterschied zwischen sich und Antoninus erkennen konnten im Hinblick auf Herkunft und Befähigung, gestanden sie ihm doch auf Grund seiner ehrerbietigen Haltung ihnen gegenüber den ungewöhnlichen Ehrennamen »Pius« zu und belohnten damit seinen Eifer bei der Erfüllung seiner religiösen und vaterländischen Pflichten. Allgemeinen Gepflogenheiten entsprechend hielt es Antoninus zunächst für angemessen, den Titel »Vater des Vaterlandes« (»pater patriae«) abzulehnen, doch im Jahre 139 nahm er ihn zusammen mit der Wahl zum Konsul an. Diese Wahl erfolgte bereits zum zweiten Mal, eine dritte und vierte folgten in den Jahren 140 und 145.

In der »Historia Augusta« wird ausdrücklich Antoninus' Friedensliebe hervorgehoben. Tatsächlich verlief seine Regierungszeit auch weitgehend ohne Kriege. Einige Einschränkungen müssen allerdings gemacht werden. In einigen Provinzen gab es Unruhen und an einigen Grenzabschnitten Unsicherheit. Im Norden Britanniens wurde nach der Unterdrückung eines Aufstandes die Reichsgrenze vorverlegt und ein neuer Grenzwall, der Antoninswall, errichtet, der sich, nahezu 60 Kilometer lang, vom Firth of Forth bis zum Clyde erstreckte. Der Wall bestand aus Grassoden und erhob sich auf einem 4,25 Meter breiten Fundament aus Rollsteinen hinter einem tiefen Graben. Die Wachmannschaften waren in kleinen Forts un-

BRITANNIA
GERMANIA
GERMANIA
INFERIOR
PANNO
SUPER
Rhenus
BELGICA
Danuvius
LUGDUNENSIS
RAETIA
NORICUM
GERMANIA
SUPERIOR
Lugdunum
A.P.
NARBONENSIS
AQUITANIA
A.C.
ITALIA
A.M.
Roma
TARRACONENSIS
Tarraco
LUSITANIA
SARDINIA
BAETICA
Carthago
AFRICA
MAURETANIA
Reichsgrenze
Provinzgrenzen
A. C. ALPES COTTIAE
A. M. ALPES MARITIMAE
A. P. ALPES POENINAE
100
400
km

6 Roms Provinzen beim Tode des Antoninus Pius (161 n. Chr.)

Pityus
PONTUS EUXINUS
PANNONIA INFERIOR
DACIA POROLISSENSIS
DACIA
UPPER DACIA
DACIA INFERIOR
Danuvius
MOESIA INFERIOR
MOESIA SUPERIOR
BITHYNIA ET PONTUS
YRICUM
THRACIA
GALATIA
CAPPADOCIA
MACEDONIA
Euphrates
CILICIA
ASIA
Antiochia
SYRIA
EPIRUS
LYCIA ET PAMPHYLIA
ACHAEA
SYRIA-PALAESTINA
CRETA ET CYRENE
MARE INTERNUM
ARABIA
Alexandria
Nilus
AEGYTPUS

tergebracht, die etwas mehr als drei Kilometer auseinanderlagen, ganz anders als die sehr viel größeren und weiter voneinander entfernten Festungen des Hadrianswalls. Um 154 führten allerdings die Unruhen der Briganten dazu, daß zeitweilig einige Truppen abgezogen werden mußten, so daß aufständische Stämme die verlassenen Forts überrannten und zerstörten. Allem Anschein nach veranlaßten diese Ereignisse Antoninus dazu, einen Teil der Bevölkerung, vielleicht sogar den größeren, aus dem Gebiet zwischen den beiden Grenzwällen zu evakuieren. Sie wurde nach Germanien umgesiedelt, wo ihr zu beiden Seiten des Neckars neue Siedlungsgebiete angewiesen wurden. Dort mußte sie die nahe gelegene Grenze verteidigen, die, wie in Britannien, vorgeschoben und durch Forts verstärkt wurde. Diese befanden sich hinter einem Pfahlzaun, aus dem in regelmäßigen Abständen aus Steinen erbaute Wachtürme aufragten.

Auch große Teile Nordafrikas litten zu der Zeit unter Überfällen räuberischer Stämme. Aus Numidien konnten sie nach und nach vertrieben werden, doch in Mauretanien mußten die Truppen durch Nachschub von außerhalb verstärkt werden, um einen größeren Angriff gegen die aufständischen Mauren führen zu können, in dessen Verlauf sie um 150 in die äußersten Landesteile im Westen zurückgedrängt wurden. In Ägypten führte vier Jahre später die rücksichtslos verordnete Zwangsarbeit dazu, daß die einheimische Bevölkerung aus ihren Wohnsitzen floh. Es kam dort ebenfalls zu einem bewaffneten Aufstand, und 158 mußte auch gegen Unruhen in Dakien eingeschritten werden.

Möglicherweise gab es auch wieder Unruhen in Judäa. Antoninus Pius hatte zwar das von seinem Vorgänger ausgesprochene Beschneidungsverbot gelockert, aber nicht ganz aufgehoben. So durften die Juden zwar wieder ihre Söhne beschneiden lassen, aber zum Judentum Bekehrte nicht der Beschneidung unterziehen. Auf diese Weise schwächte er die Position der Juden gegenüber den sehr intensiv missionierenden Christen. Außerdem durften die Juden auch weiterhin Jerusalem nicht betreten. Ein Gürtel römischer Militärposten, der rings um die Stadt gelegt war, gab diesem Verbot Nachdruck.

So oft es die Situation erlaubte, zog Antoninus allerdings diplomatische Lösungen der Anwendung von Gewalt vor. Das gilt besonders für seinen Umgang mit dem parthischen Gegner. Wenn auch eine Reihe militärischer Operationen in den Grenzgebieten notwendig war, so gab es doch keinen großen Krieg, und Antoninus konnte die Privilegien der Seestreitkräfte und Hilfstruppen abbauen. So erhielten zum Beispiel die Kinder dieser Truppenangehörigen, die während der Militärdienstzeit ihres Vaters geboren wurden, nicht mehr automatisch das römische Bürgerrecht, wie es bis dahin der Fall war, sondern erst dann, wenn sie selbst der Armee beitraten. Mit dieser neuen Regelung sollte ein Anreiz zum Militärdienst gegeben werden.

Am meisten unterschied sich Antoninus von seinem Vorgänger darin, daß sein Hauptaugenmerk nicht auf den Provinzen, sondern auf Italien lag, das er wieder zum Zentrum des Römischen Reiches machen wollte. Obwohl es immer noch Münzen gab, die die Interessen der Provinzen berücksichtigten (die BRITANNIA, die noch heute auf den englischen 50-Pence-Stücken zu sehen ist, ist der Prototyp der Figuren, die die Provinzen darstellten), zeichnete sich auf seinen Münzen die Verlagerung der Akzente doch deutlich ab. Sie spiegelt sich auch in einer Reihe praktischer Maßnahmen wider, die sich auf die Apenninenhalbinsel bezogen. So gab er großzügig, aber nicht verschwenderisch Geld für Häfen, Brücken, Bäder und Amphitheater aus und fügte den karitativen Einrichtungen seines Vorgängers Traianus eine Stiftung zur Unterstützung verwaister Mädchen hinzu, die in Italien lebten. Diese Mädchen erhielten nach Antoninus' Gattin den Namen »Puellae Faustinianae« (Faustina, die 140 oder 141 gestorben war, und deren Charakter später in Frage gestellt wurde, wurde nicht nur vergöttlicht, sondern erhielt auch, von anderen Ehren abgesehen, in bisher unbekanntem Umfang aus Messing geschlagene Gedenkmünzen).

Antoninus verließ, solange er regierte, Italien nicht ein einziges Mal. Vielmehr genoß er in seiner Villa bei Lanuvium das Leben eines Landedelmannes. Rom, die Hauptstadt des Reiches, lag ihm besonders am Herzen; er gab bedeutende Summen für sie aus und veranstaltete in ihr öffentliche Spiele. Als die Neunhundertjahrfeier der Gründung Roms bevorstand, ließ er eine Serie großformatiger Gedenkmünzen prägen, mit denen er des legendären Ursprungs seines Volkes in patriotischer Weise gedachte.

Daß Antoninus' Liebe Italien und Rom gehörte, gefiel dem Senat, zu dem er, nachdem er möglicherweise am Anfang bestehende Zweifel einiger Senatoren zerstreut hatte, gute Beziehungen unterhielt (als allem Anschein nach ein gewisser Atilius Titianus einen Anschlag auf sein Leben plante, ordnete Antoninus an, nicht nach seinen Komplizen zu fahnden). Dadurch, daß er die vier Richter abschaffte, stärkte er, für alle sichtbar, die Autorität des Senates, der nun Italien wieder unter seiner Kontrolle hatte. Andererseits wußte Antoninus nur zu gut, daß der Senat in Wirklichkeit schwach war. So erwies er den Senatoren zwar die erforderliche Hochachtung, behielt die wichtigen Entscheidungen aber dem Kaiserrat vor. Alle vier Prätorianerpräfekten, die während seiner Regierungszeit amtierten, gehörten diesem Gremium an, und es war zukunftweisend, daß alle vier bedeutende Juristen waren. Der erste von ihnen, Marcus Gavius Maximus, war nicht weniger als zwanzig Jahre lang im Amt, und auch die Provinzstatthalter blieben bis zu annähernd zehn Jahren im Dienst. Als Antoninus im Jahre 161 friedlich starb, ging eine mehr als zwanzigjährige Zeitspanne zu Ende, die Rom viel Gutes, auch Fortschritte, gebracht hatte. Allerdings war in aller Stille die Zentralisierung vorangeschritten, und die »pax Romana« herrschte nicht überall, wie die Lobredner des Kaisers gerne behaupteten.

Ein solcher Lobredner war der griechische, vielgelesene Philosoph Aelius Aristides aus Hadriani in Mysien. Er war eng mit dem Hof verbunden, weil er denselben Lehrer wie der junge Marcus Aurelius gehabt hatte. Aristides' »Romrede« ist von leidenschaftlicher Liebe zu Rom getragen. An Antoninus gerichtet, der für ihn Rom verkörperte, verkündete er in seiner Rede: »Ja, das von jedem gebrauchte Wort, daß die Erde die Mutter aller und das für alle gemeinsame Vaterland sei, wurde durch euch aufs beste bewiesen. Jetzt ist es sowohl dem Griechen wie dem Barbaren möglich, mit oder ohne Habe ohne Schwierigkeit zu reisen, wohin er will, ... Was Homer sagte, ›aber die Erde ist allen Menschen gemeinsam‹, wurde von euch tatsächlich wahr gemacht. ... Daher verdienen allein diejenigen Mitleid, die außerhalb eures Reiches wohnen, wenn es irgendwo noch welche gibt, weil sie von solchen Wohltaten ausgeschlossen sind.«

Ähnlich positiv sieht auch der englische Historiker Edward Gibbon die römische Welt des zweiten nachchristlichen Jahrhunderts. In seinem 1776 erschienenen Werk »Decline and Fall of the Roman Empire« (»Niedergang und Sturz des Römischen Reiches«) heißt es: »Wenn jemand jene Periode der Weltgeschichte festlegen sollte, in der es der Menschheit bisher am besten ging, würde er wohl ohne zu zögern die Zeitspanne angeben, die sich vom Tode Domitianus' bis zur Thronbesteigung des Commodus erstreckt.« Das ist die Zeitspanne von 69 bis 180. Tatsächlich kann man in Antoninus Pius die Verkörperung dieses »Goldenen Zeitalters« der römischen Kaiser erblicken. Wenn wir den Begriff »Menschheit« auf das Römische Reich und seine Bewohner beschränken und uns vergegenwärtigen, wie viele von ihnen in der Tat in guten Verhältnissen lebten, dann war Gibbon vermutlich nicht allzu weit von der Wahrheit entfernt. Spätere Historiker haben Gibbons Äußerung allerdings kritisiert. Sie wiesen darauf hin, daß man die Massen der Sklaven und der unterdrückten Landarbeiter, die es damals gab, wohl kaum als »glücklich« und »wohlhabend« bezeichnen konnte und daß sich bereits unter Antoninus jene Erstarrung und jener Bürokratismus abzuzeichnen begannen, die charakteristisch für das folgende Jahrhundert sein sollten.

Andererseits kann es an der edlen Gesinnung und den hochgesteckten Zielen des Antoninus Pius keinen Zweifel geben, wenn man auch die Lobreden, die den Kaisern fast zu allen Zeiten gespendet wurden, nur mit Vorbehalt betrachten sollte. Das uneingeschränkte Lob indessen, das Antoninus nach seinem Tode in der Schrift »Wege zu sich selbst« seines Adoptivsohnes Marcus Aurelius erfährt, läßt zweifellos auf einen interessanten Charakter schließen. Er erinnert an die Tugenden des Antoninus, damit wir »ein so gutes Gewissen ... beim Herannahen der letzten Stunde haben wie er«.

Marcus Aurelius (161–180)

Marcus Aurelius wurde 121 geboren und hieß zunächst Marcus Annius Verus. Sein Urgroßvater väterlicherseits, Annius Verus aus Ucubi in der Provinz Baetica, hatte durch seinen Aufstieg zum Senator und Prätor den Grund für das Familienvermögen gelegt. Sein Vater, Marcus Annius Verus, heiratete Domitia Lucilla, deren wohlhabende Familie unweit von Rom eine Ziegelmanufaktur besaß, die Marcus Aurelius erbte. In seinen jüngeren Jahren trug Marcus Aurelius auch noch die Namen Catilius Severus zu Ehren seines Urgroßvaters mütterlicherseits, der 110 und 120 Konsul war.

Als Knabe genoß Marcus Aurelius die Gunst des Kaisers Hadrianus, der ihn im Scherz »Verissimus« (»Wahrhaftigster«) nannte, im Alter von nur acht Jahren zum Priester der Salier machte und von den besten Erziehern seiner Zeit unterrichten ließ, unter anderen von dem berühmten Redner Fronto, der ihn in lateinischer Rhetorik unterwies. Als Hadrianus im Jahre 136 Lucius Aelius Caesar adoptierte, wurde Marcus Aurelius mit einer Tochter des Aelius verlobt. Nach Aelius' Tod adoptierte Antoninus, den Hadrianus 138 an Aelius' Stelle an Sohnes Statt angenommen hatte, seinerseits zwei Söhne: Der eine war der junge Marcus Aurelius, der Neffe von Antoninus' Gattin Faustina der Älteren, der nun die Namen Marcus Aurelius Caesar annahm (Aurelius war einer der Namen des Antoninus), und der andere war Lucius Verus (wie er später genannt wurde), der Sohn des verstorbenen Aelius.

Nachdem Antoninus Pius den Thron bestiegen hatte, wurde Marcus Aurelius' Verlobung mit Aelius' Tochter gelöst, und er wurde an ihrer Statt mit Antoninus' Tochter Annia Galeria Faustina der Jüngeren verlobt, die er sechs Jahre später heiratete. In den Jahren 140 und 145 bekleidete er zusammen mit seinem Adoptivvater das Konsulat und erhielt 146 die Machtbefugnisse, die ihn als Thronerben auswiesen, die tribunizische Gewalt (»tribunicia potestas«) und die kaiserliche Befehlsgewalt über die Legionen in den Grenzprovinzen (»imperium proconsulare«). Ungefähr um die gleiche Zeit gab er, zur großen Enttäuschung seines Lehrers Fronto, das Studium der Rhetorik auf und wandte sich der stoischen Philosophie zu. Dabei stand er unter dem Einfluß des Stoikers Iunius Rusticus. Von da an spielte die stoische Philosophie eine wichtige Rolle in seinem Leben.

Als Antoninus Pius im Jahre 161 auf dem Sterbebett lag, übergab er Marcus Aurelius die volle kaiserliche Befehlsgewalt. Der neue Herrscher, der dem verstorbenen Kaiser zu Ehren bereits Aurelius hieß und sich nun auch dessen Namen Antoninus zulegte, beantragte beim Senat, Verus zum gleichberechtigten Mitherrscher zu berufen (s. Lucius Verus).

Wenig später kam es in verschiedenen Grenzgebieten zu Schwierigkeiten. Der Osten wurde durch den Partherkönig Vologaeses III. (148–192) in eine schwere Krise gestürzt, als Vologaeses in Armenien einmarschierte und nacheinander zwei römische Heere besiegte. Als daraufhin ein starkes Entsatzheer unter dem nominellen Befehl des Verus entsandt wurde, gelang es den römischen Feldherren 163–164, Armenien zu erobern und unter die römische Oberhoheit zu stellen. Damit wurde Traianus' Anspruch wieder erhoben, auch das Land jenseits des Euphrats unter römische Kontrolle zu bringen. Zur Feier des Triumphes der beiden Kaiser erhielten 166 die beiden noch sehr jungen Söhne des Marcus Aurelius, Commodus (fünf Jahre) und Annius Verus (drei Jahre) den Titel Caesar und durften am Triumphzug teilnehmen.

Etwa zur gleichen Zeit hatten besonders furchterregende Germanenstämme, mit denen Rom noch nie in Berührung gekommen war, die Grenze im Norden durchbrochen. Sie waren über die Donau gekommen, an der zehn römische Legionen standen, bedeutend mehr als am Rhein, wo es nur vier waren. Diese Wanderbewegung löste eine Reihe von Ereignissen aus, die auf die Dauer das Römische Reich veränderten. Zum ersten Mal sahen sich die Römer Stämmen gegenüber, die entschlossen waren, auf römischem Gebiet zu siedeln, und die ihrerseits unter dem Druck von Völkerbewegungen standen, die weit im Norden stattfanden. Zuerst waren 162 die westgermanischen Chatten in Obergermanien eingedrungen; sie konnten zurückgeschlagen werden. Doch etwa vier Jahre später geriet Rom in eine sehr viel schwierigere Situation, als nämlich die vergleichsweise romanisierten Markomannen aus Boiohaemum (Böhmen) zusammen mit den Langobarden und anderen Stämmen über die Donau einfielen, während, wie auf geheime Verabredung, ein Zweig der Sarmaten zwischen Donau und Theiß zum Angriff überging. Diese Schläge kamen nicht unerwartet, doch angesichts der Lage im Osten hatte man zu wenig unternommen, um ihnen vorzubeugen.

Im Jahre 167 begaben sich beide Kaiser an die Grenze im Norden. Als zwei Jahre später Lucius Verus starb (s. Lucius Verus), fühlte sich Marcus Aurelius gezwungen, an die Donau zu gehen, um der Herausforderung dort entschlossener begegnen zu können. Die Kämpfe waren viel erbitterter als alle zuvor, und der Krieg zog sich unter dem Oberbefehl des Kaisers fast die ganzen ihm noch verbleibenden vierzehn Jahre seines Lebens hin. Die zeitliche Abfolge der einzelnen Feldzüge ist umstritten, doch um 170, vielleicht auch etwas früher, mußten die Römer zwei katastrophale Niederlagen hinnehmen. Eine fügten ihnen die Markomannen und Quaden zu, die in das Flachland südlich der oberen und mittleren Donau einbrachen, Opitergium (Oderzo) niederbrannten und Aquileia belagerten. Die andere Niederlage erlitten sie durch die Kostoboken, einen räuberischen Stamm aus den Karpaten, der in das Gebiet an der unteren Donau einfiel und bis weit nach Griechenland vordrang, wo er Eleusis plünderte. Marcus Aurelius' Truppen waren durch eine Epidemie geschwächt (vgl. Lucius Verus), so daß es ihnen nur in einer langen Reihe von Feldzügen gelang, der Lage Herr zu werden.

Der Kaiser zog vor allem zwei Möglichkeiten in Betracht, das Germanenproblem zu lösen. Die eine wurde im Jahre 171 verwirklicht und bestand darin, daß er einer großen Anzahl dieser Eindringlinge erlaubte, sich, wie es ihr Ziel war, auf dem Boden des Römischen Reiches anzusiedeln. Diese Praxis war schon früher geübt worden, doch Marcus Aurelius betrieb sie nun systematisch in vielen Gebieten, zum Beispiel in Dakien, Pannonien, Mösien, Germanien, ja sogar in Italien. Er wies die Neusiedler in den entsprechenden Gebieten römischen Grundbesitzern zu oder machte sie zu Pächtern auf Land, das dem Kaiser gehörte. Auf diese Weise band er sie gesetzlich an den Boden, den sie bewirtschafteten. Allerdings fehlte es damals wie auch später nicht an Kritikern, die dem Kaiser vorwarfen, dadurch einer Überfremdung der Römischen Welt Vorschub geleistet zu haben. Andererseits wurde durch dieses Siedlungsprogramm die Lage an den Reichsgrenzen entspannt, und außerdem wurden Bauern und Soldaten gewonnen, welche die späteren Herrscher dringend brauchten. Die andere Möglichkeit sah Aurelius darin, die nördliche Reichsgrenze vorzuverlegen und zwei neue Provinzen zu gründen: Sarmatia mit dem langgezogenen Donau-Theiß-Zipfel und Marcomannia. Letztere sollte das heutige Böhmen und Teile des heutigen Mähren sowie der heutigen Slowakei umfassen. Durch diese Maßnahme, die wahrscheinlich noch größere Gebietserweiterungen nach sich gezogen hätte, wäre der Grenzverlauf verkürzt worden, und an Stelle von Flüssen hätten Gebirge den größten Teil der Grenze gebildet. Vor allem aber wären dadurch viele Germanen, die eine Gefahr für Rom darstellten, unter die Kontrolle des Reiches gebracht worden.

Doch Marcus Aurelius' Expansionspläne erwiesen sich als ebenso erfolglos wie die ähnlichen Versuche, die einst Augustus unternommen hatte. Marcus Aurelius mußte seine ersten Feldzüge abbrechen, weil im Osten ein höchst gefährlicher Aufstand ausgebrochen war. Der Anführer war Avidius Cassius, der Sohn eines syrischen Redners, der sich während des Krieges in Mesopotamien ausgezeichnet hatte, deshalb 172 mit weitgehenden Sondervollmachten für sämtliche Ostprovinzen ausgestattet worden war und nun, 175, den Thron für sich beanspruchte. Anscheinend glaubte er, daß Marcus Aurelius weitab an der Donau gestorben sei. Vielleicht wurde er in dieser Auffassung sogar von der Kaiserin Faustina der Jüngeren bestärkt, die bei ihrem Gatten gewesen war und ihn für so krank hielt, daß er ihrer Ansicht nach nicht mehr lange leben würde. Bis auf zwei (Kappadokien und Bithynien) schlossen sich alle Ostprovinzen dieser Erhebung an. Als jedoch bekannt wurde, daß Marcus Aurelius keineswegs gestorben, sondern von der Donaufront nach Rom zurückgekehrt sei und sich nun auf dem Marsch nach Osten befinde, brach der Aufstand nach weniger als hundert Tagen zusammen, und Avidius Cassius wurde von seinen eigenen Anhängern umgebracht.

Dennoch fühlte sich der Kaiser verpflichtet, an seinem Plan, in die Ostprovinzen zu ziehen, festzuhalten und dort nach dem Rechten zu sehen. Faustina begleitete ihn. Vier Jahre lang stand sie während der Feldzüge im Norden an seiner Seite, und auf den Münzen, die ihr zu Ehren herausgebracht wurden, wird sie als »Mutter des Feldlagers« (MATER CASTRORVM) gefeiert. Als sie in den Verdacht geriet, Avidius Cassius unterstützt zu haben, nahm Marcus Aurelius keine Notiz davon. Im Gegenteil, als sie im Südosten Kleinasiens starb, wurde sie auf des Kaisers Bitte hin vergöttlicht. Aurelius kehrte gegen Ende des Jahres 176 nach Rom zurück und feierte dort einen Triumph. Im folgenden Jahr brach er ein zweites Mal nach Norden auf, um erneut gegen die Germanen zu kämpfen. Dabei errang einer seiner Feldherren 178 einen entscheidenden Sieg über die Markomannen, wodurch die Expansionspläne des Kaisers sich beinahe erfüllt hätten. Aber Marcus Aurelius erkrankte von neuem und starb, nachdem er seinen Sohn hatte zu sich rufen lassen, friedlich, während er schlief, am 17. März 180.

Hinsichtlich der Zivilverwaltung ließ sich Marcus Aurelius von den Grundsätzen rechten Handelns leiten, die er von Antoninus Pius übernommen hatte. Wie seinem Vorgänger lag ihm das Recht am Herzen. Dabei kam ihm der Rat eines hervorragenden Juristen, Quintus Cervidius Scaevola, zustatten. Dieser genoß nicht nur als Rechtsbeistand großes Ansehen in der Öffentlichkeit, sondern war auch der Verfasser umfangreicher gelehrter Werke. Allerdings war Marcus Aurelius' Regierung, wie die seines Vorgängers, mehr durch Reformen gekennzeichnet, die Einzelheiten betrafen, als durch große, umfassende Neuerungen. Am auffälligsten an ihr war vielleicht das weitere Umsichgreifen der Bürokratie, das seine Ursache in den immer schwieriger werdenden Aufgaben der Zivilverwaltung sowie des Finanz- und Heerwesens hatte.

Allen seinen Pflichten kam Marcus Aurelius mit unverminderter

Sorgfalt nach, und dem Senat trat er mit größter Hochachtung gegenüber. Doch die Kosten für die langen Feldzüge sowie sieben große Geldverteilungen, die notwendig erschienen, um die öffentliche Moral aufrechtzuerhalten, zehrten an den staatlichen Finanzen über die Maßen, wie Notverkäufe kaiserlichen Eigentums und der Wertverfall der Silbermünzen offenbarten. Die Ernennung staatlicher Kommissare für die nichtitalischen Städte, die vom Bankrott bedroht waren, war ein Kennzeichen für das Nachlassen der bürgerlichen Tatkraft in dieser Zeit. Dieses Ineinanderübergreifen einer angespannten Finanzlage und einer bürokratischen Gängelei war es, das hinter der Fassade eigentlich hehrer Grundsätze, ohne es zu wollen, die autoritären Strukturen des folgenden Jahrhunderts vorbereitete, die immer sichtbarere Formen annahmen.

Im Laufe seines späteren Lebens baute Marcus Aurelius immer mehr seinen Sohn Commodus als Nachfolger auf. Im Jahre 166 wurde Commodus zum Caesar ernannt, 177, nur sechzehn Jahre alt, zum Augustus und Mitregenten, und drei Jahre später regierte er allein. Auf Grund der Fehler des Commodus wurden Marcus Aurelius später bittere Vorwürfe gemacht, daß er zum Erbfolgeprinzip zurückgekehrt war und die 82 Jahre lang geübte Praxis der Adoption aufgegeben hatte. Doch unglücklicherweise hatte er im Gegensatz zu seinen Vorgängern keine andere Wahl, denn es stand kein geeigneter Kandidat zur Verfügung, der allgemein Zustimmung gefunden hätte. Die Wahl seines Schwiegersohnes Tiberius Claudius Pompeianus zum Beispiel, der seit 169 mit seiner Tochter Lucilla verheiratet war, hätte lediglich zu Machtkämpfen und Bürgerkrieg geführt. Sie wenigstens wurden durch Commodus' Wahl vermieden, denn seine Nachfolge vollzog sich reibungslos.

Die Ironie der Geschichte will es, daß ausgerechnet ein Herrscher, der so viel Zeit im Feld verbrachte, dem Ideal eines Philosophen auf dem Thron am nächsten kam. Marcus Aurelius war einer jener seltenen Machthaber, deren Taten vor dem verblassen, was sie geschrieben haben. Sein Werk, das eine rückhaltlose Enthüllung seiner tiefsten Gedanken ist, die er den Herausgebern zufolge an sich gerichtet hatte und die später unter dem Titel »Selbstbetrachtungen« bekannt wurden, ist das berühmteste Buch, das je ein Herrscher geschrieben hat. In griechischer Sprache literarisch gestaltet, handelte es sich ursprünglich um eine Reihe persönlicher Aufzeichnungen. Marcus Aurelius beabsichtigte nicht, diese geheimsten Gewissenserforschungen und Selbstermahnungen zu veröffentlichen. Dennoch wurden sie bekannt. Sie zeigen einen Mann von hohen Zielen und unumstößlicher Strenge. Wir alle sollten danach streben, das etwa ist sein Hauptgedanke, unsere Fähigkeiten mit allen Kräften und unermüdlicher Ausdauer zu vervollkommnen; um mit der erforderlichen Stärke sich darum bemühen zu können, sei es unumgänglich, sich in sein Inneres zu versenken und aus den Kraftquellen seiner Seele den Mut zu schöpfen, der nötig ist, den Alltag zu meistern. In der Tat fand Marcus Aurelius, der sich selbst immer wieder ermahnte, sich nicht zu sehr von seinem Amt beeinflussen zu lassen, sein eigenes Leben mit allen seinen großen und außergewöhnlichen Belastungen kaum erträglich. Er weist sich und seine Leser auf die Kürze und Flüchtigkeit des Erdendaseins hin, das nur ein Übergang sei und einem Besuch in einem fremden Land gleiche. Solange wir aber Reisende seien, könnten wir uns wenigstens über die materiellen Dinge erheben, die uns in Anspruch nehmen (der Geschlechtstrieb, das Essen und andere Regungen unseres Körpers) und uns unseren Mitreisenden gegenüber so verantwortungsbewußt, hilfreich und menschlich verhalten, wie wir es nur eben vermögen.

Diese Betonung des Bemühens um Selbstvertrauen ist traditionelle stoische Philosophie, doch keiner ihrer früheren Vertreter hatte diesen strengen Glauben so eindringlich und treffend formuliert wie Marcus Aurelius. Trotzdem ist seine Botschaft nicht trostlos. Er betont, obwohl so vieles in unserem Leben auch der Bestimmung unterliege, gebe es doch auch vieles, das sich zum Besseren wenden lasse, vorausgesetzt, daß genügend Willenskraft und Selbstbeherrschung dafür aufgebracht werde. Dann aber gibt es »niemanden, der dies hindern könnte«. Sei gleich »der Landspitze, an die fortgesetzt ›die Wogen rauschend schlagen‹, sie aber steht, und um sie herum beruhigen sich die tobenden Wasser. ... Versuche zu erkennen, bevor es zu spät ist, daß du in dir etwas Höheres und Göttlicheres hast als die bloßen Instinkte, die deine Gefühle beunruhigen und an dir zerren wie an einer Marionette!« Schon seit langem hatten die Stoiker erklärt, jeder Mensch, ob Mann oder Frau, habe Anteil an diesem göttlichen Funken, und alle Menschen seien daher letztlich Brüder und Schwestern – Glieder ein und derselben großen, weltumspannenden Gemeinschaft. Menschen seien füreinander da, sagt Marcus Aurelius, dann führten sie sich entweder auf bessere Wege oder richteten sich gegenseitig auf.

Weil die Bildhauer der damaligen Zeit immer besser verstanden, mit Bohrgeräten umzugehen, um Licht und Schatten wirken zu lassen, gelang es ihnen mit einigen Porträts, Marcus Aurelius' tiefe Innerlichkeit zum Ausdruck zu bringen. Die große Nachdenklichkeit, die diese Skulpturen nach hellenistischem Vorbild zum Ausdruck bringen, hilft uns, die Spiritualität besser zu verstehen, die auf nur wenig früher entstandenen Porträts aus Griechenland und Kleinasien sichtbar wird. Ein jüngst ans Licht gebrachter goldener Kopf des Kaisers erinnerte seine Entdecker an einen »Kirchenheiligen«. Doch den Christen war Marcus Aurelius ein Dorn im Auge, denn unter seiner Regierung gab es in Gallien eine Christenverfolgung, und die christlichen Schriftsteller späterer Zeit, vor allem Orosius, verstanden die Plagen der Zeit als Strafe für diesen Umgang mit ihnen. Für Marcus Aurelius aber waren sie nur sich geschickt in Szene setzende Märtyrer, die es in geradezu widersinniger Weise ablehnten, am Gemeinschaftsleben des Römischen Reiches teilzunehmen, das ihm in all seiner Unvollkommenheit doch die geglückteste irdische Verwirklichung der idealen stoischen Kosmopolis zu sein schien, die ihm stets vor Augen schwebte.

Lucius Verus (161–169)

Lucius Verus (Lucius Aelius Aurelius Verus; Mitkaiser) wurde im Dezember des Jahres 130 geboren. Ursprünglich hieß er Lucius Ceionius Commodus wie sein Vater, den Hadrianus 136 adoptiert hatte und der von da an Lucius Aelius Caesar hieß. Als dieser 138 starb, adoptierte Hadrianus Antoninus Pius mit der Auflage, seinerseits Marcus Aurelius und den jungen Ceionius Commodus (er wurde in Lucius Aelius Aurelius umbenannt) an Sohnes Statt anzunehmen. Ceionius' Aufstieg verlief langsamer als der des älteren Marcus Aurelius. Doch immerhin wurde er 153 Quästor und 154 und 161 Konsul. Als Antoninus Pius starb, machte ihn Marcus Aurelius zu seinem Mitherrscher. Nun trug er den Namen Lucius (Aurelius) Verus. Er wurde zum Augustus ernannt und erhielt die tribunizische Gewalt. Tatsächlich war er Marcus Aurelius in jeder Hinsicht gleichgestellt. Nur das Amt des »pontifex maximus« war ihm vorenthalten. So regierten beide Männer gemeinsam und gaben damit ein Beispiel, das sich in späteren Jahrhunderten noch oft wiederholen sollte.

Im Jahre 162 erhielt Verus den Oberbefehl über die römischen Truppen im Osten. Dort war es zum Krieg gekommen, als der Partherkönig Vologaeses III. versuchte, seinen Schützling Pakoros auf den Thron des zwischen Rom und Parthien umstrittenen Klientelstaates Armenien zu bringen. Außerdem hatte ein parthischer Feldherr bei Elegeia an der armenischen Grenze die Truppen des römischen Statthalters von Kappadokien besiegt, und auch die Legionen des Statthalters von Syrien hatten eine schwere Niederlage erlitten. Verus und seine Befehlshaber sollten die alte Ordnung wiederherstellen. Allerdings brauchte Verus sehr lange, mindestens neun Monate, bis er überhaupt Antiochia erreichte. Diese Verzögerung wird teilweise darauf zurückgeführt, daß er unterwegs erkrankte, hauptsächlich aber darauf, daß er träge war und das Wohlleben liebte. Trotzdem haben seine Befehlshaber, deren Truppen von Europa her verstärkt worden waren, ungeheure Energie entfaltet. Statius Priscus drang in Armenien ein und eroberte und zerstörte die Hauptstadt Artaxata. Daraufhin erhielt Lucius Verus 163 den Ehrennamen »Armeniacus«. Marcus Aurelius dagegen, der den Ruhm seines Mitherrschers nicht schmälern wollte, nahm diesen Titel erst ein Jahr später an. Infolge des römischen Sieges wurde Sohaemus, der ein Günstling Roms war, zum König von Armenien gekrönt, und im Jahre 165 rückte Gaius Avidius Cassius, der neue Statthalter von Syrien, der seine Truppen eigens dafür vorbereitet hatte, zusammen mit Publius Martius Verus bis tief nach Mesopotamien vor. Die Städte Edessa, Nisibis und Nikephorion kapitulierten, und Lucius Verus wurde als »Parthicus Maximus« gefeiert (auch in diesem Fall verschob Marcus Aurelius die Annahme einer entsprechenden Ehrung um ein Jahr). Im Jahre 166 fand dieser Feldzug mit der Einnahme der beiden großen Städte Seleukeia am Tigris und Ctesiphon ein siegreiches Ende. Rom unterließ es, Mesopotamien zu annektieren, unterstellte das Land aber wieder einem von Rom abhängigen Klientelfürsten, und militärische Operationen im Hochland von Medien trugen den beiden gemeinsam herrschenden Kaisern jeweils den Titel »Medicus« ein, der allerdings nur kurze Zeit auf den Münzen erschien.

Verus kehrte nach Rom zurück, und im Oktober 166 feierten beide Herrscher – Verus hatte Marcus Aurelius' Tochter Annia Aurelia Galeria Lucilla zwei Jahre zuvor geheiratet – einen großartigen Triumph. Sie wurden beide mit dem Titel »Vater des Vaterlandes« (»pater patriae«) geehrt. Doch Verus' Truppen hatten aus dem

Orient eine schwere Seuche eingeschleppt, die sie erstmals in Seleukeia befallen haben soll. Welche Krankheit es tatsächlich war, ist unklar, vielleicht die Pocken, vielleicht eine Art Typhus, vielleicht aber auch wirklich die Beulenpest. Auf jeden Fall verbreitete sie sich mit verheerender Wirkung bis hin nach Kleinasien und Griechenland und griff von dort aus auf die Apenninenhalbinsel über, wo bereits seit Jahren wegen schlechter Ernten Nahrungsmittelknappheit herrschte, und erreichte Rom, noch bevor Verus dort eintraf. Binnen kürzester Zeit hatte sie auch den Rhein erreicht. Nach ihrem Abklingen waren manche Gegenden fast menschenleer, und es besteht kein Zweifel, daß sie erheblich zur zukünftigen Schwächung des Reiches beigetragen hat.

Doch damit war es nicht genug. Etwa um dieselbe Zeit, als die beiden Augusti ihren Triumph feierten, brach eine Barbarenwelle über die Donaugrenze herein. Sie veranlaßte Marcus Aurelius, vor dem Senat zu erklären, daß nur beide Kaiser gemeinsam imstande seien, den Germanen Einhalt zu gebieten. Aber ihr Aufbruch nach Norden verschob sich, weil die Seuche wütete und die Nahrungsmittel knapp waren. So kam es, daß sie die Hauptstadt nicht vor dem Spätherbst des Jahres 167 verlassen konnten. Als sie Aquileia erreichten, zogen sich die Angreifer zurück und baten um Waffenstillstand. Daraufhin schlug Verus vor, unverzüglich und gemeinsam nach Rom zurückzukehren. Aber Marcus Aurelius war anderer Ansicht und hielt es für angebracht, auch jenseits der Alpen Stärke zu zeigen. Das geschah, und beide Kaiser schlugen ihr Winterlager in Aquileia auf. Als jedoch die Seuche abermals unter den Soldaten ausbrach, zogen sie sich im Frühjahr 169 nach Rom zurück. Sie waren noch nicht weit gekommen, als Verus in Altinum einem Schlaganfall erlag. Sein Leichnam wurde nach Rom überführt und im Mausoleum des Hadrianus beigesetzt. Verus wurde zum Staatsgott erhoben. In der »Historia Augusta« steht über ihn:

Verus war stattlich von Gestalt, hatte einen heiteren Gesichtsausdruck, trug einen Bart, den er fast nach Barbarenart lang wachsen ließ; er war schlank, und seine bis zu den Augenbrauen in Falten gelegte Stirn verlieh ihm etwas Ehrfurchtgebietendes. Man sagt ihm nach, er habe sein Blondhaar mit solcher Sorgfalt gepflegt, daß er sein Haar mit Goldstaub puderte, um den blonden Glanz seiner Locken zu steigern. Seine Zunge war etwas gehemmt. Er liebte das Waidwerk, den Ringkampf und alle Leibesübungen der Jugend. Er soll übrigens als Redner besser gewesen sein denn als Dichter. Auch fehlt es nicht an Stimmen, die behaupten, er habe sich von begabten Freunden helfen lassen; jedenfalls soll er ständig viele beredte und gelehrte Männer um sich gehabt haben.

Wenn Verus es seinen tüchtigen Feldherren überließ, im Osten die Aufgaben zu übernehmen, die eigentlich ihm zustanden, dann verhielt er sich vielleicht sogar klug, denn er war zwar nicht ganz der Müßiggänger, als den man ihn bisweilen hinstellte, doch ein wenig leichtsinnig war er wohl schon. Marcus Aurelius achtete stets darauf, ihm Vertrauen zu schenken und Ehre zu erweisen. Aber Verus war nicht der Partner, dessen Marcus Aurelius bedurfte, um mit den schwierigen Problemen seiner Zeit fertig zu werden. Der erste Versuch einer gemeinsamen Regierung war daher kein uneingeschränkter Erfolg.

Commodus (180–192)

Commodus (Lucius Aelius Aurelius Commodus) wurde 161 bei Lanuvium geboren. Er war der ältere Sohn Marcus Aurelius' und der Faustina der Jüngeren. Den Namen Commodus erhielt er nach Marcus Aurelius' Mitregenten Lucius Verus, der ursprünglich Lucius Ceionius Commodus hieß. Schon im Jahre 166 wurde Commodus zum Caesar erhoben (s. Marcus Aurelius). Als sich 175 Avidius Cassius in den Ostprovinzen gegen Marcus Aurelius erhob, war es seine Absicht, nach Italien zu ziehen und sich des jungen Commodus zu bemächtigen. Aber es kam nicht dazu; Avidius Cassius wurde vorher getötet. Zusammen mit seinem Vater erhielt Commodus die Titel Imperator, Germanicus und Sarmaticus, und 171 wurden ihm die tribunizische Gewalt sowie der Ehrenname Augustus verliehen. Auf einem Messingmedaillon jener Tage werden Vater und Sohn gemeinsam als Dynastiegründer (PROPAGATORIBVS IMPERII) gefeiert. Als Marcus Aurelius im Jahre 180 starb, übernahm Commodus die Alleinherrschaft und änderte seinen Namen in Marcus Aurelius Commodus Antoninus um. Nach fast einhundert Jahren war damit erstmals wieder ein Sohn seinem Vater auf den Thron gefolgt.

Nach einer Regierungserklärung, in der Commodus genau das Gegenteil behauptet hatte, gab er, wohl auf Anraten seines bithynischen Kämmerers Saoterus, alle Vorhaben seines Vaters auf, die auf

Gebietserweiterungen hinausliefen. Seiner Ansicht nach überforderten sie die Mittel des Reiches, und vermutlich hatte er damit recht. Gleichzeitig erzielte er ein Abkommen mit den Markomannen, das sie zu einer friedlicheren Politik gegenüber Rom verpflichtete und das befriedigendere Ergebnisse brachte, als konservative Kreise zugestehen wollten.

Von den Verhandlungen mit den Markomannen kehrte Commodus unverzüglich nach Rom zurück. Dort beanspruchte er, eine Verschwörung aufgedeckt zu haben, in die angeblich seine Schwester Annia sowie ihr angesehener Vetter, der ehemalige Konsul Marcus Ummidius Quadratus, verwickelt waren: Nach dem Tode ihres Gatten Lucius Verus war Annia mit Tiberius Claudius Pompeianus aus Antiochia verheiratet, der zweimal Konsul war und als Thronanwärter in Frage kam. Sein Neffe Quintianus sollte Commodus den tödlichen Stoß versetzen, doch er wurde überwältigt. Daraufhin wurden er und Quadratus sofort hingerichtet. Lucilla dagegen wurde zunächst nach Capri verbannt und dort wenig später ebenfalls umgebracht. Außerdem wurde Commodus hinterbracht, daß ein führender Militärjurist, Tarrutenius Paternus, der bereits seit Marcus Aurelius einer der beiden Prätorianerpräfekten war, in die Verschwörung eingeweiht war. Auch er wurde beseitigt.

Was die Handhabung dieses Falles betrifft, lag Paternus' Amtskollege Tigidius Perennis dem Kaiser in den Ohren, wurde er doch durch die Liquidation des Paternus alleiniger Gardepräfekt und somit mächtigster Mann im Reich, denn Commodus überließ ihm gern die vollständige Kontrolle über die Regierungsgeschäfte. Nie zuvor hatte ein Prätorianerpräfekt soviel Macht besessen. Perennis übte sie drei Jahre lang aus. Die Ansichten über diesen Mann und seine Amtsführung gehen auseinander. Cassius Dio zollt ihm volle Anerkennung, vielleicht weil er ihm, damals noch ein junger Beamter, sein berufliches Fortkommen verdankte. In der »Historia Augusta« dagegen wird Perennis als habgieriger Gewaltmensch geschildert.

Perennis versuchte, seine Stellung dadurch zu sichern, daß er Commodus' Kämmerer Saoterus ermorden ließ. Außerdem sorgte er dafür, daß zwei seiner Söhne militärische Schlüsselpositionen in Pannonien erhielten. Als Commodus aber von einer Truppenabordnung aus Britannien erfuhr, daß der Präfekt höchstpersönlich nach dem Thron strebe, brachte der Kaiser die Wachsoldaten des Perennis dazu, ihn, seine Frau, seine Schwester und seine Söhne zu töten.

Zur Feier seiner »Rettung« legte sich Commodus den Beinamen »Felix« zu. Ein Freigelassener des Kaisers, Marcus Aurelius Cleander, stand im Verdacht, hinter dem Anschlag auf Perennis gestanden zu haben, denn nach zwei Jahren häufiger Umbesetzungen war Cleander der einflußreichste Berater des Kaisers an der Spitze der Prätorianergarde. Seine beiden Mitpräfekten waren ihm untergeordnet, und der Kaiser verlieh ihm den eigens für ihn geschaffenen Titel »a pugione« (»Dolchführer«), der ihn als »Sicherheitsminister« auswies. In diese hohe Stellung aufgestiegen, übertraf Cleander binnen kurzem sogar Perennis an Machtfülle. Doch schließlich konnte auch er einem Anschlag auf sein Leben nicht entgehen, der vom Leiter der Getreideversorgung (»praefectus annonae«) gegen ihn geführt wurde. Jener hatte es bewußt 190 zu einer Lebensmittelknappheit in der Hauptstadt kommen lassen und dann die Sachlage so hingestellt, daß die Soldaten und die Bevölkerung Cleander die Schuld dafür gaben und ihn umbrachten. Commodus unternahm nichts zu seiner Rettung, vielleicht hatte er sogar seinen Sturz gewünscht.

Kurz nach Commodus' Regierungsantritt hatten die Caledonier den Antoninuswall erneut durchbrochen. Sie rieben die römischen Streitkräfte auf und überrannten das südliche Schottland. Commodus beauftragte Ulpius Marcellus, einen ehemaligen Statthalter von Britannien und wegen seiner unerbittlichen Strenge gefürchteten Zuchtmeister, die Eindringlinge zurückzuschlagen. Das gelang ihm auch in drei Feldzügen, wobei er die Einbruchstellen wieder befestigte und vorübergehend besetzte. Aber es dauerte nicht lange, da kam es in den Garnisonen zu Meutereien, und auch in Spanien und Gallien brachen Unruhen aus. Sie wurden von einem gewissen Maternus, der sich von Commodus losgesagt hatte, geschürt.

Das waren schwere Zeiten für die Armee, denn im gesamten Imperium betrachtete man die Soldaten immer mehr als Unterdrücker und verdächtigte sie, die Bevölkerung zu bespitzeln. In Rom selbst waren die heftigen und meist tödlich endenden Machtkämpfe hinter dem Thron eine schwere Nervenbelastung für die Senatoren, gegen die auch der Kaiser immer heftigere Angriffe richtete und nach deren Vermögen er griff, um die Staatskasse aufzufüllen, die durch seine Verschwendungssucht leer geworden war. Mit der Zeit zeigte Commodus auch immer deutlichere Anzeichen von Größenwahn. Er ging sogar so weit, Rom als eine von ihm gegründete Kolonie zu betrachten, die er Commodiana nannte. Mit dem gleichen Namen belegte er auch die Legionen, eine Flotte für den Getreidetransport aus Afrika, die Stadt Karthago und sogar den eingeschüchterten römischen Senat.

Schließlich gelangte ein neuer Prätorianerpräfekt – Quintus Aemilius Laetus –, dem Anschein nach der erste Nordafrikaner in diesem Amt, zu der Überzeugung, daß Commodus nicht mehr tragbar sei, und Commodus' Geliebte Marcia sowie sein Kämmerer Eclectus schlossen sich diesem Urteil an. Doch für den Fall, daß die Armee ablehnend auf die geplante Ermordung des letzten Sprosses der Antonine reagieren sollte, mußten sich die Verschwörer der Unterstützung führender Männer aus den Provinzen versichern. Infolgedessen wurden zwei von Laetus' Landsleuten, Septimius Severus und Clodius Albinus Statthalter von Oberpannonien bzw. Britannia, und ein anderer guter Freund von ihm, Pescennius Niger, wurde Statthalter von Syrien. Als unmittelbaren Thronfolger aber hatten die Verschwörer, deren Pläne immer konkretere Gestalt annahmen, den Stadtpräfekten Pertinax ausersehen. In der letzten Nacht des Jahres 192 waren die Pläne zur Ermordung des Commodus endlich zur Ausführung gereift. Ein Athlet namens Narcissus, mit dem der Kaiser sich im Ringkampf übte, konnte ihn überwältigen und erwürgen. Während Senat und Volk den ungeliebten Herrscher der Vergessenheit preisgaben, seine Statuen niederrissen und seinen Namen aus den Gedenksteinen tilgten, ließ Laetus, obwohl er wahrscheinlich die Verantwortung für das Attentat trug, den Leichnam des Erwürgten begraben und bewahrte ihn so davor, in einem Verrätergrab verscharrt zu werden.

Der Kaiser selbst hatte dafür gesorgt, daß der Anschlag so plötzlich ausgeführt wurde. Er hätte einen Tag später, am 1. Januar 193, sein Amt als Konsul antreten sollen. Als er aber verlauten ließ, daß er aus diesem Anlaß selbst als Gladiator gekleidet einen Festzug von der Kaserne der Gladiatoren aus anführen wolle, wirkte diese Nachricht wie ein Schock. Commodus war nämlich von dem Gedanken besessen, daß er in der Arena unbesiegbar sei. Cassius Dio, der als Senator solchen Schaustellungen beiwohnen mußte, berichtet, welch lächerliches Vergnügen das Abschlachten von Tieren dem Kaiser bereitete, so daß er und seine Kollegen aus dem Senat sich kaum des Lachens enthalten konnten. Bei solchen Gelegenheiten mußten sie jedesmal, wenn Commodus ein Tier getötet hatte, laut im Chor rufen: »Der Herr bist du und der Erste bist du und der Allerglücklichste. Du siegst und wirst siegen! Von Ewigkeit an, Amazonier, bist du Sieger!« (Cassius Dio: Römische Geschichte. Bd. V. Zürich/München 1987)

Wie Alexandros »der Große« und mancher Perser- und Partherkönig verstand sich Commodus in seiner Phantasiewelt als göttlicher Jäger. Eine Münze, die ihn beim Angriff auf einen Löwen zeigt, trägt die Inschrift VIRTVTI AVGVSTI (»der Tapferkeit des Kaisers«), denn der Mut des Herrschers beim Jagen symbolisierte Kriegsglück, und die erlegten Tiere stellten die überwundenen Mächte des Bösen und die Feinde des Reiches dar. Darüber hinaus war das Töten von Tieren der Überlieferung nach die Hauptbeschäftigung des beim Volk beliebten mythischen Helden Hercules, der, so erzählte man sich, wegen seiner gewaltigen Taten unmittelbar nach seinem Tod in den Himmel aufgestiegen sei. Die Philosophen am Hof sahen in ihm viele wesentliche Vorstellungen eines überhöhten monarchischen Selbstverständnisses verkörpert. Commodus identifizierte sich leidenschaftlich mit Hercules. Der Historiker Herodianos schreibt dazu: »Er ordnete an, daß er nicht Commodus, Sohn des Marcus, zu nennen sei, sondern Herkules, Sohn des Jupiter. Abweichend von den Bekleidungsgewohnheiten seiner Zeit hüllte er sich in ein Löwenfell und trug die Keule des Herkules ... [auch] die meisten seiner Namen und Titel bezogen sich auf Herkules und schilderten ihn [Commodus] als den männlichsten aller Männer.« Diese Angabe wird durch Münzen des Commodus belegt, die Aufschriften wie HERCVLES ROMANVS AVGVSTVS oder HERCVLES COMMODIANVS aufweisen, und auf denen die Gestalten des Hercules und des Kaisers austauschbar sind. Hercules erscheint als Begründer der »Colonia Commodiana«, zu der Rom geworden war, und die Bezeichnungen »Sieger« (»victor«) und »Unbesiegter« (»invictus«), die von nun an offizielle Beinamen römischer Kaiser wurden, weisen ebenfalls auf einen Vergleich mit Hercules, aber auch mit Alexandros »dem Großen« hin.

Doch Commodus verstand sich keineswegs nur als Verkörperung des Hercules, sondern sah ihn auch, was wie ein Widerspruch wirkt, als seinen »Gefährten« oder »Schutzpatron« an (HERCVLI COMITI). In diesem Licht werden von nun an die Götter auf den römischen Münzen und Medaillen immer häufiger dargestellt, d. h. nicht mehr in erster Linie als eigenständige Wesen, sondern als Gefährten und Schutzgötter der Kaiser. In dieser Hinsicht weisen sie bereits auf die christlichen Heiligen hin, und diese Ähnlichkeit war keineswegs zufällig, denn Commodus, der von Antoninus den Titel »Pius« übernommen hatte, verkörperte ein Zeitalter, in dem die alten olympischen Gottheiten immer häufiger nur als die verschiedenen Ausdrucksformen einer einzigen transzendenten Gottheit verstanden wurden. So wird etwa auf einer Münze des Commodus Iuppiter als »Exsuperator« oder »Exsuperantissimus« (der »Allerhöchste«) bezeichnet, was deutlich erkennen läßt, daß offenbar die Zeit für das monotheistische Christentum heranreifte, das derartige religiöse Erwartungen erfüllen sollte.

Diese neu zu beobachtende geistliche Empfindsamkeit, die in krassem Gegensatz zu Commodus' persönlichem Auftreten stand, spiegelt sich auch in den Kunstwerken jener Zeit wider. Damals wurde die Mark-Aurels-Säule fertiggestellt, die noch heute in Rom zu sehen ist und auf der ein deutlicher Wandel des Zeitgeistes sichtbar wird. Die Bildhauer der spiralartig umlaufenden Reliefs schufen Bilder der Menschlichkeit und des Mitleidens an Stelle von bloßen, nur das Ereignis schildernden Eroberungsszenen, wie sie auf der Trajanssäule zu sehen sind. Roms Kriege stellen sich nun nicht mehr nur als triumphale, erregende Abenteuer dar, sondern auch als bewegende, an das Mitgefühl appellierende Szenen menschlichen Leidens. Sogar für Roms Gegner, die Barbaren, zeigte der Künstler Mitgefühl. Er läßt uns in eine Welt voll Angst und Schrecken blicken, und selbst dem Übernatürlichen gibt er auf ergreifende Weise Gestalt, in der Darstellung des sogenannten »Regenwunders«, das einmal die kaiserliche Armee vor einer Katastrophe bewahrt haben soll.

Auch Commodus' Porträtbüsten zeugen von einem neuen Kunstverständnis, aber diesmal in der Weise, daß die ausdruckslosen, ein wenig hochmütigen und finsteren, schönen Gesichtszüge des Kaisers fast bis zur Belustigung überdeutlich dargestellt werden. Die Vorliebe der Künstler für glatte, seidenweiche Flächen beweist ihr Einfühlungsvermögen in die Beschaffenheit des Fleisches, wie es schlechterdings ohne Vorbild war. Commodus, so berichtet Herodianos, war ein außerordentlich gutaussehender Mann, dessen blondes, gelocktes Haar im Sonnenlicht wie Feuer glühte, so daß Schmeichler darin einen Anflug himmlischen Glanzes zu erblicken vorgaben. Allerdings war er, wie Cassius Dio hinzufügt, naiv und von schlichter Denkart. Dadurch geriet er in Abhängigkeit von Leuten, die für ihn ein schlechter Umgang waren, so daß die grausamen Züge seines Wesens und sein Hang zu grober Sinnlichkeit die Oberhand gewannen.

4 DIE SEVERER

PERTINAX (193)

Pertinax (Publius Helvius Pertinax; Januar bis März 193) wurde 126 in Ligurien geboren. Sein Vater, Helvius Successus, war ein Freigelassener, von dem gesagt wird, daß er seinen Sohn Pertinax genannt habe, um seine eigene Zähigkeit als Holzhändler zu betonen. Nachdem Pertinax als Lehrer tätig gewesen war, trat er in die Armee ein und brachte es bis zum Truppenbefehlshaber in Syrien, Britannien und Mösien. Danach kehrte er ins Zivilleben zurück und bekleidete als Angehöriger des Ritterstandes zweimal das Amt eines Prokurators, zuerst in Italien, wo er 168 im Bereich der Via Aemilia für die Versorgung der Armen (»alimenta«) zuständig war, dann in Dakien. Danach wurde er wieder zur Armee einberufen und befehligte mobile Truppeneinheiten (»vexillationes«) in Pannonien. Dort kämpfte er auch gegen die Germanen und beteiligte sich an der Durchführung der Maßnahmen, die Marcus Aurelius zum Schutz Italiens gegen ihre Einbrüche ergriff. Zum Prätor, im Rang eines Senators, aufgestiegen, zeichnete sich Pertinax ab 171 als Legionskommandeur in Rätien aus, wurde 174 oder 175 Konsul, trug zur Niederwerfung des Aufstandes des Avidius Cassius in Syrien bei und war Statthalter in Ober- und Untermösien sowie in Dakien und Syrien.

Unter Commodus fiel er 182 wegen angeblich verräterischer Umtriebe in Ungnade, wurde aber aus dem Privatleben zurückgeholt, als es darum ging, die meuternden Legionen in Britannien zu befehligen (185–187). 188 ging er als Prokonsul nach Africa und wurde, als Rom sich in einer Krise befand, Stadtpräfekt und 192 zum zweiten Mal Konsul. Daß er keinerlei Ahnung von der Verschwörung hatte, der Commodus in der letzten Nacht des Jahres 192 zum Opfer fiel, ist unwahrscheinlich, denn als der Anschlag geglückt war, rief ihn der Prätorianerpräfekt Laetus zu sich, um ihm mitzuteilen, daß er nun Kaiser sei. Daraufhin eilte Pertinax zum Prätorianerlager, versprach

Die Severer

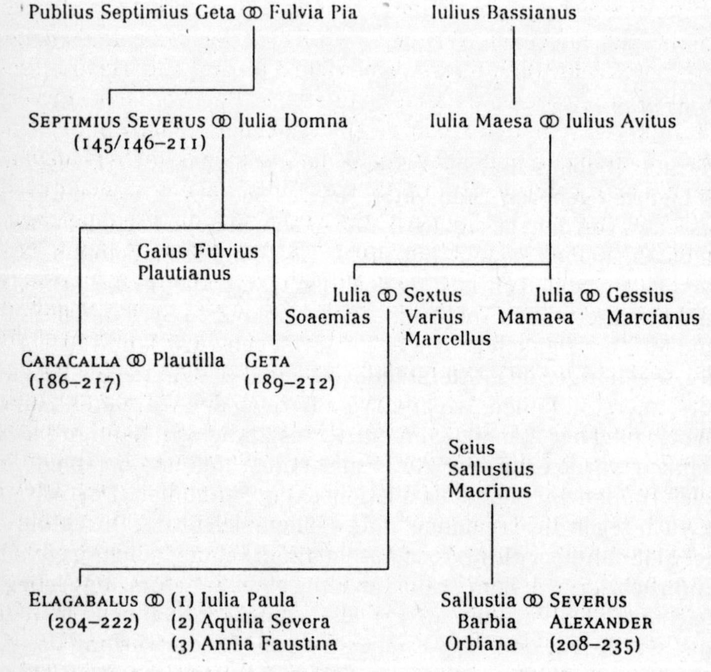
Publius Septimius Geta ⚭ Fulvia Pia
Iulius Bassianus
Septimius Severus ⚭ Iulia Domna
(145/146–211)
Iulia Maesa ⚭ Iulius Avitus
Gaius Fulvius
Plautianus
Iulia ⚭ Sextus
Soaemias Varius
Marcellus
Iulia ⚭ Gessius
Mamaea Marcianus
Caracalla ⚭ Plautilla
(186–217)
Geta
(189–212)
Seius
Sallustius
Macrinus
Elagabalus ⚭ (1) Iulia Paula
(204–222) (2) Aquilia Severa
(3) Annia Faustina
Sallustia ⚭ Severus
Barbia Alexander
Orbiana (208–235)

den Soldaten eine hohe Belohnung und wurde von ihnen zum Kaiser ausgerufen.

Noch bevor die Nacht verstrichen war, suchte er auch den Senat auf, dessen Mitglieder – er war ja einer von ihnen – seine Wahl begeistert begrüßten. So jedenfalls stellt es Cassius Dio dar. Pertinax seinerseits achtete sorgfältig darauf, den Senatoren mit aller Ehrfurcht und Höflichkeit zu begegnen. »Er war leicht zugänglich, hörte sich bereitwillig die Anliegen eines jeden an und äußerte dann seine Ansicht so, daß er niemanden verletzte.« Den Verdacht, in vorgerücktem Alter auf den Kaiserpurpur spekuliert zu haben, begegnete er, indem er den Vorschlag des Senats, seiner Gemahlin Flavia Titiana, der Tochter des Stadtpräfekten Titus Flavius Sulpicianus, den Titel Augusta zu verleihen, zurückwies. Auch das Angebot, seinen Sohn Pertinax den Jüngeren zum Caesar zu erheben, lehnte er ab. Allerdings widersprechen Inschriften in Ägypten und Arabien sowie Münzen, die der römische Statthalter von Ägypten herausgab, diesen Zeichen der Bescheidenheit oder deuten zumindest daraufhin, daß sie nicht so ernst genommen wurden. Auf den in Rom geprägten Münzen des Pertinax wird die »lobenswerte Denkweise« gewürdigt, die »bona mens« (MENTI LAVDANDAE) – eine Losung, die auf früheren Münzen nicht zu finden ist. Doch seine Sparmaßnahmen, die nach der Verschwendungssucht des Commodus notwendig geworden waren, lösten allgemeine Unzufriedenheit aus. Daß er den übermäßigen Besitz seines ermordeten Vorgängers veräußerte, sah man noch ein. Doch als seine allgemein einschneidenden Sparmaßnahmen zu einem Rückgang des Lebensstandards führten, behaupteten böse Zungen, daß er sich auf Kosten der Staatskasse bereichere. Außerdem sagte man ihm nach, daß er vor seiner Thronbesteigung gegen die Bezahlung von Bestechungsgeldern Soldaten vom Militärdienst befreit bzw. ihnen zum Aufstieg verholfen habe. Dadurch geriet er in den Ruf, geldgierig zu sein.

Bald verlor Pertinax auch die Unterstützung der Prätorianer, weil er ihnen nur die Hälfte der versprochenen Belohnung zahlen konnte. Als er Rom einmal vorübergehend verlassen hatte, scheint es eine Verschwörung gegeben zu haben, um einen der amtierenden Konsuln, Quintus Sosius Falco, an seiner Stelle auf den Thron zu bringen. Pertinax kehrte jedoch rechtzeitig zurück, um zu verhindern, daß der Senat Falco verurteilte. Die Unzufriedenheit der Prätorianer stieg weiter, als einige von ihnen hingerichtet wurden, nur weil ein

Sklave gegen sie ausgesagt hatte. Schließlich bahnte sich am 28. März eine Gruppe Soldaten gewaltsam den Weg in den Palast. Anstatt ihnen entgegenzutreten, wie Pertinax es ihm befohlen hatte, ging Laetus, der Prätorianerpräfekt, nach Hause, weil er selbst es war, der die Soldaten zu diesem Schritt aufgefordert hatte. Er war enttäuscht, daß der Kaiser sich seiner Führung widersetzte. Als die Soldaten die Innenräume des Palastes erreicht hatten, richtete der Kaiser, der sich in der Begleitung seines Kämmerers Eclectus befand, eine flammende Ansprache an sie. Aber ihr Sprecher, ein gewisser Tausius, der der kaiserlichen Leibwache angehörte, blieb ungerührt und schleuderte seinen Speer auf Pertinax, so daß er, in die Brust getroffen, zu Boden sank. Eclectus gelang es noch, zwei der Angreifer zu erdolchen, doch dann mußte auch er sterben. Nach dieser Mordtat liefen die Soldaten durch die Stadt und führten zum Beweis ihres gelungenen Attentats allen sichtbar das abgeschlagene Haupt des Kaisers mit sich, den sie erst 87 Tage früher auf den Thron erhoben hatten.

»Pertinax«, so steht es in der »Historia Augusta«, »war ein ehrwürdiger Greis mit wallendem Bart und zurückgestrichenem Haar, ziemlich wohlbeleibt mit etwas vorstehendem Bauch, eine Herrschergestalt; ein Durchschnittsredner und eher verbindlich als herzensgut, fand er niemals Glauben an seine Aufrichtigkeit. Und während er mit gefälligen Worten nicht sparte, war er in Wirklichkeit ein Knauser und fast ein schmutziger Filz, der es vor seiner Thronbesteigung fertigbrachte, seinen Gästen halbe Portionen Lattich und Artischocken vorzusetzen. Empfand er einmal das Bedürfnis, seinen Freunden einen Happen von seinem zweiten Frühstück zu senden, dann bestand die Gabe in je zwei Bissen Fleisch oder in einem Stück Kuttelfleck, gelegentlich auch in Hühnerschenkeln.« Cassius Dio fügt hinzu, daß Pertinax zwar im Vollbesitz seiner körperlichen Kräfte gewesen sei, aber infolge eines Fußleidens an einer leichten Gehbehinderung gelitten habe.

Über seine kurze Regierungszeit urteilt er folgendermaßen: »Pertinax [war] ein furchterweckender Kriegsmann und zugleich ein kluger Friedensfürst ... Als er dann zur Führung der Welt berufen wurde, erschien er niemals seiner gehobenen Stellung unwürdig, nein, vom Anfang bis zum Ende blieb er sich in allem völlig gleich ... Und sogleich brachte er alles, was zuvor fehlerhaft und in Unordnung war, wieder in den richtigen Stand; denn der Kaiser legte nicht nur Menschenfreundlichkeit und rechtliches Denken, sondern auch höchste Verwaltungskunst und gewissenhafteste Fürsorge für das allgemeine Wohl an den Tag ... So endete Pertinax, nachdem er versucht hatte, in Kürze alles wieder in Ordnung zu bringen. Trotz seiner reichen praktischen Erfahrung erkannte er nicht, daß alles zusammen sich nicht auf einmal mit Sicherheit wieder herstellen läßt und besonders die Erneuerung eines Staatswesens sowohl Zeit als Klugheit braucht.« (Cassius Dio: Römische Geschichte. Bd. V. Zürich/München 1987)

So sah alles danach aus, als ob sich die Ereignisse des Jahres, in dem es vier Kaiser gab, wiederholen würden. Der Aufstieg und Sturz des Pertinax hatte vieles mit dem Schicksal Galbas gemeinsam, das sich 124 Jahre früher abgespielt hatte. Pertinax wurde später durch Septimius Severus vergöttlicht.

Didius Iulianus (193)

Didius Iulianus (Marcus Didius Severus Iulianus; 28. März bis 1. Juni 193) wurde 133 geboren und stammte aus einer der vornehmsten Familien Mediolanums (Mailands). Seine Mutter, eine gebürtige Nordafrikanerin, war eine nahe Verwandte des Salvius Iulianus, jenes Juristen aus der Regierungszeit Hadrianus'.

Im Haushalt der Domitia Lucilla, der Mutter Marcus Aurelius', aufgewachsen, begann Didius Iulianus eine lange und zunächst ruhmreiche politische Laufbahn. Nachdem er um 162 Prätor gewesen war, befehligte er eine Legion in Moguntiacum (Mainz) und war anschließend, etwa von 170 bis 175, Statthalter von Gallia Belgica. Nachdem er um das Jahr 175 gemeinsam mit dem späteren Kaiser Pertinax das Konsulat bekleidet hatte, war er von 176 bis 177 Statthalter von Illyrien und um 178 von Untergermanien. Anschließend leitete er die Einrichtung zur Unterstützung hilfsbedürftiger, freigeborener Kinder in Italien (»alimenta«). In dieser Zeit, im Jahre 182, wurde er beschuldigt, zusammen mit seinem Verwandten Publius Salvius Iulianus (dem Sohn des Juristen) in eine Verschwörung gegen Commodus verwickelt zu sein. Er wurde aber freigesprochen und zum Prokonsul ernannt, zuerst von Pontus und Bithynien und um 189/190 als Nachfolger des Pertinax in Africa.

Anschließend kehrte Didius Iulianus nach Rom zurück und bewarb sich, als Pertinax nach kurzer Regierungszeit ermordet worden war, um den Thron. Allerdings gab es einen Konkurrenten, Titus Flavius Sulpicianus, den Schwiegervater des toten Kaisers. Beide lieferten sich ein Duell besonderer Art, das Cassius Dio so schildert: »Didius Iulianus war unersättlich im Zusammenscharren von Geld, gleichzeitig aber auch ein maßloser Verschwender. Dabei sann er stets auf den Umsturz der bestehenden Verhältnisse. Sobald er also von Pertinax' Ermordung gehört hatte, eilte er unverzüglich zum Lager, und am Lagerportal stehend, machte er den Soldaten finanzielle Angebote, um so den Thron zu erlangen. Auf diese Weise kam es zu einem abgeschmackten Feilschen, das Roms ganz und gar unwürdig war. Denn wie auf dem Markte oder bei irgendeinem Auktionator wurden die Stadt Rom und das gesamte Reich versteigert. Verkäufer waren die, welche ihren vorigen Kaiser ermordet hatten, Kaufanwärter dagegen waren Sulpicianus und Didius Iulianus, die einander überboten – der eine innerhalb, der andere außerhalb des Tores. Nach und nach steigerten sich ihre Angebote bis zur Höhe von 20000 Sesterzen für jeden Soldaten. Soldaten spielten die Kuriere zwischen Sulpicianus und Iulianus: ›Sulpicianus bietet soundsoviel – wieviel mehr bietest du?‹ – und umgekehrt zu Sulpicianus: ›Iulianus verspricht so viel – um wieviel gehst du höher?‹ Fast hätte Sulpicianus an diesem Tag das Rennen gemacht, befand er sich doch innerhalb des Lagers, war Präfekt der Stadt Rom und nannte als erster die Zahl 20000. Iulianus indessen erhöhte sein Angebot um volle 5000 auf einmal, rief laut die Summe aus und machte den Soldaten auch noch durch Zeichensprache die Höhe dieses Angebotes klar. Die Soldaten waren von diesem außergewöhnlich günstigen Anerbieten fasziniert, und da sie gleichzeitig fürchteten, Sulpicianus werde Pertinax' Ermordung rächen (eine Idee, auf die Iulianus sie gebracht hatte), ließen sie Iulianus ein und riefen ihn zum Kaiser aus.«

»Bei dieser beschämenden Auktion«, fügt Herodianos hinzu, »wurde erstmals der Charakter der Prätorianer verdorben. Sie legten sich ihre unersättliche, abstoßende Geldgier zu und verloren gleichzeitig ihre Achtung vor der Würde des Kaisers.«

Edward Gibbon hob diese »Versteigerung des Reiches« besonders hervor. Sie ist als einziges Merkmal der Regierung des Didius Iulianus in die Geschichte eingegangen. So bezeichnend der Vorfall auch ist, muß er doch im Zusammenhang gesehen werden. Wir erfahren zum Beispiel, daß Didius Iulianus 25 000 Sesterzen pro Kopf bot und am Ende 30 000 bezahlte. Doch selbst der aller Ehren werte Marcus Aurelius und sein Kollege Lucius Verus hatten 20 000 Sesterzen bezahlt, als sie an die Macht kamen, und seitdem hatte das Geld an Wert verloren. Dennoch machte die unwürdige Art, mit der die beiden Männer um den Thron feilschten, einen äußerst beklagenswerten Eindruck und ließ bei den Grenztruppen die Auffassung reifen, daß sie ebensogut, vielleicht sogar besser, auch außerhalb der Hauptstadt jemanden zum Kaiser machen könnten.

Eine Prätorianerabordnung begleitete den neuen Herrscher zum Senatsgebäude, wo die eingeschüchterten Senatoren die Wahl der Prätorianer billigten. Iulianus' Gattin, Manlia Scantilla, und seine Tochter, Didia Clara, erhielten beide den Titel Augusta, und es wurden Münzen ihnen zu Ehren geprägt. Außerdem wurde Clara mit einem gewissen Cornelius Repentinus vermählt, den man zum Stadtpräfekten machte. Hinzu kam, daß Iulianus erklärte, das Andenken des Commodus ehrenvoll bewahren zu wollen, und infolgedessen Laetus, den Prätorianerpräfekten, der in seine Ermordung verwikkelt war, hinrichten ließ.

Er selbst wurde zum »Vater des Vaterlandes« (»pater patriae«) ernannt. Dennoch erregte seine Erhebung auf den Thron sofort den Zorn der römischen Stadtbevölkerung, die schon am Tage nach seiner Thronbesteigung – trotz aller Versprechungen, auch ihr reichlich Geld zu spenden – eine drohende Haltung dem neuen Kaiser gegenüber einnahm. Das wirft ein seltsames Licht auf die Münzen, auf denen Iulianus sich als »Lenker der Welt« darstellt (RECTOR ORBIS). Noch weitaus ironischer mutet aber eine Münzinschrift an, die die »Einmütigkeit der Soldaten« preist (CONCORDIA MILITVM), denn schon nach kürzester Zeit erklärten sich die Statthalter von Syrien und Oberpannonien, Pescennius Niger und Septimius Severus, an Iulianus' Stelle zu Kaisern. Und tatsächlich brach Severus, nachdem er sich mit einem anderen möglichen Rivalen, Clodius Albinus, dem Statthalter von Britannien, geeinigt hatte, gegen Ende April in Carnuntum auf, überquerte die Iulischen Alpen, die nicht verteidigt waren, und drang bis weit nach Italien vor, wo Ravenna und die dort liegende Flotte zu ihm übergingen.

Iulianus versuchte, Rom in eine Festung umzuwandeln, indem er Mauern und Wälle errichten ließ. Es lief sogar das Gerücht um, daß er Elefanten aus dem Zirkus eingesetzt habe, um die Soldaten des

Severus, die aus der Donauregion kamen, in Panik zu versetzen. Doch er war nicht fähig, wirksam Widerstand zu leisten. Die Prätorianer waren unzufrieden, weil er ihnen den für den Thron versprochenen Preis nicht bezahlte, und mit verspäteten Nachzahlungen waren sie nicht mehr zu gewinnen. Auch die Marinesoldaten, die Iulianus zur Verstärkung seiner Streitkräfte aus Misenum herbeigeführt hatte, erwiesen sich als undiszipliniert und nutzlos. Als Iulianus Severus zum Staatsfeind erklärte und eine Abordnung des Senats aussandte, um die von Severus befehligten Soldaten der Donaulegionen an ihren Treueid zu erinnern, liefen viele der Abgesandten zu Severus über. Daraufhin schlug Iulianus in einer Senatssitzung vor, eine Gruppe von Vestalinnen zu Severus zu schicken und ihn durch sie um Gnade zu bitten. Angesichts des Protestes gegen dieses unwürdige Ansinnen nahm er diesen Vorschlag wieder zurück und verlangte statt dessen, daß der Senat Severus zum Mitkaiser erklärte. Als Antwort auf diese Nachricht ließ Severus den Überbringer dieser Botschaft auf der Stelle hinrichten. Es war Tullius Crispinus, einer der beiden Prätorianerpräfekten.

Iulianus versprach den Prätorianern Straffreiheit für den Fall, daß sie ihm Pertinax' Mörder auslieferten. Die Prätorianer gingen auf dieses Angebot ein und wechselten damit praktisch die Seiten. Als einer der beiden Konsuln, Silius Messalla, davon erfuhr, berief er den Senat ein, der nun Iulianus absetzte und Severus zum Kaiser ausrief. Daraufhin unternahm Iulianus einen letzten, verzweifelten Versuch, sich zu retten. Er wollte den schon betagten Tiberius Claudius Pompeianus, den verwitweten Gatten der Kaiserin Annia Lucilla, als seinen Mitkaiser einsetzen. Als aber auch dieser Vorschlag abgelehnt wurde, suchte er in Begleitung seines Schwiegersohnes Repentinus und des noch verbliebenen Prätorianerpräfekten Titus Flavius Genialis im Palast Zuflucht. Empörte Senatoren hatten jedoch einen Soldaten in den Palast eingeschleust, der den Kaiser am 1. Juni 193 erschlug. Severus händigte den Leichnam der Witwe des Erschlagenen und ihrer Tochter aus, die den Titel »Augusta« und ihr Erbe verlor.

Cassius Dio zufolge begegnete Iulianus den Senatoren und anderen einflußreichen Persönlichkeiten stets mit unterwürfiger Höflichkeit, scherzte mit ihnen und veranstaltete ein Gelage nach dem anderen für sie. In der »Historia Augusta« wird sogar geschildert (vielleicht auch erfunden), welche Speisen er dabei seinen Gästen vorsetzen ließ. Außerdem wird berichtet (und das erscheint überzeugender), daß er seinen Beamten zu viel Macht überlassen habe.

Septimius Severus (193–211)

Septimius Severus (Lucius Septimius Severus Pertinax) wurde 145 oder 146 in Leptis Magna in der Provinz Tripolitana geboren. Sein Vater Publius Septimius Geta war niedriger Herkunft. Doch immerhin hatten es zwei Vettern von ihm bis zum Senator gebracht. Der künftige Kaiser trug die Namen seines Großvaters väterlicherseits. Sein Urgroßvater, der wahrscheinlich punischer (karthagischer) Abstammung war, war gegen Ende des ersten Jahrhunderts n. Chr. von Leptis Magna nach Italien gezogen und in den Ritterstand aufgestiegen. Severus' Mutter, Fulvia Pia, kam möglicherweise aus einer italischen Familie, die nach Nordafrika ausgewandert war.

Etwa 173 trat Severus dem Senat bei, wurde Statthalter von Gallia Lugdunensis und Sizilien und während der letzten Regierungsjahre des Commodus, im Jahre 190, Konsul und Statthalter von Oberpannonien. Nach der kurzen Regierungszeit des Pertinax und der Thronbesteigung des Didius Iulianus wurde er 193 von seinen Legionen in Carnuntum zum Kaiser ausgerufen, während im Osten Pescennius zum Herrscher erhoben wurde. In der Hauptstadt erwies sich die Prätorianergarde den Annäherungsversuchen des Severus gegenüber offen, und Didius Iulianus, der vom Senat zum Tode verurteilt worden war, wurde in seinem verlassenen Palast umgebracht. Severus eilte nach Rom und konnte die Stadt, die nur geringen Widerstand leistete, einnehmen. Er löste die Prätorianergarde auf und ersetzte sie durch eine doppelt so starke Einheit, die er hauptsächlich aus Soldaten der Donaulegionen bildete, die mit ihm nach Rom gekommen waren. Außerdem verdreifachte er die Anzahl der Kohorten in der Stadt und verdoppelte die Wachtruppen, die er in die reguläre Armee integrierte.

Nach diesen Maßnahmen begann Severus, seine Rivalen auszuschalten. Zunächst galt sein Augenmerk Clodius Albinus. Er war eine starke Persönlichkeit und verfügte über eine zahlreiche Anhängerschaft im Senat. Severus benötigte ihn nicht als Erben, denn er und seine Gemahlin Iulia Domna, die aus einer angesehenen Priesterfamilie in Emesa (Syrien) stammte, hatten zwei Söhne, Caracalla und

Geta, die damals fünf und zwei Jahre alt waren. Dennoch hielt Severus es aus diplomatischen Gründen für angebracht, Clodius die Würde eines Caesars zu verleihen, so daß dieser annehmen konnte, Severus habe ihn zum möglichen Thronfolger bestimmt (s. Clodius Albinus). Danach brach Severus nach Osten auf und schlug zunächst 194 Pescennius Niger bei Issos, nahe der Grenze zwischen Kilikien und Syrien. Dann unternahm er im darauffolgenden Jahr Straffeldzüge gegen die Bewohner Osrhoënes in Mesopotamien und gegen andere parthische Vasallen, die Niger unterstützt hatten. Um zu verhindern, daß künftige Statthalter von Syrien auf den Gedanken kommen könnten, dem Beispiel seines geschlagenen Rivalen zu folgen, teilte er die Provinz, und zwar in Coelesyria und Phoenice.

Bald darauf fühlte sich Severus stark genug, auch Clodius Albinus zu bekämpfen, den Severus in aller Öffentlichkeit herausforderte, indem er endgültig seinen älteren Sohn Caracalla als Erben einsetzte. Doch Clodius wurde von seinen Soldaten zum Kaiser ausgerufen und setzte mit dem Ziel, nach Rom zu marschieren, von Britannien nach Gallien über. Unterdessen zog Severus nach einem kurzen Aufenthalt in Rom (196–197) durch Pannonien, Noricum, Rätien, Obergermanien und Gallien und verstärkte dabei seine Truppen, indem er unterwegs neue Soldaten aushob. Nach einem erfolgreichen ersten Gefecht bei Tinurtium schlug er Clodius 197 endgültig in der Schlacht bei Lugdunum (Lyon). Nun wurde auch Britannien, wie vordem Syrien, in zwei Provinzen geteilt, in Britannia Superior und Britannia Inferior mit den Hauptstädten Londinium (London) und Eburacum (York).

Die Bürgerkriege der Jahre 193–197 hatten wesentlich länger gedauert als die aus der Zeit 68–69, und auch der Schaden, den sie verursachten, war wesentlich größer. In Rom hatten 29 Senatoren und noch mehr Angehörige des Ritterstandes ihr Leben verloren, weil sie Gegner des Severus unterstützt hatten.

Aber nicht nur Römer und parthische Klienten hatten Severus' Feind, Pescennius Niger, unterstützt, sondern auch die Parther selbst erhoben sich gegen den Kaiser. So zog Severus abermals nach Osten, um sich gegen sie zu wehren. Unterwegs stellte er drei neue Legionen auf, deren Kommando er Rittern übergab und nicht, wie es bisher üblich war, Senatoren, denen er mißtraute. Der Krieg gipfelte in der Eroberung der Partherhauptstadt Ctesiphon (197–198), und die Annexion Mesopotamiens, die bereits 30 Jahre früher verkündet worden war, wurde nun als endlich vollzogen hingestellt. Als Severus allerdings versuchte, die Wüstenfestung Hatra einzunehmen, die es ihm erlaubt hätte, die Reichsgrenze bis in den heutigen Südirak auszudehnen, mußte er zwei Niederlagen hinnehmen.

In den Westen zurückgekehrt, traf Severus eine für die Zukunft richtungweisende Entscheidung, als er eine seiner neuen Legionen auf italischem Boden, in Albanum, nahe der Hauptstadt, stationierte. Diese Maßnahme scheint von der Notwendigkeit diktiert worden zu sein, über eine zentrale militärische Reserve zu verfügen, die den Kaisern vor ihm gefehlt hatte. In Anbetracht dessen, daß er schon früher die in der Hauptstadt stationierten Einheiten (die Prätorianer und Stadtkohorten) verstärkt hatte, bedeutete diese letzte Maßnahme mindestens eine Verdreifachung der in Italien stehenden Truppen, d. h. eine Verstärkung der Truppen auf mindestens 30 000 Mann. Überhaupt standen nun im gesamten Imperium nicht weniger als 33 Legionen gegenüber 30 beim Tode Traianus' und nur 25 beim Tode des Augustus. Außerdem erweiterte Severus die schon früher erwähnten sogenannten irregulären Hilfstruppen (»numeri«), insbesondere die berittenen Bogenschützen aus Osrhoëne und Palmyra und verteilte sie auf alle Fronten und Grenzabschnitte des Reiches.

Es ist erstaunlich, daß ein so entschlossener Monarch wie Severus auf der Höhe seiner Macht genauso in die Abhängigkeit eines Prätorianerpräfekten geriet, wie das bei jedem Kaiser vor ihm der Fall war. Der Präfekt, von dem hier die Rede ist, war Gaius Fulvius Plautianus, der wie Severus aus Leptis Magna stammte und sogar mit seiner Mutter verwandt war. Von 197 an hatte er beinahe jeden Zweig der Reichsverwaltung unter seiner Kontrolle. Außerdem wurde Plautianus' Tochter Plautilla mit Caracalla, dem älteren Sohn des Kaisers, vermählt. Die Verbindung erwies sich aber als unglücklich, und das führte dazu, daß sowohl Caracalla als auch seine Mutter Iulia Domna sich gegen Plautianus wandten. Auch Severus' Bruder beschuldigte 205, als er auf dem Sterbebett lag, den Präfekten, angeblich eine Verschwörung geplant zu haben. Daraufhin sorgte Caracalla für seine Ermordung. Doch die beiden Präfekten, die seine Nachfolge antraten – einer von ihnen war der hervorragende Rechtsgelehrte Papinianus –, beeinflußten die Zivilverwaltung in noch viel stärkerem Maße und traten sogar als die persönlichen Vertreter des Herrschers im »Kaiserrat« auf.

Allem Anschein nach war Britannien jener Teil des Reiches, der

Severus' Eingreifen am dringendsten benötigte. Der Antoninswall, der sich vom Firth of Forth bis zum Clyde erstreckte, hatte niemals ganz die in ihn gesetzten Erwartungen erfüllt, und gegen Ende des zweiten Jahrhunderts wurden offensichtlich seine Wehranlagen mehr oder weniger aufgegeben. Folglich war das Land etwaigen Angreifern aus dem Norden schutzlos ausgeliefert. Deshalb brach Severus 208 nach Britannien auf. In seiner Begleitung befanden sich seine Frau, seine beiden Söhne und Papinianus. Im Zuge der Kampfhandlungen drangen die Römer bis zum Moray Firth in Caledonien vor. Aber sie konnten keine dauerhaften Erfolge erzielen. Sie unterließen es auch, den Antoninswall wieder zur ständigen Grenzlinie zu machen. Statt dessen setzten sie den älteren Hadrianswall zwischen Tyne und Solway Firth wieder instand. Er markierte und schützte nun die Grenze. In dieser Zeit erkrankte Severus schwer. Doch bevor er im Alter von 66 Jahren in Eburacum starb, konnte er noch seine Söhne Caracalla und Geta zu sich rufen lassen.

»Seid einig«, soll er ihnen geraten haben, »seid den Soldaten gegenüber großzügig und verachtet alles andere.« Schon in der ersten Zeit seiner Regierung hatte Severus gezeigt, wie hoch er die Soldaten einschätzte. Er ließ eine Reihe von Münzen prägen, auf denen (wie schon zwei Jahrhunderte früher unter Marcus Antonius) jede einzelne Legion gewürdigt wurde. Vor allem aber hatte er erkannt, daß die Soldaten, von denen alles abhing und von denen Ergebenheit und Kampfkraft erwartet wurden, besser bezahlt werden mußten. Also ließ er, trotz aller Klagen konservativer Kreise, den Sold der Legionäre von 300 auf 500 Denare pro Mann und Jahr erhöhen. Um die gesunkene Kaufkraft des Geldes auszugleichen, erhielten die Soldaten ihren Lohn in zunehmendem Maße in Naturalien und in Münzen ausgezahlt. Ein Teil der Zuschüsse, die den Sold ergänzten, wurde auch in Gold gegeben. Außerdem legalisierte Severus die Ehen, welche die römischen Soldaten während ihrer Dienstzeit mit einheimischen Frauen eingingen. Ferner gab er den Soldaten in den Garnisonen Land zur landwirtschaftlichen Nutzung und erlaubte ihnen sogar, sich geschäftlich zu betätigen.

Besonders wohlwollend behandelte Severus die Offiziere, einschließlich der Zenturionen, deren Einkommen er erheblich aufbesserte und denen er eine Vielzahl von Vorrechten und Annehmlichkeiten zugestand. Zudem wurde der Militärdienst zu einer verlockenden Voraussetzung für eine Reihe vielversprechender

Ämterlaufbahnen. Severus schuf einen neuen Militäradel, für dessen regelmäßigen Nachwuchs aus den Mannschaftsreihen gesorgt wurde, aus dem von nun an die Führungsschicht des Reiches hervorging und aus dem auch die meisten der zukünftigen Kaiser kamen. Severus selbst trug gewöhnlich eine üppige Uniform, und in dem Maße, in dem in den verschiedenen Hauptquartieren der Legionen der Herrscherkult immer stärker betont wurde, trat der bisher übliche Standartenkult in den Hintergrund. Als Gegenmaßnahme zu diesem kriegerischen, selbstherrlichen Auftreten verstand sich Severus aber auch als Erbe seiner großen Vorgänger Antoninus Pius und Marcus Aurelius. Immer wieder hob er seine nachträgliche Aufnahme in die Familie dieser beiden Herrscher hervor und gab seinem Sohn Caracalla ihre Namen. Übereinstimmend mit dem Bemühen, das Erbe der Antonine hochzuhalten, förderte er die weitere Entwicklung des römischen Rechtes. Unter dem persönlichen Einfluß des Kaisers, der einst Schüler des bekannten Juristen Cervidius Scaevola war, sorgten hervorragende Rechtsgelehrte, vor allem Papinianus und Ulpianus dafür, daß sich die Gepflogenheiten, Grundsätze und Vorstellungen, die in früheren Zeiten formuliert worden waren, nun auch in der Praxis der Verwaltung und Rechtsprechung durchsetzten. Auch das kulturelle Leben ruhte nicht. Hier ist vor allem Iulia Domna zu nennen, die aus Syrien stammende Gemahlin des Kaisers. Da sie, deren Einfluß ihr bereits die Titel »Mutter des Feldlagers«, »Mutter des Senates« und »Mutter des Landes« eingetragen hatte, auch über ausgezeichnete intellektuelle Fähigkeiten verfügte, erhielt sie obendrein den Spitznamen »Philosophin«. Tatsächlich versammelte sie einen erlesenen Kreis von Gelehrten um sich, dem der Philosoph Philostratos sowie der Arzt Galenos angehörten. Beide trugen wesentlich dazu bei, griechisches und römisches Gedankengut einander näherzubringen. Severus selbst verfaßte eine Autobiographie, die aber leider verlorengegangen ist.

Auch als einer der hervorragendsten Bauherren der römischen Kaiserzeit muß Severus erwähnt werden. Es war vor allem seine nordafrikanische Heimat, der seine rege Bautätigkeit zugute kam. In Leptis Magna, seiner Heimatstadt, können noch immer die Bauwerke, die in seiner Zeit entstanden sind, bewundert werden: ein Forum, eine Basilika, ein großer neuer Tempel und eine von Kolonnaden flankierte Straße. Sie führte zum Hafen hinab, der sehr aufwendig wieder instandgesetzt wurde. Außerdem ließ der Kaiser zur

Erinnerung an den Besuch, den er 203 der Stadt abstattete, einen viertorigen Triumphbogen errichten. Die Reliefs, die ihn schmückten, lassen keinen Zweifel daran, daß die Epoche der Klassik vorbei war und eine neue Stilrichtung sich Bahn brach. Eine Belagerung wird zum Beispiel im »Landkartenstil« gezeigt und erinnert in dieser Darstellungsart an die Muster auf orientalischen Textilien. Eine andere Bildtafel, die den Herrscher in seinem Streitwagen vorstellt, ist in einer beinahe mittelalterlichen Technik gestaltet, eher zweidimensional als plastisch; charakteristisch an ihr ist die rhythmische, symmetrische Motivwiederholung und die frontale Darstellung des Kaisers, der der kraftvolle, alles überragende Mittelpunkt des Bildes ist und an einen parthischen König erinnert oder an einen Bodhisattwa, der starren Blicks auf seine Anhänger sieht. Auch an Severus' mächtigem Triumphbogen in Rom, der sich auf dem Forum Romanum erhebt, künden Ansichten aus der Vogelperspektive sowie Reihen von Figuren, die den kaiserlichen Streitwagen flankieren, die Absage an die Formensprache der römischen Klassik an und das Aufkommen eines neuen Formengefühls, das der Spätantike.

Auch das Septizodium, ein phantasievolles Zauberschlößchen mit Springbrunnen, das auf dem Palatin stand, ging auf Severus zurück. Es wurde 1588 abgetragen, doch alte Stiche verraten noch, wie es aussah. Danach war es ein vollendet gestalteter, dreistöckiger Bau mit vielen Säulenhallen. In seinem Innern, inmitten der sieben Planeten (die Erde nicht mitgerechnet) stand eine Statue des Septimius Severus, der man die Gestalt des Sonnengottes gegeben hatte. Tatsächlich breitete sich zur Zeit der Severer der Sonnenkult immer mehr aus, und die traditionellen römischen Götter verloren zusehends an Bedeutung, d. h. die Religion der Heiden befand sich im Wandel – aber auch das soziale Leben der Völker im Imperium Romanum. Severus gab zwar seinem älteren Sohn den Namen Antoninus, und bedeutende Rechtsgelehrte bemühten sich, alles, was sich in der Vergangenheit bewährt hatte, aufzuzeichnen und für die Zukunft zu erhalten, aber es gab doch genug Gründe, warum eine wirkliche Rückkehr des »Goldenen Zeitalters« der Antonine nicht möglich war. Severus glaubte nämlich, daß eine Wiederholung der furchtbaren Bürgerkriege, aus denen er als Sieger hervorgegangen war, sich nur unter der Voraussetzung vermeiden lasse, daß er die militärische Basis seiner Macht ausbaue. Daraus ergab sich, daß die Zivilbevölkerung, obwohl ein großer Teil von ihr noch gut lebte, in zunehmendem Maße der Willkür der Beamten und Großgrundbesitzer ausgeliefert war, die sich in Beschlagnahmungen, Steuereintreibungen und Ausbeutung äußerte. Severus' Zeitgenossen, die beiden Historiker im Rang von Senatoren, Herodianos und Cassius Dio, unterschlagen diese Schattenseiten seiner Regierung nicht. Sie gehen sogar (anders als der spätere Geschichtsschreiber Sextus Aurelius Victor, der selbst Afrikaner war und Severus uneingeschränkt bewunderte) streng mit dem Kaiser ins Gericht. Hatten sie doch die kaum vergangenen glücklicheren Tage noch kennengelernt und glaubten, daß die Kette der Katastrophen, die sich nach Severus' Tod ereigneten, nur eine Folge seiner Politik gewesen sei. Auch hierin zeigte sich, allerdings auf andere Weise, daß die Regierungszeit des Severus die Brücke zwischen zwei Epochen bildete – zwischen dem zweiten Jahrhundert, das sich durch Stabilität auszeichnete, und dem dritten Jahrhundert, das von Krisen gekennzeichnet wurde.

Der »Weltchronist« Iohannes Malalas behauptete rund 400 Jahre später, Severus habe dunkle Haut gehabt, und in modernen afrikanischen Geschichtsbüchern wird er sogar als schwarzhäutig bezeichnet. So dunkel seine Hautfarbe auch gewesen sein mag, man sollte sich doch nicht allzu sehr auf Malalas' Angaben verlassen, denn zum Beispiel ist eine andere Behauptung von ihm, daß Severus eine lange Nase gehabt habe, nachweislich falsch. Auf Porträtbüsten ist seine Nase eher kurz und leicht aufgeworfen. Haar und Bart waren gelockt, und obwohl von kleinem Wuchs, war er doch kräftig und voller Energie. Der »Historia Augusta« zufolge sprach er mit einem leichten nordafrikanischen Akzent, den er nie ganz verlor, was immerhin zutreffen könnte. Doch ihn als Begründer einer »semitischen« (oder »afrikanischen«) Dynastie zu bezeichnen, wäre falsch. Septimius Severus gehörte zu einer freien, unabhängigen und vorurteilslosen Führungsschicht, die von römischem Gedankengut und römischen Idealen durchdrungen war, und das gilt auch für die anderen Männer aus Nordafrika, mit denen er sich umgab.

Pescennius Niger (193–195)

Pescennius Niger (Gaius Pescennius Niger; Gegenkaiser im Osten) wurde etwa 135 geboren und stammte aus einer italischen Familie, die dem Ritterstand angehörte. Mit Commodus' Hilfe gelangte er in den Senat und kämpfte 183 zusammen mit Clodius Albinus, einem anderen künftigen Thronanwärter, in Dakien gegen die Sarmaten. Er stieg zum Konsul auf und wurde 190 durch die Gunst des Narcissus, jenes Athleten, der später Commodus erwürgte, Statthalter von Syrien. Dort förderte er großzügig öffentliche Spiele und wurde deshalb viel bewundert. Als er Mitte 193 erfuhr, daß Pertinax ermordet worden sei und Didius Iulianus sich nur geringer Beliebtheit erfreue, ließ er sich von seinen Soldaten in Antiochia zum Kaiser ausrufen. Das geschah etwa zur gleichen Zeit, als die Soldaten der Donaulegionen Septimius Severus zum Kaiser ausriefen.

Der gesamte Osten des Römischen Reiches mit seinen neun Legionen hatte für Niger gestimmt und jubelte ihm als einem neuen »Alexander der Große« zu. Sogar der Partherkönig Vologaeses IV. war mit seiner Wahl einverstanden. Allerdings konnte er Niger nicht mit eigenen Streitkräften helfen, weil er selbst mit inneren Schwierigkeiten in seinem Reich zu kämpfen hatte. Er konnte ihm nur Truppen aus Klientelstaaten zur Verfügung stellen. Auch Byzanz, auf der europäischen Seite des Bosporus, unterstützte Niger. Von ihm erhoffte er sich vor allem die Kontrolle der beiden wichtigsten Landrouten, die Europa mit Asien verbanden. Dazu war es aber unerläßlich, eine weitere Stadt, nämlich Perinthos, zu besitzen. Sogar in Rom verfügte Niger über eine ansehnliche Anhängerschaft. Obwohl sie Severus große Sorgen bereitete, hatte er dennoch die Hauptstadt verlassen und war nach Osten aufgebrochen. Trotz eines, allerdings nur geringfügigen, Rückschlags zu Beginn des Feldzuges gelang es seiner Vorhut, Perinthos einzunehmen, und ihm selbst, Byzanz zu belagern. Niger dagegen wich nach Kleinasien aus, nachdem sein Oberbefehlshaber Aemilianus bei Kyzikos eine Niederlage erlitten hatte. Er selbst wurde 194 bei Nicaea entscheidend geschlagen und zog sich mit den Resten seiner Armee über das Taurosgebirge nach Antiochia zurück, wo er sehr bald erfuhr, daß sich Ägypten von ihm losgesagt hatte. Einem Papyrus entnehmen wir, daß eine ägyptische Stadt, Arsinoë, schon am 13. Februar ihren Übertritt zu Severus feierte.

Es dauerte nicht lange, bis die siegreichen Truppen des Severus, nachdem sie den Widerstand der Nachhut Nigers gebrochen hatten, durch die Kilikische Pforte drangen und Antiochia bedrohten. Um der Gefahr zu begegnen, zog Niger nach Issos, an der Grenze zwischen Kilikien und Syrien. Dort wurde – wahrscheinlich nicht vor

Mitte 195 – seine Armee abermals vernichtend geschlagen. Niger entkam wieder nach Antiochia, doch als man ihm meldete, daß Severus im Anmarsch sei, räumte er die Stadt und floh in Richtung Euphrat. Es gelang ihm aber nicht mehr, den Strom zu überqueren. Seine Verfolger holten ihn noch vorher ein und töteten ihn. Sie brachten sein Haupt zu Severus, der es nach Byzanz schickte zur Abschreckung für den Fall, daß die Stadt weiter Widerstand leisten sollte. Sie tat es, und als Severus sie nach zweieinhalbjähriger Belagerung einnahm, rächte er sich furchtbar an ihr.

Die großen und interessanten Silbermünzen, die Niger in Antiochia und vielleicht auch anderswo prägen ließ, sind zwar der römischen Tradition verpflichtet, verraten jedoch durch die ausgefallenen Inschriften und Bilder auf ihren Rückseiten, daß sie im Osten des Reiches enstanden sind. So ist Apollon SANCTVS, die lateinische Übersetzung eines Epithetons syrischer Gottheiten, das sich in diesem Fall auf den großen Gott von Daphnae bei Antiochia bezieht. Iuppiter als »Herr des Erdkreises« (PRAESES ORBIS) ist eine Mischung aus dem obersten Gott des römischen Pantheons und dem syrischen Baal. Fortuna, die eine wichtige Rolle spielt, ist Atargatis, »dea Suria«, die höchste der syrischen Göttinnen, und BONVS EVENTVS, das »gute Gelingen der Taten des Herrschers«, ist der griechische Agathos Daimon, eine Gottheit, die sich besonders in Alexandrien großer Beliebtheit erfreute. Für sich selbst erkor Niger den Beinamen IVSTVS, denn er fühlte sich von Iustitia (Astraea) geleitet, die das Sinnbild des »Goldenen Zeitalters« war und sich als solches wie ein roter Faden durch alle Münzinschriften zieht. Auch viele Siege werden auf seinen Münzen erwähnt, aber sie waren mehr erhofft als wirklich gewonnen, denn die syrischen Legionen des Niger kämpften weitaus schlechter als die Legionen des Severus, die aus der Donauregion kamen.

Ob die Beschreibung, die in der »Historia Augusta« von Pescennius Niger gegeben wird, der Wahrheit entspricht, ist, wie so oft, fraglich. Dort heißt es:

Niger war hochgewachsen, eine stattliche Erscheinung; das Haar trug er anmutig nach dem Wirbel zu gekämmt; seine Baßstimme war so lautstark, daß er auf dem Exerzierplatz auf 1000 Schritte verstanden wurde, wenn kein Gegenwind herrschte; sein stets gerötetes Gesicht hatte einen würdigen Ausdruck, sein Nacken war so schwarz, daß er davon den Namen Niger bekam, wie viele behaupten, am ganzen übrigen Körper war er weiß und wies einen Ansatz von Korpulenz auf; auf Weingenuß war er erpicht, aber ein mäßiger Esser; der Liebe gab er sich nur hin, um Kinder in die Welt zu setzen.

Die Porträts auf Nigers Münzen zeigen einen langgezogenen, schmalen Kopf mit ausgeprägten Gesichtszügen und einem augenfälligen Kinn- und Backenbart. Was seine Fähigkeiten anbelangt, so ist es schwer, sich angesichts der fragwürdigen Angaben der literarischen Quellen ein klares Bild zu verschaffen, zumal, wie nicht anders zu erwarten war, sich ein Schwall von Beschimpfungen über ihn ergoß, die ihre Wurzeln in der Autobiographie des Severus haben. War er ein guter Heerführer, wie bisweilen behauptet wird – oder hätte er einer sein können, wenn er über bessere Truppen verfügt hätte? War er ein strenger Zuchtmeister und hart durchgreifender Reformer? War er ein Zauderer? Was von ihm übriggeblieben ist, ist fast nicht mehr als das ungewöhnliche, idealistische Programm, das seine Münzen widerspiegeln, das aber nichts über seinen Charakter aussagt und das durchaus nur ein propagandistisches Hirngespinst gewesen sein mag, von ihm selbst oder einem Berater entworfen. Deshalb sollten wir vielleicht Cassius Dio das letzte Wort lassen: »Pescennius Niger war in keiner Weise bemerkenswert, weder im positiven noch im negativen Sinn.«

Clodius Albinus (195–197)

Clodius Albinus (Decimus Clodius Septimius Albinus; Gegenkaiser im Westen) wurde wahrscheinlich zwischen 140 und 150 geboren und stammte aus Hadrumetum in Nordafrika. Angaben der »Historia Augusta« zufolge soll er seine öffentliche Laufbahn als Ritter (»eques«) begonnen und während der letzten Regierungsjahre des Marcus Aurelius dem Senat angehört haben. Seine Loyalität dem Kaiser gegenüber geriet auch dann nicht ins Schwanken, als er Statthalter von Bithynien war und 175 Avidius Cassius sich gegen Marcus Aurelius erhob. Unter Commodus kämpfte er 182–184 in oder jenseits von Dakien und verwaltete vermutlich anschließend eine der beiden Provinzen, in die Germanien aufgeteilt war. Vor oder nach 190 wurde er Konsul und um 191 Statthalter von Britannien, wo er in den Garnisonen, in denen große Unzufriedenheit herrschte, für

Ruhe zu sorgen hatte. Als Didius Iulianus auf den Thron gekommen war, unterstützte Clodius Albinus ihn wahrscheinlich, denn Didius' Mutter stammte aus seiner Heimatstadt.

Als nach der Ermordung des Didius Iulianus Septimius Severus seinen Thronanspruch behaupten mußte und freie Hand für den zu erwartenden Krieg gegen seinen östlichen Rivalen Pescennius Niger brauchte, bot er Clodius an, ihn zum Caesar zu ernennen. Daß damit die Anwartschaft auf den Thron und auf die Herrschaft über das gesamte Reich verbunden war, geht aus den Inschriften der Münzen hervor, die Severus im Namen des Clodius ab 194 herausgab. Hier sind vor allem Formulierungen wie »Die Vorsorge des Kaisers« (PROVIDENTIA AVGVSTI) und »[von Albinus] wieder [nach Rom] gebrachtes Glück« (FORTVNA REDVX) zu erwähnen. Es ist jedoch seltsam, daß Clodius das Angebot der Caesarenschaft ernst nahm und darauf einging, denn Severus hatte zwei Söhne, Caracalla und Geta, die er mit Sicherheit als Erben einzusetzen gedachte. Von daher sieht es so aus, als ob Severus sein Angebot an Clodius nur aus vorübergehendem Opportunismus heraus gemacht habe, um sich für den Kampf im Osten den Rücken freizuhalten. Andererseits war Caracalla erst fünf Jahre alt, so daß Clodius, selbst wenn er skeptisch war, doch hoffen konnte, den Thron zu besteigen, noch bevor der Knabe alt genug sein werde, um ihm zuvorzukommen.

194 wurde Clodius Albinus in Abwesenheit (»in absentia«) ein zweites Mal das Konsulat zuerkannt, aber schon ein Jahr später kam es zwischen ihm und Severus zum offenen Bruch. Diesen Zeitpunkt hatte Clodius allerdings nicht gut gewählt, denn Severus hatte Pescennius Niger bereits ausgeschaltet, so daß seine Aufmerksamkeit durch diesen Rivalen nicht mehr in Anspruch genommen war. Es schien nun unmißverständlich festzustehen, daß Severus – durch seinen Sieg über Niger ermutigt – entschlossen war, Caracalla zum Thronerben zu erheben; und tatsächlich wurde Caracalla im darauffolgenden Jahr auch die Würde eines Caesars verliehen. Als Antwort darauf verweigerte Clodius Severus die Gefolgschaft und ließ sich selbst zum Augustus ausrufen. Das wiederum hatte zur Folge, daß Severus ihn zum Staatsfeind erklären ließ, ungeachtet der beachtlichen Anhängerschaft, die Clodius in Kreisen des Senats hatte und zu der auch Lucius Novius Rufus, der Statthalter von Hispania Tarraconensis, zählte.

Durch diese Rückenstärkung ermutigt, überquerte Clodius mit

einer Armee aus Legions- und Hilfstruppen, die er vom Hadrianswall abgezogen hatte und der im Norden nun ungeschützt war, den Kanal. Sobald er mit seinen Streitkräften Gallien erreicht hatte, errichtete er in Lugdunum (Lyon) sein Hauptquartier. Dort ließ er Münzen schlagen, auf denen er mit allen Titeln eines Kaisers genannt wird. Eine taktvolle Widmung an den »Genius von Lugdunum« (GEN. LVG.) ist in einer ihrer Art nach sonst ganz und gar römischen Münzserie das einzige Zugeständnis an die Provinz. Die Inschrift CLEMENTIA AVG(*usti*) sollte zum Ausdruck bringen, daß die Hauptstadt von ihm nichts zu befürchten brauche, wenn er erst einmal gesiegt haben werde. Clodius' zuletzt herausgegebene Münzen feiern die »Treue der Legionen« (FIDES LEGION*um*).

Gerade sie war unbedingt notwendig, aber nur schwer zu erreichen; denn obwohl ein Teil seiner Armee anfangs einen Sieg über Virius Lupus, den Statthalter von Untergermanien errungen hatte, liefen die in Germanien stationierten Legionen des Severus nicht zu ihm über. Darüber hinaus wurde Clodius' Plan, nach Italien vorzudringen, von seinem Gegner vereitelt, der mit einer Truppenabteilung die Alpenpässe blockierte und selbst mitten im Winter 196/197 in Gallien einrückte. Nach einem Vorgeplänkel bei Tirnurtium, das zu Severus' Gunsten ausging, fiel die Entscheidung im Februar 197 bei Lugdunum. Cassius Dios Behauptung, daß auf jeder Seite 150 000 Mann gekämpft hätten, mag übertrieben sein, doch die gegnerischen Truppen waren stark, und die Schlacht ist in die Geschichte eingegangen. Am Anfang wurde der linke Flügel der Truppen des Severus zurückgeworfen, und der Kaiser selbst verlor dabei sein Pferd. Doch nach zweitägigem, zähem Ringen erkämpfte einer seiner Generäle, Iulius Laetus, den Sieg. Clodius floh und starb unterwegs durch einen Dolchstoß. Ob er selbst oder eine fremde Hand die Mordwaffe führte, ist ungeklärt. Um seine Anhänger zu warnen, wurde sein Haupt nach Rom geschickt. Zunächst wurden seine Söhne verschont, später aber dann doch noch zusammen mit ihrer Mutter enthauptet. Bleibende Spuren hat der Krieg durch das zerstörte Lugdunum hinterlassen, das seine Stellung als Hauptstadt Galliens nie wieder erlangt hat.

Es ist schwer, über Clodius selbst etwas zu sagen, denn Severus stellt ihn in seiner Autobiographie als verschlagenen Trunkenbold und Weichling hin, als einen Menschen ohne Scham- und Ehrgefühl, der angeblich ebenso habgierig wie disziplinlos war, als einen Mann, der besser auf die Bühne als auf das Schlachtfeld gepaßt hätte. Herodianos bezeichnet ihn als eitel und naiv, als töricht genug, das Freundschaftsangebot des Severus unbesehen für bare Münze genommen zu haben. In der »Historia Augusta« wird berichtet, mit welchem Recht, ist fraglich, daß Clodius Albinus erotische Erzählungen geschrieben habe und daß er ein unersättlicher Schürzenjäger und Soldaten- und Sklavenschinder gewesen sei. Wie weit das alles stimmt, wissen wir nicht. Die Senatoren glaubten auf jeden Fall seinen Versicherungen, daß er ihnen gegenüber Milde walten lassen werde, und waren im übrigen von seiner vornehmen Herkunft beeindruckt. In der »Historia Augusta« heißt es sogar: »Vom Senat wurde er so sehr geliebt wie kein anderer Herrscher«, denn er war der Kandidat des lateinisch sprechenden Westens – im Gegensatz zu Niger, der vom griechisch sprechenden Osten und seinen Garnisonen unterstützt wurde, und auch zu Severus, dessen Macht auf der Donauarmee beruhte, was aber letzten Endes ausschlaggebend war.

Caracalla (211–217)

Caracalla (Marcus Aurelius Antoninus) war der ältere der beiden Söhne des Septimius Severus. Den Spitznamen Caracalla verdankte er einem langen keltischen Gewand, das durch ihn in Rom Mode wurde. Als er 188 geboren wurde, gab man ihm zunächst die Namen Iulius Bassianus, die Namen seines syrischen Großvaters, des Vaters seiner Mutter Iulia Domna.

Im Jahre 195 erhob ihn sein Vater zum Caesar und änderte seinen Namen in Marcus Aurelius Antoninus um. 198 wurde er zum Augustus ernannt und begleitete 208 seine Familie nach Britannien. Dort leitete er, weil sein Vater krank war, den letzten Feldzug gegen die Caledonier und bemühte sich, das Vertrauen der Soldaten zu gewinnen. Nachdem Septimius Severus 211 gestorben war, traten Caracalla und sein Bruder Geta die Nachfolge ihres Vaters an. Sie regierten gemeinsam nach dem Beispiel, das Marcus Aurelius und Lucius Verus ein halbes Jahrhundert früher gegeben hatten. Sobald Caracalla die blutigen Unruhen in Britannien beendet hatte, und zwar erfolgreicher als es seine zuweilen sehr strengen Kritiker wahrhaben wollten, kehrten die beiden Brüder nach Rom zurück. Aber sie haßten sich bis aufs Blut (s. Geta), und selbst die Bemühungen ihrer Mutter, sie zu versöhnen, blieben erfolglos. So war es nur eine Frage der Zeit, wann Caracalla Geta ermorden werde. Als die Tat geschehen war, stimmten ihr allerdings bei weitem nicht alle Prätorianer zu, denn einigen war es durchaus bewußt geblieben, daß sie beiden Kaisern gehuldigt hatten. Zunächst zeigten sie nur passiven Widerstand, doch dann wandte sich, dem Historiker Cassius Dio zufolge, der damals einer der ranghöchsten und ältesten Senatoren war, Caracalla mit folgenden Worten an sie: »Freuet euch, meine Kameraden! Bin ich doch jetzt imstande, euch Wohltaten zu erweisen! Ich bin einer von euch, und allein euretwegen will ich leben, damit ich auf euch viele Guttaten häufen kann; denn alle Schätze gehören euch!« Und weiterhin bemerkte er: »Ich bitte darum, wenn irgendwie möglich, mit euch zusammen leben, und sollte dies ausgeschlossen sein, zum mindesten mit euch sterben zu dürfen. Ich fürchte mich ja nicht – in welcher Form auch immer – vor dem Tod, und es ist mein Verlangen, im Krieg mein Dasein zu beschließen. Denn auf dem Schlachtfeld hat ein Mann zu sterben und sonst nirgendwo.« (Cassius Dio: Römische Geschichte. Bd. V. Zürich/München 1987)

Andererseits wußte Caracalla nur zu gut, daß die Prätorianer nicht nur mitreißende Worte, sondern auch materielle Vorteile haben wollten. Infolgedessen versprach er jedem von ihnen eine Belohnung von 2500 Denaren und gleichzeitig eine Erhöhung ihrer Lebensmittelrationen um 50 Prozent. Zusätzlich erhöhte er den Sold der Legionäre von 500 Denaren, die sein Vater festgesetzt hatte, auf 650 oder sogar 750 Denare. Dementsprechend besser wurden auch die Angehörigen der anderen Truppengattungen entlohnt. Weil aber der Münzwert so weit verfallen war, daß dieser Sold nicht mehr als ein Taschengeld war, sorgte Caracalla dafür, daß die Zuwendungen, welche die Soldaten in Naturalien, zum Beispiel in Lebensmitteln, erhielten, ebenfalls wesentlich aufgebessert wurden.

Zur gleichen Zeit gab es durchgreifende Veränderungen unter den obersten Heerführern, die darin gipfelten, daß diejenigen beseitigt wurden, die Geta unterstützt oder versucht hatten, sich neutral zu verhalten. Zu ihnen gehörte auch der Prätorianerpräfekt und Rechtsgelehrte Papinianus. Auch der politische Nachrichtendienst und die dazugehörenden Kuriere erhielten zwei neue Leiter, Ulpius Iulianus und Iulianus Nestor. Sie waren vermutlich beide Befehlshaber der Geheimpolizei. Außerdem verfügte Caracalla, daß in keiner

Provinz mehr als zwei Legionen stationiert sein durften. Damit wollte er sicherstellen, daß kein Statthalter über eine Truppenstärke verfügte, die für einen Aufstand ausreichen würde. So wurden 24 Legionen auf zwölf Provinzen verteilt. Die verbleibenden neun Legionen (einschließlich der einen, die in Italien stationiert war) wurden einzeln anderswo untergebracht.

Im Jahre 213 brach der Kaiser nach Germanien auf. Damals traten zum ersten Mal die Alamannen, ein lockerer Bund germanischer Völkerschaften, als Feinde Roms auf. Sie bedrohten die »agri decumates«, den Winkel zwischen Oberrhein und Oberlauf der Donau. Caracalla schlug sie nicht weit vom Main entfernt. Seine Kritiker allerdings behaupteten, daß er sie mittels Subsidien gefügig gemacht habe; in der Tat trifft es zu, daß er mit Hilfe finanzieller Zuwendungen eine Politik der Befriedung anstrebte. Diese Praxis war nach traditioneller römischer Meinung beklagenswert, aber sie war billiger als Kriege es gewesen wären, und sie wendete für die nächsten beiden Jahrzehnte die Gefahr ab, die von seiten der Germanen drohte. Hinzu kam ein psychologischer Faktor. Caracalla war einer der neuen Kaiser, die die Germanen nicht verabscheuten, sondern sie sogar mochten. Er ging dabei so weit, daß er eine Perücke aus rotblondem Haar trug, die nach germanischer Art frisiert war.

Caracallas Vorliebe für diese nichtrömische Mode (wie sie auch der fließende keltische Mantel verrät, dem er seinen Spitznamen verdankte) spiegelt eine weitere charakteristische Zeiterscheinung wider, das allmähliche Nachlassen der alles beherrschenden Vormacht Roms und Italiens. Dafür war im Bereich der Gesetzgebung die berühmte, von Caracalla erlassene und nach ihm benannte »constitutio Antoniniana« ein Zeichen. Durch sie wurde mit Ausnahme der Sklaven allen Bewohnern des Reiches das römische Bürgerrecht verliehen, das bisher allein den Freien Roms und Italiens und einer kleinen Elite in den Provinzen vorbehalten war. Was das Heer betraf, so wurde durch diese Maßnahme der traditionelle Unterschied zwischen Legionssoldaten, die das Bürgerrecht besaßen, und Angehörigen der Hilfstruppen, die es nicht besaßen, aufgehoben. Sie führte zu einer allgemeinen Gleichstellung, die es allerdings im Gegensatz zu früher erheblich erschwerte, ehrgeizige Männer für den Wehrdienst zu gewinnen. Wahrscheinlich wollte Caracalla mit dieser Reform in erster Linie ein Finanzproblem lösen, nämlich die Zahl derer erhöhen, die Erbschaftssteuer und Abgaben für die Befreiung von Sklaven zu entrichten hatten, Steuern also, die bislang nur von denjenigen erhoben wurden, die das volle römische Bürgerrecht besaßen. Die Finanzen stellten überhaupt eine der Hauptsorgen dar, die den Kaiser beschäftigten. So entwertete er auch die Münzen zu seinem eigenen Vorteil, indem er den sogenannten »antoninianus« schlagen ließ, der das Gewicht von eineinhalb Denaren hatte, aber zu zwei Denaren verrechnet wurde. Was die Unterscheidung zwischen Bürgern und Nichtbürgern betrifft, so ist sie schon in den vorangegangenen Generationen verwischt worden. Das geht aus dem Bemühen der großen Rechtsgelehrten hervor, diese beiden Hauptklassen der Bevölkerung als »honestiores« und »humiliores« zu unterscheiden. Deshalb muß Caracallas Maßnahme, so drastisch sie sich auch ausnimmt, in einem größeren Zusammenhang gesehen werden, zu dem unter anderem der Prozeß gehört, die Privilegien der Vollbürger abzubauen.

Für Gleichheit unter den Bürgern, die spürbarer und greifbarer war, sorgte Caracalla durch die Annehmlichkeiten, die er, vor allem durch den Bau der römischen Bäder, der gesamten Bevölkerung bereitete. Sie sind die größten, die bisher errichtet wurden, und obwohl sie Caracallas Namen tragen, hatte schon Severus mit ihrem Bau begonnen. Von einer Umfriedung umgeben, die auch Gärten, Plätze für gymnastische Übungen unter freiem Himmel und Kunstsammlungen einschloß, war das Hauptgebäude der Caracalla-Thermen mit hydraulischen Anlagen, Heizungsvorrichtungen und einem System zur Abwasserbeseitigung ausgestattet. Insgesamt bot es 1 600 Badenden Platz. Den Mittelpunkt der Anlage bildete eine Halle mit einem Schwimmbecken. Sie wurde von ineinandergreifenden Kreuzgewölben aus Beton, die auf vier mächtigen Pfeilern aus dem gleichen Material ruhten, überdacht. Diese Halle maß 56 mal 24 Meter und war so riesig, daß die Menschen, die dort badeten, wie Zwerge wirkten. Es war die Zeit, in der der einzelne nur noch Teil der Masse war.

Caracalla dachte in großen Räumen, und wie die Bildhauer seiner überschwenglich anmutenden Porträtbüsten sich alle Mühe gaben darzustellen, liebte er es tatsächlich, nicht nur als Verkörperung des Sonnengottes zu gelten, sondern auch als ein neuer Alexandros »der Große«, als Überbringer eines universellen Bürgerrechts und Sieger über die ganze Welt. Diesem Anspruch entsprach sein Plan, das Partherreich im Osten zu erobern, ein Ziel, das nicht einmal Traianus erreicht hatte. Im Jahre 214 stellte er für diesen Orientfeldzug eine starke Armee in den Heerlagern an der Donau auf. Zu ihr gehörte eine Phalanx von 16 000 Mann, die ebenso gekleidet und ausgerüstet waren wie die Makedonen zur Zeit Alexandros'. Im darauffolgenden Jahr fiel er im Partherreich ein und konnte die Grenzen der von seinem Vater geschaffenen Provinz Mesopotamien vorverlegen. Dagegen blieb der Versuch, auch Armenien einzunehmen, erfolglos, und als er 216 in Medien eindringen wollte, mußte er sich sofort wieder hinter die neuen Grenzen Mesopotamiens zurückziehen. Inzwischen packte Macrinus, einen der beiden Prätorianerpräfekten, Todesangst, weil er bei der Durchsicht der kaiserlichen Korrespondenz zu dem Schluß gekommen war, daß sein Leben gefährdet sei. Deshalb wurde Caracalla, als er auf dem Weg zwischen Edessa und Carrhae, wo er den Tempel des Mondgottes aufsuchen wollte, vom Pferd stieg, um einem menschlichen Rühren nachzukommen, auf Macrinus' Betreiben hin von einem Soldaten niedergestochen und von Offizieren der Leibgarde getötet.

Cassius Dios Urteil über Caracalla spiegelt die harte Kritik wider, die die Senatoren an ihm übten. Wir erfahren, daß er scharfsinnig und zu gewaltiger Rede fähig gewesen sei, da sein Vater ihm eine gründliche Ausbildung seiner geistigen Fähigkeiten habe angedeihen lassen, daß im Laufe der Zeit aber seine Vorliebe mehr und mehr körperlichen Beschäftigungen gegolten habe, Reiten, Schwimmen und Sportarten, bei denen es recht blutrünstig zuging. Er hatte die Angewohnheit, rücksichtslos zu sagen, was immer ihm in den Sinn kam, und er verschmähte für gewöhnlich jeden Rat, empfand er doch heftige Abneigung gegen Menschen, die Fachkenntnisse besaßen oder überhaupt nur über etwas Bescheid wußten. Cassius Dio glaubte, daß er an Leib und Seele krank gewesen sei. Wenn man allerdings einen Soldaten gebeten hätte, den Charakter des Kaisers kurz zu skizzieren, dann wäre das Urteil über ihn bestimmt milder ausgefallen.

GETA (211)

Geta (Publius Septimius Geta; Mitkaiser von Februar bis Dezember 211, vielleicht auch noch bis Anfang 212) wurde 189 als jüngerer Sohn des Septimius Severus und der Iulia Domna geboren. Im Jahre

197 begleitete er seine Eltern und seinen älteren Bruder Caracalla in den Partherkrieg. Ein Jahr später, als Severus bei Ctesiphon gesiegt hatte, wurde er zum Caesar ernannt, zur gleichen Zeit, da Caracalla zum Augustus erhoben wurde.

Während der Jahre 199–202 unternahm Geta ausgedehnte Reisen. Sie führten ihn in die Ostprovinzen des Reiches und anschließend nach Thrakien, Mösien und Pannonien. In der Zeit von 203 bis 204 hielt er sich mit Severus und Caracalla in Nordafrika, der Heimat seines Vaters auf. Im Jahre 205 war er zusammen mit Caracalla Konsul (Caracalla bekleidete das Amt zum zweiten Mal, während Geta es zum ersten Mal innehatte). Aber das Verhältnis der beiden Brüder zueinander war schon damals sehr gespannt. Solange Caracallas Schwiegervater, der Präfekt Plautianus lebte, tat er sein Bestes, ihre Feindschaft in Grenzen zu halten. Doch nach seiner Ermordung, so berichtet uns Cassius Dio, »kannten« die beiden jungen Männer »in ihrem Tun keine Grenzen mehr: Sie schändeten Frauen, mißbrauchten Knaben, veruntreuten Gelder und machten Gladiatoren und Wagenlenker zu ihren Gefährten, wobei sie infolge der Ähnlichkeit ihrer Geschäfte in gegenseitigen Wettstreit traten, sich aber in ihrer Rivalität leidenschaftlich bekämpften. Schloß sich nämlich der eine einer bestimmten Gruppe an, dann pflegte der andere ganz gewiß die Gegenpartei zu wählen. Und schließlich begegneten sie einander in einer Art von Wettrennen mit Ponygespannen und steigerten sich in solchen Eifer hinein, daß Antoninus aus seinem zweirädrigen Wagen fiel und sich ein Bein brach.« (Cassius Dio: Römische Geschichte. Bd. V. Zürich/ München 1987)

In der Hoffnung, Geta und Caracalla miteinander zu versöhnen, verbrachte Severus die meiste Zeit der Jahre 205–207 zusammen mit ihnen in der Campania. Aus dem gleichen Grunde wurde ihnen 208 abermals das Konsulat zur gemeinsamen Verwaltung übertragen, und im selben Jahr gingen sie ebenfalls gemeinsam mit ihren Eltern nach Britannien. Dort blieb Geta zunächst bei seiner Mutter in Eburacum (York). Im Jahre 209 übernahm er dann die Verwaltung der britischen Provinzen und erhielt im selben Jahr zusätzlich zu den Herrschertiteln, die er bereits führte, den Ehrennamen Augustus. Obwohl er nur ein Jahr jünger war als Caracalla, hatte er elf Jahre lang auf diese Auszeichnung warten müssen. Sein voller Name lautete nun: Imperator Caesar Publius Septimius Geta Pius

Augustus, wozu ein Jahr später noch der Siegertitel Britannicus kam.

Bevor Severus 211 starb, soll er seine beiden Söhne inständig beschworen haben, miteinander auszukommen, doch dafür gab es, als Geta nach dem Tod ihres Vaters Mitregent wurde, nicht die geringste Hoffnung. Daß sich ihr Verhältnis zueinander kontinuierlich verschlechterte, ist wohl hauptsächlich Caracalla zuzuschreiben, der bei allem, was er tat, seinen Bruder geflissentlich überging. So schloß Caracalla unverzüglich mit den Caledoniern Frieden, so daß er nach Rom zurückkehren und seine Stellung festigen konnte. Gleichzeitig schaffte er sich die Berater des Severus vom Halse, von denen zu befürchten war, daß sie aus Achtung vor dem Willen des verstorbenen Kaisers vielleicht Geta unterstützten. Auch von den Soldaten war ähnliches zu vermuten, zumal Geta äußerlich seinem Vater glich.

Mit der Asche ihres Vaters und in Begleitung ihrer Mutter begaben sich die beiden jungen Herrscher nach Rom. Ihre Feindschaft war so groß, daß sie sich weigerten, in derselben Herberge zu übernachten oder gemeinsam zu speisen, weil sie fürchteten, der eine werde den anderen vergiften. Sie konnten es daher nicht abwarten, nach Rom zu gelangen, wo sie sich sicher fühlten. Nachdem sie dort angekommen waren und Severus beerdigt und seine Konsekration gefeiert hatten, residierten sie in getrennten Flügeln des Palastes, wo jeder von einer eigenen Leibgarde bewacht wurde. Sie gingen sogar so weit, daß sie die Aufteilung des Reiches planten, womit sie beinahe spätere Verhältnisse vorweggenommen hätten. Geta sollte den asiatischen Teil und Caracalla den europäischen erhalten. Doch Iulia Domna widersetzte sich dieser Idee. Angeblich soll sie geäußert haben: »Ihr könnt zwar das Reich, aber nicht eure Mutter teilen.« Vielleicht hätte die Teilung des Reiches wenigstens vorübergehend eine gewisse Entspannung gebracht, aber Iulia Domna fürchtete wohl, daß dadurch ihr Einfluß geschmälert worden wäre.

Allem Anschein nach plante Caracalla, seinen Bruder während der Saturnalien zu ermorden. Doch kam es nicht dazu, weil seine Absicht ruchbar wurde. Geta verstärkte daraufhin seine Leibgarde, und Tag und Nacht wachten Soldaten wie auch Athleten über sein Leben. Das wiederum veranlaßte Caracalla, sich einen neuen Mordplan auszudenken. Er bewegte Iulia Domna dazu, ihn und Geta ohne Bewachung zu sich einzuladen, um eine Versöhnung herbeizuführen. Als Geta der Einladung gefolgt war, verschaffte sich eine Gruppe von Caracallas Zenturionen gewaltsam Zutritt zu ihnen und schlug Geta nieder. Später wurde in schaurig rührseliger Weise berichtet, daß Geta sich hilfesuchend an seine Mutter geklammert habe und in ihren Armen erschlagen worden sei. Nachdem das Verbrechen geschehen war, ließ Caracalla verbreiten, daß sein Bruder ihm nach dem Leben getrachtet habe. Trotz anfänglicher Zurückhaltung seitens der in Albanum stationierten Legion sicherte er sich die Unterstützung der Prätorianer und des Senats. Und so, wie – noch heute sichtbar – Getas Name aus den Inschriften gekratzt wurde, wurden auch alle diejenigen aus dem Weg geräumt, die ihm zur Seite standen.

Im Gegensatz zu Cassius Dio, der von jugendlichen Ausschweifungen Getas zu berichten weiß, schildert ihn ein späterer Historiker, Sextus Aurelius Victor, als höflichen, gewinnenden jungen Mann; einer Lesart zufolge wird er sogar ausgeglichen genannt, was von Caracalla nicht behauptet werden kann. In der »Historia Augusta« lesen wir: »Geta hielt sich im Verlauf seiner Studien beharrlich an die alten Autoren; er prägte sich auch die Aussprüche seines Vaters ein; seinem Bruder war er von jeher verhaßt; die Mutter mochte ihn lieber als den Bruder; bei sonst wohlklingender Stimme neigte er zum Stammeln. Er hielt sehr auf gewählte Kleidung, was ihm den Spott des Vaters eintrug. Wenn er von seinen Eltern etwas geschenkt bekam, verwendete er es für seine eigenen Bedürfnisse und gab keinem etwas ab. ... Geta war ein stattlicher Jüngling, von derbem Wesen, aber nicht gewissenlos. ... Die Beisetzung des Geta soll mit größerem Pomp begangen worden sein, als es im Hinblick auf den Brudermord zu erwarten stand.«

Macrinus (217–218)

Macrinus (Marcus Opellius Severus Macrinus; April 217 bis Juni 218) wurde 164 als Sohn einer mittellosen Familie in Caesarea (vorher: Iol) in Mauretanien geboren. In seiner Jugend arbeitete er der »Historia Augusta« zufolge abwechselnd als Gladiator, Jäger und Kurier. Diese Angaben sind allerdings nicht weiter belegt. Später ging er nach Rom, wo er sich einen guten Ruf als Jurist erwarb. Unter Septimius Severus stieg er zum Rechtsberater des Prätorianerpräfekten Plautianus auf, der 205 umgebracht wurde. Danach war Macrinus für den Verkehr auf der Via Flaminia verantwortlich und Finanzverwalter (»procurator thesaurorum«) der Privatgüter des Kaisers.

Im Jahre 212 ernannte Caracalla ihn zum Prätorianerpräfekten. Macrinus bekleidete dieses Amt zusammen mit Oclatinius Adventus, der aus dem Mannschaftsrang aufgestiegen war. Im Jahre 216 nahm Macrinus am Feldzug des Kaisers gegen die Parther teil, und im darauffolgenden Jahr wurde er in den Rang eines Konsuls erhoben und erhielt die entsprechenden Ehrenzeichen (»ornamenta consularia«). Allerdings entdeckte er im Frühjahr desselben Jahres, während er sich in Mesopotamien aufhielt, daß jemand (angeblich ein Astrologe) ihn bei Caracalla angezeigt hatte. Von Angst um sein Leben gepackt, betrieb er daraufhin die Ermordung des Kaisers, der am 8. April tatsächlich umgebracht wurde. Der Mann, ein gewisser Martialis, der in seinem Auftrag den Kaiser niedergestochen hatte, wurde von der kaiserlichen Leibwache verhaftet und getötet. Dieses bequeme Verschwinden des Attentäters ermöglichte es Macrinus, der tiefen Schmerz über das Hinscheiden seines Herrn heuchelte, seine eigene Rolle in dieser Angelegenheit zu verschleiern. Während der beiden folgenden Tage bot man den Purpur zunächst seinem Mitpräfekten Oclatinius Adventus an. Dieser lehnte entweder aus Altersgründen ab – oder aber er hat sich vergeblich um den Thron beworben. Wie dem auch war, die Soldaten riefen Macrinus zum Kaiser aus.

Macrinus war nicht nur der erste Mauretanier auf dem römischen Thron, sondern auch der erste Kaiser, der nicht Senator war. Noch entscheidender war aber, daß seine Wahl ausschließlich durch die Armee erfolgte – ohne jegliche Konsultation des entfernten Senats – und daß sie von daher ihre Schatten auf eine lange Reihe zukünftiger Soldatenkaiser vorauswarf, die auf die gleiche Weise an die Macht kommen sollten. Weil Macrinus nur allzu gut wußte, daß sein Ansehen bei den Truppen keineswegs gesichert war, vor allem dann nicht mehr, wenn sie Verdacht schöpften, daß er für den Mord an Caracalla verantwortlich war, an dem sie sehr hingen, unterließ er alles, was geeignet gewesen wäre, das Andenken seines Vorgängers zu schmälern. Im Gegenteil – er sorgte dafür, daß er vergöttlicht wurde. Außerdem legte er sich auf seinen Münzen den Namen Severus zu. Ob er schon vorher so hieß, ist ungewiß und keineswegs sehr wahrscheinlich. Er tat sogar noch mehr: In der Hoffnung, ein neues Kaiserhaus zu gründen, ließ er Münzen mit dem Porträt seines Sohnes Diadumenianus prägen, auf denen er Antoninus und Caesar genannt und als »Erster der Jugend« (PRINCEPS IVVENTVTIS) und »Hoffnung des Staates« (SPES PVBLICA) bezeichnet wird.

Obwohl Macrinus seine Herrschaft ohne die vorherige Zustimmung der Senatoren angetreten hatte, waren sie aus ihrem Haß gegen Caracalla heraus doch bereit, ihn als neuen Kaiser anzuerkennen, und beeilten sich, ihm Titel und Privilegien zu bestätigen. Macrinus seinerseits entschuldigte sich taktvoll für seine nichtsenatorische Herkunft und versprach, im Sinne von Marcus Aurelius und Pertinax zu regieren. Obwohl die Senatoren eigentlich nicht mit seiner Bestallung des Oclatinius Adventus zum Stadtpräfekten einverstanden waren, zollten sie ihm doch ungeteilten Beifall, als er gewisse Steuererhöhungen, die Caracalla eingeführt hatte, strich, die wieder aufgelebten Vollmachten der Richter für Italien einschränkte und die Personen rehabilitierte, die aus politischen Gründen verbannt worden waren.

Doch das war alles umsonst, denn die Armee verweigerte Macrinus den Gehorsam. Daran waren in erster Linie die unpopulären Maßnahmen schuld, mit denen er die Probleme im Osten zu lösen hoffte. Daß er die Krone Armeniens Tiridates II. überlassen mußte, dem Sohn eines Monarchen, den Caracalla gefangengenommen hatte, zeigte nur allzu deutlich, daß Armenien praktisch der Kontrolle Roms entglitten war. Außerdem litt Macrinus' Ansehen darunter, daß es ihm nicht gelang, den Partherkönig Artabanos V. in Schach zu halten, der in Mesopotamien eingefallen war und ein Friedensangebot des Kaisers ablehnte. Zwar feiern Macrinus' Münzen einen Sieg über die Parther, doch scheint eine dreitägige Schlacht bei Nisibis für den Kaiser nicht günstig ausgegangen zu sein, so daß er sich – zumal er sich nicht mehr auf seine Truppen verlassen konnte – auf einen ruhmlosen Frieden einlassen mußte und im Frühjahr 218 zustimmte, seine Kriegsgefangenen auszuliefern und den Parthern eine beträchtliche Entschädigung zu zahlen. Völlig unbeeindruckt davon verlangten seine Veteranen die Rückkehr in ihre Heimat, und auch die neu angeworbenen Rekruten begannen bald zu meutern, als sie feststellten, wie niedrig der neu festgesetzte Sold war, was sie als Diskriminierung empfanden.

Alles drängte auf einen Staatsstreich hin, den eine Syrerin auch tatsächlich ausführte, Iulia Maesa, die Schwester von Septimius Severus' verstorbener Gattin Iulia Domna. Sie verstärkte die im Osten stationierten römischen Truppen durch einheimische Streitkräfte und ließ dann ihren vierzehnjährigen Enkel Varius Avitus Bassianus (Elagabalus), der Priester in Emesa war, zum Legionshauptquartier nach Raphaneae in Phönizien bringen und zum Kaiser ausrufen.

Der Zeitpunkt war gut gewählt, denn die Bedrohung, die von den Parthern ausgegangen war und die für die Aufständischen ebenso unheilvoll hätte sein können wie für den Kaiser, war abgewandt. Außerdem blieb Macrinus keine Zeit, Truppen zur Verstärkung vom Rhein und von der Donau herbeizurufen. Statt dessen entsandte er lediglich einen der beiden Prätorianerpräfekten, Ulpius Iulianus, mit einer Reiterabteilung und dem Auftrag, den Aufstand niederzuschlagen. Aber die Soldaten brachten Iulianus um und liefen zu Elagabalus über. Daraufhin verlegte Macrinus sein Hauptquartier nach Apameia, wo er, um die Fortdauer seiner Dynastie unter Beweis zu stellen, seinen Sohn Diadumenianus zum Mitkaiser ernannte und in seinem Namen in Antiochia Münzen schlagen ließ, die das »Glück des Zeitalters« (FELICITAS TEMPORVM) priesen. Außerdem versuchte er, die Gunst der Soldaten wiederzugewinnen, indem er die Soldkürzungen zurücknahm und ihnen eine hohe Belohnung versprach.

Dennoch desertierte in der Schlacht, zu der es schließlich kam, eine ganze Legion, und Macrinus mußte Hals über Kopf nach Antiochia fliehen. Die Statthalter von Phönizien und Ägypten hielten zwar nach wie vor zu ihm, konnten ihm aber nicht mehr rechtzeitig genug Hilfe bringen, weil eine beträchtliche Streitmacht unter der Führung von Gannys, einem Eunuchen des Varius Avitus, sich bereits gegen ihn in Marsch gesetzt hatte. Knapp 39 Kilometer von Antiochia entfernt kam es zum Gefecht, und Macrinus erlitt seine letzte, entscheidende Niederlage. Nach oft wechselndem Glück wurde er am 8. Juni 218 endgültig vom größten Teil seiner Truppen verlassen. Als Späher der Feldpolizei verkleidet, floh er und versuchte, zu Pferde nach Europa zu entkommen. Doch in Chalcedon am Bosporus wurde er von einem Zenturionen erkannt und gefangengenommen. Daraufhin mußte er abermals den langen Weg zurücklegen, den er von Antiochia her gekommen war. Als er in Antiochia ankam, wurde er umgebracht. Ähnlich erging es Diadumenianus, der versucht hatte, sich nach Parthien durchzuschlagen.

Von Macrinus existieren zwei völlig verschiedene Münzporträts. Das eine zeigt ein gedrungenes Profil mit dünnem Bart und lehnt sich, nur leicht abgewandelt, an das letzte Münzporträt Caracallas an. Seine Schöpfer waren Künstler aus Rom, die kaum wußten, wie der neue Kaiser aussah. Das andere, das in Antiochia entstanden ist, scheint der Wirklichkeit besser zu entsprechen. Es zeigt ein langgezogenes Profil mit ausgeprägten Gesichtszügen und einem mächtigen Bart. Vieles, das uns über den Kaiser berichtet wird, beruht auf übler Nachrede. So steht zum Beispiel in der »Historia Augusta«, daß er viel zuviel gegessen und getrunken und in der Regel seine Sklaven habe erbarmungslos auspeitschen lassen, wenn sie ihm zu ungehorsam erschienen. Cassius Dio dagegen, ein kenntnisreicher Zeitgenosse, sieht durchaus auch positive Charaktereigenschaften. So soll sich Macrinus als Richter streng an Präzedenzfälle gehalten haben, obwohl er nicht allzu profunde Rechtskenntnisse besaß, und als Prätorianerpräfekt soll er sich von gesundem Menschenverstand haben leiten lassen, wann immer er eine persönliche Entscheidung zu fällen hatte. Cassius Dio kommt letzten Endes zu dem Schluß, daß alles gutgegangen wäre, wenn Macrinus nicht selbst nach der Macht gegriffen, sondern sie einem Kaiser aus dem Kreis der Senatoren überlassen hätte. Dio spricht zugunsten der Senatoren. Er hat insofern recht, als Macrinus, da er nicht der Schicht der Senatoren angehörte und nicht in ihrer Tradition aufgewachsen war, auch keine Erfahrung auf dem Gebiet der Verwaltung hatte, die jedoch für einen Kaiser unerläßlich war. Auch die Soldaten, die ihn an die Macht gebracht hatten, durchschauten ihn bald. Wahrscheinlich wäre es für ihn am besten gewesen, wenn er so schnell wie möglich nach Rom zurückgekehrt wäre, um den positiven Eindruck zu verstärken, den die Ermordnung Caracallas beim Senat hinterlassen hatte. Doch das war ihm nicht möglich. Der Partherkrieg und der Aufstand der Iulia Maesa hinderten ihn daran. In beiden Fällen trat deutlich zutage, daß Macrinus nicht zum Heerführer geboren war – und das war sein größtes Unglück.

Elagabalus (218–222)

Elagabalus (Varius Avitus bzw. Marcus Aurelius Antoninus) wurde 204 geboren. Kurz nach der Ermordung des Caracalla beging dessen

Mutter, die aus Syrien stammende Iulia Domna, Selbstmord, und Macrinus kam an die Macht. Doch Iulia Domnas Schwester, Iulia Maesa, die Witwe des Konsuls Iulius Avitus, beschloß, Macrinus zu stürzen, der sie aus Rom vertrieben und nach Emesa in Syrien zurückgeschickt hatte. Ihre syrische Heimat erwies sich als ideale Basis für einen Aufstand. Iulia Maesas Tochter, Iulia Soaemias, war mit Varius Marcellus verheiratet, der ebenfalls Syrer war. Nachdem er eine ausgezeichnete Karriere als Ritter durchlaufen hatte, stieg er in den Rang eines Senators auf. Ihr vierzehnjähriger Sohn, Varius Avitus Bassianus (Bassianus war der Beiname der Familie, auch Caracalla hatte ihn getragen), hatte die Priesterwürde des Sonnengottes Elagabal von Emesa geerbt, der die oberste semitische Gottheit El verkörperte. Schon alleine von seiner Erscheinung her eignete sich der junge Sonnenpriester vorzüglich dazu, die prunkvollen Riten des Kultzeremoniells in Szene zu setzen.

Die römischen Legionäre, die in Raphaneae stationiert waren, gewann Iulia Maesa dadurch, daß sie sie großzügig beschenkte, denn sie war reich. Elagabalus wurde bei Nacht von dem Kommandeur der Legion, von Publius Valerius Comazon, in ihr Lager gebracht und am 16. Mai 218 bei Sonnenaufgang (der glückverheißenden Stunde für einen Priester des Sonnengottes) als Marcus Aurelius Antoninus zum Kaiser ausgerufen. Das waren die Namen Caracallas, als dessen natürlicher Sohn Elagabalus sich ausgab. Nachdem viele Soldaten von Macrinus, der sehr wenig beliebt war, abgefallen und zu Elagabalus übergelaufen waren, fügte eine von Gannys, einem Eunuchen aus der Umgebung der Maesa, geführte Armee Macrinus am 8. Juni 218 bei Antiochia eine vernichtende Niederlage zu, und nur wenig später wurde Macrinus ermordet. Aber Elagabalus rechnete seine Regierungszeit nicht von dem Tag an, da Macrinus starb, sondern von jenem, da er besiegt wurde.

In den Schreiben, die nun von Antiochia nach Rom gingen, nahmen Elagabalus' Berater, wie das ihre Vorgänger auch schon getan hatten, bereits alle Herrschertitel für ihn in Anspruch, ohne auf eine Entscheidung des Senats zu warten. Andererseits ließen sie es aber auch nicht an Gesten fehlen, die Verständigungsbereitschaft signalisierten. Der Senat hielt, wie erwartet, still und nahm auch Elagabalus' Behauptung hin, ein leiblicher Sohn Caracallas zu sein. Er billigte sogar die Konsekration Caracallas, obwohl seine Mitglieder ihn verabscheuten. Zu Ehren des neuen Gottes wurden Münzen mit der Aufschrift DIVO ANTONINO MAGNO (»dem gottgewordenen Antoninus dem Großen«) herausgegeben, wobei MAGNO (»dem Großen«) auf einen Vergleich mit Alexandros »dem Großen« hindeutet. Auch für die ebenfalls vergöttlichte Iulia Domna (DIVA IVLIA AVGVSTA) wurden Gedenkmünzen in Umlauf gebracht sowie für alle, die nun den Staat lenkten, den neuen Kaiser und die beiden Frauen, Iulia Maesa und Iulia Soaemias, die auch den Ehrentitel Augusta trugen.

Im August segelten sie zu dritt nach Bithynien, wo sie den Winter in Nicomedia verbrachten. Dort erregten Elagabalus' bizarre, orientalische Riten die Gemüter, und bei den Unruhen, die daraus folgten, kam Gannys ums Leben. Sich langsam weiter nach Westen begebend, traf die kaiserliche Familie im Frühherbst 219 in Rom ein. Dort verliehen sie zahlreichen syrischen Handlangern und Sympathisanten, die in den Augen der empörten Senatoren alles andere als ehrbar waren, einflußreiche Ämter. Einer dieser Männer, Publius Valerius Comazon, wurde sogar Prätorianerpräfekt und später Stadtpräfekt. Gemeinsam mit Iulia Maesa, der damals einflußreichsten Frau im Römischen Reich, führte er die Regierungsgeschäfte.

Ihre Aufgabe war sehr schwierig, denn der junge Kaiser zeigte in jeder Hinsicht einen geradezu beängstigenden Hang zur Unabhängigkeit. Es waren vor allem seine abartigen Liebesbeziehungen, über die man zu allen Zeiten sprach, denn offensichtlich war er ein passiver Homoerotiker. Roms Öffentlichkeit hatte sich durchaus an Kaiser gewöhnt, die neben Frauen auch Knaben liebten. Es herrschte sogar die weitverbreitete Ansicht, daß Nero, obwohl er Frauen liebte, auch Liebesbeziehungen zu Männern unterhielt, die älter waren als er. Elagabalus dagegen scheint ausschließlich homosexuell veranlagt gewesen zu sein und dieser Neigung ganz gelebt zu haben. Man braucht zwar die Einzelheiten, die in der »Historia Augusta« genüßlich ausgebreitet werden, nicht allzu wörtlich zu nehmen, doch kann man Cassius Dio, einem zeitgenössischen Senator und Historiker, wohl Glauben schenken, wenn er von einem »Lieblingsgatten« des Kaisers spricht, von Hierokles, einem blonden Sklaven aus Karien, und wenn er berichtet, daß es Elagabalus gefiel, »nackt an der Tür seiner Palastgemächer zu stehen, wie es Huren tun, den Türvorhang zu schütteln, der mit goldenen Ringen übersät war, und mit sanfter, schmelzender Stimme die Vorbeigehenden anzulocken«. Herodianos zufolge war es ein Bild des Jammers, wenn sich der Kaiser mit geschminkten Augen und rougebedeckten Wangen in der Öffentlichkeit zeigte, weil darunter sein an sich vorteilhaftes Aussehen litt.

Dieses exzentrische Verhalten des jungen Kaisers veranlaßte Iulia Maesas Berater, die nach Mitteln und Wegen suchten, den Gerüchten über Elagabalus' abnorme Veranlagung entgegenzuwirken, ihm mehrere Frauen, alle von untadeliger Abstammung aus der römischen Aristokratie, zur Ehe zuzuführen. Nach einer uns vorliegenden Quelle heiratete er im Laufe seiner kurzen Regierungszeit nicht weniger als fünf Frauen, von denen er sich stets schnell wieder trennte. Die Münzbilder zeigen drei von ihnen. Alle trugen den Titel Augusta und werden durch Symbole geehrt, unter denen die »Eintracht« (CONCORDIA) eine besondere Rolle spielt. Seine erste Gattin (von 219 bis 220) war Iulia Cornelia Paula, die zweite Aquilia Severa, eine ehemalige Vestalin, was in den Augen der Römer ein Skandal war, und die er auch schon bald wieder verstieß; die dritte war Annia Faustina aus dem Hause Marcus Aurelius'. Aber auch diese Verbindung war nur von kurzer Dauer, 220–221, und Elagabalus kehrte zu Severa zurück. Auch in diesem ständigen Wechsel der Ehepartnerinnen zeigt sich Elagabalus' Unstetigkeit. Es konnte einfach nicht verborgen bleiben, daß der Kaiser sich im Grunde nur zu Männern hingezogen fühlte.

Noch viel größere Sorgen aber verursachten Elagabalus' religiöse Aktivitäten. Seit Septimius Severus war der Sonnenkult in stetem Fortschreiten begriffen. Doch Elagabalus wischte nun mit einer einzigen Handbewegung sämtliche alten römischen Traditionen beiseite und nahm auf die Gefühle seiner Untertanen keinerlei Rücksicht mehr, nur um seine ganz besondere Form des Sonnenkultes einzuführen. Elagabalus, dieser ganz und gar aus dem Rahmen der römischen Tradition fallende »Sonnengott«, gab sich mitten im Zentrum der römischen Staatsreligion leidenschaftlich seinem eigenen, orientalischen Sonnenkult hin. Seine Ehe mit der Vestalin Severa (von der er sich »göttergleiche« Kinder erhofft haben soll), sollte die Verbindung zweier Religionen symbolisieren. Aus dem gleichen Grund feierte er auch die Vermählung der römischen Göttin Minerva mit seinem Gott Elagabal. Dieser neuen »Unbesiegten Gottheit« (»sol invictus«) aus Emesa, die ein schwarzer, phallischer Meteorit verkörperte, wurde ein prachtvoller Tempel auf dem Osthang des Palatin errichtet. Noch heute kann man dort die riesige Plattform des rechteckigen Tempelbezirks erkennen, der von Säulen umgeben war. Gedenkmünzen aus der Regierungszeit des nachfolgenden Kaisers, unter dem der Bau einer anderen Bestimmung zugeführt wurde, lassen einen grandiosen Eingang und eine monumentale Treppenflucht erkennen.

Des Kaisers Hingabe an diesen Kult brachte es mit sich, daß er den Namen des Sonnengottes annahm, nämlich Elagabalus, gemäß dem orientalischen Brauch, daß der Priester sich mit der Gottheit identifizierte, der er diente. Und als er zum Priester geweiht wurde, ließ er sich beschneiden und verlangte gleiches auch von seinen Freunden. Herodianos schildert uns, wie er unter dem Klang von Zimbeln und Trommeln, die Syrerinnen spielten, um den Altar Elagabals tanzte und wie Senatoren und Ritter zuschauen mußten. Auch bei dem alljährlichen Fest der Sommersonnenwende, das nun zum Hauptereignis des römischen Festkalenders wurde, stand der neue Gott im Mittelpunkt des Geschehens. Herodianos fährt in seinem Bericht fort:

»Er stellte den Sonnengott auf einen mit Gold und Edelsteinen geschmückten Wagen und fuhr ihn aus dem Stadtzentrum hinaus in die Vororte. Ein Sechsergespann zog das Gefährt des Gottes. Die riesigen, fleckenlos weißen Rosse hatten goldenes Zaumzeug und anderen Goldschmuck. Niemand hielt ihre Zügel, und kein Sterblicher fuhr in dem Gotteswagen mit. Das Fahrzeug wurde so eskortiert, als ob der Gott selbst der Wagenlenker sei. Elagabalus lief rückwärts vor dem Wagen her, blickte dem Gott ins Antlitz und hielt die Zügel der Rosse. Er legte den ganzen Weg, den die Prozession nahm, auf diese Weise zurück, stets das Antlitz seines Gottes vor Augen.«

Dieses Bild wird indirekt durch die kaiserlichen Münzen bestätigt, die den jungen Herrscher als »unbesiegt«, als »Oberpriester« sowie als »Priester des Sonnengottes« (SACERD*os* DEI SOLIS ELAGAB*ali*) bezeichnen. Eine Münze, die in Antiochia herausgegeben wurde, zeigt sogar den Triumphwagen des Sonnengottes, der von vier Sonnenschirmen umgeben und von vier Pferden gezogen wird und der den sich nach oben hin verjüngenden, heiligen Stein trägt, den ein römischer Adler krönt.

Ob der jugendliche Herrscher wirklich so grausam und falsch war, wie von bösen Zungen überliefert wurde, steht dahin. Doch sein ausschweifendes Leben und vor allem seine religiösen Aktivitäten beunruhigten Iulia Maesa dermaßen, daß sie zu dem Schluß kam, daß Elagabalus eine zu große Gefahr darstelle und beseitigt werden müsse. Auch seine Mutter, die ihn in der Hingabe an den Sonnenkult bestärkt hatte, schien ihr Schaden anzurichten. Deshalb wandte sich Maesa nun ihrer zweiten Tochter, Iulia Avita, zu, die einen dreizehnjährigen Sohn namens Alexianus hatte. Die beiden Frauen legten Elagabalus nahe, seinen Vetter Alexianus zum Caesar zu ernennen, damit er sich selbst noch intensiver dem Sonnenkult hingeben könne. Elagabalus folgte tatsächlich diesem Rat und ernannte Alexianus zum Caesar, der sich fortan Alexander nannte.

Als Elagabalus jedoch kurz darauf seine Meinung änderte und Alexander aus dem Weg räumen wollte, durchkreuzten Iulia Maesa und Iulia Mamaea seine Pläne. Ein klug berechneter Einsatz ihrer Reichtümer ließ die Prätorianer in Aktion treten. Am 11. März 222 wurden Elagabalus und seine Mutter im Prätorianerlager ermordet. Ihre Leichen wurden durch Rom geschleift und in den Tiber geworfen. Auch eine große Anzahl ihrer Anhänger fand den Tod, und der schwarze Stein des Sonnengottes wurde nach Emesa zurückgebracht. Dort wurde er mit unverminderter Glut weiter verehrt, nachdem er vier Jahre lang ein wundersames Gastspiel in Rom gegeben hatte.

Severus Alexander (222–235)

Severus Alexander (Marcus Aurelius Severus Alexander) wurde 208 in der phönizischen Stadt Caesarea geboren. Ursprünglich hieß er Marcus Iulius Gessius Bassianus Alexianus. Sein Vater war Gessius Marcianus, seine Mutter Iulia Avita Mamaea, eine Tochter der Iulia Maesa und Nichte der Iulia Domna, der Gattin des Septimius Severus. Wie sein Vetter und Vorgänger Elagabalus war auch Alexianus Priester des Sonnengottes von Emesa.

Als Iulia Maesa erkannt hatte, daß Elagabalus beseitigt werden müsse, überredete sie ihn im Einverständnis mit Mamaea, Alexianus als Erben zu adoptieren. Auf diese Weise wurde der dreizehn Jahre alte Knabe zum Caesar und »Ersten der Jugend« erhoben und nannte sich von 221 an Marcus Aurelius Severus Alexander. Die Münzen, die um diese Zeit geprägt wurden, tragen seine Namen und die seiner Mutter. Ein Jahr später, 222, bekleidete er gemeinsam mit Elagabalus das Konsulat. Doch der Kaiser bereute es bald, seinen freundlichen und liebenswürdigen Vetter, dem allgemeine Anerkennung gezollt wurde, zum Nachfolger ernannt zu haben. Er beschimpfte ihn deshalb öffentlich; ja, er wollte ihn nicht nur vor aller Augen herabwürdigen, sondern verlangte sogar seinen Tod. Aber die Wachsamkeit seiner Großmutter und seiner Tante vereitelte seine Pläne. Sie ließen Elagabalus und seine Mutter Soaemias durch Prätorianer umbringen, und Severus Alexander konnte ungehindert den Thron besteigen. Zunächst führten Maesa und Mamaea die Regierungsgeschäfte, doch als Maesa etwa 223 starb, übte Mamaea alleine die Kontrolle über die Regierung aus.

Allerdings war es für Mamaea nicht leicht, sich durchzusetzen. Während dreitägiger Straßenkämpfe kam es zu einem Zusammenstoß zwischen den Prätorianern und ihrem Befehlshaber, dem großen Rechtsgelehrten Ulpianus (Domitius Ulpianus), der – wie Mamaea – aus Syrien stammte. Ulpianus scheint der Oberste der Prätorianerpräfekten gewesen zu sein, dem die beiden Präfekten Flavianus und Chrestus als hohe Offiziere unterstanden. Als Flavianus und Chrestus nach kurzer Zeit starben, erhoben sich die Wachsoldaten gegen Ulpianus, sei es, weil sie ihm die Schuld am Tod seiner beiden Untergebenen gaben oder weil sie seine altmodischen disziplinarischen Ansichten ablehnten. Wie dem auch war – er mußte 223 sein Leben lassen, Mamaea und Alexander, bei denen er Zuflucht gesucht hatte, konnten ihn nicht schützen. Sie wurden sogar gezwungen, den Rädelsführer seiner Mörder, Marcus Aurelius Epagathus, mit der Statthalterschaft von Ägypten zu belohnen. Allerdings sorgten sie anschließend dafür, daß er seine Tat mit dem Leben bezahlte. Ulpianus war der letzte der großen römischen Juristen, die als Prätorianerpräfekten gedient hatten. Von nun an traten die zivilen Aufgaben der Präfekten zunächst mehr und mehr in den Hintergrund, weil Rom in immer kürzeren Abständen von einer militärischen Notlage in die andere getrieben wurde.

Mamaea, die mit aller Behutsamkeit über den sanften, vornehmen und gelehrigen jungen Herrscher wachte, führte ihm als Gemahlin Gnaea Seia Herennia Sallustia Barbia Obiana zu, die aus einer Patrizierfamilie stammte. Sie wurde zur Augusta erhoben, und es wurden in ihrem Namen Münzen geschlagen, die ihr Bild zierte. Es scheint, daß auch ihr Vater, Seius Sallustius Macrinus, geehrt und zum Caesar ernannt wurde. Doch dauerte es nicht lange, bis er und seine Tochter bei der eifersüchtigen und mißtrauischen Mamaea in Ungnade fielen. Sie zwang Alexander – gegen seinen Willen, wie wir erfahren –, Orbiana nach Afrika zu verbannen, während ihr Vater, als er ins Prätorianerlager fliehen wollte, ergriffen und im Jahre 227 oder 228 als Rebell hingerichtet wurde. Seitdem duldete Mamaea, die mit dem Titel »Mutter des Kaisers, des Heerlagers, des Senats und des Landes« geehrt wurde, niemanden mehr bei Hofe, der ihren Einfluß schmälern konnte. Doch die Prätorianer, die durch den Verlust von Sallustius um die Möglichkeit gebracht worden waren, ihre Macht in die Waagschale zu werfen, waren weiterhin unruhig. Ein Hauptziel ihrer Feindseligkeiten war der Historiker und Senator Cassius Dio, weil er, wie er selbst angab, als Statthalter von Oberpannonien die Soldaten zu hart angefaßt hatte. Schon zu Lebzeiten Ulpianus' hatten die Prätorianer sich über Dio beschwert. Deshalb riet ihm der Kaiser, als er 229 zum zweiten Mal Konsul wurde, die beiden Monate seiner Amtszeit unauffällig an einem sicheren Ort außerhalb Roms zu verbringen.

In der »Historia Augusta« wird die Regierungszeit des Severus Alexander ebenso ausführlich wie schmeichlerisch als eine goldene Zeit beschrieben, in der die Würde des Senates wiederhergestellt worden sei. Doch so breit angelegt dieser Bericht auch ist, er scheint unhaltbar zu sein, denn er bildet den Kern eines biographischen Aufsatzes, der in anderer Hinsicht fast ausschließlich erfunden ist. Der Verfasser der »Historia Augusta« wollte wohl aus eigenem Antrieb heraus den einfachen jungen Mann zum Idealbild eines Herrschers machen und schrieb ihm deshalb viele, auch einander ausschließende Tugenden zu. Er vermutete in ihm auch den Urheber der Verwaltungsreformen, die ihm als Geschichtsschreiber (oder der von ihm benutzten Quelle) am Herzen lagen. Was die Wiederherstellung der Macht des Senats angeht, so kann man bestenfalls Herodianos' Darstellung akzeptieren, wonach Iulia Maesa und Iulia Mamaea in dem begreiflichen Bemühen, sich nach der katastrophalen Regierung des Elagabalus Ansehen zu verschaffen, einen Ausschuß von sechzehn Senatoren bildeten, der vielleicht Teil einer größeren Körperschaft war, die den Kaiser, solange er noch minderjährig war, beraten sollte. Die anschließende Bemerkung Herodianos', daß derartige Maßnahmen zwar das Ansehen des Senats hoben, aber kaum zur Stärkung seiner Macht beitrugen, trifft zu. Cassius Dio legt in einer fiktiven Rede, die er Maecenas, den Ratgeber des Augustus, halten läßt, Maecenas die Worte in den Mund, daß dem Senat schon genügend Ehre erwiesen sei, wenn man ihm nur den Anschein der

Vormachtstellung zugestehe. Und in der Tat entwickelte sich die absolute Vorrangstellung des Militärs unaufhaltsam weiter. So erstaunt es auch nicht, daß Elagabalus' wichtigster Beamter, Publius Valerius Comazon, überlebte und zum dritten Mal das Amt des Stadtpräfekten erhielt. Mamaea und Alexander taten alles, um sich das Militär gefügig zu halten, doch brauchten sie dabei viel weniger disziplinarischen Druck auszuüben als es in der »Historia Augusta« den Lesern vor Augen geführt wird.

Fortschritte wurden dagegen im Strafrecht erzielt. Die Tendenz, zumindest in diesem Bereich Härten zu mildern, hebt sich vorteilhaft von der größeren Strenge ab, die unter Elagabalus herrschte. Doch leider geriet die neue Regierung bald in den Ruf erbärmlicher Armut, allerdings zu Unrecht, denn die Bevölkerung Roms erhielt immerhin fünf Getreidezuteilungen, und in verschiedenen Teilen des Reiches wurde ein umfangreiches Bauprogramm in die Wege geleitet. Das machte sich vor allem in Rom bemerkbar, wo zum Beispiel die Thermen Neros weiter ausgebaut wurden und eine neue Wasserzufuhr sowie eine neue Bibliothek erhielten und fortan Alexander-Thermen hießen. Außerdem wurden die Steuern vorsichtig gesenkt und die sich daraus ergebende Lücke in den Staatsfinanzen durch eine Luxussteuer ausgeglichen. Dennoch mußte die Regierung eine wohlüberlegte, sparsame Ausgabenpolitik betreiben, um sich von der maßlosen Finanzpolitik der vergangenen Regierung zu erholen. Wir erfahren, daß der junge Alexander persönlich sehr sparsam war im Gegensatz zu seiner ausgesprochen habgierigen Mutter, und daß ihn – nach Herodianos – ihre Habgier abstieß, daß er ihr aber allzu ergeben war, um wirkliche Gegenmaßnahmen zu ergreifen. Das führte allerdings dazu, daß eine wirkliche Erholung der Staatsfinanzen ausblieb.

Auf diese Weise gefährdete Mamaea ihre eigene Stellung, und zwar zu einer Zeit, da sich die militärische Lage dramatisch verschlechterte. Der Grund dafür war, daß die Perser im alten Reich der Parther jenseits des Euphrats eine ganz neue Regierung errichtet hatten. Die ständigen Kriege mit Rom hatten die alte parthische Regierung allmählich geschwächt, so daß sie die Herrschaft über die feudale Aristokratie allmählich verloren hatte. Zu ihr gehörte das Fürstentum Persepolis, dessen Herrscher, Ardaschir I., in der Zeit von 223 bis 230 weite Teile des Partherreiches unterwarf und seinen letzten König stürzte. Er errichtete im gesamten Partherreich die

Herrschaft der Sassaniden, deren Namen auf Ardaschirs Großvater Sasan zurückgeht. Das Haus der Sassaniden stellte für Rom eine viel größere Gefahr dar, als sie die Parther je gewesen waren. An der Spitze einer zentralistischen und nationalistischen Regierung drängten die neuen Herrscher aggressiv auf Landgewinnung und machten aus ihrer Absicht keinen Hehl, die Grenzen des alten Perserreiches, die ursprünglich einmal bis zu den Küsten Kleinasiens gereicht hatten, wiederherzustellen.

Im Jahre 230 traf in Rom die Nachricht ein, daß Ardaschir, der dieses Ziel verfolgte, Mesopotamien überrannt habe und nun Syrien sowie die anderen Ostprovinzen des Römischen Reiches bedrohe. Ein Jahr später, nachdem Verhandlungen ergebnislos verlaufen waren, zogen Mamaea und Alexander mit einer starken Armee nach Osten. Als auch ein zweiter Versuch, den Konflikt auf diplomatischem Wege zu lösen, scheiterte, forderte Ardaschir die Römer ultimativ auf, alle Gebiete zu räumen, auf die er Anspruch erhob. Obwohl Alexander auf seinen Münzen hoffnungsvoll »die Treue der Armee« (FIDES EXERCITVS, FIDES MILITVM) beschwor, gab es bereits Meutereien, einen Putschversuch der Offiziere in Mesopotamien und Schwierigkeiten mit den in Ägypten ausgehobenen Truppen. Dennoch gingen die Römer 232 das Wagnis ein, gleichzeitig in drei Stoßrichtungen vorzudringen, nach Armenien, nach Nordmesopotamien und nach Südmesopotamien. Die erste der drei Abteilungen war erfolgreich. Sie gelangte bis nach Medien, litt allerdings auf dem Rückmarsch schwer unter der bitteren Winterkälte. Die zweite Abteilung dagegen, die dem Kaiser persönlich unterstand, scheint (vielleicht wegen des mörderischen Klimas) so gut wie gar nicht vorangekommen zu sein, und die dritte wurde am Euphrat aufgerieben. Dennoch gelang es, die römische Provinz Mesopotamien zurückzuerobern, und Ardaschir hielt vier Jahre lang still. Deshalb feierte Alexander auch, nachdem er im Herbst 233 mit Mamaea nach Rom zurückgekehrt war, als »Persicus Maximus« einen großen Triumph.

Schon seit längerem hatte die römische Regierung mit wachsender Sorge beobachtet, daß es auch an den Grenzen des Rheins und der Donau gefährliche Unruhen gab. So sahen sich Alexander und Mamaea, denen bereits die krisenhafte Entwicklung im Osten Kopfzerbrechen bereitete, einer weiteren Bedrohung gegenüber, die eine neue, schreckliche Epoche ankündigte, in der das Reich fast ununterbrochen an zwei Fronten gleichzeitig angegriffen werden sollte.

Es waren vor allem Nachrichten von einer gefährlichen Bedrohung durch die Alamannen, die Alexander beunruhigten. Sie waren eingetroffen, noch bevor er und seine Mutter im Osten aufgebrochen waren, um sich nach Rom zu begeben. Als die Legionen, die der Kaiser aus dem Donauraum nach Persien verlegt hatte (und die eifersüchtig waren, weil Alexander und Mamaea die Truppen aus ihrer orientalischen Heimat bevorzugten), davon hörten, forderten sie die sofortige Rückkehr nach Europa, um ihr Vaterland im Falle eines Angriffs verteidigen zu können. Als sie wieder in Rom waren, gaben Alexander und Mamaea diesem Verlangen nach und sandten sie unverzüglich nach Norden. Im Jahre 234 folgten sie in die gleiche Richtung nach und schlossen sich in Moguntiacum (Mainz) den Legionen am Rhein an.

Zunächst wurde eine Schiffsbrücke über den Rhein geschlagen. Doch als Alexander, der offensichtlich kein Heerführer war, seine Soldaten von einem Angriff der Germanen loskaufen wollte, fühlten sie sich gedemütigt und wandten sich einem erfahreneren Heerführer zu, Maximinus, der aus der Donauregion kam. Im März 235 riefen sie ihn zum Kaiser aus, und Alexander und Mamaea hofften vergeblich auf die Hilfe ihrer Truppen, die sie aus dem Osten mitgebracht hatten. Wider Erwarten griffen sie sogar, als Maximinus sich ihnen entgegenstellte, das kaiserliche Paar an und brachten es bei Vicus Britannicus (Bretzenheim bei Mainz) um.

Während ihrer Regierungszeit hatten sich Alexander und seine Mutter bemüht, den Sonnenkult in weniger exotische Bahnen zu lenken, als sie Elagabalus bevorzugt hatte. Sol, die Gottheit, die zu dieser Zeit schon beinahe eine Verkörperung des Monotheismus darstellte, wurde zwar immer noch auf den Münzen abgebildet, aber nicht mehr in syrischem Gewand, sondern mit der traditionellen Strahlenkrone einer römischen Gottheit. Auch Elagabalus' Tempel erfuhr eine Veränderung und wurde zum Heiligtum für »Iuppiter den Rächer«. Nach der »Historia Augusta« zu urteilen, war Alexander in religiöser Hinsicht tolerant und wählte aus, was ihm paßte. Es heißt dort:

»Zuvörderst verrichtete er womöglich, das heißt, wenn er nicht mit seiner Gattin geschlafen hatte, in den Morgenstunden seine Andacht in seiner Hauskapelle; dort hatte er sowohl die vergöttlichten Kaiser, aber nur eine Auswahl der besten, als auch besonders ehrwürdige Geister, darunter den Apollonius und – laut einem zeitgenössischen Autor – Christus, Abraham und Orpheus und die übrigen ihresgleichen, im Bilde mit seinen Ahnenporträts beisammen. ... Alexandros »dem Großen« aber gab er einen Ehrenplatz unter den Wohltätern der Menschheit und vergöttlichten Kaisern in der größeren Hauskapelle.«

5 ZEIT DER KRISEN

Maximinus I. Thrax (235–238)

Maximinus I. Thrax (Gaius Iulius Verus Maximinus) soll (das ist nicht nachweisbar) als Sohn eines gotischen Bauern und einer Alanin* geboren worden sein. Er ist als »der Thraker« (Thrax) bekannt, stammt aber wahrscheinlich gar nicht aus Thrakien, sondern aus einer nördlicheren Gegend irgendwo an der Donau. Zonaras' Behauptung, daß er 172 oder 173 das Licht der Welt erblickt habe, ist nicht stichhaltig. Wahrscheinlich ist seine Geburt mindestens zehn Jahre später anzusetzen.

Durch seine geradezu sagenhafte Größe und Stärke zog Maximinus die Aufmerksamkeit auf sich. Er war der erste römische Kaiser, der seine Laufbahn als einfacher Soldat begonnen hatte und schnell in hohe militärische Stellungen aufgestiegen war. Im Jahre 232 kommandierte er wohl eine Legion in Ägypten und wurde 233 Statthalter der wiedergewonnenen Provinz Mesopotamien. 235 befehligte er eine Streitkraft pannonischer Rekruten am Rhein. Es waren diejenigen, die Severus Alexander und Iulia Mamaea umbrachten und anschließend Maximinus, der als Heerführer in einem weitaus besseren Ruf stand als sein Vorgänger, zum Kaiser erhoben.

Der Senat war gezwungen, Maximinus' Ernennung zu bestätigen. Das tat er allerdings nur sehr widerwillig, denn man hatte ihn vor vollendete Tatsachen gestellt, und die Senatoren betrachteten den neuen Kaiser keineswegs als ihresgleichen.

Maximinus sah den Krieg in Germanien als seine vordringlichste Aufgabe an. Doch bevor er sich ihr ganz widmen konnte, hatte er zwei Aufstände im Keim zu ersticken, die auf die inneren Angelegenheiten des Reiches gerichtet waren. Im einen Fall plante eine Gruppe von Offizieren, während Maximinus jenseits des Rheins kämpfte, die

* Die Alanen waren mit den Sarmaten am Schwarzen Meer verwandt.

Brücke zu zerstören, die beide Ufer miteinander verband. Sie wollten verhindern, daß der Kaiser über den Fluß zurückkehrte und, während er am gegenüberliegenden Ufer festsaß, an seiner Statt einen Senator namens Magnus zum Kaiser ausrufen. Doch sickerten Gerüchte über diese Verschwörung durch, und Maximinus ließ alle Verdächtigen hinrichten. Im anderen Fall ging die Bedrohung von den so wichtigen Bogenschützen aus Osrhoëne aus, die sich in der Erinnerung noch ganz Severus Alexander verpflichtet fühlten und daher einem seiner Freunde, Quartinus, den Kaiserpurpur antrugen. Als aber Macedo, ihr Kommandeur, seine Meinung änderte und dafür sorgte, daß Quartinus umgebracht wurde, konnte er sein Leben trotzdem nicht mehr retten. Diese bedrohlichen Vorfälle machten Maximinus mißtrauisch und verbitterten ihn. Alle Offiziere im Rang eines Senators wurden aus dem Heer entfernt und durch Berufssoldaten ersetzt, die ihre Beförderung allein dem Kaiser verdankten.

Nachdem der Kaiser diese Revolten in den Anfängen erstickt hatte, überschritt er den Rhein und stieß weit nach Germanien vor. Indem er das Land plünderte und die Dörfer niederbrannte, zwang er die Germanen – vor allem die Alamannen, seine Hauptfeinde –, sich schutzsuchend in ihre Wälder und Sümpfe zurückzuziehen. Es dauerte jedoch nicht lange, bis es in einem Sumpfgebiet unweit der heutigen Nordgrenze Baden-Württembergs zu einer großen Schlacht kam. Bis zur Brust im Wasser, bewies der Kaiser sehr viel persönlichen Mut und fügte trotz hoher Verluste auf seiten der Römer dem Gegner eine vernichtende Niederlage zu, die wenigstens für einige Zeit für Frieden sorgte. Die Schlacht wurde in einem Bild festgehalten und das Gemälde nach Rom geschickt, damit es im Senatsgebäude ausgestellt würde. Maximinus nahm den Ehrentitel »Germanicus Maximus« an, ernannte seinen Sohn Maximus zum Caesar und »Ersten der Jugend« und gab im Namen seines Sohnes sowie seiner verstorbenen, vergöttlichten Gattin Caecilia Paulina Münzen heraus.

Maximinus ergriff zwar zunächst Maßnahmen, die Grenze besser zu verteidigen, scheint andererseits aber auch bereit gewesen zu sein, seinem siegreichen ersten Feldzug weitere Eroberungszüge über den Rhein folgen zu lassen. Sollte er einen solchen Plan wirklich gehegt haben, mußte er ihn jedoch spätestens dann aufgeben, als die nichtunterworfenen Stämme an der Donau begannen, Druck auf das Reich auszuüben. Nachdem Maximinus den Winter 235/236 in Sirmium, einem bedeutenden Zentrum römischer Machtentfaltung, zugebracht hatte, zog er gegen diese kriegerischen Stämme ins Feld und legte sich danach die Titel »Sarmaticus Maximus« und »Dacicus Maximus« zu. Schließt man nach seinen Erfolgen in Germanien, dann gibt es keinen Grund, warum er sich nicht zu Recht auch mit diesen Beinamen schmücken sollte.

Sein Hauptquartier befand sich immer noch in Sirmium, als im Frühjahr 238 die Nachricht eintraf, daß der betagte Gordianus Africanus, der Konsul von Africa, revoltiere und von seinem Sohn gleichen Namens unterstützt werde. Obwohl der Senat sowie der größte Teil des Reiches diese Erhebung begrüßten, wurde sie von Capellianus, dem Statthalter von Numidien, der dem Kaiser treu geblieben war, nach nur 22 Tagen niedergeschlagen. Als in der Schlacht der jüngere Gordianus durch die Hand des Capellianus gefallen war und der ältere Gordianus Selbstmord begangen hatte, da ernannte der Senat sofort zwei neue Kaiser aus seinen Reihen, Balbinus und Pupienus, und setzte seinen Widerstand gegen Maximinus fort.

Als Maximinus der Aufstand der beiden Gordiani gemeldet wurde, beschloß er, unverzüglich mit seinem Heer nach Italien zu ziehen. Auf dem Marsch dorthin wollte er in Emona Station machen. Aber die Stadt war evakuiert und die Vorräte beiseite geschafft oder vernichtet worden. Darüber waren seine Soldaten so enttäuscht, daß sie zu meutern begannen. In Aquileia stieß Maximinus sogar auf entschlossenen Widerstand. Nicht einmal nachdem er eine Brücke provisorisch über den gerade Hochwasser führenden Sontius (Isonzo) geschlagen hatte, war es ihm möglich, die Stadt im Sturm zu nehmen. Das führte zu schweren Verlusten. Hinzu kam, daß die Lebensmittel ausgingen und die unzufriedenen Offiziere hart bestraft wurden, was zur Folge hatte, daß die Disziplin und der Kampfwille der kaiserlichen Streitkräfte nachließen. Deshalb überfielen am 10. Mai 238 die Soldaten einer Legion, die besonderen Grund zur Beunruhigung hatten, weil ihre Familien und ihr Eigentum in Albanien sich in Feindeshand befanden, Maximinus und seinen Sohn. Sie ruhten sich gerade nach dem Mittagsmahl aus, als sie umgebracht wurden. Unter dem Schutz einer Reiterei wurden ihre Köpfe nach Rom gebracht.

Maximinus' Büsten und Münzbilder bestätigen Herodianos' Äußerung, wonach er eine furchteinflößende Erscheinung war. »Auch sein Körperbau«, fährt der Historiker fort, »war riesig. Nicht einmal den tüchtigsten griechischen Athleten oder den bestausgebildetsten

Barbarenkriegern wäre es leichtgefallen, sich mit ihm zu messen. ... Er nutzte seine Macht rücksichtslos, um Menschen Furcht einzuflößen. Anstatt milde und maßvoll zu regieren, übte er eine in jeder Form barbarische Tyrannei aus. Dabei war er sich der Feindseligkeit durchaus bewußt, die ihm von allen Seiten entgegenschlug, weil er der erste Kaiser war, der aus ganz einfachen Verhältnissen zu höchster Würde emporgestiegen war. Sein Charakter war von Natur aus barbarisch; er war ja auch barbarischer Abstammung. So hatte er die brutale Veranlagung seiner Landsleute geerbt. ... Doch wenn er sich seinen Mitarbeitern und Vorgesetzten gegenüber nicht so überaus rücksichtslos verhalten hätte, wäre der schlechte Ruf, in dem er stand, nicht noch durch seine Taten bestätigt worden.«

Kritische Bemerkungen wie diese finden sich auch in der »Historia Augusta«. Sie spiegeln die Haltung des Senats wider, dessen Mitglieder Maximinus verabscheuten. Doch dieser Abscheu beruhte auf Gegenseitigkeit, denn Maximinus war ungebildet, sprach kaum Latein und brachte der traditionsverbundenen Oberschicht sowie der Mittelschicht Roms nichts als Verachtung entgegen. Zum Beispiel nahm er sich während seiner dreijährigen Regierung nicht ein einziges Mal Zeit, die Hauptstadt zu besuchen. Darüber hinaus hatten allem Anschein nach die wohlhabenden Schichten der Bevölkerung, von Steuereinnehmern, politischen Agenten und militärischen Spitzeln bedrängt, unter ihm höhere Verteidigungsbeiträge zu leisten als je zuvor. Außerdem durften sie das von ihnen Geforderte nicht mehr in Form von Münzgeld entrichten, weil es ja ständig an Wert verlor, sondern mußten ungemünztes Edelmetall bzw. Sachwerte dafür geben. Bei den Vertretern der Oberschicht, von denen diese Abgaben buchstäblich erpreßt wurden, stand Maximinus deshalb im Ruf eines habgierigen Blutsaugers.

Diese Härte resultierte jedoch aus einer realistischen Einschätzung der Lage, die fast zum Verzweifeln beängstigend war. Um das Reich vor dem endgültigen Verfall zu bewahren, war es notwendig, erbarmungslos neue Wege zu gehen, und nur ein Kaiser ganz neuer Prägung, der bereit war, alles dem Militär unterzuordnen, konnte dazu noch imstande sein. Deshalb wich Maximinus auch von der toleranten Haltung seiner Vorgänger gegenüber den Christen ab, denn es mußte alles vermieden werden, was den Patriotismus der Römer untergraben konnte.

Obwohl Maximinus schließlich doch scheiterte – Herodianos

sieht die Ursache dafür teilweise in seiner Härte –, bewährte er sich als ein äußerst fähiger Truppenkommandeur. Seiner Herkunft und seinem Wesen nach war er ein typischer Soldatenkaiser, einer der ersten in einer beeindruckenden Reihe von Herrschern donauländischen Ursprungs, die dem kampferprobtesten Volk der römischen Welt entsprungen waren und es fertigbrachten, während des nächsten halben Jahrhunderts das Reich vor dem Untergang zu bewahren, obwohl der Preis, den seine Bewohner dafür an Lebensqualität zu zahlen hatten, verheerend war.

Gordianus I. (238)

Gordianus I. (Marcus Antonius Gordianus Sempronianus Romanus; Mitkaiser seines Sohnes Gordianus II. von März bis April 238) wurde 159, vielleicht auch erst ein bis zwei Jahre später geboren. Der »Historia Augusta« zufolge waren seine Eltern Maecius Marullus und Ulpia Gordiana. Ob der Vater allerdings wirklich Maecius hieß, ist fraglich, denn dieser Name taucht eigentlich erst im vierten Jahrhundert auf, in dem die »Historia Augusta« entstand. Nicht weniger zweifelhaft ist der Name Ulpia, der seiner Mutter gegeben wird, denn er enthält den Anspruch, daß Gordianus mütterlicherseits mit Traianus verwandt gewesen sei. Väterlicherseits soll Gordianus ein Abkömmling der Gracchen gewesen sein, jener idealistischen Reformer aus der Zeit der Republik. Wahrscheinlicher als jede dieser Behauptungen ist dagegen ein Zusammenhang zwischen Gordianus, dem Namen des Kaisers, und Gordion, dem der Stadt in Kleinasien. Was den Namen Romanus anbelangt, so vermuten moderne Autoren, daß Gordianus ihn erst angenommen habe, nachdem er zum Kaiser ausgerufen worden sei. Es existiert aber eine Inschrift, die den Namen Sempronia Romana belegt und die den Schluß zuläßt, daß Romanus von Anfang an ein Bestandteil seines Namens war.

Gordianus I. war ein reicher Grundbesitzer mit literarischen Neigungen. Philostratos widmete ihm (oder seinem Sohn) ein Werk, und außerdem war er mit dem bekannten Athener Sophisten Herodes Atticus verwandt, der 143 Konsul war. Nachdem Gordianus verschiedene Ämter der senatorischen Laufbahn bekleidet hatte, wurde er verhältnismäßig spät, erst mit 64 Jahren, Konsul. In seinen Händen lag die Verwaltung mehrerer Provinzen (auch Unterbritanniens), und erst 237/238, als er schon auf sein 80. Lebensjahr zuging, wurde er von Maximinus Thrax zum Statthalter von Africa bestellt.

Dort gab es einen kaiserlichen Steuereinnehmer, der die Steuern in besonders erpresserischer Weise eintrieb mit dem Ziel, wohlhabende Grundbesitzer um Hab und Gut zu bringen. Um sich zu retten, verschworen sich einige junge Aristokraten gegen diesen Prokurator. Sie mobilisierten ihre Pächter und alle, die in ihren Diensten standen, und brachten ihn, nachdem sie ihn bei Thysdrus eingeschlossen hatten, um. Damit hatten sie aber den Landfrieden gebrochen, und es gab für sie nur noch einen Ausweg, ihr Leben zu erhalten, die gesamte Provinz zum Widerstand aufzurufen und einen neuen Kaiser gegen Maximinus zu ernennen. Aus diesem Grunde traten sie an Gordianus I. heran. Es wird überliefert, daß er anfänglich gezögert, doch dann, um den 19. März 238 herum, seiner Ernennung zum Augustus zugestimmt habe; und ein paar Tage später soll er in Begleitung seines Sohnes, den er zum Mitkaiser erwählte, und von Soldaten und besonders hochgewachsenen jungen Männern eskortiert feierlichen Einzug in der Provinzhauptstadt Karthago gehalten haben. »Für kurze Zeit«, so schreibt Herodianos, »war seinem Erscheinungsbild und seinem Wohlstand nach Karthago nun Rom.« Es dauerte auch nicht lange, und Vater und Sohn legten sich beide den Titel »Africanus« zu. Als erstes sandten sie eine Abordnung nach Rom, die von einem unerschrockenen und körperlich starken Berater des Vaters angeführt wurde. Er gab dem Senat und dem römischen Volk die Erhebung der beiden Gordiani zu Kaisern bekannt. Außerdem hatten die Gesandten private Sendschreiben an verschiedene Senatoren bei sich. Vor allem aber ging es ihnen darum, den Prätorianerpräfekten Vitalianus zu stürzen, der ein unerschütterlicher Anhänger des Maximinus war. Indem sie vorgaben, in geheimer Mission von Maximinus zu kommen, verschafften sie sich Zutritt zu ihm und ermordeten ihn.

Anschließend gaben Vater und Sohn ihr Regierungsprogramm bekannt. Sie versprachen, das Denunziantentum zu unterdrücken, Verbannte zu rehabilitieren und den Truppen eine Prämie zu zahlen. Obwohl der Senat sich allem Anschein nach nicht an dem Aufstand beteiligt hatte, bestätigte er dennoch am 2. April die kaiserlichen Titel der Gordiani. Severus Alexander wurde vergöttlicht und Maximinus zum Staatsfeind erklärt. Seine Anhänger, unter ihnen Sabinus, der Stadtpräfekt von Rom, wurden verfolgt und getötet. Darüber hinaus bildete der Senat mit einer für ihn außergewöhnlichen Energie einen Ausschuß aus zwanzig ehemaligen Konsuln und wies jedem von ihnen eine Region Italiens an mit der Auflage, sie gegen die erwartete Invasion des Maximinus zu verteidigen. Gleichzeitig wurden Gesandte mit der Aufforderung zu den Provinzstatthaltern geschickt, sich den beiden Gordianen anzuschließen. Nach dem Zeugnis von Meilensteinen zu urteilen, scheinen die Adressaten dieser Aufforderung – die Statthalter von Pannonien, Dakien und Spanien ausgenommen – auch entsprochen zu haben.

Allerdings wurde der Lauf der Dinge in Africa selbst, wo sich Vater und Sohn immer noch aufhielten, für sie zum Verhängnis. Infolge eines Rechtsstreites standen sie mit Capellianus, dem Statthalter des benachbarten Numidien, auf Kriegsfuß und versuchten, ihn zu beseitigen. Er wiederum weigerte sich, sie als Herrscher anzuerkennen, und setzte seine Truppen gegen sie ein. Der jüngere Gordianus kam in den Kämpfen um, und sein Vater erhängte sich (nach einer anderen Quelle hatte er sich allerdings schon vor dem Gefecht das Leben genommen). Vater und Sohn hatten den kaiserlichen Purpur nur 22 Tage lang getragen, so daß sich die Aufschrift auf ihren Münzen, »die Sicherheit der Kaiser«, als bittere Ironie erwies. Doch ist ihre Regierung, so kurz sie auch war, dadurch bemerkenswert, daß der eingeschüchterte und gedemütigte Senat nach vielen Jahren wieder in Erscheinung trat und selbständig handelte.

Nach seinen Münzporträts zu urteilen, war Gordianus I. ein Mann mit schmalem, hagerem Gesicht. Obwohl sich der Biograph in der »Historia Augusta« redliche Mühe gibt, ihn – zu Unrecht – als idealen Kaiser nach dem Bild der Antoniner hinzustellen, geht er möglicherweise dort, wo er Gordianus' Persönlichkeit beschreibt, auf eine zuverlässige Quelle zurück. Danach erfahren wir, daß der ältere Gordianus eine beeindruckende Erscheinung war, daß er sich elegant kleidete, seine Verwandten liebte und überaus gern badete. »Sein Benehmen war so maßvoll«, fährt der Schreiber fort, »daß es keine begehrliche oder unbescheidene oder maßlose Tat von ihm zu berichten gibt. Sein Schlafbedürfnis war so stark, daß er sogar in Gesellschaft, wenn er gerade bei seinen Freunden zu Tisch war, einnickte, ohne sich dessen zu schämen.«

Gordianus II. (238)

Gordianus II. (Marcus Antonius Gordianus Sempronianus Romanus; Mitkaiser seines Vaters Gordianus I. von März bis April 238) wurde etwa 192 geboren. Er war zunächst Statthalter von Achaia und wurde später Konsul. Als sein schon betagter Vater Prokonsul von Africa wurde, ging er als sein Stellvertreter mit ihm nach Karthago. Nachdem Gordianus I. am 19. März 238 von der Aristokratie der Provinz bei Thysdrus zum Kaiser ausgerufen worden war und die Wahl auch angenommen hatte, ernannte der alte Mann seinen Sohn zum Augustus und Mitherrscher. Vater und Sohn teilten sich in alle Würden und Vollmachten, und nur das Amt des »pontifex maximus« blieb dem Sohn vorenthalten. Beide Ernennungen wurden vom Senat bestätigt und begrüßt. Als fast unmittelbar darauf Capellianus, der Statthalter von Numidien und Parteigänger des Maximinus, gegen Karthago (die provisorische Hauptstadt der neuen Regierung) ins Feld zog, stellte sich Gordianus II. ihm entgegen. Herodianos berichtet:

»Capellianus stand an der Spitze einer riesigen Armee junger, kräftiger Männer, die mit jeder Art von Waffen ausgerüstet und kriegserprobt waren, denn sie hatten ihre Erfahrungen im Kampf gegen die Barbaren gesammelt ... Gordianus der Jüngere war ausersehen, die Schar von Zivilisten zu kommandieren, die sich ihm entgegenstellte. ... Als es zum bewaffneten Zusammenstoß kam, hatten zwar die Karthager die zahlenmäßige Überlegenheit, doch sie waren ein undisziplinierter Haufen ohne jede militärische Erfahrung. Waren sie doch mitten im Frieden großgeworden und kannten nichts als Vergnügungen und Feste. Doch was die Sache noch schlimmer machte: Sie verfügten über keinerlei Waffen und auch keinerlei sonstige für den Kampf taugliche Ausrüstung. Jeder hatte einfach einen Dolch, eine Axt oder einen Jagdspieß von zu Hause mitgebracht. Wer Häute auftreiben konnte, schnitt daraus kreisförmige Stücke, und ringsherum angeordnete Holzstäbe dienten als Rahmen, auf den das Leder gespannt wurde. So hatte man primitive Schilde zusammengebastelt. Die Numidier dagegen waren ausgezeichnete Speerwerfer und hervorragende Reiter. Von Zaumzeug hielten sie nichts. Vielmehr dirigierten sie ihre Reittiere lediglich mit Stöcken. Es hätte ihnen nicht die geringste Mühe bereitet, die ungeübten Karthager auszurotten. Deshalb warfen die Karthager auch ihre Waffen weg, ohne den Angriff der Numidier abzuwarten, und suchten ihr Heil in der Flucht. Als sie sich jedoch zur Flucht wandten, kam es zu einem furchtbaren Gedränge, und einer trampelte den anderen tot. Auf diese Weise kamen mehr Karthager ums Leben als durch Feindeinwirkung.«

Eines der Opfer dieser Schlacht war ihr Feldherr Gordianus II. selbst. Sein Leichnam wurde nie gefunden. Sein Vater beging entweder schon vor, vielleicht aber auch erst nach der Schlacht Selbstmord (s. Gordianus I.). Capellianus marschierte in Karthago ein und errichtete eine Schreckensherrschaft, die auch an anderen Orten der Provinz Africa nachgeahmt wurde. Dieser Kampf zeigte in aller Deutlichkeit, daß jeder Aufstand und jeder Staatsstreich, der ohne die Unterstützung oder sogar gegen den Willen der regulären Armee unternommen wurde, zum Scheitern verurteilt war.

Auf seinen Münzen trägt der jüngere Gordianus die gleichen Titel wie sein Vater, doch sein Gesicht weist gröbere Züge auf, und seine hohe Stirn ist kahl. In der »Historia Augusta«, in der möglicherweise die Tatsachen verschönt worden sind, wird er als »eine stattliche Erscheinung« beschrieben. Und weiter heißt es:

»In wissenschaftlicher Hinsicht hielt man große Stücke auf ihn; er hatte ein ungewöhnlich gutes Gedächtnis und war von solcher Herzensgüte, daß er die Tränen nicht zurückhalten konnte, wenn einer seiner Spielkameraden gezüchtigt wurde.

Es gibt vom jüngeren Gordianus Arbeiten in Prosa und in Versen, die noch heutigentags von seinen Verwandten vorgenommen werden; sie sind nicht bedeutend, nicht ganz unbedeutend, sondern durchschnittlich und offenkundig Erzeugnisse eines geistreichen, aber ausschweifenden und mit seinem Talent nicht wuchernden Kopfes. Auf kalte Getränke war er versessen, und im Sommer trank er fast nur Kaltes, und das in großen Mengen.«

»Dem Serenus Sammonicus«, fährt die »Historia Augusta« fort, »einem Busenfreund seines Vaters und seinem eigenen Erzieher, war er so lieb und wert, daß dieser dem jüngeren Gordianus die gesamte Bibliothek seines Vaters Serenus Sammonicus, die auf ungefähr zweiundsechzigtausend Rollen geschätzt wurde, letztwillig hinterließ.«

Gordianus II. lebte schwelgerisch. »Er trieb sich in Lustorten, Gärten, Bädern und lauschigen Hainen herum. Er hatte einen starken Hang zum weiblichen Geschlecht; soll er doch zweiundzwanzig ihm zuerkannte Konkubinen ausgehalten haben, von denen er sämtlich je drei bis vier Kinder hinterließ.«

Diese Schilderung nahm Edward Gibbon zum Anlaß für eine seiner scharfzüngigsten Formulierungen: »Zweiundzwanzig Konkubinen und eine Bibliothek von zweiundsechzigtausend Bänden bezeugen die Vielfalt seiner Neigungen, und nach den Produkten, die er zurückließ, scheinen die Erstgenannten sowie die Letztgenannten eher für den praktischen Gebrauch als zum bloßen Vorzeigen bestimmt gewesen zu sein.« Gibbon schließt: »Seine Manieren waren weniger geschliffen, doch sein Charakter war ebenso liebenswert wie der seines Vaters.«

Balbinus (238)

Balbinus (Decimus Caelius Calvinus Balbinus; Mitkaiser des Pupienus von April bis Juli 238) kann nicht erst 178 geboren sein, wie Zonaras meint. Wahrscheinlicher sind die Daten »um 170« oder »um 165«. Durch Geburt oder Adoption Sohn eines gewissen Caelius Calvinus, war Balbinus Patrizier, denn die Sodalität der Salier, der er angehörte, war nur Männern dieses Standes vorbehalten. Er war zweimal Konsul, und zwar 203 und 213. Der »Historia Augusta« zufolge amtierte er auch als Statthalter der Provinzen Asia und Africa, nachdem er schon fünfmal Statthalter anderer Provinzen gewesen war. Diese genaue Aufzählung braucht jedoch durchaus nicht zuzutreffen, sicher ist nur, daß er mehrere Ämter dieser Art bekleidet hatte.

Der Senat hatte sich öffentlich zu der Revolte der beiden Gordiani (Gordianus I. und Gordianus II.) gegen Maximinus Thrax bekannt und konnte daher nicht mehr zurück, als ihr Tod bekannt wurde. Als der Senat die beiden Gordiani als Kaiser bestätigte, bildete er aus den Reihen seiner Mitglieder einen Ausschuß von zwanzig Männern, deren Aufgabe es war, Italien gegen Maximinus Thrax zu verteidigen. Dieser Ausschuß trat nun im Iuppitertempel auf dem Kapitol zusammen und wählte zwei seiner Mitglieder zu neuen Kaisern. Das waren Balbinus und Pupienus. Ihre Stellung zueinander war neu. Wann immer es nämlich bisher zwei gemeinsam regierende Kaiser gegeben hatte – Marcus Aurelius und Lucius Verus oder die beiden Gordiani –, so war einer stets ranghöher als der andere, und nur der Ranghöhere konnte das Amt des obersten Priesters bekleiden. Nun aber waren Balbinus und Pupienus einander völlig gleichgestellt, und sogar das bislang als unteilbar geltende Amt des »pontifex maximus« wurde an beide vergeben.

Ihre enge Beziehung zum Senat, dem sie ihre Ernennung zum Kaiser verdankten, spiegelte sich in der Beibehaltung des »Ausschusses der Zwanzig« wider, und auf den neu herausgegebenen Münzen werden sie als »Väter des Senats« (PATRES SENATVS) gefeiert. Ihre Regierung war jedoch von Anfang an – und das lag hauptsächlich an der Ablehnung, auf die Pupienus stieß – schweren Belastungsproben in Rom selbst ausgesetzt. Deshalb betonten die beiden Kaiser auch mit allem Nachdruck, daß es keinen Bruch zwischen ihrer und der Politik der beiden durch Tod zu beklagenden Gordiani geben werde. Um den Worten auch Taten folgen zu lassen, beantragten sie die Konsekration der beiden Gordiani und erhoben Marcus Antonius Gordianus (Gordianus III.), den Enkel Gordianus' I. und Neffen Gordianus' II., zum Caesar. Diese Maßnahmen resultierten aus der Überlegung, daß auf diese Weise sein Familienvermögen zu ihrer Verfügung stehen werde, und in der Tat war es bald möglich, an die Bevölkerung Roms Geld zu verteilen.

Inzwischen war es notwendig geworden, angesichts der unmittelbar bevorstehenden Invasion des Maximinus alle Kräfte zusammenzunehmen. Infolgedessen blieb Balbinus in Rom, während Pupienus aufbrach, um im Norden der Halbinsel eine Armee zu sammeln. In diesem kritischen Augenblick hatten die beiden Kaiser unwahrscheinliches Glück, denn die ehemaligen Konsuln Crispinus und Menophilus – Mitglieder des »Ausschusses der Zwanzig« – leisteten Maximinus bei Aquileia so erfolgreich Widerstand, daß er und sein Sohn von ihren eigenen, enttäuschten und entmutigten Soldaten umgebracht wurden. Die Bewohner Aquileias schmückten die Stadtmauern mit den Bildern von Balbinus, Pupienus und Gordianus III. und forderten die Belagerer auf, vor ihnen den Kaisern zu huldigen. Die Männer gingen darauf ein und durften ihren Hunger auf einem Markt stillen, den die Verteidiger am Rande der Stadt eingerichtet hatten.

Bald darauf brachten Gesandte der Belagerer Pupienus, der zu einem Besuch nach Aquileia gekommen war, ihre Ergebenheit zum Ausdruck. Als Pupienus danach nach Rom zurückkehrte, wurde er an den Toren der Stadt von Balbinus und Gordianus III. empfangen. Während seiner Abwesenheit hatte Balbinus mit großen Schwierigkeiten zu kämpfen. Sie hatten damit begonnen, daß zwei Senatoren, Gallicanus und Maecenas, dafür gesorgt hatten, daß eine kleine Gruppe von Prätorianern, die in das Senatsgebäude eingedrungen war, überwältigt und getötet wurde. Darüber war der Rest der Garde aufgebracht, die ganz und gar nicht willens war, sich von Beauftragten des Senats vorschreiben zu lassen, was ihr zu tun erlaubt sei. Es kam zum Kampf, als Gallicanus eine Schar Gladiatoren mobilisierte und die Prätorianer blutige Rache übten. Balbinus, der in dieser schweren Zeit in Rom geblieben war, erließ ein Edikt zur Beruhigung der Bevölkerung und verkündete für die Prätorianer eine Amnestie. Doch keine der beiden Parteien kümmerte sich darum; vielmehr legten die Soldaten ein Feuer und richteten dadurch ungeheuren Schaden an.

Daher wurde Balbinus, als Pupienus triumphierend in die Hauptstadt zurückkehrte, nur allzu deutlich vor Augen geführt, wieviel Ansehen er verloren hatte. Ihre Münzen legen Zeugnis davon ab, wie sehr sie sich darum bemühten, ein gutes gegenseitiges Einverständnis zu demonstrieren. Der dargestellte Händedruck sollte nicht nur ihre Rolle als »Väter des Senates« symbolisieren, sondern auch auf ihre persönliche Freundschaft hinweisen, die durch eine Reihe verschiedener Inschriften hervorgehoben wurde. Es ist vor allem Balbinus, der ihre gegenseitige Verpflichtung und ihr wechselseitiges Vertrauen (PIETAS MVTVA AVGG. [*Augustorum*], FIDES MVTVA AVGG.) preist. Doch klangen diese Bekenntnisse immer hohler, je mehr sich ihre Beziehungen verschlechterten.

Die gemeinsame Aufgabe, die äußeren Feinde abzuwehren, hätte vielleicht die Risse im Verhältnis der beiden Kaiser zueinander kitten können, und es gab sogar schon konkrete Pläne dafür: Balbinus sollte gegen die Goten ins Feld ziehen, die die untere Donau überschritten hatten, und Pupienus gegen die Perser in den Krieg gehen. Aber die Prätorianer hatten anderes beschlossen. Enttäuscht und aufgebracht, wie sie waren, fürchteten sie, von der germanischen Leibgarde des Pupienus verdrängt zu werden. Deshalb zogen sie am Ende der Kapitolinischen Spiele zum Palast, um ihn zu erstürmen. Als angesichts der drohenden Gefahr Balbinus nicht gestattete, daß die Germanen zu Hilfe gerufen würden, weil er fürchtete, daß sie ihn zugunsten seines Kollegen stürzten, erreichte ihre Uneinigkeit den Höhepunkt. Während er und Pupienus noch stritten, drangen die Prätorianer schon ein, ergriffen die beiden Kaiser, rissen ihnen die

Kleider vom Leib und schleiften sie unter Schlägen und anderen Quälereien durch die Straßen Roms in ihr Lager. Als Gerüchte laut wurden, daß die germanische Leibgarde unterwegs sei, um die beiden Gefangenen zu befreien, wurden sie getötet und ihre Leichen auf offener Straße liegengelassen. Ihre Regierung hatte 99 Tage gedauert.

Herodianos schildert Balbinus als einen Mann, der einen freieren und offeneren Charakter gehabt habe als sein Mitregent. Früher, so fügt der Historiker hinzu, sei er sogar ein verdienter Provinzstatthalter gewesen. Seine Porträts, besonders auf den Münzen, haben individuellen Charakter. Sie zeigen weiche, schwammige Züge und einen schweren Unterkiefer. In der »Historia Augusta« wird Balbinus nicht nur viel Talent als Literat und Redner zugeschrieben, sondern auch sein erlesener Geschmack für Wein, Speisen, Frauen und elegante Kleider gerühmt. Allerdings muß man fürchten, daß der Verfasser aus rhetorischen Gründen übertrieben hat, um das Unziemliche in der Erscheinung des Pupienus hervorzuheben.

Pupienus (238)

Pupienus (Marcus Clodius Pupienus Maximus; Mitkaiser des Balbinus von April bis Juli 238) war, nach Zonaras, 74 Jahre alt, als er zum Kaiser erhoben wurde. Unabhängiges Belegmaterial läßt dagegen vermuten, daß er bei seiner Wahl erst etwas mehr als sechzig Jahre alt war – vielleicht sogar jünger als Balbinus, obwohl ihm auf Papyri und Inschriften der Vorrang vor diesem eingeräumt wird. Was die Herkunft der beiden Kaiser betrifft, so scheint der drastische Gegensatz zwischen der vornehmen Abstammung des Balbinus und der niedrigen des Pupienus, wie er in der »Historia Augusta« geschildert wird, mehr oder weniger ins Reich der Erfindung zu gehören. Verläßlicher scheint diesbezüglich Herodianos' Bericht zu sein, dem zufolge beide Männer ihrer Geburt nach der Oberschicht angehörten. Tatsächlich scheint auch Pupienus Patrizier gewesen zu sein. Zum mindesten darf man das auf Grund der Laufbahn seines mutmaßlichen Sohnes (vielleicht auch auf Grund der Lebenswege von zwei Söhnen) annehmen. Es ist durchaus denkbar, daß er mit bedeutenden Persönlichkeiten, die Namen wie Pupenius oder Pupienius trugen, verwandt war. Auch der Name seiner Tochter Sextia Cethegilla deutet auf vornehme Verwandtschaftsbeziehungen durch Heirat hin. Ihr zu Ehren gab man in Volaterrae in Etrurien zwei Freigelassenen den Namen Pupienus. Demnach könnte die Familie etruskischen Ursprungs gewesen sein. Allerdings trug auch ein römischer Konsul, der aus Athen stammte, diesen seltenen Namen.

Wenn auch die Angaben in der »Historia Augusta« über die frühe militärische Laufbahn und die Prokonsulate des künftigen Kaisers möglicherweise erfunden sind, so ist doch vielleicht Herodianos zu trauen, dem zufolge er Statthalter entweder von Ober- oder Untergermanien war. Außerdem war er Statthalter der römischen Provinz Asien. Zweimal, 217 und 234, bekleidete er das Konsulat, und ab 230 amtierte er als Stadtpräfekt von Rom. Wie Balbinus gehörte er dem »Zwanzigmännerausschuß« des Senates zur Verteidigung Italiens gegen Maximinus an und wurde nach dem Tod der beiden Gordiani zusammen mit Balbinus aus dem Kreis der Senatoren heraus zum Kaiser gewählt, wobei die beiden neuen Kaiser absolut gleiche Machtbefugnisse erhielten. Pupienus war als Kaiser aber alles andere als angesehen. Als Stadtpräfekt hatte er nämlich vor allem im Umgang mit Verbrechern außerordentliche Härte an den Tag gelegt. Infolgedessen mußten sich beide Kaiser zunächst mit einer improvisierten Leibgarde umgeben, bevor sie überhaupt das Kapitol verlassen konnten, wo der Senat getagt hatte. Weil die öffentliche Ordnung dermaßen außer Kontrolle geraten war, sahen sie sich gezwungen, den jungen Enkel Gordianus' I., Gordianus III., zum Caesar zu erheben, ein Entschluß, der die Massen hinreichend zufriedenstellte, so daß sie den neuen Herrschern den Weg freigaben. Pupienus fiel die Aufgabe zu, Maximinus zurückzuschlagen, der in Norditalien eingedrungen war. Doch während er noch damit beschäftigt war, im Norden der Halbinsel eine Armee zu sammeln, erreichte ihn in Ravenna die Nachricht, daß Maximinus zusammen mit seinem Sohn und Erben bei der vergeblichen Belagerung Aquileias von seinen eigenen Leuten umgebracht worden sei. Daraufhin begab sich Pupienus persönlich zu der bis vor kurzem noch belagerten Stadt, die ihm schließlich ihre Tore öffnete. Maximinus' Truppen wurden in ihre Heimat geschickt, und Pupienus kehrte, von seiner Leibgarde begleitet, auf die er sich, seit er Statthalter in Germanien gewesen war, verlassen konnte, nach Rom zurück, wo ihm Senat und Volk eine Ovation gewährten.

Balbinus war seinem Kollegen gegenüber mißtrauisch – und das nicht ohne Grund, wie ein Blick auf die Münzen zeigt. Immer häufiger heißt er dort »Pupienus Maximus« anstatt einfach »Marcus Clodius Pupienus«. Zugegebenermaßen war »Maximus«, wie aus Inschriften hervorgeht, Bestandteil seines Familiennamens. Es darf aber nicht übersehen werden, daß seine Bedeutung »der Größte« ist, und es kann kein Zufall sein, daß Pupienus diesen seiner Namen gerade in dem Augenblick betonte, als er triumphierend nach Rom zurückgekehrt war und sein Amtskollege einige Niederlagen erlitten hatte. Im übrigen erwiderte er aber Balbinus' propagandistische Beteuerungen ihrer guten Beziehungen zueinander und verstieg sich sogar dazu, von ihrer gegenseitigen »Zuneigung« und »Liebe« zu sprechen (CARITAS MVTVA AVGG., AMOR MVTVVS AVGG.). Dennoch blieb das Verhältnis zwischen ihnen gespannt. In dieser Situation war es verhängnisvoll, daß die Prätorianer fürchteten, von Pupienus' Leibwache verdrängt zu werden, und sie deshalb mit Mißtrauen betrachteten. Es dauerte daher auch nicht lange, bis eine Schar Prätorianer gewaltsam in den Palast eindrang, wo die beiden Kaiser gerade eine heftige Auseinandersetzung hatten. Auf welche grausame Weise sie schließlich ihr Leben verloren, ist in der Lebensbeschreibung des Balbinus berichtet worden (s. o.).

Wie er, so war auch Pupienus ein erfahrener Verwaltungsfachmann. Nicht umsonst hat ihn wohl der Senat dem Balbinus vorgezogen, als es darum ging, Maximinus militärischen Widerstand zu leisten. Über seine persönlichen Eigenschaften läßt sich jedoch nur sehr wenig sagen, denn in der »Historia Augusta« wird in erfinderischer Weise nicht nur die unterschiedliche Herkunft der beiden Kaiser hervorgehoben, sondern auch der Gegensatz zwischen der aristokratischen Liebenswürdigkeit des Balbinus und den bäurischen Tugenden des gerechten und strengen Pupienus. Es mag zwar zutreffen, daß Pupienus hart war, zumal alles, was wir über ihn als Stadtpräfekten erfahren, in diese Richtung weist, doch der einzige historisch gesicherte Gegensatz zwischen ihm und Balbinus (von der offensichtlichen Unvereinbarkeit ihrer Temperamente abgesehen) besteht in ihrer äußeren Erscheinung. In starkem Gegensatz zu Balbinus' Pausbacken zeigen nicht minder realistische Münzbilder Pupienus mit hagerem Gesicht, langer Nase und Bart. Der »Historia Augusta« zufolge, die in diesem Punkte vielleicht sogar glaubwürdig ist, war er mürrisch und griesgrämig, doch wenn er als maßvoller

Trinker, als scheuer und zurückhaltender Liebhaber und als ein mißtrauischer Mensch hingestellt wird, der keine Meinung gelten läßt außer seiner eigenen, dann ist das mit Vorsicht aufzunehmen.

Als Verwaltungsfachleute schneiden Pupienus und Balbinus in der literarischen Überlieferung im allgemeinen gut ab. Es muß allerdings hinzugefügt werden, daß sie von ihrem Wesen her auf Favoriten des Senats gut zu sprechen ist. Dagegen läßt die katastrophal kurze Regierungszeit der beiden Kaiser unmittelbar nach der gleichfalls nur Tage währenden der Gordiani deutlich erkennen, daß der Senat keine Herrscher aufstellen konnte, die sich zu behaupten vermochten. Nur von den Soldaten an die Macht gebrachte Kaiser hatten Aussicht auf Erfolg.

Gordianus III. (238–244)

Gordianus III. (Marcus Antonius Gordianus) wurde 225 geboren. Die Namen, die in der »Historia Augusta« für seine Eltern angegeben werden, sind erfunden. Doch offensichtlich war seine Mutter eine Tochter Gordianus' I. und damit die Schwester Gordianus' II. Als diese beiden Männer 238 ermordet worden waren, erhoben ihre Nachfolger Balbinus und Pupienus, um öffentlichen Aufruhr zu vermeiden (aber auch, um über das große Vermögen der Gordiani verfügen zu können), den jungen Gordianus III. zum Caesar und gaben in seinem Namen Münzen heraus. Als später in demselben Jahr auch Balbinus und Pupienus getötet worden waren, riefen die Prätorianer Gordianus III. zum Kaiser aus.

Ob alles zutrifft, was in der »Historia Augusta« über einflußreiche Eunuchen seiner Mutter und Günstlinge bei Hofe berichtet wird, ist belanglos, wichtig ist, daß die neue Regierung ursprünglich vom Senat kontrolliert wurde. Dennoch war sie gezwungen, im Umgang mit den Soldaten Vorsicht walten zu lassen, denn sie waren es, die Gordianus zum Kaiser gemacht hatten und die ihn als ihren Schützling betrachteten. Trotzdem wagte es die Regierung, die Legion, die Capellianus erfolgreich gegen den Großvater und Onkel Gordianus III. unterstützt hatte, bedingungslos aus dem Dienst zu entlassen. Die Erinnerung an die beiden älteren Gordiani wurde so pflichtbewußt in Ehren gehalten, daß der junge Kaiser dafür den Beinamen »Pius« erhielt, der fortan auf seinen Münzen erschien. Allerdings erzeugte das Vorgehen gegen die besagte Legion in der Provinz Africa ein gefährliches militärisches Vakuum, so daß Einheiten aus Mauretanien zu Hilfe geholt werden mußten, als Sabinianus, der Statthalter von Africa, im Jahre 240 sich gegen Gordianus erhob.

Noch viel bedrohlicher aber war inzwischen der Druck geworden, den äußere Feinde auf die Grenzflüsse im Norden ausübten. Bereits unter Balbinus und Pupienus waren die Goten in Untermösien eingedrungen und hatten die Stadt Istros geplündert, während der dakische Stamm der Karpen die Donau weiter im Westen überschritt. Menophilus, der Statthalter von Untermösien, stellte sich an der Spitze eines starken Truppenverbandes den Goten entgegen und bot ihnen an, jährlich Subsidien zu zahlen. Damit erreichte er, daß sie die Kriegsgefangenen freiließen. Als die Karpen ähnliche Zahlungen forderten, lehnte Menophilus jedoch ab, nachdem er seine Armee hinreichend verstärkt hatte. In Viminacium in Obermösien geschlagene Bronzemünzen aus dem Jahre 239 lassen den Beginn einer neuen Ära in den Provinzen erkennen, indem sie ein umfangreiches Programm zur Umorganisation der gesamten Region bezeugen, zu dem auch die Verbesserung der Befestigungsanlagen gehörte.

Im Jahre 241 änderte sich die Regierungsform, als das Amt des Prätorianerpräfekten in die Hände eines Mannes geriet, der Gordianus III. vollständig unter seinen Einfluß brachte. Gemeint ist Gaius Furius Sabinus Aquila Timesitheus, ein gebildeter und redegewandter Mann, der vom einfachen Soldaten über das Amt des Zenturios aufgestiegen war, bis er dem Ritterstand angehörte, und danach unter verschiedenen Kaisern eine eindrucksvolle Reihe unterschiedlicher Ämter bekleidet und manchem Sturm standgehalten hatte, den die bisweilen unvorhergesehenen Regierungswechsel heraufbeschworen. Nachdem er ihn zum Prätorianerpräfekten ernannt hatte, heiratete Gordianus III. seine Tochter Tranquillina und gab zur Erinnerung an dieses Ereignis Münzen heraus, die ihr Bildnis zeigen und die siegreiche Göttin der Liebe, VENVS VICTRIX, feiern. In der »Historia Augusta« wird der Präfekt »Misitheus« (Gotteshasser) genannt und gleichzeitig auf einer wohl erdachten Inschrift als »Vater des Kaisers« und »Beschützer des Reiches« geehrt.

Zum Glück hatte Gordianus III., der noch keine zwanzig Jahre alt war, die Verwaltung des Reiches einem so fähigen Mann anvertraut, denn gerade zu seiner Zeit zeigte sich erstmals die ganze Wucht der Belastung, die die Auseinandersetzung mit den Sassaniden für die römische Armee darstellte. Diese Bedrohung warf ihre Schatten voraus, als ihr neuer Herrscher, Schapur I. (241–272), sich bei seiner Krönung als »König der Könige Irans und Nicht-Irans« feiern ließ. Nach Hannibal war Schapur der gefährlichste Gegner, dem sich die Römer jemals gegenübersahen. Sein Vorgänger Ardaschir hatte zur Zeit des Maximinus Thrax Carrhae und Nisibis in Mesopotamien erobert, und nun liefen bei Gordianus III. Meldungen ein, daß Schapur in Syrien einmarschiere und sogar Antiochia bedrohe. Eine unverzügliche militärische Reaktion Roms war nicht möglich, weil zuerst die Donaufront wieder stabilisiert werden mußte. Aber im Frühjahr 243 konnte der größte Teil der römischen Armee, unterstützt von einer Flotte, nach Osten aufbrechen. Im Zuge einer Reihe erfolgreicher Operationen unter dem Befehl des Timesitheus gelang es schließlich, Antiochia zu entsetzen (es wurde eine bedeutende kaiserliche Münzprägestätte), und auch Carrhae und Nisibis kamen wieder an die Römer. Die persische Armee dagegen, die auf der ganzen Linie zurückflutete, wurde bei Resaina aufgehalten und schwer geschlagen (Schapur ließ allerdings später auf einem Relief Gordianus III. in der Demutshaltung eines Unterworfenen darstellen).

Nach diesen Erfolgen wollte der junge Kaiser die Reihe der Siege fortsetzen und plante deshalb einen Vorstoß gegen die Sassanidenhauptstadt Ctesiphon. Er gab diesen Plan jedoch auf, als Timesitheus erkrankte und im Winter 243 starb. Sein Nachfolger wurde sein bisheriger Stellvertreter, der spätere Kaiser Philippus Arabs. Es ist nicht ausgeschlossen, daß er seinen Vorgänger vergiftete. Sicher dagegen ist, daß er nicht nur nach der Präfektur, sondern letzten Endes nach dem Kaiserpurpur strebte. Deshalb hetzte er die Soldaten auch gegen Gordianus III. auf. Einer Überlieferung zufolge soll Gordianus daraufhin seinen Rücktritt angeboten und vorgeschlagen haben, Philippus' Caesar zu werden, ja, sich sogar noch weiter unterzuordnen. Philippus überließ die Entscheidung den Soldaten, und diese erklärten, daß sie einen erwachsenen Mann und kein Kind zum Herrscher brauchten. So kam es, daß schon bald, am 25. Februar 244, Gordianus III. bei Zaitha am Euphrat sein Leben beendete. Dem Senat wurde mitgeteilt, daß er eines natürlichen Todes gestorben sei, und an der Stätte seines Todes ihm zu Ehren ein Kenotaph errichtet. Doch aller Wahrscheinlichkeit nach ist er auf Philippus' Betreiben ermordet worden.

Gordianus III. hatte ein Reich übernommen, in dem die Verhältnisse zerrüttet waren. Es gibt aber Anzeichen dafür, daß er oder vielmehr seine Ratgeber wenigstens bis zu einem gewissen Grad die Situation zu verbessern suchten. Inschriften, die man in Aphrodisias fand, lassen genaue Anweisungen für die Verwaltung der Provinzen erkennen. Ein Erlaß aus dem Jahre 238 ordnet zum Beispiel an, daß die Statthalter dafür zu sorgen hätten, daß nichts geschehe, was nicht mit den Grundsätzen des Zeitalters vereinbar sei. Militärgerichten wurde untersagt, in zivilen Angelegenheiten ungerechtfertigte Entscheidungen zu fällen, und es wurden Sicherungen geschaffen, um Rechtsbeugung zugunsten der Beamten zu verhindern. Aus einer Inschrift aus Scaptopare in Thrakien geht hervor, daß die Bewohner dieses Dorfes sich beim Kaiser darüber beklagten, daß Soldaten und andere sie erpreßten, um unentgeltlich beherbergt und verpflegt zu werden. Die Dorfbewohner ließen ihre Bittschrift durch einen von ihnen, der der Prätorianergarde angehörte, überbringen in der Hoffnung, auf diese Weise besser erhört zu werden. Doch Gordianus' Sprecher wiesen, nicht anders als die der meisten anderen Herrscher auch, die Klage mit der Begründung zurück, die Thraker hätten sie auf dem ordnungsgemäßen Dienstweg einzureichen. So war dieser Klage zweifellos das gleiche Schicksal beschieden wie vielen anderen in jener Zeit weit verbreiteter Unterdrückung und maßlos hoher Steuern.

Über den Charakter des jungen Gordianus III. gibt es keine gesicherten Aussagen. So bleiben wir ausschließlich auf die »Historia Augusta« angewiesen, deren Angaben aber nur mit größter Vorsicht zu betrachten sind. Dort heißt es: »Gordianus war ein heiterer, wohlgestalteter, liebenswürdiger, allgemein beliebter Jüngling, ein Lebenskünstler, hervorragend gebildet, kurz, es fehlte ihm zum Herrscher nichts als das nötige Alter. Er war bei Volk, Senat und Heer, bevor Philippus gegen ihn intrigierte, beliebter als irgendeiner seiner Vorgänger auf dem Thron.«

Philippus I. Arabs (244–249)

Philippus I. Arabs (Marcus Iulius Philippus) wurde um 204 geboren. Er war der Sohn eines Araberscheichs namens Marinus aus einer Stadt in der Trachonitis, der im Rang eines römischen Ritters stand. Er ging als »Philipp der Araber« in die Geschichte ein, als der erste römische Kaiser, der aus Arabien kam. Als er Gordianus III. auf seinem Ostfeldzug begleitete, war er noch stellvertretender Prätorianerpräfekt und wurde an Stelle seines ehemaligen Vorgesetzten Timesitheus, den er ermordet haben soll, Ende 243 selbst Präfekt. Sofort, nachdem er sein neues Amt angetreten hatte, wiegelte er die Soldaten gegen den Kaiser auf, den er für die Lebensmittelknappheit verantwortlich machte, unter der die Truppen litten, die aber in Wirklichkeit den ausbleibenden Versorgungsschiffen zuzuschreiben war. Auch für Gordianus' Tod kurze Zeit später scheint Philippus verantwortlich gewesen zu sein. Gleichwohl meldete er dem Senat, daß der Kaiser eines natürlichen Todes gestorben sei, und beantragte seine Konsekration. Die Senatoren, zu denen Philippus sofort freundliche Verbindung aufnahm, stimmten zu und bestätigten ihn als Kaiser.

Gleich am Anfang seiner Regierung schloß Philippus einen Friedensvertrag mit den Persern. Doch weil er den Wunsch hatte, nach Rom zu kommen – eine Reise, zu der Maximinus Thrax sich fälschlicherweise niemals Zeit genommen hatte –, war der Vertrag unter Zeitdruck zustande gekommen. Trotzdem war das Ergebnis verhältnismäßig günstig, denn obwohl die Römer nur mehr dem Namen nach die Vorherrschaft über Großarmenien behielten, blieben doch Unterarmenien und Mesopotamien (bis nach Singara) unter der Kontrolle des Kaisers, so daß Philippus sich berechtigt fühlte, den Titel »Persicus Maximus« zu führen.

Philippus zeigte eine starke Abhängigkeit von seiner Familie. Er ernannte seinen Bruder Gaius Iulius Priscus sowie seinen Schwiegervater (oder Schwager) Severianus zu Statthaltern der Provinzen Mesopotamien und Mösien (Ober- und Untermösien zusammengenommen). Außerdem war er entschlossen, ein neues Herrscherhaus zu begründen. Daher ernannte er seinen Sohn Philippus den Jüngeren unverzüglich zum »Ersten der Jugend« und Caesar; und die kaiserlichen Erlasse wurden sowohl im Namen des Sohnes wie auch in dem des Vaters veröffentlicht. Unverzüglich bedachte er auch Otacilia Severa, seine Gattin, mit dem Titel Augusta, und Bildnisse von ihr wie auch von ihrem Sohn begegnen uns immer wieder auf den Münzen jener Zeit. Doch nicht genug damit – um seine Herkunft zusätzlich zu legitimieren, ließ Philippus auch seinen Vater Marinus vergöttlichen, dessen Kopf auf örtlichen Bronzemünzen zu sehen ist, die in seiner Heimatstadt geprägt wurden. Sie war zu einer römischen Kolonie erhoben worden und hatte den Namen Philippopolis erhalten (den gleichen Namen erhielt auch eine neue Kolonie in Thrakien).

Kurz nachdem Philippus die Regierung angetreten hatte, überquerten die dakischen Karpen erneut die Donau. Doch weder Severianus noch der ihm unterstellte militärische Befehlshaber in Untermösien waren imstande, sich erfolgreich gegen die Angreifer zu wehren. Deshalb brach Philippus selbst Ende 245 von Rom aus auf, um sie zurückzuschlagen. Daß er 246 in Dakien weilte, bestätigen Münzen aus dem dortigen Gebiet, denen zu entnehmen ist, daß mit seinem Besuch eine neue Zeitrechnung in der Provinz begann. Im gleichen Jahr muß es auch Kämpfe gegen die Germanen (vermutlich die Quaden) gegeben haben, denn der Kaiser legte sich den Titel »Germanicus Maximus« zu. Der weitere Titel »Carpicus Maximus«, den er 247 annahm, legt Zeugnis von einem eindrucksvollen Sieg über die dakischen Karpen ab, denen es nicht gelang, aus ihrer Hauptfestung auszubrechen, und die deshalb um Frieden bitten mußten. Nach Rom zurückgekehrt, nutzte der Kaiser das hohe Ansehen, das er gewonnen hatte, und erhob seinen Sohn Philippus den Jüngeren zum Augustus. Außerdem wurde der Knabe, Philippus II., zum »pontifex maximus« bestellt. Er teilte sich mit seinem Vater in dieses Amt, wodurch er über exakt die gleiche Macht verfügte wie dieser. So gab es wieder – wie schon einmal zur Zeit des Balbinus und Pupienus – ein Doppelkaisertum, das aber angesichts der Jugend Philippus' II. keine unmittelbare Wirkung zeitigte.

Im Jahre 248 teilten sich Vater und Sohn auch in das Konsulat. Der Vater bekleidete es zum dritten, der Sohn zum zweiten Mal. Es war das Jahr, in dem, in Übereinstimmung mit den Berechnungen des Gelehrten Varro (gest. 27 v. Chr.), die Tausendjahrfeier Roms stattfand. Varro zufolge endete im Jahre 248 das zehnte Jahrhundert seit der von ihm angenommenen Gründung Roms und brach das elfte Jahrhundert an. Dieses Ereignis wurde glanzvoll begangen, u. a. mit der Ausgabe einer unermeßlichen Fülle neuer Münzen mit Inschriften wie SAECVLARES AVGG. oder SAECVLVM NOVVM. Zusätzlich zu den traditionellen religiösen Feiern wurden im Circus Maximus verschwenderisch ausgestattete Spiele abgehalten, bei denen die unterschiedlichsten wilden Tiere in die Arena gebracht wurden. Auf den Münzen sind Flußpferde, Löwen und Hirsche zu sehen. Gordianus III. wollte diese Tiere in dem Triumphzug zeigen, der anläßlich der Siege in Persien geplant war. Nach den langen Jahren eisernen Sparens wurden nun keine Kosten gescheut. An die Bevölkerung Roms wurde Geld verteilt, und die Menschen wurden aufgefordert, das immerwährende Bestehen ihrer Stadt auch im endlosen Fortbestand der neuen Dynastie zu erblicken. Diese Aufforderung spiegelt eine Münze wider. Sie trägt die Inschrift AETERNITAS AVGG. (*Augustorum*) und zeigt einen Elefanten als Sinnbild für langes Leben.

Doch dieser freudenvolle Optimismus war verfrüht und fehl am Platze. Ausgerechnet im Jahr der Säkularspiele erhoben mindestens drei Offiziere in verschiedenen Provinzen unabhängig voneinander Anspruch auf den Thron. Damit begann eine Zeit, in der es immer häufiger vorkam, daß einzelne Truppenteile ihre Befehlshaber zu Kaisern ausriefen, bis diese Gewohnheit schließlich alarmierende Ausmaße annahm und nahezu unkontrollierbar wurde. Eine in Lothringen gefundene einzelne Münze bezeugt zunächst den Machtanspruch eines gewissen Silbannacus. Die Nachricht von einer anderen Erhebung traf während des Frühsommers in Rom ein. Einige der Donaulegionen, die sich ihrer Schlüsselposition durchaus bewußt waren, hatten einem ihrer Offiziere namens Pacatianus die Kaiserwürde angetragen – vielleicht nur auf Grund seines Verhaltens gegenüber den Grenzstämmen. Münzen, die Pacatianus irgendwo in Mösien schlagen ließ, feiern das neuangebrochene Jahrtausend Roms mit der Aufschrift »Im tausendundersten Jahr des Ewigen Rom« (ROMAE AETER [*nae*] AN [*no*] MILL [*esimo*] ET PRIMO). Diese Revolte hatte, was voraussehbar war, zur Folge, daß die Goten, denen die von Gordianus III. versprochenen Subsidien verweigert worden waren, die Donau überquerten und in Untermösien einfielen. Andere Germanenstämme und auch die Karpen folgten ihrem Beispiel. Allerdings wurde dieser anscheinend nicht enden wollende Ansturm von Eindringlingen dadurch aufgehalten, daß sie die von den Römern verbissen verteidigte Stadt Marcianopolis nicht einnehmen konnten, weil sie keine Kenntnisse der Belagerungstechnik hatten.

Etwa zur gleichen Zeit brachen auch in den Ostprovinzen Unruhen aus. Dort war Philippus' Bruder Gaius Iulius Priscus vom Statthalter Mesopotamiens zum für die gesamte Region zuständigen Oberbefehlshaber aufgestiegen und führte nun den außergewöhnlichen Titel »Prätorianerpräfekt und Regent des Ostens«. Seine rigorosen Verwaltungsmaßnahmen und seine skrupellosen Steuererhöhungen veranlaßten die Soldaten, einen gewissen Iotapianus zum Kaiser auszurufen. Allem Anschein nach geschah das in Nordsyrien. Iotapianus, der möglicherweise sowohl mit Severus Alexander als auch mit dem ehemaligen Herrscherhaus von Commagene, an der Grenze zu Syrien, verwandt war (die Töchter dieses Herrscherhauses trugen oft den Namen Iotape), legte sich die Titel zu, die Philippus Priscus verliehen hatte, fügte aber in offener Auflehnung noch den Titel Augustus hinzu. Dieser findet sich auch auf seinen Münzen, die außerdem den Eindruck erwecken, als ob er einen militärischen Sieg (VICTORIA AVG.) errungen habe, von dem aber nichts bekannt ist.

Überzeugt, daß die Aufstände des Pacatianus und des Iotapianus das Auseinanderbrechen des Reiches ankündigten, verlor Philippus die Nerven. Beunruhigt und zutiefst enttäuscht wandte er sich an den Senat und bot seinen Rücktritt an. Doch der Senat schwieg zunächst zu diesem Angebot, bis der Stadtpräfekt Decius die Ansicht äußerte, daß eine derartige Mutlosigkeit fehl am Platze sei, denn Pacatianus sei in keiner Weise für die Aufgaben eines Kaisers befähigt und werde mit Sicherheit binnen kurzem von seinen eigenen Leuten umgebracht. Er hatte recht. Nicht nur Pacatianus wurde umgebracht, auch Iotapianus wurde getötet. Doch Philippus blieb weiterhin zutiefst besorgt, vor allem über die Situation in den Donauprovinzen, und ließ Severianus, von dessen Soldaten viele zu den Goten überliefen, durch Decius ersetzen, der den Oberbefehl in Mösien und Pannonien erhielt. Noch bevor das Jahr 248 zu Ende ging, hatte dieser auf eindrucksvolle Weise Ruhe und Ordnung wiederhergestellt, und sechs Monate später waren ihm seine Soldaten so ergeben, daß sie ihn zum Kaiser ausriefen. Unbeeindruckt von Decius' Beteuerung, daß er gar nicht nach dem Kaiserpurpur verlange, zog Philippus nun gegen ihn ins Feld. Es stand schlecht um seine Gesundheit, und er war außerdem kein besonders guter Heerführer. Als es bei Verona zur Schlacht kam, erlitt er eine totale Niederlage, obwohl seine Truppen zahlenmäßig die stärkeren waren. Er selbst kam in der Schlacht um, desgleichen sein Sohn, wenn ihn nicht (wie auch behauptet wurde) die Prätorianer in ihr Lager geschleppt und dort ermordet haben.

Gerüchten zufolge, die Eusebios aufschrieb, war Philippus der erste christliche Kaiser Roms. Doch diese Überlieferung trügt; sie entstand aus dem krassen Gegensatz zwischen Philippus und seinem

Bezwinger Decius, unter dem eine grausame Christenverfolgung begann. Von Philippus läßt sich in diesem Zusammenhang nur sagen, daß er die Christen vielleicht tolerierte. Das war die Ansicht von Dionysios, dem damaligen Bischof von Alexandrien. Immerhin trifft es zu, daß Papst Fabianus die Gebeine seines Vorgängers Pontianus, der im Exil auf Sardinien gestorben war, nach Rom zurückbringen konnte.

Einer damals in Umlauf gebrachten Flugschrift »An den Herrscher« zufolge, in der behauptet wird, daß Philippus sich bei der Erfüllung seiner Aufgaben von den Grundsätzen der stoischen Philosophie leiten lasse, scheint er alles getan zu haben, was in seiner Macht stand, um die Folgen der Ungerechtigkeit und Ungehörigkeit zu lindern, die zu Lasten der übermächtigen Verwaltung gingen. Er setzte sich dafür ein, daß die Finanzen richtig verwaltet wurden, und eine Reihe seiner Verfügungen, die später in den »Codex Iustinianus« eingingen, spiegeln sein entschiedenes Eintreten für die Rechte der Bürger wider. Er verabscheute die Homosexualität ebenso wie die Kastration und erließ gegen beide Gesetze. Außerdem war er ein freigebiger Förderer öffentlicher Bauten und sorgte dafür, daß die jenseits des Tibers gelegenen Viertel Roms eine bessere Wasserversorgung erhielten. Allerdings konnte er nur wenig tun, um die Ausgaben zu senken, welche die Unterhaltung einer großen Armee erforderte. Zum Beispiel protestierten die Pächter seiner Domänen in Araguë in Phrygien gegen noch nie dagewesene Übergriffe durch kaiserliche Offiziere, Soldaten und Staatsbeamte, ganz zu schweigen von den Übergriffen derjenigen, die im Dienst der örtlichen Behörden standen. Obwohl Philippus wahrscheinlich mehr als sein Vorgänger Gordianus III. getan hatte, um diesem Unwesen entgegenzusteuern, wurde seine Regierung dennoch von dem äußerst verdächtigen Tod Gordianus' überschattet, und die Katastrophen, die sich in seinen letzten Regierungsjahren häuften, überstiegen offensichtlich seine körperlichen und geistigen Kräfte. Sein Hofporträtist schuf ein hervorragendes Bildnis von ihm, das schlaglichtartig wesentliche Eigenschaften seines Charakters erhellt: Es zeigt einen neuen, nichtrömischen Herrschertyp, dessen angespannte und doch bewegte Züge außergewöhnlich ausdrucksvoll sind, indem sie waches Mißtrauen und nur mit Mühe unterdrückte Unruhe verraten.

Decius (249–251)

Decius (Gaius Messius Quintus Traianus Decius) wurde um 190 in Budalia, einem Dorf bei Sirmium, nicht weit von der Donau entfernt geboren. Vermutlich stammte er aus dieser Gegend. Trotzdem war er kein einfacher Soldat, sondern gehörte einer Familie an, die sich auch italischer Verwandtschaft erfreute und über ausgedehnte Ländereien verfügte. Seine Frau, Herennia Cupressenia Etruscilla, war eine vornehme Etruskerin. Decius war einer der wenigen Männer aus der Donauregion, die es zum Senator brachten und das Amt des Konsuls bekleideten. Er könnte sehr wohl Statthalter von Hispania Tarraconensis sowie von Untermösien gewesen sein, wenn sich Inschriften aus Spanien mit den Namen Quintus Decius Valerinus und Inschriften aus Mösien mit den Namen Gaius Messius Quintus Decius Valerianus auf ihn beziehen.

Als sich Philippus Arabs im Jahre 248 von Usurpatoren unter Druck gesetzt fühlte und seinen Rücktritt anbot, riet ihm Decius, der damals Stadtpräfekt war, davon ab mit der Begründung, daß seine Widersacher ohnehin bald weichen würden, was tatsächlich auch eintraf. Im Zusammenhang mit den allgemeinen Unruhen übernahm Decius ein Sonderkommando in Pannonien und Mösien, wo er die eingedrungenen Goten zurückwarf und die Disziplin der Truppen wieder herstellte. Spätere Historiker haben sein Verhalten idealisiert. Einer von ihnen, Zosimos, behauptet, daß Decius den Kaiser vergeblich vor den unausweichlichen Folgen seines Einsatzes gewarnt habe. Er habe gefürchtet, daß die Soldaten, statt Philippus gegenüber loyal zu bleiben, zu ihm überlaufen würden; und genau das trat im Juni 249 ein. Nachdem die Soldaten Decius zum Kaiser ausgerufen hatten, soll er, das fügt Zonaras hinzu, einen Brief an Philippus geschrieben und ihm versprochen haben, daß er, sobald er nach Rom zurückgekehrt sei, die kaiserlichen Insignien, die man ihm aufgezwungen habe, zurückgeben werde. Allerdings ist der »Usurpator wider Willen« ein vertrautes und beliebtes Thema der Literatur, und es besteht keinerlei Anlaß, im Falle des Decius eine so edelmütige Haltung für bare Münze zu nehmen.

Nach seinem entscheidenden Sieg über die zahlenmäßig stärkeren Streitkräfte Philippus' in der Schlacht bei Verona, in der auch Philippus und sein Sohn fielen, kehrte Decius nach Rom zurück. Dort bestätigte der Senat im Oktober seine Wahl zum Kaiser und überschüttete ihn mit Ehrenbezeugungen. Dazu gehörte, daß man ihm den Namen Traianus verlieh, den er auf allen seinen Münzen führte. Einer der Gründe dafür war die Hoffnung des Senats, daß sich Decius ihm gegenüber genauso wohlwollend respektvoll verhalten werde, wie Traianus es einst getan hatte. Traianus war aber auch ein bedeutender Eroberer, und Decius, der das niemals vergaß, begann sofort, eine Reihe Münzen herauszugeben, auf denen er nicht nur seine Herkunft aus dem Donauraum und die Provinzen feierte, denen er seine Erhebung zum Kaiser verdankte (PANNONIAE, GENIVS ILLVRICI), sondern auch die Truppen jener Region, die den Kern der kaiserlichen Streitkräfte bildeten (GENIVS EXERCITVS ILLVRICIANI).

Das erste Jahr seiner Regierung war durch verschiedene Maßnahmen zur Neuordnung in und außerhalb Roms gekennzeichnet. Ganz besonders lag dem Kaiser die Wiederbelebung des heidnischen Glaubens am Herzen, von dem er sich neue Kräfte für das Durchsetzungsvermögen seiner Regierung erhoffte. Das trug ihm den Ehrentitel »Wiederhersteller der Kulte« ein, wie eine kürzlich entdeckte Inschrift erkennen läßt. Da aber der Polytheismus an Bedeutung verlor, beziehungsweise seinen Charakter änderte, waren es nicht mehr in erster Linie die alten olympischen Götter, denen seine Bemühungen galten, sondern die »divi«, die zu Staatsgöttern erhobenen römischen Kaiser vergangener Zeiten. Fast jeder Kaiser ließ, während er regierte, Münzen mit den Köpfen eines oder mehrerer von ihnen herausgeben. Doch wenn aus einigen Anlässen die Regierung besonderen Wert auf die Vergangenheit legte, dann erschienen Münzserien, die eine ganze Reihe dieser kaiserlichen Gottheiten gleichzeitig feierten. Die anspruchsvollste dieser »Konsekrations«-Prägungen stammt wohl, nach ihrer Art und den Fundorten zu schließen, aus der Regierungszeit des Decius. Die Stücke bestehen aus Rohsilber und können der Prägestätte in Rom zugeschrieben werden. Weniger verbreitete Prägungen der gleichen Art aus Bronze stammen aus der Münze von Philippopolis in Thrakien. Decius, der zu den Soldatenkaisern gehörte, die aus der Donauregion kamen, war felsenfest davon überzeugt, daß er und kein anderer das Weiterleben der »Roma aeterna« (des »Ewigen Rom«) repräsentiere, und die Gottkaiser auf seinen Münzen zeigen, wie er in einer Phase schwerster innen- und außenpolitischer Krisen die Reihen der Römer fest hinter dem Banner der Tradition zu schließen suchte.

Die systematische Verfolgung der Christen war deshalb auch das Hauptmerkmal seiner Regierung, an das sich die Nachwelt am besten erinnert. Obwohl ihre Zahl noch verhältnismäßig klein war, scheint ihre wirkungsvolle Selbstverwaltung und ihre Zurückhaltung dem Staat gegenüber für die bedrängte römische Regierung eine Herausforderung gewesen zu sein. Deshalb verkehrte Decius die von Philippus geübte Toleranz in ihr Gegenteil und griff entschlossener als jeder seiner Vorgänger die führenden Männer der Kirche heraus und ließ sie beseitigen. Nach der Hinrichtung von Papst Fabianus soll er gesagt haben: »Lieber will ich hören, daß mir ein Rivale den Thron streitig macht, als daß es noch einmal einen Bischof von Rom gibt.« In einer Zeit drückender Probleme, als jegliches Vertrauen verlorenging, hatte er den Eindruck gewonnen, daß die Führer der christlichen Gemeinden seine Untertanen verleiteten, der heidnischen Religion zu entsagen, die das Rückgrat des Staates und seiner Wohlfahrt bildete. Er verlangte von den Christen nicht, daß sie ihrem Glauben abschworen, aber er duldete auch nicht, daß sie die Teilnahme an gemeinschaftlichen, öffentlichen Kulthandlungen verweigerten. Er verlangte von den Christen nur, daß sie an einer der Kulthandlungen teilnahmen. Waren sie dieser Aufforderung gefolgt, erhielten sie von den Vertretern der örtlichen »Opferkommissionen«, die überall im Reich eingerichtet wurden, ein »Opferzeugnis« ausgehändigt. Solche »Opferzeugnisse« wurden in Ägypten gefunden. Die Kirche, die sich hauptsächlich auf die Städte konzentrierte, war der Polizei in gefährlicher Weise ausgeliefert, so daß viele Gläubige vorübergehend abfielen und taten, was man von ihnen verlangte. Andere konnten die Anordnung umgehen, und auch nicht alle »Opferkommissare« waren unbestechlich. Eine beträchtliche Zahl christlicher Frauen und Männer weigerte sich aber auch zu gehorchen und erlitt dafür den Märtyrertod.

Inzwischen erwuchs dem Reich eine neue schwere Gefahr von außen. In nie dagewesenem Umfang überquerten die Goten unter ihrem tüchtigen König Kniva die Donau, und zwar zur gleichen Zeit wie die Karpen, die in Dakien einfielen. Nachdem sie den zugefrorenen Fluß überschritten hatten, teilte sich der Strom ihres Heeres, um in zwei Richtungen vorzudringen. Der eine Teil stieß bis nach Thrakien vor und belagerte dessen Statthalter Titus Iulius Priscus in Philippopolis, während Kniva selbst ostwärts in Richtung Novae zog. Trebonianus Gallus, der Statthalter von Ober- und Untermösien, zwang ihn zum Rückzug, doch daraufhin wandte er sich landeinwärts und belagerte Nicopolis (ad Istrum/an der Donau), wo viele Menschen Zuflucht gesucht hatten.

Decius hielt die Zeit für einen großen Feldzug gegen diese Eindringlinge, an dessen Spitze er selbst stehen wollte, gekommen. Vorher nahm er aber noch einige Veränderungen in Rom vor, wo er einem Senator namens Publius Licinius Valerianus (dem späteren Kaiser) die Verantwortung für die Hauptstadt sowie die Pflege der Beziehungen zum Senat übertrug. Valerianus war dadurch im Besitz neugeschaffener Sondervollmachten, und während der Kaiser im Feld war, fiel ihm die Aufgabe zu, einen Rivalen des Kaisers, Valens Licinianus, niederzuwerfen. Auch in Gallien und im Osten des Reiches kam es zu Umsturzversuchen. Trotz der hohen Verantwortung, die Decius Valerianus übertragen hatte, ließ er keinen Zweifel darüber aufkommen, daß er eine neue Dynastie gründen wollte. Aus diesem Grund erhob er seine Gemahlin Herennia Etruscilla zur Augusta und ernannte im Frühjahr 250 ihren gemeinsamen ältesten Sohn Herennius Etruscus zum Caesar und »Ersten der Jugend«.

Obwohl er noch keine zwanzig Jahre alt war, wurde Herennius sofort mit der Vorhut der Armee nach Mösien gesandt. Kurz darauf setzte auch Decius sich dorthin in Bewegung, und es gelang ihm, Nicopolis ad Istrum zu entsetzen. Kniva wurde zurückgeschlagen und erlitt schwere Verluste. Außerdem vertrieb der Kaiser die Karpen aus Dakien und wurde dafür als »Wiederhersteller Dakiens« gefeiert und mit dem Titel »Dacicus Maximus« geehrt. Als er Kniva verfolgte, erlitt er jedoch einen schweren Rückschlag bei Beroia Augusta Traiana. Das veranlaßte Titus Iulius Priscus, der noch immer in Philippopolis eingeschlossen war und von seinen eigenen meuternden Truppen unter Druck gesetzt wurde, in einem Akt der Verzweiflung sich selbst zum Kaiser aufzuwerfen und zu den gotischen Belagerern überzulaufen. Doch dieser Verrat bewahrte die Stadt nicht vor den Schrecken der Eroberung. Die Goten plünderten und zerstörten sie, und von Titus Priscus hörte man nie wieder etwas.

Außerstande, die Goten von der Verwüstung Thrakiens abzuhalten, floh Decius mit dem Rest seiner Armee nach Oescus, wo die noch intakten Streitkräfte des Trebonianus Gallus lagen, und die beiden Armeen bezogen an der Donau Stellung, um die Eindringlinge auf ihrem Rückzug einzukesseln. Anscheinend kam es im folgenden Jahr irgendwo nördlich des Balkangebirges zu einem bewaffneten

Zusammenstoß mit ihnen, den Decius wohl für sich entscheiden konnte, denn sowohl er als auch sein Sohn Herennius Etruscus feiern auf ihren Münzen einen »Sieg über die Germanen«. In diesem verhältnismäßig günstigen Augenblick wurde Herennius zum Augustus und Mitregenten seines Vaters erhoben und Decius' jüngerer Sohn Hostilianus, der in Rom geblieben war, zum Caesar ernannt. Zur entscheidenden Schlacht schließlich kam es, als Kniva auf seinem Rückmarsch Abrittus in Kleinskythien (der heutigen Dobrudscha) erreicht hatte. Dort stieß er, ungefähr im Juli 251, mit der Armee des Decius zusammen. Decius besiegte zwei Abteilungen der Germanen, geriet dann aber selbst in einen Hinterhalt. Dabei fand zunächst sein Sohn Herennius Etruscus den Tod. Später kamen jedoch auch er und der größte Teil seiner Familie ums Leben.

Das war das erste Mal, daß ein römischer Kaiser in einer Schlacht gegen äußere Feinde fiel. Doch Decius' Bewunderer gaben nicht dem Kaiser, sondern seinem stellvertretenden Befehlshaber und Nachfolger Trebonianus Gallus die Schuld dafür. Sie warfen ihm Verrat vor. Bei einigen dieser Lobredner rief Decius' Schicksal sogar die Erinnerung an die Heldentaten zweier Krieger wach, die einst ihr Leben für die Republik geopfert hatten. Diese Deutung der Katastrophe sowie eine verklärende Sicht der Umstände, die dazu geführt hatten, daß Decius Kaiser wurde, veranlaßten Edward Gibbon, ihn und seinen Sohn »sowohl im Leben als auch im Sterben mit den strahlendsten Beispielen antiker Tugend« zu vergleichen. Solches Lob verdient Decius nicht. Andererseits aber bleibt es eine schwierige Aufgabe, ihm gerecht zu werden. Seine patriotische Religionspolitik war von eiserner Härte, von der auch seine Münzporträts zeugen. An einer Marmorbüste dagegen, die ebenfalls erhalten geblieben ist, fallen vor allem seine ängstlichen (und seltsam asymmetrischen) Gesichtszüge auf. Er war ein durchaus fähiger Heerführer, aber offensichtlich reichte sein Können nicht aus, um die schier unlösbaren Aufgaben zu bewältigen, vor die er gestellt war. Tatsächlich gab es damals, in einer Zeit, in der eine Krise nach der anderen das Römische Reich erschütterte, nur wenige Menschen, die von sich hätten behaupten können, der Situation gewachsen zu sein.

Trebonianus Gallus (251–253)

Trebonianus Gallus (Gaius Vibius Trebonianus Gallus) war ein Etrusker aus einer alteingesessenen Familie in Perusia (Perugia). Er wurde um 206 geboren und war 245 zum ersten Mal Konsul. Im Jahre 250 zwang er als Legat von Ober- und Untermösien Kniva und seine Goten, sich von Novae zurückzuziehen. Bei Oescus stieß Kaiser Decius zu ihm, nachdem er eine Niederlage erlitten hatte. Als die beiden Heerführer anschließend das Donauufer besetzten, um Kniva den Rückzug nach Norden abzuschneiden, hielt Gallus die Stellung an der Mündung des Stromes. Dafür, daß Decius bei Abrittus abermals geschlagen wurde und den Tod dabei fand, wurde später Gallus verantwortlich gemacht, weil er ihn angeblich verraten habe. Doch dieser Vorwurf läßt sich, soviel wir wissen, nicht aufrechterhalten.

Zutreffend ist allerdings, daß die Soldaten nach Decius' Niederlage und Tod Gallus zum Kaiser ausriefen. Seine erste Amtshandlung bestand darin, einen, allerdings äußerst ungünstigen, Friedensvertrag mit den Goten auszuhandeln. Sie durften nicht nur die gesamte Beute behalten, sondern auch alle Kriegsgefangenen (darunter zahlreiche angesehene Persönlichkeiten), die ihnen bei der Belagerung von Philippopolis in die Hände gefallen waren. Außerdem versprach er ihnen jährliche Tributzahlungen in der Hoffnung, sie auf diese Weise von weiteren Angriffen auf römisches Reichsgebiet abzuhalten. Danach begab sich Gallus in aller Eile nach Rom, wo er durch eine Ergebenheitsadresse an den Senat seine Stellung zu sichern hoffte. Außerdem bemühte er sich, das Andenken des gefallenen Decius und seines Sohnes in Ehren zu halten, indem er sicherstellte, daß beide durch Senatsbeschluß vergöttlicht wurden. Decius' jüngerer Sohn Hostilianus, der in Rom zurückgeblieben war, wurde zum Augustus erhoben und zu Gallus' Mitregenten ernannt. Um die Vorrechte Etruscillas, der Witwe des Decius, nicht zu schmälern, unterließ es Gallus, seiner eigenen Frau Baebiana den Titel Augusta zu verleihen. Allerdings erhob er seinen Sohn Volusianus zum Caesar und »Ersten der Jugend« (»princeps iuventutis«) und, als Hostilianus wenig später gestorben war, zum Augustus.

Gallus' kurze Regierungszeit wurde unaufhörlich von Katastrophen überschattet. Die schlimmste war eine schreckliche Pestepidemie (der auch Hostilianus zum Opfer gefallen sein soll), die eineinhalb Jahrzehnte im gesamten Römischen Reich wütete und zu schweren Verlusten unter der Bevölkerung und in der Armee führte. Hinzu kam, daß die Grenzen stärker denn je bedroht wurden, obwohl Gallus in optimistischer Übertreibung seine Münzen mit der Inschrift PAX AETERNA (»unaufhörlicher Friede«) versah, die übrigens schon frühere Kaiser verwendet hatten. In Wahrheit aber konnte Gallus die Perser nicht davon abhalten, Armenien zu erobern, dessen Herrscher sie ermordeten und dessen Sohn sie vertrieben. Anfang des Jahres 253 startete der persische König Schapur I. sogar eine Offensive gegen Roms Ostprovinzen, die fast ein volles Jahrzehnt unaufhörlicher Kämpfe einleiten sollte. Schapurs Truppen überzogen Mesopotamien und Syrien, überrannten Antiochia und schleppten unermeßliche Beute und zahllose Kriegsgefangene mit sich fort. Gleichzeitig brachen scharenweise Plünderer verschiedener Völkerschaften jenseits der Donau (darunter auch Goten) nicht nur in die europäischen Provinzen des Römischen Reiches ein, sondern unternahmen auch einen Raubzug zur See nach Kleinasien, dessen Küsten sie bis nach Ephesus und Pessinus hin verwüsteten.

Um die Bevölkerung von diesem Unglück und diesen Rückschlägen abzulenken, nahm Gallus die unter Decius begonnene Christenverfolgung wieder auf. Er ließ Papst Cornelius gefangennehmen, der in der Gefangenschaft starb. Die einzig ermutigende Nachricht damals kam von Marcus Aemilius Aemilianus, dem Statthalter von Untermösien, der einen erfolgreichen Angriff nördlich der Donau gegen die Goten geführt hatte. Als er im Juli oder August (einigen Autoren zufolge vielleicht auch schon früher) von seinen Soldaten zum Kaiser ausgerufen wurde, marschierte er sofort nach Italien und drang wahrscheinlich bis Interamna vor, das nur etwa 30 Kilometer nördlich von Rom lag. Gallus und Volusianus, die diese Entwicklung völlig überraschte, erklärten ihn zum Staatsfeind und riefen vorsichtshalber Publius Licinius Valerianus, der früher Decius' Sachwalter in der Hauptstadt gewesen war und nun mit der Armee am Rhein stand, zu Hilfe. Während sie auf seine Ankunft warteten, sammelten sie selbst eine Armee, deren Umfang jedoch gering und die deshalb dem Feind unterlegen war. Infolgedessen ermordeten die Soldaten, die das Risiko eines aussichtslosen Kampfes nicht eingehen wollten, Gallus und seinen Sohn und liefen zu Aemilianus über.

Auch wenn man Gallus des Verrats an Decius freispricht, so haftet doch der Makel einer Regierung an ihm, die keine Konturen zeigte und ohne Wirkung geblieben ist. Eine Büste von ihm verrät eine geradezu groteske Unsicherheit. Er bemühte sich zwar, seiner Aufgabe Herr zu werden, war aber letzten Endes unfähig dazu. Es nimmt wunder, daß er ein derartiges Bildnis überhaupt anfertigen ließ. Mag sein, daß es ihm am rechten Kunstsinn mangelte, vielleicht war er aber auch nur gleichgültig oder hatte keine Zeit, sich wie so viele seiner Vorgänger darum zu kümmern, daß aus propagandistischen Gründen nur vorteilhafte Darstellungen der eigenen Person an die Öffentlichkeit gelangten.

Aemilianus (253)

Aemilianus (Marcus Aemilius Aemilianus; Juli/August bis September/Oktober 253) wurde in Mauretanien geboren. Im Jahre 252 wurde er Statthalter von Untermösien. Im Frühjahr 253 wurden die Goten unter Kniva, denen Trebonianus Gallus versprochen hatte, Tribut zu zahlen, abermals aufsässig und verlangten, daß die ihnen versprochenen Zahlungen erhöht würden. Aemilianus ließ sich davon aber nicht beeindrucken. Er ermahnte vielmehr seine Truppen, stets die Größe Roms vor Augen zu haben, und versprach ihnen, falls sie siegen sollten, eine großzügige Belohnung. Daraufhin wurden alle Goten, die noch in seiner Provinz lebten, umgebracht. Anschließend überschritt er die Donau und griff die Goten in ihrem eigenen Gebiet an, und dabei war er mit seinem als Überraschung geführten Angriff erfolgreich. Dieser nach vielen Rückschlägen gänzlich unerwartete Sieg begeisterte seine Soldaten dermaßen, daß sie ihn im Juli oder August 253 an Gallus' Statt zum Kaiser ausriefen. Ohne abzuwarten, bis auch in Thrakien alle Goten umgebracht worden waren, zog Aemilianus in Eilmärschen nach Italien und stieß weit nach Süden vor, worauf Gallus und sein Sohn Volusianus von ihren Soldaten ermordet wurden und diese zu Aemilianus überliefen. Der Senat, der Aemilianus noch kurz vorher zum Staatsfeind erklärt hatte, billigte nun seine Erhebung zum Kaiser. Münzen, die in seinem Namen herausgegeben wurden, lassen erkennen, daß er sowohl in Ägypten als auch im gesamten Osten Anerkennung fand. Eine gewisse Cornelia Supera, deren Namen und Bildnis ebenfalls auf Münzen zu sehen ist, und die sogar den Titel Augusta führte, scheint seine Gemahlin gewesen zu sein.

Als Valerianus auf seinem Marsch vom Rhein nach Rom, wohin

ihn Gallus zu seiner Entlastung gerufen hatte, unterwegs vernahm, daß Gallus von seinen Soldaten ermordet worden sei, wurde er von seinen eigenen Soldaten zum Kaiser ausgerufen und setzte mit seiner zahlenmäßig großen Armee, die er für den Kampf gegen die Alamannen verstärkt hatte, den Marsch fort. Aemilianus, der ihm entgegenzog, erlebte nun, was sich schon einmal, bei seiner Ernennung zum Kaiser, ereignet hatte: Bei Spoletium oder Narnia, nicht weit von dem Ort entfernt, wo auch seine Vorgänger ums Leben gekommen waren, fiel er durch Waffengewalt seiner eigenen Soldaten. Sie wußten, daß die Truppen des Valerianus ihnen überlegen waren und auch, daß Valerianus eine bedeutendere Persönlichkeit als Aemilianus war. Deshalb hielten sie es für angebracht, durch den Mord an ihrem eigenen Oberbefehlshaber die Schrecken eines weiteren Bürgerkrieges zu verhindern.

Valerianus (253–260)

Valerianus (Publius Licinius Valerianus) war zur Zeit des Kaisers Severus Alexander Konsul und gehörte zu denjenigen, die den Senat dazu veranlaßten, im Jahre 238 die Auflehnung der beiden älteren Gordiani gegen Maximinus Thrax zu unterstützen. Decius übertrug ihm ein neues wichtiges Amt, das ihm die Verantwortung für die Hauptstadt und die Pflege der Beziehungen zum Senat übertrug, während er an der Front weilte. Möglicherweise kämpfte Valerianus unter Decius auch gegen die Goten. Unter Trebonianus Gallus bekleidete er ein militärisches Kommando am Oberrhein und wurde von ihm gegen Aemilianus zu Hilfe gerufen. Er war jedoch zu spät aufgebrochen, um Gallus retten zu können, der nach der Schlacht bei Interamna von seinen eigenen Leuten umgebracht wurde.

Diese Nachricht konnte Valerianus aber nicht davon abhalten, seinen Plan, in Italien einzumarschieren, weiterzuverfolgen. Auf dem Weg dorthin wurde er in Rätien von seinen Soldaten zum Kaiser ausgerufen. Als die Soldaten des Aemilianus das erfuhren, ermordeten sie ihn und huldigten Valerianus. Der Senat erkannte ihre Wahl an. Im Herbst 253 setzte Valerianus seinen Marsch fort und ernannte, als er in der Hauptstadt angekommen war, seinen Sohn Gallienus zum absolut gleichberechtigten Mitregenten. Davon zeugen die Münzen, die in ihrem und dem Namen ihrer Gattinnen, der verstorbenen und vergöttlichten Mariniana und der Cornelia Salonina, herausgegeben wurden.

Es waren nicht nur Pest und Bürgerkrieg, die in den Provinzen des Römischen Reiches wüteten, als Valerianus die Herrschaft antrat, es war auch die militärische Lage an der Nord- und Ostgrenze, die sich besorgniserregend verschlechterte. Immer größere und immer besser organisierte Gruppen germanischer Stämme drangen auf immer breiterer Front in römisches Gebiet ein, so daß es eine Zeitlang praktisch unmöglich war, ihnen Widerstand zu leisten. Goten und Gruppen anderer ostgermanischer Stämme, darunter die Burgunder, verwüsteten Thrakien und drangen bis nach Thessalonike vor, das sie allerdings um 254 vergeblich zu erobern versuchten. Kleinasien, das erst jüngst von Plünderern heimgesucht worden war, die auf dem Landwege gekommen waren, wurde nun wieder angegriffen, und zwar von der See her. Die Eindringlinge kamen auf Schiffen, die sie wohl im römischen Klientelkönigreich am Kimmerischen Bosporos gegen den Willen der Bevölkerung erbeutet hatten. Als erste verwendeten die Boranen Seefahrzeuge. Damit setzten sie zur Ostküste des Schwarzen Meeres über, wo sie um 256 die römische Grenzstadt Pityus angriffen. Doch dank des massiven Widerstandes, den der örtliche Statthalter Successianus ihnen leistete, erlitten sie große Verluste und wurden zurückgeschlagen. Sie nahmen, was sie an Schiffen auftreiben konnten (die bosporanische Flotte war inzwischen wieder abgesegelt), und fuhren nach Hause. Aber schon im folgenden Jahr, nachdem sie wieder Schiffe gekapert hatten, tauchten sie erneut auf und griffen Pityus noch einmal an. Diesmal hatten sie Erfolg, denn Successianus, der zum Prätorianerpräfekten aufgestiegen war, stand zur Verteidigung der Stadt nicht mehr zur Verfügung. Sie zwangen erfahrene Ruderer aus Pityus auf ihre Schiffe und segelten dann südwärts nach Trapezus, das bei einem nächtlichen Überraschungsangriff fiel und bis auf die Grundmauern niedergebrannt wurde. Von dort kehrten die Angreifer mit reichlicher Beute in ihre Heimat zurück. Irgendwann wurde auch Panticapaeum auf der östlichen Krim angegriffen, was sich verheerend auf die Getreideversorgung Roms auswirkte.

Kurz darauf waren es die Goten, die in diese reichen und verteidigungslosen Gebiete einfielen. Sie wählten einen anderen Weg. Während ihre Schiffe an der Westküste des Schwarzen Meeres entlang nach Süden segelten, marschierten ihre Landstreitkräfte bis zur

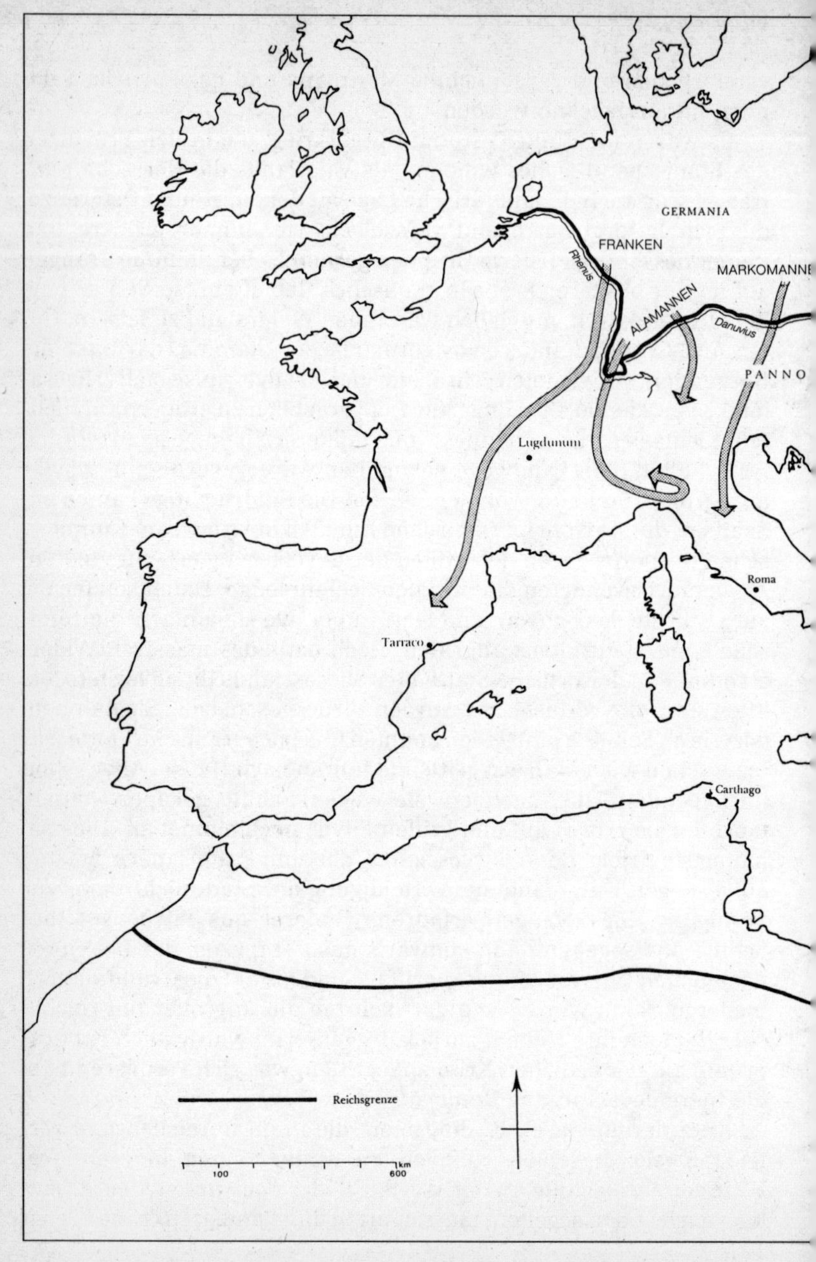
GERMANIA
FRANKEN
Rhenus
MARKOMANNE
ALAMANNEN
Danuvius
PANNO
Lugdunum
Roma
Tarraco
Carthago
Reichsgrenze
100
600
km

7 Die Germanenzüge im zweiten und dritten Jahrhundert n. Chr.

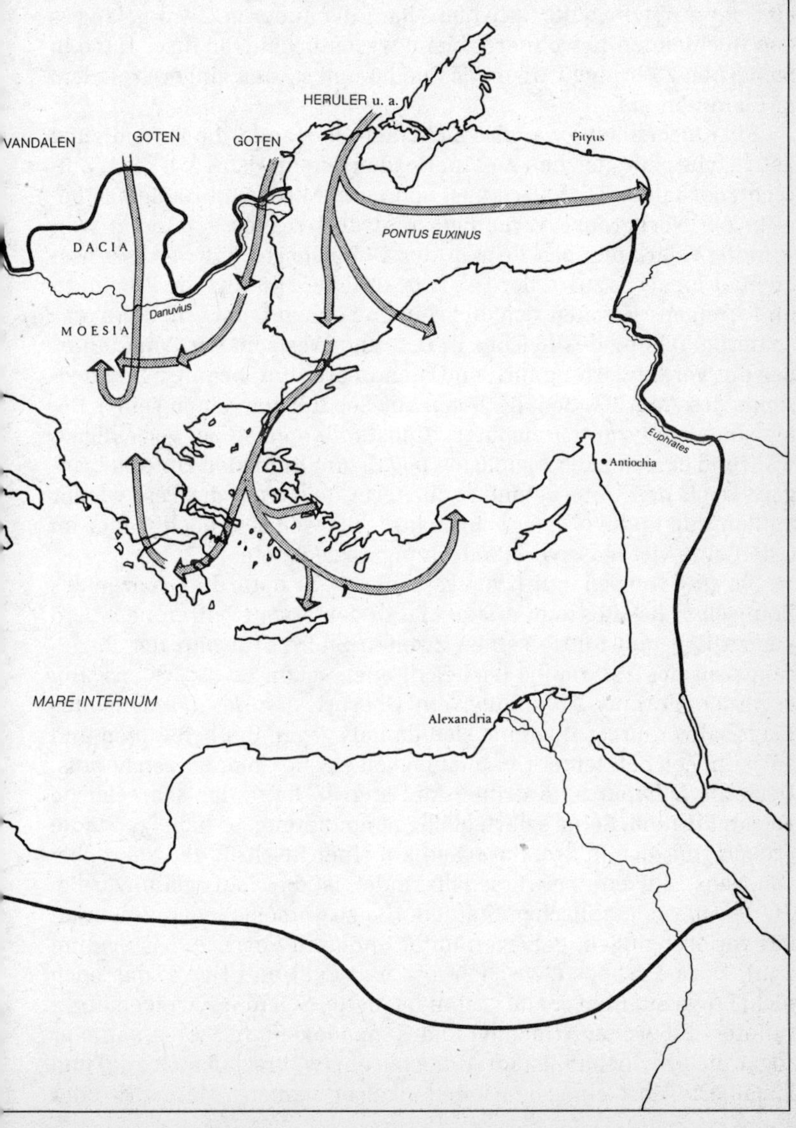

Propontis (Marmarameer). Dort wurden sie nach Chalcedon eingeschifft, das sich kampflos ergab. Danach eroberten die Eindringlinge eine der größten Städte Bithyniens nach der anderen. Zwar gelang es den flüchtenden Bewohnern, einen wesentlichen Teil ihrer Habe in Sicherheit zu bringen, aber Nicomedia und Nicaea gingen trotzdem in Flammen auf.

Ein Kaiser alleine war also nicht mehr imstande, die Verteidigung des Reiches zur gleichen Zeit im Norden wie im Osten wirksam aufrechtzuerhalten. Da Valerianus' Sohn und Mitregent, Gallienus, bereits die Nordgrenze verteidigte und dort restlos gebunden war, wandte Valerianus das Prinzip der Doppelherrschaft noch konsequenter an als es zuvor der Fall war. Er teilte 256/257 die Provinzen und Armeen zwischen sich und seinem Sohn auf und griff damit der späteren Teilung des Reiches in Ost- und Westrom vor. Valerianus, der die Verantwortung für den Osten übernahm, beauftragte angesichts des Angriffs, den die Goten zur See führten, einen seiner Befehlshaber, Byzantion (später: Constantinopolis) zu verteidigen, während er sich nach Kleinasien begab, um Bithynien Hilfe zu bringen. Doch das Unternehmen scheiterte, teils weil die Pest wieder aufflammte und das Heer schwächte, teils weil sich noch weiter im Osten eine viel massivere Bedrohung abzeichnete.

Sie ging von Schapur I. von Persien aus. Er hatte die Grenzen des Römischen Reiches zum ersten Mal in den ersten Jahren nach 240 angegriffen und führte seinen zweiten Stoß zu Beginn der Regierungszeit des Valerianus (vielleicht auch schon etwas früher). Ein gewisser Uranius Antoninus, ein Oberpriester des Sonnengottes Elagabal von Emesa, konnte sich damals gegen ihn behaupten und gab zum Zeichen seiner Unabhängigkeit eigene Goldmünzen heraus. Doch als Schapur zum dritten Mal angriff, hatte das schreckliche Folgen für Rom. Seine selbstgefällige Behauptung, er habe 37 Städte erobert, die sich in drei Sprachen auf einer Inschrift der Nekropole von Naqš-i Rustam bei Persepolis findet, ist durchaus glaubwürdig. Zu den mesopotamischen Städten, die zu verschiedenen Zeiten an ihn verlorengingen, gehörten unter anderem Carrhae, Nisibis (um 254), Dura-Europos (zwischen 255 und 258) und Hatra, das noch nicht lange auf Roms Seite gestanden hatte. Schapurs Armeen überrannten außerdem Armenien und Kappadokien. In Syrien nahm er sogar die Provinzhauptstadt Antiochia ein (wahrscheinlich 256) und installierte dort einen Marionettenkaiser namens Mareades oder

Cyriades. Als die Perser sich aber zurückzogen, verlor er jeglichen Rückhalt und wurde von den zurückkehrenden Römern lebendigen Leibes verbrannt.

Schapur plünderte alle diese Gebiete so rücksichtslos und kümmerte sich dabei so wenig um die öffentliche Meinung, daß der Eindruck entsteht, als sei er trotz aller noch so hohen Ansprüche in Wahrheit nur an Beute interessiert gewesen, nicht aber an einem dauerhaften Anschluß der betreffenden Gebiete an das Perserreich. Er unternahm auch schon bald einen weiteren Angriff auf römisches Territorium. Im Jahre 259 sah sich Valerianus deshalb gezwungen, an der Spitze einer römischen Armee nach Mesopotamien zu ziehen, um Schapur zu vertreiben, der die Stadt Edessa belagerte. Weil aber die Römer schwere Verluste erlitten hatten, nicht nur wegen der erneut auftretenden Pest, wollte der Kaiser versuchen, sein Ziel zunächst auf dem Verhandlungswege zu erreichen. Deshalb sandte er im April oder Mai 260 Unterhändler zu Schapur. Als sie nach ihrer Rückkehr dem Kaiser die Einladung zu einem persönlichen Treffen mit dem Sassanidenherrscher überbrachten, machte sich Valerianus mit einem kleinen Gefolge zu ihm auf den Weg, um Friedensbedingungen auszuhandeln. Aber Valerianus wurde von Schapur gefangengenommen und nach Persien verschleppt. Darüber, wie er durch Verrat in die Falle gelockt wurde, sind zahllose Erzählungen im Umlauf. Es ist aber auch denkbar, daß Valerianus freiwillig bei den Persern blieb und bei ihnen Schutz suchte, weil vielleicht seine eigene Armee zu meutern begonnen hatte.

Gibbon führt eine Überlieferung an und schreibt: »Als Valerianus unter der Last der Scham und der Trauer zusammengebrochen war, wurde seine mit Stroh ausgestopfte und zu einer menschenähnlichen Puppe geformte Haut jahrhundertelang im berühmtesten Tempel Persiens aufgehoben – ein realeres Siegesmal als alle die phantasievollen Denkmäler aus Messing und Marmor, die römische Eitelkeit in so großer Zahl der Nachwelt hinterließ. Dieser Bericht ist sehr stimmungs- und gefühlvoll, doch ist zu bezweifeln, ob er der Wahrheit entspricht.« Sei es wie es wolle, die feierliche Geschichte ist nicht unangemessen, denn daß ein Kriegsgegner einen römischen Kaiser gefangennahm, war eine Katastrophe ohnegleichen – der Tiefpunkt der Erniedrigung Roms.

Allem Anschein nach war Valerianus ein ehrenhafter Mann voll bester Absichten. Er hatte das Vertrauen des Senats gewonnen und die Disziplin des Heeres wiederhergestellt. Sein Verhängnis war nur, daß er ein Reich übernommen hatte, das völlig außer Kontrolle geraten war.

Christliche Schriftsteller haben später seine Schwächen übertrieben. Unter ihm wurde nämlich die Christenverfolgung wieder aufgenommen, um die Bevölkerung von den Katastrophen abzulenken, die von allen Seiten über Rom hereinbrachen, und um die Anerkennung der römischen Staatsreligion zu erzwingen, von der sich der Kaiser Hilfe gegen sämtliche Übel versprach. Es ist nicht auszuschließen, daß er schon früher die von Decius in die Wege geleiteten christenfeindlichen Maßnahmen unterstützte. Trotzdem erließ er, als er selbst Kaiser geworden war, zwei weitere Edikte gegen die Christen. Das erste, im August 257 verkündet, befahl den Kirchenführern, den Staatsgöttern zu opfern, obwohl sie im verborgenen Jesus Christus verehren durften. Das zweite, strengere Edikt wurde ein Jahr später erlassen, als Valerianus im Osten weilte, und vom Senat den Provinzstatthaltern zur Befolgung zugeleitet. Es sah für jeden, der dem Klerus angehörte, die Todesstrafe vor. Zu den namhaften Christen, die damals die Todesstrafe erlitten, zählen Papst Sixtus II., der heilige Laurentius, der in Rom bei lebendigem Leib verbrannt, und der heilige Cyprianus, der in Karthago hingerichtet wurde.

Die kaiserliche Verfügung sah aber auch Strafen für die Laienchristen vor, insbesondere für Senatoren und Ritter, die mit Vermögenseinzug bestraft wurden, und die Pächter auf den staatlichen Gütern, die oft zu Zwangsarbeit in den Bergwerken verurteilt wurden, wenn sie sich zum christlichen Glauben bekannten.

Gallienus (253–268)

Gallienus (Publius Licinius Egnatius; Mitregent von 253 bis 260 und Alleinherrscher von 260 bis 268) wurde um 218 als Sohn des Valerianus geboren. Nachdem sein Vater 253 von seinen Truppen in Rätien zum Kaiser ausgerufen worden war und die römischen Truppen Aemilianus ermordet hatten, wurde Gallienus, der sich in der Hauptstadt aufhielt, vom Senat zum Caesar erhoben. Als Valerianus in Rom eintraf, ernannte er seinen Sohn zum Augustus und kehrte damit zu dem Kollegialitätsprinzip zurück, das Marcus Aurelius und Lucius Verus eingeführt hatten. In der Doppelherrschaft, die Vater und Sohn bildeten, waren beide absolut gleichberechtigt.

Als bald darauf, 254, größere Unruhen unter den Germanenstämmen gemeldet wurden, begab sich Gallienus unverzüglich an die Rheingrenze. Während der ersten drei Jahre seines Kommandos dort scheinen ihm, wenn man den Münzinschriften Glauben schenkt, mehrere Siege beschieden gewesen zu sein. Allem Anschein nach konnte er germanische Streitkräfte daran hindern, bis an den Rhein vorzudringen, und andere zurückschlagen, als sie versuchten, den Strom zu überqueren. In dieser Zeit wurden auch einige Grenzbefestigungen am linken Rheinufer ebenso wie in einiger Entfernung davon verstärkt, und in Augusta Treverorum (Trier) wurde eine neue Münze eingerichtet. Daß Gallienus 257 den Titel »Dacicus Maximus« annahm, deutet auf einen Zusammenstoß mit den Karpen hin, die in Dakien eingefallen waren. Doch offenbar hatte Gallienus nicht so erfolgreich gekämpft, wie er behauptete, denn Roms Herrschaft über wenigstens einen Teil dieses Gebietes scheint gerade damals geschwächt worden zu sein.

Um den Fortbestand des Herrscherhauses zu sichern, erhob Valerianus Anfang des Jahres 256 Gallienus' ältesten Sohn, Valerianus den Jüngeren, zum Caesar, und als dieser etwa zwei Jahre später starb und vergöttlicht wurde, rückte sein jüngerer Bruder Salonius an seine Stelle. Angesichts der schweren Krisen, die die römische Welt an den Grenzen Europas und Asiens erschütterten, teilten im Jahre 256 oder 257 die beiden Kaiser (Valerianus und Gallienus) das Gebiet des Römischen Reiches unter sich auf. Valerianus übernahm den Osten und Gallienus den Westen. Auf die Selbständigkeit der militärischen Entscheidungsgewalt, über die Gallienus zwar noch nicht nach dem Gesetz, aber doch praktisch verfügte, weisen die Münzen hin, die ihn »mit seinem Heere« (GALLIENVS CVM EXER*citu* SVO) darstellen.

Doch die Situation, der Gallienus sich in der folgenden Zeit gegenübersah, war niederschmetternd. Überall entlang der Nordgrenze des Reiches griffen die Germanen in großer Zahl an. Besonders bedrohlich waren die Franken, die zum ersten Mal auftauchten. Sie waren ein Bund kleinerer Stämme, die aus nicht genau bekannten Gründen ihre Wohnsitze an der Unterelbe verlassen hatten und an den Rhein verschlagen wurden. In mehreren Vorstößen durchbrachen sie mit Streitkräften, die jeweils etwa 30 000 Mann stark waren, die römischen Grenzverteidigungen, überrannten Gallien und Spanien, zerstörten Tarraco (Tarragona), die Hauptstadt von Hispania Tarraconensis, und tauchten schließlich plündernd an der Küste von Mauretania Tingitana in Nordafrika auf. Gleichzeitig bedrängte eine andere mächtige Gruppe germanischer Stämme, die Alamannen, unablässig die rätischen Grenzbefestigungen und stieß sogar 258 über den Brennerpaß nach Italien vor. Gallienus verließ daraufhin Gallien, um sie anzugreifen, und scheint sie bei Mailand, wo er 259 eine Münze einrichtete, entscheidend geschlagen zu haben. Gallienus ging aber nicht nur militärisch gegen die Germanen vor. Er gestattete zum Beispiel den Markomannen aus dem heutigen Böhmen, einen eigenen Staat zu gründen bzw. ihren bereits bestehenden in südlicher Richtung bis zum römischen Ufer der Donau auszudehnen. Außerdem soll er eine zweite Ehe, gleichsam zur linken Hand, mit der Tochter ihres regierenden Fürsten eingegangen sein. Andererseits wurden etwa um die gleiche Zeit die »agri decumates«, der strategisch wichtige Winkel zwischen Oberrhein und oberer Donau, von den Sueben, einem anderen germanischen Volk, überrannt und gingen den Römern für immer verloren.

Alle diese Ereignisse erreichten den Höhepunkt im Jahre 260, dem schlimmsten Jahr der römischen Geschichte überhaupt, da eine Katastrophe die andere jagte. Der Gefangennahme des Valerianus durch die Perser, zu dessen Rettung, wie Kritiker anmerkten, Gallienus, sein Sohn und von nun an alleiniger Herrscher, keinen Finger krümmte, folgten die Putschversuche einer ganzen Reihe von Heerführern, die sich in den verschiedenen Provinzen zum Kaiser aufwarfen. Allerdings sind manche Schilderungen, die diese Phase als »Zeit der dreißig Tyrannen« bezeichnen, hinsichtlich ihrer Echtheit zweifelhaft. Es gibt aber auch zuverlässige Quellen, aus denen zum Beispiel hervorgeht, daß sich allein im Donauraum in rascher Folge, und zwar sehr wahrscheinlich in diesem einen Jahr 260, zwei Usurpatoren erhoben. Den Anfang machte Ingenuus, der Statthalter von Pannonien, den die in Mösien stationierten Truppen unterstützten. Er errichtete sein Hauptquartier in Sirmium (Mitrovica). Doch Gallienus und sein General Manius Acilius Aureolus konnten ihn unweit davon, in Mursa Maior (Osijek) angreifen. Als Ingenuus fliehen wollte, wurde er gefangengenommen und umgebracht. Aber der Putsch war damit nicht beendet, denn seine Truppen riefen nun Regalianus, den Statthalter von Oberpannonien, zum Kaiser aus. Er ließ in Carnuntum (in der Nähe des heutigen Petronell) Münzen schlagen, die allerdings nicht neue, sondern überprägte alte Stücke waren. Sie tragen Regalianus' Namen und den seiner Gemahlin Sulpicia Dryantilla, die aus einer einflußreichen Senatorenfamilie stammte. Doch Gallienus, der nach wenigen Wochen wieder in das aufständische Gebiet zurückkehrte, nachdem er einen Angriff der sarmatischen Roxolanen auf oberpannonisches Gebiet zurückgeschlagen hatte, besiegte Regalianus und eröffnete eine neue Münze in Siscia (Sisak).

Während Gallienus in diese Kämpfe verwickelt war, hatte er das Kommando am Rhein einem seiner Generäle, Postumus, übertragen und seinen Sohn und Erben, Saloninus Caesar, der Obhut des Prätorianerpräfekten Silvanus in Colonia Agrippina (Köln) anvertraut. Doch Postumus geriet mit Silvanus in Streit und zog mit seinen Truppen nach Köln. Es kam zur Belagerung, und während die Kämpfe in vollem Gang waren, wurde Saloninus – wie eine einzige Goldmünze beweist – zum Mit-Augustus seines Vaters ernannt. Trotzdem setzten die Angreifer die Belagerung Kölns fort, und als die Stadt fiel, wurde Saloninus zusammen mit Silvanus umgebracht. Als Postumus' Truppen anschließend ihren Feldherrn zum Kaiser ausriefen, schlossen sich sämtliche Provinzen des Westens ihnen an, während Gallienus, der in den jüngsten Kämpfen schwer verwundet worden war, dem tatenlos zusehen mußte.

Inzwischen waren seit der Gefangennahme des Valerianus Roms Provinzen im Osten den Persern auf Gedeih und Verderb ausgeliefert. Sie stürmten Antiochia, Tarsus und die Städte Mesopotamiens, und trotz glänzender Verteidigung fiel auch Caesarea in Kappadokien – allerdings durch Verrat – in ihre Hände. Macrianus, der kaiserliche Generalquartiermeister im Osten, gab sich alle Mühe, die Reste der römischen Armee, die sich noch bei Samosata aufhielten, zu sammeln. Dabei wurde er von Callistus (mit dem Spitznamen Ballista, »Katapult«) unterstützt, einem General, der Schapur bei Korykos an der kilikischen Küste im Überraschungsangriff besiegte und zum Rückzug an den Euphrat zwang. Nach diesem Sieg ließ Macrianus, der selbst zu alt und zu schwach war, um den Kaiserpurpur zu tragen, seine beiden Söhne, Macrianus den Jüngeren und Quietus, zu Kaisern ausrufen, wobei Syrien, Kleinasien und Ägypten seinem Beispiel folgten und sich ihm anschlossen. Daraufhin begaben sich die beiden Macriani, Vater und Sohn, während Quietus in

Syrien zurückblieb, von Ehrgeiz getrieben in die Balkanländer, wo sie aber von Domitianus, einem Untergebenen des Heerführers Aureolus, der nicht von Gallienus abgefallen war, besiegt und getötet wurden. Gegen Quietus schließlich rief Gallienus Odaenathus zu Hilfe, den mächtigen Erbprinzen von Palmyra in Syrien, und ernannte ihn zum Oberbefehlshaber der gesamten römischen Streitkräfte im Osten. Quietus wurde von Odaenathus bei Emesa angegriffen und von den Bewohnern der Stadt umgebracht.

Im Laufe der nächsten fünf Jahre, von 262 bis 267, unternahm Odaenathus eine Reihe Feldzüge gegen die Perser und eroberte dabei einen großen Teil Mesopotamiens zurück (allerdings gelang es ihm nicht, die Hauptstadt Ctesiphon einzunehmen). Wahrscheinlich hat er auch Armenien besetzt. Gallienus belohnte ihn dafür mit dem Titel »imperator«, denn er hatte sich große Verdienste um die Erhaltung der östlichen Provinzen erworben und war, wenigstens formal, gegenüber Rom loyal geblieben, obwohl er in Wirklichkeit uneingeschränkt über die gesamte Region herrschte. Als er jedoch 267 zusammen mit seinem ältesten Sohn ermordet wurde und seine Witwe Zenobia sein Erbe antrat, da fand es Gallienus an der Zeit, Palmyras Unabhängigkeit zu beenden. Aber die Versuche seines Prätorianerpräfekten, die Stadt unter Druck zu setzen, schlugen fehl.

Bald darauf kam es zu einer massiven Bedrohung des Ostens durch die Goten. Sie hatten ihre Seeleute aus dem Stamm der Heruler angeheuert, die sich noch gar nicht lange im Gebiet des Mäotischen Sees (des Asowschen Meeres) angesiedelt hatten, und brachten, von 267 bis 268, ein Riesenaufgebot von Kriegern und Schiffen an der Dnjestrmündung zusammen. Als diese riesige Flotte schließlich in See stach, waren Griechenland und Kleinasien erneut schweren Angriffen ausgesetzt (immerhin gelang es dem Historiker Dexippos, die Eindringlinge an der Eroberung Athens zu hindern). Es scheint Gallienus selbst gewesen zu sein, der sich den Invasoren entgegenstellte, als sie in ihre Wohngebiete nördlich des Schwarzen Meeres zurückkehren wollten. Allerdings schrieben Gallienus' Kritiker und in ihrem Kielwasser auch neuere Autoren diesen Sieg gern seinem Nachfolger Claudius Gothicus zu, der nur deshalb so übermäßig gepriesen wird, weil Constantinus »der Große« ihn zu seinen Vorfahren zählte. Wie dem auch war – die römische Armee überfiel auf jeden Fall den schwerfälligen Heereszug der Goten und errang in der blutigsten Schlacht des Jahrhunderts den Sieg bei Naissus. Dabei verloren 30 000, vielleicht sogar 50 000 Feinde das Leben. Nachdem sich jedoch der Anführer der Heruler ergeben hatte, kehrte Gallienus zu einer Politik der Diplomatie und Toleranz zurück und verlieh dem Besiegten die Insignien eines römischen Konsuls. Dieser Sieg der Römer war ein Zeichen dafür, daß sich das Blatt gewendet hatte. Wider alle Erwartungen war ein neuer Anfang gemacht im Hinblick auf die ungeheure Aufgabe, die Germanen zurückzutreiben.

Inmitten all dieser Wirren fand Gallienus noch Zeit, das Militär neu zu organisieren. Schon lange hatten die Römer berittene Bogenschützen und Speerwerfer eingesetzt, und seit einem Jahrhundert stützten sie sich auch auf Reitereinheiten mit gepanzerten Pferden. Doch nun zeigte die schwere Kavallerie, die die Perser und einige andere Stämme aus dem Norden (vor allem die Sarmaten, die selbst iranischen Ursprungs waren) mit so furchtbaren Folgen aufmarschieren ließen, daß die Römer diese Truppengattung ausbauen mußten. Infolgedessen schuf Gallienus in der Zeit von 264 bis 268 eine beeindruckende Reiterei, deren Soldaten gepanzert waren. Ihr Unterhalt war zwar sehr teuer, denn das Futter für ein Pferd kostete ebensoviel wie die Lebensmittelrationen für einen Soldaten, doch bildete diese Reiterei nicht nur eine schlagkräftige Einsatztruppe, sondern auch eine zentrale Reserve, wie es sie zuvor kaum gab, obwohl Septimius Severus einst erste Schritte in diese Richtung unternommen hatte. Als Hauptstandort der neuen Armee wählte Gallienus Mediolanum (Mailand), das sehr günstig genau in der Mitte zwischen Rom und der Nordgrenze des Reiches lag. Von nun an bildete es zusammen mit den anderen großen Städten Norditaliens eine Linie, die sowohl defensiven als auch offensiven Charakter hatte. Diese Entwicklung war nötig, denn erst kurz zuvor waren die »agri decumates« (das Gebiet zwischen dem Oberrhein und der oberen Donau) verlorengegangen, und das bedeutete, daß die Germanen sehr viel näher an die italienische Halbinsel herangerückt waren.

Die Münzen, die Gallienus in Umlauf brachte, feierten die verschiedenen Tugenden seiner berittenen Elitetruppe, darunter ihre Schnelligkeit (ALACRITATI) und ihre Loyalität (FIDEI EQVITVM). Doch nicht genug damit – eines der großen Goldmedaillons, mit denen man sich angewöhnt hatte, altgediente Offiziere auszuzeichnen, trägt die erstaunlich freimütige Aufschrift »Für die Wahrung der Treue« (OB FIDEM RESERVATAM). Um sicherzugehen, daß diese

Offiziere auch bei dieser Treue blieben, versetzte Gallienus eine Reihe von ihnen in eine sorgfältig ausgewählte Einheit von Gardetruppen oder »protectores« (»Beschützer«), von denen der größte Teil, angeführt von den »Beschützern der göttlichen Flanke«, in unmittelbarer Nähe des Kaisers stationiert wurde und ihm persönlich unterstand.

Doch gerade in dieser Hinsicht sollte der Kaiser enttäuscht werden. Als Gallienus 268 seinen dritten Sohn Marinianus, den er zu seinem Nachfolger bestimmt hatte, hoffnungsvoll zum Konsul ernannte, mußte er erfahren, daß die Kommandeure seiner neuen Truppe ebenso leicht putschten und meuterten wie die Befehlshaber anderer Einheiten und früherer Zeiten. Das bedeutete aber, daß Gallienus seinen Sieg über die Goten bei Naissus nicht nutzen konnte, weil Aureolus, der Kommandeur der Kavallerie, dem er in seiner Abwesenheit die Verteidigung Italiens anvertraut hatte, sich gegen ihn auflehnte. Also marschierte Gallienus auf dem kürzesten Weg zurück nach Italien, wo er den revoltierenden General in Mediolanum einschließen konnte und die Stadt belagerte. Aureolus forderte Gallienus heraus, als er sich unter diesen Umständen von seinen Soldaten zum Kaiser ausrufen ließ.

In diesem kritischen Augenblick putschten einige hohe Offiziere und brachten Gallienus um. Die führenden Köpfe der Verschwörung waren der Prätorianerpräfekt Heraclianus, Marcianus, der die Angriffe gegen die Goten geleitet hatte, sowie Cecropius, der einer dalmatinischen Reiterabteilung vorstand, und auch die beiden nächsten Kaiser, Claudius Gothicus und Aurelianus scheinen Mitwisser der Verschwörung gewesen zu sein. Alle diese Männer stammten aus dem Donaugebiet, woher damals die meisten der besten römischen Heerführer und Truppeneinheiten kamen, und diese Offiziere waren fest davon überzeugt, daß auch Roms Kaiser aus ihren Reihen stammen sollten.

Obwohl Gallienus keineswegs unbeliebt bei den Soldaten war, unterschied er sich doch wesentlich von den Soldatenkaisern vor und nach ihm. Worin dieser Unterschied bestand, zeigen am besten die Porträts, die von ihm erhalten sind. Es fehlt ihnen jede Spur, die auf »Draufgängertum« schließen ließe, statt dessen lassen sie vielmehr etwas Intellektuelles erkennen, und tatsächlich hatte Gallienus eine Vorliebe für das Griechentum; seine Interessen galten der Literatur, der bildenden Kunst und der Philosophie. Er war in die Eleusinischen Mysterien eingeweiht, Überbleibsel einer alten, klassischen Tradition, und er war es auch, der, ermutigt von seiner Gemahlin Cornelia Salonina, die den Beinamen Chrysogone (»die Goldgezeugte«) führte, dem großen neuplatonischen Philosophen Plotinos Hoffnung auf die Gründung eines Philosophenstaates in der Campania machte. – Trotz aller seiner intellektuellen Bindungen an die heidnische Religion beendete Gallienus den Kampf, den sein Vater gegen das Christentum geführt hatte; ging es ihm doch darum, im Krieg gegen Schapur I. auch auf die Unterstützung der Christengemeinden im Osten zählen zu können.

Gallienus versuchte mit allen ihm zur Verfügung stehenden Kräften, einer nicht enden wollenden Kette von Mißgeschicken Herr zu werden. Trotzdem wurde er getadelt, weil er hin und wieder auch Zeit zur Pflege kultureller Anliegen fand. Kritik dieser und anderer Art indessen, die gegen ihn vorgebracht wurde, war nicht immer angemessen und hinreichend begründet. Das hatte seine Ursache teilweise in der Neigung späterer Autoren, seinen Nachfolger Claudius Gothicus zu bevorzugen, teilweise aber auch in der Ablehnung der Senatoren ihm gegenüber, weil er sie mißtrauisch von allen höheren Ämtern ausschloß.

Es genügte nicht, daß die Herrschaft des Gallienus von militärischen und politischen Krisen erschüttert wurde, auch in wirtschaftlicher Hinsicht war das Reich dem absoluten Chaos bedenklich nahe. Auch das könnte die Verschwörer veranlaßt haben, dem Leben des Kaisers ein Ende zu setzen. Noch nie zum Beispiel hatte die Geldentwertung in der gesamten römischen Geschichte ein solches Ausmaß erreicht. Nicht nur, daß das Gewicht der goldenen Standardmünze, des »aureus«, erheblich abgenommen hatte – auch die sogenannten Silberstücke enthielten so gut wie überhaupt kein Silber mehr, von einer leichten Oberflächenversilberung abgesehen, die binnen kurzem abgegriffen war. Als diese Wertminderung der Öffentlichkeit bekannt wurde, die eine wertbeständige Münzwährung aus Edelmetall wünschte, akzeptierten weder die Masse der Bevölkerung noch die Händler und Wechsler die ungeheure Menge so gut wie wertloser Geldstücke zu deren Nennwert, so daß die Preise um mehrere hundert Prozent in die Höhe schnellten – was praktisch den Zusammenbruch der Staatsfinanzen und unsägliche Härten für die Bevölkerung bedeutete.

Postumus (260–268)

Postumus (Marcus Cassianius Latinius Postumus) war Herrscher des gallo-römischen Teilreiches und vielleicht sogar selbst Gallier von Geburt. Als Ingenuus – wahrscheinlich nachdem er die Nachricht von Valerianus' Gefangennahme durch die Perser erhalten hatte – sich gegen Gallienus, Valerianus' Sohn, erhob, ließ er Postumus, den Statthalter von Ober- und Untergermanien als Befehlshaber am Rhein zurück. Doch während Gallienus abwesend war (er hatte sich noch gegen einen zweiten Usurpatoren, Regalianus, zur Wehr zu setzen), griff Postumus den Prätorianerpräfekten Silvanus an, zwang die Verteidiger von Colonia Agrippina (Köln), wo Silvanus sich verschanzt hatte, zur Kapitulation, brachte Silvanus sowie den Kaisersohn Saloninus, der sich ebenfalls in Köln aufhielt, um und griff selbst nach dem Purpur. Postumus wurde nicht nur von den germanischen Legionen anerkannt, sondern auch von den Soldaten und der Bevölkerung Galliens und Spaniens sowie nach einiger Zeit auch Britanniens, das er persönlich besuchte.

Postumus errichtete einen neuen römischen Staat, der von der zentralen Regierung in Rom völlig unabhängig war. Dieser Teilstaat hatte einen eigenen Senat und eigene Konsuln, die jedes Jahr neu gewählt wurden. Postumus selbst bekleidete dieses Amt fünfmal. Außerdem verfügte er über eine eigene Prätorianergarde. Sie war in Colonia Agrippina stationiert, der Stadt, die er zur Residenz auserkor und mit bedeutenden Bauwerken schmückte. Damit gab er ihr die Rolle, die später Augusta Treverorum (Trier) als Reichshauptstadt spielen sollte. Rom gegenüber trat Postumus zunächst zurückhaltend auf. So erklärte er, daß er nie auch nur einen einzigen Tropfen Römerblut vergießen wolle und daß es seine einzige Absicht sei, Gallien zu schützen – also genau das zu tun, wozu Gallienus ihn bestimmt hatte.

Dieses Programm verkündeten auch die Münzen, die ihn als »Wiederhersteller der Gallier« (RESTITVTOR GALLIAR*um*) bezeichnen und die auf lokale Besonderheiten hinweisen, zum Beispiel auf den Herkuleskult von Deuso (HERC*uli* DEVSONIENSI). Andere Münzen, die Neptunus und ein Kriegsschiff zeigen, erinnern an Postumus' erfolgreiche Bemühungen, die Küste vor Piraten zu schützen. Darüber hinaus rechtfertigte er aber auch seinen Anspruch, Beschützer der Grenze im Landesinneren zu sein. Zwar trifft es zu, daß der Verlust der »agri decumates« (s. Gallienus) weitgehend auf seinen Abfall vom Römischen Reich zurückzuführen ist. Aber andererseits gelang es ihm, einige vorgeschobene Stellungen in diesem Gebiet zurückzuerobern und wieder zu befestigen (und zwar im Neckartal). Außerdem trieb er 261 die Franken und Alamannen zurück, die den Rhein überschritten hatten, so daß seine Verkündigung eines »Sieges über die Germanen« (VICT*oria* GERM*anica*) nicht ganz unberechtigt war.

Es versteht sich von selbst, daß Gallienus dieses Teilreich nicht dulden konnte. Deshalb zog er 263 über die Alpen nach Gallien, wobei er den Vorteil, daß er die Alpenpässe kontrollierte, ausnützte, und griff Postumus an. Nach einer anfänglichen Niederlage hatte er einen beachtlichen Erfolg. Doch Aureolus, der Befehlshaber seiner Reiterei, unterstützte ihn nicht tatkräftig genug bei der Verfolgung des geschlagenen Gegners. Daher konnte Postumus eine neue Armee sammeln, zu der auch Germanen aus den Gebieten östlich des Rheins gehörten. Dennoch wurde er erneut von den kaiserlichen Streitkräften besiegt und gezwungen, sich hinter den Mauern einer Stadt zu verschanzen. Aber Gallienus wurde verwundet und mußte nach Hause gebracht werden, als er gerade begonnen hatte, ihn dort zu belagern.

Damit war der Versuch, das Teilreich des abtrünnigen Postumus zu zerschlagen, gescheitert. Es hat den Anschein, als ob in diesem kritischen Augenblick tatsächlich stillschweigend ein Einverständnis darüber erzielt worden sei, den Rivalen in Ruhe zu lassen. Das bedeuten offensichtlich die 265 von Postumus herausgegebenen Münzen, die von Merkur als dem »Götterboten« (INTERNVNTIVS DEORVM) sprechen, dem Mittler zwischen Postumus und Gallienus. Wie dem auch war, Postumus hatte auf jeden Fall eine Atempause, und seine Münzen verraten, daß er bereits neue, großartige Absichten hegte, die weit über die Grenzen der tatsächlich von ihm beherrschten Gebiete hinausgingen. Denn nun bezeichnete er sich nicht mehr nur als »Wiederhersteller der Gallier«, sondern auch als Vorkämpfer der ROMA AETERNA und »Wiederhersteller des Erdkreises« (RESTITVTOR ORBIS). Wahrscheinlich griff er in Gedanken auch schon nach dem Osten (ORIENS AVG*usti*). Außerdem verherrlichte er eine das gesamte Reich umfassende »Wohlfahrt der Provinzen« (SALVS PROVINCIARVM). Nicht minder expansiv war auch seine Religionspolitik. Nun ist nicht mehr von Hercules von Deuso die Rede, sondern vom Hercules Roms, mit dem Postumus sich stillschweigend verbündet, dessen Heldentaten er nacheifern möchte. Diese Assoziation kommt noch stärker auf denjenigen Münzen zum Ausdruck, die gleichzeitig die Porträts des Postumus und des Hercules zeigen, und die sich bezeichnenderweise sehr ähnlich sind.

Im Jahre 268 ging Gallienus' General Aureolus, jener Befehlshaber der Reiterei, der fünf Jahre früher die zurückweichenden Streitkräfte des Postumus nicht mit der nötigen Energie verfolgt hatte, offen zur Gegenpartei über. Gallienus hatte ihm für die Zeit seines Aufenthaltes im Osten Europas den Oberbefehl über die Truppen in Norditalien mit dem Ziel übertragen, Postumus dort am Eindringen zu hindern. Statt dessen aber sprach sich Aureolus offen für Postumus aus und ließ in Mediolanum (Mailand) eine Reihe Münzen mit Postumus' Namen prägen. Welche Rolle Postumus selbst in dieser Angelegenheit spielte, ist unbekannt. Auf jeden Fall konnte er Aureolus nicht unterstützen, als dieser in Mediolanum von Gallienus eingeschlossen wurde, weil an der germanischen Grenze sich ein Aufrührer gegen ihn erhoben hatte. Es war einer seiner höheren Offiziere, Laelianus, der sich in Moguntiacum selbst zum Kaiser ernannt hatte und dabei von anderen wichtigen militärischen Einheiten aus der Gegend unterstützt wurde. Postumus belagerte Moguntiacum, eroberte es und ließ Laelianus hinrichten. Seine Soldaten allerdings enttäuschte er, denn er verbot ihnen, die Stadt zu plündern. Das aber hatte zur Folge, daß sie Postumus umbrachten.

Da zuverlässige literarische Quellen fehlen, sind wir für die Vielfalt und den Informationsgehalt der Münzen dankbar, die Postumus schlagen ließ. Als besonders aufschlußreich erwies sich eine sorgfältige Prüfung der 13 000 Stücke aus minderwertigem Metall, die in Cunetio, England, gefunden wurden und sich heute im Britischen Museum in London befinden. Die Ausgabe so zahlreicher Münzen gehörte zu Postumus' Maßnahmen zur Wiederbelebung der Wirtschaft. Der einzige Ort, der uns als Prägestätte sicher bekannt ist, ist Postumus' Hauptstadt Colonia Agrippina. Der Name dieser Stadt erscheint auf einer Prägung aus dem Jahre 267. Eigentlich war es nicht üblich, den Namen der Prägestätte zu erwähnen. Warum es im vorliegenden Fall geschehen ist, ist ungeklärt. Vielleicht sollte die Eröffnung der Münze erwähnt werden, nachdem sie von einem anderen Ort nach Colonia Agrippina verlegt worden war. Postumus' Goldmünzen sind gewichtsmäßig sehr viel ausgewogener als Gallienus'

»aurei« und zeugen schon von daher von der Wirksamkeit der von Postumus betriebenen Wirtschaftspolitik. Auch in der Ausführung und künstlerischen Gestaltung sind sie Gallienus' Prägungen überlegen. Die Münzporträts zeigen Postumus mit einem üppigen Bart, oft auch mit einem sehr genau wiedergegebenen Panzer oder Helm. Manchmal, allerdings selten, ist sein Antlitz statt von der Seite, wie es üblich war, auch von vorne zu sehen. Obwohl andere künstlerische Zeugnisse fehlen, legen diese anspruchsvollen Arbeiten doch die Vermutung nahe, daß der Hof dieses Teilreiches, über das Postumus herrschte, zumindest in seinen künstlerischen Ansprüchen nicht hinter der Hofhaltung des Gallienus zurückstand.

Nach Postumus' Tod lösten sich Spanien und Britannien von dem gallo-römischen Teilreich und schlossen sich wieder der Führung durch Rom an. Das geschrumpfte Restreich erbten Marius (der 268 etwa zwei Monate lang regierte), Victorinus (etwa 269–271) und Tetricus (271–274), der von Aurelianus besiegt wurde.

6 DAS NEUERLICHE ERSTARKEN DER MILITÄRISCHEN MACHT

Claudius II. Gothicus (268–270)

Claudius II. Gothicus (Marcus Aurelius Valerius Claudius) wurde um 214 wahrscheinlich in Obermösien geboren. In der »Historia Augusta« werden Schriftstücke zitiert, denen zufolge er unter Decius und Valerianus zuerst als Militärtribun diente und dann den Oberbefehl über die Region Illyrien erhielt. Obwohl diese Dokumente erfunden sind, können sie dennoch der Wahrheit entsprechen. Als Gallienus im Frühjahr 268 bei Mediolanum (Mailand) ermordet wurde, scheint Claudius an der Verschwörung beteiligt gewesen zu sein. Zu diesem Zeitpunkt war er nämlich stellvertretender Oberbefehlshaber dieser Region. Als es nach Gallienus' Tod darum ging, einen Nachfolger zu wählen, mußte zwischen ihm und einem anderen hohen Offizier, Aurelianus, der ebenfalls in die Verschwörung eingeweiht war, entschieden werden. Warum die Wahl der Soldaten ausgerechnet auf Claudius fiel, ist unbekannt. Vielleicht hatte Aurelianus' Zurückweisung etwas mit seinem Ruf als Leuteschinder zu tun. Auf jeden Fall wurde das Gerücht verbreitet, Gallienus habe, als er im Sterben lag, Claudius zu seinem Nachfolger bestimmt.

Der Mord an Gallienus hatte die Soldaten dermaßen aufgebracht, daß es zu einer Meuterei kam, die nur durch das längst zur Gewohnheit gewordene Versprechen einer Prämie von zwanzig Goldmünzen pro Kopf beendet werden konnte. Roms Senatoren dagegen begrüßten Gallienus' Tod, weil er ihnen jegliche höhere Befehlsgewalt vorenthalten hatte. Aus diesem Grund begannen sie auch, Gallienus' Freunde und Verwandte zu beseitigen, darunter seinen Bruder und seinen noch lebenden Sohn Marinianus. Als es so weit gekommen war, richtete Claudius ein Gnadengesuch an den Senat und beantragte sogar mit allem Nachdruck, daß der tote Herrscher konsekriert werde, in der Hoffnung, daß dadurch wieder Ruhe und Ordnung in der Armee einkehrten.

Claudius setzte die Belagerung des in Mediolanum (Mailand) eingeschlossenen Usurpators Aureolus, an der sich alle, sowohl Gallienus als auch seine Mörder, beteiligt hatten, ohne Unterbrechung fort. Aureolus versuchte, sich mit dem neuen Kaiser zu verständigen. Als aber seine Annäherungsversuche zurückgewiesen wurden, kapitulierte er, vermutlich in der Hoffnung, so wenigstens sein Leben retten zu können. Doch die Hoffnung trog. Er wurde umgebracht, weil die Soldaten seinen Verrat an Gallienus mißbilligten. Obwohl Aureolus nicht mehr lebte und von ihm keine Gefahr mehr ausging, war Claudius' Anwesenheit in Norditalien weiterhin unerläßlich, denn die Alamannen waren im Vordringen begriffen. Entweder hatte Aureolus sie zu Hilfe gerufen oder sie stießen in ein militärisches Vakuum vor, das entstanden war, weil Aureolus Truppen aus Rätien nach Mediolanum verlegt hatte. Wie dem auch war, auf jeden Fall drangen die Alamannen über den Brennerpaß in das heutige Südtirol ein und stießen bis zum Lacus Benacus (Gardasee) vor. Dort stellte sich Claudius ihnen entgegen und bereitete ihnen eine solche Niederlage, daß kaum die Hälfte von ihnen nach Norden zurückkehrte. Er hingegen konnte nun den Ehrennamen Germanicus Maximus führen.

Das von Postumus gegründete abtrünnige Teilreich im Westen hatte mit Schwierigkeiten zu kämpfen. In der Hoffnung, es weiter zu schwächen, entsandte Claudius einen Spähtrupp unter dem Kommando des Iulius Placidianus nach Südgallien. Dieser schlug sein Lager bei Cularo auf und verhandelte mit Spanien, mit dem Ergebnis, daß es wieder unter die Kontrolle Roms zurückkehrte. Claudius hatte die Leitung dieses Unternehmens abgegeben, weil er es als seine dringlichste Aufgabe ansah, den Goten auf dem Balkan entgegenzutreten. Gallienus hatte den Sieg, den er allem Anschein nach 268 bei Naissus über sie errungen hatte, nicht nutzen können. Doch sein Feldherr Marcianus setzte den Invasoren weiterhin zu, und nun erschien Claudius persönlich, um den Feldzug zu beenden. Als den Goten der Proviant ausging und sie deshalb ihr Lager auf dem Berg Gessax verließen, um in Makedonien ihre Vorräte aufzufüllen, fiel Claudius, wahrscheinlich in der Nähe von Marcianopolis, rücksichtslos über sie her. Münzen mit der Aufschrift VICTORIAE GOTHIC*ae* feierten diesen Erfolg, und Claudius erhielt den ehrenden Beinamen Gothicus, unter dem er seither allgemein bekannt ist. Als neue Scharen von Goten die Donau überquerten, um ihren Landsleuten zu helfen, konnten sie kaum mehr etwas ausrichten, und auch den anderen, die auf Herulerschiffen kamen, um sich den Zugang zu den Städten der Ägäis zu erzwingen, blieb der Erfolg verwehrt. Sie wurden von einer römischen Flotte unter dem Kommando von Tenagino Probus, dem Statthalter von Ägypten, zurückgeschlagen. Viele Germanen, die während dieser Auseinandersetzungen die Waffen niederlegten oder in Gefangenschaft gerieten, wurden in die römische Armee eingezogen oder als Kolonisten im Norden der Balkanhalbinsel angesiedelt. Meilensteine zeugen davon, daß damals viele Straßen in jenem Gebiet gebaut wurden.

Claudius war noch immer dabei, im Gebiet des Mons Haemus (des Balkangebirges) die Goten zu umzingeln, als ihn die Nachricht erreichte, daß die bisher durch Subsidien beschwichtigten Juthungen auf der Suche nach neuem Land die Donau überschritten hätten und Rätien gefährdeten, und daß ein anderer mächtiger Germanenstamm, die Vandalen, einen Angriff auf Pannonien vorbereitete. Daraufhin übergab Claudius das Kommando im Gotenkrieg Aurelianus und setzte sich nach Sirmium in Bewegung, um selbst das Geschehen auf den neuen Kriegsschauplätzen zu leiten. Doch die Pest brach aus, und im Januar 270 erlag er selbst dieser Seuche.

Obwohl Claudius nicht einmal zwei Jahre lang regiert hatte, betrauerten ihn Soldaten wie Senatoren. Außerdem wurde die Erinnerung an ihn neu belebt, als Constantinus »der Große« erklärte, daß seine Großmutter Claudius' Tochter bzw. Nichte gewesen sei. Diese Behauptung war erfunden, aber sie hatte zur Folge, daß Claudius in den literarischen Quellen über Gebühr gelobt wurde. Doch davon abgesehen war er tatsächlich ein ungewöhnlich fähiger Feldherr, ein hervorragendes Beispiel für die militärischen Tugenden der Offiziere aus dem Donauraum, ohne die das Römische Reich nicht hätte überleben können. Allerdings hatte er keine Zeit oder auch keine Möglichkeiten, sich mit den wirtschaftlichen Schwierigkeiten seiner Zeit zu beschäftigen. Zum Beispiel erreichte der Wert der versilberten Bronzemünzen einen neuen Tiefpunkt, worunter die Preise sehr litten, die ohnehin ständig stiegen. Die Münzporträts zeigen einen Offizier der Donauarmee wie er für die damalige Zeit typisch war: das Haar kurz geschnitten, das Gesicht unrasiert und der Gesichtsausdruck im ganzen furchterregend und grimmig.

Quintillus (270)

Quintillus (Marcus Aurelius Quintillus; Januar bis März/April 270) war der Bruder von Claudius II. Gothicus und kommandierte offensichtlich die Truppen, die in Aquileia zusammengezogen waren, um Norditalien gegen eindringende Germanen zu verteidigen. Als die Nachricht von Claudius' Tod eintraf, wurde er allem Anschein nach zuerst von seinen Soldaten, dann aber auch sogar mit einiger Begeisterung von den Senatoren zum Kaiser ausgerufen. Letztere fürchteten nämlich ebenso wie ein Teil der Armee, daß der an sich eher in Frage kommende Kandidat Aurelianus, der die Legionen an der unteren Donau befehligte, ihnen gegenüber Vorbehalte habe. Auch in der Provinz wurde Quintillus, so scheint es, akzeptiert, denn nicht nur in Rom und Mediolanum (Mailand) wurden in seinem Namen Münzen geschlagen, sondern auch in Siscia und Cyzicus – allerdings nicht in Antiochia, das in jener Zeit zum Machtbereich Zenobias gehörte, und auch nicht in dem von Postumus gegründeten Teilreich im Westen. Von dort befürchtete man sogar einen Angriff durch Victorinus.

Auf Quintillus' Antrag hin gewährte der Senat seinem Bruder die Konsekration, ein Ereignis, das auf den in Rom und Mediolanum geprägten Münzen erwähnt wird. Quintillus bemühte sich vor allem darum, das Vertrauen der militärisch und politisch besonders wichtigen Truppen des Donauraumes zu gewinnen, aus deren Reihen er selbst kam. Er bildete deshalb auch in personifizierter Gestalt die Provinzen Ober- und Unterpannonien auf seinen Münzen ab, die er in Mediolanum schlagen ließ. Er konnte allerdings nicht verhindern, daß es auf der Balkanhalbinsel erneut zu Unruhen kam. Dort hätten die in ihre Heimat zurückziehenden Goten Anchialus und Nicopolis ad Istrum (an der Donau) geplündert, wenn ihnen nicht entschieden Widerstand geleistet worden wäre. Dabei sollen sich, so wird berichtet, lokale Streitkräfte bewährt haben, doch die endgültige Entscheidung ist dem Eingreifen Aurelianus' zu verdanken. Deshalb riefen ihn auch nach der erfolgreichen Beendigung dieser Kämpfe seine Soldaten in Sirmium, wohin er weitergezogen war, zum Kaiser aus – und er selbst behauptete, Claudius Gothicus habe ihn zum Nachfolger ausersehen. In der »Historia Augusta« wird dagegen anderes berichtet. Ihr zufolge soll Claudius' Wahl auf Quintillus gefallen sein, der nicht wie Claudius kinderlos war, sondern zwei Söhne hatte. Als die Nachricht von Aurelianus' Machtergreifung Quintillus erreichte, hielt er sich noch in Aquileia auf. Er hatte es versäumt, sich nach Rom zu begeben, was ein schwerer Fehler war. In Rom hätte er nämlich versuchen können, seine Stellung zu behaupten. Er hätte zum Beispiel die Prämien zahlen können, die er der Bevölkerung versprochen hatte. Ein paar Tage versuchte er noch, sich gegen Aurelianus' Ansprüche zu behaupten, doch schließlich gab er nach und beging, als seine Soldaten von ihm abfielen, Selbstmord, indem er sich die Pulsadern öffnete.

Wie lange Quintillus wirklich regiert hat, läßt sich schwer sagen. Eutropius und Zonaras geben seine Regierungszeit mit ganzen siebzehn Tagen an, in der »Historia Augusta« werden ihm immerhin neunzehn zugestanden. Diese Angaben brauchen jedoch nicht zu stimmen, denn ein als »Chronograph von 354« bekannter Kompilator gibt eine Spanne von siebenundsiebzig Tagen an. Auch Zosimos ist der Auffassung, daß er länger, mehrere Monate lang regiert habe. Bedenkt man die große Anzahl seiner Münzen, ist man ebenfalls geneigt, eine etwas längere Regierungsdauer anzunehmen.Wahrscheinlich ist sein Ende mit März/April 270 zu datieren. Ein mit dem 25. Mai jenes Jahres datierter Papyrus deutet darauf hin, daß die Nachricht von seinem Tode zu diesem Zeitpunkt in Ägypten eingetroffen ist.

Eutropius und in seiner Nachfolge die »Historia Augusta« sowie Orosius schreiben Quintillus außergewöhnliche Bescheidenheit und Zuvorkommenheit zu. Der Grund dafür ist zumindest teilweise in dem Umstand zu sehen, daß zu dem Zeitpunkt, da Eutropius schrieb, Quintillus' Bruder Claudius Gothicus als Vorfahre Constantinus »des Großen« angesehen wurde. Eutropius geht aber noch weiter und behauptet, daß Quintillus der fähigere der beiden Brüder gewesen sei. Der Grund dafür liegt in der Tatsache, daß Quintillus der Kandidat des Senats war. In Wirklichkeit aber konnte er es hinsichtlich Erfahrung, Führungsqualitäten und Ansehen weder mit Claudius Gothicus noch mit Aurelianus aufnehmen, vor dem er so schnell die Waffen streckte.

Aurelianus (270–275)

Aurelianus (Lucius Domitius Aurelianus) stammte nicht, wie eine Quelle vermutet, aus Sirmium, sondern aus einer weiter donauabwärts gelegenen Region Untermösiens. Dort wurde er als Sohn einfacher Eltern im Jahre 214 geboren. Was in der »Historia Augusta« über seine frühe Karriere berichtet wird, dürfte fast ausschließlich erfunden sein. Zuzutreffen scheint jedoch, daß er 268 eine Reiterei in Norditalien befehligte, als sich Aureolus gegen Gallienus erhob. Gemeinsam mit seinem Landsmann Claudius Gothicus schlug er die Revolte nieder, beteiligte sich dann aber, unmittelbar danach, an der Verschwörung, die Gallienus das Leben kostete. Daraufhin wurde er von Gallienus' Nachfolger Claudius zum »magister equitum«, zum »Reiteroberst« befördert.

Als Claudius 270 an der Pest starb, beendete Aurelianus in kurzer Zeit den Krieg gegen die Goten, indem er Anchialus und Nicopolis entsetzte, und bestritt anschließend die Thronansprüche des Quintillus, indem er sich in Sirmium selbst zum Kaiser ausrufen ließ und außerdem beteuerte, daß Claudius ihn und nicht Quintillus zum Nachfolger bestimmt habe.

Zunächst mußte Aurelianus die germanischen Juthungen zurücktreiben, die den Brennerpaß überschritten hatten und in Italien eindrangen. Als sie vernahmen, daß Aurelianus sich gegen sie in Marsch gesetzt habe, zogen sie sich in der Hoffnung zurück, wenigstens die reiche Beute mitnehmen zu können, die sie gemacht hatten. Aber Aurelianus hielt ihren Rückzug auf und setzte ihnen, als sie die Donau überquerten, schwer zu. Daraufhin sandten die Juthungen Unterhändler zu ihm, die um eine Erneuerung des mit ihnen geschlossenen Friedensvertrages und um die Wiederaufnahme der ihnen einst von Rom geleisteten Finanzhilfe baten. Dexippos schildert, wie der Kaiser, in Purpur gewandet und erhöht sitzend, vor der versammelten Armee die Abgeordneten empfing. Ihr Ansinnen wurde zurückgewiesen, doch die Rückkehr in ihre Wohngebiete wurde ihnen gestattet.

Anschließend begab sich Aurelianus nach Rom, wo der Senat seine Wahl zum Kaiser bestätigte. Er tat es allerdings nur halbherzig, denn Aurelianus war nicht sein Favorit. Fast unmittelbar danach wurde er wieder nach Norden gerufen, weil abermals ein germanischer Stamm, die Vandalen, die Donau überschritten hatte. Nachdem er die Statthalter von Ober- und Unterpannonien angewiesen hatte, sämtliche Lebensmittelvorräte in die Städte bringen zu lassen, damit sie nicht in feindliche Hände fielen, erschien er selbst auf dem Kriegsschauplatz und errang einen entscheidenden Sieg. Die Vandalen ersuchten daraufhin Aurelianus um Frieden, und dieser überließ die Entscheidung darüber seinen Soldaten. Sie sprachen sich einstimmig für die Gewährung des Friedens aus, stellten aber Bedingungen. So durften die Vandalen sich zwar in ihre Heimatgebiete zurückziehen, mußten jedoch den Römern ihre Söhne als Geiseln überlassen und außerdem 2 000 Mann der römischen Reiterei zur Verfügung stellen. Als 500 von ihnen den Gehorsam verweigerten, wurden sie umgebracht.

Die Vandalen hatten sich noch nicht über die Donau zurückgezogen, als Aurelianus eine neue, weitaus bedrohlichere Germaneninvasion gemeldet wurde. Diesmal waren es die Alamannen und Markomannen (vielleicht mit einer neuen Welle von Juthungen), die in die Apenninenhalbinsel eingefallen waren. Aurelianus eilte aus Pannonien herbei und traf bei Placentia (Piacenza) auf sie. Um den Eindringlingen den Rückzug zu verwehren, ließ er die Alpenpässe blokkieren und forderte von ihnen, die Waffen niederzulegen. Aber die Germanen lockten ihn in einen Hinterhalt und fügten ihm eine schwere Niederlage zu. Das hatte nicht nur zur Folge, daß in Rom beunruhigende Gerüchte umliefen, sondern auch, daß blutige Unruhen ausbrachen. Sie waren anscheinend das Werk des Münzmeisters (»rationalis summae rei«) Felicissimus, können aber auch ausgebrochen sein, weil man Felicissimus umgebracht hatte. Sicher ist auf jeden Fall, daß der Aufstand von Münzenprägern ausging, die arbeitslos geworden waren. Anscheinend hatten sie ohne entsprechende Anweisung des Kaisers zur Minderung des Münzenwertes beigetragen und sich an dem einbehaltenen Edelmetall bereichert. Wie dem auch immer gewesen sein mag, der Aufruhr verbreitete sich in Windeseile und wurde von einigen Senatoren sogar noch geschürt, die nicht ungern sahen, daß Aurelianus' Ansehen geschwächt wurde.

Inzwischen waren Aurelianus die schlimmsten Folgen seiner Niederlage durch die Germanen erspart geblieben. Vor lauter Beutegier hatten sie sich nämlich in eine Anzahl kleiner, voneinander unabhängiger Gruppen aufgesplittert, die er alle nacheinander aufreiben konnte – am Metaurus, bei Fanum Fortunae (Fano) und in der Nähe von Ticinum. Nur wenige von ihnen überlebten und konnten über die Alpen entkommen. Wegen der Schwierigkeiten, die ihn in Rom erwarteten, unterließ es Aurelianus, sie weiter zu verfolgen. In Rom wurden die aufständischen Münzenpräger in einem verlustreichen Gefecht auf dem Caelius (einem der Sieben Hügel) niedergeworfen. Eine Reihe von Senatoren verlor dabei ihr Eigentum, ja sogar ihr Leben.

Der ganze Vorfall war indessen nur eine Nebensächlichkeit angesichts der viel größeren Gefahr, welche die ständige Bedrohung Roms durch die Barbaren aus Mitteleuropa bedeutete. Diese Gefahr hatte Aurelianus vor Augen, als er 271 begann, Rom mit einer neuen Stadtmauer zu umgeben. Mit einer Länge von knapp 20 Kilometern übertraf sie die alte Servianische Mauer bei weitem. Sie war außerdem mehr als 3 Meter dick, größtenteils über 6 Meter hoch und enthielt 18 Einzel- bzw. Doppeltore mit Wehrtürmen für schwere Schleudergeschütze. Dennoch handelte es sich bei dieser neuen Stadtmauer nicht um ein Verteidigungswerk gegen regelrechte Belagerungen, sondern vielmehr um eine leichte Wehranlage gegen unerwartete Barbarenüberfälle. Die Mauer entbehrte die zu jener Zeit üblichen Belagerungsmaschinen. Sie mußte schon allein aus dem Grund einfach konzipiert sein, weil die Bauarbeiten von zivilen Arbeitskräften ausgeführt wurden. Soldaten konnten dafür nicht abgestellt werden, sie wurden dringend für andere Aufgaben gebraucht.

Das Reich, das Aurelianus übernommen hatte, stand nämlich nicht nur unter massivem Druck von außen, auch im Innern erhoben sich immer wieder Usurpatoren: Septimius in Dalmatien, Domitianus in Südgallien (vermutlich der Feldherr, der zur Zeit des Gallienus die Macriani geschlagen hatte) und irgendwo ein gewisser Urbanus. Die Gefahr, die von ihnen ausging, konnte jedoch auch immer wieder gebannt werden. Schwerer wog dagegen die Verstümmelung des Reiches durch die abgespaltenen Teilreiche im Osten und Westen. Im Osten hatten Zenobia von Palmyra und ihr Sohn Vaballathus Athenodorus versucht, ein selbständiges Großreich zu gründen. Sie hatten sich im Frühjahr 271 zur Augusta bzw. zum Augustus erhoben. Und am Rhein regierte Tetricus das noch immer vom Gesamtreich losgelöste gallo-römische Teilreich, das Postumus gegründet hatte und das, wenn auch inzwischen geschrumpft, in seinen wesentlichen Teilen noch immer bestand. Aurelianus wollte beide Teilreiche dem Römischen Reich wieder eingliedern und begab sich ohne Aufschub an die Verwirklichung dieses schweren, doppelten Vorhabens.

Zuerst wandte er sich 271 gegen das Reich von Palmyra. Auf dem Weg dorthin machte er in Thrakien und den Grenzgebieten der Donau halt, um die Plünderer zu vertreiben, die dort ihr Unwesen trieben. Außerdem überquerte er die Donau, um die Goten zu verfolgen, die er in einer Reihe größerer Gefechte schnell niederwarf. Dabei kam ihr Anführer Cannabaudes ums Leben. Diesen Erfolgen verdankte Aurelianus den ehrenvollen Titel »Gothicus Maximus«, den er auch verdiente, denn die Goten verhielten sich danach für lange Zeit ruhig. Obwohl der Kaiser so siegreich war, scheint er doch gerade zu diesem Zeitpunkt beschlossen zu haben, das weit über die Donau hinaus nach Norden reichende Dakien den Goten zu überlassen, mit dem Ergebnis, daß dieses große Gebiet, Roms letzte bedeutende Eroberung, nun als erstes (nach den »agri decumates«) aufgegeben wurde. Der Grund dafür lag in der Schwierigkeit, die weit nach Norden vorspringenden Grenzen zu verteidigen. Immer wieder war das Gebiet von Feinden überrannt, und ein großer Teil der dort stationierten römischen Truppen auch schon längst abgezogen worden. Aurelianus nahm also klugerweise die Reichsgrenze zur Donau zurück und siedelte die aus dem aufgegebenen Gebiet evakuierten Bewohner am rechten Donauufer an, wo er auf ehemals zu Mösien und Thrakien gehörendem Boden zwei neue Provinzen schuf, in denen der Name Dakiens fortlebte: Dacia Ripensis und Dacia Mediterranea.

Anschließend setzte Aurelianus seinen Marsch nach Palmyra, dem Zentrum des von Zenobia regierten Teilreiches im Osten, fort. In Kleinasien stieß er, abgesehen von Tyana, das sich ihm kurz widersetzte, auf keinerlei Widerstand. Trotzdem erlaubte er seinen Soldaten nicht, die Stadt zu plündern. Diese Zurückhaltung ermunterte andere Griechenstädte, ihm ihre Tore zu öffnen und ihn freundlich zu empfangen; und auch Ägypten ergab sich seinem Heerführer Probus (dem späteren Kaiser) ohne einen einzigen Schwertstreich. In Syrien traf Aurelianus auf die Hauptstreitkräfte von Palmyra, die dem General Zabdas unterstanden, und in einer Schlacht am Orontes zeigte sich, daß die leichte Kavallerie Aurelianus' der schwergepanzerten Reiterei Zabdas' überlegen war. Von der Bevölkerung Antiochias freundlich begrüßt und mit einer durch Zugänge aus den Ostgebieten verstärkten Armee, errang Aurelianus einen weiteren Sieg in der Ebene von Emesa und verfolgte anschließend Zenobia nach Palmyra selbst. Die Stadt bereitete sich auf eine Belagerung vor, wurde aber genommen, noch bevor Zenobia die Perser zu Hilfe rufen konnte. Von Aurelianus vor Gericht gestellt, gab Zenobia ihrem gelehrten Berater Cassius Longinus die Schuld an der Niederlage. Er mußte dafür sein Leben lassen. Palmyra gab sich geschlagen, erhob sich aber wieder, sobald Aurelianus nach Europa zurückgekehrt war. Der Aufstand richtete sich gegen Marcellinus, den Aurelianus als obersten Statthalter des Ostens eingesetzt hatte. Auch in Ägypten gab es Anzeichen für Unruhe, die von einem gewissen Firmus ausging. Aurelianus begab sich deshalb wieder in den Osten, eroberte Palmyra, gab die Stadt zur Plünderung frei und zwang Firmus zum Selbstmord.

Nun hatte Aurelianus freie Hand, um die Wiedervereinigung seines Reiches zu vollenden. Er zog nach Gallien, um Tetricus zu stürzen. Dieser verließ mitten in der Schlacht auf den Katalaunischen Feldern (274) seine Armee und lief zu Aurelianus über. Das war das Ende des gallo-römischen Reiches, und Tetricus, sein Sohn sowie Zenobia wurden gezwungen, als Besiegte in einem großen Triumphzug mitzugehen. Doch danach wurden alle drei begnadigt. Der ältere Tetricus wurde Statthalter von Lukanien, und Zenobia wurde angewiesen, ihren Aufenthaltsort in Tibur zu nehmen; außerdem wurde sie mit einem Senator verheiratet. So glanzlos endete diese Frau, die Gibbon als einzigartige Heldin der Antike feiert.

Als nächstes widmete sich Aurelianus der Neuordnung des staatlichen Münzwesens, denn die zunehmende Entwertung des Münzgeldes trug weitgehend zu der um sich greifenden, unkontrollierbaren Inflation der Preise bei. Wahrscheinlich hätte die Wiedereinführung einer realen Silber- und Goldwährung die unternehmerische Kraft der Kaufleute erheblich gefördert. Aber diese Lösung erschien undurchführbar. Vermutlich war nicht genug Edelmetall vorhanden. Immerhin nehmen sich die Münzen, die Aurelianus aus minderwertigem Silber in Umlauf brachte, weit besser aus als die schäbigen Geldstücke seiner Vorgänger, welche sie außer Kurs setzten. Außerdem war auf ihnen angegeben, wieviel sie verglichen mit Gold wert waren.

Diese Maßnahmen konnten ergriffen werden, weil durch die Wiedergewinnung der Ostprovinzen das Einkommen des Staates erheblich verbessert wurde. Indem Aurelianus diese Quellen ausnutzte, konnte er auch andere Maßnahmen durchführen. Er löschte zum

Beispiel alle Schulden bei der Staatskasse und machte sehr energisch allen Unterschlagungen sowie dem Spitzelwesen ein Ende. Er ließ in Rom die Brotpreise überwachen, organisierte die kostenlose Brotverteilung neu (auf die sich das Anrecht durch Vererbung ergab) und erweiterte die Rationen durch Schweinefleisch, Öl und Salz. Um die Nahrungsmittelversorgung zu sichern, ließ er das Tiberbett entschlammen und die Tiberufer instandsetzen, und überall in Italien erhob der Staat Anspruch auf brachliegendes Land – vermutlich, um die Weinpreise zu senken. Bestimmte Lebensmittelhändler- und Schiffergilden wurden in Körperschaften von offiziellem, fast militärischem Charakter verwandelt, was ein Zeichen dafür war, daß die Zentralisierung und Reglementierung weiter um sich griffen.

Auch auf religiösem Gebiet sorgte Aurelianus für wesentliche Neuerungen. Seit langem schon hatte sich im Reich die Verehrung des Sonnengottes immer mehr ausgebreitet. In ihr spiegelte sich das monotheistische Fühlen und Denken wider, das zunehmend die überkommenen Vorstellungen des Heidentums verdrängte. Den entscheidenden Schritt in diese Richtung tat Aurelianus, als er einen sehr strengen und vom Staate geförderten Kult des Unbesiegten Sonnengottes (»Sol Invictus«) einführte. Diese neue Gottheit erhielt einen glanzvollen Tempel in der Hauptstadt und ein eigenes Priesterkollegium nach dem Vorbild der älteren Kollegien dieser Art im antiken Rom. Der Geburtstag dieses Gottes wurde am 25. Dezember gefeiert – ein Feiertag, den die Christen wahrscheinlich als Weihnachtsfest übernommen haben. In Aurelianus' Heimat, dem Donaugebiet, war man dem Sonnengott sehr ergeben. So hatte während seiner Kriegszüge gegen Zenobia der Kaiser es auch nicht unterlassen, die Heiligtümer von Emesa und Palmyra zu besuchen, beides maßgebliche Zentren des Sonnenkultes. Elagabalus hatte versucht, den Sonnenkult von Emesa an die Stelle der traditionellen römischen Kulte zu setzen. Anders Aurelianus – er wollte die alten Kulte nicht verdrängen, sondern sie nur ergänzen, so daß der Sonnengott Sol an der Spitze des römischen Pantheons stand. Auf diese Weise verwob er die wichtigsten Überlieferungen östlicher und westlicher Religionen zu einem neuen, universalen religiösen System. Völlig neu war, daß römische Münzen nun das Antlitz der Sonne zeigten und sie als »Herrscher des Römischen Reiches« (SOL DOMINVS IMPERII ROMANI) feierten und der Kaiser selbst oberster Diener des neuen Gottes war.

Gegen Ende des Jahres 274 wurde Aurelianus abermals nach Norden gerufen, um in Lugdunum (Lyon) Unruhen zu unterdrücken und Barbaren zurückzuschlagen, die in Rätien eingedrungen waren. Doch sein Hauptinteresse galt nach wie vor dem Osten, wo es immer noch nicht gelungen war, Mesopotamien von den Parthern zurückzuerobern. Deshalb brach er im Sommer 275 dorthin auf. Doch als er im Oktober oder November bis Thrakien gekommen war – und zwar bis Kainiphrurion zwischen Perinthos und Byzanz –, hatte ein an sich geringer Vorfall katastrophale Folgen für ihn. Aurelianus ertappte seinen Privatsekretär Eros bei einer Lüge und drohte, ihn zu bestrafen. Um sich zu retten, ließ Eros mehrere hohe Prätorianeroffiziere wissen, daß der Kaiser sie ebenso wie ihn selbst hinzurichten beabsichtige. Wie er es erhofft hatte, nahmen die Offiziere, die Aurelianus' strenge Disziplinarmaßnahmen fürchteten und vielleicht auch selbst teilweise ein schlechtes Gewissen hatten, diese Warnung für bare Münze, und einer von ihnen, ein Thraker namens Mucapor, stach den Kaiser nieder.

In den fünf Jahren seiner Regierung vollbrachte Aurelianus – stets im Kampf gegen äußere und innere Feinde – eine ungeheure Leistung. Er besiegelte das Wiedererstehen des Reiches aus jenem Chaos, das kurz zuvor beinahe zum Zerfall der staatlichen Ordnung geführt hätte. Aurelianus' große und von der Gestaltung her sehr abwechslungsreiche Münzen wurden in den Prägestätten von Rom, Mediolanum (an dessen Stelle Ticinum trat), Lugdunum (nach dem Sturz des Tetricus), Cycicus, Antiochia (das Zenobia nicht halten konnte), Siscia und Serdica geschlagen. Die Münze in Serdica war für die Aussiedler aus Dakien und die zu ihrem Schutz dort stationierten Truppen gegründet worden. Einige Prägungen aus dieser Münze feiern den Kaiser als »Gott und Herr von Geburt an« (DEO ET DOMINO NATO), was zweifellos eine ungewöhnliche Überschwenglichkeit war. Verständlich ist dagegen, daß andere Münzen Aurelianus als »Wiederhersteller der Armee« (RESTITVTOR EXERCITI), ja als »Wiederhersteller und Friedensbringer des Erdkreises« preisen (RESTITVTOR, PACATOR ORBIS). Aber auch Aurelianus sparte nicht an Lob und erwies seinen standhaften Landsleuten aus der Donauregion, die den Kern des römischen Heeres bildeten, alle Achtung, indem er ausdrücklich die »Tapferkeit« und den »Genius« Illyriens und Pannoniens erwähnte (VIRTVS ILLVRICI, GENIVS ILLVR*ici*, PANNONIAE).

Der »Historia Augusta« zufolge hatte Aurelianus den Spitznamen »Schwertinderhand« (»manu ad ferrum«), und mit einer Treffsicherheit, die für die »Historia Augusta« sonst ungewöhnlich ist, wird Aurelianus nicht in erster Linie als guter Herrscher bezeichnet, sondern als einer, den Rom nötig hatte. Die Senatoren fürchteten ihn, und man sagte ihm sogar nach, daß er seine eigene Gemahlin, Ulpia Severina, in deren Namen er ebenfalls Münzen herausgegeben hatte, gerügt habe. Denn als sie ihn angeblich einmal »bat, einen einzigen Mantel aus Purpurseide zu tragen, antwortete er: ›Es gehört sich nicht, Fäden mit Gold aufzuwiegen.‹ Ein Pfund Gold entsprach nämlich damals einem Pfund Seide.«

Tacitus (275–276)

Tacitus (Marcus Claudius Tacitus; Oktober oder November 275 bis etwa Juni 276) ist recht umstrittener Herkunft. Tatsächlich enthalten die literarischen Quellen (und nicht nur, wie zu erwarten, die »Historia Augusta«, sondern auch Eutropius und Victor) darüber, wie auch über sein Leben und Wirken die widersprüchlichsten Angaben. Daß er in Interamna in Italien geboren sei, gehört ins Reich der Fabel. Wahrscheinlich kam er, wie viele andere Kaiser damals auch, aus dem Donaugebiet. Auch sein angeblicher Anspruch, mit dem Historiker Publius Cornelius Tacitus verwandt zu sein, ist nicht verifizierbar. Daß schließlich seine Wahl zum Kaiser ein sechsmonatiges Interregnum beendet habe, beruht auf Unklarheiten über die Dauer seiner Regierungszeit. Doch damit nicht genug: Tacitus soll 75 Jahre alt gewesen sein, als er auf den Thron kam. Doch diese Behauptung geht allein auf den Wunsch zurück, ihn als ehrwürdigen Senator hinzustellen. Vermutlich war er viel jünger. Und auch die von den antiken Autoren genährte Auffassung, seine Erhebung auf den Thron sei ein Zeichen für die Wiederbelebung des Einflusses und der Macht des Senates, hat weit mehr mit frommem Wunschdenken als mit der Wirklichkeit zu tun. Tatsächlich wurde er nämlich, wie Zosimos und Zonaras einräumen, nicht vom Senat, sondern vom Heer zum Kaiser ausgerufen. Er war also ein Soldatenkaiser wie seine Vorgänger und Nachfolger auch. Es stimmt allerdings, daß er sich, als Aurelianus ermordet wurde, nicht bei der Truppe, sondern zu Hause in Baiae in der Campania aufhielt. Von dort begab er sich, nachdem die Soldaten ihm gehuldigt hatten, nach Rom, um sich vom Senat die Wahl zum Kaiser bestätigen zu lassen. Dabei soll er mit angemessener Bescheidenheit und Zurückhaltung aufgetreten sein.

Der Senat bewilligte auch seinen Antrag, Aurelianus zu vergöttlichen. Im übrigen lag Tacitus daran, eine eigene Dynastie zu gründen, denn er hatte zwei Söhne. Seinen Bruder oder Halbbruder Florianus machte er zum Prätorianerpräfekten.

Zu jener Zeit setzten die Germanen zu einem ihrer schwersten Angriffe an: Die Franken überschritten den Rhein, während weiter südlich die Alamannen sowie ein anderer germanischer Stamm, die Longionen, durch das Neckartal vordrangen und ebenfalls in Gallien einfielen. Obwohl diese germanischen Eindringlinge viele unbefestigte Städte einnahmen, hielten Tacitus und Florianus es für unabdingbar, sich der Gefahr im Osten zuzuwenden. Dort waren nämlich ebenfalls Germanen, darunter Heruler und Goten aus dem Gebiet um den Mäotischen See (Asowsches Meer) eingedrungen. Sie gaben vor, von Aurelianus gegen die Perser zu Hilfe gerufen worden zu sein, und waren, obwohl Aurelianus gar nicht mehr lebte, vom Kaukasus her in Kleinasien eingefallen und weit nach Süden, bis zur kilikischen Mittelmeerküste vorgestoßen. Tacitus und Florianus stellten sich ihnen entgegen, und Florianus errang einen Sieg über sie, den Tacitus als »Gotensieg« auf seinen Münzen erwähnte (VICTORIA GOTHI*ca*) und nach dem er sich den Ehrentitel »Gothicus Maximus« zulegte.

Ein weiterer Verwandter des Kaisers, Maximinus, den er zum Statthalter von Syrien gemacht hatte, war ihm nur kurze Zeit eine Hilfe, denn er wurde schon bald ermordet, und wenig später wurde bekannt, daß auch Tacitus gestorben sei, und zwar in Tyana in Kappadokien. Für die Ursache seines Todes gab es zwei widersprüchliche Erklärungen. Der einen zufolge wurde der Kaiser von Maximinus' Mördern umgebracht, die eigens zu diesem Zweck von Syrien nach Kleinasien gekommen waren. Der anderen zufolge soll Tacitus an einem Fieber erkrankt und eines natürlichen Todes gestorben sein. Für einen Kaiser des dritten Jahrhunderts war ein natürlicher Tod so ungewöhnlich, daß die zweite Version durchaus auf Wahrheit beruhen kann.

Die Münzen aus der kurzen Regierungszeit des Tacitus verraten im Übermaß und in abwechslungsreicher Weise den üblichen patriotischen Zweckoptimismus. Dabei fällt ein Münzbild ganz aus dem

Rahmen, denn es zeigt den Kaiser als Verkörperung der VIRTVS, der Tapferkeit und Stärke. Noch immer begegnet uns der Sonnengott als Schirmherr des kaiserlichen Heeres. Er hebt seine Hand, um eine Gottheit zu segnen, die zwei Standarten trägt und als »Vorsehung der Götter« (PROVIDENTIA DEOR*um*) bezeichnet wird. Doch im allgemeinen liegt die Betonung mehr auf den traditionellen Schutzgöttern Roms, insbesondere auf der ROMA AETERNA (dem »Ewigen Rom«) selbst. Ein bemerkenswertes Motiv, die »Milde der Zeitläufte« (CLEMENTIA TEMP*orum*) wird durch ein Bildnis des Kaisers dargestellt, der aus der Hand Iuppiters einen Erdball entgegennimmt. Auf einer anderen Prägung findet sich überraschender Weise die gleiche Inschrift, jedoch zusammen mit einer Darstellung des Kriegsgottes Mars, der allerdings neben seinen üblichen Attributen – Speer und Schild – einen Olivenzweig als Zeichen des Friedens trägt.

In der »Historia Augusta« werden persönliche Eigenheiten des Kaisers genannt, über deren Glaubwürdigkeit jeder selbst entscheiden mag.

Tacitus' Lebenshaltung war höchst bescheiden; so trank er an einem ganzen Tag nie einen ganzen Schoppen Wein, häufig nicht einmal einen halben Schoppen. Seine Tafel bestellte er mit einem einzigen Huhn, wozu es noch Schweinskopf und Eier gab. Vor allen anderen reichlich aufgetragenen Gemüsen hatte er eine besondere Vorliebe für Lattich; er pflegte zu sagen, durch dessen reichlichen Genuß erkaufe er sich seinen Schlaf. Er badete nur selten; um so rüstiger blieb er im Alter. An allen Sorten von Kunstgläsern hatte er großes Wohlgefallen. Er war ein Kenner der Gewerbebetriebe, ein eifriger Sammler von Marmorarten.

Florianus (276)

Florianus (Marcus Annius Florianus; etwa April bis Juni 276) wird in der »Historia Augusta« einmal als Bruder, ein andermal als Halbbruder (als Sohn derselben Mutter) des Kaisers Tacitus bezeichnet. Der Unterschied in den Familiennamen läßt die zweite Version wahrscheinlicher erscheinen. Tacitus machte Florianus zum Prätorianerpräfekten und nahm ihn dann auf seinen Ostfeldzug gegen die Goten mit, die ihre Wohnsitze jenseits des Schwarzen und des Asowschen Meeres verlassen hatten, in Kleinasien eingedrungen und bis nach

Kilikien (an der Mittelmeerküste) vorgestoßen waren. Florianus leitete die Kämpfe der Römer mit großem Erfolg und hatte den Germanenstämmen schon beinahe den Rückzug abgeschnitten, als ihm gemeldet wurde, daß Tacitus in Tyana (Kappadokien) gestorben sei. Daraufhin warf er sich selbst zum Kaiser auf, ohne seine Erhebung durch die Soldaten und die nachfolgende Bestätigung durch den Senat abzuwarten. Für einen ganz kurzen Augenblick schien es fast, als ob dieser Staatsstreich von Erfolg gekrönt sei, denn im Westen (in Rom, Lyon, Sisak und Pavia) wurden Münzen in seinem Namen geschlagen, und offensichtlich wurde er fast im gesamten Reich anerkannt – außer in Syrien und Ägypten, die beide nach zwei oder drei Wochen offen zu Probus übergingen, der das Oberkommando über die Streitkräfte im Osten hatte. Als Florianus diesen Verrat vernahm, beschloß er, gegen Probus Krieg zu führen, zumal er hoffte, daß er auf Grund der zahlenmäßigen Überlegenheit seiner Truppen den Sieg davontragen könne. Als die beiden Heere bei Tarsos aufeinanderstießen, vermied Probus jedoch die offene Feldschlacht. Er hielt die Kampfhandlungen hin, so daß das heiße Klima die europäischen Soldaten des Florianus schwächte. Sie weigerten sich, den Bürgerkrieg fortzuführen, und brachten Florianus kurzerhand um. Wahrscheinlich stand Probus hinter diesem Anschlag, obwohl sein Biograph, der ihn bewundert, alles vermeidet, was auch nur entfernt diesen Anschein erwecken könnte.

In Anbetracht seiner kurzen Regierungszeit sind Florianus' Münzen von bemerkenswerter Vielfalt. Ihre Bilder und Inschriften beziehen sich meist auf seine militärische Begabung (VIRTVS FLORIANI AVG*usti*), die er als Heerführer unter Tacitus und danach, als er selbst Kaiser war, auf eine geeinte Armee gestützt, unter Beweis stellte (CONCORDIA MILIT*um* bzw. CONCORDIA EXERC*itus*). So ließ sich Florianus im Vertrauen auf den Kriegsgott Mars als »Friedensbringer des Erdkreises« (PACATOR ORBIS) und »Wiederhersteller des Zeitalters« (RESTITVTOR SAECVLI) feiern. Seine Herrschaft sollte ein unaufhörlicher Sieg (VICTORIA PERPETVA) sein. So optimistisch sich diese Münzinschriften auch ausnehmen – immer wieder spürt man die Sorge um Stabilität und Dauer, wenn etwa der »Fortbestand des Kaisers« (PERPETVITATE AVG*usti*, AETERNITAS AVG*usti*), der »ewige Friede« (PAX AETERNA), die »Sicherheit des Kaisers« (SECVRITAS AVG*usti*) und die »Sicherheit der Zeitläufte« (SECVRITAS SAECVLI) beschworen werden. Darin verrät sich ein lebensgefährliches, realitätsfernes Wunschdenken. Florianus mit seinem leichtfertigen, lauthals verkündeten Zweckoptimismus und seiner Traumtänzerei kam und ging, ohne den Gang der Ereignisse und die krisenhaften Entwicklungen seiner Zeit auch nur im geringsten beeinflußt zu haben.

Probus (276–282)

Probus (Marcus Aurelius Probus) kam um 232 in Sirmium zur Welt. Möglicherweise ist das Geburtsjahr aber nur eine gelehrte Spekulation, die davon ausgeht, daß Probus 50 Jahre alt war, als er starb. Ungewiß ist auch, ob sein Vater, wie behauptet wird, ein Gemüsehändler namens Dalmatius war. Er kann ebensogut ein niederer Staatsbeamter oder Soldat gewesen sein.

Was in der viel Lob spendenden »Historia Augusta« über Probus' Aufstieg berichtet wird, scheint weitgehend erfunden zu sein. Allem Anschein nach war er jedoch der angesehenste unter den Heerführern Aurelianus', in dessen Auftrag er die germanische Grenze gegen Angriffe der Alamannen verteidigte. Unter Tacitus bekleidete er ein hohes Amt in Syrien und Ägypten – einer Quelle zufolge hatte er das militärische Oberkommando im Osten. Als Tacitus 276 in Tyana gestorben war, weigerte sich Probus, Florianus' Erhebung zum Kaiser anzuerkennen, und erklärte, Tacitus habe ihn und keinen anderen zum Thronerben ausersehen; und tatsächlich wurde er auch zwei oder drei Wochen später von seinen Soldaten zum Kaiser ausgerufen. Als daraufhin die Armeen der beiden Rivalen bei Tarsos aufeinanderstießen, mied Probus die offene Feldschlacht. Das führte dazu, daß die Hitze die Soldaten des Florianus zermürbte und sie des Hingehaltenwerdens müde wurden. Sie ermordeten Florianus und liefen zu Probus über.

Probus begab sich nach Rom, wo der Senat seine Wahl zum Kaiser bestätigte. Dem Senat trat er stets respektvoll gegenüber, doch fällt es schwer, der Überlieferung zu glauben, der zufolge er dem Senat genügend Spielraum gelassen habe, um eine maßgebliche Rolle bei der Führung der Staatsgeschäfte zu spielen. An den Mördern Aurelianus', soweit sie noch lebten, ließ er Rache verüben.

Inzwischen traten zwei neue Gefahren zutage, die Aurelianus' Tod heraufbeschworen hatte, obwohl sie sich schon unter Tacitus abzeichneten. Sie gingen von den germanischen Stämmen der Franken und von den Lugionern aus, einer Kultgemeinschaft vandalischer Stämme. Probus' Heerführer schlugen die Franken, und er selbst nahm im Verlauf schwerer Kämpfe, die länger als ein Jahr anhielten, Semnon, den Anführer der Lugioner, gefangen. Er gestattete ihm und seinen Leuten jedoch, in ihre Heimat zurückzukehren, unter der Bedingung, daß sie den Römern ihre Gefangenen und ihre Beute überließen.

Auch die Burgunder und Vandalen, die ihren Stammesverwandten zu Hilfe gekommen waren, bekämpfte Probus erfolgreich. Da sein Heer ihnen zahlenmäßig unterlegen war, verhielt er sich taktisch klug, als er zunächst ihre Streitkräfte spaltete, um sie anschließend einzeln aufreiben zu können. Er räumte ihnen ähnliche Bedingungen wie den Lugionern ein. Doch als sie die Kriegsgefangenen der Römer nicht herausgaben, was sie versprochen hatten, griff Probus sie abermals an, nahm ihren Anführer Igillus gefangen und legte sich nach diesem Sieg den Ehrennamen Germanicus zu. Er nahm Geiseln – neun germanische Stammesfürsten knieten künftig zu seinen Füßen –, und 16 000 Germanen wurden dem römischen Heer einverleibt und auf verschiedene Einheiten verteilt. Sechzig größere gallische Städte wurden in diesem Krieg befreit und außerdem die Verteidigungsanlagen auf dem östlichen Rheinufer wieder instandgesetzt, um neue Auseinandersetzungen zu verhindern.

Im Jahre 278 wehrte Probus abermals einen Germanenangriff ab, diesmal von seiten der Vandalen, und ließ sich auf seinen Münzen als »Wiederhersteller Illyriens« (RESTITVTOR ILLVRICI) feiern. Im darauffolgenden Jahr zog er dann nach Osten, woher ihm neue Unruhen gemeldet wurden. In Syrien hatte ein hoher Offizier, Iulius Saturninus, den kaiserlichen Purpur usurpiert und Goldmünzen mit seinem Namen prägen lassen. Er wurde umgebracht, wobei es allerdings offen ist, ob die Mörder seine eigenen Soldaten oder von Probus gesandte waren. Außerdem hatte sich eine Räuberbande in der Bergfestung Cremna in Isaurien (südliches Kleinasien) verschanzt, wo sie einer langen, gnadenlosen Belagerung standhielt, bis ihr Anführer Lydius (oder Palfuerius) erschlagen wurde. Schließlich fielen die Blemmyer im Süden Ägyptens ein und eroberten die Städte Koptos und Ptolemaïs, konnten jedoch von Ägyptens Statthalter wieder vertrieben werden.

Probus' höchstes und letztes Ziel war es, die frühere Provinz Mesopotamien von den Persern zurückzugewinnen. Allerdings lag ihm zunächst nichts an offenen Feindseligkeiten. Er wies zwar die Geschenke zurück, die ihm die Perser anboten, scheint aber trotzdem in der Lage gewesen zu sein, einen Waffenstillstand mit ihnen auszuhandeln. Auf diesen waren beide Seiten angewiesen, denn der neue Perserkönig, Bahram II., saß nicht fest im Sattel, und Probus seinerseits mußte dringend nach Europa zurückkehren, wo es wieder zu Unruhen gekommen war.

Als er auf dem Rückweg durch Thrakien zog, siedelte er dort 100 000 Bastarner (Skythen) innerhalb der Grenzen des Römischen Reiches an. Besonders vonnöten war seine Anwesenheit in Gallien und Germanien. Dort rebellierten zwei seiner Truppenführer, Proculus und Bonosus. Bei der Schilderung dieser Männer erreicht die »Historia Augusta« neue Höhepunkte geschwätziger, weitschweifiger Fabulierkunst. Höchstwahrscheinlich fand der Aufstand beider (vielleicht sogar in Absprache miteinander) in Colonia Agrippina (Köln) statt, wo sie möglicherweise gemeinsam die kaiserlichen Streitkräfte befehligten. Ob Proculus auch von den Bewohnern Lugdunums (Lyons) unterstützt wurde, wie ein Bericht behauptet, ist ungewiß. Bonosus dagegen scheint engen Kontakt zu den Germanen gehabt zu haben. Wie dem auch war, auf jeden Fall starben beide schon sehr bald – Proculus angeblich, weil er an Probus verraten worden war, und Bonosus durch Selbstmord, als er die Aussichtslosigkeit seiner Lage erkannte. Eine Inschrift in Valentia in Spanien, auf der Probus' Name ausgetilgt wurde, aber noch rekonstruierbar ist, läßt vermuten, daß der Aufruhr sich bis dorthin ausgebreitet hatte. Aber damit war es noch nicht genug: In Britannien hatte sich ein Statthalter erhoben, der einst von einem Mauretanier namens Victorinus dem Kaiser empfohlen war. Nun war es Victorinus, der ihn im Auftrag des Kaisers ermordete, weil er wegen des meuternden Statthalters sein Gesicht nicht verlieren wollte.

Als Probus Ende 281 nach Rom zurückgekehrt war, feierte er einen glänzenden Triumph. In seinem Triumphzug fielen vor allem die vielen und den verschiedenen Völkern angehörenden Kriegsgefangenen auf. Nun hatte Probus endlich freie Hand, um gegen die Perser vorzugehen, und er begann, zu diesem Zweck ein Heer zu sammeln. Aber er hatte sich in der Behandlung seiner Soldaten vertan. Sie hatten viele Kriege für Rom geführt, und selbst wenn sie nicht kämpften, mußten sie hart arbeiten, zum Beispiel das Land für die

Anlage neuer Weinberge roden. Daran schien der Kaiser nicht gedacht zu haben, als er der »Historia Augusta« zufolge geäußert haben soll, daß er bald keine Soldaten mehr brauche. Zwar ist die Quelle dieser Äußerung nicht gesichert, aber trotzdem ist es denkbar, daß ein Herrscher, der stolz darauf war, sein Reich befriedet zu haben, sich in dieser Weise geäußert hat. Andererseits können wir uns aber auch vorstellen, daß gerade eine solche Bemerkung Mißtrauen bei den höheren Offizieren erzeugte, weil sie daraufhin fürchten mußten, entlassen zu werden. Deshalb konnte es nicht ausbleiben, daß Probus schon bald, als er in Sirmium weilte, die Nachricht ereilte, daß die Truppen in Rätien und Noricum den Prätorianerpräfekten Carus zum Kaiser ausgerufen hätten, und daß die Soldaten, die die Revolte niederschlagen sollten, desertierten. Aus dem gleichen Grund mußte er, als er gerade ein Landgewinnungsprojekt besichtigte, vor seinen eigenen Soldaten in einen Turm fliehen. Doch der bot keinen Schutz. Die Soldaten drangen gewaltsam ein und töteten ihn.

Obwohl wir die übertriebenen Lobpreisungen der schriftlichen Quellen kritisch betrachten müssen, denn unter Probus gab es keine »Restauration des Senates«, und die Zahl der Aufstände verrät, daß die Lage ernster war als die Quellen zugeben, so war Probus doch offensichtlich ein Herrscher von einem Zuschnitt, der dem seines donauländischen Landsmannes Aurelianus gleichkam, und dessen Bemühungen, das schwer erschütterte Reichsgefüge neu zu festigen, Probus auf eindrucksvolle Weise fortsetzte. Wie er selbst sein Regierungsprogramm und seine Leistungen beurteilte, verraten beredt seine Münzen. Wie schon die Kaiser vor ihm, betonte er die erhoffte Einmütigkeit seiner Truppen (CONCORD*ia* MILIT*um*) und das von ihm selbst als dem »Wiederhersteller des Erdkreises« (RESTITVT*or* ORBIS) heraufbeschworene neue »Goldene Zeitalter des Friedens« (FELICIA TEMPORA). Besonders auffällig an seinen Münzen und Medaillen ist die außerordentliche Vielfalt der Motive auf der Rückseite. Sie lassen viele verschiedene Versionen des Herrscherporträts erkennen und zahlreiche Abwandlungen seiner Titel, die auf eine Zunahme des Kaiserkultes hinweisen.

Carus (282–283)

Carus (Marcus Aurelius Carus; etwa September 282 bis Ende Sommer 283) ist unbekannter Herkunft. In der »Historia Augusta« werden mancherlei Vermutungen über seine Abstammung angestellt, doch wahrscheinlich kam er aus Narbo im südlichen Gallien. Im Jahre 276 ernannte Probus ihn zum Prätorianerpräfekten, und sechs Jahre später, als er für Probus' Perserfeldzug in Rätien und Noricum Truppen sammelte, riefen ihn die Soldaten zum Kaiser aus, obwohl er sich angeblich dagegen sträubte. Die Soldaten, die Probus gegen ihn ins Feld schickte, liefen zu ihm über, und Probus wurde von seinen eigenen Soldaten umgebracht. Wenn in der »Historia Augusta« versichert wird, daß Carus seine Hand dabei nicht im Spiel gehabt habe, so ist das mit Vorsicht aufzunehmen.

Als ihm der Tod des Probus gemeldet worden war, setzte Carus den Senat davon in Kenntnis, daß die Armee ihn zum Kaiser ausgerufen habe. Daß er den Senat auf diese Weise vor eine vollendete Tatsache stellte, ohne auch nur der Form nach die Zustimmung der Senatoren eingeholt zu haben, wurde als respekt- und traditionslos empfunden. Damit war ein weiterer Schritt auf die unverhüllte Alleinherrschaft hin getan. Allerdings hielt Carus es immer noch für ratsam, die Konsekration seines Vorgängers zu beantragen bzw. einem entsprechenden Senatsbeschluß zuzustimmen. Danach setzte er aber alles daran, eine eigene Dynastie zu begründen. Auch seine Vorgänger hatten immer wieder Versuche in dieser Richtung unternommen. Im Gegensatz zu ihnen hatte Carus jedoch zwei erwachsene Söhne, die ihm im Krieg und im Frieden zur Seite stehen konnten. Zuerst erhielt der ältere von ihnen, Carinus, später auch sein Bruder Numerianus den Titel Caesar und »Erster der Jugend« (»princeps iuventutis«).

Als erstes hatte die neue Regierung mit einem Überfall der Sarmaten und Quaden, die die Donau überquerten und Pannonien plünderten, fertig zu werden. Carus, der allem Anschein nach noch nicht einmal in Rom gewesen war, brach sofort auf, um die Eindringlinge zurückzuschlagen. Er fügte ihnen eine schwere Niederlage zu und tötete, wie – wohl leicht übertrieben – behauptet wird, nicht weniger als 16 000 von ihnen und nahm 20 000 Männer und Frauen gefangen. Sie werden auf einer später von Numerianus herausgegebenen Münze erwähnt, die Vater und Sohn in einem Streitwagen zeigt, über dem die Worte stehen »Triumph über die Quaden« (TRIVNFV[s = *triumphus*] QVADOR*um*). Gegen Ende des Jahres begab sich Carus dann nach Osten, um Probus' Plan, Mesopotamien zurückzugewinnen, in die Tat umzusetzen. Auch diesmal wurde er von seinem jüngeren Sohn Numerianus begleitet, während der ältere, Carinus, als Verwalter des Reiches im Westen zurückblieb. Dieser Feldzug lag ihm, wie er verkündete, ganz besonders am Herzen. Nur um den Persern Schaden zuzufügen, habe er seiner Wahl zum Kaiser zugestimmt. Die Aussichten auf Erfolg waren tatsächlich günstig, denn dem Perserkönig Bahram II. waren durch eine innenpolitische Auseinandersetzung mit seinem Bruder Hormisdas die Hände gebunden. Die Münzprägestätte von Cycicus feierte das Ereignis der Ankunft von Carus und Numerianus, indem sie eine Münze mit der Inschrift ADVENTVS herausgab. Als Carus 283 in Mesopotamien einfiel und ihm keinerlei Widerstand geleistet wurde, fügte er den Persern eine schwere Niederlage zu, indem er zuerst Seleucia am Tigris und danach die königliche Residenzstadt Ctesiphon einnahm. Damit hatte er die Provinz Mesopotamien zurückerobert. Carus nahm den Ehrennamen Persicus Maximus an und erhob Carinus zum Augustus.

Carus wollte seinen Sieg ausbauen, indem er tiefer in persisches Gebiet eindrang. Dazu soll er, so wird uns berichtet, auch von seinem Prätorianerpräfekten Arrius Aper bestärkt worden sein. Doch eines Nachts, wahrscheinlich im späten Sommer, fand man Carus tot in seinem Zelt in der Nähe von Ctesiphon. In der Nacht war ein Gewitter niedergegangen, weshalb manche Autoren die Auffassung vertreten, daß Carus vom Blitz erschlagen worden sei. Victor und Festus Rufius sehen darin sogar einen Akt göttlicher Rache, weil Carus versucht habe, die ihm gesetzten Grenzen des Erfolges zu überschreiten. Andere Autoren sind dagegen der Meinung, daß er krank gewesen sei. Viel wahrscheinlicher aber scheint zu sein, daß sein Tod das Werk Apers war, des Schwiegervaters von Numerianus, der sich für seine persönliche Karriere sehr viel bessere Chancen ausrechnete, sobald Numerianus' Vater aus dem Weg geräumt war.

In der »Historia Augusta« wird Carus als ein Mann »der mittleren Linie« beschrieben, »der mehr zu den guten als zu den bösen Kaisern zu stellen ist«. An anderer Stelle bezeichnet ihn derselbe Autor sogar ausdrücklich als »guten Kaiser«. Wie dem auch war – die militärischen Leistungen, die er in seiner knapp bemessenen Regierungszeit von kaum mehr als einem Jahr vollbrachte, waren auf jeden Fall beeindruckend.

Carinus (283–285)

Carinus (Marcus Aurelius Carinus; Mitkaiser von Dezember [?] 283 bis Frühjahr 285) war der ältere Sohn des Carus. Carus erhob seinen Sohn zum Caesar, nachdem er selbst zum Kaiser ausgerufen worden war. Als Carus im Dezember 282 oder im Januar 283 zusammen mit seinem jüngeren Sohn Numerianus nach Osten aufbrach, um gegen die Perser zu kämpfen, ließ er Carinus mit einem ausgewählten Stab von Mitarbeitern als Verwalter des Westens in Rom zurück. Im Gegensatz zu anderen jugendlichen Caesaren des dritten Jahrhunderts wurde Carinus als Imperator gefeiert. Die in seinem Namen herausgegebenen Münzen zeigen ihn mit einem Lorbeerkranz; und nach den Siegen seines Vaters über die Perser (283) wurde er zum Augustus und Mitkaiser ernannt. Auf den Münzen, die in Lugdunum (Lyon) geprägt wurden, und auf denen der Frieden verherrlicht wird, ist sein Porträt zusammen mit dem seines Vaters zu sehen.

Nach dem Tod des Carus übernahmen seine beiden Söhne, ohne auf Widerstand zu stoßen, gemeinsam die Regierung. Carinus blieb Herrscher des Westens, Numerianus erhielt das Imperium über den Osten. Letzterer starb aber schon bald unter rätselhaften Umständen im Herbst 284, nachdem er im Osten aufgebrochen war, um sich nach Rom zu begeben. Seine Truppen im Osten weigerten sich jedoch, Carinus als Alleinherrscher anzuerkennen, und riefen deshalb einen hohen Offizier aus ihren eigenen Reihen, Diocles, zum Kaiser aus. Er ist uns unter seinem späteren Namen Diocletianus bekannt.

Inzwischen beanspruchte Carinus Erfolge gegen Germanen und Briten und legte sich die Titel »Germanicus Maximus« und »Britannicus Maximus« zu. Trotzdem hatte er noch nicht genügend Spielraum, um sich Diocletianus' zu erwehren, weil ein anderer hoher Offizier, Marcus Aurelius Iulianus, der Statthalter von Venetien, sich im Donaugebiet gegen ihn erhoben hatte. Dieser kontrollierte die Münzstätte Siscia und ließ dort auch Münzen schlagen, auf denen er den Titel Augustus sowie die Herrschaft über Ober- und Unterpannonien für sich beanspruchte (PANNONIAE AVG*usti*) und, wie es üblich war, allen Untertanen Freiheit versprach (LIBERTAS PVBLICA).

Doch als Anfang 285 Carinus nach Süden zog, besiegte er Iulianus in der Nähe von Verona und stellte die Truppen des besiegten Gegners unter sein Kommando. Nun hatte Carinus freie Hand, um sich gegen Diocletianus zu wenden. Die Armeen der beiden Rivalen trafen bei Margus an der Donau aufeinander. Es war ein erbitterter Kampf, in dem Carinus, als der Sieg für ihn zum Greifen nahe war, von einem seiner eigenen Offiziere ermordet wurde. Seine Truppen liefen daraufhin zu Diocletianus über.

Der Mörder, so ging das Gerücht, habe aus persönlicher Rache gehandelt, weil Carinus seine Frau verführt habe. Diese Begründung fügt sich in den Rahmen einer regelrechten Hetzkampagne, die gegen Carinus getrieben wurde. Übrigens war keine Geschichte über ihn zu abgeschmackt und trivial, um nicht in die »Historia Augusta« aufgenommen zu werden.

»Wollte er kalt baden, so mußte die Temperatur derjenigen eines Laubades entsprechen, zur Bereitung des kalten Bades mußte stets Schnee benutzt werden. ...

Zum Stadtpräfekten bestellte er einen von seinen Türhütern, ein Skandal, wie er größer nicht vorgestellt oder angeführt werden kann. ...

Dieser Schandkerl, ein Ehebrecher, ein unentwegter Jugendverderber – ich schäme mich anzuführen, was Onesimos über ihn aufgezeichnet hat –, hat auch selbst sein eigenes Geschlecht geschändet. ...

Er ehelichte und verstieß nicht weniger als neun Frauen, von denen die Mehrzahl bei der Scheidung schwanger war. Er füllte den Palast mit Schauspielern, Dirnen, Pantomimen, Sängern und Kupplern.«

Was auch immer von all dem stimmen mag – auf seinen Münzen wird nur eine einzige Frau gefeiert, Magnia Urbica, die dadurch als seine Gattin ausgewiesen ist, daß sie auf einem Münzbild mit ihm zusammen zu sehen ist. Gegen Ende seiner Regierungszeit gab Carinus auch Münzen zu Ehren anderer Familienmitglieder heraus, die er vergöttlichen ließ. Es waren sein Vater Carus, sein Bruder Numerianus und ein Knabe namens Nigrinianus, den eine Inschrift als Carus' Enkel bezeichnet. Demnach müßte er entweder Carinus' oder Numerianus' Sohn gewesen sein. Offensichtlich lag Carinus daran, die Öffentlichkeit mit seiner Familie bekanntzumachen.

Die letzte Phase seiner Regierung, als sich immer schneller

dunkle Wolken zusammenzogen, ist durch Münzprägungen gekennzeichnet, die in der üblichen Weise die Loyalität der Soldaten und den Frieden betonen, den herbeizuführen die Aufgabe der Armee war. Andere Münzen verkünden ein umfassendes Wohlfahrtsprogramm, auf das ohne Unterlaß hingewiesen werden mußte, denn Rom wurde 283 durch ein großes Feuer verwüstet, das weite Teile der Stadt in Schutt und Asche legte. Aus alledem ergibt sich die Frage, wie einerseits dieses Eigenlob und andererseits die gehässigen Ausfälle in der Literatur zu bewerten sind. Es muß erwähnt werden, daß die Ablehnung, die aus der literarischen Tradition spricht, aus der Umgebung Diocletianus' kam, der ihn besiegt hatte, und die daher wohl voreingenommen war. Die Ablehnung scheint aber bis zu einem gewissen Grad auch berechtigt gewesen zu sein, wenn man bedenkt, daß die Soldaten, als sie wußten, daß Numerianus nicht mehr lebte, sich weigerten, Carinus als Kaiser anzuerkennen.

Numerianus (283–284)

Numerianus (Marcus Aurelius Numerius Numerianus; Mitkaiser von etwa Juli 283 bis November 284) war der jüngere Sohn des Carus, der ihn zum Caesar und »Ersten der Jugend« (»princeps iuventutis«) erhob, kurz nachdem er seinem älteren Sohn Carinus die gleichen Ehrentitel verliehen hatte. Carus beteiligte Numerianus – und nicht Carinus – am Perserkrieg, und als er siegreich beendet war, durfte sich der junge Mann zusammen mit seinem Vater als Imperator feiern lassen.

Als Carus gestorben war, folgte ihm Numerianus als Mitkaiser seines Bruders Carinus auf den Thron (Carinus war schon zu Lebzeiten seines Vaters zum Mit-Augustus erhoben worden). Obwohl Numerianus auf manchen Münzen als »princeps iuventutis« bezeichnet wird, zeigen andere die sich gleichenden Porträts der beiden Herrscher gemeinsam, und auf einem Bronzemedaillon, auf dem Numerianus als Konsul ein orientalisches Prachtgewand trägt, sieht man sogar beide Kaiser, wie sie gemeinsam zu den Soldaten sprechen. Das Bild ist überschrieben: die »Ansprache der Kaiser« (ADLOCVTIO AVGG. [Augustorum]), obgleich die beiden Brüder viele hundert Kilometer voneinander entfernt waren! Zunächst versuchte Numerianus, den Krieg gegen die Perser fortzusetzen. Beraten wurde er dabei von seinem Schwiegervater, dem Prätorianerpräfekten Arrius Aper, obgleich dieser im Verdacht stand, Carus' Tod bewirkt zu haben. Doch blieb Numerianus, Zonaras zufolge, der militärische Erfolg versagt. Eine Münze, die ihn in der herkömmlichen Weise als »Friedensbringer des Erdkreises« feiert, verrät daher bestimmt nur Wunschdenken. Kriege zu führen, war offenbar nicht seine Sache, weshalb er auch bald durch Kleinasien nach Rom zurückzog.

In der »Historia Augusta« wie auch in anderen Quellen findet sich, was dann weiter geschah. Numerianus, noch in Begleitung Apers, befand sich in der Nähe von Nicomedia, als ihn ein Augenleiden befiel. Es soll sich um eine Krankheit gehandelt haben, an der angeblich diejenigen leicht leiden, die durch Schlafmangel überanstrengt sind. Auf jeden Fall wurde Numerianus in einer Sänfte getragen, in der Aper ihn umbrachte. Tagelang erkundigten sich die Soldaten nach dem Befinden des Kaisers, und immer antwortete Aper ihnen, daß Numerianus sich nicht zeigen könne, weil er seine geschwächten Augen vor Wind und Sonne schützen müsse. Das ging so lange gut, bis der Geruch des verwesenden Leichnams die Wahrheit offenbarte. Aper hatte wohl gehofft, daß Numerianus' Tod natürlichen Ursachen zugeschrieben und er seine Nachfolge antreten werde. Aber er hatte sich getäuscht, die Truppen entschieden anders. Sie traten auch nicht für Carinus ein, obwohl er sofort seinen toten Bruder zum Staatsgott erheben ließ. Vielmehr fiel ihre Wahl auf Diocletianus, dessen erste Amtshandlung darin bestand, Aper des Mordes anzuklagen und eigenhändig zu töten.

Der »Historia Augusta« zufolge entsprachen Numerianus' Neigungen nicht den Pflichten, die er als Kaiser hatte – vor allem nicht in Anbetracht der angespannten Lage, in der sich das Römische Reich gegen Ende des dritten Jahrhunderts befand. Sein Interesse galt in erster Linie der Literatur. Als Meister des gesprochenen wie des geschriebenen Wortes verdiente er viel Bewunderung, und auch als Dichter fand er Beachtung. Es fehlte nicht an Stimmen, die ihn dem führenden Dichter seiner Zeit, Olympius Nemesianus, zur Seite stellten, dessen Lehrgedicht »Über die Jagd« (»Cynegetica«), von dem noch 325 Zeilen erhalten sind, während der gemeinsamen Regierung des Carinus und Numerianus entstand und eine Passage enthält, in der er verspricht, ein Epos über die Taten der beiden Brüder zu schreiben.

7 DIE TETRARCHEN UND DAS HAUS VON CONSTANTINUS »DEM GROSSEN«

DIOCLETIANUS (284–305)

Diocletianus (Gaius Valerius Diocles, als Kaiser: Gaius Aurelius Valerius Diocletianus; Mitkaiser seit 286) wurde um 240 als Sohn einfacher, armer Leute in Dalmatien geboren. Er diente sich im Heer hoch, und Numerianus ernannte ihn zum Kommandeur der »protectores domestici«, der kaiserlichen Leibwache. Im Jahre 284 wurde er in Nicomedia in Bithynien (am Marmarameer) von den Soldaten dazu ausersehen, die Ermordung Numerianus' zu rächen. Er übernahm diese Aufgabe und tötete den Prätorianerpräfekten Aper, der im Verdacht stand, den jungen Kaiser umgebracht zu haben.

Zum Kaiser ausgerufen, marschierte Diocletianus, wie er von nun an genannt wurde – wobei er noch die Namen Gaius Aurelius Valerius annahm –, nach Europa, wo er um den 1. April 285 am Margus (der Morava) Numerianus' älteren Bruder Carinus besiegte. Nach diesem Sieg beließ er zwar den von Carinus eingesetzten Prätorianerpräfekten Aristobulus im Amt, ernannte aber seinen Freund Maximianus zum Gaesar und übertrug ihm ein Jahr später die volle Amtsgewalt als seinem Kollegen im Range eines Augustus. Die folgenden Jahre waren mit Kämpfen angefüllt, die Diocletianus' ganze Kraft erforderten – und zwar zuerst in Mösien und Pannonien, wo er sich um 286 den ehrenvollen Titel »Germanicus Maximus« erwarb, und anschließend, in den Jahren 289 und 292, gegen die Sarmaten und 290 gegen die Sarazenen, einen arabischen Beduinenstamm aus den Wüstengebieten Nordwestarabiens und der Sinaihalbinsel.

Im Jahre 293 verwandelte Diocletianus sein Doppelkaisertum in eine Tetrarchie (»Viererherrschaft«) auf der Grundlage persönlichen Verdienstes. Die neue Ordnung sah die gemeinsame Herrschaft von zwei Augusti (Diocletianus und Maximianus) und zwei Caesaren vor. Die beiden Caesaren waren Constantius I. und Galerius. Beide waren gleichsam die »Juniorpartner« von Maximianus (im Westen)

Die Tetrarchen und das Haus des Constantinus

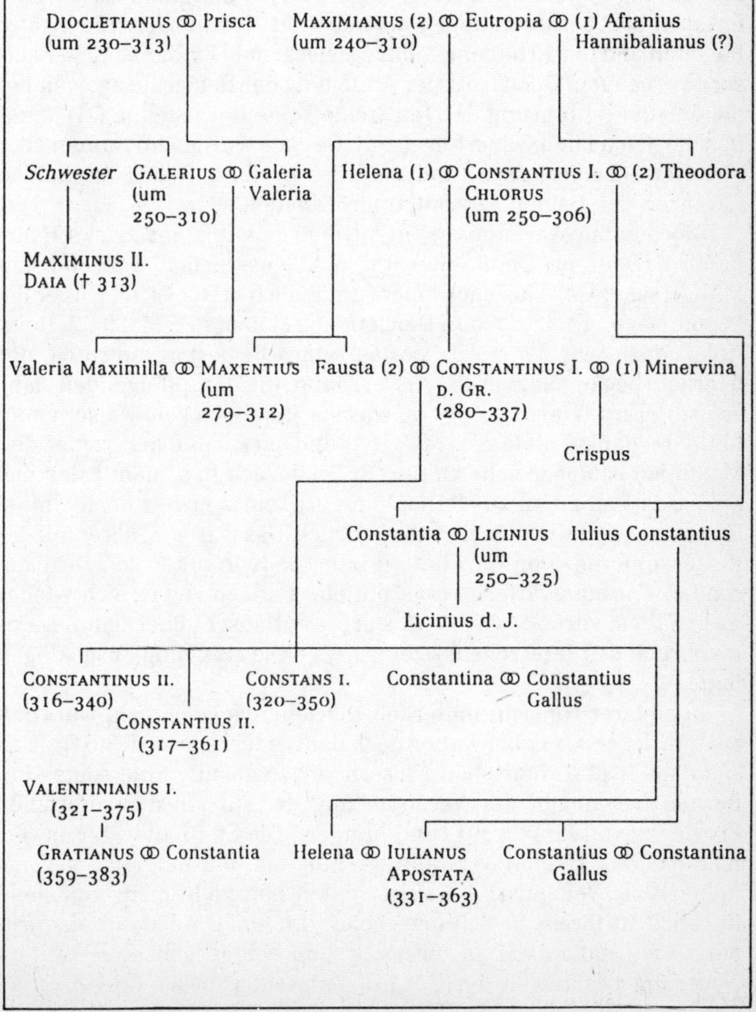

und Diocletianus (im Osten). Jeder der Tetrarchen (»Vierfürsten«) hatte seine eigene Hauptstadt, die glänzend ausgebaut wurde. Schon früher waren die Regierungsaufgaben bisweilen auf mehrere gleichzeitig amtierende Herrscher aufgeteilt worden, doch das neue System ging sehr viel weiter. Diocletianus beabsichtigte, es als Dauereinrichtung zu hinterlassen. Es sollte sowohl den militärischen Erfordernissen besser genügen als auch der Gefahr weiterer lokaler Revolten und der Erhebung militärischer Befehlshaber zu Gegenkaisern vorbeugen. Doch trotz der Aufteilung der Regierungsgewalt bedeutete die Einführung der Tetrarchie keine Reichsteilung. Das Römische Reich blieb weiterhin geeint. Gesetze wurden im Namen aller vier Herrscher erlassen, und man erwartete, daß sich die beiden Caesaren den beiden Augusti unterordneten.

Diocletianus warf 296/297 in Ägypten den Aufstand zweier Usurpatoren (Domitius Domitianus und Achilleus) nieder, während sein Mitherrscher Galerius nach einem anfänglichen Rückschlag über die Perser siegte. Erst 303 kam Diocletianus zum ersten Mal nach Rom. Anlaß dazu war der 20. Jahrestag seines Regierungsantrittes, der feierlich begangen wurde. Als er dann im darauffolgenden Jahr schwer erkrankte, tat er etwas, was vor ihm noch kein Kaiser getan hatte: Er dankte ab (am 1. Mai 305) und veranlaßte den zögernden Maximianus, das gleiche zu tun. Er setzte sich in seinem Palast bei Salona in Dalmatien zur Ruhe. Von dort kehrte er nur noch einmal für kurze Zeit ins politische Leben zurück. Das war 308, als er auf der Kaiserkonferenz von Carnuntum Galerius half, unter den rivalisierenden Thronanwärtern zu vermitteln. Danach zog er sich wieder nach Salona zurück, wo er 316 starb – enttäuscht über den Zusammenbruch des Tetrarchensystems, das er so sorgfältig ausgeklügelt hatte.

In anderer Hinsicht hinterließ Diocletianus jedoch ein wahrhaft beeindruckendes Erbe, war er doch der bemerkenswerteste Organisator unter den römischen Kaisern seit Augustus. Eine seiner Reformen bestand in der Verdoppelung der Anzahl der römischen Provinzen von fünfzig auf rund hundert. Die Statthalter dieser verhältnismäßig kleinen Verwaltungseinheiten, die nur noch geringe militärische Befugnisse besaßen, hatten nun nicht mehr genügend Rückhalt in ihrem Vewaltungsgebiet, um einen Aufstand anzuzetteln. Auch Italien war in dieses System einbezogen. Eine weitere Neuerung bestand in der Zusammenfassung dieser Provinzen zu dreizehn größeren Verwaltungseinheiten (Diözesen), deren Verwalter, die Vikare (»vicarii«) den vier Prätorianerpräfekten unterstanden, die ihrerseits je einem Tetrarchen zugeordnet und ihre wichtigsten Vertreter in Sachen der Zivil- und Finanzverwaltung sowie der Rechtsprechung waren.

Auch das Heerwesen wurde unter Diocletianus neu geordnet, und zwar wurde das Heer in zwei seiner Bestimmung nach völlig unterschiedliche Truppenkörper aufgeteilt. Den einen bildeten die mobilen Einsatztruppen, »comitatenses« (wörtlich: »Gefolgsleute«). Die vier Formationen dieser Gattung – für jeden Herrscher eine – enthielten auch eine Infanterie. Ihr Rückgrat bildete jedoch die Kavallerie, darunter eine ganz neue Art berittener Gardetruppen, die »scholae palatinae« (durch welche die Prätorianer auf die Bedeutung einer bloßen Hauptstadtgarnison zurückfielen). Den anderen bildeten die Grenzsoldaten, die später als »limitanei« (»Grenztruppen«) oder »ripariensies« (»Uferwächter«) bekannt wurden. Diese Truppen, die an den Grenzbefestigungen stationiert waren, wurden durch alljährlich neu eingezogene Inhaber des römischen Bürgerrechtes stets auf gleicher Kopfstärke gehalten. Aber auch viele Germanen und Bewohner des kleinasiatischen Hochlandes sowie Angehörige anderer kriegerischer Stämme mit besonderer Kampferfahrung fanden bei diesen Grenztruppen Verwendung.

Um diesen riesigen Militärapparat zu finanzieren, der 500 000 Mann oder sogar noch mehr zählte und im Vergleich zu den Verhältnissen, die ein Jahrhundert früher geherrscht hatten, ungeheuer zugenommen hatte, mußte Diocletianus der Zivilbevölkerung hohe Steuern abverlangen. Dabei ging er buchstäblich bis an die Grenze dessen, was die Bürger des Römischen Reiches an Geld und Naturalien aufzubringen vermochten. Allerdings tat er auch alles, was in seiner Macht stand, um diese Belastung so gerecht wie möglich zu verteilen. Eine seiner bedeutendsten Maßnahmen, die in diese Richtung zielten, war der Erlaß eines sogenannten »Preisediktes« im Jahre 301 (»edictum Diocletiani«), das dem Preiswucher entgegenwirken sollte und Höchstpreise für alle Handelswaren sowie die Transportkosten und Löhne der Handwerker und Arbeiter festsetzte. In der ganzen Geschichte des bisherigen Römischen Reiches hatte dieser Versuch einer Preis- und Lohnbindung nicht seinesgleichen, weshalb Diocletianus' Edikt mit Recht als das wichtigste erhaltene Dokument der antiken Wirtschaftsgeschichte gilt. Lediglich

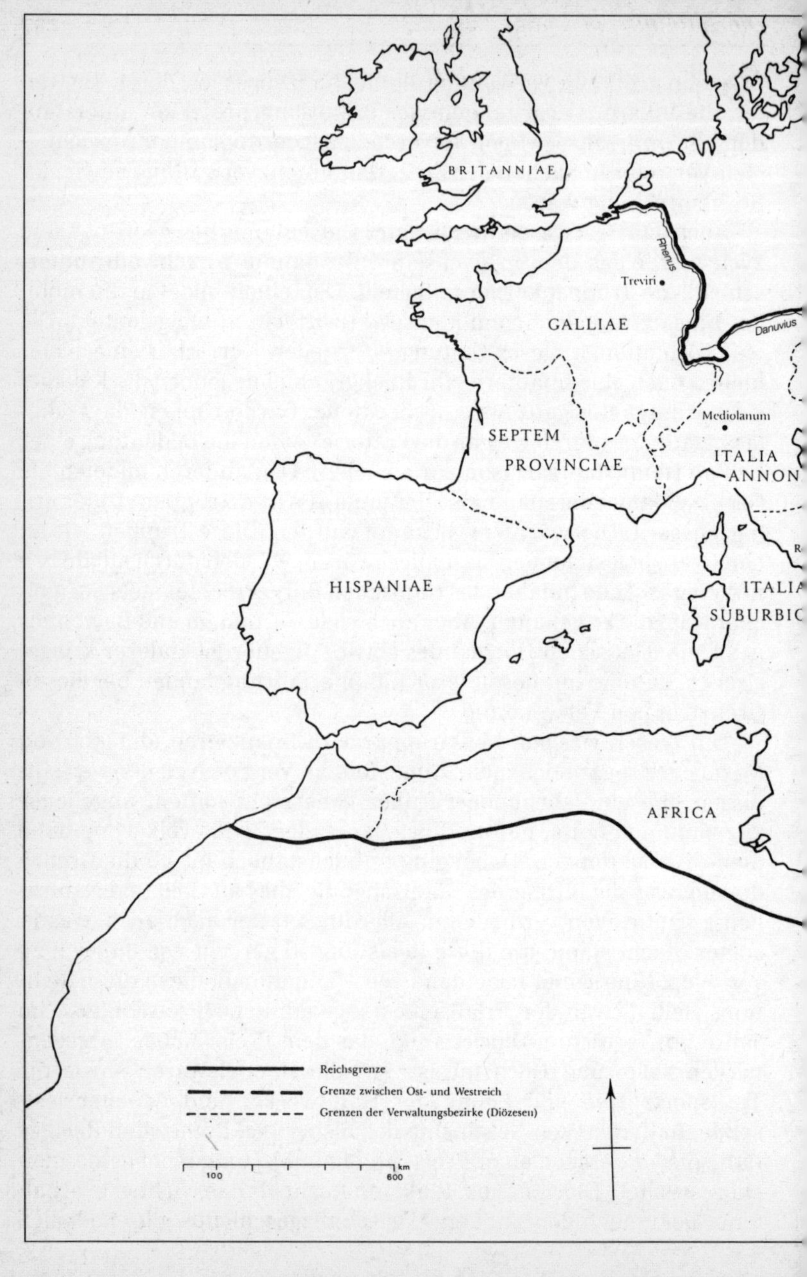
BRITANNIAE
Rhenus
Treviri
GALLIAE
Danuvius
Mediolanum
SEPTEM PROVINCIAE
ITALIA
HISPANIAE
AFRICA
Reichsgrenze
Grenze zwischen Ost- und Westreich
Grenzen der Verwaltungsbezirke (Diözesen)
100
600
km

8 Die Verwaltungsbezirke (Diözesen) unter Diocletianus (284–305 n. Chr.)

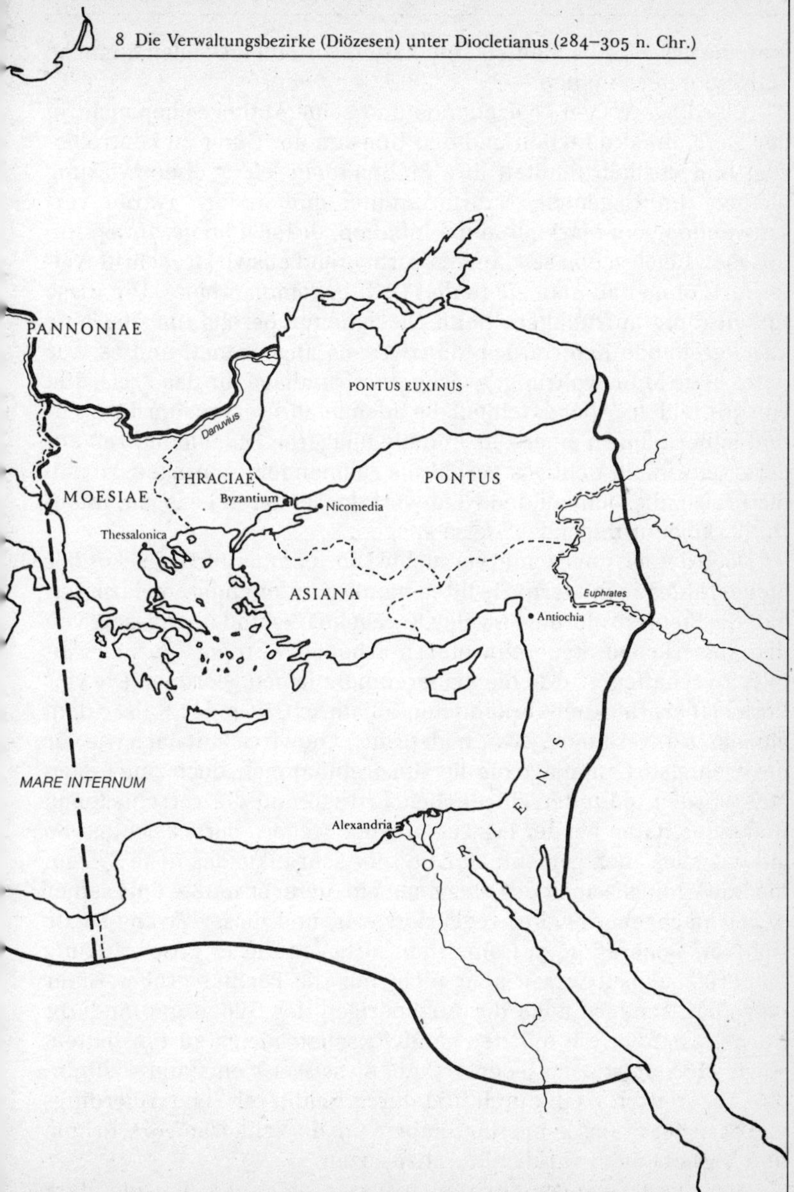

PANNONIAE

PONTUS EUXINUS

Danuvius

THRACIAE

PONTUS

MOESIAE

Byzantium

Nicomedia

Thessalonica

ASIANA

Euphrates

Antiochia

MARE INTERNUM

Alexandria

ORIENS

manche griechische Stadtstaaten hatten vordem bisweilen ähnliche Schritte unternommen.

Allerdings waren Diocletianus und seine Mitherrscher nicht in der Lage, die Produktion und den Konsum der Güter zu kontrollieren, und deshalb mußten ihre Maßnahmen leider ohne Wirkung bleiben. Im Gegenteil: Nahrungsmittel und andere Waren verschwanden vom Markt, und die Inflation, die sich im gesamten Römischen Reich schon seit langem verheerend auswirkte, schritt weiter fort, ohne daß man sie in den Griff bekommen hätte. Um diese Entwicklung aufzuhalten, hatte Diocletianus bereits um 294 eine durchgreifende Reform des Münzwesens angeordnet, und es war diese neue Münzwährung, welche die Grundlage für das Preisedikt von 301 bildete. Aber es fehlten die Edelmetallreserven, um die Gold- und Silbermünzen einerseits und die billigeren Scheidemünzen andererseits in ein richtiges Verhältnis zueinander zu bringen, so daß die Preise, die sich auf den Nennwert der letzteren bezogen, in besonders beunruhigender Weise stiegen.

Doch dessen ungeachtet versuchte Diocletianus auch, das Los der Steuerzahler zu mildern. Sie litten nämlich unter anderem darunter, daß die Steuerforderungen völlig unregelmäßig und unangesagt von den kaiserlichen Steuereintreibern erhoben wurden. Um hier Abhilfe zu schaffen, wurde die Steuereinnahme neu geordnet. Die vier Prätorianerpräfekten verkündeten alljährlich, was der Kaiser dem einzelnen abverlangte. Zwar bildete die Landwirtschaft nach wie vor die wichtigste Grundlage für die Steuereinnahmen, doch zum ersten Mal wurden die unterschiedlichen Erträge und die verschiedenen Bodenqualitäten bei der Festsetzung der Steuern berücksichtigt. So gut das alles auch gemeint war, so sehr schränkte das neue System die Bewegungsfreiheit des einzelnen ein, denn er mußte dort seiner Arbeit nachgehen, wo er registriert war, und dieser Zwang setzte sich von Generation zu Generation fort. Von dieser Beschränkung der Freizügigkeit waren aber nicht nur die Pächter großer Güter betroffen, sondern auch die Angehörigen der Gilden und anderer Körperschaften, die mit der Landwirtschaft nichts zu tun hatten, sowie die Staatsdiener jeder Art. Auf diese Weise entstand – zumindest theoretisch – ein durch und durch totalitärer Staat. Allerdings gab es in der Praxis keine Handhaben, um die zahllosen Vorschriften und Verbote auch wirklich durchzusetzen.

Alle diese Zwangsmaßnahmen waren ersonnen, um die stark

vergrößerte Armee zu finanzieren. Die Kaiser waren auf sie angewiesen, denn sie mußten sich gegen innere und äußere Feinde wehren können – und das oft genug sogar zur gleichen Zeit. Allerdings verschwiegen die öffentlichen Darstellungen die Machtkämpfe im Innern, weil aus Sicherheitsgründen nicht der Eindruck entstehen durfte, daß die Regierung sich nicht auf die Soldaten verlassen könne. Um so mehr traten in Münzbildern und -inschriften Siege über äußere Feinde in den Vordergrund, wobei unablässig auf die Herrscher als die siegreichen Führer im Krieg hingewiesen wurde. Diocletianus und Maximianus wurden als Iovius und Herculius über die Sterblichen hinaus in die Sphäre der großen Sieger erhoben, in der sie sich der besonderen Fürsorge ihrer göttlichen Schutzpatrone Iuppiter und Hercules erfreuten. Diese Erhöhung spiegelte auch das Hofzeremoniell wider, das sich erheblich von den schlichten Bräuchen früherer Zeiten unterschied und statt dessen der Mode entsprach, wie sie am persischen Sassanidenhofe herrschte.

Dennoch wurden das »ewige« Rom und der »Genius des römischen Volkes« gerühmt (GENIVS POPVLI ROMANI). Mit der Beschwörung der altrömischen Traditionen und des patriotischen Gefühles hing es zusammen, daß Diocletianus, unterstützt von Galerius, die Christen wieder zu verfolgen begann, um die es vierzig Jahre lang ruhig gewesen war, und das, obwohl Diocletianus' Gattin Prisca selbst Christin war. Neu an der schweren Verfolgung, die 303 einsetzte, war das Ziel, den christlichen Glauben ganz auszurotten. Es war ein Kampf auf Leben und Tod zwischen der alten und der neuen Ordnung. Das erste diesbezügliche Edikt Diocletianus' verbot den Christen jegliche Zusammenkunft und ordnete die Zerstörung aller Kirchen sowie die Vernichtung aller christlichen Schriften an. Zwei weitere Erlasse, die in den Ostprovinzen des Reiches herauskamen, drohten christlichen Priestern mit Haftstrafen, wenn sie nicht den Göttern opferten, und ein viertes Edikt, das 304 veröffentlicht wurde, dehnte die Anwendung aller drei früheren Edikte auf sämtliche Christen innerhalb der römischen Reichsgrenzen aus.

Zu Beginn seiner Regierungszeit hatte Diocletianus die Curia wieder aufgebaut, den Tagungsort des römischen Senats neben dem Forum Romanum, der unter dem Feuer von 283 schwer gelitten hatte. Der heute noch erhaltene Neubau des Kaisers lehnt sich in seiner gesamten Gestalt eng an den ursprünglichen Bau an. Im Inneren bestand er aus einer einfachen, rechteckigen Halle mit einer hölzernen Kassettendecke. Parallel zu den Wänden verliefen niedrige Stufen, auf denen sich die Sitze der Senatoren befanden. Der strenge obere Teil der Wände, in den große Fenster eingelassen waren, bildete einen reizvollen Gegensatz zu den von Säulen flankierten Nischen der unteren Wandpartien und dem kostbaren Bodenbelag aus buntem Marmor.

Doch nicht in Rom, sondern in Nicomedia war es, wo Diocletianus sein erstes Hauptquartier aufschlug. Von den ausgedehnten Bauten, die er dort errichten ließ, sind allerdings nur noch wenige Spuren erhalten. Etwas mehr läßt sich dagegen über den gleichfalls unter ihm durchgeführten Aufbau Antiochias sagen, wo er nach der Einrichtung der Tetrarchie residierte und eine neue Hauptstadt mit Tempeln, Getreidespeichern, Thermen, einem Stadion und einer Waffenmanufaktur ins Leben rief. Er ließ sogar innerhalb einer Festung, die schon ein halbes Jahrhundert alt war, einen Kaiserpalast erbauen. Diese Palastanlage mit ihren von Säulen flankierten Straßen beschreibt der aus Antiochia stammende Rhetor Libanios in einer seiner Schriften.

Diocletianus' Antiochia liegt heute tief unter den Ablagerungen des Nahr el Assi (früher: Orontes) begraben. Ausgedehnte Überreste sind dagegen von seinem Palast in Spalatum bei Salona erhalten, wohin sich Diocletianus nach seiner Abdankung zurückgezogen hatte. Dieses Bauwerk stellte eine bemerkenswerte Mischung aus ziviler und militärischer Architektur dar und vereinte die Repräsentationsräume eines kaiserlichen Palastes und die Wohnräume eines dalmatinischen Landhauses oder einer Kommandeursresidenz mit den Wehranlagen einer Festung, hinter deren Mauern sich alles Leben abspielte. Dem Schutz dieser Mauern dienten nicht weniger als sechzehn vier- beziehungsweise mehreckige Türme. Die gesamte Anlage ist streng um eine Nordsüdachse angeordnet, die eine Straße bildet, die durch einen säulenumgebenen Hof, an dessen östlicher Seite sich ein im Innern rundes, außen oktogonales (achteckiges) Mausoleum befindet, zu einem Vestibül führt. Durch dieses wiederum gelangte man zu der Thron- bzw. Audienzhalle (»Aula Palatina«), deren dreifach gegliederte, von einem Ziergiebel gekrönte Säulenfassade noch erhalten ist. Über den mittleren Säulen wölbt sich ein Bogen, unter dem sich der mit Edelsteinen und einer Strahlenkrone geschmückte Ex-Kaiser zu zeigen pflegte, so als ob ihn das Himmelsgewölbe selbst umgäbe und er dort thronte, und wo er die

Ovationen der ihn umdrängenden Menschenmenge entgegennahm. An der Südfront dieser riesigen Halle führte eine große, überdachte Galerie mit Loggien entlang, von der aus man auf die Adria blickte, die hier unmittelbar bis an die Grundmauern des Bauwerkes heranreichte. Beiderseits der gewaltigen Südmauer (das heißt im Osten und im Westen), die durch den Loggienbogengang dennoch leicht wirkte, erheben sich mächtige viereckige Türme. Angelehnt an syrische Architektur werden die 42 Bogenöffnungen der Südmauer von Halbsäulen gerahmt, die auf aus der Mauer vorspringenden Konsolen ruhen.

Maximianus (286–305/307–308)

Maximianus (Marcus Herculius Maximianus; Mitkaiser Diocletianus') wurde um 240 bei Sirmium geboren. Er stammte aus bäuerlichen Verhältnissen und hatte so gut wie keine Bildung genossen. Als Soldat kämpfte er unter Aurelianus an der Donau, am Euphrat, am Rhein und in Britannien und setzte unter Probus seine militärische Karriere erfolgreich fort. Er war ein Freund Diocletianus', der aus der gleichen Gegend wie er kam, und wurde von ihm wenige Wochen nach Diocletianus' Sieg über Carinus (285) zum Caesar ernannt. Von da an führte er die Namen Marcus Aurelius Valerius, und es war wohl auch zu der gleichen Zeit, daß sich Diocletianus und Maximianus die Titel Iovius und Herculius zulegten, um zum Ausdruck zu bringen, daß der eine von ihnen die »Oberaufsicht« führte, der andere dagegen der Mann der Tat war.

Maximianus' Erhebung zum Mitherrscher war um so dringender geworden, als in Gallien sogenannte Bagauden, von eingedrungenen Barbaren und römischen Steuereintreibern von ihren Wohnsitzen vertriebene Landarbeiter, begonnen hatten, einen regelrechten Bandenkrieg zu führen. Vielleicht beanspruchten sogar ihre beiden Anführer, Aelianus und Amandus, die Kaiserwürde für sich. Im Frühjahr 286 hatte Maximianus diese Marodeure in einer Reihe kleinerer Gefechte geschlagen, und darauf riefen ihn, auf Diocletianus' Initiative hin, seine Truppen zum Augustus aus.

Zwar gab es keine geographische Grenze zwischen den Machtbereichen der beiden Kaiser, doch sah die Trennung so aus, daß Maximianus die Regierung im Westen übernahm. Während der folgenden

Jahre hatte er wiederholt Kämpfe an der Grenze Germaniens zu bestehen. So galt es 286 und 287, mehrere Angriffe der Alamannen und Burgunder auf die römische Oberrheingrenze abzuwehren. Dann warf sich in Gesoriacum (Boulogne) sein Flottenbefehlshaber Carausius zum Augustus auf und setzte mit seinen Schiffen über den Kanal nach Britannien über. Maximianus griff ihn an, erlitt jedoch eine schwere Niederlage und mußte vorerst Carausius' Autonomieansprüche stillschweigend hinnehmen. 291 traf er sich mit Diocletianus in Mediolanum (Mailand), um sich mit ihm über die Lage im Reich zu beraten.

Nach Einführung der Tetrarchie im Jahre 293 gehörten Italien, wo Maximianus Mediolanum zur Hauptstadt erkor, Sizilien, Spanien und die Provinz Africa zu seinem Machtbereich. In Karthago richtete er 296/297 eine neue Münze ein. Der ehemalige Prätorianerpräfekt Constantius I. Chlorus, der mit Maximianus' Stieftochter Theodora verheiratet war, wurde sein Caesar. Während Constantius das Regime des abtrünnigen Carausius in Britannien stürzte, verlegte Maximianus Truppen von der Donau nach Gallien, um die Grenze gegen die Germanen zu schützen. 297 begab er sich jedoch nach Osten in die Donauprovinzen, wo er einen bedeutenden Sieg über die Karpen errang, und später im selben Jahr sah er sich gezwungen, nach Nordafrika aufzubrechen, um die Quinquegentiani, mehrere in der Mauretania beheimatete Stämme, zu bekämpfen, die die Grenze Numidiens überschritten hatten. Nachdem diese Kampfhandlungen glücklich beendet waren, verstärkte er die Grenzbefestigungen entlang der gesamten Linie von Mauretanien bis nach Libyen.

Im Jahre 303 führte Maximianus die Christenverfolgung, auf die sich die Tetrarchen geeinigt hatten, in Afrika mit besonderer Härte durch. Im Spätherbst desselben Jahres kamen er und Diocletianus nach Rom, um den zwölften Jahrestag der Machtergreifung Diocletianus' vorzufeiern, wobei die Feierlichkeiten länger als einen Monat dauerten. Doch als Diocletianus im darauffolgenden Jahr (304) ankündigte, daß er und sein Mitregent demnächst abtreten würden, zeigte Maximianus nur wenig Neigung, sich diesem Entschluß zu beugen. Schließlich ließ er sich aber doch herbei, im Tempel des Kapitolinischen Iuppiter zu schwören, daß er die Macht aus der Hand geben werde, sobald er im Jahre 305 sein eigenes zwanzigjähriges Regierungsjubiläum gefeiert habe. Dementsprechend dankten beide Augusti am 1. Mai 305 in aller Form ab. Die Feierlichkeiten zu diesem Anlaß fanden sowohl in Antiochia als auch in Mediolanum statt, und beide Ex-Kaiser zogen sich auf ihre Landsitze zurück. Zu Ehren eines jeden von ihnen wurden Münzen geprägt, die ihren neuen Stand als »Altkaiser« feierten (FELICISSIMO SEN*iori* AVG*usto*).

Aus Maximianus' erster Regierungsperiode, die auf diese Weise formal beendet wurde, gibt es bedeutende architektonische Zeugnisse. Er ließ, als er 298 zum ersten Mal als Kaiser nach Rom kam, auf erhöhtem Gelände nördlich des Viminals (eines der Sieben Hügel) eine Thermenanlage von einzigartiger Pracht errichten. Um 305 war der Bau vollendet. Diese Diocletianusthermen, wie sie genannt werden, waren nach dem Vorbild der Thermen des Caracalla geplant, doch war ihr Mittelbau wesentlich kompakter und gab den Blick entlang der gesamten Länge der Mittelachse frei. Die gewaltige Last dieses Bauwerkes ruhte auf massiven Mauern, und im Innern war es reich ausgestattet. Noch heute kann man die großartige Schlichtheit des dreifach überwölbten Lauwarmbades (»tepidarium«) bewundern, das später nach Entwürfen Michelangelos in die Kirche »Santa Maria degli Angeli« (Heilige Maria von den Engeln) umgewandelt wurde. Die Kirche läßt außen eine Apsis erkennen, die einst zu dem rechteckigen, mit einem Kreuzgewölbe überdachten Warmbad (»caldarium«) gehörte, das hier die Stelle der kuppelüberwölbten Rotunde der Caracallathermen einnahm. In anderen Teilen der Diocletianusthermen, die heute noch erhalten sind, ist das Thermenmuseum (Museo Nazionale Romano delle Terme) untergebracht. Zu den Resten, die auf uns gekommen sind, gehören auch die feinen, mit Säulen geschmückten Nischen, welche die dem Schwimmbad zugekehrte Front des Kaltbades (»frigidarium«) bildeten, sowie die der größeren Nischen in den Mauern der Einfriedung. Einer der Kuppelbauten an den Ecken der Umfriedung dient heute ebenfalls als Kirche (»San Bernardo«).

Doch so sehr diese prachtvollen Monumentalbauten Roms Glanz vermehrten – das Machtzentrum war nach Norden in die Poebene verlegt worden. Mediolanum, das Maximianus zu seiner Hauptstadt gemacht hatte, war zum Brennpunkt des politischen und militärischen Lebens im Westen Europas geworden und sollte dies auch lange bleiben. Der Dichter Ausonius (ca. 310–395), der in seinem Werk auch Mediolanum erwähnt, beschreibt eine ganze Reihe von Bauwerken, die Maximianus dort schuf oder erweiterte, darunter ein Theater, einen Circus, einen Palast, verschiedene Tempel, eine Thermenanlage und eine Münzprägestätte. Nur sehr wenig ist davon heute noch erhalten, weil man über den Trümmern das mittelalterliche und moderne Mailand errichtet hat. Doch immerhin erkennt man noch den Verlauf der antiken Stadtmauer mit einem vierundzwanzigseitigen, ziegelverkleideten Turm (Torre di Ansperto). Maximianus ließ diese Stadtmauer errichten, um einen Teil der neuen Palastanlage (einschließlich der Thermen und des daneben gelegenen Circus) in den von Wehranlagen umgebenen Bereich einzubeziehen.

Als Diocletianus sich nach seiner Abdankung nach Spalatum zurückzog, setzte sich auch Maximianus auf einem Landgut, von denen er vielleicht sogar mehrere besaß, zur Ruhe. Manche Autoren sind der Auffassung, daß er nach Lukanien gegangen sei. Es gibt jedoch in der Kunst, der literarischen wie der darstellenden, gewisse Hinweise, die vermuten lassen, obwohl das unwahrscheinlich erscheint, daß er anstatt nach Lukanien (oder auch zusätzlich) nach Sizilien gegangen ist und unweit von Philosophiana (nahe dem heutigen Städtchen Piazza Armerina) eine großangelegte Villa erbauen ließ und dort auch wohnte. Im Gegensatz zu der geschlossenen Anlage des Diocletianuspalastes in Split haben wir es in Philosophiana mit einer unsymmetrischen, einstöckigen Villenanlage italischen Stils zu tun, die sich gleichsam organisch entwickelt hat und die während ihres Bestehens mehrmals erweitert, verschönert und vor allem mit den aufsehenerregendsten Fußbodenmosaiken geschmückt wurde, die man in der gesamten römischen Welt fand. Einige dieser fünfzig mehrfarbigen Böden, in deren Darstellungen sich gekonnt gleichförmig wiederholende und naturalistische Stilelemente verbinden, wurden weit über Fachkreise hinaus berühmt, insbesondere eine Darstellung junger Frauen, die eine Art zweiteiligen Badeanzug tragen. Auf vielen anderen Mosaiken wird immer wieder das altbekannte Thema des königlichen Sports, der Jagd, behandelt und dessen unvermeidliche Begleiterscheinung, das Töten der Tiere. In einem dieser Bilder trägt eine der Gestalten – nach Meinung mancher Experten – sogar die Gesichtszüge Maximianus'. Alle diese Bauten mit ihren Mosaiken zu schaffen, muß Jahre, wenn nicht Jahrzehnte in Anspruch genommen haben. Dennoch wirkt die Anlage auf ihre Weise einheitlich, so daß angenommen werden kann, daß ihr von Anfang an ein Plan zugrunde lag.

Als Diocletianus und Maximianus abdankten, traten Constantius I. Chlorus und Galerius ihre Nachfolge als Augusti an, während Severus II. und Maximinus II. Daia (Galerius' Neffe) zu Caesaren ernannt wurden. Dabei ging Maxentius, der Sohn Maximianus' und seiner syrischen Gattin Eutropia, leer aus. Als er sich entschlossen hatte, das durch einen Staatsstreich in Rom zu ändern, übertrug er im Oktober 306 mit Billigung des Senates die Insignien der obersten Amtsgewalt abermals seinem Vater, der gern die Gelegenheit ergriff, die Geschicke des Reiches wieder in die Hand zu nehmen. Maximianus ließ sich deshalb im Februar 307 erneut zum Augustus ernennen und Münzen mit der Aufschrift schlagen, der zufolge ihm dreißig Regierungsjahre gewünscht wurden. Tatsächlich reichte seine Macht noch aus, um nacheinander Severus II. und Galerius davon abzuhalten, in Italien einzumarschieren. Danach begab er sich nach Gallien, wo er sehr geschickt agierte: Er vermählte nämlich seine Tochter Fausta mit Constantinus I. (später: »der Große«, dem Sohn des Constantius I.). Nun feierten Münzinschriften Fausta als »hochedle Frau«, »nobilissima femina«. Dann aber wandte sich Maximianus wider Erwarten gegen seinen eigenen Sohn, sei es, daß er dessen politischen Zielen mißtraute, sei es, daß er ehrgeizig danach strebte, auch noch Maxentius' Platz einzunehmen. Wie dem auch war, Maximianus erschien persönlich in Rom. Doch das Angebot, das er den Truppen des Maxentius machte, um sie für sich zu gewinnen, erzielte nicht die gewünschte Wirkung, so daß Maximianus in Gallien, am Hofe Constantinus', Zuflucht nehmen mußte.

Eine im Jahre 308 von Galerius in Carnuntum einberufene Konferenz, an der auch die beiden »Altkaiser« teilnahmen, endete für Maximianus mit einer Katastrophe, denn Diocletianus beharrte darauf, daß Maximianus zurückgetreten sei und deshalb in der Politik nichts mehr zu suchen habe. Maximianus begab sich daraufhin abermals nach Gallien, wo er sich nun auch gegen seinen Schwiegersohn Constantinus wandte, als dieser am Rhein in Kämpfe mit Germanen verwickelt war, und erklärte sich ein drittes Mal zum Augustus. Constantinus kehrte daraufhin eilends zurück, und Maximianus floh nach Massilia (Marseille). Dort wurde er von Constantinus belagert und von seinen eigenen Leuten zur Kapitulation gezwungen. Kurz darauf fand man ihn tot. Nach offizieller Darstellung hatte er Selbstmord begangen, doch ist nicht auszuschließen, daß Constantinus die Hand dabei im Spiel hatte.

Trotz gelegentlicher Rückschläge war Maximianus offensichtlich ein Heerführer mit beachtlichen strategischen Fähigkeiten; anders hätte ihn Diocletianus auch nie zu seinem Amtskollegen erwählt. Allerdings war er – jedenfalls nach Eutropius – grob, brutal, ungeduldig und schwierig im Umgang mit Menschen. Die Schöpfer seiner Münzporträts, die ihn in der üppigen Haartracht seines Schutzpatrones Hercules zeigen, gaben sich alle Mühe, diesen wilden Zug in seinem Charakter hervorzuheben. Mit diesem Teil seines Wesens hängt auch sein unbeugsamer Wille zur Macht zusammen, die er nur gezwungenermaßen aufgab. Unter diesem Gesichtspunkt ist auch seine Neigung zu sehen, jede Intrige zu spinnen, und sei es um den Preis des Verrates sowohl an seinem Sohn Maxentius als auch an seinem Schwiegersohn Constantinus. Trotzdem verzieh ihm sein Sohn und widmete ihm Münzen, die dem »ewigen Andenken« (AETERNAE MEMORIAE) seines Vaters dienen sollten, ja er sorgte sogar dafür, daß er vergöttlicht wurde.

Carausius (286/87–293)

Carausius (Marcus Aurelius Mausaeus Valerius Carausius; Usurpator, Teilherrscher über Britannien und Nordgallien) entstammte einer einfachen Familie aus dem belgischen Seefahrer-Stamm der Menapier, der im Bereich der Rhein- und Scheldemündung ansässig war. Nachdem er sich in den Feldzügen ausgezeichnet hatte, die Maximianus 286 in Gallien gegen die Bagauden führte, wurde ihm der Befehl über die römische Kanalflotte übertragen, die in Gesoriacum (Boulogne) stationiert war, um fränkische Seeräuber zu vertreiben, die die Kanal-Südküste unsicher machten. Dieser Aufgabe kam er mit Erfolg nach. Allerdings geriet er in den Verdacht, sich an der ungeheuren Beute bereichert zu haben, die er auf diese Weise den Piraten abgejagt hatte. Er habe, so hieß es, davon Seeräuber bezahlt, die er gefangengenommen und auf seinen Schiffen angestellt habe. Da Maximianus mit der Zeit fürchtete, daß Carausius einen Aufstand vorbereite, befahl er, ihn umzubringen. Doch Carausius erfuhr rechtzeitig davon und holte zum Vergeltungsschlag aus, indem er sich Ende 286 oder Anfang 287 zum Augustus ausrufen ließ. Er verlegte seine Flotte nach Britannien, wo er als Befreier begrüßt wurde, und behielt gleichzeitig, unterstützt von einigen Franken, die Kontrolle über Teile der nordgallischen Küste.

Als Maximianus 289 versuchte, ihn zu vertreiben, scheiterte das Unternehmen an der Unerfahrenheit seiner Lotsen und dem schlechten Wetter. Infolgedessen sah sich Maximianus gezwungen, wenn auch widerwillig, Carausius als Herrscher des von ihm regierten Teilreiches anzuerkennen. Immerhin schien Carausius die Fähigkeit zu besitzen, mit den kriegerischen Stämmen fertig zu werden, welche die Grenzen und Küsten des römischen Britannien bedrängten. Es gibt Beweise dafür, daß er den Hadrianswall da, wo er Lücken oder schwache Stellen aufwies, die einige Jahre zuvor durch Barbarenangriffe verursacht worden waren, reparieren ließ. Außerdem scheint er das Verhältnis zu den Pikten (eine spätere Bezeichnung für Caledonier) verbessert zu haben, die nördlich des römischen Grenzwalls wohnten. Auf diese Weise hoffte Carausius bei Diocletianus und Maximianus Dank zu ernten. Er nahm sogar ihre Namen Aurelius und Valerius an und gab außerdem ihnen zu Ehren Münzen heraus, auf denen sein Kopf zusammen mit ihren Köpfen und der Überschrift »Carausius und seine Brüder« (CARAVSIVS ET FRATRES SVI) zu sehen ist. Doch damit ging er zu weit. Diocletianus und Maximianus unterließen es, entsprechende Münzen Carausius zu Ehren herauszugeben. Auch als er Medaillen schlagen ließ, die ihn in der Amtstracht eines römischen Konsuls zeigen, durfte er nicht mit ihrer Zustimmung rechnen.

Im Gegenteil – auf Veranlassung der beiden Augusti traf Constantius I. Chlorus, der Caesar im Westen war, Maßnahmen, um das gallo-britische Teilreich zu zerstören. In einer Zeit, da es allgemein üblich geworden war, große Flotten einzusetzen, stationierte er in den Flußmündungen Nordgalliens gerade kleinere Einheiten, deren Aufgabe darin bestand, die noch im gallischen Küstenbereich verbliebenen Schiffe des Carausius aufs offene Meer zu treiben. Trotz dieser Angriffe verhielt sich jedoch der größte Teil der Flotte des Carausius ruhig und verharrte vor der Küste Britanniens, um sie vor der drohenden Invasion des Constantius zu schützen. Doch an eine Invasion dachte Constantius noch nicht, vielmehr begnügte er sich zunächst damit (293), den nordgallischen Hafen Gesoriacum zu blockieren, in dem noch immer Schiffe des Carausius lagen. Ein riesiger Damm quer durch die Hafeneinfahrt hinderte Carausius daran, den Eingeschlossenen von der Seeseite Hilfe zu bringen, so daß er nichts tun konnte, die Stadt vor dem Fall zu bewahren. Allerdings hatte Constantius den Sieg nur knapp errungen, denn kurz nachdem er die Festung erobert hatte, zerstörte eine Flut den Damm, und die Hafeneinfahrt war wieder frei.

Selbst nach diesem Erfolg setzte Constantius nicht nach Britannien über, sondern griff Carausius' Verbündete unter den Franken an und vertrieb sie aus dem Gebiet der Bataver (an der Rheinmündung) und von den Inseln, die sie erobert hatten. Damit besaß Carausius nur noch Britannien, und selbst den Ärmelkanal kontrollierte er nicht mehr uneingeschränkt. An diesem Tiefpunkt angelangt, wurde er von seinem Finanzminister Allectus ermordet, der sich nun selbst zum Kaiser des Inselreiches aufwarf.

Carausius' vielfältige Münzprägungen stammen vor allem aus Britannien, aus Londinium (London) und wenigstens noch einer weiteren Münzstätte. Die an diesem zweiten Ort geschlagenen Münzen tragen das Münzzeichen »C« und werden daher Camulodunum (Colchester), Corinium Dobunnorum (Cirencester) und auch Clausentum (Bitterne) zugeschrieben. Da einige Prägungen des Allectus das Münzzeichen »CL« tragen, scheint Clausentum der Ort gewesen zu sein, wo man diese Münzen schlug. Eine weitere Serie mit dem Münzzeichen »RSR« könnte darauf hindeuten, daß es noch eine Münzstätte in Rutupiae (Richborough) gegeben hat. Doch viel wahrscheinlicher ist, daß es sich bei diesen Buchstaben gar nicht um ein echtes Münzzeichen handelt, sondern daß sie für »rationalis summae rei« (»Finanzminister«) stehen (gemeint wäre in diesem Falle Allectus), d. h. für den Titel jenes Beamten, der für das Münzwesen verantwortlich war. Die Ansicht, Carausius habe auch an zwei Plätzen in Nordgallien Münzen schlagen lassen, wird heute verworfen. Zu seinen ersten Ausgaben zählen Stücke aus hochwertigem Silber, die bis zur Reform der Münzwährung unter Diocletianus einige Jahre später unter den Münzen des gesamten Römischen Reiches keinerlei Gegenstück hatten. Allem Anschein nach brachte Carausius diese Münzen heraus, weil es ihm an Gold fehlte, und er beendete diese Serie, sobald er über Gold verfügte.

Außerordentlich bemerkenswert sind die Rückseiten dieser Münzen hinsichtlich ihrer Bilder und Inschriften. Zum Beispiel erblickt man die Symbolgestalt der Britannia Hand in Hand mit Carausius und ringsherum die Worte aus Vergilius' »Aeneis«: »O Erwarteter, komm'!« (EXPECTATE VENI). Ein anderes Bild, das die kapitolinische Wölfin zeigt, wie sie Romulus und Remus säugt, mit den Worten »Erneuerung der Römer« (RENOVAT*io* ROMANO*rum*), beweist indessen mit aller Deutlichkeit, daß Carausius' Pläne weit über die Grenzen seines römisch-britischen Teilreiches hinausgingen. Auch die Legionen, die ganz oder teilweise unter Carausius' Kommando standen, werden genannt. Aber eine noch größere Rolle spielt das Thema »Friede« – sei es der Friede des Augustus Carausius (PAX AVG.), sei es der Friede aller drei Augusti (PAX AVGGG.)

Carausius zeichnete sich vor allem durch eine außerordentliche seemännische Begabung aus. Außerdem muß er in hohem Maße die Fähigkeit besessen haben, Menschen für seine Zwecke zu gewinnen. Dennoch war er nicht stark genug, sich auf die Dauer gegenüber den Augusti und Caesaren des Imperiums zu behaupten, und der Verlust von Gesoriacum kurz vor seiner Ermordung signalisierte, daß sein Teilreich kein langes Leben mehr haben würde. Tatsächlich wurde sein Mörder und Nachfolger Allectus schon 296 von Asklepiodotos, dem Prätorianerpräfekten des Constantius, besiegt.

Constantius I. Chlorus (305–306)

Constantius I. (Gaius Flavius Valerius Constantius; Mitkaiser) war einfacher Abstammung aus der Donaugegend. Die Legende, der zufolge er der Sohn einer Adelsfamilie aus Dardanien (Obermösien) und ein Abkömmling des Kaisers Claudius II. Gothicus gewesen sei, entbehrt jeder Grundlage. Sie kam erst nach seinem Tode auf, als sein Sohn Constantinus »der Große« eindrucksvollerer Herkunft sein wollte. In byzantinischen Quellen trägt er den Spitznamen Chlorus, »der Blasse«. In den ersten Jahren nach 280 war er mit Helena liiert, einer Gastwirtstochter aus Naissos, mit der er möglicherweise auch verheiratet war und die ihm Constantinus gebar. Doch spätestens 289 trennte er sich von ihr und vermählte sich mit Theodora, der Stieftochter von Diocletianus' Mitkaiser Maximianus, von der er drei Kinder hatte. Zum Prätorianerpräfekten aufgestiegen, wurde Constantius 293 von Maximianus zum Caesar ernannt und damit Mitglied der von Diocletianus installierten Tetrarchie. Als der ältere der beiden Caesaren, die jeweils einem der beiden Augusti bei- bzw. untergeordnet waren, wurde er von »seinem« Augustus, Maximianus, adoptiert und nahm dessen Familiennamen Valerius an anstelle seines eigenen Namens Iulius. Außerdem legte er sich den Beinamen Herculius zu, den auch Maximianus trug.

Die Provinzen, die Constantius zu verwalten hatte, waren Gallien und Britannien. Beide befanden sich, Gallien zu einem kleinen Teil und Britannien ganz, in den Händen des Carausius, den Maximianus nicht hatte besiegen können, eine Fehlleistung, die wiedergutzumachen, Constantius als seine erste und vordringlichste Aufgabe ansah. Zu diesem Zweck blockierte er unverzüglich die Hafeneinfahrt von Gesoriacum (Boulogne) südlich des Kanals, wo der Usurpator eine Flotte stationiert hatte. Constantius ließ einen Damm errichten, so daß die Hafeneinfahrt unpassierbar war, und bald schon fielen Hafen und Stadt in seine Hände. Dieser Erfolg führte zu Carausius' Sturz.

Doch das vom Römischen Reich abgespaltene Teilreich war damit noch nicht wiedergewonnen. Sein Herrscher war nun Allectus, der Mörder des Carausius. Um gegen ihn vorgehen zu können, traf Constantius gründliche Vorbereitungen, die mehr als zwei Jahre beanspruchten und zu denen auch die systematische Zerschlagung aller jener Kräfte gehörte, die in Nordgallien und im Gebiet der Bataver (an der Rheinmündung) als mögliche Bundesgenossen des Allectus in Frage kamen. Im Jahre 296 war Constantius endlich bereit, die Entscheidung herbeizuführen. Zwei Flottenverbände überquerten den Kanal. Der eine unterstand seinem persönlichen Kommando und war von Gesoriacum aus gestartet, der andere wurde von seinem Prätorianerpräfekten Asklepiodotos befehligt und war von der Seinemündung ausgefahren. Asklepiodotos konnte, von den meisten Schiffen des Allectus unbemerkt, entweder in Dubrae (Dover), Rutupiae (Richborough) oder Lemanae (Lympne) landen, wo er seine Schiffe in Brand steckte und auf diese Weise seine Soldaten zum Kampf zwang, dem nun nicht mehr ausgewichen werden durfte. Daraufhin eilte Allectus mit allen ihm zur Verfügung stehenden Streitkräften zum Kampfplatz und schuf dadurch für Constantius die Möglichkeit, in Kent an Land zu gehen. Doch Constantius konnte diese Gelegenheit nicht nutzen, weil einige seiner Transportschiffe vom Kurs abgekommen waren und in die Themsemündung verschlagen wurden, weshalb er unverrichteter Dinge zur Südküste des Kanals zurückkehrte. Dafür fügte aber Asklepiodotos irgendwo im heutigen Nordhampshire oder Berkshire Allectus eine vernichtende Niederlage zu, in deren Verlauf Allectus umkam. Eine Anzahl fränkischer Söldner, die vom Schlachtfeld nach Londinium (London) geflohen waren, wurden dort von den Soldaten des Constantius nie-

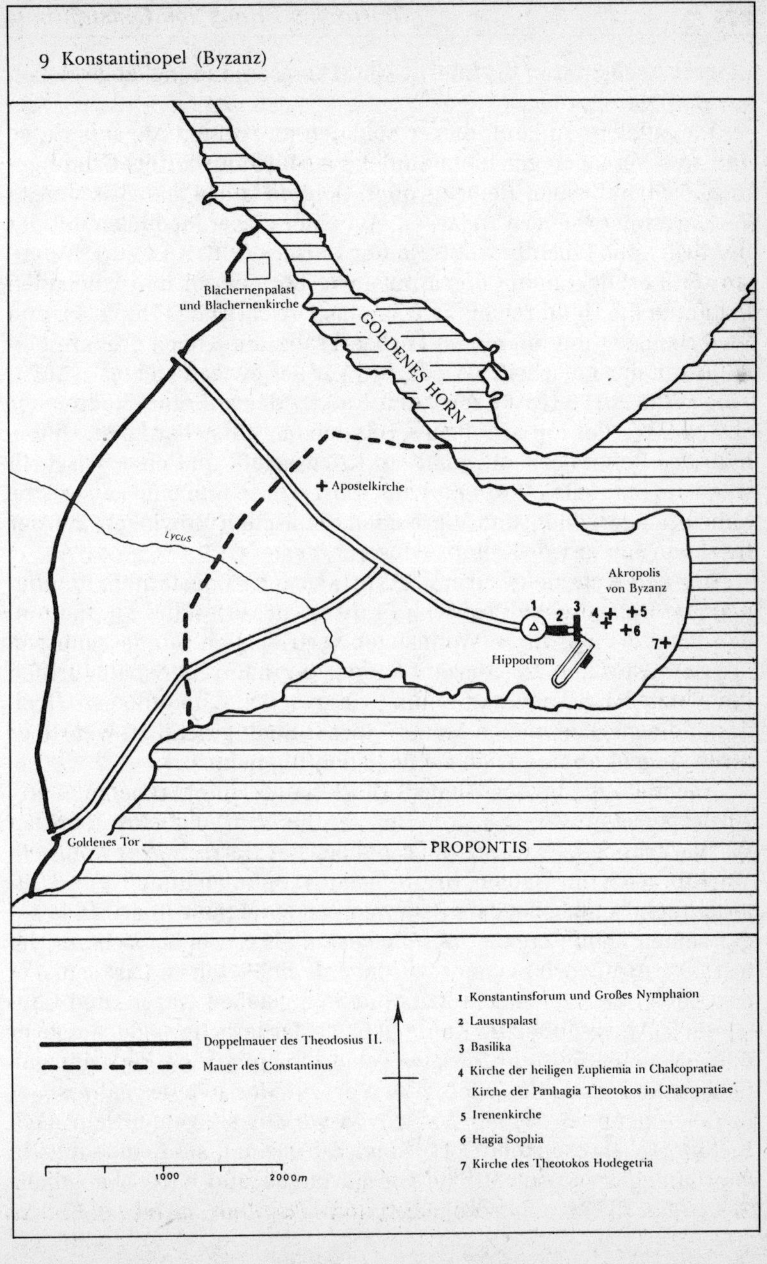
9 Konstantinopel (Byzanz)
Blachernenpalast
und Blachernenkirche
GOLDENES HORN
Apostelkirche
Lycus
Akropolis
von Byzanz
1
2
3
4
5
6
7
Hippodrom
Goldenes Tor
PROPONTIS
Doppelmauer des Theodosius II.
Mauer des Constantinus
1000
2000m
1 Konstantinsforum und Großes Nymphaion
2 Laususpalast
3 Basilika
4 Kirche der heiligen Euphemia in Chalcopratiae
Kirche der Panhagia Theotokos in Chalcopratiae
5 Irenenkirche
6 Hagia Sophia
7 Kirche des Theotokos Hodegetria

dergemetzelt, deren Schiffe in die Themsemündung abgetrieben worden waren.

Die zufällige Ankunft dieser Soldaten im rechten Augenblick, so daß sein Versagen gar nicht auffiel, war für Constantius Grund genug, sich auf einer Reihe großer Goldmedaillen als Britanniens Wiedereroberer feiern zu lassen. Auf einer dieser Medaillen mit der Inschrift »das Pflichtbewußtsein der Kaiser« (PIETAS AVGG. [Augustorum]) erblickt man Constantius, welcher der vor ihm knieenden Britannia die Hand reicht. Er trägt das Löwenfell des Hercules, und Victoria krönt ihn mit einem Lorbeerkranz. Eine noch größere Medaille mit der Aufschrift »Wiederbringer des ewigen Lichtes« (REDITOR LVCIS AETERNAE) zeigt den Kaiser, der auf eine Stadtmauer zureitet, vor der mit erhobenen Händen ein Bittsteller kniet. Unterhalb des Reiters erkennt man ein Kriegsschiff, und eine Beischrift weist die Stadt als LON*dinium* aus. Dort wurde nun eine kaiserliche Münze eingerichtet, und die beiden römischen Provinzen auf der Insel wurden in vier Kleinprovinzen aufgeteilt.

Auf den Kontinent zurückgekehrt, siedelte Constantius im ehemaligen Batavergebiet salische Franken aus Friesland an, die nun den Platz der aus ihren Wohnsitzen vertriebenen Bundesgenossen des Carausius und Allectus einnahmen (297). Ein Jahr später griffen ihn plötzlich bei Andematunnum (Langres) die Alamannen an. Doch durch die starken, neuen Mauern dieser Stadt geschützt, wehrte er ihren Angriff ab und trieb sie über den Rhein zurück.

Nachdem die beiden Augusti Diocletianus und Maximianus 305 zurückgetreten waren, wurde Constantius zum Augustus über den Westen erhoben. Er war damit ranghöchster Herrscher, obwohl sein Machtbereich nur Gallien, Britannien und Spanien umfaßte und Galerius, sein Amtskollege im Osten, ihn an Machtfülle übertraf, ja sogar seinen Sohn Constantinus gleichsam als Geisel bei sich am Hof festhielt. Als jedoch bekannt wurde, daß die Pikten (s. Carausius) in das Gebiet des römischen Britannien eingefallen waren, und Constantius' Anwesenheit im Kampfgebiet erforderlich wurde, nutzte er diese Notsituation und forderte seinen Sohn zurück. Galerius gab nach, und Constantius stieß in den ersten Monaten des Jahres 306 in Gesoriacum zu seinem Vater, von wo aus sie gemeinsam nach Britannien übersetzten. Dort, so wird berichtet, sei Constantius in weit entlegene Küstenstriche vorgedrungen und habe beachtliche Siege über die Pikten errungen. Doch am 25. Juli starb er in Eburacum (York) und hinterließ als Erbschaft ein explosives Thronfolgeproblem.

Hauptstadt und zugleich wichtigste Münzstätte des Constantius war Augusta Treverorum (Trier) an der Mosel – jene Stadt, die schon früher die Hauptstadt des von Postumus gegründeten gallo-römischen Teilreiches gewesen war, aber in den Jahren 275/276 schwer unter den Angriffen der Germanen gelitten hatte. Etwa von der Zeit des Constantius an nannte man die Stadt einfach nur noch Treveri oder Treveris (woraus der deutsche Name Trier entstanden ist). Dort begann Constantius mit dem Bau eines Palastes, der später von seinem Sohn Constantinus »dem Großen« fertiggestellt wurde. Eine sogenannte Basilika von rund 85 Meter Länge und 30 Meter Höhe wird heute als Audienzraum oder Thronhalle angesehen – entsprechend der Palastaula Diocletianus' in Spalatum (Split). Die geräumige, holzüberdachte Halle in Trier, die keine Seitenschiffe hat, ist von blockhafter Einfachheit. Die klassischen Säulen haben keine tragende Funktion mehr, sondern dienen nur noch als Schmuck, als Umrahmung großer Nischen. Eine Art Chorbogen, der die Chorbögen christlicher Basiliken vorwegnimmt, trennt das Schiff von einem leicht erhöhten Apsisraum. Diesen äußerst wirkungsvollen innenarchitektonischen Elementen entspricht eine neue, eindrucksvolle äußere Formgebung. Zwei Reihen Rundbogenfenster, die strenge Licht- und Schattenmuster erzeugen, lockern die Schlichtheit der Außenwände und heben sie gleichzeitig hervor.

Die literarischen Quellen geben ein sehr vorteilhaftes Bild von Constantius I. Zu ihnen gehört eine höchst ruhmvolle Lobrede. Aber auch die christliche Seite sparte nicht mit Anerkennung, schon deshalb nicht, weil sie seinen Sohn Constantinus »den Großen« in günstigem Licht erscheinen lassen wollte, und um seinen Amtskollegen Galerius um so mehr herabwürdigen zu können. Abgesehen davon, daß Constantius das erste Verfolgungsedikt des Diocletianus unterstützte, das Christen den Dienst im Heer untersagte, scheint er in seinem Machtbereich die Christen geschont zu haben. Leider gibt es kaum Möglichkeiten nachzuprüfen, wie weit das Lob, das ihm gespendet wurde, gerechtfertigt ist. In Gallien hat ihm offensichtlich sein staatsmännischer Ideenreichtum zu Ansehen verholfen, und seine militärischen Leistungen waren beträchtlich, wenn auch seine bekannteste Tat, die Wiedereroberung Britanniens, in der Hauptsache das Werk seines Prätorianerpräfekten war. Man pries ihn auch, weil er es nicht zum offenen Bruch mit Galerius hatte kommen lassen, der das Reich in einen Bürgerkrieg gestürzt hätte. Andererseits konnte Constantius sich kaum anders verhalten, denn Galerius verfügte über die besseren Hilfsmittel, und wahrscheinlich war es nur Constantius' früher Tod, der Galerius von dem Versuch abhielt, seinen Machtbereich auf den Westen auszudehnen.

Galerius (305–311)

Galerius (Gaius Galerius Valerius Maximianus; Mitkaiser von 305 bis 311) wurde um 250 geboren. Nach der anonymen »Epitome« (s. Anhang), die einer anderslautenden Darstellung des Eutropius vorzuziehen ist, stammte er aus einem Dorf nahe bei Florentiana (Florentin) in der Provinz Dacia Ripensis (Obermösien). Sein Vater war Bauer, und seine Mutter Romula, nach der er seinen Geburtsort in Romulianum umbenannte, war aus dem Gebiet jenseits der Donau zugewandert.

Galerius begann seinen Lebensweg als Hirte, diente dann aber unter Aurelianus und Probus in der Armee, wo er seine Aufstiegschancen wahrnahm. Zunächst einfacher Soldat, erreichte er unter Diocletianus den Rang eines hohen Offiziers. Als Diocletianus 293 die Tetrarchie (»Viererherrschaft«) begründete, wurde er (neben Constantius I. Chlorus) in Nicomedia (Izmit) zum Caesar erhoben. Von da an nannte er sich Gaius Galerius Valerius Maximianus und nahm außerdem noch Diocletianus' Beinamen Iovius an. Zudem löste er eine bereits bestehende Verbindung und heiratete Diocletianus' Tochter Galeria Valeria. Sein Verwaltungsbereich umfaßte Illyrien und die übrigen Balkangebiete sowie anscheinend die westlichen Provinzen Kleinasiens.

Nach seiner Erhebung zum Caesar wurde Galerius sofort an die Donau beordert. Dort hatte er zunächst, in den Jahren 294 und 295, die nach Westen ziehenden Goten zu beobachten. In den beiden darauffolgenden Jahren mußte er gegen die Sarmaten und Markomannen kämpfen; außerdem wurde der gesamte Stamm der Karpen auf römischem Gebiet, in Pannonien, angesiedelt. In Aquincum (Budapest) sowie in Bononia Malata (Banoštor) in der Provinz Dacia Ripensis wurden Festungen errichtet, und den Nordteil Unterpannoniens machte er zu einer neuen Provinz, die er nach seiner Gemahlin

»Valeria« nannte. Durch den Bau eines Kanals zwischen dem Pelso Lacus (Plattensee) und der Donau erhielt diese Provinz Landzuwachs. Allerdings soll Galerius an dieser nützlichen Aufgabe kaum Freude gehabt haben, da Amtskollegen mit viel geringerem Aufwand viel mehr Ruhm ernteten.

Eine Gelegenheit, sich zu bewähren, erhielt Galerius, als Diocletianus ihn 296 nach Osten rief, um das Reich gegen die Perser zu verteidigen. Der Sassanidenkönig Narses, der drei Jahre zuvor an die Macht gekommen war, nutzte die Gunst der Stunde, da Diocletianus durch einen Aufstand in Ägypten die Hände gebunden waren. Er erklärte Rom den Krieg und fiel in die römische Provinz Syrien ein. Galerius überschritt daraufhin den Euphrat bei Nicephorium/Callinicum (heute: Raqqa). Doch seine Streitkräfte waren der Situation nicht gewachsen, so daß er eine schwere Niederlage erlitt, die den Verlust der gesamten Provinz Mesopotamien für Rom zur Folge hatte. Die Überlieferung allerdings, daß Diocletianus Galerius öffentlich gedemütigt habe, indem er ihn, angetan mit dem kaiserlichen Purpur, ungefähr eineinhalb Kilometer vor seinem Wagen habe herlaufen lassen, ist wohl erfunden.

Wie dem auch war – 297 erhielt Galerius Gelegenheit, den Fehler wiedergutzumachen. Er marschierte mit wesentlich verstärkten Streitkräften in Armenien ein und fügte den Persern eine vernichtende Niederlage zu. Ungeheure Beute fiel in seine Hände, darunter der Harem des Königs, der in Daphne bei Antiochia untergebracht wurde. Doch damit gab sich Galerius nicht zufrieden. Er zog weiter und eroberte sogar die Sassanidenhauptstadt Ctesiphon. Daraufhin sandte Narses einen Unterhändler zu ihm, der den Vorschlag unterbreitete, daß Rom und Persien sich gegenseitig als Großmächte anerkennen sollten. Galerius bemerkte dazu, daß dieser Ton in krassem Gegensatz zu den früheren aggressiven Äußerungen der Perser stehe. Trotzdem brachte bald darauf, im Jahre 298, ein hoher Beamter des Kaisers, Sicorius Probus, inmitten eines Flusses ein Zusammentreffen zwischen Galerius und Narses zustande, das zu einem Friedensvertrag führte. Danach mußte Narses Mesopotamien sowie einige Gebiete östlich des Tigris Rom überlassen und die römische Oberhoheit über Armenien anerkennen. Als Gegenleistung erhielt er seinen Harem zurück. Galerius soll diesen Vertrag allerdings nicht begrüßt haben, er – so war die Meinung – hätte lieber seinen Vormarsch auf persischem Boden fortgesetzt.

Von dieser Zeit an scheint sich Galerius' Einfluß auf die Politik Diocletianus' verstärkt zu haben. Wir dürfen wohl mit gutem Grund Lactantius folgen, der annimmt, daß die Edikte gegen die Christen auf seine Initiative hin zustande kamen. Seine bäuerliche Mutter Romula hing fanatisch den heidnischen Kulten ihres Heimatlandes an. Außerdem erfreute das scharfe Vorgehen gegen die Christen nicht nur die Orakelpriester Apollons, sondern auch die neuplatonischen Philosophen. Nachdem das erste Verfolgungsedikt erlassen worden war, brachen kurz hintereinander im Kaiserpalast von Nicomedia, wo Galerius residierte, zwei Brände aus. Galerius verließ daraufhin ostentativ die Stadt, weil er, wie er verkündete, dort wegen der von den Christen verübten Brandstiftungen seines Lebens nicht mehr sicher sei. Die Christen dagegen erklärten, daß er es gewesen sei, der das Feuer gelegt habe, um einen Vorwand für ihre Verfolgung zu haben. Infolgedessen nahm man auch an, daß niemand anderes als er den geschwächten Diocletianus unter Druck gesetzt habe, das vierte Verfolgungsedikt zu erlassen, das jeden Christen zwang, den traditionellen Göttern zu opfern.

Während seiner Amtszeit als Caesar wählte Galerius Thessalonice (Saloniki) zu seiner Hauptstadt. Thessalonice lag strategisch günstig an der Via Egnatia, der alten Römerstraße, die von Italien zum Bosporus und nach Kleinasien führte. Dort richtete er nicht nur eine neue Münze ein, sondern ließ auch ein ganz neues Palastviertel erbauen. Bei archäologischen Grabungen wurden zwei geräumige Hallen freigelegt, die einst zu diesem Komplex gehörten. Die eine ist ein Oktogon mit je einer apsidialen Nische an jeder der acht Ecken. Die andere ist rechteckig und diente als Vorhof einer von Säulen flankierten Prozessionsstraße. Diese begann an einer Kreuzung, über die sich der dreitorige Galeriusbogen spannte. Die Bögen der drei Tore ruhten ursprünglich auf vier Pfeilern, und diese waren mit Reliefs geschmückt, die Galerius' Sieg über die Perser feierten. Von diesem Triumphbogen ausgehend führte die Straße zu einer Einfriedung, die einen kreisrunden Bau umschloß, die heutige »Georgskirche«. Ursprünglich scheint dieser Bau als Galerius' Mausoleum geplant gewesen zu sein. Er war reich mit Marmor und Mosaiken ausgelegt. Auch in Gamzigrad (im heutigen Ostjugoslawien, früher: Obermösien) wurden Überreste eines Palastes aus Galerius' Zeit freigelegt.

Als Diocletianus und Maximianus 305 abdankten, wurde Galerius in den Rang eines Augustus erhoben und verlegte seine Residenz von Thessalonice nach Nicomedia. Zwar stand er in der Rangordnung nicht so hoch wie sein Mitkaiser Constantius I. Chlorus, doch war er ihm, was die wirkliche Macht anbelangte, überlegen, gehörten doch die Balkangebiete und Kleinasien zu seinem Herrschaftsbereich, und auch die beiden neuernannten Caesaren, Severus II. und Maximinus II. Daia, unterstützten ihn. Er gestattete, Constantius' Sohn Constantinus, der sich als eine Art Geisel an seinem Hof befand, zu seinem Vater in den Westen zurückzukehren. Als Constantius am 25. 7. 306 starb, da beförderte Galerius Severus zum Augustus, der nun Constantius' Platz einnahm, und billigte Constantinus den Rang eines Caesars zu. Maximianus' Sohn Maxentius war jedoch mit dieser Entscheidung nicht einverstanden und rief sich deshalb selbst in Rom zum Kaiser aus. Er vertrieb zuerst Severus, dann aber auch Galerius, der in Italien einmarschiert und bis Interamna, kurz vor Rom, gekommen war, angesichts um sich greifender Fahnenflucht sich allerdings wieder zurückziehen mußte. Dieser Fehlschlag kostete Severus das Leben und beraubte Galerius seines letzten Haltes im Westen (307); allerdings war er immer noch so einflußreich, daß er auf dem »Kaisertreffen« in Carnuntum, als sich 308 alle vier Herrscher trafen, an Stelle des Severus seinen Schützling Licinius in den Rang eines Augustus erheben lassen konnte.

Galerius plante, im Jahre 311 sein zwanzigjähriges Regierungsjubiläum zu feiern. Aus diesem Grunde war er eifrigst darauf bedacht, Steuern zu erheben, um die Feierlichkeiten auch finanzieren zu können. Gleichzeitig dachte er aber auch daran, zu gegebener Zeit abzudanken, wobei er seinen unehelichen Sohn Candidianus als Nachfolger im Auge gehabt haben soll, der mit der noch kleinen Tochter Maximinus' II. Daia verlobt war. Doch plötzlich erkrankte er schwer, vielleicht an Darm- oder Prostatakrebs. Während er in Nicomedia ans Krankenbett gefesselt war, erließ er zusammen mit seinen Mitherrschern ein Edikt (das Toleranzedikt vom 30. April 311), das die Christenverfolgungen beendete, für die in erster Linie er verantwortlich war. Unter bestimmten Voraussetzungen, vor allem der, daß die Christen »verpflichtet« seien, »zu ihrem Gott für unser Wohlergehen, das des Staates und ihr eigenes zu beten«, wies Galerius die Provinzstatthalter an, den Christen Freiheit der Religionsausübung, Rechtsschutz und Anerkennung als Glaubensgemeinschaft zu gewähren. Sie durften sich nun auch wieder versammeln und Gottesdienste abhalten. Immer wieder wurde nach den Gründen für diesen Sinneswandel gefragt. Christliche Schriftsteller sahen in Galerius' Krankheit, die sie in vielen Einzelheiten grausam beschrieben, eine Fügung Gottes. Andere hielten Licinius bzw. Constantinus, aber auch Galerius' Gattin, Galeria Valeria, die wie ihre Mutter Prisca, die Witwe Diocletianus', Christin war, für das Edikt verantwortlich. Die einleuchtendste Erklärung ist aber wohl, daß Galerius selbst die Sinnlosigkeit seines Wütens gegen die Christen einsah, denn je stärker die Christen verfolgt wurden, um so mehr wurde das ursprüngliche Ziel der Verfolgungen, die innere Einheit des Staates zu sichern, verfehlt, weil die Christen zum Schaden der inneren Einheit ihre ganze Aufmerksamkeit nur noch ihrem eigenen Glauben und ihrem eigenen Leben widmeten. Nicht einmal die Leiden, die einzelne Christen zu erdulden hatten, lösten bei der nichtchristlichen Bevölkerung als Ganzes Mitgefühl aus.

Nur wenige Tage nach dieser totalen Wende seiner Politik starb der Kaiser und wurde vergöttlicht. Er wurde nicht in dem Mausoleum bestattet, das er in Thessalonice hatte errichten lassen, sondern in seinem Heimatort Romulianum, den er verschönert und vergrößert hatte. Sein Ableben versetzte dem von Diocletianus begründeten Tetrarchensystem den Todesstoß. Es war aber schon seit langem nicht mehr intakt gewesen. Allein Galerius hatte es noch notdürftig am Leben erhalten.

Sich ein Bild von Galerius' Charakter zu machen, fällt schwer, da christliche Autoren ihn, obwohl er auf dem Totenbett widerrufen hatte, als den eigentlichen Urheber der Diocletianischen Verfolgung auf jede nur erdenkliche Art und Weise mit Schimpf übergossen. Und dies taten sie mit einigem Recht, denn die Druckmittel, die er angewandt hatte, waren nicht nur unmenschlich, sondern seine Maßnahmen hatten sich auch als Fehlgriff erwiesen, der dem Reich nichts gebracht, sondern ihm nur Schaden zugefügt hatte. Daß er dies schließlich einsah und daraus die Konsequenzen zog, verdient Respekt. Persönlich war er, so scheint es wenigstens, wohl ein Mann von strengen Moralbegriffen. Seinem ganzen Wesen nach muß er jedoch ein ungehobelter, ehrgeiziger Tatmensch gewesen sein. Im übrigen aber war er, wie jeder der Tetrarchen, offensichtlich ein ausgezeichneter Heerführer. Dies zeigt sein Erfolg gegenüber den Persern. Zwar unterlag er diesen anfangs, doch gelang es ihm, mit zäher Hartnäckigkeit seine Niederlage in einen Triumph zu verwandeln.

Severus II. (306–307)

Severus II. (Flavius Valerius Severus; Mitkaiser), ein Freund des Galerius, stammte aus dem Donaugebiet und war einfacher Herkunft. Als Diocletianus und Maximianus 305 abdankten, um Galerius und Constantius I. Chlorus die Macht zu überlassen, erhob Maximianus Severus in Mediolanum (Mailand) zum Caesar des Westens. Als Constantius' Adoptivsohn nahm er den Namen Flavius an, und als angenommenes Mitglied der Familie Diocletianus' nannte er sich außerdem Valerius. Zu seinem Herrschaftsbereich gehörten Italien und Africa. Außerdem erhielt er im Einverständnis mit Galerius von diesem Pannonien. Galerius hatte übrigens Severus ebenso in der Hand wie seinen eigenen, für den Osten zuständigen Caesar Maximinus II. Daia.

Allerdings rief diese Ämterverteilung bei den Soldaten Verwirrung hervor, denn sie kannten die beiden neuen Würdenträger kaum. Sehr viel besser wußten sie dagegen über Constantius' Sohn Constantinus Bescheid, der sich – ebenso wie Maximianus' Sohn Maxentius – übergangen fühlte. Daß Constantinus, nachdem Galerius ihm erlaubt hatte, zu seinem Vater Constantius an den Rhein zu reisen, unterwegs alle Vorkehrungen traf, um möglichst unerkannt zu bleiben, hing damit zusammen, daß sein Weg durch Pannonien führte, das zu Severus' Machtbereich gehörte, und Severus in ihm einen enttäuschten und daher gefährlichen Rivalen sah.

Als Constantius am 25. 7. 306 starb, erhob Galerius, der daraufhin zum ranghöchsten Tetrarchen aufgerückt war, Severus zum Augustus über den Westen und ernannte gleichzeitig Constantinus zum Caesar. Dieser Schritt, den Galerius wohl nur aus diplomatischen Gründen getan hatte, um Constantinus zunächst ruhigzuhalten, bestätigte Maxentius' Gefühl, ungerecht behandelt zu werden, und veranlaßte ihn, in Rom einen Staatsstreich zu führen. Dabei kam ihm zugute, daß die Prätorianer aufgebracht darüber waren, daß Severus angeordnet hatte, ihre bereits von Diocletianus auf die Stärke einer bloßen Stadtgarnison reduzierte Truppe ganz abzuschaffen. Als Galerius erfuhr, daß Maxentius eine Revolte plane, forderte er

Severus auf, gegen den Rebellen einzuschreiten. Anfang 307 brach Severus deshalb, wie man es von ihm verlangt hatte, auf, verließ seine Hauptstadt Mediolanum (Mailand) und zog nach Rom. Norditalien befand sich auf seiner Seite, doch als er vor den Toren Roms stand, meuterten seine Soldaten. Die Treue zu ihrem früheren Befehlshaber Maximianus, der seinen Ruhesitz verlassen hatte, machte es ihnen unmöglich, gegen seinen Sohn zu kämpfen, und während Geheimagenten ihren Gehorsam Severus gegenüber weiter untergruben, beging auch der Prätorianerpräfekt Anullinus an ihm Verrat, indem er den Soldaten eine Belohnung versprach für den Fall, daß sie von Severus abfielen. Daraufhin blieb ihm nichts anderes übrig, als sich mit den ihm noch verbliebenen Truppen nach Norden abzusetzen. Doch Maximianus verfolgte ihn bis Ravenna, wo man übereinkam, daß Severus auf den Augustustitel und alle damit verbundenen Privilegien verzichtete, dafür aber sein Leben geschont werde. Er wurde als Gefangener nach Rom geführt, und nachdem er bei Maxentius' Siegesfeier durch die Straßen der Hauptstadt marschiert war, wurde er in Tres Tabernae an der Via Appia eingekerkert. Er diente als Geisel für den Fall, daß Galerius in Italien eindringen sollte. Genau das aber tat er schon nach kurzer Zeit. Als er jedoch ebenso unglücklich operierte, wie Severus das vor ihm getan hatte, ließ Maxentius Severus umbringen.

Den Christen gegenüber verhielt sich Severus, soweit wir wissen, ebenso tolerant wie sein Gegner Maxentius – zumindest legte er wohl (wie auch Constantius Chlorus) bei der Verfolgung der Christen keinen besonderen Eifer an den Tag. Doch davon abgesehen, läßt sich über ihn kaum etwas sagen. Obwohl es ihm nicht gelang, Rom zu erobern, galt er als guter Feldherr, anders wäre er kaum zum Caesar, geschweige denn zum Augustus erhoben worden. Der als Anonymus Valesii bekannte Geschichtsschreiber bezeichnet – ob zu Recht oder Unrecht, sei dahingestellt – Severus' Charakter als so obskur wie seine Herkunft. Alles, was er erreichte, erklärt er, habe Severus im Grunde nur seiner Freundschaft mit Galerius zu verdanken, einer Freundschaft, die vorwiegend auf seiner Trinkfestigkeit beruhte.

Maxentius (306–312)

Maxentius (Marcus Aurelius Valerius Maxentius; Gegenkaiser) wurde um 279 als Sohn des Maximianus und seiner syrischen Gattin Eutropia geboren. Daß er ein uneheliches Kind gewesen sei, ist eine Erfindung seiner Gegner.

Obwohl er senatorischen Ranges und mit Valeria Maximilla, der Tochter des Galerius, verlobt war, erhielt er weder das Konsulat noch ein militärisches Kommando; und auch als nach der Abdankung der beiden Augusti Diocletianus und Maximianus sowie nach dem Tode des Constantius I. Chlorus neue Tetrarchen ernannt werden mußten, wurde er übergangen. Als Galerius 306 Severus II. zum Augustus und Constantinus zum Caesar ernannte, nahm Maxentius das nicht mehr hin, sondern inszenierte in Rom einen Staatsstreich. Angeführt von drei Militärtribunen, von denen einer die Stadtsoldaten (»cohortes urbanae«) befehligte und den Schweinemarkt leitete, gewann die Revolte die aktive Unterstützung der Prätorianer, die aufgebracht waren, weil Severus ihre Garde auflösen wollte. Auch die meisten Bürger Roms begrüßten den Aufstand, wurden sie doch durch einen Erlaß beunruhigt, der sie verpflichtete, Steuern zu zahlen.* Bei den Unruhen, die so entstanden waren, kam der amtierende Stadtpräfekt ums Leben, doch ansonsten wurden keine weiteren Todesopfer beklagt.

Als Maxentius am 28. Oktober 306 der Kaiserpurpur angetragen wurde, stellten sich Mittel- und Süditalien auf seine Seite, ebenso Roms Besitzungen in Afrika, aus denen die Hauptstadt ihr Getreide bezog. Doch von der wieder einberufenen Prätorianergarde abgesehen, verfügte Maxentius kaum über Streitkräfte, und Norditalien stand weiterhin auf der Seite des Severus. Daher ging Maxentius äußerst behutsam vor. Dazu gehörte beispielsweise, daß er in Karthago eine Münze herausbrachte, auf der er lediglich als Caesar bezeichnet wird. Ähnlich bescheiden gibt er sich auch in anderen Münzinschriften. In ihnen begnügt er sich mit der Bezeichnung PRINC*eps*, der Titel Augustus wird nicht erwähnt, andererseits aber höchst ehrerbietig von »unseren Augusti und Caesares« (AVGG. ET

* Anmerkung des Übersetzers: Die in Rom ansässigen, sog. stadtrömischen Bürger und die römischen Bürger in Italien hatten seit 168/167 v. Chr. keine direkten Steuern mehr zu zahlen. Die gesamte Steuerlast lag auf den Provinzen.

CAESS. NN. [*nostri*]) gesprochen, was sich auf die übrigen Regierenden bezieht. Zu ihnen zählte Maxentius auch seinen Vater Maximianus, dem er wieder Zutritt zur politischen Bühne verschafft hatte. Ja, er gab sogar Münzen zu Ehren Constantinus' heraus, die ihn als »Ersten der Jugend« feiern, wohl in der Hoffnung, Constantinus, dessen Bevorzugung ihn anfänglich so gekränkt hatte, für sich zu gewinnen.

Was sich Maxentius aber vor allem erhoffte, war die Anerkennung durch Galerius, den ranghöheren der beiden Augusti. Dieser Wunsch indessen ging nicht in Erfüllung, denn Galerius nahm es ihm unter anderem übel, daß er die alte, einst politisch so einflußreiche Prätorianergarde wieder in Dienst gestellt hatte. Infolgedessen beauftragte er Severus II., nach Rom zu ziehen und Maxentius zu stürzen. Doch durch die Agenten des Maxentius verunsichert, scheiterte das Heer des Severus und mußte sich zurückziehen. Nach diesem Erfolg nahm Maxentius den Titel Augustus an und wurde auch von Constantinus anerkannt. Daraufhin zog nun Galerius selbst nach Süden, um Maxentius zu entmachten. Aber nachdem er, ohne auf Widerstand zu stoßen, bis nach Interamna (etwa 30 Kilometer nördlich von Rom) vorgedrungen war, kam seine Expedition aus den gleichen Gründen wie vorher die des Severus ins Stocken, und er mußte umkehren. Zufrieden, nunmehr Herrscher Italiens zu sein, sah Maxentius von einer Verfolgung des zurückweichenden Gegners ab. Als die Nachricht, daß Maxentius Sieger geblieben war, die Pyrenäenhalbinsel erreichte, schlug auch Spanien sich auf seine Seite. Das wiederum brachte Constantinus, der die spanischen Provinzen für sich beanspruchte, gegen Maxentius auf. Nun wandte sich auch Maximianus gegen seinen eigenen Sohn, wurde aber entwaffnet, als er 308 in Rom eintraf.

Als später im selben Jahr alle vier rechtmäßigen Herrscher sich in Carnuntum trafen, erklärten sie Maxentius zum Staatsfeind. Doch das schmälerte seine Position in Italien nicht. Allerdings sagte sich der in Africa amtierende Prätorianerpräfekt Lucius Domitius Alexander von ihm los und ernannte sich selbst zum Kaiser. Das hatte schwerwiegende Folgen für Rom. Da er die Getreidelieferungen nach Rom unterband, brach in der Hauptstadt Hungersnot aus, und es kam zu Zusammenstößen zwischen den privilegierten Prätorianern und der notleidenden Bevölkerung, wobei schätzungsweise 6000 Menschen ihr Leben verloren. Schließlich sandte Maxentius 311 den Prätorianerpräfekten Gaius Rufius Volusianus nach Afrika, und Alexander wurde umgebracht. Karthago mußte schwer für seinen Abfall büßen; die Münzstätte, die Karthago besaß, wurde nach Ostia verlegt. Maxentius feierte einen Triumph und gab Münzen mit der Inschrift »Ewiger Sieg« (VICTORIA AETERNA) heraus. Andere Münzen feiern unerwartete Konsekrationen (Vergöttlichungen verstorbener Kaiser). Zum Beispiel reiht eine Ausgabe den verstorbenen Maximianus, Maxentius' Vater, unter die Götter ein, so als ob Vater und Sohn niemals Feinde gewesen wären. Diesen Eindruck wollte Maxentius auch erwecken, denn sein Anspruch auf die Kaiserwürde gründete auf der Tatsache, daß er der Sohn des verstorbenen Augustus war. Von daher mußte er an seiner Vergöttlichung lebhaft interessiert sein. Eine weitere Münze ehrt den verstorbenen Constantius I. Chlorus und bezeichnet ihn als Verwandten (»cognatus«) des Maxentius, der tatsächlich – über seine Schwester Fausta – Constantinus' Schwager war. Allerdings hatte diese pietätvolle Haltung dem verstorbenen Constantius gegenüber, der über den Westen geherrscht hatte, kein anderes Ziel, als Maxentius' Anspruch auf diesen Teil des Reiches zu unterstreichen. Es handelte sich also keineswegs um eine Geste der Versöhnung mit Constantinus, sondern bedeutete genau das Gegenteil. Es lag nun auf der Hand, daß sich der offene Konflikt zwischen beiden nicht mehr länger vermeiden ließ.

Tatsächlich zog Constantinus 312 mit einer Armee von 40 000 Mann über den Montgenèvre-Paß nach Süden. Maxentius' Heer war mindestens viermal so stark, aber seine Führung und Disziplin ließen zu wünschen übrig, wie auch Maxentius' Fähigkeit als Feldherr. Constantinus führte einen Überraschungsangriff auf die Garnison von Segusio (Susa), verbot aber die Plünderung der Stadt und hinterließ so einen außerordentlich günstigen Eindruck. Bei Augusta Taurinorum (Turin) schlug er eine Armee des Maxentius, nachdem er die gepanzerte Reiterei, auf die Maxentius alle Hoffnung gesetzt hatte, in einen Hinterhalt gelockt hatte. Bald darauf befanden sich auch Verona, Mutina (Modena) und ein großer Teil Norditaliens in Constantinus' Hand. Während er immer weiter nach Süden vordrang, verließ sich Maxentius zunächst auf die Mauern Roms, die er vorsichtshalber hatte verstärken lassen. Als aber dann das Heer seines Gegners vor Rom erschien, sandte er ihm – aus Angst, daß man ihm in der Stadt in den Rücken fallen und ihn verraten könnte – seine Truppen unter dem Kommando seiner Feldherren entgegen und folgte selbst erst später nach. Nach einem ersten Gefecht an der Via Flaminia kam es am 28. Oktober 312 an der Milvischen Brücke (einer Tiberbrücke im Norden Roms) zur entscheidenden Schlacht. Im Tibertal eingekesselt, wurden die Soldaten des Maxentius geschlagen und in die Flucht getrieben. Eine von Maxentius' Pionieren über den Tiber geschlagene Schiffsbrücke brach unter der Last keinem Befehl mehr gehorchenden, um ihr Leben fliehenden Legionäre zusammen, und Tausende ertranken. Zu ihnen gehörte auch Maxentius.

Christliche Historiker betrachteten später diese Schlacht als Sieg des Christentums über die alte Religion, was nicht von der Hand zu weisen ist. Denn obwohl Maxentius sich, um Anhänger zu gewinnen, den Christen gegenüber tolerant verhielt und sogar während der diocletianischen Christenverfolgung eingezogenes Kircheneigentum zurückerstattete, weisen seine Münzprägungen weiterhin heidnische Symbole auf. Doch noch bezeichnender als die heidnischen Symbole ist für seine Münzen die Betonung Roms. Mochte sich das politische Gewicht auch nach Norden verlagert haben – Rom, Maxentius' Hauptstadt, war noch immer das Zentrum aller ehrwürdigen Traditionen. Damit stand auch im Einklang, daß Maxentius seinen Sohn und Erben Romulus nannte. Als er 309 in jungen Jahren starb, muß dies ein schwerer Schlag für den Vater gewesen sein, der damit alle Hoffnungen auf die Gründung einer Dynastie schwinden sah. Der Frühverstorbene wurde vergöttlicht; das fand seinen Niederschlag auf den Münzen, die einen seinem »Ewigen Andenken« (AETERNAE MEMORIAE) geweihten Rundtempel zeigen, der noch heute neben dem Forum steht.

Nicht weit von diesem Tempel entfernt erhob sich Maxentius' großartigster Beitrag zu Roms Ruhm: die Basilica Nova, meist Maxentius-Basilika oder Constantinus-Basilika genannt. Sie wurde unter Maxentius begonnen und unter Constantinus vollendet und umgebaut. Dieser Riesenbau diente rein weltlichen Zwecken. Er stand in der Tradition der alten Marktbasiliken, in denen man sich einfach traf, in denen aber auch Gerichtssitzungen abgehalten und Geschäfte getätigt wurden. Dennoch war dieses Bauwerk etwas Besonderes. Es basierte auf dem Gedanken, eine mit einem Kreuzgewölbe versehene, apsidiale Halle, wie wir sie zum Beispiel von den Thermen des Caracalla kennen, wo sie den Zentralbau bildet, aus dem Zusammenhang zu lösen und als selbständigen Bau zu konstruieren. Wie der Zentralbau der genannten Thermenanlage bestand diese

Halle aus drei Schiffen, die durch mächtige Pfeiler voneinander getrennt und mit ineinandergreifenden Tonnengewölben überdacht waren. Die Basilica Nova, von der heute noch drei Bögen aufragen, stellt den Höhepunkt jener Bauweise dar, die den Römern ihre bedeutendsten architektonischen Schöpfungen ermöglichte: die Verwendung von Beton unter Backstein- und Marmorverkleidung für die Gestaltung des Innenraumes.

Auch an der Via Appia, vor Rom, errichtete Maxentius einen Gebäudekomplex. Er umfaßte eine Kaiservilla, einen Circus und ein mächtiges Familienmausoleum. Von der Villa wurde bisher so gut wie nichts ausgegraben. Was dagegen den Circus angeht, so können wir immerhin erkennen, daß er 15 000 Zuschauern Platz bot. Bei dem Mausoleum handelte es sich allem Anschein nach – ebenso wie beim Pantheon des Hadrianus – um einen kreisrunden Kuppelbau mit länglicher, giebelüberdachter Säulenvorhalle, doch im Gegensatz zum Pantheon war es von allen Seiten sichtbar, und Portikus (Vorbau) und Rotunde (Rundbau) bildeten eine organische Einheit, die durch ungebrochene Fluchtlinien gekennzeichnet war.

Constantinus I., »der Grosse« (306–337)

Constantinus I. »der Große« (Flavius Valerius Constantinus; Mitkaiser von 306 bis 324 und Alleinherrscher von 324 bis 337) wurde um 285 in Naissus (Niš) in Obermösien geboren. Sein Vater war Constantius I. Chlorus, seine Mutter Helena, eine Gastwirtstochter (s. Constantius I. Chlorus), die 328 starb und später als Heilige verehrt wurde.

Als Constantius 293 zum Caesar ernannt wurde, erhielt sein Sohn Constantinus Zutritt zum Hofe Diocletianus'. Constantinus machte sich bald einen Namen als Offizier und nahm unter Galerius, dem Amtskollegen seines Vaters, am Feldzug gegen die Perser teil. Er gehörte auch noch zu Galerius' Gefolge, als Diocletianus und Maximianus 305 abdankten und Galerius sowie Constantius I. zu Augusti aufstiegen. Ein Jahr später, 306, bat er Galerius um Entlassung aus dem Dienst, um seinen Vater bei den Kämpfen in Britannien unterstützen zu können. Galerius entließ ihn, aber so zögernd, daß Constantinus auf seiner Reise nach Westen alle nur erdenklichen Vorsichtsmaßnahmen ergriff, zumal sein Weg auch durch Pannonien führte, das zum Herrschaftsbereich des Severus II. gehörte, der Constantinus mißtraute. Als sein Vater, Constantius I. Chlorus, am 25. Juli 306 in Eburacum (York) starb, da riefen seine Truppen, die vom König der Alamannen in dieser Entscheidung bestärkt wurden, Constantinus noch am selben Tag zum Augustus aus. Galerius jedoch wollte sich in dieser Frage nicht vor vollendete Tatsachen stellen lassen und verweigerte Constantinus die Anerkennung als Augustus. Allerdings mußte er ihm den Titel Caesar zugestehen, den Constantinus auch annahm. Als Constantinus Fausta heiratete, gab ihm ihr Vater Maximianus den Titel Augustus zurück. Constantinus gewährte ihm dafür Schutz in Gallien, nachdem er sich mit seinem Sohn Maxentius überworfen hatte und Rom verlassen mußte.

Auf dem Kaisertreffen in Carnuntum (bei Petronell an der Donau) 308 sollte Constantinus den Titel wieder ablegen und sich mit dem Ehrennamen Caesar, allerdings mit dem Zusatz »Sohn der Augusti«, begnügen. Diesmal weigerte er sich jedoch und wies die Aufforderung von sich. Wenig später verteidigte er mit Erfolg die Rheingrenze gegen vordringende Germanenstämme (Franken, Alamannen und Brukterer), kehrte aber wieder nach Gallien zurück, als er erfuhr, daß sein Schwiegervater Maximianus sich nun auch gegen ihn gewandt und Massilia (Marseille) erobert habe. Constantinus belagerte die Stadt und zwang ihn zur Kapitulation, ja, tötete ihn vielleicht sogar. Nun war es für Constantinus nicht mehr rühmlich, der Herkulierdynastie des Maximianus anzugehören, mit der er sich früher so gebrüstet hatte. Er brauchte nun eine vorteilhaftere Abstammung und führte sie auf Claudius II. Gothicus (268–270) zurück.

Als Galerius 311 starb, kam es zwischen Constantinus und Maxentius zum offenen Bruch. Constantinus marschierte 312 in Italien ein, errang bei Augusta Taurinorum (Turin) und Verona beachtliche Siege und zog dann nach Rom weiter, wo er am 28. Oktober 312 Maxentius an der Milvischen Brücke (Ponte Molle im Norden der Stadt) schlug. Maxentius kam dabei ums Leben. Nun hieß der Senat Constantinus in Rom willkommen und erkannte ihn als den ranghöchsten der Augusti an. Nach diesem Erfolg sicherte sich sein Schwager Licinius, der mit Constantinus' Schwester Constantia verheiratet war und seine Unternehmungen unterstützt hatte, gleichsam als Gegengewicht zu Constantinus' Herrschaft im Westen, die Herrschaft im Osten. Doch bald entzweiten sich auch diese beiden Herrscher, und es kam 316 zu ersten kriegerischen Auseinandersetzungen, die zu einem Sieg Constantinus' bei Cibalae (Vinkovci) und einer Schlacht mit unentschiedenem Ausgang auf dem Campus Ardiensis in Thrakien führten. Auf der Grundlage gegenseitiger Duldung, die durch Grenzbegradigungen erleichtert wurde, ließ sich das Verhältnis der beiden Kontrahenten noch einmal kitten, doch dauerte es nicht lange, bis erneut Streit zwischen ihnen ausbrach. Das begann damit, daß Licinius die Verlegung von Constantinus' Hauptquartier nach Serdica (Sofia), in die Nähe ihrer beiderseitigen Grenze (317/318), als Provokation empfand; und als Constantinus während eines Feldzuges gegen die Goten in Thrakien Licinius' Hoheitsgebiet verletzte, blieb ein zweiter Zusammenstoß zwischen ihnen nicht mehr aus (324). Constantinus eröffnete die Kampfhandlungen und besiegte seinen Widersacher in mehreren bedeutenden Land- und Seeschlachten, so bei Hadrianopolis (Edirne), Chrysopolis (Üsküdar) und an der Mündung des Hellespont.

Constantinus setzte Diocletianus' Neuordnung des Heerwesens fort und brachte das auch immer häufiger auf seinen Münzen und Medaillen zum Ausdruck. Er erhöhte den Anteil der Germanen im Heer, weil er wußte, wie gut sie mit ihren kriegerischen Stammesverwandten jenseits der römischen Grenze umzugehen verstanden, und er belohnte sie dafür mit Sonderrechten. Die germanischen Heerführer erfreuten sich seiner ganz besonderen Gunst. Außerdem wurden zahlreiche Germanen (aber auch Sarmaten), denen man die Erlaubnis erteilt hatte, sich auf römischem Reichsgebiet niederzulassen, zu den neuen Kavallerie- und Infanterieeinheiten eingezogen, die erst unter Constantinus geschaffen wurden. Zusammen mit Einheiten, die man an den Reichsgrenzen gebildet hatte, wurden sie in die mobile Feldarmee eingereiht, so daß deren Legionen, die jeweils 1000 Fußsoldaten und 500 Reiter umfaßten, nun sehr viel mehr Kampfkraft besaßen als früher und Rom damit über eine strategische Reserve verfügte, wie es sie noch nie gehabt hatte. An der Spitze dieser Feldarmee standen zwei Heermeister (»magistri militum«), von denen der eine als »magister equitum« die Reiterei, der andere als »magister peditum« die Fußtruppen befehligte.

Die Prätorianergarde, die sich noch für Maxentius geschlagen hatte, wurde endgültig abgeschafft. Sie hatte drei Jahrhunderte bewegter Geschichte hinter sich. Nun wurde sie von der berittenen Garde abgelöst, die Diocletianus gegründet hatte und die sich hauptsächlich aus Germanen rekrutierte. Das Amt des Prätorianerpräfekten (»praefectus praetorio«) wurde dagegen beibehalten. Noch immer amtierten vier Präfekten gleichzeitig, doch ihre Aufgaben hatten sich, ebenso wie die des Stadtpräfekten, geändert. Sie betrafen nun hauptsächlich die Finanzverwaltung und Rechtspflege.

Die Grenztruppen (»limitanei«), der zweite große Truppenkörper, erhielt weniger Sold als die Feldarmee (»comitatenses«). Dennoch waren sie von großer Bedeutung. Weil Constantinus darauf bedacht war, die brüchig gewordenen Grenzen an Rhein und Donau wiederherzustellen, reorganisierte und verstärkte er die Garnisonen im Grenzgebiet. Die Veteranen der Grenztruppen erhielten Vergünstigungen, die sie ihren Söhnen vererben konnten. Diese waren allerdings zum Militärdienst gezwungen, und es drohten ihnen harte Strafen, falls sie ihn zu verweigern versuchten. Die Angst vor diesen Strafen war groß, vor allem in jenen Provinzen, in denen das Militär keine besondere Rolle spielte.

Während die Völker des Imperiums Romanum weiterhin unter Inflation und harten Unterdrückungsmaßnahmen litten, wurden Diocletianus' Finanzreformen genau befolgt, ja sogar erweitert. Mit Erfolg wurden neue, leichtere Goldmünzen (72 auf ein Pfund) eingeführt, und die vorwiegend in Naturalien zu entrichtenden Steuern wurden erhöht. Auch der Beamtenapparat, der erforderlich war, um diese Aufgaben zu bewältigen und ganz allgemein das Reich wirksamer zu verwalten, wurde wesentlich vergrößert. Zu Constantinus' Verwaltungsreform gehörte unter anderem die Einführung eines »magister officiorum«, der die Bücher (»scrinia«) der kaiserlichen Verwaltung kontrollierte, eines »quaestor sacri palatii«, der als wichtigster Rechtsberater des Kaisers fungierte, sowie zweier Finanz-»Staatssekretäre« des »comes rei privatae« und des »comes sacrarum largitionum«, die für die Einnahmen und Ausgaben zuständig waren, darunter auch für die öffentlichen Spenden. Beide Ämter waren Dauerstellungen, und ihre Inhaber waren Mitglieder des Kronrates des Kaisers (»consistorium«). Constantinus war großzügig, wenn es galt, jemanden in den Rang eines Senators zu erheben, und er war ebenso großzügig, wenn es darum ging, öffentliche Ämter an Senatoren zu vergeben. Auf diese Weise gewann der Senat etwas von dem politischen Einfluß zurück, den er im Laufe des vorangegangenen Jahrhunderts verloren hatte.

Doch Rom an sich spielte für Constantinus keine zentrale Rolle mehr. Angesichts der militärischen Erfordernisse war ihm, wie übrigens schon einer Reihe seiner Vorgänger, klar, daß Rom für das Riesenreich keine geeignete Hauptstadt mehr war, denn es war praktisch unmöglich, von Rom aus gleichzeitig die lebenswichtigen Grenzen an Rhein, Donau und Euphrat zu kontrollieren. Nachdem er eine Zeitlang in verschiedenen Zentren des Westens, in Treveri (Trier), Arelate (Arles), Mediolanum (Mailand) und Ticinum (Pavia), sowie seiner heimischen Balkanländer, in Sirmium (Mitrovica) und Serdica, residiert hatte, fiel seine Wahl auf die seit dem 6. Jahrhundert v. Chr. bestehende griechische Stadt Byzantion (Byzanz), die strategisch günstig am Bosporus, der natürlichen Grenze zwischen Europa und Asien, lag. Dort gründete er in der Zeit von 324 bis 330 Constantinopolis/Konstantinopel (Istanbul). Diese Stadt besaß einen ausgezeichneten Hafen, das Goldene Horn. Sie ließ sich sowohl nach der Land- als auch nach der Seeseite hin leicht verteidigen, und die wichtigen Industriezentren der dichtbesiedelten Küstengebiete Kleinasiens und Syriens lagen ebenso in erreichbarer Nähe wie die Kornkammern Ägyptens und der heutigen Ukraine. Rom sollte zwar keines seiner alten Vorrechte verlieren, und Konstantinopel mit seinem neugeschaffenen Senat stand anfangs auch hinter der alten Hauptstadt an Bedeutung zurück, doch war Constantinus entschlossen, seine Residenz zur neuen Metropole des Reiches zu machen; und damit setzte er sich auch schon bald durch. So wurde der Grund für das Byzantinische Reich gelegt, das noch jahrhundertelang, bis weit ins Mittelalter hinein fortbestand, in dem schließlich Griechisch zur Amtssprache wurde, so daß Augustus' Wunsch, daß Latein, die Sprache der das Reich beherrschenden Römer, stets den ersten Platz einnehmen solle, sich nicht erfüllte.

Constantinus führte auch noch eine andere Wende herbei, die noch viel bedeutsamer war: die Abwendung des Römischen Reiches vom Heidentum und seine Hinwendung zum Christentum. Noch unter Diocletianus und Galerius wurden die Christen mit nie zuvor gekannter Härte verfolgt. Allerdings mußten beide Kaiser die Aussichtslosigkeit ihrer Politik einsehen, und 311, kurz vor seinem Tode, erließ Galerius zusammen mit Constantinus und Licinius das Edikt von Serdica, das allen Christen Religionsfreiheit gewährte. Danach errang Constantinus seinen Sieg an der Milvischen Brücke. Dazu behauptete er später, daß er, bevor es zur Schlacht gekommen sei, vor der Sonne ein Lichtkreuz erblickt habe und daß er deshalb forderte, daß die beiden Anfangsbuchstaben des griechischen Wortes

»christos« (der »Gesalbte«) auf den Schilden seiner Soldaten angebracht werden. Ein Jahr nach diesem Sieg erneuerten er und Licinius das Toleranzedikt, das als »Toleranzedikt von Mailand« in die Geschichte eingegangen ist. Es beruhte tatsächlich auf einer in Mailand getroffenen Vereinbarung, ist aber in Nicomedia (Izmit) erlassen worden.

Constantinus sehnte sich nach einem göttlichen Bundesgenossen und Helfer. Eine Zeitlang schien der Sonnengott dieses Verlangen zu stillen, dessen Kult von seinen Vorgängern sehr gefördert worden war und sich im ganzen Reich noch immer großer Beliebtheit erfreute. Doch schon als das »Edikt von Mailand« erlassen wurde, ließ Constantinus an seiner persönlichen Hinwendung zum Christentum keinen Zweifel mehr, das er als »die gesetzmäßigste und heiligste Religion« bezeichnete, und immer mehr setzte er das »Eine«, das »höchste Wesen«, an welches zu glauben die religiöse Haltung der Spätantike beherrschte, mit Jesus Christus gleich.

Dem zufolge ergriff Constantinus über viele Jahre hinweg eine Reihe von Maßnahmen zugunsten der Christen. Kirche und Staat sollten so eng wie möglich zusammengehen. In zunehmendem Maße war der Kaiser von seiner göttlichen Sendung überzeugt, Vorkämpfer des Christentums zu sein, und so ließen auch die Synode von Arles (314) und das Konzil von Nicaea (325) keinen Zweifel mehr daran, daß er es war, der die Zügel in der Hand hielt. Auf dem Konzil von Nicaea wurde das Nizänische Glaubensbekenntnis formuliert, das besagt, daß Gottes Sohn »eines Wesens mit dem Vater« sei, und das die Christologie des Arius und anderer verurteilte, nach der Jesus nicht wesensgleich mit seinem Vater ist (s. Constantius II.).

Den Entschluß, das Reich zu christianisieren, hatte Constantinus ganz alleine gefaßt. Er wirkt auf den ersten Blick überraschend. Die Bischöfe setzten Constantinus zwar unter Druck, und die christlichen Gemeinden wurden immer zahlreicher und größer trotz der Verfolgungen unter Diocletianus und Galerius, andererseits aber verfügte die Kirche über keine nennenswerte Macht in politischer, wirtschaftlicher, gesellschaftlicher oder kultureller Hinsicht. Dazu kam, daß Constantinus eher abergläubisch war, daß er kein theologischer Denker war und daß er seine religiösen Überzeugungen mehrmals geändert hatte. Doch müssen er und seine Berater zu dem Ergebnis gelangt sein, daß in der an Gegensätzen reichen, im Tiefsten gespaltenen Gesellschaft nur die Christen ein übergreifendes, allumfassendes Ziel und eine wirkungsvolle Organisation besaßen, die auf lange Sicht die divergierenden, ja miteinander in Konflikt stehenden Elemente der Bevölkerung unter einer gemeinsamen Idee zu vereinen und so jenen inneren Zusammenhang zu erzielen vermochten, der für das Reich notwendig war. Wie viele seiner Glaubensgenossen ließ er sich aber erst auf dem Sterbebett taufen, als vorauszusehen war, daß er nicht mehr sündigen werde.

Im Interesse seiner Kirche wurde Constantinus zu einem der bedeutendsten Bauherren Roms, ja der ganzen Welt. Die bauliche Revolution, die er in Gang setzte, hing mit der Wende im religiösen Bereich zusammen und erhielt immer wieder neue Anstöße durch seine großzügigen Zuwendungen zu den einzelnen Bauvorhaben. Im großen ganzen wiesen die bemerkenswerten Bauten, die nun aus dem Boden schossen, zwei Grundformen auf. Entweder waren es Zentralbauten mit einem runden, polygonalen oder kreuzförmigen Grundriß oder aber Bauten mit einem rechteckigen Grundriß. Im Hinblick auf die Zentralbauten hatte Diocletianus' Palast in Spalatum (Split) gezeigt, welche Möglichkeiten bestanden; und nun entdeckte man, daß Bauten dieser Art sich nicht nur als Kirchen und Taufkapellen eigneten, sondern auch als Grab- und Gedächtniskirchen der Märtyrer. So ließ der Kaiser in seiner neuen Hauptstadt eine Kirche zu Ehren der heiligen Apostel errichten, einen kreuzförmigen Bau mit einem konischen Dach, der eine Doppelfunktion erfüllte; er diente als Martyrium (Grabkirche zum Gedächtnis) der zwölf Apostel und zugleich als Mausoleum für ihn selbst (gleichsam als den dreizehnten Apostel). Tatsächlich waren seine sterblichen Überreste dort auch eine Zeitlang unter dem Hauptgewölbe begraben. Ein anderer großer Zentralbau, der nicht mehr erhalten ist, blieb unvollendet, das von Constantinus begonnene Goldene Oktogon in Antiochia, das sich neben dem Kaiserpalast auf einer Insel des Orontes erhob. Als eine Art »Reichsheiligtum« war dieser Achteckbau der Harmonie geweiht, jener göttlichen Kraft, die nach Constantinus' Wunsch Weltall, Kirche und Staat gleichermaßen durchdringen und miteinander vereinen sollte. In diesem Zentralbau gab es allseitig einen zweistökkigen Rundgang, der durch Säulen vom Mittelraum getrennt war.

Nicht weniger bemerkenswert waren die Bauten mit einem rechteckigen Grundriß, mit denen der Siegeszug einer ganz neuen Bauform begann, der christlichen Basilika. Bei diesen großartigen Nachfolgebauten der schlichten frühchristlichen Hauskirchen handelte es sich um langgestreckte Bauwerke mit geräumigen Vorhöfen und Säulenreihen, welche die Seitenschiffe vom höheren Mittelschiff trennten. Über den Säulenreihen mit ihren Bögen waren Backsteinmauern errichtet, in die Fenster eingelassen waren, die das Mittelschiff erhellten, das gewöhnlich eine flache Holzdecke trug. Mächtige Kreuzgewölbe wie die der erst jüngst erbauten Maxentius-Basilika erschienen den christlichen Architekten zu erdhaft und heidnisch und hätten außerdem den Blick auch nicht hinreichend nach Osten gelenkt, wo das Licht der aufgehenden Sonne einen Priester umstrahlte, welcher, der Gemeinde zugewandt, den Gottesdienst hielt. Und doch gab es auch heidnische Vorbilder für diese christlichen Basiliken, denn ihre Ostseiten mit ihren ausladenden Apsiden für den Bischofsthron erinnerten lebhaft an die kaiserlichen Audienzhallen in Treveri und Spalatum. Nicht nur die Altäre unter ihren Baldachinen gemahnten an Kaiserthrone, auch die Gestaltung der Chorbögen rief die Erinnerung an Siegesbögen wach.

Allerdings sind von Constantinus' zahlreichen Basiliken mit ihrer üppigen Vergoldung und ihrem prachtvollen Zierat nur noch kümmerliche Reste erhalten. Zum Beispiel ist von der von ihm wiedererrichteten Irenenbasilika (der Kirche des göttlichen Friedens) in Konstantinopel nichts mehr übrig (sie wurde später von Iustinianus I. neu erbaut). Gleiches gilt für die unter ihm geschaffene Peterskirche in Rom, die im 16. Jahrhundert abgerissen wurde, um Platz für den noch heute ein Wahrzeichen Roms bildenden Neubau zu schaffen. Bei dem Bau Constantinus' lag zwischen dem langgestreckten, hohen Mittelschiff und der mächtigen Apsis ein wuchtiges, durch 16 Fenster erhelltes Querschiff, das sich – gleich den Armen eines Kreuzes – nach beiden Seiten hin erstreckte, so daß die Scharen der Wallfahrer genügend Platz fanden, die nach Rom pilgerten, um an der Stätte zu beten, wo einst der Apostel Petrus den Märtyrertod erlitten haben soll. Der ebenfalls rechteckige Bau der Constantinus-Basilika in Rom, der zuerst Christus geweiht war, später aber in San Giovanni in Laterano (St. Johannes im Lateran) umbenannt wurde, besaß statt eines Querschiffes kleine seitliche Anbauten (Sakristeien) und muß mit seiner riesigen, versilberten Chorschranke und seinen gewaltigen Säulen aus gelblich, rötlich und grünlich schimmerndem Marmor einen prachtvollen Anblick im Innern geboten haben. Noch häufiger aber verband ein und dasselbe Bauwerk das runde und das rechteckige Grundrißprinzip miteinander. So ist die

Geburtskirche in Bethlehem durch ein Oktogon an der Ostseite eines langgestreckten Rechteckbaus gekennzeichnet, und die ursprüngliche Grabeskirche in Jerusalem, eine Basilika mit Apsis, enthielt einen kreisrunden Märtyrerschrein über einer alten jüdischen Grabanlage.

Im Jahre 326 wurde Constantinus' Regierung von einer Familientragödie überschattet, als er, zu Recht oder Unrecht, Verrat fürchtete und Fausta, seine Frau, sowie seinen ältesten Sohn Crispus, mit dessen Mutter Minervina er allem Anschein nach früher verheiratet war, hinzurichten befahl. Crispus wurde in einem Badehaus in Pola (Pula) erstickt und Fausta kurz darauf in Treveri umgebracht. Constantinus' Söhne, Constantinus II., Constantius II. und Constans, die ihm danach noch verblieben, wurden 317, 323 und 333 zu Caesaren ernannt. Das bedeutete, daß sie zu seinen Nachfolgern ausersehen waren. Aus dem gleichen Grund wurden auch zwei seiner Neffen ausgezeichnet. Doch war diese Politik zum Scheitern verurteilt, weil nicht erwartet werden konnte, daß diese fünf jungen Männer nach dem Tode Constantinus' in Eintracht zusammen regieren würden.

Constantinus war ein Mann tiefer Gefühle und leicht erregbar. Er liebte das Außerordentliche, suchte die öffentliche Anerkennung, hatte ein offenes Ohr für Schmeicheleien und war auf bestürzende Weise ebenso launisch wie rücksichtslos. Er neigte zu Zornesausbrüchen, konnte aber immer wieder beschwichtigt werden. Sein Ehrgeiz und seine Tatkraft kannten keine Grenzen. Er war ein Heerführer ersten Ranges, und zwei seiner wichtigsten Entscheidungen – die Gründung Konstantinopels und der Entschluß, das Christentum zur Grundlage seiner Politik zu machen – sollten noch jahrhundertelang fortwirken und von größter Bedeutung für die Zukunft des Römischen Reiches, der Kirche und der westlichen Kultur sein.

Seinem Biographen Eusebios zufolge, dem aus Palästina stammenden, griechisch schreibenden Bischof und Kirchenhistoriker, schritt Constantinus auf dem Konzil zu Nicaea »wie ein Engel Gottes mitten durch die Versammlung, angetan mit einem Gewand, das gleichsam Licht ausstrahlte, als ob es den Glanz einer purpurnen Staatsrobe reflektiere, und es schimmerte im Glanze des Goldes und kostbarer Steine ...« Eusebios, der ihn schon als Jüngling erlebt hatte, berichtet weiter, daß ihm »niemand an Anmut, Schönheit und Stattlichkeit« gleichgekommen sei, und daß er seine Altersgenossen dermaßen an Kraft übertroffen habe, daß sie ihn fürchteten. Später war er fülliger geworden und hatte den Spitznamen »Stiernacken« erhalten. Sein kolossaler Kopf vor dem Konservatorenpalast in Rom läßt trotz seiner unpersönlichen Monumentalität einen Mann erkennen, den ausgeprägte Gesichtszüge, schwere Brauen und ein kräftiges Kinn auszeichneten, einen Mann, den man besser nicht zum Feinde hatte.

Licinius (308–324)

Licinius (Valerius Licinianus Licinius; Mitkaiser) wurde um 250 geboren und 325 ermordet. Sohn eines Bauern aus der Provinz Dacia Ripensis (Obermösien), wurde er Freund und Kampfgefährte des Galerius und nahm an seinem Feldzug gegen die Perser im Jahre 297 teil. Auf Grund seiner Tüchtigkeit, die er dabei bewies, wurde ihm ein höheres Kommando im Donauraum erteilt. Als Diocletianus ihn adoptierte, nahm er dessen Beinamen Iovius an und nannte sich fortan Valerius Licinianus bzw. Iovius Licinius.

Bevor Galerius 307 nach Italien zog, um Maxentius zu stürzen, was ihm nicht gelang, entsandte er Licinius und einen anderen Offizier nach Rom in dem, wie sich bald herausstellen sollte, vergeblichen Bemühen, verhandeln zu können. Auf dem Kaisertreffen in Carnuntum (bei Petronell an der Donau), das im darauffolgenden Jahr stattfand, wurde Licinius zum Augustus erhoben und erhielt als Herrschaftsgebiet die Donau- und Balkanprovinzen zusätzlich zu Italien, Nordafrika und Spanien, die sich allerdings noch in Maxentius' Hand befanden. Seine Ernennung zum Augustus kollidierte aber mit den Ansprüchen Maximinus' II. Daia und Constantinus'. Daher versuchte er, weil er mit Feindseligkeiten von seiten des Maximinus rechnete, Constantinus zu beschwichtigen, indem er sich 310 mit seiner Schwester Constantia verlobte. Als im Mai 311 Galerius starb, kam Maximinus ihm auch tatsächlich zuvor und bemächtigte sich Kleinasiens. Daraufhin einigten sich zunächst beide, die Meerengenlinie Bosporus-Hellespont als Grenze zwischen ihren Machtbereichen anzuerkennen. Diese Übereinkunft war allerdings nicht von langer Dauer, denn bereits im Winter 312/313 setzte Maximinus nach Europa über und drang in Thrakien ein. Er kam aber nicht weit, denn Licinius schlug ihn auf dem Campus Serenus bei Tzirallum (Çorlu). Nach dieser Niederlage zog sich Maximinus nach Tarsus zurück, wo er im Sommer 313 starb. Sein Tod schien Licinius ein günstiger Augenblick zu sein, diejenigen Mitglieder der miteinander verwandten kaiserlichen Familien aus dem Wege zu räumen, von denen er befürchtete, daß sie ihm eines Tages gefährlich werden könnten. Zu ihnen gehörten der Sohn und die Tochter Maximinus' II. Daia, Galeria Valeria, die Tochter Diocletianus' und Witwe des Galerius, sowie Prisca, die Witwe Diocletianus', und Candidianus, der Sohn des Galerius.

In die Herrschaft über das Römische Reich teilten sich nun Constantinus, der inzwischen an der Milvischen Brücke Maxentius besiegt hatte, und Licinius. Anfang 313 war in Mailand Licinius' Hochzeit mit Constantia gefeiert worden, und im Juni desselben Jahres verkündete er, nachdem er nach Nicomedia zurückgekehrt war, auf der Grundlage des Ediktes von Mailand (s. Constantinus), daß auch die Christen im Orient Toleranz genießen sollten. Von dieser Zeit an behauptete Licinius, von Philippus I. Arabs abzustammen, der als christenfreundlich galt, und reagierte damit auf Constantinus' Anspruch, mit Claudius II. Gothicus verwandt zu sein. Er sah im Edikt von Mailand eine gute Waffe gegen die Anhänger Maximinus' und nahm Constantinus' Anspruch hin, der Ranghöhere von ihnen beiden zu sein, wofür Constantinus ihn in seinen Reichsteilen ungehindert regieren ließ.

Mit Constantinus' Absicht allerdings, seinen Schwager Bassanius zum Caesar über Italien und die Donauprovinzen zu ernennen, war Licinius nicht einverstanden, denn er fürchtete, daß dieser nur eine Marionette Constantinus' sein werde. Aus diesem Grund veranlaßte er ihn, Constantinus die Gefolgschaft zu versagen. Doch die Verschwörung wurde aufgedeckt, und es kam 314 zum Krieg zwischen den beiden Kaisern. Bei Cibalae in Pannonien (Vinkovci in Ostjugoslawien) siegte die zahlenmäßig kleinere Armee des Constantinus über Licinius. Dieser zog sich nach Hadrianopolis (Edirne) zurück, wo er Constantinus herausforderte, indem er Aurelius Valerius Valens, den Befehlshaber der Grenztruppen in Niedermösien, zum Augustus des Westens und damit zum Gegenkaiser Constantinus' ausrief. Nach einer zweiten, unentschiedenen Schlacht auf dem Campus Ardiensis wurde die Macht neu verteilt. Valens spielte dabei keine Rolle mehr und wurde umgebracht. Constantinus gewann die Oberhoheit über die Donau- und Balkanprovinzen, allerdings ohne Thrakien, und Licinius erhielt die Macht über den Osten des Reiches zurück.

Als sichtbares Zeichen der Aussöhnung wurden 317 in Serdica (Sofia) drei neue Caesaren ernannt: Constantinus' Sohn Crispus, Constantinus II., der noch ein Kleinkind war, und der ebenfalls noch sehr junge Sohn des Licinius, der den gleichen Namen wie sein Vater trug. Für eine Reihe von Jahren schienen dadurch weitere Bürgerkriege ausgeschlossen. Doch die Ruhe hielt nicht lange an, und die Beziehungen zwischen den beiden Kaisern verschlechterten sich bald von neuem, besonders als Constantinus weitere Verfügungen zugunsten der Christen traf, während Licinius zu der Überzeugung gelangt war, daß die enge Verbindung von Christentum und Staat, wie sie Constantinus anstrebte, ein gefährlicher Trugschluß sei. Deshalb beschloß er, die Macht der Kirche einzudämmen, und leitete dafür 320 und 321 verschiedene Maßnahmen ein. Er untersagte Synoden, schränkte die Betätigungsmöglichkeiten der Priester ein und schloß die Christen von allen Staatsämtern aus.

Zusätzlich zu diesen spürbaren Unterschieden in der Auffassung der Amtsführung der beiden Kaiser gab es Schwierigkeiten im Hinblick auf die jährlich zu bestimmenden Konsuln. Zwar handelte es sich dabei nur noch um Ehrenämter, doch boten sie Gelegenheit, der Öffentlichkeit die Söhne und voraussichtlichen Erben eines Kaisers vorzustellen und sie auf ihr öffentliches Wirken vorzubereiten. Eigentlich hätten diese Ämter nur nach Absprache der beiden Kaiser vergeben werden dürfen. Doch offensichtlich war Licinius 321 zu der Überzeugung gelangt, daß Constantinus ausschließlich seine eigenen Söhne begünstige. Deshalb ernannte er sich und seine beiden Söhne für das folgende Jahr zu Konsuln in den Ostprovinzen. Dagegen wiederum erhob Constantinus Einspruch, und das führte zu einem neuen Bürgerkrieg.

Ein »casus belli« war bald gefunden: Im Jahre 322 betrat Constantinus bei einem Vergeltungszug gegen die Goten Territorium, das zu Licinius' Herrschaftsbezirk gehörte. Obwohl ein Abkommen aus dem Jahre 314 im Falle einer Abwehr äußerer Feinde derartige Grenzüberschreitungen ausdrücklich erlaubte, faßte Licinius Constantinus' Verhalten als Verstoß gegen die getroffenen Vereinbarungen auf. So wurde im Frühjahr 324 der Krieg offen erklärt. Licinius, der sein Hauptquartier in Hadrianopolis aufschlug, verfügte über 150 000 Fußsoldaten und ebenso viele Reiter. Vor der Mündung des Hellespont hatte er eine Flotte mit 350 Schiffen liegen, die sein Admiral Abantus befehligte. Constantinus marschierte ihm von Thessalonice (Saloniki) aus entgegen. Sein Heer umfaßte 120 000 Fußsoldaten und 10 000 Reiter. Außerdem kommandierte sein Sohn Crispus eine Flotte mit 200 Kriegs- und 2 000 Transportschiffen. In der Landschlacht, die am 3. Juli stattfand, erlitt Licinius eine schwere Niederlage und setzte sich nach Byzanz ab. Kurz darauf wurden auch seiner Flotte schwere Verluste beigebracht, weshalb er sich über den Bosporus nach Calchedon (heute: Kadiköy) zurückzog. Dort ernannte er Martinianus, seinen »magister officiorum«, der die gesamte Verwaltung kontrollierte, zu seinem Mit-Augustus, so wie er acht Jahre früher Valens zum Augustus ausgerufen hatte, und beauftragte ihn, den Bosporus gegen Constantinus zu sichern. Doch Constantinus umging ihn mit einem Verband leichter Transportschiffe und landete am asiatischen Ufer der Meerenge. Am 18. September gelang es ihm, Licinius bei Chrysopolis (Üsküdar) zu besiegen. Dieser setzte sich mit 30 000 Soldaten, die ihm verblieben waren, nach Nicomedia ab und geriet bald darauf in Gefangenschaft.

Constantia, Licinius' Gemahlin, appellierte an ihren Bruder Constantinus, das Leben ihres Mannes und das von Martinianus zu schonen. Constantinus kam dieser Bitte nach und ließ beide einkerkern, den einen in Thessalonice, den anderen in Kappadokien. Doch schon wenig später wurde Licinius des Versuchs angeklagt, mit Hilfe der Goten an die Macht zurückzukehren. Daraufhin befahl Constantinus seine Hinrichtung. Ob er dazu die Zustimmung des Senats hatte, ist nicht geklärt. Auch Martinianus ereilte dieses Schicksal; beide Männer starben 325. Das Schicksal des Vaters wirkte sich auch auf den Sohn aus. Licinius, der nach dem Vater benannt und dessen Mutter eine Sklavin war, wurde die Ernennung zum Caesar aberkannt. Er wurde sogar in den Sklavenstand rückversetzt und mußte in Karthago in einer kaiserlichen Weberei arbeiten.

Es ist schwierig, Licinius' Bedeutung als Kaiser richtig zu beurteilen, denn sein Widerstand gegen die christenfreundlichen Maßnahmen Constantinus' trug ihm erbitterte Schmähungen ein. Das hatte zur Folge, daß ein moderner Autor ihn als den hassenswertesten aller unbeugsamen Männer seines Zeitalters bezeichnete, als selbstsüchtig, einfallslos und eiskalt. In der Tat erweckt seine Religionspolitik zumindest den Eindruck der Inkonsequenz und Unberechenbarkeit – sei es, daß er unaufrichtig war oder nicht wußte, was er wollte. Wie grausam er sein konnte, zeigt das Blutbad, das er nach dem Sturz des Maximinus Daia unter den Angehörigen seiner Mittetrarchen anrichtete. Daß sich sein Verhältnis zu Constantinus immer mehr verschlechterte, ist sicherlich nicht nur ihm anzulasten, obwohl er allem Anschein nach mehr dazu beitrug als Constantinus. Man denke nur daran, wie er 314 Bassianus verriet oder wie skrupellos er zehn Jahre später auf die von Constantinus begangene Verletzung seines Hoheitsgebietes reagierte. Offensichtlich hörte er auch dann nicht auf zu intrigieren, als schon längst alles verloren war. Doch gleich anderen Herrschern jener Tage verfügte er über hervorragende Qualitäten als Heerführer. Sie waren es, die ihm die Förderung durch Galerius eintrugen, die ihm zum Sieg über Maximinus Daia verhalfen und die ihn länger als die meisten anderen damaligen Herrscher regieren ließen. Allein – welche Fähigkeiten auf militärischem Gebiet er auch besaß –, Constantinus erwies sich ihm, und zwar nicht nur militärisch, überlegen, und daran mußte er scheitern.

Maximinus II. Daia (310–313)

Maximinus II. Daia (Gaius Valerius Galerius Maximinus; Mitkaiser) war ein Neffe des Galerius, der ihm zu einer glänzenden Militärlaufbahn verhalf, die in seiner Ernennung zum Militärtribunen gipfelte, und der ihn an Sohnes Statt annahm. Als Diocletianus und Maximianus 305 abdankten, ernannte ihn Diocletianus zum Caesar und legte ihm seine eigene Purpurrobe um. Von nun an führte er die Namen Gaius Valerius Galerius Maximinus, verlobte seine noch junge Tochter mit Galerius' Sohn Candidianus und erhielt die Provinzen im Osten sowie Ägypten als Herrschaftsbezirk zugewiesen.

Maximinus setzte Diocletianus' Christenverfolgung mit besonderer Schärfe fort. In seinem ersten Edikt, das er 306 erließ, forderte er die Provinzstatthalter auf, mit allem Nachdruck dafür zu sorgen, daß jeder, ob Mann, Frau oder Kind, den alten Göttern opfere. In Antiochia sowie in den Provinzen Syrien und Palästina (Judäa) überwachte er die Durchführung dieser Forderung selbst. Etwas später schienen dann die Verfolgungen nachzulassen, doch schon 309 nahm Maximinus sie wieder auf und bekämpfte die Christen mit einer Härte, wie sie bis dahin unbekannt war. Alle – auch Säuglinge – mußten den öffentlichen Opfern beiwohnen und vom Fleisch der Opfertiere essen, mit deren Blut auch alle Waren auf den öffentlichen Märkten besprengt werden mußten.

In der Zeit zwischen den beiden Verfolgungsedikten hatte Maximinus allerdings eine schwere Enttäuschung hinzunehmen, hatte er doch gehofft, auf dem Kaisertreffen in Carnuntum (bei Petronell an der Donau) zum Augustus ausgerufen zu werden. Diese Hoffnung nahm ihm sein Onkel Galerius, der an Stelle von Maximinus seinen alten Freund und Kampfgefährten Licinius zum Kaiser erhob. Wie Constantinus, so protestierte auch Maximinus gegen diese Beförderung über seinen Kopf hinweg. Galerius versuchte zwar, beide mit dem neu eingeführten Titel »Söhne der Augusti« (»filii Augustorum«) zu versöhnen, aber Maximinus gab sich damit nicht zufrieden und ließ sich selbst 310 von seinen Truppen zum Augustus ausrufen.

Diese Herausforderung mußte Galerius, der schon ein Jahr später starb, erdulden. Nach seinem Tod besetzte Maximinus Kleinasien und drang nordwestwärts bis zum Bosporus vor. Damit war er gegenüber Licinius im Vorteil. Dieser stellte sich ihm am anderen Ufer der Meerenge entgegen, doch dann verzichteten beide Gegner zunächst auf eine bewaffnete Auseinandersetzung und beschlossen, auf der Grundlage des »status quo« die Grenzen ihrer Territorien vorläufig zu achten. Daneben aber verhandelten sie fieberhaft, um von anderen Bewerbern um den Thron Unterstützung zu erhalten, und gleichzeitig änderte Maximinus seine Religionspolitik. Das bedeutete allerdings nicht, daß sich seine Einstellung gegenüber den Christen grundsätzlich geändert hätte. Zwar beugte er sich anfangs dem Toleranzedikt, das Galerius auf seinem Sterbebett unterzeichnet hatte, kehrte jedoch schon nach einem halben Jahr zu einer Politik der Unterdrückung zurück, wobei er sich auf geschickt in Umlauf gebrachte, gefälschte Dokumente gegen die Christen, darunter die berüchtigten »Pilatusakten«, berief. Außerdem versuchte er durch die Schaffung einer heidnischen Kirche mit einem allgemeinen Priestertum, dessen Hierarchie der des von ihm so gehaßten christlichen Priestertums nachempfunden war, dem Christentum den Wind aus den Segeln zu nehmen.

Doch Constantinus' Sieg an der Milvischen Brücke über Maxentius, der gleichfalls Heide war, setzte diesen Anstrengungen ein Ende, denn noch am Tage seines Sieges forderte Constantinus Maximinus auf, sofort alle Unterdrückungsmaßnahmen gegen die Christen zu unterlassen. Widerstrebend gab Maximinus nach und wies seine Provinzstatthalter an, keine Gewalt mehr anzuwenden, um die Christen zum Opfer für die alten Götter zu zwingen.

Auch der Winter 312/313 brachte Maximinus nichts Gutes, denn in den von ihm regierten Ostprovinzen gab es Mißernten, Hungersnöte und schwere Seuchen. Außerdem mußte er Militär einsetzen, um gegen Plünderer einzuschreiten, deren Raubzüge in Karien zu Lebensmittelknappheit geführt hatten. Auch die Armenier mußten niedergeworfen werden, die sich gegen seine Versuche wehrten, die heidnischen Kulte wieder einzuführen. Das alles hinderte Maximinus aber nicht, wenn er schon Constantinus nicht seines Einflusses berauben konnte, wenigstens zum frühestmöglichen Zeitpunkt gegen einen anderen Rivalen, nämlich Licinius, vorzugehen, der so viel näher war. Es erschien ihm sogar am besten, das sofort zu tun, so lange Constantinus noch in Germanien kämpfte, um zu verhindern, daß er Licinius zu Hilfe käme. Also trieb Maximinus noch vor dem Ende des Winters 313 seine Truppen in Gewaltmärschen durch das verschneite Anatolien, überquerte den Bosporus und zwang Byzanz zur Kapitulation. Licinius, der sich in Italien aufgehalten hatte, eilte herbei, und es kam am 30. April 314 auf dem Campus Serenus (bei Tzirallum) in Thrakien zur entscheidenden Schlacht. Obwohl Maximinus mit 70 000 Soldaten über doppelt so viele wie sein Gegner verfügte, wurde er vernichtend geschlagen, denn seine Soldaten waren noch von den anstrengenden Wintermärschen erschöpft. Maximinus selbst entkam dem Schlachtfeld als Sklave verkleidet. Als er seine Flucht in Nicomedia unterbrach, rächte er sich an den heidnischen Priestern, die ihm den Sieg verheißen hatten, indem er seine christenfeindlichen Edikte aufhob und konfisziertes Kircheneigentum zurückerstattete. Danach zog er sich, um sich vor der ihm nachsetzenden Armee des Licinius in Sicherheit zu bringen, hinter den Taurus zurück. Doch in Tarsus, wo er sehr unter der Augusthitze litt, wurde er krank und starb.

Christliche Autoren schildern mit sichtlicher Schadenfreude, wie Maximinus vor seinem Ende erblindete und zum Skelett abmagerte. Außerdem beschuldigen sie ihn beispielloser Grobheit, Grausamkeit und Trunksucht – von seiner Lüsternheit ganz zu schweigen, soll er doch in die Gattin des Galerius verliebt gewesen sein. Bei seiner Christenverfolgung allerdings zeigte er – und damit dürfte er unter seinen heidnischen Zeitgenossen einzig dagestanden haben – großen Respekt vor der Organisation der christlichen Kirche, und er war der Überzeugung, daß die heidnischen Glaubensgemeinschaften diesem Beispiel folgen könnten. Obgleich er selbst keine Erziehung genossen hatte, wußte er die Literatur und die Bildungsideale des klassischen Altertums zu schätzen. Sicherlich hätte er es auch niemals bis zum Kaiser gebracht, wenn er nicht ein fähiger Mann gewesen wäre. Außerdem spricht es für ihn, daß die Verwandten des Galerius und Severus II. lieber unter ihm als unter Licinius leben wollten, der sie auch tatsächlich zusammen mit Maximinus' Sohn und Tochter umbringen ließ.

Constantinus II. (337–340)

Constantinus II. (Flavius Claudius, bisweilen auch Iulius genannt, Constantinus; Mitkaiser) wurde in Arelate (Arles) geboren und war der zweite Sohn Constantinus »des Großen« und, wie man behauptete, ein Sohn der Kaiserin Fausta. Das kann aber nur dann zutreffen, wenn er nicht im Februar 317 zur Welt kam, denn schon im August desselben Jahres gebar Fausta Constantius II. Constantinus II. war also entweder außerehelich geboren oder aber als Sohn Faustas bereits 316.

Wie dem auch war – noch bevor das Jahr 317 zu Ende ging, wurden er und sein Halbbruder Crispus von Constantinus »dem Großen« in Sirmium (Mitrovica) zu Caesaren ernannt. Das gleiche hatte Licinius mit seinem Sohn gleichen Namens getan, der am 1. 3. 317 zum Caesar des Ostens erhoben worden war. Diese Titelvergabe an Kinder, von denen zwei fast noch Säuglinge waren, führten Diocletianus' Vorstellung von der Herrschaft des Würdigsten völlig ad absurdum und bedeuteten eine Rückkehr zur Erbfolge durch Geburt. Daß Constantinus II. schon als Kleinkind (320 und 321) zum Konsul erhoben wurde (das erste Mal zusammen mit seinem Vater, das zweite Mal zusammen mit Crispus, der bereits schon einmal Konsul war), trug erheblich zur Verschlechterung der Beziehungen zwischen seinem Vater und Licinius bei, der seinen eigenen Sohn übergangen sah und diese Unterlassung einseitig zu korrigieren versuchte. Um 322 konnte Constantinus II. bereits vor begeisterten Höflingen seinen Namen schreiben, und 324 (als Licinius stürzte) bekleideten er und Crispus zum dritten Male das Konsulat. Zwei Jahre später wurde Crispus des Hochverrates angeklagt und hingerichtet, so daß Constantinus II., obwohl seine wirkliche oder vermeintliche Mutter Fausta ebenfalls in Ungnade gefallen und umgebracht worden war, der älteste Anwärter auf den Thron war, denn seine beiden noch lebenden Brüder oder auch Halbbrüder, Constantius II. und Constans I., waren jünger als er.

Im Jahre 332 befehligte er – dem Namen nach – die römischen Truppen, die den Sarmaten und Vandalen zu Hilfe kamen, die sich von den Westgoten und ihrem König Ararich bedroht fühlten. Die Römer waren siegreich und fügten dem Gegner schwere Verluste zu, die durch Hunger und Kälte noch vermehrt wurden. Zu den Geiseln, die sie nahmen, gehörte auch Ararichs Sohn. Ein Jahr später, 333, erhielt Constantinus II. den Auftrag, von Treveri (Trier) aus die Grenze am Rhein zu schützen; und 335 verkündete sein Vater, wie er sich im Falle seines Todes die Aufteilung des Reiches unter seine Söhne und seine beiden Neffen Delmatius und Hannibalianus vorstellte. Dabei wies er Constantinus II. Gallien, Spanien und Britannien zu. Als Constantinus »der Große« 337 starb, wurden alle drei Söhne zu Augusti ernannt. Nachdem sie, obwohl sie Christen waren, ihren Vater für »göttlich« erklärt hatten, kamen sie überein, ihre beiden Vettern aus dem Wege zu räumen, wobei noch viele andere Personen ihr Leben ließen. Doch schon bald traten auch zwischen den Brüdern Unstimmigkeiten auf. Besonders gereizt war Constantinus II., als der zwar hoch angesehene, aber ebenso streitbare wie umstrittene Bischof Athanasios aus Alexandrien, der in Trier, der Hauptstadt Constantinus' II., vor seinen arianischen Gegnern Zuflucht gesucht hatte, von Constantinus II. die Erlaubnis erhielt, in seine Bischofsstadt Alexandrien zurückzukehren. Sie lag in Constantius' II. Machtbezirk, und Constantius, der den Arianern zugeneigt war, lehnte die Anwesenheit des Athanasios in seinem Teil des Reiches ab.

Im Jahre 338 hatten die Streitigkeiten zwischen den drei Söhnen Constantinus' »des Großen« derartige Ausmaße angenommen, daß sie beschlossen, sich in Pannonien oder in Viminacium (Kostolaç) zu treffen, um in erster Linie Grenzfragen zu klären. Das Ergebnis war, daß das Gebiet Constantinus' II. unverändert blieb, während Constans Gebietszuwachs verzeichnen konnte. Durch diese Entscheidung wurde die Auseinandersetzung um den Rang der drei Kaiser verschärft. Zwar hatte Constans Medaillen schlagen lassen, auf denen man ihn und Constantius II. in ehrfurchtsvoller Haltung vor ihrem älteren Bruder sieht, doch war er immer weniger bereit, Constantinus' II. Anspruch, der Ranghöchste zu sein, anzuerkennen. Als

Constans 340 nicht in Italien weilte (das zu seinem Hoheitsgebiet gehörte), nahm Constantinus II. die Gelegenheit wahr und fiel in Italien ein. Doch die Vorhut der Truppen, die Constans aus Illyrien gegen ihn in Bewegung gesetzt hatte, lockte ihn bei Aquileia in einen Hinterhalt und tötete ihn.

Über Constantinus II. Wesen läßt sich nur sehr wenig sagen. Vielleicht ist es aufschlußreich, daß sein Vater ihm nicht das ganze Reich anvertraute, obwohl er von seinen damals noch lebenden Söhnen der älteste und auch verheiratet war – er hätte also eine Dynastie gründen können. Sein Vater hielt ihn offensichtlich nicht für genügend befähigt, die Alleinherrschaft auszuüben oder aber mit neunzehn Jahren für noch zu jung, um eine so große Aufgabe zu übernehmen.

Constantius II. (337–361)

Constantius II. (Flavius Iulius Constantius; Mitkaiser von 337 bis 350 und Alleinherrscher von 350 bis 361) war der dritte Sohn Constantinus »des Großen« und der zweite (möglicherweise auch der erste) der Kaiserin Fausta. Am 7. August 317 in Illyrien geboren, wurde er schon 324 zum Caesar ernannt. Für das Blutbad, das er und seine Brüder 337 nach dem Tod ihres Vaters unter ihren Verwandten anrichteten, soll er verantwortlich gewesen sein, obwohl das sorgfältig verschleiert wurde.

Als Constantinus »der Große« das Reich unter seinen Söhnen aufteilte, erhielt Constantius den Osten, wobei Konstantinopel allerdings vorübergehend Constans I. gehörte. Daß Constantinus »der Große« die mächtige Aufgabe der Verwaltung des Orients Constantius anvertraute, zeigt, welche hohe Meinung der Vater von den Fähigkeiten seines Sohnes hatte. Doch kaum hatte Constantius die Herrschaft über seinen Teil des Reiches angetreten, als der Perserkönig Schapur II. den vier Jahrzehnte früher mit Rom geschlossenen Friedensvertrag brach. Die Feindseligkeiten sollten sechsundzwanzig Jahre lang dauern. Im Mittelpunkt der Auseinandersetzung standen die befestigten Städte in Mesopotamien. Obwohl Constantius nicht alle seine Kräfte in diesem Kampf einsetzte, gelang es ihm immerhin dreimal, Schapur an der Eroberung Nisibis' zu hindern. Zum Glück für Rom nahmen im Osten des Perserreiches auftauchende feindliche Völker Schapur in Anspruch. Er mußte seine Truppen im Westen abziehen und führte fünf Jahre lang (353–358) in Khorasan Krieg.

Zu dieser Zeit war Constantius schon Alleinherrscher, aber der Weg bis dahin war lang. Nachdem sein jüngerer Bruder Constans I. 340 ihren älteren Bruder Constantinus II. gestürzt hatte, war Constans selbst durch den Usurpatoren Magnentius umgebracht worden. Daraufhin waren die Donaulegionen eine Zeitlang unschlüssig, ob sie Constantius oder Magnentius unterstützen sollten. Die Entscheidung führte Constantina Augusta herbei, die ältere Schwester des Constantius, die in Illyrien lebte. Sie sorgte dafür, daß die Legionen an der Donau und auf dem Balkan ihre Stimme einem Dritten gaben: ihrem aus Pannonien stammenden Heermeister (»magister militum«) Vetranio. Sie riefen ihn zum Augustus aus, und er beanspruchte diesen Titel auch auf den Münzen, die er in Siscia (Sisak) und Thessalonice (Saloniki) prägen ließ. Da Constantina auch später noch in gutem Einverständnis mit ihrem Bruder lebte, ist anzunehmen, daß sie in seinem Interesse handelte und glaubte, auf diese Weise Magnentius ausschalten zu können.

Vetranio, der zunächst ein offenes Ohr für die Anliegen des Magnentius hatte, änderte jedoch bald seine Meinung und schloß sich Constantius an. Darauf weisen die Münzen mit der Inschrift hin: »In diesem Zeichen wirst du Sieger sein« (HOC SIGNO VICTOR ERIS), in Abwandlung der »göttlichen Weisung«, die an Constantinus »den Großen« vor der Schlacht an der Milvischen Brücke ergangen war. Schließlich übergab Vetranio seine Truppen in Naissus (Niš) Constantius und zog sich nach Prusa in Bithynien zurück, wo er noch sechs Jahre lang ehrenvoll lebte. Magnentius dagegen wurde 351 in der Schlacht bei Mursa Maior (Osijek) in Unterpannonien von Constantius besiegt und beging zwei Jahre später Selbstmord.

Noch während des Krieges beschloß Constantius, seinen 26 Jahre alten Vetter Constantius Gallus zum Caesar zu erheben. Nachdem er in Sirmium (Mitrovica) den jungen Mann in seine neue Stellung eingeführt und ihm Constantina Augusta zur Frau gegeben hatte, sandte er ihn nach Osten, wo er in Syrien und Palästina und in Isaurien (Kleinasien) Rebellionen niederwarf und die Perser in Schach hielt. Bei der Erledigung der Verwaltungsaufgaben dagegen war er weniger erfolgreich. Es fehlte ihm das nötige Einfühlungsvermögen; und als man sich über sein tyrannisches Verhalten bei Constantius beschwerte, befahl er dem jungen Mann, nach Mediolanum (Mailand) zu kommen und sich gegen diese Vorwürfe zu verteidigen. Doch schon in Istrien fand sein Weg dorthin ein Ende. Er wurde verhaftet, vor Gericht gestellt, verurteilt und hingerichtet.

Als nächsten Fall hatte Constantius den des fränkischen Heerführers Silvanus zu lösen, der sich in Colonia Agrippina zum Augustus aufgeworfen hatte. Er wurde schnell ermordet, doch während der allgemeinen Wirren wurde Köln von Germanen des östlichen Rheinufers geplündert. Constantius beauftragte daraufhin Gallus' Halbbruder Iulianus (den späteren Kaiser Iulianus Apostata), die Ordnung wiederherzustellen, ernannte ihn zum Caesar und gab ihm seine jüngere Schwester Helena zur Frau.

Während Iulianus sich im Westen aufhielt und erfolgreich die Rheingrenze verteidigte, besuchte Constantius im Frühjahr 357 Rom. »Glückverheißende Zurufe«, schreibt Ammianus Marcellinus, »begrüßten den Kaiser, und er erschauerte nicht bei dem Widerhall, den Berge und Ufer zurückwarfen, sondern zeigte sich so unbeweglich, wie man ihn auch in seinen Provinzen sah. Sooft er durch eins der hohen Tore fuhr, bückte er sich, obwohl von kleiner Statur, sonst richtete er wie mit gepanzertem Hals den leuchtenden Blick geradeaus und wandte das Gesicht weder nach rechts noch nach links. Wie ein menschliches Standbild schwankte er nicht, wenn ein Rad einen Stoß verursachte, und er spuckte nicht aus und rieb oder wischte sich nicht die Nase, und nie sah man ihn auch nur eine Hand bewegen. Freilich nahm er diese Haltung bewußt ein, doch waren dies und manches andere im diesseitigen Leben Anzeichen für eine überdurchschnittliche Selbstbeherrschung, die, wie man zu verstehen gab, ihm allein zustand. Während der ganzen Dauer seiner Regierung ließ er nie einen Privatmann neben sich im Wagen sitzen und machte auch keinen zu seinem Kollegen im Konsulat, wie dies manche zu Göttern erhobene Kaiser getan haben. Auf eine steile Höhe erhoben, beachtete er vieles Ähnliche gleichsam als äußerst gerechte Gesetze, aber davon will ich nicht sprechen. Denn ich erinnere mich, dies schon an geeigneter Stelle berichtet zu haben.«

Nach seinem Rombesuch griff Constantius die Sarmaten, Sweben und Quaden in den Donaugebieten an und wurde wenig später zu dringender Hilfeleistung in den Osten gerufen, wo der Perserkönig Schapur II., nachdem er an der Ostgrenze seines Reiches den Frieden wiederhergestellt hatte, die Römer von neuem angriff. Im Jahre 359 stürmte Schapur die Festung Amida (Diyarbakir), wovon Ammianus Marcellinus einen erschütternden Augenzeugenbericht gibt, und ein Jahr später eroberte er Singara (Jebel Singar). Während dieser und anderer Kriegsereignisse, die von reger diplomatischer Tätigkeit begleitet waren, forderte Constantius von Iulianus Verstärkung an. Doch die Soldaten des Iulianus in Gallien weigerten sich, der Aufforderung zu folgen, weil sie fürchteten, daß sie von Eifersucht diktiert sei, um ihren beliebten Führer zu schwächen. Also riefen sie ihn zum Augustus aus, und Iulianus willigte ein. Unter dem Druck dieser Ereignisse zog Constantius mit einem Heer nach Westen, um seinen verräterischen Vetter niederzuwerfen. Er war aber nur bis nach Kilikien gekommen, als er im Winter 361 an einem Fieber erkrankte und in Mopsukrene (Durak?) starb.

Constantius, der zutiefst an theologischen Fragen interessiert war, befürwortete den Arianismus und sorgte für seine Verbreitung im Römischen Reich. Diese Lehre geht auf den Presbyter Arius aus Alexandrien zurück und fand ihre Anhänger unter denjenigen, die griechisches Gedankengut ihr eigen nannten. In Origines' Lehre von der Einmaligkeit und Einzigartigkeit Gottes großgeworden, betrachtete Arius (gest. 336) Jesus als wesensverschieden von Gott und als – wenn auch vor aller Zeit erschaffen – ein Geschöpf Gottes, das, wie alle anderen Geschöpfe auch, der Veränderlichkeit unterworfen sei. Damit betonte er zwar die Menschwerdung Jesu Christi, die als Voraussetzung der historischen Existenz Jesu für die Christen äußerst wichtig ist, tastete aber den Glauben an, daß Jesus Christus Gott gleich sei. Das von Constantinus »dem Großen« einberufene Konzil von Nicaea hatte Arius verurteilt und aus der Kirche verbannt, doch nun, nach seinem Tode, wurde er von Constantius rehabilitiert, dem nicht zuletzt am Religionsfrieden im Reich lag und der deshalb einen Kompromiß suchte – obwohl er sich damit persönlichen Angriffen aussetzte –, dem zumindest eine Majorität einflußreicher Kirchenmänner zuzustimmen bereit war. Deshalb trafen sich 341 siebenundneunzig griechische Bischöfe mit dem Kaiser in Antiochia, wo sie die von Constantinus »dem Großen« begonnene Kathedrale einweihten. Obwohl sie bestritten, Arianer oder Gegner des Nizänischen Glaubensbekenntnisses zu sein, entwarfen sie eine Ergänzung zum Nizänum. Doch sie enthielt so starke Angriffe auf die Gegner des Arius, daß das Ziel des Kaisers verfehlt wurde.

Die Folge davon war, daß der Streit zu einer Spaltung der Kirche zu führen drohte. Die Kirche im Westen betrachtete die Griechen als spitzfindig und hielt sie für ausgemachte Arianer und Häretiker, während man im Osten, obwohl Arius auch dort Gegner hatte, die Vorherrschaft der Päpste ablehnte.

Um diese drohende Kirchenspaltung zu verhindern, riefen die beiden Kaiser Constantius und Constans die Bischöfe aus dem Osten und Westen des Reiches 342 zu einem Konzil in Serdica (Sofia) zusammen. Doch auch dort trafen zunächst nur die Verfechter von zwei sich bekämpfenden Glaubensrichtungen aufeinander und belegten sich gegenseitig mit Bannflüchen. Erst als eine Reihe von Schwierigkeiten überwunden war, kam es zu einer gewissen Annäherung, die von beiden Seiten stillschweigend theologische Zugeständnisse erforderte.

Als Constantius den Usurpator Magnentius bei Mursa Maior besiegte, war Valens, der arianische Bischof dieser Stadt, einer seiner leidenschaftlichsten Parteigänger, dem von nun an des Kaisers Ohr gehörte.

Auf den in den folgenden Jahren abgehaltenen Synoden zu Arelate (Arles), 353, und Mediolanum, 355, auf denen kein Widerstand gegen den Kaiser spürbar wurde, erreichte er die Verurteilung des Erzfeindes des Arianismus, des Bischofs Athanasios von Alexandrien, der 356 (allerdings nicht zum ersten Mal) mit Militärgewalt aus seinem Bischofssitz vertrieben wurde. Er floh in die Wüste und verfaßte in seinem Exil eine Unzahl leidenschaftlicher Kampfschriften gegen den Kaiser und seine arianischen Ratgeber. Sein Nachfolger in Alexandrien wurde ein radikaler Arianer, Georgios von Kappadokien; und ein anderer hoher Würdenträger derselben Glaubensrichtung erhielt 357 den wichtigen Bischofssitz in Antiochia.

Ein Logiker aus Antiochia, Aetius, der sie unterstützte, erklärte sogar, daß Gottvater und Gottsohn nicht gleichen Wesens seien. Das bedeutete nicht nur eine Verneinung der Definition des Konzils von Nicaea, der zufolge der Sohn mit dem Vater »wesenseins« ist, sondern auch ein Abrücken von der Kompromißformel, der die meisten griechischen Bischöfe anhingen, derzufolge der Sohn mit dem Vater »wesensgleich« ist, so wie ein vollkommenes Abbild seinem Urbild gleicht. Von der »Ungleichheitslehre« aufgeschreckt, eilte Basileios, der Bischof von Ankyra (Ankara), an Constantius' Hof nach Sirmium, um energisch gegen sie zu protestieren. Und tatsächlich gelang es ihm, den Kaiser zu überzeugen, daß nur die »Gleichheitsformel« die Einheit der Kirche retten könne.

Daraufhin machte Valens, der Bischof von Mursa Maior, seinen Einfluß wieder geltend. Das zeigte sich deutlich, als Constantius 359 ein neues großes Konzil einberief, wobei aus organisatorischen Gründen die Bischöfe des Westens in Ariminum (Rimini) und die des Ostens in Seleukeia in Kilikien tagten. Indem er den Begriff »Wesen« (griechisch: »ousia«) vermied und sich nur mit der Aussage begnügte, daß der Sohn mit dem Vater »gleich« sei, gelang es Valens, auch die Vertreter der Westkirche auf diese kaum mehr verhüllte arianische Formel festzulegen. Basileios von Ankyra, der allerdings noch immer nicht zustimmte, erhielt nun keine Unterstützung vom Kaiser mehr, und viele andere, die der gleichen Ansicht waren wie er, verloren ihre Bistümer und wurden verbannt. Der Kaiser begrüßte die allgemein gehaltene und ungenaue Definition des Valens, die breite Zustimmung zu finden versprach, im Gegensatz zu der seines Vaters, wie sie im Nizänum formuliert und um die so erbittert gestritten worden war. Aber die Erbitterung blieb. Im Jahre 360 schlossen sich Basileios und Athanasios, der namhafteste Gegner der Arianer, zusammen und bekämpften den Arianismus, der allerdings erst zwei Jahrzehnte nach Constantius' Tod endgültig besiegt wurde. So bahnten sich also in seiner Regierungszeit für den christlichen Glauben Entscheidungen von großer Tragweite an. Gewiß, die Dinge nahmen nicht den Lauf, den Constantius sich gewünscht hatte. Trotzdem war er es, der die Kirche lehrte, ihre neue Rolle als Trägerin der Staatsreligion anzunehmen. Er verwies auf dieses neue Verständnis mit der Einweihung der Palastkirche von Konstantinopel, der »Großen Kirche«, der Vorgängerin der später unter Theodosius II. im Jahre 415 geweihten Kirche der »Heiligen Weisheit« (»Hagia Sophia«), über deren Trümmern (sie brannte 532 ab) Iustinianus I. den gleichnamigen Prachtbau errichten ließ, der – später Moschee, heute Museum – noch immer eines der Wahrzeichen Istanbuls ist.

Constantius II. verstand es, Menschen, die für ihn arbeiteten, zu begeistern. Dabei war er fast ängstlich darauf bedacht, die Würde seines hohen Amtes zu wahren und nichts Erniedrigendes zu tun, nur um sich beliebt zu machen. Ammianus Marcellinus, der während seiner Regierungszeit die ersten Sprossen seiner militärischen Laufbahn erklomm, beschreibt seinen Charakter und sein Verhalten sehr genau: »Um die Wissenschaften bemühte er sich mit Eifer, aber in der Rhetorik war er ein Versager wegen seines Stumpfsinns. Darum versuchte er sich an der Dichtkunst, hat aber nichts zustandegebracht, was die Mühe lohnte. Bei einem sparsamen und nüchternen Leben, bei mäßigem Essen und Trinken behielt er eine so feste Gesundheit, daß ihn nur selten eine Krankheit befiel, dann aber nicht ohne Lebensgefahr. Daß es so den Menschen ergeht, die sich von Ausschweifung und Luxus fernhalten, haben uralte Erfahrungen und die Ärzte bewiesen. Er war mit wenig Schlaf zufrieden, wenn Zeit und Vernunft es erforderten, und über lange Zeiten seines Lebens hin geschlechtlich überaus enthaltsam, so daß er von keinem Diener auch nur verdächtigt werden konnte – ein Verbrechen, das die Böswilligkeit erdichtet, wenn sie es nicht vorfindet, zumal bei der unbegrenzten Freiheit der höchsten Machthaber. Meisterhaft verstand er es, zu reiten, den Speer zu werfen und vor allem geübt mit dem Bogen zu schießen, und vollends war er der beste Kenner der Übungen der Fußtruppen. ...

Zwar war er in den Regierungsgeschäften anderen Durchschnittskaisern vergleichbar; wenn er aber ein fälschliches oder leichtes Anzeichen fand, daß jemand sich die Kaiserherrschaft anmaßte, verfolgte er dies unermüdlich. Dabei kannte er keinen Unterschied zwischen Recht und Unrecht und hätte leicht Ungeheuer wie Caligula, Domitian oder Commodus noch übertroffen. Denn deren Grausamkeit eiferte er zu Anfang seiner Regierung nach und ließ alle, die ihm als Blutsverwandte nahestanden, mit Stumpf und Stiel ausrotten. Wer wegen Schädigung oder Beleidigung der kaiserlichen Majestät denunziert wurde, mußte außer den üblichen Leiden dieser Unglücklichen seine Strenge, seinen Jähzorn und seinen Argwohn erdulden, der sich auf alles Derartige ausdehnte. Wenn etwas Ähnliches ruchbar wurde, ließ er sich selbst, wütender als mit dem Recht vereinbar, zu Untersuchungen hinreißen und setzte für diese Prozesse unerbittliche Richter ein. Auch versuchte er, beim Strafvollzug an einigen den Eintritt des Todes länger hinauszuziehen, wenn die Natur es gestattete ...

Sein Aussehen und seinen Körperbau möchte ich wie folgt beschreiben: Er war brünett, mit emporgerichtetem Blick, scharfsichtig und weichhaarig; seine Wangen waren regelmäßig rasiert und von hübschem Glanz. Von der Halsgegend bis zur Scham war er etwas zu lang; er hatte kurze und gebogene Beine, daher konnte er gut laufen und springen.

Constantius II. soll in einem kleinen Gebäude geschlafen haben, das mit einem Graben und einer Zugbrücke geschützt gewesen sei, deren Bretter und Zapfen er, wenn er zu Bett gegangen sei, abmontiert, und wenn er bei Tagesanbruch das Schlafgemach verlassen, wieder zusammengefügt habe.«

Constans I. (337–350)

Constans I. (Flavius Iulius Constans; Mitkaiser) wurde um 320 als vierter Sohn Constantinus' »des Großen« geboren. Seine Mutter war Kaiserin Fausta und nicht, wie behauptet wurde, eine Konkubine. Diese Behauptung ging wahrscheinlich auf eine Verwechslung mit den abfälligen Geschichten zurück, die man sich über seine Brüder Crispus und Constantinus II. erzählte. Constans wurde am kaiserlichen Hofe in Konstantinopel erzogen und trieb bei Aemilius Magnus Arborius Lateinstudien. Er wurde 333 zum Caesar erhoben und mit der Tochter des einflußreichen Ministers Ablabius aus Kreta verlobt, die allerdings später den Perserkönig heiratete.

Nach dem Tode Constantinus' »des Großen« 337 wurden Constans und seine Brüder Constantinus II. und Constantius II. zu Augusti ernannt. Als Verwaltungssprengel erhielt Constans zunächst Italien und Afrika. Auf dem Treffen der drei kaiserlichen Brüder ein Jahr später in Pannonien oder Viminacium (Kostolaç) kamen dann noch die Donauländer mit Makedonien und Achaia hinzu, für das vorher Delmatius, ein Neffe Constantinus' »des Großen« zuständig war, der aber inzwischen entmachtet worden war, und überraschenderweise mit Zustimmung Constantius' II. auch Thrakien und Konstantinopel. Als sich aber die Beziehungen zwischen Constans I. und Constantinus II. zu verschlechtern begannen, weil die Bevormundung des Constans durch Constantinus unerträglich zu werden schien, gab Constans Konstantinopel und dessen thrakisches Hinterland 339 an Constantius ab, um sich auf diese Weise Constantius' Beistand im Streit mit dem Bruder zu sichern.

Als sich Constans 340 im Donaugebiet aufhielt, um aufständische einheimische Stämme niederzuschlagen, fiel Constantinus II. in Italien ein und wurde von den Soldaten seines Bruders bei Aquileia getötet. Nun teilten sich Constans und Constantius II. in die Herrschaft über das Römische Reich.

Allerdings gab es zwischen den beiden Brüdern religiöse Differenzen. Beide waren überzeugte Christen. Doch während Constantius, wie viele Christen im Osten, mit den Arianern sympathisierte, distanzierte sich Constans – übrigens der einzige der drei Brüder, der schon 337 getauft worden war – von den Arianern und unterstützte, wie die meisten Kirchenmänner des Westens, die Anhänger des Athanasios, die sich streng an das Glaubensbekenntnis von Nicaea hielten. Diese Meinungsverschiedenheiten zeigten sich in aller Deutlichkeit auf dem Konzil von Serdica (Sofia) im Jahre 342, als Constans eindeutig für Athanasios, den Erzfeind der Arianer, Partei ergriff. So war er in den Augen vieler Christen des Westens, die den Arianismus als Irrlehre ablehnten, der Held, der die Kirche davor bewahrte. Als es schließlich 346 beinahe zum Krieg zwischen den beiden Brüdern gekommen wäre, konnten sie ihre Streitigkeiten vorübergehend noch einmal beilegen. Constans machte der Kirche großzügig viele Schenkungen und begünstigte den Klerus. Darüber hinaus ergriff er – seiner Darstellung nach im Interesse der Einheit der Kirche – strenge Maßnahmen gegen die in Afrika verbreitete Sekte der Donatisten und unterstützte die Verfolgung von Heiden und Juden.

Nachdem er 341/342 bedeutende Siege über die Franken sowie auch an der Donaugrenze errungen hatte, besuchte Constans 343 als letzter rechtmäßiger römischer Kaiser Britannien, wo er am Hadrianswall kämpfte. Da er aber bei den Truppen unbeliebt war, wurde er gestürzt. Der Historiker Aurelius Victor, der – mit welchem Recht auch immer – scharf seine Verkommenheit und Habsucht sowie sein ausschweifendes Leben geißelt, behauptet, die Soldaten hätten nur tiefe Verachtung für ihn übrig gehabt. Es kam auf jeden Fall 350 zu einem Aufstand, den ein Offizier namens Magnentius leitete, ein ehemaliger Sklave Constantinus' »des Großen«. Als Magnentius sich in Augustodunum (Autun) zum Augustus ausrufen ließ, floh Constans nach Westen, wo Gaiso, der ihn im Auftrag des Rebellenführers verfolgte, ihn an der Grenze Spaniens einholte und umbrachte.

Magnentius (350–353)

Magnentius (Flavius Magnus Magnentius; Usurpator und Kaiser im Westen des Römischen Reiches) wurde um 303 in oder bei Samarabriva (Amiens) geboren. Sein Vater soll britischer, seine Mutter fränkischer Herkunft gewesen sein. Seine Frau Iustina heiratete später Valentinianus I. Unter Constantinus »dem Großen« diente Magnentius in einem Truppenteil, der sich aus Barbaren rekrutierte. Unter Constantinus' Söhnen rückte er zum »Stabsoffizier« (»protector«) und anschließend zum Kommandeur in der Feldarmee (»comes rei militaris«) auf und wurde mit der Führung der Elitelegionen der Ioviani und Herculiani betraut.

Am 18. Januar 350 feierte Marcellinus, der »Finanzminister« Kaiser Constans' I., in Augustodunum (Autun) den Geburtstag seiner Söhne. Bei dieser Feier erschien Magnentius in Purpur gekleidet und wurde zum Augustus ausgerufen. Die kaiserliche Armee lief zu ihm über, und Constans I., der nach Spanien zu fliehen versuchte, wurde von einem Gefolgsmann des Magnentius umgebracht. Im Juni desselben Jahres weigerte sich Nepotianus (der Sohn Eutropias, der Schwester Constantinus' »des Großen«), Magnentius anzuerkennen, und erklärte sich selbst zum Kaiser, wobei er einen Aufstand des Prätorianerpräfekten Anicetus niederwarf. Aber schon nach 28 Tagen wurden er, seine Mutter und andere Mitglieder seiner Familie von Marcellinus umgebracht, der inzwischen alle Fäden der Regierung des Magnentius in der Hand hielt.

Danach wurde Magnentius sehr schnell im gesamten Westen des Römischen Reiches, einschließlich der Provinz Africa, anerkannt. Auf seinen Münzen wird er als »Wiederbringer der Freiheit« (RESTITVTOR LIBERTATIS) gefeiert, eine klare Absage an das unbeliebte Regime des ermordeten Constans. Im Donaugebiet erhob sich allerdings zur gleichen Zeit ein anderer Usurpator, Vetranio. Er hatte zunächst Magnentius unterstützt, war dann aber zu Constantius II. übergelaufen, der inzwischen die Germanen am Rhein gegen Magnentius aufwiegelte. Weil Magnentius aber einen Angriff von Constantius selbst fürchtete, ernannte er Flavius Magnus Decentius, einen Verwandten, vielleicht auch seinen Bruder, zum Caesar.

Unterdessen hatte ein reger Austausch von Botschaften stattgefunden. Bereits 350, als Vetranio noch beanspruchte, Augustus zu sein, hatte Magnentius den Senator Nunechius (möglicherweise seinen Statthalter in Gallien) sowie seinen Oberbefehlshaber (»magister militum«) Marcellinus – nicht zu verwechseln mit seinem Chef der Zentralverwaltung (»magister officiorum«) gleichen Namens – zu Constantius gesandt, der sie beide verhaften ließ. Darauf traf der »andere« Marcellinus Constantius' Bevollmächtigten Flavius Philippus und begleitete ihn zu Magnentius. Angeblich hatte Philippus den Auftrag, mit Magnentius über eine Friedensregelung zu verhandeln. In Wirklichkeit aber sollte er erkunden, welche militärischen Vorhaben Magnentius gegen Constantius plante. Als Philippus sich an die Soldaten des Magnentius wandte, warf er ihnen vor, daß sie das Haus Constantinus' verraten hätten, und außerdem forderte er Magnentius auf, seine Gebietsansprüche auf Gallien zu beschränken. Tatsächlich gelang es ihm, die Truppen wankelmütig werden zu lassen. Doch Magnentius erinnerte sie daran, daß sie ihm ja gerade aus Protest gegen die Unterdrückungspolitik des Kaiserhauses gefolgt seien, verweigerte Philippus die Rückkehr zu Constantius und setzte ihn gefangen.

Im Jahre 351 kam es schließlich zum offenen Bruch zwischen Magnentius und Constantius. Magnentius hatte in Gallien ein großes Heer aufgestellt, dem auch viele Germanen angehörten und das deshalb zahlenmäßig dem des Constantius überlegen war. Schon bei Atrans, an der Grenze zwischen Italien und Noricum, wurde Constantius, der sich nach Westen bewegte, geschlagen, erlitt hohe Verluste und mußte umkehren. Anstatt aber Constantius' Kompromißvorschlag anzunehmen, verließ Magnentius sein Hauptquartier in Aquileia und marschierte in die Donauprovinzen ein. Nach anfänglichen Schwierigkeiten konnte er bei Mursa Maior (Osijek) hinter den Linien der Armee des Constantius Stellung beziehen und ihn auf diese Weise zur Rückwärtsverteidigung zwingen. Doch nach einem längeren Gefecht vernichtete die gegnerische Reiterei den rechten Flügel des Magnentius, und Magnentius erlitt eine totale Niederlage. Das dürfte die erste ihrer Art gewesen sein, welche schwere Reiterei den Legionen zufügte. In der blutigsten Schlacht jenes Jahrhunderts sollen Magnentius 24 000 und Constantius sogar 30 000 Mann verloren haben. Der Schaden, den die Streitkräfte des Reiches dadurch erlitten hatten, war irreparabel. Magnentius zog sich nach Aquileia zurück und versuchte, seine Armee wieder auf die alte Stärke zu bringen. Doch im Sommer 352 war er nicht imstande, Constantius am Einmarsch in Italien zu hindern, und mußte sich nach Gallien zurückziehen. Dort wurde er ein Jahr später abermals geschlagen. Er verlor die Kontrolle über die Rheingrenze, die mehrmals von Barbaren durchbrochen wurde und wandte sich in überstürzter Flucht nach Lugdunum (Lyon), wo er im August 353 angesichts seiner hoffnungslosen Lage Selbstmord beging und das gesamte Römische Reich Constantius überließ.

Magnentius hatte sich durch seine rigorosen Steuermaßnahmen bei der Oberschicht dermaßen unbeliebt gemacht, daß seine Amtsführung in der Literatur in einem äußerst ungünstigen Licht erscheint und in den Quellen auch nichts über eine mögliche Begabung als Heerführer, Verwaltungsfachmann oder Diplomat gesagt wird. Er war ein Heide, und seine Gunst galt den Heiden. Doch die politische Notwendigkeit zwang ihn, entgegen seines persönlichen Glaubens, für die römische Kirche (die Anhänger des Nizäischen Glaubensbekenntnisses) und gegen die Arianer Partei zu ergreifen, die Constantius unterstützten. Von diesem Werben um Sympathie zeugt eine bemerkenswerte Münze aus dem Jahre 353, auf der zum ersten Mal in der Geschichte Roms ein christliches Emblem den größten Teil der Bildfläche einnimmt: das sogenannte Christusmonogramm Chi-Rho (XP – die Abkürzung des griechischen Wortes *ΧΡΙΣΤΟΣ*), eingerahmt von den griechischen Buchstaben *A* (Alpha) und *Ω* (Omega). Die Münze trägt die Inschrift »Das Heil unserer Herrscher, des Augustus und des Caesar« (SALVS DD. NN. AVG. ET CAES. [= *salus dominorum nostrorum Augusti et Caesaris*]). Der Titel Caesar bezieht sich auf Magnentius' Verwandten und Mitherrscher Flavius Magnus Decentius. Diese Münzen wurden in Samarabriva geschlagen. Magnentius und Decentius ließen aber auch in Rom, Aquileia und Treveri (Trier) Münzen prägen, und als gegen Ende ihrer Regierungszeit Trier verlorenging, nahmen Lugdunum und Arelate (Arles) seine Stelle als Münzprägestätte ein.

Iulianus Apostata (361–363)

Iulianus, auch: Iulianus Apostata (Flavius Claudius Iulianus) wurde im Winter 331/332 in Konstantinopel geboren. Sein Vater, Iulius Constantius, war ein Halbbruder Constantinus' »des Großen«, seine Mutter, Basilina, die Tochter eines Statthalters von Ägypten. Sie starb kurz nach seiner Geburt. Sein Vater kam bei dem Blutbad um, das Constantinus' Söhne nach dem Tod Constantinus' 337 unter ihren Verwandten anrichteten.

Zwei Jahre später von Constantius II. der Obhut des Eunuchen Mardonios anvertraut, der in ihm die Begeisterung für die antike Literatur und die Liebe zu den alten Göttern weckte, wuchs Iulianus in Konstantinopel auf, wo er Grammatik und Rhetorik studierte. Gegen 342 mußte er sich auf Befehl des Kaisers nach Nicomedia (Izmit) begeben, und wenig später wurden er und sein Halbbruder Constantius Gallus in den entlegenen, befestigten Landsitz Macellum in Kappadokien geschickt, wo ihnen eine strenge christliche Erziehung zuteil wurde und sie sogar zu Lektoren geweiht wurden. Dennoch studierte Iulianus weiterhin mit großem Eifer die klassischen, vorchristlichen Autoren. Nach sechs Verbannungsjahren in Kappadokien durfte er nach Konstantinopel zurückkehren. Doch da der Kaiser mißtrauisch war, sorgte er dafür, daß Iulianus schon bald wieder die Stadt verließ. So begegnen wir ihm 351 abermals in Nicomedia. Von dort aus konnte er Pergamon und Ephesos aufsuchen, wo er seine Studien unter dem führenden Neuplatoniker Maximus fortsetzte, der ihn insgeheim in mystische Lehren und magische Praktiken einführte, wie sie nicht nur, aber doch besonders im spätantiken Heidentum üblich waren.

Nachdem Constantius Gallus, der Caesar war, 354 in Ungnade gefallen und hingerichtet worden war, wurde Iulianus an den Hof nach Mailand gerufen. Allerdings erwirkte Eusebia, des Kaisers erste Frau, für Iulianus die Erlaubnis, statt nach Mailand zunächst nach Athen zu reisen, um dort seine Studien zu vervollkommnen. Aber 355 wurde er wieder nach Mailand gerufen. Nun wurde er zum Caesar erhoben und mit Constantius' Schwester Helena verheiratet. Bald darauf erhielt er den Befehl, sich an die Grenze im Norden zu begeben, um die gefährlichen Angriffe der Franken und Alamannen zurückzuschlagen. 356 eroberte er Colonia Agrippina (Köln) und andere wichtige Orte zurück und besiegte ein Jahr später ein ihm weit überlegenes Heer der Alamannen bei Argentorate (Straßburg). Diesem Sieg ließ er einen Vorstoß über den Rhein folgen und fügte, nachdem er sein Winterquartier in Lutetia (Paris) aufgeschlagen hatte, 358 und 359 den Germanen weitere Niederlagen zu. Selbst wenn seine Anhänger diese Erfolge überbetonen, so stellen sie doch bedeutende Leistungen dar, zumal Iulianus keinerlei militärische Vorkenntnisse besaß. Er fand aber auch bei seinen Soldaten Lob, weil er alle Härten ihres Lebens mit ihnen teilte, und die gallische Zivilbevölkerung zollte ihm ebenfalls Anerkennung, weil er gegen die Einwände des Prätorianerpräfekten Flavius Florentius eine weitgehende Steuerermäßigung durchsetzte.

Alle diese Zeichen wachsender Beliebtheit wurden am Hofe Constantius' II. mit Mißtrauen aufgenommen. Sobald Nachrichten von Iulianus' Erfolgen eintrafen, »zogen alle«, laut Ammianus Marcellinus, »die im Palast größeren Einfluß besaßen – bereits als gelehrte Professoren der Schmeichelkunst – seine richtigen Entscheidungen und ihre erfolgreiche Durchführung ins Lächerliche. In ihrer faden Art und Weise ließen sie Äußerungen laut werden wie: ›Dieser Ziegenbock, der gar kein Mensch ist, macht sich durch seine Siege unbeliebt.‹ Sie hechelten Iulianus durch, weil er behaart war, und nannten ihn einen ›geschwätzigen Maulwurf‹, einen ›Affen im Purpur‹ und einen ›griechischen Federhelden‹ und ähnliches mehr. Wie Klingelmänner ließen sie sich vor den Ohren des Kaisers vernehmen, der solches und ähnliches gern hörte, und versuchten, seine Leistungen mit unverschämten Reden zu überschütten. Sie schalten ihn lässig und furchtsam und einen Stubenhocker, der seine Taten umsonst mit gefälligen Worten ausschmücke.«

Constantius' Eifersucht war groß, und er beschloß, Iulianus' Streitkräfte um einige ihrer besten Truppen zu verringern und diese seinem eigenen Heer einzugliedern. Doch die in Lutetia stationierten Soldaten weigerten sich, diesem Befehl zu gehorchen, und riefen im Februar 360 Iulianus zum Augustus aus. Nachdem er vergeblich versucht hatte, mit Constantius zu verhandeln, erschien ihm ein Krieg unvermeidlich. Er zog deshalb 361 in Eilmärschen nach Osten. Unterwegs erfuhr er, daß Constantius gestorben war, und erreichte unangefochten im Dezember 361 Konstantinopel. Einige der Parteigänger des Constantius wurden hingerichtet und andere in die Verbannung geschickt.

Auf seinem Zug nach Osten hatte sich Iulianus in Naissus (Niş) offen zum Heidentum bekannt. Nun, im Besitz der Macht, gewährte er allen Heiden freie Religionsausübung, unterstützte ihre Kulte freigebig und förderte Institutionen, die es ihnen ermöglichen sollten, sich neben den christlichen zu behaupten. Es waren Erfahrungen aus seiner Kindheit und Jugend, die ihn diesen Weg einschlagen ließen. Das Bekenntnis zum Christentum hatte Constantius und seine Mitkaiser nicht davor bewahrt, Verbrechen zu begehen, unter denen nicht zuletzt seine Familie leiden mußte. So verkündete er nun, als er den Thron bestiegen hatte, jegliche Glaubensfreiheit, entzog der christlichen Kirche jedoch alle bisher gewährten finanziellen Vorteile. Und als es deswegen zu Unruhen kam, wurden die christlichen Gesetzesübertreter härter bestraft, als das bei heidnischen Gesetzesbrechern üblich war. Besonders umstritten war der Ausschluß der Christen vom Lehramt. Um das Christentum zu schwächen, förderte Iulianus auch das Judentum und erwog sogar den Wiederaufbau des Tempels in Jerusalem. Doch dieser Plan, das Judentum auf Kosten des Christentums zu fördern, führte zu nichts. Ebenso verliefen auch alle anderen rigorosen Maßnahmen gegen die Christen ergebnislos. Iulianus glaubte, daß er in einem göttlichen Auftrag handle, wenn er versuche, eine kranke Gesellschaft zu heilen. Doch seiner Wesensart in ihrer außergewöhnlichen Mischung von Idealismus, Pedanterie und Eigeninteresse widerstrebte jeder diplomatische Kompromiß, und die Intensität, mit der er sich an die Überlieferungen der klassischen Antike klammerte, entfremdete ihn seinen Zeitgenossen und erschwerte es ihm, »den Mann auf der Straße« und seine Probleme zu verstehen. Sein anachronistischer Versuch, das Christentum zurückzudrängen, der ihm bei der Nachwelt den Beinamen Apostata (»Abtrünniger«) einbrachte, war zum Scheitern verurteilt.

Sein literarisches Werk war umfangreicher als das eines jeden anderen römischen Kaisers, und mit Ausnahme Marcus Aurelius' übertraf er sie alle hinsichtlich der literarischen Qualität seiner Schriften. Er beherrschte die griechische Sprache seiner Zeit vollkommen, und seine erhaltenen Reden, Aufsätze und Briefe zeugen deutlich von seiner Bewunderung für die klassisch-antike Kultur. Noch zu Constantius' II. Lebzeiten hatte Iulianus zwei ironische Lobreden auf ihn verfaßt, zusätzlich zu einer wohlgemeinten, ernsteren auf die Kaiserin Eusebia. Außerdem schrieb er einen – heute verlorenen – Bericht über seine Germanenfeldzüge. Als er an die Macht gekommen war, begann er, sich schriftlich über seine persönlichen, auch geistlichen Vorstellungen Gedanken zu machen. Auf diese Weise entstand ein Prosahymnus an den Sonnengott, den er Sallustius, dem Hauptvertreter des Neuplatonismus jener Zeit, widmete, zu dessen Ehren er auch eine Trostschrift an sich selbst schrieb, als nämlich Sallustius zu des Kaisers Bedauern aus seinem Amt als Quästor in Gallien schied. Eine weitere Schrift ist der »Göttermutter« gewidmet, und zwei andere wenden sich gegen die Kyniker seiner Zeit, in denen Iulianus ihnen vorwirft, nicht nach ihrem Vorbild Diogenes zu leben. Sein »Barthasser« ist eine satirische Erwiderung auf die frivolen Anspielungen der Bewohner Antiochias auf seinen altmodischen Bart und seine schlichte Lebensweise. Eine andere erhalten gebliebene Satire »Die Kaiser« beschreibt, wie anläßlich der Saturnalien die verstorbenen römischen Kaiser gemeinsam auf dem Olymp feiern. Als es zwischen ihnen zu einem Rangwettstreit kommt, gewinnt Marcus Aurelius den ersten Preis. Constantinus »der Große« dagegen erntet Spott, weil ihm als Christ, so oft er auch sündigt, immer wieder vergeben wird. Leider sind von Iulianus' berühmter Kampfschrift gegen die Christen »Wider die Galiläer« nur Auszüge auf uns gekommen. Dafür enthalten seine »Briefe« (die in vielen Fällen allerdings schwer von Fälschungen zu unterscheiden sind) wertvolles historisches Material und geben Aufschluß über Iulianus' Denken. In einem Fragment, das sich an einen Priester wendet, empfiehlt er den heidnischen Priestern, sich die christlichen hinsichtlich der moralischen Lehre zum Vorbild zu nehmen.

Auch außerhalb des religiösen Bereiches war Iulianus dank seiner Bemühungen, denn er war ein hart arbeitender und gewissenhafter Herrscher, erfolgreich. Er tat alles, was in seiner Macht lag, um die sich ständig verschlechternde Finanzlage der Stadtstaaten in den Ostprovinzen zu verbessern. Schließlich war es der verarmte Adel dieser Städte, der – über die Verschwendungssucht seiner Vorgänger verärgert und durch die theologischen Richtungskämpfe verwirrt – ihn in der Verfolgung seiner politischen Ziele unterstützte. So ergriff er Maßnahmen, um den schädlichen Verfall des Münzwertes einzuschränken, und unternahm den mutigen Versuch, die immer weiter um sich greifende, alles überwuchernde Bürokratie einzudämmen. Sein kulturelles Interesse bewies er durch die Gründung einer großen, 120 000 Bände umfassenden Bibliothek in der Basilika von Konstantinopel.

So ungewöhnlich Iulianus in vieler Hinsicht war, in einem Punkt verhielt er sich wie seine Vorgänger: Er hegte die Hoffnung, die Perser in einer kriegerischen Auseinandersetzung besiegen zu können. Im Jahre 362 hielt er in Antiochia Einzug, um die nötigen Vorbereitungen zu treffen. Während er sich dort aufhielt, brannte der Tempel von Daphne bis auf die Grundmauern ab, und es kam zu einer Hungersnot, während der sich der Rat der Stadt seinen Hilfsmaßnahmen widersetzte. Schließlich zog er im März 363 an der Spitze einer 46 000 Mann starken Armee nach Osten und stand nach einem Anfangserfolg im Juni vor Ctesiphon, der Hauptstadt des Feindes. Da er sich aber nicht in der Lage sah, die Stadt anzugreifen, zog er sich wieder zurück, um sich mit der ihm nachfolgenden Reserve zu vereinen. Sein Heer wurde jedoch ständig von den Streitkräften des Perserkönigs Schapur II. angegriffen und geriet in Versorgungsschwierigkeiten. Am 26. Juni wurde Iulianus bei einem Gefecht in der Gegend mit dem Namen Maranga verwundet. Bald lief das Gerücht um, daß Iulianus von einem seiner eigenen Soldaten, einem Christen, niedergestochen worden sei. Die Wunde heilte nicht, und Iulianus starb. Er wurde, wie er es angeordnet hatte, am Rande von Tarsus beigesetzt, später jedoch nach Konstantinopel überführt.

Ammianus Marcellinus erkannte und überlieferte die vielen hervorragenden Eigenschaften, die Iulianus besaß. Er verschwieg aber auch nicht, was er an ihm tadelnswert fand.

»Er war etwas leichtsinnig, zügelte jedoch diese Eigenschaft durch eine sehr sinnvolle Einrichtung: Er gestattete nämlich, ihn zurechtzuweisen, wenn er vom richtigen Wege abwich. Er war etwas geschwätzig und konnte nur selten seine Zunge im Zaum halten. Der Erforschung von Vorzeichen war er allzu ergeben und schien in diesem Punkt dem Kaiser Hadrian gleichzukommen; mehr abergläubisch als ein wirklicher Beobachter heiliger Handlungen, schlachtete er schonungslos unzählige Tiere, so daß man schon annahm, es werde nicht mehr genügend Rinder geben, wenn er aus Persien zurückkehre.

Beifall des Volkes freute ihn. Auch bei nichtigen Anlässen haschte er unbeherrscht nach Beifall, und in seinem Streben nach Volkstümlichkeit neigte er dazu, selbst mit Unwürdigen zu reden.

Aber wenn dem auch so war, hätte man meinen können – und er selbst sagte es sogar –, jene alte Göttin der Gerechtigkeit, die Arat wegen ihres Unwillens über die Laster der Menschen in den Himmel versetzt, sei unter seiner Regierung wieder zur Erde zurückgekehrt, wenn er nicht manchmal nach eigenem Gutdünken gehandelt und sich seiner selbst unähnlich gezeigt hätte. Denn er verfaßte recht annehmbare Gesetze, die unbedingte Gebote und Verbote aussprachen, doch gab es auch einige Ausnahmen. Zum Beispiel war das Gesetz zu hart, das den christlichen Lehrern der Rhetorik und Grammatik jede Lehrtätigkeit untersagte, wenn sie nicht zum Götterkult überträten. Auch jenes Gesetz war unerträglich, welches zu Unrecht gestattete, in die Gemeinschaften der städtischen Stände Nichteinheimische oder solche Personen aufzunehmen, die von diesen Vereinigungen durch Privilegien oder durch ihre Geburt weit geschieden waren.

Seine Gestalt und sein Gliederbau waren folgendermaßen: Er war mittelgroß, sein Haar war weich und wie gekämmt, und er trug einen struppigen, spitz zulaufenden Bart. Seine funkelnden Augen waren hübsch und ließen auf einen scharfen Verstand schließen. Die Augenbrauen waren zierlich, die Nase sehr gerade, der Mund etwas zu groß, und die Unterlippe hing etwas herab. Sein Hals war kräftig und gebogen, die Schultern waren muskulös und breit. Vom Kopf bis zu den Zehen war sein Gliederbau symmetrisch, und aus diesem Grund verfügte er über Kraft und war ein guter Läufer.«

Iovianus (363–364)

Iovianus (Flavius Iovianus) wurde um 330/331 in Singidunum (Belgrad) geboren. Sein Vater Varronianus kommandierte als »comes domesticorum« unter Constantius II. jenes Kadettenkorps, aus dem die Offiziere der kaiserlichen Eliteeinheiten hervorgingen. Iovianus gehörte unter Constantius wie auch unter Iulianus diesem Korps an. Er war »protector domesticus«. Die Rede, daß er, weil er Christ war, entlassen worden sei, erscheint unbegründet, denn 363 wurde er zum Kommandeur dieser Truppe ernannt. Als Iulianus auf dem Rückmarsch von Ctesiphon am 26. Juni 363 tödlich verwundet worden war, bot man den Thron zunächst dem Prätorianerpräfekten Saturninius Secundus Salutius an. Doch als dieser aus Alters- und Gesundheitsgründen ablehnte, riefen die Truppen Iovianus zum Kaiser aus.

Die Nachricht von dieser wenig beeindruckenden Nachfolge ermutigte den Perserkönig Schapur II., seine Angriffe auf die zurückweichende römische Armee zu verdoppeln. Auf diese Weise unter Druck gesetzt, beeilte sich Iovianus, mit den Persern Frieden zu schließen. Zu den Friedensbedingungen gehörten der Austausch von Geiseln und die Räumung der fünf Provinzen jenseits des Tigris, die Diocletianus zusammen mit den befestigten Städten Nisibis, Castra

Maurorum und Singara dem Römischen Reich einverleibt hatte. Außerdem mußte Armenien einen beträchtlichen Teil seines Gebietes an Persien abtreten. Iovianus' Zeitgenossen empfanden diesen Frieden als überflüssig, ja sogar schändlich, doch ermöglichte er es Iovianus, sein von Hunger ausgezehrtes Heer sicher zurückzuführen. Im Verlauf dieses Rückzuges wurde einer der höchsten Staatsbeamten (»primicerius notariorum«), der wie der Kaiser Iovianus hieß und sich während des Feldzuges ausgezeichnet hatte, der Untreue angeklagt und hingerichtet.

Sobald er nach Rom zurückgekehrt war, machte Iovianus die Hinwendung seines Vorgängers zum Heidentum rückgängig und gab der Kirche alle Privilegien zurück. Sie erhielt wieder die ihr von Constantinus »dem Großen« gewährten Subsidien, und obwohl der heidnische Philosoph Themistios Iovianus' religiöse Toleranz und Zurückhaltung pries, ließ dieser doch einige Tempel schließen und bestimmte Opferriten verbieten. Auf den Militärstandarten, die auf seinen Münzen abgebildet sind, erscheint wieder ein kleines Chi-Rho (das aus den griechischen Buchstaben XP gebildete Christusmonogramm).

Um verschiedene Aufgaben zu erledigen, hielt sich Iovianus einige Zeit in Antiochia auf. Er war aber so sehr darauf bedacht, wieder nach Westen zu kommen, daß er schon im Winter die Stadt verließ. Als er auf seinem Marsch nach Tarsus kam, besuchte er das Grab des damals noch dort bestatteten Iulianus. In Tyana erhielt er die Nachricht, daß in Durocortorum (Reims) Unruhen ausgebrochen und zwei hochgestellte Offiziere dabei ums Leben gekommen seien. Doch dieser Nachricht folgte bald eine günstigere, daß nämlich die in Gallien stationierten Truppen sich trotzdem für ihn entschieden hätten. In Ancyra (Ankara) schließlich übernahm er zusammen mit seinem älteren Sohn, der wie sein Großvater Varronianus hieß und damals noch ein kleines Kind war, das Konsulat. Varronianus schrie laut, als man ihn auf den kurulischen Sessel setzte, den Amtsstuhl des Konsuls. »Sein Geschrei verkündete im voraus, was sich bald ereignen sollte.«

»Auch von hier«, fährt Ammianus Marcellinus fort, »trieb der vorgeschriebene Tag seines Lebensendes Iovian in großer Eile weiter. Als er nach Dadastana gekommen war, wo die Grenze zwischen Bithynien und Galatien verläuft, fand man ihn eines Nachts entseelt auf. Über die Todesart kamen mehrere Zweifel zum Vorschein. Er soll nämlich den ungesunden Geruch des frisch mit Kalk gestrichenen Schlafzimmers nicht vertragen haben oder, da sein Kopf geschwollen war, durch gewaltige Entwicklung von Kohlenbrand oder infolge des übermäßigen Genusses von Speisen umgekommen sein, da er durch eine Verdauungsstörung aufgedunsen war. Er starb im dreiunddreißigsten Lebensjahr. Zwischen seinem Tod und dem des Scipio Aemilianus bestehen Ähnlichkeiten, aber soweit ich in Erfahrung bringen konnte, hat man über ihrer beider Tod keine Untersuchung angestellt.

Iovians Gang war schwerfällig, sein Gesichtsausdruck fröhlich. Er hatte graublaue Augen und war von gewaltigem und hochragendem Wuchs, so daß sich lange kein kaiserliches Gewand finden ließ, das zu seiner Figur gepaßt hätte. Er ahmte gern die Gewohnheit des Constantius nach, einige ernsthafte Geschäfte am Nachmittag zu erledigen, und trieb gewöhnlich in aller Öffentlichkeit mit seiner nächsten Umgebung Späße. Seine Bildung war nur mittelmäßig, aber er war wohlwollend und traf seine Wahl hoher Beamter nach sorgfältigem Abwägen, wie man an den wenigen Beförderungen sah, die er aussprach. Er war ein starker Esser und ein Freund des Weins und der Liebe, aber diese Fehler hätte er vielleicht mit kaiserlicher Zurückhaltung gebessert.«

An anderer Stelle hebt Ammianus Iovianus' Trägheit und Schwäche hervor. Christliche Autoren, allen voran Theodoretos und Augustinus, würdigen dagegen nach Iulianus' Abfall vom Christentum Iovianus' erneute Hinwendung zu ihm. Allerdings fanden sie keine Erklärung dafür, warum der Himmel ihn für sein lobenswertes Handeln nicht mit einer längeren Regierungszeit belohnte.

8 DAS HAUS DES VALENTINIANUS

Valentinianus I. (364–375)

Valentinianus I. (Flavius Valentinianus; Mitkaiser für den Westen) wurde 321 geboren. Er war der älteste Sohn Gratianus' des Älteren aus Cibalae (Vinkovci) in Pannonien und hielt sich, vermutlich schon als Knabe, mit seinem Vater in Afrika auf. Später (etwa 360–361) diente er unter Constantius II. als hoher Offizier (»tribunus militum«) in Mesopotamien und kommandierte unter Iulianus eine Abteilung von Speerwerfern. Im Jahre 362 allerdings verbannte ihn Iulianus wegen seiner christlichen Überzeugungstreue nach Theben in Ägypten. Doch Iovianus holte ihn wieder zurück und beauftragte ihn, das Vertrauen der Streitkräfte in Gallien wiederzugewinnen – eine Aufgabe, die er erst erfüllen konnte, nachdem er wegen der im Lande herrschenden Unruhen im Hause eines Freundes Zuflucht genommen hatte. Anschließend erhielt er das Kommando über eine Einheit von Langschildträgern (»scutarii«), einen Zweig der Gardetruppen.

Nachdem Iovianus gestorben und die Armee westwärts bis Nicaea (Iznik) vorgerückt war, beschlossen die Truppenkommandeure nach langer Debatte, Valentinianus, der zu dem Zeitpunkt in Ancyra (Ankara) weilte, zum Nachfolger zu ernennen. Unmittelbar nach seiner Ernennung erhob er seinen Bruder Valens zum Mitherrscher für den Osten, während er selbst die Herrschaft für den Westen des Reiches übernahm. Gebietsaufteilungen zwischen gleichzeitig regierenden Herrschern waren nicht neu, doch die diesmal getroffene Regelung sollte sich als endgültig und – von äußerst kurzen Unterbrechungen abgesehen – auch als dauerhaft erweisen. Zwar blieb die römische Welt formal eine unteilbare Einheit, doch in Wirklichkeit war es mit der Herrschaft einer einzigen Macht über den Mittelmeerraum, wie sie Jahrhunderte Bestand gehabt hatte, vorbei. Das Westreich bestand, mit Ausnahme Thrakiens, aus Roms europäischen Provinzen. Hinzu kam Nordafrika bis einschließlich Tripolita-

Das Haus des Valentinianus

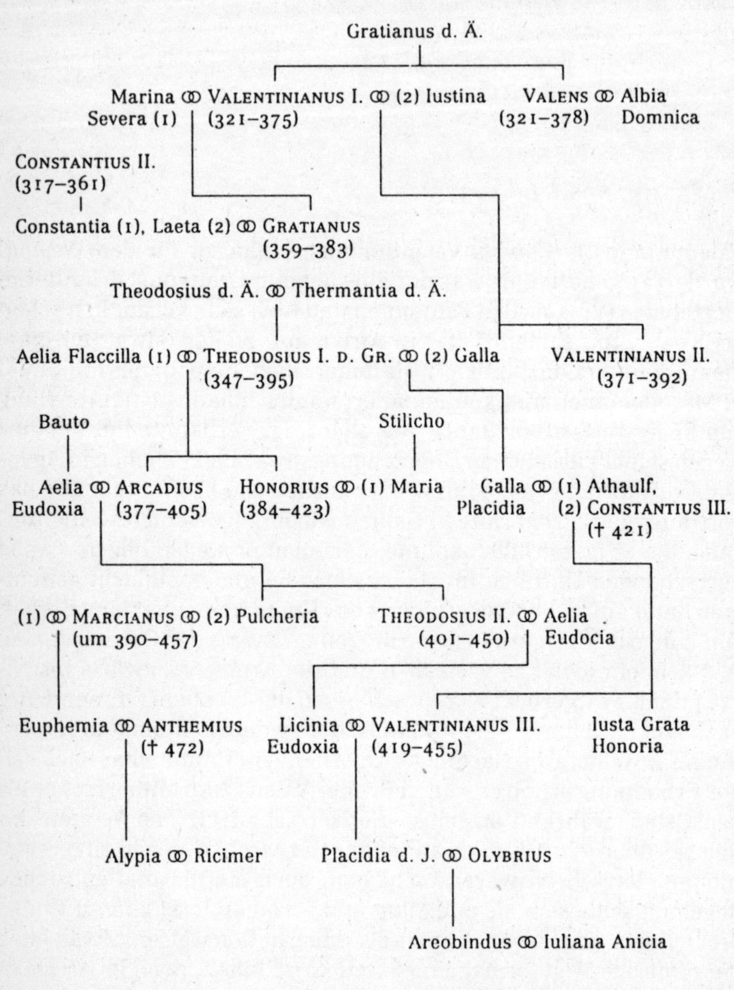

nien. Obwohl dieses westliche Teilreich sehr viel ärmer an Hilfsgütern war als das östliche, wählte es Valentinianus für sich, denn seine Grenzen waren weitaus stärker bedroht als die im Osten. Aus dem gleichen Grunde entschied er sich auch – wie einige seiner Vorgänger – nicht für Rom, sondern für Mediolanum (Mailand) als Hauptstadt, weil es sehr viel näher an der Gefahrenzone lag.

Tatsächlich sah sich Valentinianus schon kurz nach seiner Thronbesteigung einer ganzen Reihe militärisch höchst schwieriger Situationen gegenüber. Zunächst überquerten die Alamannen den Rhein und eroberten die äußerst wichtige Festung Moguntiacum (Mainz). Sie wurden jedoch erfolgreich, und zwar dreimal, von Valentinianus' einflußreichem Befehlshaber der Reiterei (»magister equitum«), Flavius Iovinus, zurückgeschlagen. Als Britannien vom Festland her von den Sachsen und aus dem Norden von den Pikten angegriffen wurde, da verlegte der Kaiser sein Hauptquartier, das er zunächst in Lutetia (Paris) aufgeschlagen hatte, 367 nach Samarobriva (Amiens), um die kriegerischen Auseinandersetzungen besser leiten zu können. Noch im selben Jahr verlegte er es dann ein zweites Mal, und zwar nach Treveri (Trier), von wo aus er ins Neckartal und in den Schwarzwald zog, wo er erbittert kämpfte und gewann. Sieben Jahre lang hielt sich Valentinianus in Germanien auf. In dieser Zeit errichtete er ein umfassendes Schutzsystem zur Sicherung der Rheingrenze und befestigte Basileia (Basel). Außerdem tat er alles, um die Germanen gegeneinander aufzubringen, indem er die Burgunder – Erbfeinde der Alamannen – als Hilfstruppen anwarb. Gleichzeitig bemühten sich jedoch nach wie vor viele Germanen um die Erlaubnis, sich innerhalb der Reichsgrenze anzusiedeln.

Als 374 Germanen und Sarmaten in feindlicher Absicht über die Donau vorstießen und dabei einen Grenzabschnitt in Rätien durchbrachen, schlug Valentinianus 375 seine Residenz in Sirmium (Mitrovica) an der Save auf, unternahm einen Straffeldzug über die Donau nach Norden, verwüstete das Land und setzte die Grenzbefestigungen am Ufer des Stromes wieder instand. Später im selben Jahr, am 17. November 375, als er Gesandte vom Stamme der Quaden empfing, erregte ihn ihr hochfahrendes Verhalten dermaßen, daß er einen Schlaganfall erlitt und starb.

Valentinianus hatte gewaltige Anstrengungen unternommen, um das Heer zu stärken. Er war auch, laut Ammianus, »der erste, der den einzelnen Soldaten mehr Bedeutung verlieh, indem er auf Kosten des Gemeinwohles ihr Ansehen und ihren Besitz mehrte«. Zum Beispiel teilte er ihnen als Grundausstattung Land, Vieh, Saatgut und Geräte zu, so daß sie in ihrer dienstfreien Zeit als Bauern und Landarbeiter, die schwer zu finden waren, tätig sein konnten. Diese Maßnahmen allerdings betrachtete der senatorische Adel, der sich ohnehin von der Armee in den Schatten gestellt sah, als übertrieben. Doch die Soldaten hatten noch nie zu viel Sold erhalten, und die Änderungen, die Valentinianus einführte, bewirkten lediglich, daß ihr Verdienst auf ein erträgliches Maß angehoben wurde.

So gerechtfertigt die Solderhöhungen auch waren, sie bedeuteten einen Anstieg der Militärausgaben, und dies wiederum hatte Steuererhöhungen zur Folge, die drückender empfunden wurden als je zuvor. Besonders verhaßt waren die Steuern, die der Prätorianerpräfekt Sextus Claudius Petronius Probus den Bewohnern in Italien, Illyrien und Afrika zumutete. Vor allem gegen Ende der Regierungszeit Valentinianus' wurde die Steuerschraube immer fester angezogen. Andererseits zögerte Valentinianus, derartige Maßnahmen zu ergreifen, so lange sie nicht unbedingt notwendig waren, und versuchte, den Bewohnern der Provinzen jede nur mögliche finanzielle Erleichterung zu gewähren. Tatsächlich zeugen eine Reihe seiner Maßnahmen von echter und tiefer Sorge um das Wohlergehen der benachteiligten Schichten. Er versuchte zum Beispiel sicherzustellen, daß Günstlinge des Hofes keine Erlaubnis erhielten, Steuern einzutreiben.

Aus der gleichen Sorge heraus ernannte er zwischen 368 und 370 sogenannte Verteidiger des Volkes (»defensores civitatis«), deren Aufgabe es war, die weniger Begüterten vor Unterdrückung und Ausbeutung durch die Mächtigeren zu schützen. In jeder Stadt der westlichen Reichshälfte hatte der Prätorianerpräfekt einer Region einen solchen Verteidiger zu ernennen, und Valentinianus verlangte, daß ihre Namen ihm persönlich genannt wurden. Sie waren ermächtigt, immer dann, wenn es nötig und möglich war, ohne Rücksicht auf Amts- und Würdenträger, allen Beschwerden nachzugehen und dafür zu sorgen, daß den Armen Gerechtigkeit widerfuhr. Bereits früher waren ähnliche Versuche unternommen worden, doch erst Valentinianus hatte einen umfassenden Plan für ihre Ausführung geschaffen. Als ursprünglich einfacher Soldat aus dem Donaugebiet, der nicht dem Kreise der stadtrömischen Oberschicht angehörte, konnte er einen gewissen Widerwillen gegen das politische und ökonomische Übergewicht der römischen Grundbesitzer und Senatoren kaum verhehlen. Tatsächlich ging ihr Einfluß unter seiner Regierung auch erheblich zurück, und eine Zeitlang tat sich zwischen seiner Regierung, die vom Militär getragen wurde, und dem senatorischen Stand eine breite Kluft auf.

Wie schon viele Kaiser vor ihm beabsichtigte auch Valentinianus I., eine eigene Dynastie zu gründen. Dabei machte er sich die Neigung der Armee zunutze, an der Vererbbarkeit des Thrones festzuhalten. Deshalb ernannte er 367 seinen älteren Sohn Gratianus zu seinem Mit-Augustus im Westen und feierte sehr sorgfältig auf militärische Weise seine Amtseinführung. Er stellte den jungen Mann den Streitkräften vor und erklärte, daß seine Erhebung zum Augustus »aufgrund meines Willens und des Willens unserer Soldaten« geschehe. Dieser Versuch, mit Unterstützung des Heeres ein neues Herrscherhaus zu begründen, erwies sich als äußerst erfolgreich, denn die neue Dynastie bestand nicht weniger als 91 Jahre – eine der langlebigsten der römischen Kaiserzeit sowie ein eindrucksvolles Beispiel für Kontinuität in einer so verworrenen Zeit.

Valentinianus trat seine Regierung in einer Phase besonders schroffer Gegensätze zwischen Christen und Heiden an. Doch obwohl er selbst Christ war, beschloß er 371 eine Politik der Toleranz und flößte – so Ammianus – niemandem dadurch Angst ein, daß er ihm vorschrieb, was er zu glauben habe. Papst Damasus, der Beziehungen zur immer noch heidnischen Aristokratie Roms unterhielt, half Valentinianus dabei. So konnte er sich von der Unnachgiebigkeit lösen, die andere führende Kirchenmänner an den Tag legten. Damit bewies Valentinianus einen außergewöhnlichen, selten anzutreffenden Großmut. ✻ Man könnte sein Vorgehen gegen Donatisten und Manichäer als Gegenargument anführen. Doch die Donatisten waren eine in Nordafrika verbreitete christliche Sekte von vorwiegend rigoristischer Tendenz, die Manichäer dagegen eine synkretistische Religion (Mischreligion), die Elemente und Kultformen verschiedener Religionen in sich vereinigte, aber ihrerseits einen starken Ausschließlichkeitsanspruch erhob. Daß Valentinianus beide Extreme ablehnte, spricht eher für seine Tendenz zu allem Maßvollen als für deren Gegenteil. ✻✻ * Nimmt man Valentinianus' Verantwortung für die unteren Bevölkerungsschichten hinzu, so ist er mit Recht als ein

* Von ✻ bis ✻✻ Zusatz des Übersetzers.

Herrscher anzusehen, der ein hohes Ideal zu verwirklichen suchte. Darüber hinaus war er ein Politiker, der seinen Maßnahmen Nachdruck zu verleihen wußte, und ein hervorragender Feldherr.

Allerdings schätzten nicht alle spätantiken Schriftsteller seine Vorzüge. Oft spiegeln ihre Darstellungen nur die Polemik des senatorischen Standes wider, der wenig Sympathie für eine Familie wie die Valentinianus' aufbrachte, die mit dem barbarischen Gerstensaft der Donauprovinzen großgeworden war. Dabei war Valentinianus keineswegs ungebildet, sondern hatte eine erstaunlich gute Erziehung genossen und war auch auf künstlerischem Gebiete, als Maler und Bildhauer, durchaus begabt. Nach Ammianus jedoch enthielt seine Wesensart eine verwirrende Mischung guter und schlechter Eigenschaften. Er schreibt:

»Im Vertrauen darauf, daß sich die Nachwelt, weder durch Furcht noch durch schändliche Schmeichelei befangen, ein unparteiisches Urteil über die Vergangenheit bildet, will ich nunmehr seine Fehler zusammenfassend aufzählen, um danach auch seine Vorzüge darzulegen. Manchmal nahm er den Anschein der Milde an, obwohl er infolge seiner hitzigen Natur mehr zur Härte neigte. Dabei vergaß er in der Tat, daß ein Herrscher alles Übermaß wie eine steile Klippe meiden muß. Nirgends gab er sich mit einer milden Bestrafung zufrieden, ließ vielmehr oft blutige Untersuchungen verschlimmern, so daß manche Leute während todbringender Verhöre bis an den Rand des Todes gemartert wurden. So hemmungslos war er bereit, jemand ins Unglück zu stürzen, daß er niemals einen Verurteilten durch einen Gnadenerlaß vor dem Tod bewahrte, obwohl dies auch manchmal sehr grausame Kaiser getan haben. ...

Außerdem verzehrte sich der Kaiser im Innersten vor Neid. Da er wohl wußte, daß die meisten Laster den Anschein einer Tugend anzunehmen pflegen, sagte er beständig, daß mißgünstige Strenge eine unzertrennliche Gefährtin wahrer Macht sei. Gewöhnlich glauben die höchsten Würdenträger, ihnen sei alles erlaubt, und sind daher sehr leicht geneigt, Leute, die ihnen widersprechen, zu beargwöhnen und Fähigere aus ihrer Umgebung zu entfernen. So haßte auch Valentinian Gutgekleidete, Gebildete, Reiche und Adlige und setzte die Tapferen herab, nur um sich den Anschein zu geben, als rage er als einziger durch gute Eigenschaften hervor, ein Fehler, an dem auch der Kaiser Hadrian sehr gelitten haben soll.

Furchtsame Leute stellte derselbe Kaiser öfter an den Pranger und nannte sie einen Schand- und Schmutzflecken. Er meinte, man müsse sie in die niedrigste Sorte verstoßen. Dabei verlor er zuweilen in verächtlicher Weise die Gesichtsfarbe, wenn er ohne Grund erschrak, und war im innersten Herzen furchtsam, auch wenn kein Grund dafür vorhanden war.

Nach diesen Bemerkungen ist es folgerichtig, zu denjenigen seiner Taten zu kommen, die rechtlich Denkende sich zum Beispiel nehmen und anerkennen müssen. Wenn er alles übrige mit Maß betrieben hätte, so hätte er wie Traianus und Marcus Aurelius gelebt. Gegen die Provinzbewohner verfuhr er schonungsvoll und erleichterte überall die Bürde der Abgaben. Städte und Grenzbefestigungen legte er zur rechten Zeit an. Er war ein ausnehmender Kritiker der militärischen Disziplin, irrte jedoch insofern vom rechten Weg ab, als er zwar bei den einfachen Soldaten sogar leichte Vergehen bestrafte, andererseits aber duldete, daß Schandtaten höherer Führer immer mehr zunahmen, wobei er Klagen, die man gegen diese erhob, oft geflissentlich überhörte. Dies war der eigentliche Grund, warum die Unruhen in Britannien, die Katastrophe Afrikas und die Verwüstung Illyriens eintraten.

Innerhalb seines Hauses und draußen sorgte er für anständiges und sauberes Verhalten, ließ sich auch durch keine Berührung mit obszönen Gefühlen beflecken, und es gab keine Unzucht. Aus diesem Grund zügelte er gleichsam mit festen Banden die Leichtfertigkeit des Kaiserhofs; das konnte er auch leicht kontrollieren, weil er seinen Verwandten keine Zugeständnisse machte. Entweder beließ er sie nämlich im Privatleben oder verlieh ihnen nur mittelmäßige Ämter, ausgenommen seinen Bruder, den er, veranlaßt durch die Notwendigkeit des Augenblicks, zum Kollegen seines hohen Amts annahm.

Bei der Verleihung der hohen Ämter war er sehr vorsichtig; unter seiner Regierung verwaltete kein Geldmakler eine Provinz, kein Amt wurde verkauft, außer im ersten Anfang seiner Herrschaft, wo gewöhnlich manches vorkommt, weil die Menschen darauf hoffen, einen Gewinn zu erhaschen oder straflos zu bleiben.

Bei Angriffs- und Verteidigungskriegen bewies er wachsame Vorsicht. Er war in der Hitze des Kriegsgetümmels gestählt, pflegte in recht verständiger Weise gute Ratschläge zu geben und von schlechten abzuraten und hatte ein sehr klares Urteil über alle Ränge im Militärdienst. Er schrieb eine hübsche Handschrift, verstand es, reizend zu malen und zu modellieren und neue Waffen zu erfinden. Er hatte ein gutes Gedächtnis und verfügte über eine lebhafte Ausdrucksweise, wenn sie auch selten an Beredsamkeit grenzte. Er liebte Sauberkeit und hatte Freude an kultivierten, doch nicht verschwenderischen Banketten.

Sein Körper war muskulös und kräftig, sein Haar leuchtend und seine Gesichtsfarbe hell. Die blaugrauen Augen blickten immer etwas schräg und finster, seine Gestalt war schön, seine Glieder hatten die richtige Ebenmäßigkeit. Im ganzen gab er ein prachtvolles Bild kaiserlicher Hoheit ab.«

Valentinianus' erste Gemahlin war Marina Severa, die Mutter Gratianus'. Seine zweite Frau war Iustina. Sie gebar ihm einen zweiten Sohn (Valentinianus II.) und drei Töchter.

Valens (364–378)

Valens (Flavius Iulius Valens; Kaiser im Osten des Römischen Reiches) wurde um 328 als zweiter Sohn Gratianus' des Älteren in Cibalae (Vinkovci) in Pannonien geboren. Unter Iulianus und unter Iovianus diente er in der kaiserlichen Garde – er war »protector domesticus« –, doch scheint er am Anfang seiner Laufbahn nicht besonders erfolgreich gewesen zu sein. Als sein älterer Bruder Valentinianus I. Kaiser wurde, ernannte er ihn zunächst zum Leiter seines Marstalls im Range eines Militärtribuns, erhob ihn aber bald darauf in Sirmium (Mitrovica) zu seinem Mitkaiser und unterstellte ihm den Osten des Reiches. Damit tat er einen entscheidenden Schritt in Richtung der endgültigen Teilung des Römischen Reiches in ein Weströmisches und ein Oströmisches (Byzantinisches) Reich.

Valens' Frau Albia Domnica, die ihm drei Kinder gebar, war die Tochter eines gewissen Petronius, eines hohen Beamten, der wegen seiner Grausamkeit und Habgier fast ebenso verhaßt war wie sein Namensvetter, der Prätorianerpräfekt Petronius Probus (s. Valentinianus I.). Der Unbeliebtheit dieses kaiserlichen Schwiegervaters ist es zuzuschreiben, daß Procopius, ein ehemaliger, hoher Befehlshaber, sich in einer Rebellion erhob und 365 in Konstantinopel zum Gegenkaiser ausrufen ließ, wobei er sich weitverbreiteter Unterstützung vergewisserte. Doch schon ein Jahr später ließen ihn seine germanischen Offiziere im Stich, als er bei Nacolea in Phrygien gegen Valens kämpfte. Procopius mußte fliehen, wurde ein zweites Mal verraten und dann grausam zu Tode gefoltert. Danach wandte sich Valens gegen die Westgoten. Sie hatten Procopius Beistand geleistet und drohten nun, in die Donauprovinzen des östlichen Teilreiches einzufallen. Um das zu verhindern, überquerte Valens 367 und 369 die Donau und verwüstete ihr Gebiet.

Die nächsten sieben Jahre lang waren Valens' Kräfte im Osten gebunden. 371/372 mußte er in Antiochia die Verschwörung des Theodoros, eines einflußreichen »notarius«, niederwerfen. Später erklärte er sich, nachdem Valentinianus am 17. November 375 gestorben war, zum ranghöheren Augustus, nahm den Kampf gegen die Perser wieder auf und errang in Mesopotamien einen Sieg. Dieser war jedoch nicht entscheidend genug, um 376 ein unbefriedigendes Abkommen mit den Persern zu verhindern.

Ebenfalls im Jahre 376 brachen die Westgoten in alarmierend großer Zahl in das östliche Reich ein. Vordem hatte es in Osteuropa zwei große gotische Staaten gegeben, den der Ostgoten (in der spätantiken Literatur »Ostrogothae« oder »Austrogothae« genannt, was wohl »helle Goten« bedeutet) in der heutigen Ukraine und den der Westgoten (»Visigothae«, was wohl »edle« oder »weise Goten« bedeutet) im heutigen Rumänien. Doch die furchterregenden Reiterscharen der Hunnen hatten die Gebiete beider Völker überrannt, das Ostgotenreich zerschlagen und 200 000 Westgoten in das römische Ostreich des Valens getrieben, dessen Statthalter den Flüchtlingen erlaubten, sich anzusiedeln. Diese westgotischen Siedler beklagten sich aber schon bald und nicht ohne Grund, daß sie von den oströmischen Beamten ausgebeutet und unterdrückt würden, und lehnten sich deshalb offen dagegen auf. Unter ihrem Anführer Fritigern plünderten sie die Balkanhalbinsel, während gleichzeitig weitere Germanenscharen über die Donau drängten.

Valens eilte aus Asien herbei, um die drohende Gefahr abzuwenden, und ging, nach einem Anfangserfolg seines Generals Sebastianus bei Beroia in Thrakien, 378 bei Hadrianopel (Edirne) zum Angriff über. Dabei blieb die Unterstützung seines Mitkaisers Gratianus aus. Später wurde wiederholt behauptet, sowohl von ost- wie von weströmischer Seite, daß Gratianus, der gesundheitlich nicht auf der Höhe gewesen sei und sich über den Anspruch seines Onkels, ranghöchster Augustus zu sein, geärgert habe, bewußt gezögert habe; aber auch, daß Valens absichtlich so schnell gehandelt habe, um seinen Mitregenten von der rechtzeitigen Ankunft und damit vom

Siegesruhm auszuschließen. Wie dem auch war – fest steht, daß Valens, dessen Befehlshaber unfähig waren, die Kampfhandlungen übereilt gesucht hat. Die Westgoten reagierten mit einem erfolgreichen Angriff ihrer Reiterei auf seine Flanke und gewannen die Schlacht. Die römische Reiterei wurde aufgerieben und die Infanterie restlos vernichtet. Auch Valens scheint in der Schlacht umgekommen zu sein, doch wurde sein Leichnam niemals gefunden. Der Kirchenvater Ambrosius betrachtete den katastrophalen Ausgang des Kampfes als »Massenmord an der gesamten Menschheit«, ja sogar als »Ende der Welt«. Tatsächlich warf hier das Ende der antiken Machtstrukturen sowie der Lebensweise im Mittelmeerraum seinen Schatten voraus, wenn es auch der westliche und nicht der östliche Teil des Reiches war, der in Kürze zugrunde gehen sollte.

Religionspolitisch bewies Valens keineswegs die gleiche Toleranz wie sein Bruder, denn er war ein überzeugter Arianer, der die Nizäner zu verfolgen begann und einige sogar hinrichten ließ. Außerdem verbannte er einige ihrer Bischöfe. Allerdings zwang die öffentliche Empörung ihn bald, Athanasios, den hervorragenden Kopf der Nizäner, auf seinen Bischofssitz in Alexandrien zurückzurufen, und wahrscheinlich hat er auch andere Bischöfe aus der Verbannung zurückkehren lassen. Christliche Autoren wie der Historiker Sozomenos betrachteten seinen Tod auf dem Schlachtfeld als Strafe Gottes für sein Sympathisieren mit den Arianern.

Das bedeutendste Monument seiner Regierungszeit ist der große Aquädukt, der die Wasserversorgung Konstantinopels sicherstellen sollte. Valens begann den Bau 368 und vollendete damit ein Projekt, das schon Constantinus »der Große« in die Wege geleitet hatte. Zum Bau wurden Steine aus der geschleiften Mauer Calchedons verwendet – einer Stadt, die am Aufstand des Prokopios teilgenommen hatte. Dieses beeindruckende Bauwerk, das zum Teil noch immer erhalten ist, überspannte eine Senke zwischen zwei Anhöhen der Stadt und führte das Wasser einem geräumigen Sammelbecken zu, dem Nymphaeum Maius (»größeres Nymphenheiligtum«).

Ammianus Marcellinus gibt eine umfassende Darstellung des in gewisser Weise komplizierten Charakters des Kaisers.

»Als Freund war er treu und zuverlässig, Ämtererschleichung strafte er hart. Die Disziplin hielt er beim Militär und im Zivildienst mit Strenge aufrecht und achtete stets ängstlich darauf, daß niemand, der Verwandtschaft mit ihm vorgab, sich zu hoch erhob. Bei der Übertragung oder Aberkennung von Ämtern verfuhr er zu langsam, aber die Provinzen schützte er mit großer Gerechtigkeit. Jede einzelne behütete er wie sein eigenes Haus vor Schaden, erleichterte mit einzigartigem Bemühen die Last der Tribute, erlaubte keine Erhöhung der Steuern und machte keine Schwierigkeiten bei der Umwandlung von Steuerrückständen in Geldzahlungen. Hohe Beamte, die des Diebstahls oder der Unterschlagung überführt waren, verfolgte er mit scharfer und heftiger Feindschaft. Der Osten des Reichs kann sich nicht erinnern, daß mit ihm in dieser Hinsicht unter einem andern Kaiser besser verfahren worden sei. Darüber hinaus war er von einer gemäßigten Freigebigkeit. Hierfür gibt es überaus viele Beispiele, aber es wird genügen, eines davon anzuführen. Da es an den Höfen manche Leute gibt, die nach fremdem Eigentum trachten, kam es vor, daß jemand nach altem Brauch um ein herrenloses oder ein anderes Gut bat. In solchem Fall wog er Recht und Unrecht genau ab, hielt die Möglichkeit des Einspruchs offen und schenkte das Gut dem Bittsteller, wobei er öfter drei oder vier weitere, die nicht zugegen waren, zu Teilhabern der Schenkung machte. Denn er wollte, daß die stets unruhigen Menschen hierbei etwas mehr mit Zurückhaltung verführen, wenn sie die Gewinne, nach denen sie gierten, durch diese Maßnahme verringert sähen. ...

Sein Verlangen nach großen Schätzen war unmäßig, Strapazen konnte er nicht ertragen, gab sich aber eher den Anschein ungeheurer Abhärtung. Er neigte zur Grausamkeit, war etwas tölpelhaft und besaß keine Kenntnisse der Kriegstheorie oder der freien Wissenschaften. Gern war er bereit, sich zum Leidwesen anderer Vorteile und Gewinn zu verschaffen, und war besonders dann unerträglich, wenn er ein vorgefallenes Verbrechen auf die Verachtung oder Verletzung der kaiserlichen Majestät ausdehnen und gegen das Leben und zum Schaden der Reichen wüten konnte. Ebenso unerträglich war es, daß er zwar dem Anschein nach alle Streitfälle und Untersuchungen den Gesetzen anheimgeben wollte und ordentlichen und gleichsam auserwählten Richtern die Prozeßführung übertrug, in Wirklichkeit jedoch nicht duldete, daß etwas entgegen seiner Willkür verhandelt wurde. Im übrigen war er ungerecht und jähzornig und hatte offene Ohren für Beschuldigungen, die manche vorbrachten, ohne Wahres und Falsches zu unterscheiden. Und gerade dieser schändliche Fehler ist in privaten Verhältnissen besonders furchtbar.

Er war saumselig und träge, von dunkler Hautfarbe; die Pupille des einen Auges war getrübt, doch so, daß es von weitem nicht auffiel. Er war von gedrungener Gestalt, weder groß noch klein. Seine Beine waren leicht gekrümmt, und der Leib stand etwas vor.«

Gratianus (367–383)

Gratianus (Flavius Gratianus; Mitkaiser im Westen von 367 bis 375 und Alleinherrscher im Westen von 375 bis 383) wurde 359 als Sohn Valentinianus' I. und der Marina Severa in Sirmium (Mitrovica) geboren. Sein Großvater war Gratianus der Ältere. Schon 366 zum Konsul ernannt, wurde er bereits ein Jahr später von seinem Vater in Samarobriva (Amiens) mit allen militärischen Ehren zum Augustus erhoben. Münzen, die in Gratianus' Namen in Arelate (Arles) herausgegeben wurden, feiern ihn als »Ruhm des neuen Zeitalters« (GLORIA NOVI SAECVLI).

Nach Valentinianus' Tod am 17. November 375 wurde Gratianus zum Alleinherrscher des Westens ernannt, und nur fünf Tage später wurde in Aquincum (Budapest) sein erst vier Jahre alter Bruder Valentinianus II. zum Augustus erhoben. Obwohl das ohne das Wissen Gratianus' und seiner Ratgeber geschah, duldeten sie diese Erhebung. In dem folgenden Machtkampf, der sich hinter Gratianus' Rücken abspielte, waren Theodosius der Ältere, Kommandeur der Reiterei im Westen, und Maximinus, Prätorianerpräfekt in Gallien, die Hauptpersonen. Sie unterlagen aber beide ihren Gegnern und wurden hingerichtet. Die Regierungsgeschäfte gingen nun in die Hände des Dichters Ausonius über, der zu höchsten Staatsämtern aufgestiegen war. Er war von 375 bis 376 Justizminister (»quaestor sacri palatii«) und danach zuerst in Gallien und anschließend in Italien und auch in Afrika Prätorianerpräfekt. Ausonius, dem die Ideale des zum großen Teil immer noch heidnischen Senates keineswegs abwegig erschienen, bemühte sich um gute Beziehungen zu ihm. Sie hatten unter den unmittelbaren Vorgängern Gratianus' gelitten. Unter der neuen Verwaltung gab es an einflußreicher Stelle auch keinen Platz mehr für Männer, die aus der Donaugegend kamen. Nachsicht bestimmte die Politik gegenüber den Senatoren, und jene Männer, die aus manchmal undurchsichtigen politischen Gründen in Ungnade gefallen waren, wurden amnestiert. Als Gratianus im Jahre 376 Rom besuchte, ging er sogar noch weiter, um einen möglichst hohen Grad an Zuspruch zu gewinnen.

Gratianus' Hauptresidenz war Treveri (Trier), von wo aus er in den folgenden beiden Jahren seine Angriffe gegen die Alamannen führte. Danach zog Gratianus mit einer nur leicht bewaffneten Armee donauabwärts nach Bononia Malata, Sirmium und Castra Martis (einer kleinen Stadt der Provinz Dacia Ripensis, früher Obermösien), wo er, während er unter Fieberanfällen litt, in einem Scharmützel mit den sarmatischen Alanen einige Soldaten verlor. Als er erfuhr, daß Valens bei Hadrianopel (Edirne) einem mächtigen Gotenheer gegenüberstand, sandte er ihm Nachricht, daß er in Kürze zur Stelle sein und ihm helfen werde. Doch entweder aus eigenem Verschulden oder aber weil Valens übereilt handelte – auf jeden Fall traf Gratianus nicht zur rechten Zeit ein, um Valens' Untergang zu verhindern. (s. Valens). Im Januar 379 erhob Gratianus in Sirmium seinen angeheirateten Vetter Theodosius I., den Sohn Theodosius' des Älteren, an Stelle des Valens zum Augustus des Ostens, während er sich weiterhin die Herrschaft im Westen vorbehielt. Ein Jahr später unterstützte er Theodosius und siedelte Goten und Alanen in Pannonien an.

Während des Winters 382/383 hielt sich Gratianus verhältnismäßig lange in Mediolanum (Mailand) auf, dessen Bischof Ambrosius schon seit den vergangenen vier Jahren einen immer stärkeren Einfluß auf den jugendlichen Kaiser ausübte und der den eher maßvollen Ansichten des Ausonius entgegenwirkte. Schon von frühester Jugend an war Gratianus ein sehr frommer Christ und interessierte sich lebhaft für theologische Fragen. Nun, 379, verbat er nicht nur alle Häresie, sondern legte auch – übrigens war er der erste Kaiser, der dies tat – den heidnischen Titel »pontifex maximus« ab. Außerdem untersagte er jede weitere, bisher gewährte Unterstützung der heidnischen Kulte. Von großer Bedeutung war auch sein Befehl, den Altar der Siegesgöttin Victoria aus dem Senatsgebäude, der Kurie, in Rom zu entfernen. Nachdem er schon einmal entfernt worden war, hatte ihn Iulianus Apostata wieder aufstellen lassen. Gratianus' Anordnung wurde von vielen heidnischen Senatoren als eine so schwerwiegende Bedrohung ihres traditionellen Glaubens angesehen, daß sie, angeführt von Quintus Aurelius Symmachus, dem führenden heidnischen Redner seiner Zeit, eine Abordnung zu ihm sandten, die er aber nicht einmal empfing.

Als Gratianus 383 in Rätien weitere Feldzüge gegen die Alamannen vorbereitete, erfuhr er, daß seine Soldaten in Britannien Magnus Maximus zum Augustus ausgerufen hätten und daß dieser bereits den Kanal überquert habe. Daraufhin begab sich Gratianus schnellstens nach Lutetia (Paris), um sich ihm entgegenzustellen. Aber seine Soldaten, die auf die den alanischen Söldnern gewährten Privilegien eifersüchtig waren, liefen zum Gegner über. Begleitet von einer kleinen Gruppe Getreuer versuchte Gratianus, die Alpen zu erreichen, doch schon im August 383 wurde er in Lugdunum (Lyon) getötet. Sein Mörder Andragathius, ein hoher Offizier, hatte vorgegeben, ein Anhänger von ihm zu sein.

Erst sieben Jahre alt, war Gratianus mit der zwölfjährigen Constantia, der nachgeborenen Tochter des Constantius II., vermählt worden. Sie starb 383 (noch vor Gratianus), und auch ihr Sohn überlebte seinen Vater nicht. Nach ihrem Tod heiratete Gratianus eine gewisse Laeta, die ihn um mehr als zwanzig Jahre überlebte.

Gratianus war ein gebildeter junger Mann, ein gewandter Redner mit brennendem Interesse an Literatur und Religion, und Ammianus Marcellinus war beeindruckt von dem soldatischen Unternehmungsgeist, den er mit achtzehn Jahren an den Tag legte. Auch seinem jüngeren Kollegen Valentinianus II. gegenüber war er freundlich. Allerdings war er von einem übertriebenen sportlichen Eifer besessen, der ihn von seinen Amtspflichten abhielt. »Er war ein junger Mann von bemerkenswertem Talent«, beschließt Ammianus seine Schilderung, »beredt, beherrscht, ebenso kriegerisch wie milde, und allem Anschein nach konnte er es mit den besten seiner Vorgänger aufnehmen, obwohl auf seinen Wangen noch immer Flaum wuchs. Doch war ihm die Neigung angeboren, sich zum Narren zu machen, und seine nächsten Freunde unternahmen auch nichts, ihn davon abzuhalten. Das aber verleitete ihn dazu, an Frivolität dem Kaiser Commodus nachzustreben, obwohl er im Gegensatz zu ihm nie blutdürstig war.«

Valentinianus II. (375–392)

Valentinianus II. (Flavius Valentinianus; Mitkaiser im Westen) wurde nicht schon 366, wie manche Autoren behaupten, sondern erst 371 in Treveri (Trier) geboren. Er war der Sohn Valentinianus' I. und der Iustina und der jüngere Halbbruder Gratianus'. Als Valentinianus I.

am 17. November 375 gestorben und Gratianus Alleinherrscher für den Westen geworden war, riefen die Soldaten Valentinianus II. in Aquincum (Budapest) zum Mitkaiser aus. Der Beweggrund dazu war die Unzufriedenheit der Donaulegionen darüber, daß die germanischen Streitkräfte, die in römischen Diensten standen, dazu neigten, alles zu ihren Gunsten zu entscheiden. Verantwortlich für Valentinianus' Erhebung waren in erster Linie zwei ehemalige einflußreiche Ratgeber seines Vaters, der Germane Flavius Merobaudes, der Infanteriekommandeur im kaiserlichen Stabe war (»magister peditum in praesenti«), und Flavius Equitius, der oberste Heerführer der Donauprovinzen. Zum Zeitpunkt seiner Erhebung hielt sich Valentinianus II. zusammen mit seiner Mutter rund 160 Kilometer von Aquincum entfernt in einem Landhaus bei Murocincta auf. Nachdem Merobaudes und Equitius seine Proklamation vorbereitet hatten, sandten sie den Bruder seiner Mutter, Cerealis, den Leiter der kaiserlichen Stallungen, zu ihnen, setzten Valentinianus in eine Sänfte und brachten den Knaben ins Heerlager, wo er nur fünf Tage nach dem Tode seines Vaters zum Mit-Augustus des Westens ausgerufen wurde.

Es wurde gefürchtet, daß Gratianus diese Erhebung, die ohne seine Einwilligung geschehen war, ablehnen würde. Doch er akzeptierte sie, bewahrte dem Kind auch weiterhin seine Zuneigung und kümmerte sich sogar (gegen den Willen Iustinas) um seine Erziehung. Der Reichsteil, den der junge Mitregent angewiesen erhielt, umfaßte Italien, Afrika und das westliche Illyrien (i. e. die pannonischen Provinzen). Eine von Gratianus in Trier herausgegebene Münze zeigt die beiden Kaiser Seite an Seite, doch Valentinianus II. ist deutlich kleiner gezeichnet als Gratianus, und die Inschrift der in seinem Namen geschlagenen Münzen bezeichnet ihn auch als den »jüngeren« der beiden Augusti. Tatsächlich war er auch noch viel zu jung, um eine Rolle zu spielen, als Valens, der von den Westgoten besiegte und verschollene Kaiser im Osten des Reiches, im Jahre 379 auf Gratianus' Betreiben durch Theodosius I. ersetzt wurde und Magnus Maximus vier Jahre später Gratianus aus dem Wege räumen ließ. Theodosius, der um das Leben des dem Usurpator ausgelieferten Kindes bangte, verhandelte mit Magnus Maximus, der aber nur einen unbefriedigenden Frieden mit Valentinianus schloß.

Kurz vor seinem Tode hatte Gratianus befohlen, den Altar der Siegesgöttin Victoria aus dem Senatsgebäude, der Kurie, zu entfernen. Darüber kam es 384 unter Valentinianus II. zu einer öffentlichen Diskussion, die von den Wortführern beider Parteien, Quintus Aurelius Symmachus für die Heiden und Ambrosius, dem Bischof von Mailand, für die Christen, ausgetragen wurde. Die Entscheidung schien zugunsten der Heiden zu fallen, weil unter dem wachsenden Einfluß Iustinas (einer Arianerin) sich die Beziehungen der Ratgeber des jugendlichen Kaisers zu Ambrosius deutlich verschlechtert hatten und Iustina außerdem noch von dem fränkischen Heermeister Flavius Bauto unterstützt wurde. Hinzu kam, daß Symmachus als Stadtpräfekt eine wichtige Machtposition innehatte und der ihm gleichgesinnte Vettius Agorius Praetextatus Prätorianerpräfekt von Italien, Illyrien und Afrika war. Die Auseinandersetzung wurde mit dem der Angelegenheit entsprechenden Ernst geführt. »Jeder«, erklärte Symmachus, »hat seine eigenen Bräuche und seine eigene Religion. Außerdem hängt man am Gewohnten. Wir bitten deshalb den Kult in seinen alten Formen wiederherzustellen, die so lange für den römischen Staat von Nutzen waren. Man kann sich einem so großen Geheimnis nicht nur auf eine Weise nähern.« Doch Ambrosius wies diese klare Absage an den Universalitätsanspruch des Christentums entschieden zurück und bestand darauf, der Kaiser solle »tun, was ihm seines Wissens aus der Sicht Gottes zum Heil gereiche«. Er war es auch, der gegenüber Valentinianus II. den Standpunkt vertrat: »Wenn man die Schriften liest, erkennt man, daß es die Bischöfe sind, die das Urteil über die Kaiser fällen; ein guter Kaiser weist die Hilfe der Kirche nicht zurück – er sucht sie.« Tatsächlich hörten einige Ratgeber am kaiserlichen Hof lieber auf Symmachus. Doch unter dem Druck des Ambrosius wurde das Anliegen des Senats wieder verworfen. Das war das letzte große Aufbegehren der Heiden. Symmachus trat von seinem Amt zurück, und Praetextatus starb in demselben Jahr. Etwa zu dieser Zeit oder kurz danach entstand an der Stelle einer alten Kirche aus der Zeit Constantinus' »des Großen« die großartige Basilika »San Paolo fuori le mura« (»Sankt Paul vor den Mauern«) – eine riesige, reich ausgestattete Nachbildung der damaligen Peterskirche. Doch Ambrosius' Sieg war unvollständig, denn 386 wurde ein Toleranzedikt zugunsten der Arianer erlassen. Dagegen erhob Ambrosius allerdings schärfsten Einspruch, und Theodosius I. unterstützte ihn dabei.

Im folgenden Jahr fühlte sich Magnus Maximus auf Grund der Tatsache, daß er das westliche Europa kontrollierte, stark genug, um in Italien einzufallen, dessen Zugänge über die Alpen er unverteidigt fand. Valentinianus II. und seine Mutter flohen in die von Theodosius verwalteten Gebiete. Nachdem Theodosius Maximus besiegt hatte, gab er seine Bedenken gegen die von Valentinianus II. geübte religiöse Großzügigkeit auf und erkannte ihn als Kaiser des Westens an. Allerdings blieb in Wirklichkeit Valentinianus' Machtbereich auf Gallien beschränkt, denn Theodosius blieb bis 391 in Italien.

Zu dieser Zeit stand Valentinianus schon fast ganz unter dem Einfluß des heidnischen Arbogast, eines eingebildeten und hochfahrenden Franken, der seit Bautos Tod 388 Heermeister und das Idol der Truppen war. Der junge Kaiser, dem Arbogast mit der Zeit aber zu mächtig geworden war, wollte ihn entlassen. Doch der Franke warf das Entlassungsschreiben nur verächtlich zu Boden, und kurz darauf, am 15. Mai 392, wurde Valentinianus tot in seinem Palast in Vienna (im heutigen Südfrankreich) aufgefunden. Es ist ungeklärt, ob er Selbstmord beging oder aber, was wahrscheinlicher erscheint, auf Arbogasts Betreiben hin ermordet wurde. Arbogast auf jeden Fall forderte daraufhin, einen Mann seiner Wahl, Eugenius, zum Kaiser zu erheben. Als Valentinianus in Mailand bestattet wurde, lobte ihn Ambrosius in einer großen Rede, obwohl der früh Verstorbene, ein so vielversprechender und gewissenhafter junger Mann er auch war, nicht Zeit genug hatte, um zu freiem, politischem Handeln heranzureifen.

Theodosius I., »der Grosse« (379–395)

Theodosius I., auch »der Große« (Flavius Theodosius; Mitkaiser von 379 bis 392, angefochten in der Zeit von 392 bis 394 und Alleinherrscher von 394 bis 395) wurde 347 in Cauca, im Nordwesten Spaniens, geboren. Sein Vater, Theodosius der Ältere, leitete von 368 bis 369 eine Spezialeinheit der Feldarmee und stieg anschließend, 369–375, zum obersten Befehlshaber der Reiterei auf (»magister equitum«), zunächst im kaiserlichen Hauptquartier und danach in Africa. Der zukünftige Kaiser nahm 368 im Stab seines Vaters an Feldzügen in Britannien teil und später auf dem Kontinent an Kämpfen gegen die Alamannen. Um 373/374 war er Statthalter von Moesia Prima (Obermösien) und kämpfte gegen die Sarmaten. Nachdem sein Vater 375 unter Valentinianus I. wegen Hochverrats verurteilt und ein Jahr später unter Gratianus hingerichtet worden war, zog sich Theodosius auf seine Güter in Spanien zurück. Als jedoch Valens, der Kaiser im Osten des Römischen Reiches, 378 bei Hadrianopel (Edirne) im Kampf gegen die Westgoten umgekommen war, rief Gratianus Theodosius aus Spanien zurück, um ihn, vielleicht als Heermeister, an der Donaufront einzusetzen. Nach beachtlichen Anfangserfolgen dort wurde er am 19. Januar 379 in Sirmium (Mitrovica) zum Augustus erhoben.

In den ersten Jahren seiner Regierung kämpfte Theodosius I. weiter gegen westgotische Eindringlinge und Einwanderer. Aber es gelang ihm nicht, sie zu vertreiben. Deshalb schloß er 382 mit ihren Führern einen Vertrag, der es ihnen erlaubte, sich geschlossen als Bundesgenossen innerhalb der Reichsgrenzen niederzulassen. Sie waren das erste einer Anzahl germanischer Völker, denen dieses Recht gewährt wurde. Auf Grund dieser neuartigen Vereinbarung erhielten sie in Thrakien Land, auf dem sie unter eigenen Gesetzen und eigenen Herrschern leben konnten, vorausgesetzt, daß sie den Römern Soldaten und Landarbeiter stellten. Auch diese Hilfskräfte stellten sich den Römern nicht mehr einzeln zur Verfügung, sondern im Verband ihres Stammes und unter ihren eigenen Führern. Letztere erhielten von Theodosius eine jährliche Abfindung in barer Münze und Sachwerten, damit bezahlten sie die Soldaten, die unter ihrer Führung für Rom kämpften. Diese westgotischen Soldaten in römischem Dienst erfreuten sich äußerst günstiger Bedingungen. Sie durften zum Beispiel jederzeit den Dienst aufgeben, wenn sie nur für einen Ersatzmann sorgten.

Einmal eingeführt, nahm die Zahl der Soldaten, die als Bundesgenossen im Heer dienten – und zwar nicht nur Germanen, sondern auch Hunnen, die in Theodosius' Heer eine wichtige Rolle spielten –, immer mehr zu. Dieser Prozeß war deshalb so bedeutsam, weil dadurch in großer Zahl Germanen und Angehörige anderer, nichtrömischer Völker in die Thronstreitigkeiten zwischen Theodosius und seinen Rivalen einbezogen wurden. Die Mobilmachung all dieser Fremden, die im Römischen Reich zu einer weitverbreiteten Regel wurde, stieß in Rom auf allgemeine und harte Kritik. Doch da es außerordentlich schwierig geworden war, Männer mit römischem Bürgerrecht für den Soldatendienst zu gewinnen, war das geschilderte Verfahren wahrscheinlich das wirkungsvollste zur Aufrechterhaltung einer schlagkräftigen Armee. Außerdem bot es Gelegenheit, verschiedene Völker einander näherzubringen, obwohl das Vorurteil der Römer und die Unruhe unter den Germanen bedeuteten, daß die Möglichkeiten der Annäherung nicht erschöpfend genutzt werden konnten, obgleich führende Männer unter den Römern, darunter auch Theodosius I., einige germanische Führer durchaus persönlich schätzten.

Um diese Vergrößerung des Heeres auch finanziell tragen zu können, lassen die Gesetze des Theodosius noch mehr als die Valentinianus' I. den leidenschaftlichen Entschluß erkennen, die Steuereinnahmen mit allen nur verfügbaren Mitteln zu erhöhen. »Niemand«, erklärte Theodosius 383, »soll etwas besitzen, das frei von Steuern ist.« Eine Unmenge von Erlassen und Vorschriften trieb diesen Grundsatz bis zum Äußersten. Zum Beispiel durften Pächter ihren Wohnsitz nicht verlassen, wenn der Grundbesitzer nicht zustimmte. Man hielt zwar die privaten Gefängnisse, die diese Grundbesitzer zuweilen unterhielten, für gesetzeswidrig, betrachtete ihre »Insassen« aber als »Sklaven des Bodens, auf dem sie geboren waren«, so daß jeder, der diesen Boden verlassen wollte, als Dieb handelte, denn »er [stahl] seine eigene Person«.

Die Unterdrückten konnten sich auch nicht mehr hilfesuchend an die sogenannten Verteidiger des Volkes wenden (s. Valentinianus I.). Theodosius entzog ihrem Amt den Boden, indem er die Besetzung dieses Amtes den Räten der Städte übertrug, die ihrerseits für die Eintreibung der Steuern verantwortlich waren und denen Handlanger der Regierung mit der Prügelstrafe drohten, wenn sie nicht genügend Steuern erhoben. Daß Theodosius sie von der Bestrafung mit der Peitsche ausnahm, die mit Bleikugeln bestückt war, zeigt, daß diese Strafe durchaus üblich war.

Theodosius' Verhältnis zu seinem westlichen Kollegen Gratianus war nicht besonders glücklich. Doch Gratianus fiel bald (383) dem Mordanschlag eines Usurpators aus Britannien, Magnus Maximus, zum Opfer. Magnus Maximus überrannte Gallien und konnte sich anfangs sogar die Anerkennung durch Theodosius sichern. Als er aber plötzlich 387 in Italien einfiel, marschierte der Kaiser mit seinen germanischen und hunnischen Soldaten, derer er sich geschickt bediente, nach Westen, besiegte Maximus bei Siscia und Poetovio und ließ ihn in Aquileia enthaupten. Obwohl Theodosius drei Jahre lang in Italien blieb, konnte er den äußersten Westen des Grenzgebietes an der oberen Donau nicht halten und mußte diesen Teil des Reiches den Germanen zur Besetzung überlassen. Andererseits aber gingen spätestens damals die Diözesen Dakien (Obermösien) und Makedonien mit der Münzstätte Thessalonice als Präfektur Illyricum vom westlichen an den östlichen Teil des Römischen Reiches über. Auf diese Weise verlief von nun an die Grenze zwischen dem West- und dem Ostreich von Sirmium und Singidunum (Belgrad) geradewegs nach Süden zur Adria.

Als Theodosius wieder nach Konstantinopel zurückkehrte, vertraute er die »de facto«-Regierung des Westens seinem fränkischen Heermeister Arbogast an. Dieser wollte seine Unabhängigkeit behaupten, indem er im Westen einen Marionettenkaiser einsetzte. Seine Wahl fiel auf Flavius Eugenius, einen ehemaligen Lehrer der lateinischen Grammatik und Rhetorik, der zum Leiter der kaiserlichen Kanzlei aufgerückt war (»magister scrinii«) und die Unterstützung der Franken genoß. Aber Theodosius besiegte 394 ihre Truppen am Frigidus (an der Wippach) und ließ Eugenius hinrichten. Nun war er Herrscher über das gesamte Reich, seinen östlichen wie den westlichen Teil. Doch diese Vereinigung der beiden Reichsteile war nur von kurzer Dauer, denn schon fünf Monate später, im Januar des Jahres 395 starb Theodosius.

Er wurde »der Große« genannt, weil er sich um das Christentum verdient gemacht hatte. Ganz am Anfang seiner Regierung, während einer schweren Krankheit, wurde er getauft. Im Jahre 380 verkündete er, daß der Glaube, den Papst Damasus und der Bischof von Alexandria vertraten und der auf dem Nizänischen Glaubensbekenntnis beruhte, der einzig wahre sei. Ein Jahr später ordnete er an, daß die Kirchenleitungen nur Bischöfen anvertraut werden sollten, die sich zum Nicenum bekannten, und daß er selbst über ihren Anspruch, Nizäner zu sein, bestimmen wollte. Dennoch lief nicht alles so glatt, wie er es sich wünschte: Die 150 Bischöfe, die er zu einer Synode in Konstantinopel zusammengerufen hatte, die als das 2. ökumenische Konzil in die Kirchengeschichte eingegangen ist, weigerten sich, das Amt des Patriarchen von Konstantinopel mit einem Mann seiner Wahl zu besetzen. Statt dessen unterbreiteten sie dem Kaiser eine eigene Kandidatenliste.

Inzwischen ergriff Theodosius auch harte Maßnahmen gegen Andersgläubige, gegen die er seit 380 immer neue entsprechende Gesetze erließ. Ein Erlaß verbot sogar die bloße Diskussion religiöser Fragen – ein Versuch, den Leuten eines ihrer Hauptgesprächsthemen zu nehmen. Die Manichäer (Anhänger einer dualistischen Religion, in deren Mittelpunkt Vorstellungen eines Kampfes zwischen den Mächten des Lichtes und der Finsternis standen) wurden für Häretiker erklärt und in den Untergrund getrieben. Nur die Juden wurden eine Zeitlang großzügiger behandelt, weil der Kaiser mit ihrem geistlichen Oberhaupt Gamaliel VI. befreundet war. Gegenüber den Heiden vertrat Theodosius eine unklare Politik. Einerseits durften sie opfern, andererseits war es ihnen verboten zu weissagen. Obwohl er die Christen nicht daran hinderte, die Tempel der Heiden zu zerstören, ließ er doch zunächst kein heidnisches Heiligtum schließen. Das geschah erst 391, als er plötzlich unter Androhung strengster Strafen jede Form heidnischer Kultausübung untersagte. Im Sinne bewußter Vergeltung – die durch die Erhebung des Eugenius geschürt wurde, der sich zwar Christ nannte, aber mit seinem heidnischen Rivalen sympathisierte – sah sich Theodosius in der Rolle genau desjenigen, der sich an den Heiden für die Christenverfolgungen rächte.

Diese Maßnahmen waren ganz im Sinne des Ambrosius, des Bischofs von Mailand, der seit 387 großen Einfluß auf Theodosius ausübte. Er zwang den Kaiser 388, den Bischof von Nicephorium Callinicum in Mesopotamien, der eine Synagoge niedergebrannt hatte, straffrei ausgehen zu lassen. Dabei weigerte er sich einfach, den Gottesdienst zu halten, bis die Strafe für den Bischof und der Befehl, die Synagoge wieder aufzubauen, aufgehoben waren. Und als der Kaiser 390 einen Straffeldzug in Thessalonice anordnete, weil der illyrische Heermeister Butheric, der einen beliebten Wagenlenker hatte einkerkern lassen, im Circus gelyncht worden war, da verweigerte ihm Ambrosius das Abendmahl, bis er Buße getan hatte. Das waren zwei historische Siege der Kirche über den Staat. Nicht von ungefähr erklärte daher der sehr antichristlich eingestellte Priester und Philosoph Eunapios, daß unter Theodosius I. »unser Zeitalter in Gefahr« gewesen sei, »von Dummköpfen herumgestoßen zu werden«; und ein anderer Heide, Zosimos, sah rückblickend in der erzwungenen Christianisierung des Reiches den eigentlichen Grund für den Untergang Roms, der wenig später erfolgte – die Rache der alten Götter, die der Kaiser mit seiner Politik heraufbeschworen hatte.

Theodosius war in erster Ehe (376–386) mit der ebenfalls aus Spanien stammenden Aelia Flavia Flaccilla, in deren Namen er Münzen herausgab, verheiratet und in zweiter Ehe mit Galla, einer Schwester Valentinianus' II. Zu seinen Kindern aus erster Ehe zählen Arcadius und Honorius, die er 383 bzw. 393 zu Augusti erhob. Seine Tochter aus zweiter Ehe, Aelia Galla Placidia, die 388 geboren wurde, war zuerst mit dem Westgotenkönig Athaulf verheiratet und dann mit Constantius III.

Mit seinen blonden Haaren und seiner Adlernase war Theodosius eine stattliche Erscheinung. Aber in seinem Leben fiel er von einem Extrem ins andere, er konnte fieberhaft arbeiten und von ermüdender Trägheit sein, er liebte das einfache Soldatenleben und den Glanz des Hofes. Er sparte nicht mit Tadeln und Strafen, nahm sie aber ebenso schnell wieder zurück und verzieh, weil er gerne gefiel. Er wurde als guter Kenner der römischen Geschichte bewundert. Wenn er ein Versprechen gab, versuchte er, es auch zu halten, und trotzdem konnte man ihm nicht als Freund oder gar als Führer vertrauen. Außerdem war er habgierig, und der Historiker Zosimos, der zugegebenerweise als Heide nicht vorurteilsfrei war, beklagt seine Vorliebe für Mimen und Tänzer und überhaupt seine Hinwendung zu Vergnügen und Luxus. Er fügt aber auch hinzu, daß Theodosius sich nötigenfalls durchaus als fähig erweisen konnte. Durch ihn gelangte eine Reihe von Spaniern, die mit dem südgallischen Adel in Verbindung standen, in höchste Machtpositionen.

Maximus Magnus (383–388)

Maximus Magnus (Usurpator im Westen) stammte aus einer armen spanischen Familie, die vermutlich in Callaecia ansässig und mit dem Hause Theodosius' I. verwandt war oder in irgendeiner anderen Beziehung zu ihm stand. Er diente unter Theodosius dem Älteren, dem Vater Theodosius' I., 369 in Britannien und kämpfte von 373 bis 375 gegen den Rebellen Firmus und seine Anhänger in Afrika. Später wurde er Oberbefehlshaber (»comes«) in den Provinzen Britanniens, wo er erfolgreich die Angriffe der Pikten und Skoten abwehrte. Als die Truppen in den britischen Garnisonen nicht mehr mit Gratianus zufrieden waren, der in der westlichen Reichshälfte herrschte, erhoben sie Maximus zum Kaiser, der die Ernennung annahm und die Münze in Londinium (London) wieder eröffnete.

Gratianus zog nach Lutetia (Paris), um sich gegen ihn zu verteidigen, aber seine Truppen liefen zu Maximus über; und als sich Gratianus nach Lugdunum (Lyon) zurückgezogen hatte, wurde er dort von

Andragathius, dem Befehlshaber der Reiterei (»magister equitum«) des Maximus eingeholt und ermordet. Mit Unterstützung des Flavius Merobaudes, des Infanteriekommandeurs (»magister peditum«) des Westens, dehnte Maximus seinen Herrschaftsbereich bis an die Grenzen Germaniens und Spaniens aus und machte Treveri (Trier) zu seiner Hauptstadt. Er nahm auch Verhandlungen mit den Kaisern Valentinianus II. und Theodosius I. auf, die in beiden Fällen erfolgreich verliefen, denn Valentinianus nahm, zwar zögernd, seinen Staatsstreich hin, und Theodosius, der für Valentinianus' Sicherheit fürchtete und selbst mit Schwierigkeiten an der Grenze im Osten zu kämpfen hatte, sah sich gezwungen, das gleiche zu tun. Inzwischen hatte Maximus auch den Namen Flavius angenommen als Zeichen seiner Zugehörigkeit zum kaiserlichen Hause.

Maximus war Christ und nahm seine religiösen Pflichten sehr ernst. Zum Beispiel nahm er die Strafmaßnahmen gegen die Manichäer (s. Theodosius I.) mit aller Härte wieder auf. Sie führten zu einem Unglück, dessen Opfer Priscillianus war, ein Laie spanisch-römischer Herkunft, der durch seine Predigten beachtlichen Zulauf hatte. Obwohl er sich als Christen bezeichnete und ihm sogar die Wahl zum Bischof von Abula (Avila) gelang, verdächtigten ihn hohe Geistliche der Verbindung mit den Manichäern, nur weil seine Verachtung des unwürdigen Erdenlebens auf letzter Entsagung und dualistischem Denken beruhte. So kam es, daß Priscillianus 384 auf der Synode von Burdigala (Bordeaux) verurteilt wurde. Als er gegen dieses Urteil Einspruch erhob und deswegen Maximus anrief, hatte das nur zur Folge, daß man ihn weiterer Vergehen, unter anderem der Hexerei, anklagte und ihn trotz des Einspruchs Martinus' von Tours in Trier für schuldig befand und zum Tode verurteilte. Soweit wir wissen, war dies der erste Fall, daß Christen jemanden um seines Glaubens willen hinrichteten. Damit war die künftige Auslieferung mutmaßlicher Häretiker an die weltliche Obrigkeit unheilvoll vorgezeichnet, und das, obwohl Martinus von Tours die Auffassung vertrat, daß Kirche und Staat getrennte Aufgaben hätten. Martinus von Tours war übrigens nicht der einzige, der gegen die Verurteilung Priscillianus' Einspruch erhob; Papst Siricius und der Mailänder Bischof Ambrosius schlossen die Ankläger Priscillianus' aus der Kirche aus. Maximus zeigte sich aber nicht nur jeder Art von Häresie gegenüber feindlich, sondern auch gegenüber dem traditionellen Heidentum, und er schloß sich seinem Bruder Marcellinus an, der vorschlug, daß alle, die dem heidnischen Redner Symmachus anhingen, mit einem Bußgeld zu belegen seien. Andererseits ordnete er trotz der Mißbilligung durch Ambrosius den Wiederaufbau der Synagoge an, die ein Opfer der Flammen geworden war.

Im Jahre 387 erhob Maximus seinen sich noch im Kindesalter befindenden Sohn Flavius Victor zum Mitkaiser. Zur Feier dieses dynastischen Ereignisses ließ er zu Ehren des Kindes in Trier eine Münze herausgeben, die es neben seinem Vater sitzend zeigt und die traditionelle Formel »für das Wohl des Staates geboren« (BONO REI PVBLIC[a]E NATI) trägt. Noch im Sommer desselben Jahres ließ Maximus seinen Sohn in Gallien zurück und fiel überraschend in Italien ein, dessen Alpenübergänge er ungehindert überschreiten konnte. Gleichzeitig bemühte er sich aber auch um beschwichtigende Gesten gegenüber seinen Mitkaisern. Trotzdem war Theodosius I., bei dem Valentinianus II. Zuflucht gesucht hatte, um der Gefangenschaft zu entgehen, im darauffolgenden Jahr zum Gegenangriff bereit. Während Maximus in Aquileia blieb, rückte seine Armee unter Andragathius nach Illyrien vor. Doch die kaiserlichen Truppen liefen nicht in so großer Zahl zu ihm über, wie er es gehofft hatte, und so erlitt er in der Nähe von Siscia eine Niederlage. Seinem Bruder Marcellinus gelang es zwar, die Armee wieder zu sammeln, doch sie wurde erneut und diesmal entscheidend bei Poetovio an der Drave geschlagen. Maximus ergab sich bedingungslos Theodosius, doch das rettete ihn nicht vor der Todesstrafe. Und auch für seinen kleinen Sohn, den Arbogast gefangengenommen hatte, gab es kein Erbarmen.

Theodosius erklärte Maximus zum Usurpator und alle Maßnahmen seiner Regierung für null und nichtig. Manche modernen Autoren sehen in ihm allerdings einen fähigen und weitblickenden Staatsmann.

Arcadius (395–408)

Arcadius (Flavius Arcadius; Kaiser im Osten) wurde um 377 in Spanien geboren. Seine Eltern waren Theodosius I. und Aelia Flavia Flacilla. Schon 383 ließ ihn sein Vater zum Augustus ausrufen. Seine Erziehung lag zunächst in den Händen seiner Mutter, dann in denen des Diakons Arsenius und schließlich bei dem berühmten Philosophen und Redner Themistios. Als Theodosius I. 394 aufbrach, um den Usurpator Eugenius niederzuwerfen, ließ er Arcadius als dem Namen nach Oberhaupt der Regierung in Konstantinopel zurück.

Als Theodosius ein Jahr später starb, wurde der achtzehnjährige Arcadius sein Nachfolger im Osten, während sein Bruder Honorius zum Herrscher über das Westreich ernannt wurde, – und diese Teilung des Reiches sollte sich als endgültig erweisen. Obwohl die römische Welt schon mehrmals in zwei Reichsgebiete aufgeteilt worden war, hatte doch in der Regel stets einer der beiden Herrschenden Vorrang vor dem anderen, so daß eine gewisse Einheit gewahrt blieb. Unter dem Druck der politischen und militärischen Ereignisse war das aber offenbar nicht mehr möglich, und jedes der beiden Teilreiche mußte, so scheint es, seine eigenen Wege gehen. Zwar hielt man nach wie vor an dem Grundsatz fest, daß die Gesetze, die einer der beiden Kaiser erließ, auch für den Herrschaftsbereich des anderen galten, und auch die Münzen tragen immer noch Namen und Porträts beider Kaiser, aber die Teilung ging doch tiefer als jede frühere, und dementsprechend angespannt waren auch die politischen Beziehungen der beiden Regierungen zueinander. Es ist Ansichtssache, wann man den Begriff »Oströmisches Reich« durch den Begriff »Byzantinisches Reich« ersetzt, doch wird Arcadius häufig als der erste Kaiser von Byzanz betrachtet.

Wirklicher Herrscher des Ostens war allerdings nicht der noch sehr junge Arcadius, sondern Flavius Rufinus, ein Schuhmacherssohn aus Aquitanien, der während der letzten drei Jahre vor Arcadius' Regierungsantritt Prätorianerpräfekt im Osten war. Als er jedoch seine einzige Tochter mit Arcadius vermählen wollte, da blieb ihm der Erfolg versagt, denn Arcadius wurde überredet, Aelia Eudoxia zu heiraten. Sie war die Tochter des fränkischen Generals Bauto, der wiederum ein Schützling des kahlköpfigen, alten Eunuchen Eutropius, des Hofkämmerers (»praepositus sacri cubiculi«), war. So war Rufinus also nicht der alles beherrschende Mann am Hofe zu Konstantinopel, obgleich seine Macht sehr groß war. Als enthusiastischer Christ erließ er strenge Gesetze gegen Heiden, Häretiker und Ehebrecher und gründete auf seinem Besitz in der Nähe Calchedons ein Kloster.

Rufinus war aber auch wegen seines skrupellosen Ehrgeizes und seiner Habsucht bekannt; und was seine politischen Ziele anbelangt, so brachten sie ihn in scharfen Gegensatz zu Stilicho, den Theodosius

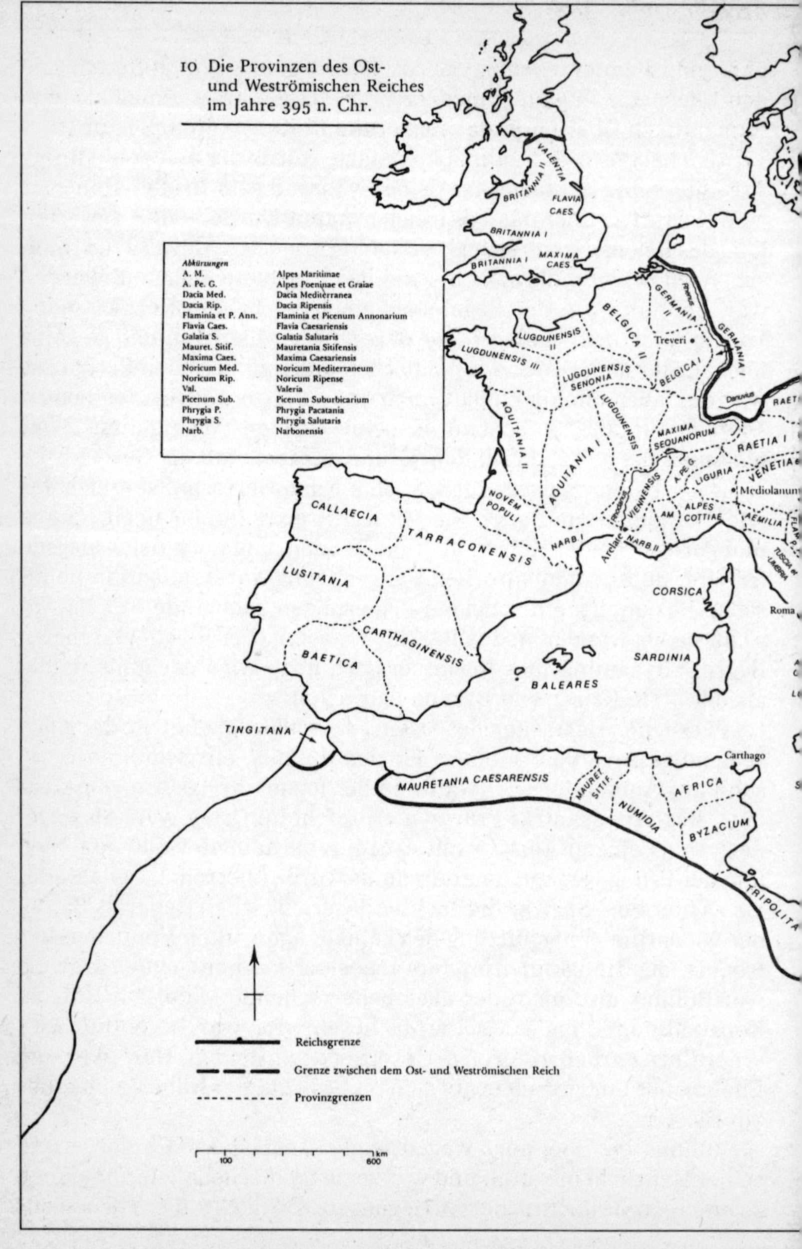
10 Die Provinzen des Ost- und Weströmischen Reiches im Jahre 395 n. Chr.
Abkürzungen
A. M. Alpes Maritimae
A. Pe. G. Alpes Poeninae et Graiae
Dacia Med. Dacia Mediterranea
Dacia Rip. Dacia Ripensis
Flaminia et P. Ann. Flaminia et Picenum Annonarium
Flavia Caes. Flavia Caesariensis
Galatia S. Galatia Salutaris
Mauret. Sitif. Mauretania Sitifensis
Maxima Caes. Maxima Caesariensis
Noricum Med. Noricum Mediterraneum
Noricum Rip. Noricum Ripense
Val. Valeria
Picenum Sub. Picenum Suburbicarium
Phrygia P. Phrygia Pacatania
Phrygia S. Phrygia Salutaris
Narb. Narbonensis
VALENTIA
BRITANNIA II
FLAVIA CAES.
BRITANNIA I
BRITANNIA I
MAXIMA CAES.
GERMANIA II
Rhenus
BELGICA II
GERMANIA I
LUGDUNENSIS II
Treveri
LUGDUNENSIS III
BELGICA I
LUGDUNENSIS SENONIA
Danuvius
RAETIA II
AQUITANIA II
LUGDUNENSIS I
MAXIMA SEQUANORUM
RAETIA I
AQUITANIA I
A. PE. G.
VENETIA
LIGURIA
Mediolanum
VIENNENSIS
NOVEM POPULI
Rhodanus
AM
ALPES COTTIAE
AEMILIA
CALLAECIA
TARRACONENSIS
NARB I
Arelate
NARB II
TUSCIA et UMBRIA
LUSITANIA
CORSICA
Roma
CARTHAGINENSIS
BAETICA
SARDINIA
BALEARES
TINGITANA
Carthago
MAURETANIA CAESARENSIS
MAURET. SITIF.
AFRICA
NUMIDIA
BYZACIUM
TRIPOLITA
Reichsgrenze
Grenze zwischen dem Ost- und Weströmischen Reich
Provinzgrenzen
100
600
km

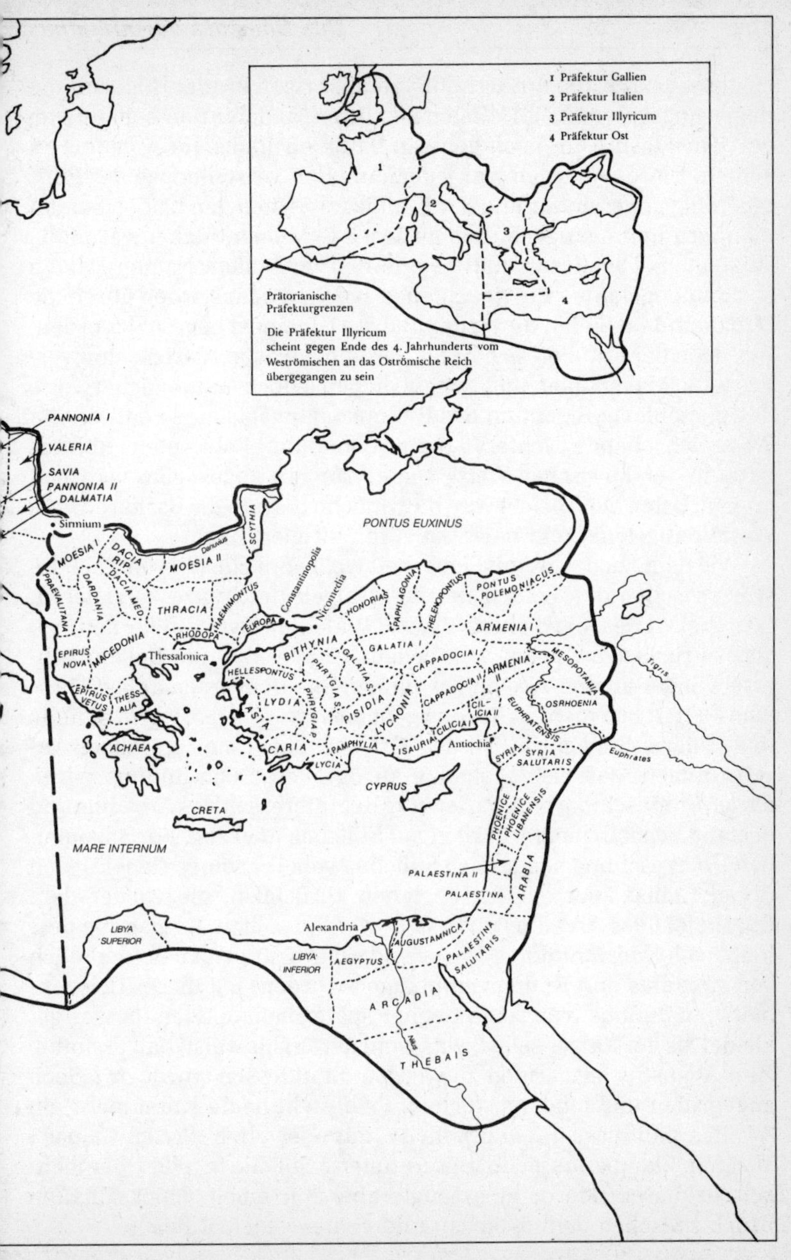

1 Präfektur Gallien
2 Präfektur Italien
3 Präfektur Illyricum
4 Präfektur Ost
Prätorianische Präfekturgrenzen
Die Präfektur Illyricum scheint gegen Ende des 4. Jahrhunderts vom Weströmischen an das Oströmische Reich übergegangen zu sein
PANNONIA I
VALERIA
SAVIA
PANNONIA II
DALMATIA
Sirmium
MOESIA I
DACIA RIP.
DACIA MED.
MOESIA II
Danuvius
SCYTHIA
PRAEVALITANA
DARDANIA
THRACIA
HAEMIMONTUS
EUROPA
RHODOPA
Constantinopolis
Nicomedia
PONTUS EUXINUS
EPIRUS NOVA
MACEDONIA
Thessalonica
EPIRUS VETUS
THESSALIA
ACHAEA
HELLESPONTUS
BITHYNIA
HONORIAS
PAPHLAGONIA
HELENOPONTUS
PONTUS POLEMONIACUS
ARMENIA I
GALATIA I
GALATIA S.
PHRYGIA S.
PHRYGIA P.
LYDIA
ASIA
CARIA
LYCIA
PAMPHYLIA
PISIDIA
LYCAONIA
ISAURIA
CAPPADOCIA I
CAPPADOCIA II
ARMENIA II
MESOPOTAMIA
OSRHOENIA
Tigris
CILICIA I
CILICIA II
EUPHRATENSIS
Antiochia
SYRIA
SYRIA SALUTARIS
Euphrates
CYPRUS
CRETA
MARE INTERNUM
PHOENICE
PHOENICE LIBANENSIS
PALAESTINA II
ARABIA
PALAESTINA
LIBYA SUPERIOR
Alexandria
AUGUSTAMNICA
PALAESTINA SALUTARIS
LIBYA INFERIOR
AEGYPTUS
ARCADIA
Nilus
THEBAIS

eingesetzt hatte, um für Arcadius' zehnjährigen Bruder Honorius die Regierungsgeschäfte im Westen zu führen, und der nun behauptete, daß Theodosius ihn auch gebeten hätte, ebenfalls auf Arcadius zu achten. Dieses Anliegen war jedoch mit den Vorstellungen des Rufinus völlig unvereinbar und der Konflikt zwischen den beiden Staatsmännern unumgänglich. Das auslösende Moment dabei waren die Westgoten. Theodosius hatte sie in den unter dem Namen Dakien zusammengefaßten Provinzen angesiedelt, die im Norden durch die Donau und im Süden durch den Balkan (Haemus) begrenzt wurden. Diese Siedler erhoben sich unter der Führung von Alaricus und verwüsteten Makedonien und Achaia, ließen jedoch erstaunlicherweise das persönliche Eigentum des Rufinus unangetastet, so daß der im Westreich lebende Dichter Claudius Claudianus behauptete, Rufinus habe in verräterischer Weise seine Truppen abgezogen, während man im Osten der Ansicht war, daß Stilicho bewußt die Barbaren vom Westen abgelenkt und nach Osten hin dirigiert habe.

Wie dem auch war, mit Sicherheit wollte Stilicho die von Theodosius zwischen den beiden Reichen festgelegte Grenze korrigieren. Sein Ziel war es, die dichtbevölkerte Präfektur Illyricum für den Westen zurückzugewinnen, was bedeutet hätte, daß die Balkanhalbinsel wieder an den Westen gekommen und dem Osten außer Thrakien kein Gebiet mehr in Europa geblieben wäre. Aus diesem Grunde marschierte Stilicho im Norden Griechenlands ein, um allem Anschein nach Alaricus' Westgoten anzugreifen. Doch Rufinus sah in dieser Einmischung eine Verletzung der Interessen des Arcadius und bestand deshalb nachdrücklich auf Stilichos Rückzug. Zur allgemeinen Überraschung beugte sich Stilicho, wobei er seinen General, den Goten Gainas, mit einigen Legionen zurückließ, die wieder dem Oberbefehl des Arcadius unterstellt werden sollten. Gainas zog deshalb nach Konstantinopel, wo er und seine Truppen auch freundlich von Arcadius und Rufinus empfangen wurden. Bei dieser Gelegenheit war Rufinus, wie seine Gegner später behaupteten, besser gekleidet als der Kaiser selbst, was wohl darauf hinweist, daß er hoffte, zum Augustus ausgerufen zu werden. Stattdessen wurde er jedoch angegriffen und niedergestochen. Es besteht heute kaum mehr ein Zweifel, daß diese Tat von Stilicho, mit oder ohne Wissen Gainas', ausging. Claudianus jedenfalls gratulierte Stilicho in aller Öffentlichkeit zu diesem Mord. Er erzeugte aber nur einen schicksalhaften Bruch zwischen dem östlichen und dem westlichen Reich.

Nun wurde Eutropius der einflußreichste Minister im Osten. Er hielt Arcadius' Prätorianerpräfekten argwöhnisch unter strenger Kontrolle. Aber jede Hoffnung, die am Anfang vielleicht aufkommen konnte, mit dem Westreich wieder zusammenarbeiten zu können, verflog sehr rasch. Als nämlich nach allem, was vorgefallen war, die Regierung des Ostens Stilicho trotzdem aufforderte, 397 erneut gegen Alaricus in Griechenland vorzugehen, ließ er zum allgemeinen Erstaunen die Westgoten sich seines Zugriffs entziehen. Auf dieses unerklärliche Verhalten hin erklärte Eutropius Stilicho zum Staatsfeind und hielt es gleichzeitig für angebracht, Alaricus zu beschwichtigen, indem er ihn zum Heermeister des Balkangebietes ernannte – ein Schritt, der im Westen erhebliche Bestürzung hervorrief.

Im selben Jahr sorgte auch ein Aufstand in den nordafrikanischen Provinzen für erneute gegenseitige Empörung. Der Anführer war Gildo, der, obwohl er der Bruder des ehemaligen Rebellenführers Firmus war, den militärischen Oberbefehl in diesem Gebiet erhalten hatte. Gildo revoltierte gegen den Westen, indem er sich zum Lager des Arcadius gehörig erklärte. Das aber bedeutete katastrophale Aussichten für den Westen, denn Afrika war Roms wichtigste Kornkammer. Auf der anderen Seite konspirierte aber auch Eutropius mit dem Rebellen und zog sich damit die heftigsten Vorwürfe von Claudianus zu. Dieser beklagte, daß ein Eunuch zu einer derartigen Machtposition aufsteigen konnte, und forderte Stilicho auf, einen militärischen Angriff gegen die Regierung in Konstantinopel zu führen. Stilicho ging allerdings nicht offen auf diesen Vorschlag ein, sondern zog es vor, heimlich Eutropius' Stellung zu untergraben. Mit Sicherheit sind Eutropius' Sturz und Verbannung (399) seinem Wirken zuzuschreiben.

Die Macht im Ostreich lag daraufhin im Jahre 400 zunächst sechs Monate lang in den Händen Gainas' und ging dann an Arcadius' energische Frau Aelia Eudoxia über, die zur Augusta ausgerufen wurde. Bereits ein Jahr später fühlte sie sich stark genug, zum Vergeltungsschlag gegen Stilicho auszuholen. Nun richtete Alaricus mit ihrer Unterstützung seine Angriffe anstatt auf das östliche auf das westliche Reich und erschien sogar in Italien. Eudoxia hatte allen Grund, so zu reagieren, denn sie hatte entdeckt, daß Stilicho immer noch das Ziel verfolgte, die Präfektur Illyricum für den Westen zurückzuerobern. Die Verfolgung dieses Zieles wurde jedoch vorübergehend (405 und 406) unterbrochen, als Germanen im Westen einfielen; und auch ein Jahr später wurden Stilichos Pläne, die Balkanprovinzen zu erobern, durchkreuzt, weil es in Britannien zu einem Aufstand kam. In seinem Plan hatte er übrigens Alaricus die Aufgabe zugedacht, die Küstengebiete Griechenlands für Honorius zu gewinnen.

In jenen Jahren war das herausragende Ereignis in der Hauptstadt des Ostens der Zusammenstoß zwischen der Kaiserin und dem später als Heiligen verehrten Bischof Johannes Chrysostomos (»Goldmund«), dem kompromißlosen Patriarchen von Konstantinopel. Da es Chrysostomos weniger um theologische Spitzfindigkeiten als um die Verwirklichung christlicher Lehren im täglichen Leben ging, predigte er voller Leidenschaft und Wortgewalt gegen die Reichen und Mächtigen im Lande, und Eudoxia merkte bald, daß sich seine Angriffe gegen sie und ihr Luxusleben richteten. Zwar kam es anläßlich der Taufe von Eudoxias und Arcadius' Sohn Theodosius II., die Chrysostomos vollzog, zu einer gewissen Aussöhnung, doch schon ein Jahr später verwahrte sich die Kaiserin heftig gegen eine Predigt, in der Chrysostomos die Frauen angriff und in der er sie indirekt mit Isebel verglich, die im Alten Testament der Inbegriff aller Bosheit und Laster ist. Mit ihrer Einflußnahme gelang es den zahlreichen Gegnern des Chrysostomos, von Arcadius die Einsetzung einer Untersuchungskommission zu verlangen, die dem Verhalten des Bischofs nachgehen sollte. Die Kommission verurteilte ihn und enthob ihn seines Amtes, und Arcadius schickte ihn in die Verbannung. Doch verließ er Konstantinopel nicht (403), um an seinen Verbannungsort in Kleinasien zu gehen, ohne vorher ausdrücklich die Kaiserin noch einmal mit Isebel bzw. Herodias verglichen zu haben. Nachdem man ihn und Eudoxia dazu bewegt hatte, sich zu versöhnen, durfte er aus der Verbannung zurückkehren. Doch schon 404 wurde er wieder verbannt und starb, nachdem er drei Jahre an entfernten Orten zugebracht hatte.

Auch Eudoxia war inzwischen (an einer Fehlgeburt) gestorben, und so ging die Regierung unter Arcadius an den Prätorianerpräfekten des Ostens, Anthemius, über, der in den Rang eines Patriziers erhoben wurde. Er leitete die Unterwerfung der räuberischen Isaurier in den Süd- und Ostprovinzen Kleinasiens und beobachtete mit wachsamem Auge die Politik Alaricus' und Stilichos.

Arcadius starb 408 eines natürlichen Todes. Er hatte wenig unternommen, um bei der Bevölkerung bekannt zu werden, obgleich, dem Kirchenhistoriker Sokrates Scholastikos zufolge, die Menschen in Scharen herbeiströmten, wenn er sich einmal, was selten vorkam, in der Öffentlichkeit zeigte. Ein anderer Kirchenchronist, Philostorgios, erwähnt seine dunkle Hautfarbe und schildert ihn als einen jungen Mann von wenig beeindruckendem Äußeren. Seine schläfrigen Augen mit ihren schwer herabhängenden Lidern wurden als sicheres Zeichen von Schwerfälligkeit und Trägheit gedeutet; und in der Tat ist aus seinem öffentlichen Leben kaum mehr zu berichten als von den Karrieren derjenigen, die nacheinander in seinem Namen die Regierungsgeschäfte führten. Doch daß der Thron nach seinem Tode reibungslos an seinen Sohn Theodosius II. übergehen konnte, der schon mit einem Jahr zum Augustus ernannt wurde, war ein Zeichen für die bemerkenswerte Stabilität der Dynastie, der Arcadius angehörte.

Honorius (395–423)

Honorius (Flavius Honorius; Herrscher im Westen) wurde 384 als zweiter Sohn Theodosius' I., »des Großen«, und der Aelia Flavia Flaccilla geboren. Im Jahre 393 wurde er in Konstantinopel zum Augustus erhoben, und als sein Vater zwei Jahre später starb, zum Herrscher für den Westen ernannt, während sein älterer Bruder Arcadius die Herrschaft im Osten übernahm.

Da Honorius zu diesem Zeitpunkt aber noch sehr jung war, fiel die tatsächliche Leitung der Regierung an den rätselhaften Reichsfeldherren Flavius Stilicho, der – halb Römer, halb Vandale – mit Serena, einer Nichte Theodosius' I. verheiratet war. Maria, die Tochter aus dieser Ehe, wurde Honorius' Frau. Dafür, daß Stilicho trotz seiner außergewöhnlichen Begabung und Energie das Römische Reich auf die Dauer nicht retten konnte, gibt es zwei Gründe: Der eine ist, daß er sich den Machthabern in Konstantinopel gegenüber zurückhaltend, ja sogar feindlich verhielt, war es doch sein Ziel, die Balkangebiete zurückzugewinnen (die Präfektur Illyricum), die Theodosius I. dem Ostreich zugeschlagen hatte (s. Arcadius). Um dieses Ziel zu erreichen, ließ er sogar Arcadius' wichtigsten Minister und Prätorianerpräfekten Rufinus ermorden. Der zweite Grund für Stilichos Versagen, der mit dem ersten zusammenhängt, ist, daß er nicht bereit war, genügend Abschreckung auf seine Stammesverwandten, die Westgoten, und ihren tüchtigen Anführer Alaricus (395–410) auszuüben. Als Stilicho sie auf Ersuchen der Regierung des Ostreiches in den Balkangebieten zurücktreiben sollte, ließ er sie entkommen. Und als sie sich 401 auf Betreiben Konstantinopels nach Westen wandten, zog er zwar vom Rhein und aus Britannien Truppen zusammen und hinderte die Westgoten in den beiden folgenden Jahren, in Italien einzudringen, ließ aber wieder zu, daß Alaricus entkam.

Trotz dieses dubiosen Sieges zog Honorius triumphierend in Rom ein und feierte die Niederlage der Westgoten. Gleichzeitig hielt er jedoch seine Residenz Mediolanum (Mailand) nicht mehr für sicher genug vor Übergriffen und verlegte sie deshalb 404 nach Ravenna. Von Sümpfen umgeben und einen leichten Fluchtweg zur See hin bietend, blieb Ravenna ein Dreivierteljahrhundert lang, bis Italien in Barbarenhand fiel, die Hauptstadt des westlichen Reiches.

Inzwischen war eine weitere Gruppe germanischer Stämme, die Ostgoten, in das Gebiet an der mittleren Donau eingedrungen und vertrieb einen großen Teil der römischen Bevölkerung aus den Ebenen Pannoniens (etwa das Gebiet des heutigen Ungarns). 405 hatten diese immer weiter vordringenden Ostgoten unter ihrem Anführer Radagaisus Norditalien erreicht und wurden bei Faesulae (Fiesole) von Stilicho geschlagen. Daraufhin wollte Stilicho seinen langersehnten Wunsch in die Tat umsetzen und das Ostreich angreifen. Aber er kam nicht dazu, weil die Germanen, verheerend wie nie zuvor, in die westlichen Provinzen einfielen. Das geschah am letzten Tag des Jahres 406 (vielleicht aber auch über einen längeren Zeitraum hinweg), als Vandalen, Sweben, Alamannen und Burgunder den zugefrorenen Rhein überschritten. Moguntiacum (Mainz) und Treveri (Trier) gehörten zu den vielen Grenzstädten, die sich oft kampflos ergaben. Nachdem sie gefallen waren, fächerte sich das Heer der Invasoren auf, fiel in allen Provinzen Galliens ein und verwüstete sie. »Die Grenzen«, schreibt Edward Gibbon, »die so lange die wilden und zivilisierten Völker der Erde getrennt hatten, wurden von diesem verhängnisvollen Augenblick an bis auf den Grund zerstört.«

Stilicho, der seinen Hauptfeind immer noch in Konstantinopel sah, unternahm wenig, um diese Flut einzudämmen. Angesichts dieser offenkundigen Tatenlosigkeit der westlichen Regierung erhob sich ein Usurpator namens Constantinus (III.) und riß die Kontrolle über Britannien, Gallien und Teile Spaniens an sich, und es dauerte nicht lange, bis weitere Usurpatoren diesem Beispiel folgten. Unterdessen zwang Stilicho, als Alaricus von Honorius viertausend Pfund Gold verlangte, den widerstrebenden Senat zur Einwilligung in diese Forderung. Doch bald darauf wurde er auf Betreiben der senatorischen Kreise, die Heerführer wie ihn im Sinne ihrer eigenen Interessen für schädlich hielten, angeklagt, mit Alaricus konspiriert zu haben, um seinen eigenen Sohn Eucherius auf den Thron zu bringen. Die Truppen in Ticinum wurden zum Abfall von ihm bewegt, und als er sich 408 in Ravenna Honorius ergab, wurde er hingerichtet. Eine heftige Reaktion gegen germanischen Einfluß war die Folge; ein halbes Jahrhundert lang gab es im Westen des Reiches keinen germanischen Oberbefehlshaber mehr, und die germanischen Soldaten, die unter Stilicho gedient hatten und nun ein Massaker unter ihren Frauen und Kindern durch römische Einheiten fürchten mußten, liefen zu Alaricus über. Dieser wiederum, der einträglichen Kontakte zu Stilicho fortan beraubt, setzte seinen Marsch auf Rom fort und konnte nur dadurch davon abgehalten werden, die Stadt einzunehmen, daß Honorius und sein neuer Berater Olympius nach anfänglicher Weigerung unter dem Druck der Verhältnisse ein hohes Lösegeld zahlten. Aber schon im folgenden Jahr näherte sich Alaricus wieder Rom, nahm Portus Augusti (Ostia) ein und zwang den Senat, den Marionettenkaiser Priscus Attalus einzusetzen, der Münzen sowie eine riesengroße Medaille mit der Inschrift »Unbesiegbares Ewiges Rom« (INVICTA ROMA AETERNA) prägen ließ.

Doch diese Inschrift sollte sich als bittere Ironie erweisen, denn bereits ein Jahr später ereignete sich die Katastrophe: Rom fiel Alaricus in die Hände. Bevor es jedoch dazu kam, hatte Alaricus Attalus abgesetzt und ein persönliches Treffen mit Honorius bei Ravenna vereinbart. Als aber sein Lager von einem mit ihm in Feindschaft lebenden Landsmann angegriffen wurde, brach er die Verhandlungen mit Alaricus in der Annahme ab, daß dieser hinter dem Anschlag stünde. Das Ergebnis war der erwähnte dritte und letzte Marsch Alaricus' auf Rom. Verrat öffnete Alaricus und seinen Soldaten die Tore der alten, ehrwürdigen Stadt, die seit beinahe 800 Jahren nicht mehr in Feindeshand gewesen war. Zu den vielen überall im gesamten Römischen Reich, die darüber bestürzt waren, gehörten auch die Kirchenväter Hieronymus und Augustinus; und um dem Vorwurf zu begegnen, daß etwas derartig Schreckliches sich unter keinem heidnischen Herrscher ereignet habe, schrieb Augustinus sein berühmtes Werk »Der Gottesstaat« (»De Civitate Dei«). Anders, praktischer als Augustinus dachte der Mönch Gerontius. »Gesegnet«, so schrieb er, »die begriffen und ihren Besitz veräußert hatten, bevor die Barbaren über sie herfielen.« Doch Alaricus' Soldaten, die einige Gebäude angezündet und die auch geplündert hatten, blieben nicht länger als drei Tage in der Stadt. Sie zogen nach Süden weiter, und Alaricus nahm des Kaisers zwanzigjährige Halbschwester Aelia Galla Placidia mit sich. Er wollte nach Afrika übersetzen, starb aber unterwegs bei Cosentia (Cosenza).

Honorius' einflußreichster Feldherr während der nächsten zehn Jahre war Constantius (III.), der sehr bald und auch mit Erfolg gegen die Usurpatoren vorging, die in Gallien die Macht an sich gerissen hatten. Als Alaricus' Nachfolger Athaulf Galla Placidia in Narbo (Narbonne) heiratete, verweigerte ihm Honorius seine Zustimmung, und Constantius trieb ihn nach Spanien, wo er ermordet wurde. Sein Nachfolger Wallia erlaubte den Römern, Galla Placidia zurückzuholen. Als Gegenleistung durften die Westgoten nach Gallien zurückkehren und erhielten 414 den Status von Föderierten und Tolosa (Toulouse) als Hauptstadt.

Nachdem der inzwischen zum Mitkaiser ernannte Constantius 421 gestorben war, trug Honorius, der schon immer Zuneigung zu seiner Halbschwester empfunden hatte, diese dermaßen zur Schau, daß nicht nur die Öffentlichkeit Anstoß daran nahm, sondern auch Placidia sich gegen ihn auflehnte. Die Entfremdung der beiden Halbgeschwister ging so weit, daß sich ihre Gefolgsleute in den Straßen Ravennas prügelten. Zu den Gegnern Placidias gehörte der Heermeister Castinus, der, obwohl er in Afrika eine schwere Niederlage durch die Vandalen erlitten hatte, hoffte, Constantius' Nachfolger zu werden. So kam es, daß Placidia aus Ravenna verbannt wurde und 423 in Konstantinopel zusammen mit ihren beiden Kindern, darunter dem Säugling Valentinianus (III.), Zuflucht suchte. Im selben Jahr erkrankte Honorius an Wassersucht und starb.

In der Regierungszeit des unbedeutenden Honorius entstanden die herausragenden Arbeiten von Augustinus, dem Bischof von Hippo Regius, und von Hieronymus. Erstaunlicherweise waren die Gedanken, die am kaiserlichen Hofe geäußert wurden, mit denen der großen Theologen keineswegs unvereinbar, denn Honorius war sehr religiös; außerdem kam Augustinus leider zu dem Schluß, daß religiös Andersdenkende – zunächst Heiden, aber auch andersgläubige

Christen – vom Staat zum rechten Glauben gezwungen werden sollten. Als es unter der heidnischen Bevölkerung in Afrika zu religiös motivierten Unruhen gekommen war, weil 399 ihre Kultstätten geschlossen worden waren, da forderte Augustinus zusammen mit seinen bischöflichen Amtsbrüdern die Regierung auf, neue Gesetze zu erlassen, um »die letzten Überbleibsel des Götzendienstes mit Stumpf und Stiel auszurotten«. Obwohl Stilicho die Sibyllinischen Bücher, die heiligsten Schriften des Heidentums, verbrennen ließ, befürwortete er doch ein gewisses Maß an Toleranz. Doch gleich nach seinem Tod wurde ein Gesetz erlassen, das die Heiden aus der Armee ausschloß; und 407/408 wurde auch jede von der allgemeinen Kirchenmeinung abweichende Lehre zum Staatsverbrechen erklärt, »denn Verstöße gegen die göttliche Religion sind Verbrechen gegen das gesamte Gemeinwesen«. Zur gleichen Zeit wurden auch alle diejenigen vom Hofe verbannt, die nicht den Glaubensvorschriften der römischen Kirche folgten. Allerdings mußte Honorius diese Bestimmungen ein Jahr später schon wieder lockern, weil es unmöglich war, jeden Germanen arianischen Glaubens auszuschalten. Doch bald folgten weitere Erlasse, die mit Strafen drohten, und nun gab auch Augustinus seine frühere Toleranz gegenüber den Häretikern auf und schrieb 408 an Vicentius, den Bischof von Cartenna, daß auch sie, nicht anders als die Heiden, sich staatlichen Maßnahmen unterzuordnen hätten. Sogar gegen den letzten der jüdischen Patriarchen, gegen Gamaliel VII., wurden Strafmaßnahmen ergriffen.

Da der Kaiser inzwischen erwachsen geworden war, trug er wahrscheinlich für diese Entwicklung die Verantwortung mit. Man darf ihn auch auf Grund einer gewissen Härte seines sonst weichen und umgänglichen Wesens für das Scheitern der Verhandlungen mit Alaricus tadeln, das schließlich zur Plünderung Roms geführt hat. Vielleicht hatte Alaricus sogar recht, wenn er annahm, daß Honorius hinter dem verräterischen Anschlag auf ihn gestanden habe, der zum Abbruch der Verhandlungen geführt hatte. Man glaubte auch, daß Honorius alles versucht habe, um Constantius III. von der Mitherrschaft auszuschließen. Doch wenn das der Fall gewesen sein sollte, dann sind zumindest in diesem Punkte seine Wünsche nicht in Erfüllung gegangen. Wie dem auch war, in seinem Verhalten läßt sich ein gewisser Zug zu Unredlichkeit und Verräterei erkennen. Außerdem war er nicht besonders intelligent. Dazu berichtet Prokopios eine Anekdote. Ihr zufolge glaubte der Kaiser, als man ihm meldete, daß Rom gefallen sei, daß sein Lieblingshahn, der ebenfalls Rom hieß, gestorben sei. »Und ich habe ihm doch soeben erst Futter gegeben«, soll der Kaiser dem Boten geantwortet haben, der ihm die Schreckensnachricht überbrachte.

Nach Philostorgios sollen unter der Regierung des Honorius dem Staat viele Wunden zugefügt worden sein. Tatsächlich büßte die Feldarmee des Westens bei den verschiedenen militärischen Mißerfolgen die Hälfte, wenn nicht sogar zwei Drittel ihrer Stärke ein. Honorius' persönlicher Beitrag zum Verlauf der Ereignisse ist jedenfalls nicht der Rede wert.

Constantinus III. (407–411)

Constantinus III. (Flavius Claudius Constantinus; Gegenkaiser in den Westprovinzen) war gewöhnlicher Soldat in Britannien. Mehr ist von ihm nicht bekannt. Unzufrieden darüber, daß Honorius und Stilicho Britannien nicht genügend Schutz bieten konnten, riefen die dort stationierten Truppen 406 einen gewissen Marcus zum Kaiser aus. Nach seiner Ermordung wurde der ebenfalls unbekannte Gratianus zum Kaiser ernannt, und als er nach vier Monaten ebenfalls umgebracht wurde, erhoben die Truppen Constantinus zum angeblichen Kaiser, dem dritten dieses Namens.

Kaum zum Herrscher ernannt, setzte er mit einer großen Feldarmee auf den Kontinent über. Ihr Abzug von der Insel hat viel, wenn nicht sogar entscheidend zur Loslösung Britanniens vom Römischen Reich beigetragen. Auch die in den gallischen Provinzen stationierten Streitkräfte liefen zu ihm über, und er konnte seinen Machtbereich über große Teile des Landes ausdehnen, nachdem die Beamten des Honorius das Land verlassen hatten und nach Italien geflohen waren. Constantinus richtete in seiner Hauptstadt Arelate (Arles) sowie in Lugdunum (Lyon) und Treveri (Trier) Münzprägestätten ein, verteidigte mit beachtlichem Erfolg die Rheingrenze, errang über einige germanische Stammesgruppen Siege und schloß mit anderen Verträge. Die Regierung in Ravenna schickte eine Streitmacht gegen ihn aus, die von dem Westgoten Sarus befehligt wurde. Es gelang ihm zwar, Constantinus' Generäle zu besiegen, aber er scheiterte, als er versuchte, Constantinus selbst in Valentia (Valence) im Süden Galliens zu belagern. Schließlich besiegte Constantinus' Sohn Constans, der zum Caesar ernannt worden war und von einem General namens Gerontius begleitet wurde, Honorius' Truppen in Spanien und schlug in Caesaraugusta (Zaragoza) sein Hauptquartier auf. Er blieb dort aber nicht lange, sondern wurde nach Gallien zurückgerufen und zum Augustus erhoben.

Danach entsandte Constantinus III. Botschafter nach Ravenna, die von Honorius seine Anerkennung als Kaiser forderten. Unter dem Druck, den die Nähe Alaricus' auslöste, gab Honorius nach, so daß Constantinus sogar die Beteiligung am Konsulat 409 verlangte. Obgleich die Regierung Theodosius' II. in Konstantinopel sich weigerte, der Politik des Honorius zu folgen, priesen Constantinus und Constans auf ihren Münzen den »Sieg der vier Kaiser« (VICTORIA AAAVGGGG.) – gemeint waren die beiden rechtmäßigen Augusti in Konstantinopel und Ravenna sowie sie (Constantinus und Constans) selbst. Constantinus versprach Honorius Waffenhilfe gegen Alaricus, dachte wohl aber dabei daran, Italien selbst zu nehmen, sobald sich nur eine Gelegenheit dazu böte. Als sich herausstellte, daß der kaiserliche Reiterkommandeur diese Pläne unterstützte, ließ Honorius ihn umbringen.

Constantinus' Oberbefehlshaber Gerontius, der in Spanien geblieben war, hatte Schwierigkeiten mit seinen Truppen, unter denen es zu gegenseitigen Reibereien gekommen war, und konnte deshalb eine größere Anzahl Germanen (Aslingen und Silingen – beide Vandalen –, Sweben und Alanen) nicht davon abhalten, in Spanien einzudringen. Daraufhin sandte Constantinus seinen Sohn Constans wieder nach Spanien, um ihn abzulösen; aber Gerontius weigerte sich, dem Befehl zu gehorchen. Er kündigte Constantinus die Gefolgschaft und ernannte selbst 409 einen neuen Kaiser, einen Offiziersanwärter (»protector domesticus«) namens Maximus, der vielleicht sogar sein Sohn war. In seinem Hauptquartier Tarraco (Tarragona) und in Barcino (Barcelona) ließ Maximus Münzen prägen, auf denen drei Augusti erwähnt werden. Wahrscheinlich sind er selbst und die beiden Kaiser in Ravenna und Konstantinopel gemeint. Nachdem er Maximus in sein Amt eingesetzt hatte, zog Gerontius nach Gallien, wo germanische Verbündete zu ihm stießen, mit deren Hilfe er Constans umbrachte und Constantinus III. zusammen mit seinem zweiten Sohn Iulianus in Arelate belagerte. Als es so weit gekommen war, griff als Repräsentant der Regierung des Honorius Constantinus III. in das Geschehen ein und zwang Gerontius, sich nach Spanien zurückzuziehen, wo das Haus, in dem er vor seinen meuternden Truppen Zuflucht gefunden hatte, in Flammen aufging und er und sein alanischer Gefolgsmann Selbstmord begingen. Maximus wurde von seinen eigenen Leuten abgesetzt, kam aber mit dem Leben davon und verbrachte den Rest seiner Tage als Verbannter in Spanien. Die kaiserlichen Truppen wandten sich nun gegen Constantinus III. und belagerten ihn in Arelate, das sein General Edobicus, obwohl er von Alamannen und Franken Verstärkung erhalten hatte, nicht entsetzen konnte. Die Gefangennahme unmittelbar vor Augen, wechselte Constantinus die Kleider und suchte in einer Kirche Asyl, wo er sich schnell zum Priester weihen ließ. Tatsächlich garantierten ihm Honorius' Kommandeure freies Geleit, und als Arelate kapitulierte, brachte man ihn und seinen Sohn nach Ravenna. Doch in Anbetracht der Tatsache, daß Constantinus einige seiner Vettern getötet hatte, widerrief Honorius seine Zusage, ihn zu schonen, und ließ ihn und seinen Sohn 411 vor der Stadt hinrichten. Welche Fähigkeiten Constantinus III. als Herrscher besaß, wissen wir nicht; die Schriftsteller seiner Zeit beschreiben ihn als unberechenbar und maßlos.

Constantinus' Tod bedeutete aber noch nicht das Ende der Herrschaft über die westlichen Provinzen. Sie bestand noch eine Weile in verminderter Form fort, in der Form eines Marionettenstaates, den die Germanen am Rhein kontrollierten und an dessen Spitze ein gallo-römischer Edelmann namens Iovinus stand, der in Mundiacum nahe der Maas auf Betreiben des Burgunderkönigs Gundahar und eines gewissen Goar, eines alanischen Häuptlings, zum Augustus ausgerufen und als Kaiser tituliert wurde. Iovinus, der sich selbst als »Wiederhersteller des Staates« (RESTITVTOR REIP*ublicae*) bezeichnete, ließ seine Münzen an denselben Orten wie Constantinus III. prägen. Constantius III., der die Truppen des Honorius in Gallien befehligt hatte, war nach Italien zurückgekehrt und stand deshalb für eine Auseinandersetzung mit Iovinus nicht mehr zur Verfügung; es erhob sich nun die Frage, für wen Athaulf und seine Westgoten Partei ergreifen würden. Zunächst schien Athaulf sich für Iovinus zu entscheiden, doch ließ seine Begeisterung für ihn nach, sobald sein Landsmann Sarus, den er haßte, sich Iovinus näherte. Als Iovinus 412 auch noch seinen eigenen Bruder Sebastianus zum Mitkaiser ausrief, da vertiefte sich die Kluft zwischen ihm und Athaulf nur noch weiter, der genug von der Vermehrung der Thronanwärter hatte.

Infolgedessen nahm Athaulf den Kontakt mit Dardanus auf, dem Prätorianerpräfekten für Gallien, der nicht von Honorius abgefallen war, und besiegte und tötete Sebastianus, nachdem er sich seinetwegen mit Ravenna in Verbindung gesetzt hatte. Iovinus floh nach Valentia (Valence), und weil ihn Athaulf verfolgte, wurde die Stadt zum zweiten Mal innerhalb von nur fünf Jahren belagert. Dieses Mal siegten die kaiserlichen Truppen, Iovinus wurde gefangen und nach Narbo (Narbonne) gebracht, wo ihn Dardanus hinrichten ließ. In die Herrschaft über Gallien teilten sich nun wieder Ravenna auf der einen und verschiedene Germanenfürsten und -stämme auf der anderen Seite, ohne daß sie von Marionettenherrschern oder Usurpatoren gestört wurden.

Theodosius II. (408–450)

Theodosius II. (Kaiser im Osten des Römischen Reiches) wurde 401 als Sohn des Arcadius und der Aelia Eudoxia geboren. Schon ein Jahr später ernannte ihn sein Vater zum Mit-Augustus; und eine ungewöhnliche, aber keineswegs unvorstellbare Geschichte erzählt, daß Arcadius aus Furcht, der Knabe könne bei seinem Tode abgesetzt werden, ihm den Perserkönig Iezdegerd I. zum Vormund bestellte.

Als Arcadius 408 starb, folgte ihm der siebenjährige Theodosius ohne irgendeinen Einspuch auf den Thron des Ostreiches nach. Man übergab ihn der Obhut des Antiochos, eines Palasteunuchen; doch der Mann, der als erster die Regierungsgeschäfte für ihn führte, war Anthemius, der als Prätorianerpräfekt schon unter seinem Vater gedient hatte. Mit Hilfe seines Freundes Troilos, der als heidnischer Sophist unter den Gebildeten der Hauptstadt hohes Ansehen genoß, regierte Anthemius energisch und erfolgreich. Als er gleich nach dem Regierungsantritt des Theodosius mit einer Getreideknappheit konfrontiert wurde, welche die Bevölkerung Konstantinopels dermaßen aufbrachte, daß sie den Amtssitz des Stadtpräfekten in Brand steckte, ergriff er wirkungsvolle Maßnahmen, um die Getreideversorgung nicht nur kurz-, sondern auch langfristig sicherzustellen. Er unterhielt gute Beziehungen mit dem Hof in Ravenna, was durch Stilichos Tod erleichtert wurde. Mit den Persern schloß er ein neues Abkommen, und den Bewohnern der Ostprovinzen wurden die Steuerschulden erlassen. Besondere Aufmerksamkeit widmete Anthemius dem Wiederaufbau der Städte im Donauraum und in der Präfektur Illyricum, die von den Westgoten zerstört worden waren. Eine Invasion des Hunnenkönigs Uldin in Mösien wurde abgewehrt, und eine große Anzahl germanischer Gefangener aus diesem Kriege (Angehörige der Skiren, die unter Uldin dienten) wurde als Landarbeiter den Grundbesitzern in Kleinasien übergeben.

Auch für die Zukunft rüstete man sich gegen Hunnen- bzw. Germaneneinfälle. Zu diesem Zweck wurde die Flotte, die auf der Donau lag, wesentlich verbessert und verstärkt. Vor allem aber ließ Anthemius Konstantinopel befestigen, nachdem er erlebt hatte, wie Rom an Alaricus gefallen war. Selbstverständlich hatte Constantinus »der Große« die von ihm gegründete Stadt bereits mit einer Mauer umgeben, aber inzwischen war die Hauptstadt des Ostens weit über ihre damaligen Grenzen hinausgewachsen. Deshalb wurde 413 eine neue Landmauer errichtet, die noch heute die Stadt im Westen (an der Landseite) begrenzt und die von der Propontis (dem Marmarameer) bis zum »Goldenen Horn« verlief. Sie war das bedeutendste Bauwerk, das in der Amtszeit des Anthemius entstanden ist.

414 wurde Aelia Pulcheria, die Schwester des Kaisers, zur Augusta erhoben und übernahm, obwohl sie nur zwei Jahre älter als ihr Bruder war, an Stelle des Anthemius die Regierungsgeschäfte. Von Anthemius hören wir von nun an nichts mehr. Sein Nachfolger als Prätorianerpräfekt wurde ein Beamter namens Aurelianus, der offensichtlich auch der wichtigste Berater Pulcherias wurde. Sie entließ auch Antiochos aus seinem Amt als Erzieher ihres Bruders, den sie von nun an selbst in den kaiserlichen Umgangsformen unterwiesen haben soll.

Kurz nachdem sie die Verantwortung für die Regierung übernommen hatte, brachen in Alexandria schwere Unruhen aus, die religiösen Ursprungs waren. Eine Schar christlicher Laienbrüder hatte Hypatia gelyncht, eine Heidin, die wegen ihrer philosophischen Gelehrsamkeit berühmt war. Dabei soll Kyrillos, der Patriarch von Alexandria, seine Hand im Spiel gehabt haben. Aber sein Einfluß am Hofe Pulcherias war so groß, daß der Beamte, den

Pulcheria beauftragte, die Angelegenheit zu untersuchen, daran gehindert wurde, einen befriedigenden Bericht zu liefern.

Pulcheria war eine hingebungsvolle Christin. Ihre entsagende Lebensweise ging so weit, daß sie ewige Keuschheit gelobte und mit Unterstützung ihres geistlichen Beraters, des Patriarchen Attikos, der zu ihrer Erbauung ein Loblied auf die Jungfräulichkeit verfaßte, ihre Schwestern Arcadia und Marina zu dem gleichen Entschluß bewegte. Theodosius dagegen mußte heiraten, und es war Pulcheria, die 421 seine Hochzeit mit Athenais, der Tochter des Athener Sophisten Leontios, zustande brachte. Die Braut wurde auf den Namen Aelia Eudokia getauft und zwei Jahre nach der Hochzeit zur Augusta ernannt. Ihr zu Ehren, wie bereits zu Ehren Pulcherias, wurden Münzen geprägt. Eudokia gebar eine Tochter namens Licinia Eudoxia, die später mit Valentinianus III. vermählt wurde, und einen Sohn, der früh starb. Sie war eine vielseitig begabte Schriftstellerin, deren Arbeiten von einem Gedicht, in dem sie einen Sieg über die Perser besingt, bis zu einer Neufassung der Prophetien Daniels und Zacharias' reichten.

Um 416, als er fünfzehn Jahre alt war, wurde Theodosius II. für volljährig erklärt. Trotzdem führte Pulcheria noch verhältnismäßig lange die Regierungsgeschäfte weiter. Dabei stand ihr Monaxios zur Seite, der Aurelianus als Prätorianerpräfekt abgelöst hatte. Das wichtigste Ereignis der folgenden Jahre war die Entscheidung der Regierung, Theodosius' Vetter Valentinianus III. auf den Thron des Westens zu bringen, was 425 auch wirklich gelang. Als Vorbereitung dafür hatte die Regierung in Konstantinopel Salonae in Dalmatien besetzt, womit sie zu erkennen gab, daß sie dieses Gebiet und sein Hinterland als Gegenleistung vom Westen haben wollte. Sie erhielt es später auch. Nachdem inzwischen Valentinianus in Ravenna als Kaiser eingeführt worden war, brach Theodosius selbst nach Italien auf, um ihn eigenhändig zu krönen. Aber er kam nur bis Thessalonice, dort wurde er krank, und Helios, der Leiter der kaiserlichen Kanzlei (»magister officiorum«), mußte die Krönung vornehmen.

Zur gleichen Zeit wurde die Hochschule in Konstantinopel neu organisiert. Bereits Constantinus »der Große« hatte in der Stoa eine Schule eingerichtet, die Constantius II. nach dem Kapitol verlegte und der Iulianus Apostata später eine wertvolle Bibliothek hinzufügte. Nun schuf Theodosius II. Lehrstühle für je zehn griechische und lateinische Grammatiker bzw. Philologen, für fünf griechische und drei lateinische Rhetoriker, für zwei Juristen und einen Philosophen. Das Übergewicht der griechischen über die lateinischen Rhetoriker war ein Zeichen für den allmählichen Wandel der Amtssprache im Oströmischen Reich vom Lateinischen zum Griechischen.

Das am nachhaltigsten wirkende Ereignis der Regierung Theodosius' II. war die Veröffentlichung des lateinisch abgefaßten »Codex Theodosianus«, einer Sammlung kaiserlicher Erlasse, die Theodosius in Zusammenarbeit mit Valentinianus vorzunehmen befahl und die nach achtjähriger Arbeit 438 fertiggestellt war. Das Werk enthielt alle einschlägigen Dokumente vom Jahre 312 an und bestand aus 16 Büchern. Es spielte eine wichtige Rolle als Grundlage für den »Codex Iustinianus«, der hundert Jahre später folgte. Außerdem übte Theodosius' Gesetzessammlung einen bedeutenden Einfluß auf die Gesetzgebung der germanischen Völker aus, die immer mehr politisches Gewicht erhielten. Zum Beispiel ist das »Römische Recht der Westgoten« (»Lex Romana Visigotorum«) oder das »Breviarium Alaricianum«, wie es auch hieß, das Alaricus II. 506 veröffentlichte und das die Hauptquelle für die im spätrömischen Westreich geltenden Gesetze wurde, im Grunde nur ein durch andere Gesetzessammlungen ergänzter »Codex Theodosianus«.

Theodosius' Gesetzessammlung ist als Quelle historischer Informationen über viele Epochen der Kaiserzeit von unschätzbarem Wert. Da sie unter anderem Dokumente aus der Zeit enthält, als das Christentum zur Staatsreligion wurde, können wir uns ein gutes Bild davon machen, wie die neue Religion auf das Rechtswesen gewirkt hat. Es finden sich zum Beispiel gefühlsbeladene Verquickungen der Begriffe »Sünde« und »Verbrechen«, die sich die römischen Rechtsgelehrten früherer Zeiten niemals hätten zuschulden kommen lassen. Darüber hinaus sind die kaiserlichen Verlautbarungen oft nicht nur reich an Worten, sondern auch an Wiederholungen. Die Tatsache dieser Wiederholungen, deren Ton allerdings von Mal zu Mal an Schärfe zunimmt, beweist freilich nur, daß die betreffenden Verordnungen immer wieder umgangen oder unterlaufen wurden. Einige der Gesetze zeugen von Menschlichkeit und Aufgeklärtheit. Zum Beispiel waren die Sklaven keineswegs rechtlos, und es gab Gesetze, die in Schulden Geratene vor unangemessener Härte schützten und die den Kindesmord verboten. Zahlreiche andere Bestimmungen dagegen sind außerordentlich inhuman, und von Gleichheit vor dem Gesetz konnte keine Rede sein. »Wenn jemand arm ist«, erklärte Theodoretos, der Bischof von Kyrrhos, »so muß er Richter und Gerichte doppelt fürchten.« Die Bedeutung der Gesetze für die Privilegierten dagegen spricht aus den Worten der Senatoren, die 438, als der »Codex Theodosianus« veröffentlicht wurde, achtundzwanzigmal hintereinander einstimmig im Chor gerufen haben sollen: »Du sicherst uns den Besitz unserer Ehrenämter, unserer Güter und unserer gesamten Habe!«

Trotz der Anstrengungen der kaiserlichen Generäle Ardaburius und Ardaburius Aspar (Ardaburius' Sohn) wurden während der letzten Regierungsjahre des Theodosius die Donauprovinzen wiederholt von den Hunnen heimgesucht und schwer verwüstet. Selbst Konstantinopel glaubte man nicht vor ihnen sicher. Hinzu kam, daß im Winter 447/448 die von Anthemius errichtete Landmauer zusammen mit ihrer 439 von dem Stadtpräfekten Kyros erschaffenen Erweiterung entlang der Küste von einer Reihe von Erdbeben zerstört wurde, denen auch 57 Wehrtürme zum Opfer fielen. Allerdings war der Schaden schon nach zwei Monaten härtester Arbeit, die von dem Prätorianerpräfekten Constantius überwacht wurde, wieder behoben und außerdem eine neue Mauer mit 92 Türmen zwischen der alten und dem Festungsgraben aufgerichtet. »Nicht einmal Pallas Athene«, verkündete eine Inschrift an einem der Tore, »hätte eine so unerschütterliche Festung bauen können.« Tatsächlich konnte im Verlauf der folgenden zehn Jahrhunderte kein einziger Angreifer diese Schutzmauern überwinden.

In der Zeit zwischen 440 und 450 lag die Entscheidungsgewalt bei Hofe hauptsächlich in den Händen des Eunuchen Chrysaphios Zstommas, der vorübergehend sogar Pulcherias Einfluß zurückdrängte. Mit hohen Jahrestributen hielt er die Hunnen zurück, zog sich dadurch allerdings die Feindschaft der oströmischen Generäle zu und verlor gegen Ende des Jahrzehnts seinen Einfluß. So gelangte Pulcheria wieder in ihre alte Machtposition. Wenig später verunglückte Theodosius während eines Ausrittes am Lykos-Fluß unweit der Stadt. Er stürzte vom Pferd und zog sich eine Wirbelsäulenverletzung zu, an deren Folgen er starb.

Theodosius war neunundvierzig Jahre lang Augustus (von seinem ersten Lebensjahre an) und zweiundvierzig Jahre lang Alleinherrscher über das Oströmische Reich. Die Berater, die ihm während dieser langen Zeit zur Verfügung standen, waren in der Regel alle fähige Männer, die die Grundlage für die Stabilität des Byzantinischen Reiches während der nächsten eintausend Jahre legten. Dabei trat der Kaiser weder als Staatsmann noch als Feldherr besonders hervor. In seinen letzten Lebensjahren soll er sich nicht einmal mehr der Mühe unterzogen haben, die Papiere zu lesen, die man ihm zur Unterschrift vorlegte. Vom Wesen her war er sanft und mild, und er sträubte sich, Todesurteile auszusprechen. Er lebte zurückgezogen und widmete sich den Wissenschaften, darunter auch der Astronomie. Außerdem förderte er das Studium der Geschichte, weshalb Olympiodoros und Sozomenos (ein Historiker und ein Rechtsgelehrter) ihm ihre Geschichtswerke widmeten. Theodosius' Hauptinteresse aber galt der Theologie. Er schuf eine außerordentliche Sammlung theologischer Werke und kopierte eigenhändig und kunstvoll viele Handschriften religiösen Inhalts. Der Hof, so hieß es, gleiche einem Kloster, in dem man sich frommen Betrachtungen und Werken der Nächstenliebe hingebe. Bei diesen hochherzigen Tätigkeiten spielten des Kaisers Schwestern eine führende Rolle: Die tugendhafte Pulcheria zum Beispiel widmete sich der feierlichen Verehrung der angeblichen Reliquien von nicht weniger als zweiundvierzig Märtyrern. Strenggläubige Christen wie Theodoretos und Sokrates Scholastikos erblickten daher in ihrem Herrscher einen sanften Priesterkönig, der persönlich mit Gott Umgang pflegte. Wer indessen als Häretiker galt, wurde strengen Maßnahmen unterzogen, und der Arianer Philostorgios wußte von einer Reihe schwerer Vergehen zu berichten, die er dieser Politik zuschrieb. Außerdem wurde 429 das jüdische Patriarchat in Syropalästina abgeschafft, und seine Geldquellen wurden vom Staat vereinnahmt.

Die düstere Atmosphäre des Hofes scheint durch die breiter angelegten literarischen Interessen der Kaiserin Aelia Eudokia etwas gemildert worden zu sein. Lange Zeit lebte sie in gutem Einvernehmen mit Pulcheria, bis Streitigkeiten zwischen den Geistlichen in ihrem Gefolge die beiden Frauen entzweiten und es sogar zu Tätlichkeiten unter ihren Anhängern kam, so daß möglicherweise zuerst Pulcheria sich gezwungen sah, ins Exil zu gehen, dann aber auch Eudokia. Sie verbrachte den Rest ihres Lebens mit Werken der Frömmigkeit und Nächstenliebe im Heiligen Land und wurde, als sie gestorben war, in der Stephanskirche in Jerusalem begraben, die sie selbst hatte errichten lassen. Pulcheria dagegen hatte, nachdem sie ein zweites Mal in den Schatten der Mächtigen geraten war, ihren Einfluß zurückgewonnen, als der Kaiser starb.

Constantius III. (421)

Constantius III. (Flavius Constantius; Mitkaiser des Westreiches von Februar bis September 421) war Römer, wurde aber in Naissus (Niš) geboren. Als Heermeister des Honorius (»magister militum«) von 411 bis 421 sowie als »patricius« seit 415 hatte er praktisch das gesamte Westreich im Griff. Er war auf der politischen Bühne erschienen, kurz nachdem die Westgoten unter Alaricus 410 Rom geplündert hatten und als Constantinus III. und sein Sohn Constans in Arelate (Arles) zu Augusti ausgerufen wurden und feststellen mußten, daß Gerontius, ihr Feldherr in Spanien, sich von ihnen losgesagt und Maximus zum Kaiser ausgerufen hatte. Als Gerontius in Gallien einmarschierte, begab Constantius sich mit seinem gotischen Unterbefehlshaber Ulfilas (Wulfila) von Italien nach Arelate und zwang Gerontius, sich nach Spanien zurückzuziehen. Anschließend wandte er sich gegen Constantinus III., der in Arelate residierte, stürzte ihn und ließ ihn töten.

Als sich 411 in Gallien und Britannien erneut ein Usurpator erhob (Iovinus), unternahm Constantius vermutlich deshalb nichts gegen ihn, weil er einen anderen Rebellen niederwerfen mußte, Heraelianus in Africa. Inzwischen war auch Iovinus gestürzt worden. Doch die Burgunder, die ihn unterstützt hatten, waren so stark, daß sie nicht vertrieben werden konnten. So kam es, daß man ihnen 413 gestattete, am Rhein ein eigenes Reich mit der Hauptstadt Borbetomagus (Worms) zu gründen, wo sie den Status von Verbündeten oder Föderaten erhielten.

Der Sturz des Iovinus war das Werk der Westgoten unter ihrem König Athaulf. Als Dank für ihre Unterstützung durften sie sich im Südwesten Galliens niederlassen und einen eigenen Föderatenstaat gründen. Trotzdem weigerte Athaulf sich, dem Kaiser (Honorius) und Constantius zum Hohn, Galla Placidia, die Halbschwester des Kaisers, die sein Schwager Alaricus entführt hatte, zurückzugeben. Statt dessen heiratete er sie 414 in seiner Hauptstadt Narbo (Narbonne) – angeblich gegen ihren Willen. Eine weitere Herausforderung für Ravenna bestand darin, daß Athaulf Priscus Attalus, der Alaricus' Marionettenkaiser in Rom gewesen war, zum Gegenkaiser auf gallischem Territorium ernannte. Constantius marschierte daraufhin zum zweiten Mal nach Arelate und zwang Athaulf, nach Spanien auszuweichen, und Attalus, der in Gefangenschaft geraten war,

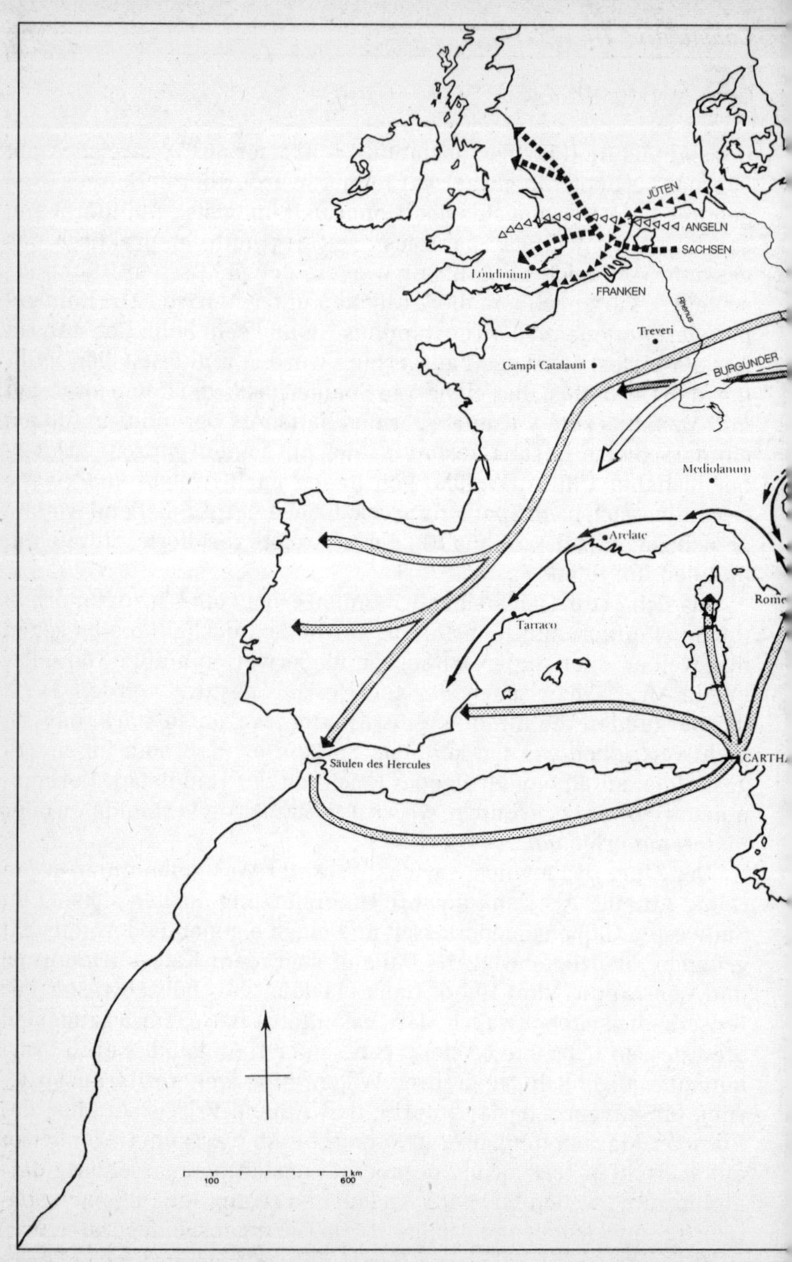

JÜTEN
ANGELN
SACHSEN
Londinium
FRANKEN
Rhenus
Treveri
Campi Catalauni
BURGUNDER
Mediolanum
Arelate
Rome
Tarraco
Säulen des Hercules
CARTHA
100
600
km

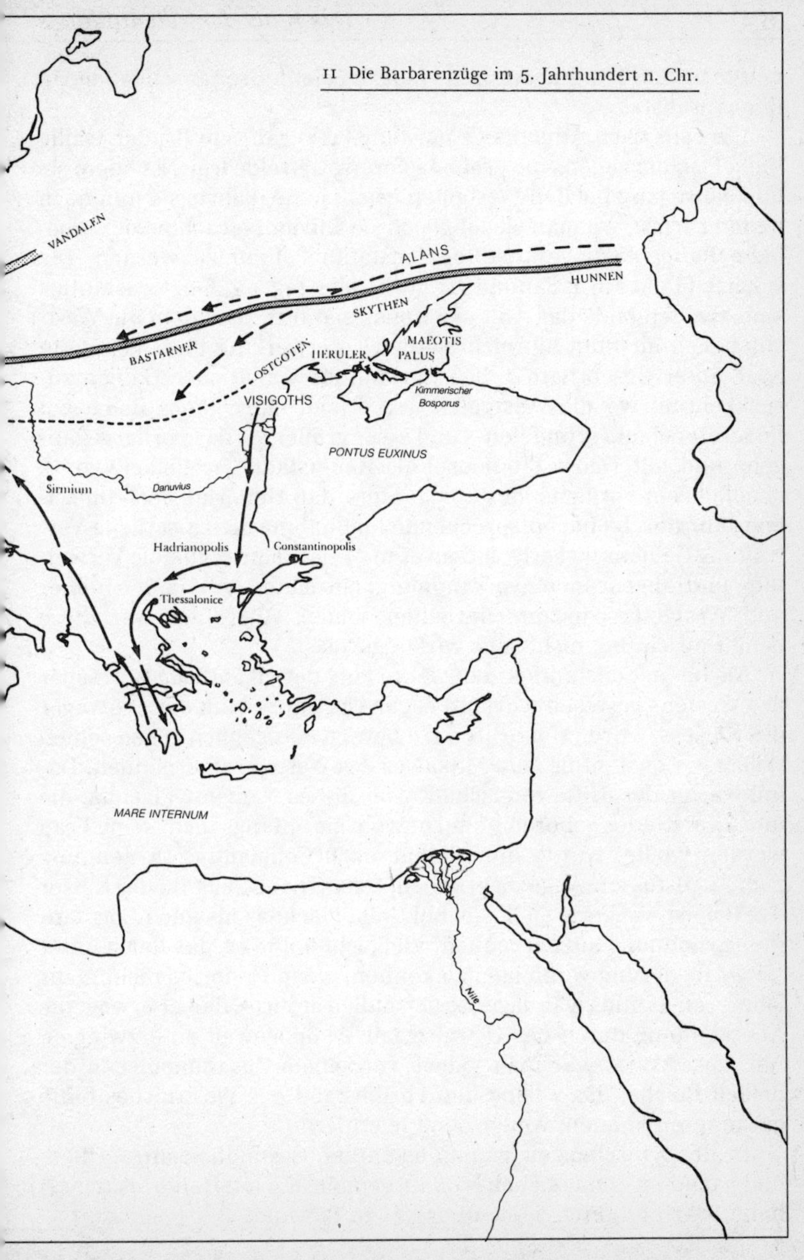
11 Die Barbarenzüge im 5. Jahrhundert n. Chr.
VANDALEN
ALANS
HUNNEN
SKYTHEN
MAEOTIS
PALUS
HERULER
BASTARNER
OSTGOTEN
VISIGOTHS
Kimmerischer
Bosporus
PONTUS EUXINUS
Sirmium
Danuvius
Hadrianopolis
Constantinopolis
Thessalonice
MARE INTERNUM
Nile

mußte in dem Triumphzug mitgehen, den der Kaiser anschließend in Rom veranstaltete.

Ein Jahr nach Athaulfs Ermordung (414) gab sein Bruder Wallia Galla Placidia gegen eine große Lieferung Getreide frei. Nachdem sie fünf Jahre lang bei den Westgoten gelebt hatte, kehrte sie nun nach Italien zurück, wo man sie, obgleich sie wieder beträchtliche Vorbehalte hatte, dazu veranlaßte, Constantius' Frau zu werden. Die Hochzeit fand am 1. Januar 417 statt, dem Tag, an dem Constantius zum zweiten Male das Amt des Konsuls antrat. Nachdem die Westgoten sich für Rom hilfreich bei der Unterwerfung ihrer Feinde in Spanien erwiesen hatten, ließ Constantius Wallia nach Gallien zurückkehren, wo die Westgoten 418 erneut ein eigenes Reich auf Föderatenebene gründeten – und zwar größer als das vorhergegangene und mit Tolosa (Toulouse) als Hauptstadt. Zweifellos war es ebenfalls ein Verdienst des Constantius, daß Honorius noch im selben Jahr durch eine entsprechende Maßnahme die kaiserliche Verwaltung Galliens lockerte, indem er in Arelate eine regionale Verwaltung und Abgeordnetenversammlung einrichten ließ, in der Römer und Westgoten zusammenarbeiten sollten. Allerdings war diese neue Einrichtung nicht sehr wirkungsvoll.

Nachdem Constantius zehn Jahre lang der eigentliche Herrscher des Westens gewesen war und sogar vier Jahre lang der Schwager des Kaisers, wurde Honorius dazu bewegt – angeblich gegen seinen Willen –, Constantius zum Mitkaiser des Westens zu ernennen. Damit war er der dritte römische Kaiser dieses Namens. Placidia, die ihm zwei Kinder geboren hatte, obwohl sie anfangs nicht seine Frau werden wollte, wurde unmittelbar nach Constantius' Ernennung zum Augustus zur Augusta erhoben. Doch Theodosius II., der Kaiser des Ostens, weigerte sich, sowohl Galla Placidias als auch Constantius' Ernennung anzuerkennen. Vielleicht hoffte er, das Reich unter seiner Regierung vereinigen zu können, wenn Honorius nicht mehr lebte. Constantius war darüber dermaßen erzürnt, daß er erwog, die Anerkennung durch das Ostreich mit Waffengewalt zu erzwingen. Auf diese Weise war man jedoch von einem Zusammenleben der beiden Reiche, das alleine den Fortbestand des Westreiches hätte garantieren können, weiter denn je entfernt.

In der Zwischenzeit war Constantius' Gesundheit angegriffen, und nachdem er nur sieben Monate gemeinsam mit Honorius regiert hatte, starb er am 2. September 421 in Ravenna.

»Constantius«, so schrieb der zeitgenössische Historiker Olympiodoros aus dem ägyptischen Theben, der insbesondere die weströmische Geschichte der Jahre 407–425 schildert, »schritt gesenkten Blickes und mit finsterer Miene einher. Er war ein Mann mit großen Augen, langem Hals und breitem Kopf, der sich beim Reiten fast bis auf den Hals des Pferdes hinabbeugte, das ihn trug. Dabei blickte er hierhin und dorthin, so daß er allen, wie man zu sagen pflegte, den ›eines Autokraten würdigen Anblick‹ bot. Bei Gelagen und Festen war er jedoch so entspannt und lustig, daß er es sogar mit den Hofnarren aufnehmen konnte, die oft an seinem Tisch ihre Späße trieben.«

Wie es heißt, war Constantius das Herrscheramt im Grunde lästig, weil es ihn daran hinderte, sich frei nach Lust und Laune zu bewegen. Außerdem soll er bis kurz vor seinem Tode allen Versuchungen, sich zu bereichern, widerstanden haben und erst gegen Ende seines Lebens habgierig und maßlos geworden sein, womit er allerdings seinem Ansehen sehr schadete.

Iohannes (423–425)

Iohannes (Kaiser – Usurpator – des Westreiches) war ein Beamter (nach einer späten Quelle gotischen Ursprungs), der »primicerius notariorum« geworden, das heißt bis in die höchste Spitze der Verwaltung aufgestiegen war. Daß er in die Geschichte eingegangen ist, verdankt er der Entfremdung des Honorius von seiner ehedem innig geliebten Halbschwester Galla Placidia. Sie wurde 423 aus Ravenna verbannt und suchte mit ihrem vier Jahre alten Sohn Valentinianus (III.) und einer Tochter Zuflucht bei dem oströmischen Kaiser Theodosius II. in Konstantinopel.

In dieser Auseinandersetzung hatte der Heermeister (»magister militum«) des Westens, Castinus, gegen Placidia Partei ergriffen und widersetzte sich ihrer Rückkehr nach Italien und der Ernennung des Knaben Valentinianus zum Kaiser. Um diese Ernennung auf jeden Fall zu verhindern, verlieh er im September 423 Iohannes den kaiserlichen Purpur. Daraufhin gab Iohannes in Rom, wo man ihn zum Kaiser erhoben hatte, einige Bronzemünzen heraus und ließ in Ravenna, wie es üblich war, Goldmünzen prägen. Sie zeigen nicht nur sein Porträt, sondern auch das des Theodosius II. Offensichtlich hatte Iohannes gehofft, auf diese Weise von der oströmischen Regierung anerkannt zu werden. Aber er wurde enttäuscht, denn als seine Gesandten am Hof in Konstantinopel eintrafen, um die Anerkennung des Usurpators zu erwirken, weigerte Theodosius sich, sie zu empfangen, und ließ sie ins Marmarameer werfen.

Bei dem diplomatischen Hin und Her, das daraus folgte, spielten zwei junge Offiziere eine wichtige Rolle, die später noch von sich Reden machen sollten. Einer von ihnen, Bonifatius, war Feldherr (»comes«) in Africa. Er hatte Placidia Finanzhilfe geleistet, und man konnte sicher sein, daß er die Versorgung des Weströmischen Reiches mit Getreide aus Africa als Druckmittel für Placidias Rückkehr zur Macht einsetzen würde. Der andere war Aetius, ebenfalls ein hoher Offizier, Sohn eines gewissen Gaudentius aus Durostorum (Silistria) in »Moesia Secunda« (Untermösien). Er hatte für Iohannes Partei ergriffen und war von ihm mit der Verwaltung der kaiserlichen Residenz (»cura palatii«) betraut worden. Als sich jedoch herausstellte, daß Theodosius II. ein Heer schickte, um Iohannes zugunsten von Valentinianus III. abzusetzen, da entsandte Iohannes Aetius zu den Hunnen, damit er von seinen Freunden Hilfe bringe.

Die Invasionsstreitkräfte aus dem Ostreich, die von Theodosius' fähigstem General, Ardaburius dem Älteren, und seinem Sohn Aspar angeführt wurden, hatten in Salona Segel gesetzt. Ihre Schiffe gerieten aber in einen Sturm und wurden auseinandergetrieben. Während Ardaburius bei Ravenna strandete und in Gefangenschaft der Anhänger des Iohannes geriet, gelangte Aspar bis Aquileia. Anstatt ihn sofort zu vertreiben, wartete Iohannes auf die Verstärkung durch die Hunnen, die er sich von Aetius aus Mitteleuropa erhoffte. In der Zwischenzeit benutzte Ardaburius seine Gefangenschaft in Ravenna, die Loyalität der Offiziere des Iohannes zu untergraben, und außerdem konnte er Aspar eine Nachricht zukommen lassen, in der er ihn dringend zum Vormarsch aufforderte. Von einem Schäfer, von dem es später hieß, er sei ein Engel Gottes gewesen, durch die Sümpfe rings um Ravenna geführt, konnten Aspars Soldaten die Stadttore ungehindert passieren. Iohannes wurde gefangengenommen und nach Aquileia gebracht, wo Placidia ihn zum Tode verurteilte. Seine Häscher schlugen ihm die rechte Hand ab, setzten ihn auf einen Esel und führten ihn im Circus vor. Im Mai oder Juni 425 wurde er hingerichtet.

Die Maßnahmen seiner Regierung wurden für ungültig erklärt.

Der Historiker Prokopios vermerkt, daß er maßvoll und milde regiert habe. Sokrates Scholastikos dagegen behauptet, daß die Nachricht von seinem Sturz in Konstantinopel mit Jubel begrüßt worden sei. Nur eineinhalb Jahre lang hatte Iohannes die Herrschaft des Hauses des Valentinianus unterbrochen.

Valentinianus III. (425–455)

Valentinianus III. (Flavius Placidus Valentinianus; römischer Kaiser im Westen) wurde 419 als Sohn Constantius' III. und der Aelia Galla Placidia, der Halbschwester des Honorius, geboren. Da Honorius kinderlos war, bestimmte er 421 oder etwas später Valentinianus zu seinem Erben und verlieh ihm den Titel »Edelster aller Knaben« (»nobilissimus puer«). Als sich jedoch zwei Jahre später, 423, Honorius und Placidia entzweiten, suchte Placidia mit ihrem Sohn und ihrer Tochter bei Theodosius II. in Konstantinopel Zuflucht.

Honorius starb wenig später, und ein hoher Beamter namens Iohannes wurde zu seinem Nachfolger erhoben. Daraufhin wollte Theodosius II. die Flüchtlinge wieder an die Macht in Ravenna bringen. In dieser Absicht erkannte er Placidia als Augusta an, ihren verstorbenen Gemahl (Constantius III.) als Augustus und ihren Sohn als Thronerben – Titel, die ihnen der Hof in Konstantinopel ursprünglich, als sie ihnen im Westen verliehen worden waren, nicht zugebilligt hatte. Placidia und ihre Kinder begleiteten Ardaburius und Aspar nach Westen, die von der Regierung in Konstantinopel damit beauftragt worden waren, Iohannes zu entmachten und sie an seine Stelle zu setzen. Auf dem Weg dorthin, in Thessalonice, wurde 424 der fünf Jahre alte Valentinianus zum Caesar erhoben, und als nach abenteuerlichen Wechselfällen die Armee des Ostreiches im Mai oder Juni 425 Ravenna eroberte, wurde Iohannes hingerichtet, und Placidia begab sich anschließend mit ihren Kindern nach Rom, wo Valentinianus zum Augustus ernannt wurde.

Während der ersten zwölf Jahre seiner Regierung lag die Macht in den Händen Placidias. Obwohl sie gute Beziehungen zu Theodosius II. unterhielt und auch zu den maßgeblichen Familien des westlichen Senatsadels, wurde ihr Einfluß doch wesentlich durch die überragende Persönlichkeit des seinerzeit bedeutendsten Heerführers im Westen, des Feldherrn Flavius Aetius (s. Iohannes), eingeschränkt. Er, der für Iohannes Partei ergriffen hatte und von ihm hoch geehrt worden war, mußte, als er endlich mit einem großen Hunnenheer in Italien erschien, um Iohannes beizustehen, erfahren, daß er bereits gestürzt und tot war. Es lag nun an Placidia, sich mit ihm zu einigen, und so zahlte sie den hunnischen Söldnern eine hohe Summe Geld, um sie zur Rückkehr in ihre Heimat zu bewegen, und ernannte Aetius zum Befehlshaber der Reiterei (»magister equitum«) und beauftragte ihn mit der Niederwerfung der Westgoten und Franken in Gallien (427–428). Eingedenk seiner früheren Feindseligkeit nahm Placidia die Nachricht von seinen Siegen mit Vorsicht auf.

Aetius' Ansehen wuchs jedoch dermaßen, daß selbst Placidias Mißtrauen seine Ernennung zum Heermeister (»magister militum«) des Westens (429) nicht mehr vermeiden konnte. Im selben Jahr kehrte aber auch Bonifatius, der Feldherr in Afrika war und mit dem sich Placidia nach anfänglicher Freundschaft überworfen hatte, nach Italien zurück und versöhnte sich wieder mit ihr. Ihre erneute Freundschaft ließ in ihr die Hoffnung aufkommen, daß er Aetius entmachten könnte. Doch als es 432 zum Kampf zwischen beiden Männern kam, wurde Bonifatius verwundet und starb. Nun war Aetius' Vorrangstellung unangefochten, und es wird berichtet, daß Gesandte aus den Provinzen nicht mehr von dem jugendlichen Kaiser oder seiner Mutter, sondern nur noch von ihm empfangen wurden.

Das einschneidendste Ereignis jener Jahre aber war der Aufstieg des Vandalenkönigs Geiserich, der wie kein anderer Germane vor ihm Furcht und Schrecken verbreitete. 429 führte er die bereits bis nach Südspanien vorgedrungenen Vandalen über die Meerenge von Gibraltar nach Nordafrika und eroberte 439 Karthago, die zweitwichtigste Stadt des Weströmischen Reiches, die für seine Getreideversorgung von größter Bedeutung war. Dort ernannte er sich selbst zum unabhängigen Herrscher, unabhängig von Valentinianus III. oder irgend jemand anderem, und 431 sowie 441 setzte er sich erfolgreich gegen Versuche Ravennas zur Wehr, ihn in die Schranken zu weisen. Mehr als jeder andere trug Geiserich zum Untergang des Weströmischen Reiches bei.

Aetius war nicht imstande, ihm Einhalt zu gebieten. Dafür aber war er andernorts erfolgreich. So konnte er wenigstens vorübergehend die Germanen über die Donau zurücktreiben und Bauernaufstände in Gallien niederwerfen. Als um 437 die Burgunder versuchten, aus dem Rheinland in Gallien einzudringen, schlug er sie zurück und verlegte ihren gesamten Föderatenstaat nach Sabaudia (Savoyen). Zu diesem Zeitpunkt war jeder militärische Erfolg eine beträchtliche Leistung, denn Edikte aus den Jahren 440 und 443 lassen erkennen, daß der Mangel an Soldaten so groß geworden war und die Bereitschaft, in der Armee des Westens zu dienen, so abgenommen hatte, daß nur noch in Fällen äußerster Not neue Rekruten eingezogen werden konnten. Tatsächlich gestand Valentinianus III. 444 in aller Öffentlichkeit ein, daß seine Mobilmachungspläne gescheitert seien, weil ihm die nötigen Mittel zur Finanzierung fehlten.

Hinzu kam, daß in diesen Jahren auch die Hunnen, die bisher Aetius immer noch reichlich mit Hilfstruppen versorgt hatten, begannen, sich gegen die Regierung in Ravenna zu wenden. In den ersten Jahren seit 430 hatten ihre Herrscher in Ost- und Mitteleuropa ein riesiges Reich aufgebaut. 434 fiel dieses Reich an Attila und seinen Bruder Bleda, den Attila umbrachte, um Alleinherrscher zu werden. Die Regierung in Konstantinopel zahlte ihm große Summen Hilfsgelder, damit er stillhielte, bis Marcianus sich 450 weigerte, die Zahlungen fortzusetzen. Daraufhin griff Attila das Westreich an, um sich durch Plündern die nötigen Vorräte zu beschaffen. Doch dann beeinflußte Iusta Grata Honoria, die Schwester Valentinianus' III., den weiteren Verlauf der Ereignisse. Weil sie sich der Anordnung ihres Bruders, einen ungeliebten Römer zu heiraten, nicht fügen wollte, sandte sie ihren Siegelring Attila und bat ihn, ihr beizustehen. Attila deutete diesen Hilferuf als Eheversprechen und verlangte von Valentinianus die Hälfte seines Reiches als Mitgift.

Als diese Forderung zurückgewiesen wurde, rückte Attila in Gallien ein. Auf den Katalaunischen Feldern (vermutlich zwischen Châlons-sur-Marne und Troyes) traten Aetius und die mit ihm verbündeten Westgoten den Hunnen und ihren Hilfstruppen, die sich aus den von ihnen unterworfenen germanischen Völkern rekrutierten, entgegen. Obwohl der Westgotenkönig Theoderich I. in der Schlacht fiel, wurde Attila entscheidend geschlagen. Es war die einzige Niederlage seines Lebens und der größte Sieg der Regierung des Valentinianus III. Nach dieser Niederlage fielen die Hunnen in Italien ein und eroberten und plünderten Mailand, doch konnte Papst Leo I., »der Große«, sie zum Rückzug bewegen, und als Attila 453 nach seiner Hochzeitsfeier einen Schlaganfall erlitt und noch in derselben Nacht starb, da zerfiel sein Reich.

Im selben Jahr wurde der Sohn des Aetius mit der Tochter des Kaisers verlobt, und Aetius selbst widerfuhr die außerordentliche Ehre, 454 zum vierten Male Konsul zu werden. Gleichzeitig entstanden ihm aber auch mächtige Feinde, darunter Petronius Maximus, der zweimal Prätorianerpräfekt Italiens und zweimal Stadtpräfekt Roms war, und der Hofeunuch Herakleios, Valentinianus' Kämmerer. Als Aetius für diese beiden Männer zu einer ernsten Bedrohung wurde, überredeten sie den Kaiser, seinen Heermeister zu töten, und als im September 454 Aetius dem Kaiser über Finanzangelegenheiten berichtete, erdolchte Valentinianus ihn eigenhändig in Anwesenheit des Herakleios. So endete das Leben des Mannes, der fast zwei Jahrzehnte lang wie kein anderer den Thron des Westreiches gestützt und das dahinsiechende Reich noch einmal knapp vor dem Untergang bewahrt hatte. »Mit deiner linken Hand«, soll jemand die Kühnheit gehabt haben, dem Kaiser zu sagen, »hast du dir die rechte abgeschlagen.«

Nun erhoffte sich Petronius Maximus den Aufstieg in die höchste Stellung bei Hofe. Doch Herakleios überzeugte den Kaiser, daß es ein Fehler wäre, wenn er dies zuließe. Die Folge war, daß Petronius zwei Skythen (oder Hunnen), Optila und Thraustila, die darauf drängten, ihren früheren Feldherrn Aetius zu rächen, damit beauftragte, den Kaiser zu töten. Am 16. März 455, kurz nachdem der Kaiser sein dreißigjähriges Regierungsjubiläum und seinen achten Amtsantritt als Konsul durch die Herausgabe goldener Münzen und Medaillen gefeiert hatte, befanden sich die beiden Männer unter seinen Begleitern, als er auf dem Marsfeld vom Pferd stieg, um sich im Bogenschießen zu üben. In diesem Augenblick fiel Thraustila über Herakleios her und machte ihn unschädlich, während Optila dem Kaiser tödliche Verletzungen im Gesicht und an der Schläfe zufügte.

Wie seine Mutter, so hatte auch Valentinianus während seiner letzten Lebensjahre in Rom residiert. Er schätzte die Annehmlichkeiten der alten Hauptstadt, fand aber auch Zeit, scharfe Edikte gegen die Manichäer zu erlassen. Außerdem tat er einen entscheidenden Schritt in der Geschichte des Papsttums, als er die Autorität des römischen Bischofs anerkannte und erweiterte. Darauf bezieht sich sein berühmtes Dekret von 444, das er zusammen mit Papst Leo I., »dem Großen« veröffentlichte. Darin spricht er dem Bischof von Rom die Obermacht über die Bischöfe der Provinzen zu, eine Entscheidung, die zu fällen viele Kirchenmänner bisher nicht den Mut gehabt hatten.

Es ist denkbar, daß Valentinianus angesichts seines starken Interesses an religiösen Angelegenheiten auch die »Sixtinische Renaissance«, eine nach Papst Sixtus III. benannte Richtung der römischen Architektur in der Zeit von 432 bis 440, wesentlich beeinflußt hat. Sie ist durch die Wiederbelebung antiker Formen gekennzeichnet und findet ihren glanzvollsten Ausdruck in der Kirche »Santa Maria Maggiore«, die auch als »Basilica Liberiana« bekannt ist, obwohl die Kirche, die Papst Liberius von 352 bis 366 erbauen ließ, an anderer Stelle stand. Der riesige Innenraum der Basilika »Santa Maria Maggiore«, den vierzig Säulen in ein weites Hauptschiff und angrenzende Nebenschiffe unterteilen, ist noch in seiner ursprünglichen Form erhalten. Zwischen den Fenstern des Lichtgadens über dem Mittelschiff befanden sich 42 rechteckige Mosaikfelder, von denen 27 unversehrt geblieben sind. Jedes erzählt in lebendiger, klassischer Manier eine Geschichte aus dem Alten Testament. Sie sind die ältesten erhaltenen Bildergeschichten dieser Art und wahrscheinlich nach illustrierten Handschriften entstanden. Auf dem Triumphbogen, der den Hauptraum der Kirche vom Chor trennt, schildern weitere Mosaiken die Kindheit Jesu, wobei vor allem die Bedeutung der Jungfrau Maria hervorgehoben wird, die gerade kurz zuvor auf dem 3. ökumenischen Konzil zu Ephesus als »Mutter Gottes« feierlich bestätigt worden war.

Die Hauptstadt des Westreiches war jedoch Ravenna und nicht mehr Rom. Galla Placidia hatte unter dem Einfluß bedeutender Künstler aus Konstantinopel, der Hauptstadt des Ostreiches, Ravenna mit Bauten und Kunstwerken so geschmückt, daß die Stadt sich einer kaiserlichen Residenz wohl würdig erwies. Die mächtige »Kreuzkirche« (»Chiesa di Santa Croce«), die sie 425 erbauen ließ und die, wie ihr Name sagt, den Grundriß eines Kreuzes hatte, ist nur noch von Ausgrabungen her bekannt. Neben ihrer langen Vorhalle (der Narthex) erhebt sich aber immer noch ein kleiner Bau mit Tonnengewölbe und Kuppel, der die Elemente eines Kaisergrabes und einer Märtyrergedächtniskapelle miteinander verbindet und als Galla Placidias Mausoleum gilt. Tatsächlich befanden sich dort nicht nur ihre sterblichen Überreste, sondern auch die ihres Gatten Constantius III. sowie die ihres Halbbruders Honorius. Das Innere dieses

Baus ist mit Mosaiken geschmückt, die sich in leuchtenden Farben von einem heiter blauen Hintergrund abheben. Im Bogenfeld über dem Eingang ist der »Gute Hirte« mit seiner Herde zu sehen, gegenüber das Martyrium des heiligen Laurentius, und in den seitlichen Bogenfeldern stillen Hirsche ihren Durst an der heiligen Quelle. Wie die Mosaiken von »Santa Maria Maggiore« in Rom, sind auch diese Mosaiken für den grandiosen dekorativen byzantinischen Stil richtungweisend, obwohl sie in ihrer Plastizität immer noch tief im Realismus griechisch-römischer Tradition verwurzelt sind.

Ein weiteres Beispiel für die Entwicklung des byzantinischen Stiles findet sich in der Taufkirche (Baptisterium) der orthodoxen Christen (in »San Giovanni in Fonte«) in Ravenna, einem oktogonalen Bau, der um 400 errichtet oder neu errichtet wurde und der unter Bischof Neon (449–460) seine Kuppel erhielt. Hier konzentriert sich der reiche, in leuchtenden Farben ausgeführte Mosaikschmuck ganz auf die Bedeutung der Taufe. Auch hier folgt die Darstellung der Figuren noch klassischen Vorbildern, ihre Gewänder schwingen frei im Rhythmus ihrer Bewegungen, aber sie »schweben« bereits, ihre Füße berühren nicht mehr den Boden, und die Akanthusstauden, die die einzelnen Heiligen voneinander trennen, sind stilisiert. Der Naturalismus der hellenistischen Tradition vermischte sich allmählich mit östlichen Formen und Motiven. Damit kündigte sich der byzantinische Stil an, der sich bald voll entwickeln sollte.

Unter Valentinianus' Regierung erging eine ganze Reihe außerordentlich humaner Gesetze. Obwohl man Verständnis für die Steuerlasten der Wohlhabenden zeigte, wurden Maßnahmen ergriffen, um die Armen vor den Übergriffen der Reichen zu schützen. Steuern wurden erlassen, um die Bauern zu entlasten und die Abwanderung der Landbevölkerung in die Städte zu verhindern; außerdem wurde das erpresserische Verhalten der Steuereintreiber unter Anklage gestellt. Ein kaiserlicher Erlaß gab sogar zu, daß sich bestimmte Beamte »mit einem Nebel minuziöser Kalkulationen wie mit undurchdringlichem Dunkel umgaben«. Doch nur wenige dieser Edikte griffen wirklich.

Es ist sogar unklar, wie weit der Kaiser selbst für diese Maßnahmen verantwortlich war. Denn außer für Religion scheint er sich kaum für etwas anderes interessiert zu haben. Nur einmal griff er mit Sicherheit in das politische Geschehen ein – als er, sehr zum Nachteil des Weströmischen Reiches, Aetius eigenhändig niederstach. Ansonsten zeigte er wenig oder überhaupt keine Neigung, sich an den Regierungsgeschäften zu beteiligen.

Valentinianus liebte das angenehme Leben. Er war ein schneller Läufer und ein geschickter Reiter und Bogenschütze – so wenigstens berichtet es uns Vegetius, der dem Kaiser eine Studie zum Heerwesen widmete. Valentinianus umgab sich auch gerne mit Astrologen und Magiern, und obwohl Licinia Eudoxia, die er 437 in Konstantinopel heiratete, außerordentlich schön war, soll er immer wieder Affären mit verheirateten Frauen gehabt haben.

Trotz alledem blieb Valentinianus nicht weniger als dreißig Jahre an der Macht. Obwohl er als Herrscher kaum von Bedeutung war, erwies sich sein Tod doch als Katastrophe, denn mit Valentinianus endete ein Herrscherhaus, das dem Weströmischen Reich lange Zeit die Stabilität verliehen hatte, die damals überhaupt noch möglich war. Als es die Dynastie nicht mehr gab, war auch das Ende des Weströmischen Reiches in Sicht.

9 FORTBESTEHEN DES OSTREICHES – ENDE DES WESTREICHES

MARCIANUS (450–457)

Marcianus (Marcianus; römischer Kaiser im Osten) wurde 396(?) als Sohn eines thrakischen oder illyrischen Soldaten geboren. Er wurde ebenfalls Soldat und trat in eine in Philippopolis, im heutigen Bulgarien stationierte Einheit ein. 421 nahm er an Kämpfen gegen die Perser teil. In dieser Zeit erkrankte er und wurde danach Offiziersanwärter (»protector domesticus«). In der Folgezeit diente er 15 Jahre lang als Regimentskommandeur unter Ardaburius und seinem Sohn Aspar, den beiden obersten Generalen Theodosius' II. Von 431 bis 434 war er einer der Offiziere Aspars in Afrika. Dort geriet er in Gefangenschaft der Vandalen, wurde aber wieder freigelassen.

Theodosius hatte keinen männlichen Erben, und er hatte auch keinen Amtskollegen oder Nachfolger ernannt. Deshalb hätte, als er starb, die Herrschaft über Konstantinopel und das Ostreich nach der Reichsverfassung an den weströmischen Kaiser Valentinianus III. übergehen müssen. Doch weder der Hof in Konstantinopel noch die Bevölkerung des Ostreiches wären mit dieser Lösung einverstanden gewesen. Sie hätte wahrscheinlich auch nicht Theodosius' eigenen Vorstellungen entsprochen, denn auf dem Sterbebett soll er in Anwesenheit Aspars zu Marcianus gesagt haben: »Mir wurde offenbart, du wirst nach mir regieren.« Aspar, der inzwischen Heermeister geworden war (»magister militum«), kam, weil er den Arianern nahestand, als Thronanwärter nicht in Frage. So wurde Marcianus im Einverständnis mit Theodosius' einflußreicher Schwester Pulcheria sein Nachfolger. Da Marcianus Witwer war, willigte Pulcheria sogar ein, seine zweite Frau zu werden – allerdings nur dem Namen nach, denn sie hatte das Gelöbnis der Keuschheit abgelegt. Auf diese Weise bestand im Osten die von Valentinianus I. begründete Dynastie wenigstens für die Dauer von Marcianus' Regierung weiter.

Als erstes ließ Marcianus Chrysaphius Zstommas hinrichten, den

Die Familie Leos I., »des Grossen«

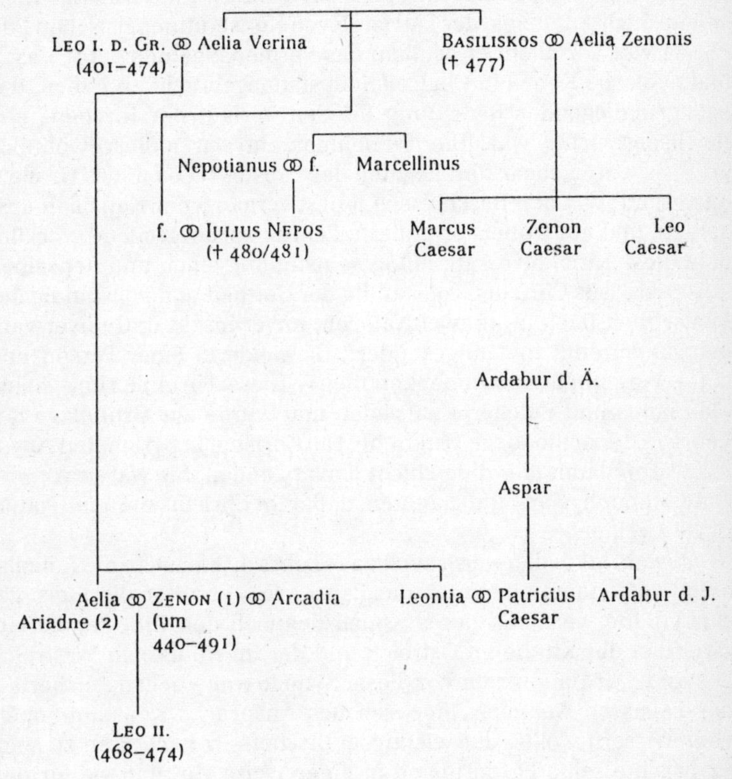

ungeliebten Ratgeber Theodosius' II. Seine eigenen maßgebenden Ratgeber – von seiner energischen Gemahlin abgesehen – waren Euphemios, der Chef der gesamten Verwaltung (»magister officiorum«), und der Prätorianerpräfekt Palladius. Eine wichtige Rolle spielte auch Anatolios, der Patriarch von Konstantinopel. Neben Pulcheria war vor allem er es, dem das Verdienst gebührt, 451 das 4. ökumenische Konzil in Chalcedon zustandegebracht zu haben, das von grundlegender Bedeutung für den Verlauf der Kirchen- und Reichsgeschichte war. Die Teilnehmerzahl war außergewöhnlich groß, es waren sogar fünf Legaten des Papstes (Leos I., des Großen) anwesend. Von den Beschlüssen jüngst vergangener Konzilien ausgehend und auf früher formulierte Lehren zurückgreifend, verkündete diese Kirchenversammlung »einstimmig einen und denselben ... Herrn Jesus Christus, vollständig der Gottheit und vollständig der Menschheit nach ... in zwei Naturen, unvermischt und unverwandelt, ungetrennt und ungesondert, die beide in einer Person und einer Wesenheit zusammenkommen«. Diese Formulierung stellte Marcianus und Pulcheria zufrieden und wurde zur Grundlage der Lehre in der orthodoxen Ostkirche. Die Christen in Syrien und Ägypten waren damit allerdings nicht einverstanden. Sie waren vorwiegend Monophysiten und glaubten, daß es in Christus nur *eine* Natur, nicht zwei, gebe.

Obwohl taktvollerweise auch das »Lehrschreiben« in die Konzilsakten aufgenommen wurde, das Papst Leo I. den Konzilsvätern gesandt hatte, vertiefte dieses Konzil dennoch den Riß, der bereits zwischen der Kirche im Ostreich und der im römischen Westreich bestand. Der Hauptpromotor dieser Synode war – neben Pulcheria – der Patriarch Anatolios, der sich des Anspruchs Konstantinopels vergewissern wollte, der wichtigste Bischofssitz nach Rom zu sein. Er brachte seine Forderungen in einer Weise vor, daß sie für den Papst unannehmbar waren. Er ergriff auf dem Konzil die Gelegenheit, sich nicht nur seinen Vorrang über die Bischöfe des Ostens bestätigen zu lassen, sondern auch seine Jurisdiktion erweitern zu lassen. Die päpstlichen Legaten und folglich der Papst selbst widersprachen diesem Machtzuwachs des Patriarchen, dessen Residenz in Konstantinopel, die ihm die Unterstützung der Kaiser des Ostens einbrachte, ihn zu einem ernstzunehmenden Rivalen des Papstes zu machen schien. Außerdem fühlte sich Papst Leo I. verletzt, weil der die Stellung des Patriarchen von Konstantinopel betreffende Konzilstext nicht ausdrücklich auf den auf Petrus zurückgehenden, einzigartigen apostolischen Charakter des römischen Bischofssitzes hinwies, den seine Legaten immer wieder betont hatten. So wurde der Bruch, der sich bereits zwischen katholischen und orthodoxen Christen abzeichnete, weiter vertieft, ein Bruch, der später zu der größten Kirchenspaltung führen sollte, welche die Christenheit bisher erlebt hat.

Pulcheria starb 453 und hinterließ ihr Vermögen den Armen. Zusätzlich zu ihrer Kirchengründung in Chalcedon förderte sie die Errichtung einer ganzen Reihe öffentlicher Bauten in Konstantinopel. Einer davon war die heute so gut wie restlos verschwundene, oktogonale Kirche der »Theotokos« (»Gottesmutter«) im Viertel der Bronzehändler. Ihre andere, der »Theotokos Hodegetria« (»Mutter Gottes, die zum Sieg führt«) geweihte Kirche enthielt einen Schrein, der im Rufe stand, Blinde zu heilen. Das zugehörige Kloster enthielt eine Ikone der Jungfrau Maria, die der Evangelist Lukas gemalt haben soll und die Pulcherias Schwägerin ihr aus Jerusalem geschickt hatte.

Marcianus' Regierungszeit verlief so ungetrübt von den militärischen und politischen Wirren, die mit dem Untergang des Westreiches einhergingen, daß man sie später als eine Art »Goldenes Zeitalter« empfand. Allerdings war sein Verhältnis zum Westreich nicht frei von Spannungen, denn Valentinianus III. weigerte sich zunächst, ihn als Nachfolger Theodosius' II. anzuerkennen, gab später aber nach. Hinzu kam, daß nach Valentinianus' Tod Aspar Marcianus davon abhielt einzuschreiten, als die Vandalen Rom plünderten, eine Unterlassung, die im Westen viel Unwillen hervorrief. Und als Marcianus Teile Pannoniens den Ostgoten und Teile der Theiß-Region den Gepiden zusprach, warf man ihm Übergriffe auf das Grenzland zwischen dem Ost- und Westreich vor. In seinem eigenen Machtbereich gab es nur kleinere Unruhen, etwa in den Wüstengebieten Syriens und Südägyptens. Marcianus war vorsichtig genug, die Perser nicht zu reizen; und als die Armenier, weil sie ihren christlichen Glauben behalten wollten, sich dem Druck der Perser, ihren Glauben aufzugeben, widersetzten, da sicherte Marcianus dem Perserkönig Iezdegerd II. zu, daß er keinerlei Angriffe von römischen Truppen zu befürchten habe.

Diese Zurückhaltung war teilweise auf Marcianus' Angst vor

möglichen Angriffen eines anderen Feindes, nämlich der die Nordgrenze des Reiches bedrohenden Hunnen, zurückzuführen. Ihnen und ihrem König Attila gegenüber verfolgte er eine Politik der Stärke und weigerte sich, ihnen die Tribute weiterzuzahlen, die sie unter Chrysaphius, dem Minister seines Vorgängers, erhalten hatten. »Für Attila habe ich Eisen, aber kein Gold«, eine Entscheidung Marcianus', welche die Hunnen nach Westen lenkte. Diese Zahlungseinstellung war nur ein Teil umfassender Sparmaßnahmen. Zum Beispiel wurden die Konsuln aufgefordert, anstatt Geld an die Bevölkerung Konstantinopels zu verteilen, es für die Reparatur der städtischen Wasserleitung auszugeben. Andererseits jedoch wurden Steuerschulden erlassen und Hypotheken getilgt, die auf senatorischem Besitz lasteten. Außerdem wurde das Verbot aufgehoben, das Senatoren die Heirat mit Sklavinnen, Freigelassenen, Schauspielerinnen und anderen Frauen niedriger Herkunft untersagte.

Anfang des Jahres 457 wurde Marcianus krank und, als er einige Zeit darauf starb, in der Apostelkirche neben Pulcheria beigesetzt. Die Trauer über seinen Tod war groß. »Herrsche wie Marcianus!« rief die Menge, wenn ein neuer Herrscher proklamiert wurde. Mit Marcianus endete das Herrscherhaus des Valentinianus und des Theodosius, zu dem er durch Heirat gehört hatte. In Ravenna hatte es schon zwei Jahre früher aufgehört zu bestehen, doch verursachte sein Ende in Konstantinopel nicht die gleiche Instabilität und das gleiche Chaos, wie sie im Westen zu beobachten waren.

Petronius Maximus (455)

Petronius Maximus (Kaiser im Westen) wurde um 396 geboren. Von unbekannter Herkunft, diente er um 415 als Tribun und »notarius« und von etwa 416 bis 419 als »Finanzminster« (»comes sacrarum largitionum«). Danach bekleidete er zwei-, wenn nicht sogar dreimal das Amt eines Prätorianerpräfekten Italiens. Außerdem war er zweimal Stadtpräfekt Roms und Konsul und wurde 445 in den Rang eines »patricius« erhoben. Er sammelte große Reichtümer und ließ in Rom ein Forum bauen.

Als Valentinianus III. 455 ermordet wurde, hinterließ er keinen männlichen Erben; es gab aber auch keinen Heerführer, der als Nachfolger geeignet gewesen wäre. Die Meinungen über den zukünftigen Throninhaber gingen daher auseinander. Einige einflußreiche Persönlichkeiten favorisierten einen gewissen Maximianus, den Sohn eines ägyptischen Kaufmannes, der Haushofmeister bei Aetius gewesen war. Marcianus, der oströmische Kaiser, hätte wohl, wenn man ihn befragt hätte, lieber eine andere bekannte Persönlichkeit auf dem Thron des Westreiches gesehen, nämlich Maiorianus, der später auch tatsächlich Kaiser wurde. Auch Valentinianus' Witwe, Licinia Eudoxia, dürfte dieser Ansicht gewesen sein. Doch die Wahl fiel auf Petronius Maximus, und er wurde als Kaiser anerkannt.

Sofort nach der Thronbesteigung heiratete er Licinia Eudoxia. Sie willigte zwar in die Ehe ein, tat aber unmißverständlich ihren Abscheu kund, weil sie den neuen Kaiser für die Ermordung Valentinianus' verantwortlich machte, der wiederum die erste Frau des Petronius Maximus verführt haben soll. Tatsächlich zeigte Petronius Maximus auch eine gewisse Vorliebe für die Mörder seines Vorgängers. In ihrer Verzweiflung wandte sich Eudoxia aber nicht an den Hof in Konstantinopel, sondern an Geiserich, den Vandalenkönig in Karthago. Sie hatte auch guten Grund dafür: War doch Geiserichs Sohn Hunerich mit ihrer Tochter Eudokia der Jüngeren verlobt, die Petronius Maximus nun aber mit seinem eigenen Sohn Palladius, den er zum Caesar erhoben hatte, verlobte.

Im Mai traf in Rom die Nachricht ein, daß Geiserich Eudoxias Bitte um Hilfe entsprochen habe und mit seiner Flotte nach Italien unterwegs sei. Daraufhin verließen viele Einwohner Roms fluchtartig die Stadt, und auch Petronius Maximus dachte nur daran, wie er entkommen und nicht, wie er die Stadt wirkungsvoll verteidigen könne. Ja, er bedrängte sogar den Senat, mit ihm zu fliehen. Aber seine Leibgarde und auch seine Freunde ließen ihn im Stich, und als er am 31. Mai 455 heimlich aus der Stadt ritt, geriet er in einen Steinhagel. Er wurde durch einen Stein an der Schläfe getroffen und getötet. Später behaupteten ein römischer und auch ein burgundischer Soldat, den gezielten Wurf getan zu haben. Die Menge verstümmelte den Leichnam und warf ihn in den Tiber. Am 2. Juni erreichte Geiserich die Stadt, und nachdem seine Truppen sie vierzehn Tage lang geplündert hatten, zogen sie mit ungeheurer Beute beladen wieder davon. In Geiserichs Gefolge befanden sich auch Licinia Eudoxia und ihre beiden Töchter Placidia die Jüngere und

Eudokia die Jüngere, die ein Jahr später des Vandalenkönigs Sohn Hunerich heiratete, wie es ursprünglich vorgesehen war.

Ganze 68 Tage hatte die Regierung des Petronius Maximums gedauert. Wir erfahren etwas über ihn in einem Brief des galloromischen Adligen und Literaten Sidonius Apollinaris. Er erwidert darin seinem Freund Serranus, von dem wir nichts weiter wissen, als daß er den Kaiser überglücklich gepriesen hatte, weil er mit dem Thron auch viele Ehrenämter erhalten hatte, daß ein gekröntes Haupt sehr unbequem gebettet sei, und fährt fort:

»Als er [Petronius Maximus] unter Anspannung aller Kräfte den unsicheren Gipfel kaiserlicher Majestät erklommen hatte, erfaßte ihn unter seiner Krone Schwindel, wie uneingeschränkte Macht ihn hervorruft. ... Als man ihm den Augustustitel verlieh und ihn unter diesem Vorwande hinter den Pforten des Palastes einkerkerte, murrte er schon vor dem Abend, denn er hatte erreicht, was er wollte. ... Denn obwohl er alle hohen Hofämter in Ruhe und Frieden hinter sich gebracht hatte, kam es nun unaufhörlich zu Gewalttaten, Militärrevolten, Bürgeraufständen und Unruhen bei den Verbündeten, sobald er erst einmal Kaiser war. Dies offenbarte auch sein Ende, das ebenso ungewöhnlich wie rasch und schrecklich war: Nachdem die Glücksgöttin ihm lange geschmeichelt hatte, tauchte ihn der Verrat, den sie schließlich an ihm beging, in Blut, denn sie schlug unerwartet zu, so wie ein Skorpion mit seinem stachelbewehrten Schwanz zuschlägt. Ein gewisser Fulgentius pflegte zu erzählen, er habe Petronius oft ausrufen hören, wenn ihn die Last der Regierungsgeschäfte zu sehr drückte und er sich nach seiner früheren Ruhe zurücksehnte: ›Glücklicher Damokles [ein reicher Syrakuser, der einst von Dionysios von Syrakus ein üppiges Mahl vorgesetzt bekam, bei dem allerdings ein blankes Schwert an einem dünnen Faden über seinem Haupte hing], der die Herrscherpflichten nur so lange ertragen mußte, wie eine einzige Mahlzeit dauerte!‹«

Avitus (455–456)

Avitus (Eparchius Avitus; römischer Kaiser im Westen) entstammte einer reichen und vornehmen Familie aus der heutigen Auvergne (Gallien). Sein Schwiegersohn Sidonius Apollinaris hat uns eine Beschreibung seiner bemerkenswerten Palastvilla, Avitacum, hinterlassen. Wir übersetzen seine Schilderung nach der Wiedergabe des englischen Historikers Edward Gibbon (1737–1794):

»Ein wasserreicher Bach, der auf einer Anhöhe entsprang und in mehreren rauschenden, schäumenden Kaskaden zu Tal stürzte, ergoß sich in einen etwa zwei Meilen (3,2 km) langen See, an dessen Ufer sich die Villa in denkbar angenehmer Lage befand. Ihre Bäder, ihre Säulenhallen sowie ihre Räume für Sommer und Winter waren ganz den Alltags- und Luxusbedürfnissen ihrer Bewohner angepaßt, und das Land ringsum bot die unterschiedlichsten Ausblicke auf Wälder, Weidegründe und Wiesen. In dieser Zufluchtsstätte verbrachte Avitus seine Mußestunden mit Büchern, mit ländlichen Sportarten, mit handwerklichem Schaffen oder in Gemeinschaft seiner Freunde ...«

Doch Avitus entsagte diesen Annehmlichkeiten, um eine lange und ehrenvolle Laufbahn im Dienste der Öffentlichkeit zu beginnen. Nachdem er sich dem Studium der Rechte gewidmet hatte, wurde er 437 Heermeister (»magister militum«) und Prätorianerpräfekt in Gallien – eine neue Ehre für einen Mann, der aus dem römischen Gallien stammte. Sie läßt erkennen, welche Bedeutung dieses Gebiet in der Endphase des Bestehens des Weströmischen Reiches erlangt hatte. Als Aetius gegen die Westgoten Krieg führte, konnte Avitus den Westgotenkönig Theoderich I., auf den er erheblichen Einfluß hatte, dazu bewegen, 437 die ihm von den Römern angebotenen Friedensbedingungen anzunehmen; und 451, nachdem Avitus sich ins Privatleben zurückgezogen hatte, trug er wesentlich dazu bei, daß Theoderich an der Seite der Römer gegen die Hunnen und ihren König Attila kämpfte. Ihr gemeinsames Vorgehen gipfelte in dem Sieg auf den Katalaunischen Feldern (zwischen Châlons-sur-Marne und Troyes). Theoderich I. fiel zwar in der Schlacht, doch auch sein Nachfolger, sein zweiter Sohn, Theoderich II. war wieder ein enger Freund des Avitus, der ihn vielleicht sogar in römischer Literatur unterwiesen hatte.

Im Jahre 455 versuchte Petronius Maximus, Avitus zur Aufgabe seiner Zurückgezogenheit zu bewegen und wieder ein öffentliches Amt, diesmal das des Heermeisters im kaiserlichen Hauptquartier, zu übernehmen. Als jedoch bekannt wurde, daß Petronius nicht mehr lebte, da bedrängte ihn Theoderich II., an dessen Hof Avitus sich gerade aufhielt, die Nachfolge des Petronius Maximus anzutreten, und versprach ihm die Unterstützung der Westgoten. Avitus zögerte nur kurz, wie es sich gehörte, und willigte ein. Eine in aller Eile nach Ugernum (Beaucaire) einberufene Senatsversammlung erklärte ihn voller Begeisterung zum Kämpfer für Gallien und Retter des Reiches. Am 9. Juli 455 riefen ihn auch die Soldaten zum Kaiser aus, und in Arles wurden Münzen mit seinem Namen und seinem Porträt geprägt. Marcianus, der Kaiser im Osten war und dessen Zustimmung der Form nach eingeholt werden mußte, zögerte nicht, sie zu geben.

Gegen Ende des Jahres überschritt Avitus die Alpen, um sich auch in Italien der Zustimmung seiner Wahl zum Kaiser zu vergewissern. Sidonius Apollinaris, der ihn begleitete, feierte den Amtsantritt des neuen Herrschers als Konsul (am 1. Januar 456) mit einem langen Loblied, das Avitus jede nur denkbare gute Eigenschaft nachsagt und wofür Sidonius mit einer Bronzestatue auf dem Forum Traianum in Rom belohnt wurde. Demgegenüber behauptete man in Kreisen, die Abstand zu Avitus hielten, daß sein Lebenswandel zu aufwendig sei und daß er trotz seines vorgerückten Alters immer noch verheirateten Frauen nachstelle und sich nicht einmal scheue, sich über die betrogenen Männer lustig zu machen. Vor allem aber wollte der senatorische Adel der alten Hauptstadt Rom keinen Gallo-Römer auf dem Thron haben, der ohne ihre Zustimmung Kaiser geworden war. Hinzu kam, daß der Vandalenkönig Geiserich, der mit reicher Beute aus dem von seinen Soldaten verwüsteten Rom nach Africa zurückgekehrt war, seine feindliche Haltung nicht aufgegeben und 60 Schiffe entsandt hatte, die die Küsten des Reiches bedrohten.

Um diese Probleme zu lösen, vertraute Avitus sein Schicksal einem hohen Offizier namens Flavius Ricimer an. Er war in den folgenden sechzehn Jahren der eigentliche Herrscher des Westreiches. Als Sohn germanischer Eltern – eines Swebenfürsten und der Tochter des Westgotenkönigs Wallia – hatte er in der weströmischen Armee Karriere gemacht und war von Avitus zum Heermeister im kaiserlichen Stabe ernannt worden. Ricimer zog nach Sizilien, um dort den Vandalen entgegenzutreten. Er verhinderte, daß sie bei Agrigentum landeten, und gewann 456 eine Seeschlacht vor Korsika. Unterdessen schlug Roms westgotischer Verbündeter Theoderich II. die Sweben in Spanien, während Avitus in Pannonien kämpfte.

Trotzdem konnte Avitus in Rom sich nicht behaupten, denn inzwischen lehnte nicht mehr nur der Senat ihn ab, sondern auch die Masse der Bevölkerung. Grund dafür war eine drohende Hungersnot, weil die Getreidelieferung ins Stocken geraten war. Um Abhilfe zu schaffen, versuchte Avitus die Zahl derer, die Anspruch auf Getreidezuteilung hatten, zu verringern, indem er die Truppen der gallischen und germanischen Bundesgenossen, mit denen er nach Rom gezogen war, entließ. Um sie aber auszahlen zu können, mußte er einige Bronzestatuen verkaufen, die Rom schmückten, und damit goß er nur weiter Wasser auf die Mühle all derer, die ihn ablehnten. Außerdem beraubte er sich durch die Abmusterung dieser Truppen des Rückhaltes, den er brauchte, um sich an der Macht zu halten. Daraus ergab sich, daß Ricimer, der bei seiner Rückkehr als »Retter Italiens« gefeiert wurde, zusammen mit Gleichgesinnten aus den Reihen des Senates beschloß, eine Wende herbeizuführen. Als Avitus daraufhin versuchte, nach Gallien zu fliehen, wurde er bei Placentia (Piacenza) besiegt und gefangengenommen. Des Thrones verwiesen, gestattete man ihm zunächst, Bischof dieser Stadt zu werden (im Oktober 456). Doch als ihn die Nachricht erreichte, daß der Senat seinen Tod beschlossen habe, floh er weiter, um über die Alpen in seine gallische Heimat zu gelangen. Auf dem Weg dorthin starb er, ob an der Pest oder durch Mörderhand, ist unklar, und wurde in Brivas (Brioude), nicht weit von seinem Geburtsort entfernt, begraben.

Leo I., »der Grosse« (457–474)

Leo I. (Flavius Leo; römischer Kaiser im Osten) trägt, wahrscheinlich um ihn nicht mit seinem Enkel Leo II. zu verwechseln, zuweilen den Beinamen »der Große«, mit dem auch sein Zeitgenosse, Papst Leo I., in die Geschichte eingegangen ist. Kaiser Leo I. wurde 401 geboren und gehörte vermutlich dem thrakischen Stamme der Besser an.

Als Marcianus starb, hätte eigentlich sein Schwiegersohn Anthemius, der hohes Ansehen genoß, sein Nachfolger auf dem Thron werden müssen. Doch Anthemius (der später Kaiser des Weströmischen Reiches wurde) stand nicht in der Gunst Aspars, des alanischen Heermeisters (»magister militum«) im kaiserlichen Hauptquartier. Aspars Wahl fiel auf seinen Untergebenen Leo, der Militärtribun war und in Selymbria (Siliwri an der Nordküste des Marmarameeres) die Legion der »Mattiarii Seniores« (eine mit Lanzen ausgerüstete leichte Fußtruppe) befehligte. Der Senat konnte Aspars Favoriten nicht ablehnen, und Anatolios, der Patriarch von Konstantinopel, krönte Leo in einer großen und prächtigen Zeremonie.

Aspar blieb weiterhin Heermeister im kaiserlichen Hauptquartier, und auch sein Sohn, Ardaburius der Jüngere, der etwas leichtsinnig war, hatte eine gleichrangige Stellung im östlichen Grenzgebiet des Reiches inne. Aspar war sechs bis sieben Jahre lang der einflußreichste Mann im Staate, obwohl Leo, der ihm den Thron verdankte, sich ihm durchaus nicht immer so fügte, wie er es gehofft hatte. Leo verzögerte zum Beispiel die versprochene Erhebung eines anderen Aspar-Sohnes namens Patricius zum Caesar und gab ihm auch, entgegen Aspars Vorstellung, nicht Aelia Ariadne oder Leontia, eine seiner beiden Töchter, zur Braut. Leo tat sogar noch mehr. Um der Übermacht der germanischen Truppen des Aspar zu begegnen, hob er bei dem Bergvolk der Isaurer im Südosten Kleinasiens in großem Stile Rekruten aus und schuf mit ihnen 461 eine neue Garde, die »excubitores«. Dabei ließ er sich von dem Isaurerhäuptling Tarasicodissa, dem späteren Kaiser Zenon helfen, dem er 466 oder 467 seine Tochter Aelia Ariadne zur Frau gab.

Leo selbst war mit der energischen und ehrgeizigen Aelia Verina verheiratet, deren Bruder Basiliskos sich den Oberbefehl über die mächtige Kriegsflotte gesichert hatte, welche die Regierung des Ostreiches zusammen mit der des Westreiches 468 gegen die Vandalen einsetzte. Leo hatte übrigens kurz zuvor Anthemius auf den Thron des Westreiches gebracht, nachdem er den beiden Kaisern vor Anthemius (Maiorianus und Libius Severus) die Anerkennung verweigert hatte. Der totale Fehlschlag des Unternehmens gegen die Vandalen, dem 470 eine zweite, ebenfalls erfolglose Expedition folgte, fügte nicht nur dem Westreich großen Schaden zu – denn es zeigte sich, daß die Germanen unbesiegbar waren –, sondern wurde auch in Konstantinopel als demütigend und katastrophal empfunden, dessen Finanzkraft beinahe zusammengebrochen wäre.

Aspar wurde allgemein beschuldigt, das Unternehmen durch verräterisches Verhalten untergraben zu haben. Dennoch sah er noch einmal seine Stunde gekommen, als Zeno, der ihn als Heermeister im Hauptquartier abgelöst hatte, in Thrakien gegen die Hunnen kämpfte; da sicherte er endlich seinem Sohn Patricius die Ernennung zum Caesar und sorgte dafür, daß der junge Mann 470 die noch ledige Tochter des Kaisers, Leontia, heiratete. Doch damit löste er nur Unruhe aus, weil Patricius wie sein Vater Arianer war und man außerdem einen Häretiker zum Caesar ernannt hatte. Um der allgemeinen feindlichen Haltung zu begegnen und Zenons Anhänger auszuschalten, versuchte Aspar, die isaurischen Gardisten in Konstantinopel für sich zu gewinnen. Doch als Zenon davon hörte, kehrte er 471 auf schnellstem Wege nach Chalcedon zurück, von wo aus er die Ereignisse in der benachbarten Hauptstadt beeinflussen konnte. Aspar und sein Sohn Ardaburius suchten in der Kirche Hagia Euphemia (der »Heiligen Andacht«) Zuflucht. Obwohl Leo ihnen freies Geleit zugesichert hatte, wurden sie dort ergriffen und ermordet, und man vermutet, daß Zenon dabei seine Hand im Spiel hatte. Patricius, Aspars anderer Sohn, wurde zwar verwundet, konnte aber entkommen.

Empört über diesen Doppelmord drang Ostros, ein hoher Offizier und Parteigänger Aspars, der Zenon als Heermeister im Hauptquartier abgelöst hatte, als dieser Heermeister in den östlichen Grenzgebieten geworden war, mit einer Schar Soldaten in den Palast ein. Er wurde jedoch von der isaurischen Palastgarde zurückgedrängt und floh mit der Geliebten Aspars, einer Gotin, nach Thrakien. Eine andere Reaktion auf Aspars gewaltsame Beseitigung ging von einem seiner germanischen Verwandten, von Theoderich Strabo (»Schielauge«), aus. Er war Anführer der ostgotischen Föderatenarmee auf dem Balkan und verwüstete nun Philippopolis und Arkadiopolis (das frühere Bergula) in Thrakien. Außerdem ließ er sich von seinen Truppen zum König ausrufen. Daraufhin sah sich Leo I. genötigt, seinen Titel- und Besitzanspruch anzuerkennen. Leo gewährte ihm sogar Finanzhilfe, allerdings unter der Bedingung, daß er gegen alle Feinde des Reiches (die Vandalen ausgenommen) kämpfen würde, und er ernannte ihn zu Ostros' Nachfolger als Heermeister im kaiserlichen Hauptquartier. Theoderich Strabo war aber bei weitem nicht so mächtig, wie seine Amtsvorgänger es oft gewesen waren, denn Leo hatte bereits mit der Aufstellung einer isaurischen Garde bekundet, daß er willens war, dem germanischen Einfluß auf das Oströmische Reich einen Riegel vorzuschieben, weshalb er sich lieber auf die Truppen aus seinen eigenen Provinzen verließ und ihnen den Vorzug vor den germanischen gab.

Im Oktober 473 ließ Leo I. seinen gleichnamigen Enkel, den damals noch sehr jungen Sohn des Zenon und der Aelia Ariadne, als Leo II. zum Augustus ausrufen. Kurz darauf erkrankte er an einem Darmleiden und starb am 18. Januar 474.

Stets ein eifriger Christ, rief er allgemeine Begeisterung hervor, als er einen angeblichen Schleier der Jungfrau Maria aus Galiläa in die der Theotokos (der »Gottesmutter«) geweihte Blachernenkirche zu Konstantinopel brachte, wo ein eigenes Bauwerk errichtet wurde, das künftig diese besonders kostbare Reliquie barg. Die Einwohner Konstantinopels betrachteten sie fortan als Unterpfand göttlichen Schutzes, das ihre Stadt vor der Eroberung durch fremde Eindringlinge bewahrte. Gegen immer noch fortlebende Reste heidnischer Praktiken erließ Leo I. strenge Gesetze, und auch gegen Häretiker ging er energisch vor. Vor allem veranlaßte er die Bischöfe von Konstantinopel, Rom, Antiochia und Jerusalem, mit aller Macht die Monophysiten (die Anhänger der Lehre, daß es in Christus nur eine Natur gebe) zu verurteilen. Diese hatten nämlich einen Gegenpatriarchen aufgestellt, um an ihrer Ablehnung der Beschlüsse des Konzils von Chalcedon (451) keinen Zweifel aufkommen zu lassen, jenes Konzils, das der Glanz- und Höhepunkt der Regierungszeit Marcianus' gewesen war. Auch der Sturz Aspars, dem Leo den Thron verdankte, war zu einem nicht geringen Teil darauf zurückzuführen, daß der germanische Heermeister Arianer war. Er trug Leo den Schimpfnamen »Macellus« (lateinisch für »Schlächter«) ein.

Der aus Syrien stammende, um 500 lebende Historiker Malchos tadelt Leos religiöse Engstirnigkeit und schildert ihn als schlechten und raffgierigen Herrscher. Dabei fehlte es Leo durchaus nicht an Gemeinsinn, und er verstand es sehr wohl, sich durchzusetzen. Außerdem schritt er in vernünftiger Weise ein, wenn es galt, Not zu lindern, wie zum Beispiel als Antiochia von einem schweren Erdbeben heimgesucht worden war. Obwohl er keine richtige Erziehung genossen hatte, wußte er doch die Bedeutung von Literatur und Wissenschaft zu schätzen. So soll er, als ihm einer seiner Höflinge vorwarf, daß er einem Philosophen eine Staatspension gewähre, geantwortet haben: »Wenn ich doch, bei Gott, nur Gelehrte zu bezahlen hätte!« Auch seiner Familie gegenüber scheint er äußerst pflichtbewußt gewesen zu sein, denn er besuchte regelmäßig einmal in der Woche seine unverheiratete Schwester Euphemia.

Maiorianus (457–461)

Maiorianus (Iulius Maiorianus; römischer Kaiser im Westen) trug den Namen seines Großvaters mütterlicherseits, der unter Theodosius I. als Heermeister (»magister militum«) in Illyrien erfolgreich gegen die jenseits der Donau lebenden Stämme gekämpft hatte. Sein Vater hatte sich einen guten Ruf als Finanzverwalter in Gallien erworben. Dort hatte er die Kriegskasse des mächtigen Feldherrn Aetius geführt (s. Valentinianus III.).

Auch Maiorianus hatte unter Aetius gedient, doch soll ihm Aetius den Abschied gegeben haben, weil seine Frau auf die Erfolge dieses jungen und strebsamen Offiziers eifersüchtig war. Maiorianus zog sich auf sein Landgut zurück, wurde aber Anfang 455 von Valentinianus III. wieder zum Heeresdienst einberufen, nachdem der Kaiser am 21. September 454 Aetius eigenhändig ermordet hatte. Maiorianus erhielt als »comes domesticorum« das Kommando über das kaiserliche Kadettenkorps. Als Valentinianus wenig später selbst ermordet wurde, da gehörte Maiorianus zu den potentiellen Thronfolgern, denn er hatte die Witwe des Kaisers auf seiner Seite, Licinia Eudoxia, und hätte sich vielleicht auch die Unterstützung des oströmischen Kaisers Marcianus sichern können. Doch statt dessen fiel der Thron zunächst an Petronius Maximus und anschließend an Avitus.

Nach Avitus' Absetzung und Tod (Ende 456) hatte das Westreich ein halbes Jahr lang keinen eigenen Herrscher. Dennoch kann man nicht von einem Interregnum sprechen, denn rechtlich gesehen war in diesem Fall das eigentliche Reichsoberhaupt Marcianus, der in Konstantinopel residierte, und in dessen Namen auch im Westen Münzen herausgegeben wurden. Als Marcianus selbst im Frühjahr 457 starb, bedeutete das, daß Konstantinopel die formelle Mitsprache bei der Ernennung eines Kaisers des Westreiches zunächst nicht wahrnehmen konnte. Doch hatte noch Marcianus oder schon Leo I. im Februar desselben Jahres das Machtvakuum in Ravenna genutzt, um Maiorianus, der Heermeister in Gallien war und gegen die Markomannen kämpfte, den Titel »patricius« zu verleihen, worauf ihn Leo I. erwartungsgemäß zum Kaiser des Westens nominierte, zweifellos auf Empfehlung Ricimers, des allmächtigen Heermeisters im kaiserlichen Hauptquartier. Auf diese Weise wurde Maiorianus am 1. April 457 zum Augustus ausgerufen, doch wahrscheinlich erfolgte die offizielle Investitur und Krönung erst am 28. Dezember. Bei seiner Rede vor dem Senat beglückwünschte er Ricimer zu seiner Erhebung in den Rang eines Patriziers, und Münzbilder zeigen die beiden Kaiser des Ost- und des Westreiches einträchtig nebeneinandersitzend.

Zunächst mußte die neue Regierung den mächtigen und gleichsam unabhängigen gallischen Adel beschwichtigen (oder auch einschüchtern), der über den Sturz des Avitus, eines der Ihren, aufgebracht war. Als Maiorianus an der Spitze einer Armee, die hauptsächlich aus germanischen Söldnern bestand, in Gallien einmarschierte, verweigerte ihm die Bevölkerung der Provinz Lugdunensis Prima die Anerkennung. Ebenso verhielten sich die Burgunder, die sogar Lugdunum (Lyon) mit einer Garnison versehen hatten. Maiorianus zwang jedoch die Stadt zur Aufgabe ihres Widerstandes und bestrafte die Einwohner mit Steuererhöhungen, die aber schon bald durch die Vermittlung des Sidonius Apollinaris wieder rückgängig gemacht wurden (s. Petronius Maximus und Avitus). Eine andere Gefahr ging von dem Westgotenkönig Theoderich II. aus, der Arelate (Arles) belagerte. Doch Aegidius, Maiorianus' Heermeister in Gallien, besiegte ihn. Daraufhin einigten sich die beiden Herrscher, und der galloromanische Adel wurde mit Ehren überhäuft.

Nach diesen Erfolgen mußte die weströmische Regierung sich mit Geiserichs Vandalen auseinandersetzen, die die Küstengewässer des zentralen und westlichen Mittelmeerraumes beherrschten. Maiorianus stellte sich einer Bande von Vandalen und Mauretaniern entgegen, die an der Mündung des Liris (Garigliano) an Land gegangen waren und die Campania verwüsteten. Von den Römern überrascht, mußten die Seeräuber ihre Beute wieder hergeben und wurden unter schweren Verlusten, zu denen auch Geiserichs Schwager gehörte, auf ihre Schiffe zurückgetrieben.

Während des darauffolgenden Winters schuf Maiorianus in Norditalien eine gewaltige Armee, in die er Germanen, Hunnen und Skythen aufnahm. Eine Flotte von 300 Kriegsschiffen, zu denen noch Transportschiffe und kleinere Boote kamen, beförderte diese Streitkraft nach Carthago Nova (Cartagena) an der Südostküste Spaniens. Das war seit langem das bedeutendste militärische Unternehmen des Westreiches, in dem Land- und Seestreitkräfte kombiniert waren, und das doch zu nichts führte. Denn bei seinen Plünderungszügen entlang der spanischen Küste hatte Geiserich dank seiner hervorragend arbeitenden Spitzel und der Informationen, die ihm römische Landesverräter lieferten, soviel über die Planung dieses Unternehmens erfahren, daß er die römische Flotte überraschen und zerstören konnte, als sie unbewacht im Hafen von Lucentum (Alicante) lag. Die Folge davon war, daß Maiorianus einen äußerst ungünstigen Friedensvertrag mit den Vandalen schließen mußte, aus dem hervorging, daß die Provinzen Mauretanien und Tripolitanien in den Besitz der Vandalen übergingen.

Nicht mehr im Besitz einer Flotte, kehrte Maiorianus auf dem Landwege nach Italien zurück. Doch richtete er, bevor er die Alpen überschritt, in Arelate noch öffentliche Spiele aus. Unterdessen allerdings war Ricimer, der den Feldzug nach Spanien nicht mitgemacht hatte, weil er der Meinung gewesen war, daß er in Italien bleiben müsse, um seine verschiedenen germanischen Feinde in Schach zu halten, zu der Überzeugung gelangt, daß Maiorianus für die Regierung keine Bedeutung mehr habe. Es war deshalb kein Zufall, daß, als der Kaiser Dertona (Tortona) erreichte, die Soldaten zu meutern begannen und er am 2. August 461 abdanken mußte. Fünf Tage später hieß es, Maiorianus sei an einer Darmerkrankung gestorben; wahrscheinlich aber ist er ermordet worden.

Es fällt schwer, die Fähigkeiten zu benennen, die Maiorianus wirklich für sein Amt mitbrachte, denn obwohl Sidonius Apollinaris der Schwiegersohn seines gestürzten Vorgängers Avitus ist, überhäuft er Maiorianus mit Schmeicheleien. Tatsächlich werden phantastische Geschichten mit dem Namen Maiorianus' in Verbindung gebracht, wie zum Beispiel die, daß er sich die Haare gefärbt habe, um unerkannt Karthago besuchen und sich selbst ein Bild vom Königreich der Vandalen machen zu können. So wie Prokopios von diesem Geschehen berichtet, kann es sich dabei nur um eine Legende handeln. Obwohl Edward Gibbon sicherlich zu weit geht, wenn er behauptet, daß Maiorianus' »hehrer und heldenhafter Charakter in einer Zeit des Niederganges die Ehre der Menschheit gerettet« habe, so stimmt Prokopios doch immerhin so weit mit Sidonius überein, daß Maiorianus gleichsam alle königlichen Tugenden in sich vereint habe. Er muß demnach eine beeindruckende Persönlichkeit gewesen sein – außerdem soll er einen ausgeprägten Sinn für Humor besessen haben.

Beeindruckend sind auch die Gesetze, die er erließ. Neun seiner Maßnahmen, ausführlich am Ende des »Codex Theodosianus« dokumentiert, sind als ernstzunehmende Ansätze zu bewerten, Machtmißbrauch zu unterbinden. Seine Sanktionen gegen Ehelosigkeit (ein traditioneller Bestandteil der römischen Gesetzgebung) waren sicherlich wenig wirkungsvoll. Dagegen sahen sich die unterdrückten Provinzbewohner plötzlich von ihren Steuerschulden befreit, und auch das einst von Valentinianus I. 364 geschaffene Amt des

»defensor civitatis« (»Verteidiger des Volkes«) zum Schutz des Volkes vor Ausbeutung und Unterdrückung wurde wieder belebt. Ein anderes, dringend benötigtes Gesetz hatte die Erhaltung der öffentlichen Bauten Roms zum Ziel, die unter dem Ausverkauf ihres Statuenschmuckes unter Avitus stark gelitten hatten. Außerdem bewies Maiorianus außergewöhnliche Energie, als er das Heer gegen die Vandalen aufstellte. Weil aber das Unternehmen ein so bodenloser Fehlschlag war, deshalb durfte Maiorianus nicht weiterleben – so jedenfalls sah es Ricimer und handelte danach.

Libius Severus (461–465)

Libius Severus (weströmischer Kaiser) wurde erst drei Monate nach Maiorianus' Tod, am 19. November 461, zu seinem Nachfolger gewählt. Er stammte aus der Lucania, einer Landschaft im Süden Italiens. Abgesehen davon ist über seine Herkunft so gut wie nichts bekannt, und auch über die Anfänge seiner Laufbahn im Militär- und Staatsdienst wissen wir nichts.

Er war nicht mehr als eine Gallionsfigur, die nur zum Schein einer Regierung vorstand, die in Wirklichkeit von dem germanischen Heermeister (»magister militum«) Ricimer beherrscht wurde. Das lassen auch die Münzen erkennen. Die sehr kleinen Bronzemünzen jener Zeit zeigen oft auf der einen Seite den Kopf des jeweiligen Herrschers und auf der anderen sein Namenszeichen. Eine von Libius Severus in Rom herausgegebene Münze dagegen trägt auf der einen Seite seinen Kopf, auf der anderen aber das Namenszeichen Ricimers. Auch auf einem Bronzegewicht, das den Stempel des Stadtpräfekten Roms aufweist, ist der Name und Patriziertitel des Heermeisters zusammen mit dem Namen und den Titeln des west- und des oströmischen Kaisers zu lesen.

Libius Severus wurde nie von dem oströmischen Kaiser Leo I. anerkannt. Seine Autorität, die eigentlich nur dem Namen nach existierte, reichte kaum über die Grenzen Italiens hinaus. Aber auch zwei Feldherren aus anderen westlichen Gebieten zögerten, sein Marionettenregime anzuerkennen. Der eine war Maiorianus' Feldherr Aegidius, der Heermeister in Gallien war, über eine große Armee verfügte und wegen seiner militärischen Tüchtigkeit und seiner Frömmigkeit als Christ gepriesen wurde. Dem Historiker Gregor von

Tours zufolge erwiesen die Franken, die ihren jungen König Childerich I. vorübergehend in die Verbannung geschickt hatten, Aegidius die besondere Ehre, ihm ihr Königtum anzubieten. Er soll auch tatsächlich darauf eingegangen sein, aber acht Jahre später Amt und Würden an das Haus der Merowinger zurückgegeben haben. Nachdem Aegidius erfahren hatte, daß Libius Severus den Thron bestiegen habe, wollte er nach Italien marschieren, wurde aber durch kriegerische Auseinandersetzungen mit den Westgoten in Gallien zurückgehalten. Als er die von Frederich, dem Bruder Theoderichs II., angeführten Truppen bei Aurelianum (Orléans) schlug, hatte er bereits Beziehungen zu Geiserich geknüpft und mit dem Vandalenkönig vereinbart, daß er Ricimer in Italien angreifen sollte, während er, Aegidius, die Westgoten in Gallien in Schach hielt. Doch 464 starb er; wahrscheinlich ist er vergiftet worden.

Der andere Gegner Ricimers war ein gewisser Marcellinus, ein Heide und kundiger Wahrsager, der seinen Ruf als Mann von Bildung, Mut und literarischen Fähigkeiten wohl der Bewunderung verdankte, die ihm die Gemeinde seiner Anhänger zollte. Obgleich er zurückgezogen in Dalmatien lebte (das zum Ostreich gehörte), nachdem er in den Sturz seines Gönners Aetius (454) verwickelt gewesen war, war er doch für den westlichen Thron ausersehen, bevor dieser an Maiorianus fiel. Für seine Loyalität ihm gegenüber wurde er 461 mit dem Posten des Militärbefehlshabers (»comes«) auf Sizilien belohnt. Die Armee, die er dort zu befehligen hatte, bestand hauptsächlich aus hunnischen Hilfstruppen, die auf der Insel stationiert waren, um die Angriffe der Vandalen zurückzuschlagen. Doch als Ricimer mit Bestechungsgeldern die Hunnen dazu brachte, zu ihm überzulaufen, da kehrte Marcellinus wieder nach Dalmatien zurück und erhielt von Leo I. den eigens für ihn geschaffenen Titel »Heermeister Dalmatiens« (»magister militum Dalmatiae«). Außerdem gewährte Leo ihm so viele Vollmachten, daß er praktisch unabhängig war, hetzte ihn aber auch gegen Libius Severus auf.

Unterdessen setzten die Vandalen, die Sardinien, Korsika und die Balearen unterworfen hatten, ihre Raubzüge entlang der Mittelmeerküsten von Spanien bis nach Ägypten fort, und Geiserich erreichte, daß der Hof in Konstantinopel diese Übergriffe auf westliches Reichsgebiet stillschweigend hinnahm, deren Ziel es angeblich nur war, eine Mitgift für Eudokia die Jüngere zusammenzubringen, die Tochter Valentinianus' III., die mit seinem Sohn Hunerich verheiratet war

(s. Petronius Maximus). Das bedeutete, daß die Vandalen sich offen gegen Libius Severus wandten. Und als Eudokias Schwester, Placidia die Jüngere, in Konstantinopel mit einem Adeligen namens Olybrius verheiratet wurde, war er es, den Geiserich als Kandidaten für den Thron des Westreiches ausersah. Ricimer, der bei Bergomum (Bergamo) die Alanen besiegt hatte, deren König Beergor in der Schlacht gefallen war, sah sich also nach seiner Rückkehr vom Kriegsschauplatz sowohl von den Vandalen als auch von Marcellinus bedroht. Er drängte Leo I., beide Gegner zur Einstellung ihrer Feindseligkeiten zu bewegen, hatte aber nur bei Marcellinus Erfolg. Geiserich dagegen wies das Ansinnen zurück und verstärkte seine Angriffe gegen Italien und Sizilien nur noch weiter. In diesen Wirren starb Libius Severus am 14. November 465. Es hieß, daß Ricimer ihn vergiftet habe. Das könnte sogar zutreffen, denn es war auf die Dauer lästig, einen Kaiser auf dem Thron des Westens zu halten, den der Kaiser des Ostens unter keinen Umständen anerkennen wollte.

Anthemius (467–472)

Anthemius (Procopius Anthemius; weströmischer Kaiser) war einer der angesehensten Untertanen des Oströmischen Reiches. Geiserich, der machtvolle Vandalenkönig, hatte Olybrius als Nachfolger für den verstorbenen Libius Severus auf dem Thron des Weströmischen Reiches ausersehen. Doch die Tatsache, daß er der Kandidat des Vandalen war, führte bei vielen zu seiner Ablehnung. Das Ergebnis war, daß Ravenna fast eineinhalb Jahre lang nach dem Tod des Libius Severus ohne Kaiser war. Doch als Geiserich 467 den Peleponnes heimsuchte, da erschien Leo I. ein Zusammengehen mit dem Weströmischen Reich notwendig. Folglich mußte ein neuer Augustus für den Westen ernannt werden – und den bestimmte Leo persönlich.

Seine Wahl fiel auf Anthemius, den Mann seiner Tochter Euphemia. Aus Galatien stammend und in griechischer Philosophie wohlbewandert, nahm er für sich in Anspruch, ein Nachfahre jenes Prokopios zu sein, der 365 für kurze Zeit Gegenkaiser im Osten war (s. Valens). Anthemius' Vater, der wie er Procopius hieß, war Heermeister (»magister militum«) und patrizischen Ranges. Sein Großvater mütterlicherseits war jener Anthemius, der für den Knaben Theodosius II. erfolgreich die Regierungsgeschäfte geführt hatte. Der angehende Kaiser selbst diente von 453 bis 454 als Truppenkommandeur (»comes«) in Thrakien, war von 454 bis 467 Heermeister, wurde 455 zum Konsul gewählt und im gleichen Jahr in den Rang eines Patriziers erhoben. Er schien sogar Aussicht gehabt zu haben, Marcianus' Nachfolger auf dem Thron des Ostens zu werden, bis Leo I. dazu ernannt wurde. Anthemius soll diese Zurücksetzung mit Fassung getragen haben. Er errang für Leo sogar zwei Siege, den einen, als er 459–464 gegen die Ostgoten in Illyrien kämpfte, und den anderen 466/467 bei Serdica, als er gegen die Hunnen angetreten war. 467 schließlich ernannte ihn Leo zum Kaiser des Weströmischen Reiches.

Nachdem Anthemius sich die Unterstützung des westlichen Heermeisters Ricimer gesichert hatte, indem er ihm seine Tochter Alypia zur Frau gegeben hatte, brach er in Begleitung einer erlesenen Gesellschaft und von einer beträchtlichen Streitmacht umgeben von Konstantinopel auf. Nicht nur die Bevölkerung Roms und seine barbarischen Bundesgenossen begrüßten seine Proklamation zum Kaiser, auch der Senat erkannte ihn als Kaiser an. Die Münzen, die Anthemius herausgab, zeigen ihn neben Leo I. stehend; jeder von ihnen trägt einen Speer, und beide zusammen halten einen »Reichsapfel«, den ein Kreuz krönt. Die zugehörige Münzinschrift lautet: SALVS REI PVBLICAE (»Das Heil des Staates«). Leo seinerseits bekundete öffentlich, in »väterlicher Liebe und Autorität« mit Anthemius verbunden zu sein und gemeinsam mit ihm das Weltall zu regieren.

Nach den vielen kräfteverschleißenden Zerwürfnissen, die es zwischen dem Oströmischen und dem Weströmischen Reich gegeben hatte, wirkte diese Bereitschaft zur Zusammenarbeit ermutigend. Doch erwies sich ihre unmittelbare Umsetzung in die Tat als katastrophal. Sie war als gemeinsamer Feldzug gegen Geiserich erfolgt. Selbst wenn die Berichte, die von 1 113 Schiffen und 100 000 Soldaten sprechen, übertrieben sind, so war es doch ein großes und ehrgeiziges militärisches Unternehmen. Doch der Befehlshaber der Truppen Ostroms, Basiliskos, erwies sich als unzuverlässig, und die Ernennung des Militärbefehlshabers von Dalmatien, Marcellinus, zum Kommandanten der Flotte des Westreiches, entsprach nicht den Vorstellungen Ricimers (s. Avitus, Maiorianus und Libius Severus). Marcellinus griff die Vandalen auf Sardinien an, während eine andere Abteilung der Seestreitkräfte in Tripolitanien landete. Doch als Basiliskos sich mit den Schiffen des Ostreiches Karthago näherte, da ließ Geiserich, von den Windverhältnissen begünstigt,

Feuer an die byzantinischen Schiffe legen. Der größte Teil der Flotte wurde zerstört, und der Rest floh mit Basiliskos und Marcellinus an Bord nach Sizilien. Marcellinus fiel einem Mordanschlag zum Opfer, der möglicherweise von Ricimer ausging.

Auch in Gallien hatte sich die Lage verschlechtert. Dort hatte der schreckliche Westgotenkönig Eurich 466 seinen älteren Bruder Theoderich II. gestürzt und ermordet, und man fürchtete nun, daß er das gesamte Gallien an sich reißen wolle. Deshalb sandte der gallorömische Adel, der sich bedroht fühlte, eine Abordnung zu Anthemius nach Italien. Ihr gehörte auch Sidonius Apollinaris an (s. Petronius Maximus, Avitus und Maiorianus), der nun zum dritten Male einen Kaiser in seinen Lob- und Preisliedern verherrlichen mußte. Er tat es in der gewohnten Weise und rühmte überschwenglich die Wiederherstellung der Reichseinheit. Er wurde dafür mit der Stadtpräfektur Roms belohnt. Inzwischen garantierten Ricimers Truppen in Gallien den Bestand enger Bindungen zu den Sweben und dem Burgunderkönig Gundioch, der Ricimers Schwester heiratete. Auf der Grundlage dieser Beziehungen räumte Anthemius den Burgundern beachtliche Vorrechte ein, um ihre Unterstützung gegen Eurich zu gewinnen. Aber Arvandus, der Prätorianerpräfekt Galliens, übte Verrat. Er wurde dafür schuldig gesprochen und hingerichtet. Eurich fügte daraufhin der römischen Armee am Westufer der Rhône eine vernichtende Niederlage zu, der auch des Kaisers Sohn Anthemiolus und drei seiner fähigsten Heerführer zum Opfer fielen.

Aber auch in Italien, wo seine griechischen Lebensgewohnheiten Mißfallen erregten, war Anthemius nicht überall beliebt. Außerdem liefen Gerüchte um, daß er dem Heidentum zugeneigt sei. Erfolglos gegenüber Vandalen und Westgoten, begann er, wie das seine Vorgänger ebenfalls getan hatten, in Ricimer Zweifel ihm gegenüber zu wecken, und ihre Beziehungen verschlechterten sich schlagartig. Der Kaiser soll sein Bedauern darüber geäußert haben, daß er seiner Tochter gestattet habe, einen Barbaren wie Ricimer zu heiraten, und er wiederum soll seinen Schwiegervater als »Griechentümler« und Galater bezeichnet haben.

Diese gegenseitige Verstimmung führte dazu, daß Italien in zwei feindliche Lager zerfiel, deren Anführer – Anthemius und Ricimer – in Rom und Mediolanum (Mailand) residierten. Epiphanius, der Bischof von Ticinum (Pavia), konnte 470 zwar eine Versöhnung herbeiführen, aber sie hielt nicht lange an, und 472 zog Ricimer nach Süden vor die

Tore Roms, um seinen ehemaligen Schützling zu stürzen. Nun war sein Kandidat für den Thron des Westens Olybrius, der mit Placidia der Jüngeren, der Tochter Valentinianus' III. verheiratet war, und der – aus Konstantinopel kommend – in Italien eintraf. Anthemius hatte diesmal die Unterstützung eines Westgotenheeres unter Bilimer, der vermutlich Heermeister in Gallien war, und auch der Senat sowie die Bevölkerung Roms standen größtenteils auf seiner Seite. Es kam zu einer dreimonatigen Belagerung der Stadt und als Folge davon zu Hunger und Seuchen. Schließlich unternahm Ricimer einen Vorstoß am Pons Aelius, an der Brücke (Ponte di Sant' Angelo) gegenüber dem Hadriansmausoleum (dem heutigen Castello di Sant' Angelo, der »Engelsburg«). Bilimer baute eine starke Verteidigung auf, fiel aber im Kampf, und Ricimers Truppen drängten in die Stadt, wobei ihnen wahrscheinlich Verrat zu Hilfe kam. Anthemius kapitulierte. Als aber das Plündern kein Ende nahm, verkleidete er sich als Bettler und versteckte sich bei ihnen an der Kirche des Heiligen Chrysogonos. Doch man erkannte ihn und köpfte ihn. Diesen Befehl erteilte Ricimers Neffe Gundobad im März oder April 472. Über Anthemius' Herrschaft, die so plötzlich endete, läßt sich nur sagen, daß er, obwohl er Grieche war, in Rom eine breitere Unterstützung gefunden hatte als sein erfolgreicher Rivale Olybrius.

Olybrius (472)

Olybrius (Anicius Olybrius; weströmischer Kaiser von März oder April bis Oktober oder 2. November[?] 472) entstammte der vornehmen Familie der Anicier. Einer seiner Vorfahren war Sextus Petronius Probus, der einflußreiche Minister Valentinianus' I. Er selbst war mit Placidia der Jüngeren verheiratet, der Tochter Valentinianus' III., die der Vandalenkönig Geiserich 455 zusammen mit ihrer Mutter und ihrer Schwester aus Rom fortgeführt hatte (s. Petronius Maximus). Olybrius floh zur gleichen Zeit nach Konstantinopel und wurde dort 464 Konsul. Als Geiserichs Sohn Placidias Schwester heiratete, gewann Olybrius die Unterstützung des Vandalenkönigs, und als der weströmische Kaiser Libius Severus 465 starb, da war es Geiserich, der den Thron des Westens für Olybrius forderte. Doch die Unterstützung durch den Vandalen rief eine so große Opposition hervor, daß der Thron 467 an den Griechen Anthemius überging.

Als jedoch fünf Jahre später die anfangs guten Beziehungen zwischen Anthemius und seinem Heermeister (»magister militum«) Ricimer (s. Avitus, Maiorianus und Libius Severus) zerbrachen, kam der Gedanke, Olybrius zum Kaiser zu ernennen, wieder auf. Tatsächlich schickte Leo I., der Kaiser des Ostens, Olybrius nach Italien, um zwischen den streitenden Parteien Frieden zu stiften. Doch kaum war Olybrius in Italien eingetroffen, hatte man ihm auch schon den kaiserlichen Purpur umgelegt. Das allerdings kann nicht im Sinne Leos I. gewesen sein, denn er konnte keinen Kandidaten für den westlichen Thron befürworten, der von den Vandalen unterstützt wurde. Tatsächlich berichtet der Chronist Iohannes Malalas in seiner »Weltchronik« auch, daß Leo in einem geheimen Schreiben Anthemius aufgefordert habe, Olybrius umzubringen, daß jedoch Ricimer diesen Brief abgefangen und unterschlagen habe. Ob dieser Bericht der Wahrheit entspricht, sei dahingestellt. Auf jeden Fall bereitete Ricimer Olybrius in seinem Lager am Anio (Aniene) vor den Toren Roms einen triumphalen Empfang und rief ihn am 12. April 472 zum Augustus aus. Drei Monate später hatte Anthemius die Stadt und auch sein Leben verloren. Olybrius regierte nunmehr unangefochten, wenn auch Leo immer noch nicht mit seiner Erhebung auf den Thron einverstanden zu sein schien.

Nur vierzig Tage nach diesen blutigen Ereignissen starb Ricimer, der so lange Zeit die Politik des Weströmischen Reiches beherrscht hatte, an den Folgen eines Blutsturzes. Sein Nachfolger als Heermeister wurde Gundobad, der Sohn seiner Schwester und des Burgundenkönigs Gundioch. Gundobad konnte aber nur kurze Zeit mit Olybrius zusammenarbeiten, denn der neuernannte Kaiser starb schon rund ein halbes Jahr nach seinem Regierungsantritt an Wassersucht.

Eines der wenigen Zeugnisse von Olybrius' kurzer Regierungszeit ist eine in Rom herausgegebene Goldmünze, die das Porträt des Kaisers in Frontalansicht zeigt. Der Kaiser trägt ein Perlendiadem, die üblichen Attribute, Helm und Speer, fehlen. Auf der Rückseite der Münze ist ein großes Kreuz mit der Inschrift SALVS MVNDI (das »Wohlergehen der Welt«, aber auch »das Heil der Welt«) zu sehen – eine der ausgeprägtesten christlichen Aussagen, die je auf einer römischen Münze erschienen sind.

Olybrius und Placidia die Jüngere hatten eine Tochter namens Iuliana Anicia. Sie heiratete den Offizier Areobindus, der 512 nur einen Tag lang Kaiser in Konstantinopel war. Ihr Porträt findet sich in einer Handschrift der »Arzneikunde« des Pedianus Dioskurides aus Anazarba, der im 1. Jahrhundert n. Chr. lebte, dessen Werk aber im 6. Jahrhundert ins Lateinische übersetzt wurde.

Glycerius (473–474)

Glycerius (weströmischer Kaiser von März 473 bis Juni[?] 474) bestieg erst vier Monate nach dem Tod des Olybrius den Thron des Weströmischen Reiches, denn Leo I., der Kaiser im Osten und während dieser Zeit alleiniger Herrscher der gesamten römischen Welt war, konnte keinen geeigneten Kandidaten für die Nachfolge des gestorbenen weströmischen Kaisers finden. Schließlich nahm Gundobad, der burgundische Heermeister (»magister militum«) in Italien, die Angelegenheit in die Hand und sorgte dafür, daß Glycerius, der erst kurz zuvor zum Kommandeur des Kadettenkorps (»comes domesticorum«) aufgestiegen war, den Thron erhielt. Im März 473 wurde er in Ravenna zum Kaiser ausgerufen, und Gundobads Landsmann Chilperich, der Heermeister in Gallien war, unterstützte diese Nominierung.

Während seiner kurzen Regierungszeit wurde Italien von den Ostgoten bedroht. Marcianus, der Kaiser im Osten, hatte den Hunnen, die nach dem Zusammenbruch ihres Reiches 454 von drei Brüdern, Walamir, Theodemir und Widemir, regiert wurden, erlaubt, sich als »foederati« (»Bundesgenossen«) im Norden Pannoniens anzusiedeln. Sie überfielen die illyrischen Provinzen, rieben andere Germanenstämme auf und beherrschten um 469 das Gebiet am Mittellauf der Donau. 471 führte Theoderich, der zwei Jahrzehnte später kaiserlicher Regent in Italien werden sollte, als Nachfolger seines Vaters Theodemir einen Teil der Ostgoten aus Pannonien zu neuen Siedlungsplätzen in Untermösien, während eine andere ostgotische Stammesgruppe, die unter der Führung von Widemir ebenfalls von Pannonien aus südwärts zog, erkennen ließ, daß ihr Ziel Italien war. Aber der neue Herrscher Glycerius begegnete ihnen mit großem diplomatischen Geschick und konnte sie davon abhalten, in Italien einzufallen. Sie zogen daraufhin nach Gallien weiter.

Glycerius fehlte jedoch die Anerkennung durch Leo I. Er beabsichtigte, ihn durch seinen angeheirateten Neffen Iulius Nepos zu ersetzen, der Heermeister in Dalmatien war und praktisch selbständig regierte. Dieser setzte mit einer Flotte nach Italien über, landete in Portus Augusti (Ostia) und ließ sich zum Kaiser ausrufen. Der einzige, der ihm hätte entgegentreten können, wäre Gundobad gewesen, doch der war aus Italien verschwunden; er war in das Königreich Burgund geeilt, um als alleiniger Erbe seines Vaters die Herrschaft dort anzutreten, nachdem seine beiden Brüder, die vielleicht ermordet worden waren, nicht mehr lebten. Glycerius ergab sich deshalb kampflos Iulius Nepos. Er wurde abgesetzt und ließ sich zum Bischof von Salonae an der Küste Dalmatiens weihen.

Obwohl manchmal bezweifelt wird, daß Glycerius lang genug lebte, um dieses Amt auch wirklich anzunehmen, versichert der griechische Historiker Malchos, daß er es tat, und berichtet ferner, daß er danach sogar Erzbischof von Mediolanum (Mailand) wurde und an der Ermordung seines Nachfolgers Iulius Nepos im Jahre 480 beteiligt gewesen sei.

Unter diesen späten weströmischen Kaisern war es zur Gewohnheit geworden, die Rückseite ihrer Münzen nach einem seit dem Anfang des fünften Jahrhunderts üblichen Muster zu gestalten. Sie stellen die Kaiser frontal dar, und diese halten ein langes, von einem Kreuz gekröntes Szepter und eine mit einem Siegeszeichen geschmückte Weltkugel, ungeachtet der Tatsache, ob sie auch wirklich einen militärischen Sieg errungen hatten. Auch die in Ravenna geprägten Münzen des Glycerius folgen diesem Muster, doch ihre Porträts gehen auf noch viel ältere Vorbilder zurück. Sie zeigen den Kaiser von der Seite, in einem Stil, der mehr als hundert Jahre früher verbreitet war.

Nepos (474–475/477(?)–480)

Nepos (Iulius Nepos; Kaiser des Westreiches von Juni 474 bis August 475 sowie von 477[?] bis 480 in Dalmatien) war der Sohn des Nepotianus, der Heermeister (»magister militum«) unter Avitus war, und der Schwester des Marcellinus, der die Truppen in Sizilien und Dalmatien befehligte. Nepos löste 468 Marcellinus in Dalmatien ab, das damals formal zum Oströmischen Reich gehörte, praktisch aber selbständig war. Er heiratete die Nichte der Kaiserin Aelia Verina, der Frau des oströmischen Kaisers Leo I.; und dieser war es auch, der, da er sich weigerte, Glycerius als Kaiser des Westens anzuerkennen, Nepos den militärischen Auftrag erteilte, Glycerius abzusetzen. Daraufhin landete Nepos mit einer Flotte in Portus Augusti (Ostia) und ließ sich dort im Juni 474 zum Kaiser ausrufen. Glycerius ergab sich ihm kampflos und wurde später zum Bischof von Salonae (bei Split in Dalmatien) geweiht.

Nepos' Thronbesteigung fand die Zustimmung des römischen Senates und der Bevölkerung Italiens, und Sidonius Apollinaris, dem es bereits zur Gewohnheit geworden war, die rasch wechselnden Kaiser zu preisen, lobte Nepos' Charakter und seine militärischen Fähigkeiten. Nach seiner Thronbesteigung kam Dalmatien für kurze Zeit wieder an das Westreich, das aber einen großen Teil Galliens verlor. Das einschneidendste Ereignis für die Regierung des Nepos war nämlich die Erklärung des Westgotenkönigs Eurich, daß sein stark erweitertes Reich auf gallischem Boden kein Föderatenstaat mehr sei und deshalb auch von Westrom nicht mehr abhängig, sondern vollkommen unabhängig wie das Reich der Vandalen unter Geiserich auch.

Vier Jahre lang griffen die Westgoten immer wieder Arverna (Clermont-Ferrand), die Hauptstadt der Arverner an, deren Bischof inzwischen Sidonius Apollinaris geworden war. Er stand seinem Schwager Ecdicius, dem Sohn des ehemaligen Kaisers Avitus, den Nepos zum Heermeister im kaiserlichen Hauptquartier ernannt und mit dem Titel »patricius« ausgezeichnet hatte, bei der Verteidigung der Stadt tatkräftig zur Seite. Da Nepos ihnen aber keine Hilfe zukommen lassen konnte (und sie auch von den Burgundern keine Unterstützung erhielten), fühlte der Kaiser sich gezwungen, mit Eurich Verhandlungen aufzunehmen, womit er fünf Bischöfe beauftragte. Nach einer Reihe diplomatischer Vorstöße, bei denen Fragen des Gebietsaustausches vergeblich erörtert wurden, wurde 475 ein Friedensvertrag geschlossen, demzufolge das gesamte Arvernergebiet an die Westgoten überging, zur Empörung des Sidonius Apollinaris, der vorübergehend bei Carcaso (Carcassonne) von den Goten ins Gefängnis geworfen wurde. Dieser Vertrag sicherte den Westgoten nicht nur die eroberten Gebiete in Gallien zu, wo sich ihr Reich nun von der Loire bis zu den Pyrenäen und bis zur unteren Rhône erstreckte, sondern auch den größten Teil Spaniens.

Inzwischen hatte Iulius Nepos den Heermeister Ecdicus durch den früheren Sekretär Attilas, durch Orestes, ersetzt, und dieser wiederum wollte seinen eigenen Sohn Romulus (mit dem späteren Spottnamen Augustulus) an die Stelle des erfolglosen und nur noch dem

Namen nach amtierenden Herrschers auf den Thron des Westens bringen. In dieser Absicht führte Orestes ein Heer von Rom nach Ravenna, wo der Kaiser residierte. Doch Nepos mißtraute der angeblichen Uneinnehmbarkeit der Stadt, floh zur See und zog sich in sein ehemaliges »Fürstentum« Dalmatien zurück.

Im darauffolgenden Jahr zwang der Germane Odoaker, den seine Truppen zum König ausgerufen hatten, Romulus zur Abdankung, weshalb in Kürze zwei Delegationen bei Zenon, der inzwischen oströmischer Kaiser geworden war, erscheinen und um Gehör bitten sollten. Die eine kam von Odoaker und ersuchte die oströmische Regierung, seine »de facto«-Herrschaft über Italien in aller Form anzuerkennen, wofür er als Gegenleistung Zenons Vorrangstellung respektieren wollte; die andere kam von Iulius Nepos, der auf seine Verschwägerung mit dem Hof in Konstantinopel hinwies, die Ähnlichkeit seines Schicksals mit dem Zenons, hatte er doch, wie kürzlich auch Zenon, sein Land verlassen müssen, und der deshalb um Unterstützung bei seinem Bemühen bat, auf den Thron zurückzukehren. Odoakers Bitte wurde entsprochen. Er erhielt die Würde eines »patricius«. Im Hinblick auf Nepos gemahnte Zenon den römischen Senat, daß er es am rechten Umgang mit den beiden Kaisern, die Konstantinopel auf den Thron gebracht hatte, habe fehlen lassen, Anthemius habe er umbringen lassen und Nepos ins Exil geschickt. Also bat er die Senatoren und gleichfalls Odoaker, Nepos nach Italien zurückkehren zu lassen. Wie zu erwarten war, unternahm Odoaker nichts, um Nepos auf italischem Boden wieder zu seinen Rechten zu verhelfen. Allerdings weisen die Goldmünzen, die nach diesen Ereignissen in Nepos' Namen in Italien geprägt wurden, darauf hin, daß Odoaker, der die italischen Münzprägestätten kontrollierte, wenigstens dem Schein nach Nepos die gewünschte Anerkennung gewährte.

Von daher bedarf die Auffassung, daß das Westreich mit Romulus Augustulus endete, zumindest formal einer Korrektur, denn der letzte von Konstantinopel (und nach außen hin auch von Odoaker) anerkannte »Kaiser des Westens« war Nepos, obwohl er nicht mehr in Italien residierte. Der Verbannte lebte in Dalmatien, bis er am 9. Mai 480 von zweien seiner Gefolgsleute, Viator und Ovida, in seinem Landhaus bei Salonae umgebracht wurde, vielleicht, obwohl das nicht sehr wahrscheinlich ist, auf Betreiben seines Vorgängers Glycerius. Nach seinem Tod setzte Odoaker nach Dalmatien über, angeblich, um an Nepos' Mördern Vergeltung zu üben, in Wirklichkeit jedoch, um das Land zu annektieren und seinem eigenen Herrschaftsbereich einzuverleiben.

Zenon (474–475/476–491)

Zenon (Mitkaiser im Oströmischen Reich von Februar 474 bis Ende 474, danach Alleinherrscher im Osten bis Januar 475 und von August 476 bis April 491) hieß eigentlich Tarasikodissa und war ein Häuptling aus Isaurien (im Südosten Kleinasiens).

Er kam durch Leo I. nach Konstantinopel, und dieser vertraute ihm, um den Einfluß der germanischen Truppen des Alanen Aspar einzuschränken, die Führung der neugeschaffenen isaurischen Palastgarde (»excubitores«) an. Tarasikodissa legte seinen sehr fremd klingenden Namen ab und nannte sich fortan Zenon, nach einer Persönlichkeit, die aus der gleichen Gegend wie er stammte. Leo I. gab Zenon, der zuvor mit Arcadia verheiratet war, seine ältere Tochter Aelia Ariadne zur Frau und ernannte ihn für den Zeitraum 467–468 zum Heermeister (»magister militum«) in Thrakien. Dort sollte er die Hunnen, die unter Attilas Sohn Densik (Dengesich) einfielen, zurückschlagen.

Als Zenon erfuhr, daß Aspar ihm mit Hilfe einiger Militärs nach dem Leben trachtete, floh er nach Serdica (Sofia). 469 war er Konsul und danach Heermeister im Osten. Dort mußte er gegen seinen räuberischen, isaurischen Landsmann Indacus kämpfen. Eine Enttäuschung war es für Zenon, als er erfuhr, daß Leo nicht ihn, sondern Patricius, den jüngeren Sohn seines Rivalen Aspar, zum Caesar ernannt und ihm außerdem seine jüngere Tochter Leontina zur Frau gegeben hatte. Hinzu kam die Entdeckung, daß Aspars älterer Sohn Ardaburius versuchte, die in der Hauptstadt stationierten isaurischen Truppen für sich zu gewinnen. Von daher lag es auf der Hand, daß man Zenon verdächtigte, für den Mord an Aspar und Ardaburius 471 verantwortlich zu sein. 473 schließlich wurde er Heermeister im kaiserlichen Hauptquartier.

Im Oktober 473 erhob Leo I. seinen fünf Jahre alten Enkel gleichen Namens, den Sohn Zenons und der Aelia Ariadne, zum Mit-Augustus, und als Leo I. am 18. Januar 474 starb, wurde der Knabe dem Titel nach oströmischer Kaiser. Am 9. Februar 474 wurde ihm sein Vater

Zenon als Vormund und Mitherrscher zur Seite gestellt. Die Initiative dazu ging vom Senat und von Leos Witwe Aelia Verina aus. Die Münzen, die in Konstantinopel erschienen, zeigen das übliche Brustbild mit Helm und Panzer und die Inschrift »Unsere Herren Leo [II]. und Zenon, Augusti für immer«. Das Brustbild ist das eines erwachsenen Mannes und wird als eine Abbildung Zenons gedeutet. Auf der Rückseite sieht man, umgeben von der Inschrift »Das Heil des Staates« (SALVS REIPVBLICAE) die beiden Herrscher nebeneinandersitzen, und zwar Leo II., obwohl von winziger Gestalt, rechts neben Zenon, um zum Ausdruck zu bringen, daß er der ranghöhere der beiden Augusti ist. Doch noch vor Jahresende war Leo II. tot, und es lief das Gerücht um, daß sein Vater ihn getötet habe. Wie dem auch war, von da an regierte Zenon alleine im Osten des Römischen Reiches.

Zenons Beziehungen zum Westreich waren gut, denn Iulius Nepos, der dort den Thron innehatte (474–475), war sein Schützling und außerdem mit der Familie seiner Frau verschwägert. Anders verhielt es sich mit Geiserich, dem Vandalenkönig. Er nahm die Ermordung Aspars zum Anlaß, um Epirus von der See her anzugreifen, und eroberte Nicopolis. Doch der Friedensvertrag, der zu guter Letzt zwischen Konstantinopel und den Vandalen zustande kam, erwies sich als ungewöhnlich dauerhaft und hielt über ein halbes Jahrhundert. Zenons Regierungsantritt hatte auch Aspars ostgotischen Verwandten Theoderich Strabo (s. Leo I.) zu erneuten Kampfhandlungen in Thrakien gereizt. Er nahm den dort amtierenden Heermeister gefangen, konnte aber von Zenons isaurischem General Illos in die Schranken gewiesen werden.

Illos stellte sich jedoch schon bald als unzuverlässig heraus, denn er geriet in eine gefährliche Umsturzbewegung in Konstantinopel. Die Verschwörung ging von Zenons eigener Schwiegermutter Aelia Verina aus, die zwar Zenons Erhebung zum Kaiser zugestimmt hatte, doch nun nicht im Schatten ihrer eigenen Tochter, der Kaiserin Aelia Ariadne stehen wollte. Sie plante, Zenon mit ihrem Liebhaber Patricius (nicht zu verwechseln mit Aspars gleichnamigem Sohn) abzulösen, der als »magister officiorum« früher der kaiserlichen Kanzlei vorgestanden hatte. Illos und sein Bruder Trokundes waren durch Basiliskos, den Bruder Verinas, in den Bann der Verschwörung geraten. Da Zenon jedoch vor der Gefahr, die ihm drohte, gewarnt wurde, konnte er mit vielen Landsleuten und reichlichem Kapital nach Isaurien fliehen. Wie sich herausstellte, lehnte der Senat

Patricius zugunsten des Basiliskos als Thronanwärter ab. Doch schon nach zwanzig Monaten hatte auch er alle seine Anhänger verloren, und Zenon kehrte im August 476 in die Hauptstadt zurück.

Wieder an der Macht, war eine seiner ersten Aufgaben, das Kräfteverhältnis in der westlichen Reichshälfte zu regeln. Nur wenige Monate nach Zenons eigener Flucht 475 aus Konstantinopel hatte man Iulius Nepos, seinen Schützling auf dem Thron des Westreiches, aus Italien verjagt und durch Romulus Augustulus ersetzt, für den sein Vater Orestes (s. Iulius Nepos) die Regierungsgeschäfte führte. Romulus wurde jedoch niemals von Konstantinopel anerkannt und im übrigen schon bald von dem germanischen Feldherren Odoaker zum Abdanken gezwungen. Damit hatte das Weströmische Reich auf dem Boden Italiens aufgehört zu existieren. Italien wurde nun von Odoaker regiert, der sich zum König hatte ausrufen lassen. Während Odoaker um seiner Anerkennung willen eine Gesandtschaft zu Zenon schickte, trafen bei diesem zur gleichen Zeit Abgeordnete des Nepos ein, die Zenon baten, Nepos bei der Rückgewinnung des westlichen Thrones behilflich zu sein. Auf diese verschiedenen Ansprüche reagierte Zenon folgendermaßen: Er erkannte zwar Nepos weiterhin als rechtmäßigen weströmischen Kaiser an, unterließ es jedoch, seine Rückkehr nach Italien zu unterstützen. Odoaker dagegen verlieh er die Patriciuswürde und gewährte ihm de facto, wenn auch nicht de jure, Unabhängigkeit. Daraufhin ließ Odoaker zusätzlich zu den Münzen, die taktvollerweise Nepos' Porträt zeigen, in Ravenna, Mailand und Rom (hier mit der Inschrift INVICTA ROMA) Münzen prägen, die Zenons Namen tragen. Die restlichen Jahre der an Wirren reichen zweiten Regierungszeit des Zenon, in der es mit Aelia Verinas Unterstützung zu einer Rebellion des Illos kam (483–484), gehen über den Zeitraum dieses Buches hinaus.

Der Historiker Malchos, der um 500 seine »Byzantinische Geschichte« abfaßte, war voller Vorurteile gegenüber Zenon, aber auch andere Autoren äußerten sich ablehnend über ihn. Sie schildern ihn als unansehnlich, moralisch verkommen und feige auf dem Kampfplatz. Ein weiterer Chronist dagegen, der sog. Anonymus Valesii, geht sorgsamer mit Zenon um. Er verzeichnet nicht nur, daß Zenon infolge einer anatomischen Besonderheit seiner Kniescheiben außerordentlich schnell laufen konnte, sondern läßt auch durchblikken, daß er in mancher Hinsicht besser als Leo I. gewesen sei, weniger habgierig (obwohl sein Finanzbedarf immer größer wurde) und weniger grausam (er verabscheute zum Beispiel die Todesstrafe). Zenon war auch klug und standhaft genug, um sich dem mächtigen Ostgotenkönig Theoderich »dem Großen« gegenüber, dem Nachfolger Odoakers in Italien, zu behaupten. In der Öffentlichkeit jedoch stieß er auf Unverständnis, weil sein Bemühen um Ausgleich umstrittener Glaubensfragen als Vorliebe für die Monophysiten gedeutet wurde, deren Lehre, daß Christus nur einer Natur sei, auf dem Konzil von Chalcedon (451) verurteilt worden war. Außerdem scheint er sich unbeliebt gemacht zu haben, weil er sich, wie Leo I. vor ihm, bei seiner Machtausübung auf isaurische Söldner stützte, obwohl er dadurch ein »kleinasiatisches Nationalheer« schuf, das ein Gegengewicht zu den germanischen Söldnerheeren darstellte. Viele seiner Untertanen wollten jedoch diese Sonderlinge nicht um sich haben und konnten außerdem nicht vergessen, daß vor noch gar nicht langer Zeit isaurische Räuberbanden plündernd, mordend und sengend durch Kleinasien gezogen waren.

Basiliskos (475–476)

Basiliskos (oströmischer Gegenkaiser von Januar 475 bis August 476) war der Bruder der Aelia Verina, der Frau Leos I. Seit etwa 464 war er Heermeister (»magister militum«) in Thrakien. Dort soll er erfolgreich gegen Eindringlinge gekämpft haben, obwohl Verina seine Erfolge durchaus übertrieben haben kann. 468 sorgte sie dafür, daß er Heermeister im kaiserlichen Hauptquartier wurde und den Oberbefehl in einem vom Oströmischen und Weströmischen Reich gemeinsam unternommenen, großen Feldzug gegen die Vandalen erhielt. Der einflußreiche, germanische General Aspar stimmte dieser Ernennung zu, angeblich, wie später behauptet wurde, weil er Basiliskos für unfähig hielt zu siegen und weil er Leo I. keinen allzu großen Erfolg gönnte. 1113 Schiffe mit mehr als 100000 Mann an Bord sollen damals Konstantinopel verlassen haben. Die Operation begann vielversprechend, bis Basiliskos aus eigenem Verschulden vor Karthago von vandalischen Kriegsschiffen, darunter auch welche mit Brandladung, überrascht und die Hälfte seiner Flotte zerstört wurde. Nach dieser Katastrophe suchte Basiliskos zunächst auf Sizilien Zuflucht, um dann nach Konstantinopel zurückzukehren, wo er, unter dem Schutz seiner Schwester, in der Kirche der »Heiligen Weisheit« Asyl fand. Schließlich zog er sich nach Herakleia in Thrakien zurück, nachdem er durch sein Versagen das Oströmische Reich fast bis an den Rand des Bankrotts gebracht hatte (s. a. Leo I. und Anthemius).

Nachdem Leo I. am 18. Januar 474 gestorben war, erhielt Basiliskos infolge der Unbeliebtheit des isaurischen, kaiserlichen Schwiegersohnes Zenon erneut eine Chance, und diesmal sogar eine größere, an die Macht zu kommen. Eine von seiner Schwester Verina angezettelte Verschwörung brachte ihn für die Jahre 475/476 an Stelle von Zenos auf den Thron des Ostreiches. Eigentlich hatte Verina ihren Liebhaber Patricius für den Thron vorgesehen, aber der Senat gab Basiliskos den Vorzug, und dieser ließ Patricius umbringen. Die Münzen, die Basiliskos herausgab, bestätigen schriftliche Zeugnisse, denen zufolge er eine höchst intensive Familienpolitik betrieb. So erhob er seine Frau Aelia zur Augusta und ließ sie auf Münzen abbilden. Auch ihr Sohn Marcus wurde zum Augustus erhoben, nachdem er zuvor zum Caesar ernannt worden war, und als Augustus wird er auf den in Konstantinopel geprägten Münzen erwähnt, die den Kopf seines Vaters zeigen: *Dominorum Nostrorum* BASILISCI ET MARC*i Perpetuorum* AVG*ustorum* (»Unserer Herren BASILISKOS UND MARKUS, AUGusti auf ewig«). Andere »aurei« (»Goldmünzen«) tragen die Namen zwei weiterer Caesaren, Zenon und Leo. Sie als die Namen der Kaiser Leo II. und Zenon zu erklären, ist nicht möglich, weil sie nur den Beinamen »Caesar« führen. Außerdem handelt es sich bei den fraglichen Inschriften um Überprägungen auf Münzen des Basiliskos und Marcus, die erst nach dem Tod Leos II. Anspruch auf die Kaiserwürde erhoben, so daß anzunehmen ist, daß Zenon Caesar und Leo Caesar jüngere Söhne des Basiliskos waren, die den Titel »Caesar« erhielten, als Marcus zum Augustus erhoben wurde.

Die Ereignisse in Konstantinopel nahmen keinen guten Verlauf. Besonders schlimm war ein großer Brand, der weite Teile der Stadt in Schutt und Asche legte. Zu den Gebäuden, die vernichtet wurden, gehörte auch die Basilika, in der die von Iulianus begründete Bibliothek untergebracht war, die nicht weniger als 120 000 Werke umfaßte, und im Palast des Lausos (eines Kämmerers Theodosius' II.) vernichtete das Feuer eine einmalige Sammlung griechischer Bildhauerkunst mit Werken der archaischen und klassischen Epoche.

Basiliskos war außerdem in schwerwiegende theologische Streitigkeiten verwickelt, weil er in aller Öffentlichkeit die Monophysiten favorisierte, deren Lehre auf dem Konzil von Chalcedon (451) als

Irrlehre verurteilt worden war. Seine »Enzyklika« (»Rundbrief«), in der er mit ihrer Auffassung übereinstimmte, daß Christus nur »eine einzige Natur habe, war für rechtgläubige Katholiken eine Gotteslästerung. Besonders empört über den Einfluß, den der monophysitische Bischof von Alexandrien, Timotheos Ailuros, auf Basiliskos ausübte, war Akakios, der Patriarch von Konstantinopel. Obwohl er selbst ein Mann liberaler Ansichten war, fühlte er sich verpflichtet, gegen die »Enzyklika« Einspruch zu erheben. Noch größer aber wurde die Bedrängung des Patriarchen, als Basiliskos die Bistümer in Asien seiner Kontrolle entzog. Als Akakios von diesem Beschluß erfuhr, erschien er in Trauerkleidung in der Kirche der »Heiligen Weisheit«. Und Papst Simplicius in Rom sprach dem Kaiser schließlich jegliches Recht ab, mit dem Anspruch auf Verbindlichkeit an der Lösung theologischer Fragen teilzunehmen.

Basiliskos hatte sich aber auch seinen früheren Parteigänger, den Ostgoten Theoderich Strabo, der inzwischen Heermeister geworden war, zum Feinde gemacht. Der Grund dafür war, daß er einen ähnlichen Titel und die gleiche Würde einem Lebemann namens Armatus verliehen hatte, der der Liebhaber der Kaiserin Aelia Zenonis war und den Spitznamen »pyrrhos« (vielleicht im Sinne von »Rotbäckchen« zu übersetzen) trug. Hinzu kam, daß der Isaurer Illos, der Basiliskos zum Thron verholfen hatte, sich nun gegen ihn wandte und durch zahlreiche Klagen über die Habsucht der kaiserlichen Minister in seiner Haltung bestärkt wurde. Diese Tatsachen ermutigten Zenon, sein isaurisches Exil zu verlassen und zusammen mit Illos nach Konstantinopel zu marschieren. Daraufhin widerrief Basiliskos eiligst in einer »Gegen-Enzyklika« seine früheren Edikte über theologische Fragen, um den Patriarchen und die Bevölkerung Konstantinopels mit sich zu versöhnen. Außerdem beauftragte er Armatus, der heranrückenden Armee entgegenzuziehen und sie aufzuhalten. Aber ihre Kommandeure stimmten Armatus um, so daß er in anderer Richtung an ihnen vorbeizog und Zenon im August 476 kampflos Konstantinopel wieder betreten konnte. Basiliskos, seine Frau und seine Kinder, die er zum Augustus und zu Caesaren ernannt hatte, wurden nach Cucusus (Göksün) in Kappadokien verbannt. Dort mauerte man sie in einer ausgetrockneten Zisterne ein und ließ sie verschmachten.

Basiliskos galt als guter Soldat, obwohl sein Versagen in dem Unternehmen gegen die Vandalen diese Behauptung kaum glaubhaft erscheinen läßt. Er wird aber auch als etwas begriffsstutzig und leicht zu täuschen geschildert.

Romulus (475–476)

Romulus (»Augustulus« [»kleiner Kaiser«]; letzter weströmischer Kaiser von Oktober 475 bis September 476) war der Sohn des Orestes (s. Iulius Nepos), eines Römers aus Pannonien, der Sekretär des Hunnenkönigs Attila gewesen und für ihn in diplomatischer Mission nach Konstantinopel gegangen war. Orestes heiratete die Tochter des Romulus, eines hohen römischen Offiziers (»comes«) aus Poetovio, und trat nach Attilas Tod in den Dienst des Weströmischen Reiches ein. Seine Fähigkeiten ließen ihn schnell aufsteigen, so daß Iulius Nepos ihn 474 zum Heermeister (»magister militum«) im kaiserlichen Hauptquartier (»in praesenti«) ernannte und ihm die Patrizierwürde verlieh.

Auf Grund seiner langjährigen Erfahrung, die er in Mitteleuropa gesammelt hatte, war Orestes bei den germanischen Soldaten, die damals fast die gesamte römische Armee auf italischem Boden ausmachten, sehr beliebt. Deshalb hätten sie auch lieber ihn als Kaiser Nepos auf dem Thron gesehen, der aus dem griechischen Osten zu ihnen gekommen war. Als sie daher die Absicht zu rebellieren erkennen ließen, entsprach Orestes diesem Vorhaben, entschied aber – aus welchem Grunde auch immer –, daß nicht er, sondern sein Sohn Romulus zum Kaiser ausgerufen werde. Die Folge war, daß Iulius Nepos im August 475 nach Dalmatien floh und Orestes am 31. Oktober 475 seinem Sohn den kaiserlichen Purpur umlegte. Der Knabe wurde zum Augustus ernannt. Vielleicht besaß er den Titel aber auch schon längst als Eigennamen, denn Inschriften zufolge war er sogar bei Privatpersonen durchaus üblich. Auf seinen Münzen ist folgende seltsame Mischung aus Name und Titel zu lesen: DOMINUS NOSTER ROMULUS AUGUSTUS [= Name] PIUS FELIX AUGUSTUS [= Titel]. Romulus wurde allerdings nie von Ostrom als Kaiser im Westen anerkannt; als solcher galt nach wie vor Nepos. Immerhin aber übte Orestes zehn Monate lang im Namen seines Sohnes die Macht in Italien aus.

Dann stürzten Vater und Sohn durch eine Meuterei ihrer eigenen Truppen. Diese bestanden damals vorwiegend aus Ostgermanen (hauptsächlich aus Herulern, aber auch aus Rugern und Skiren). Ihnen war bekannt, daß die Regierung mit Germanen in anderen Teilen des westlichen Reiches eine Übereinkunft getroffen hatte, nach der die örtlichen Grundbesitzer verpflichtet waren, einen bestimmten Anteil ihres Landes den Einwanderern zu überlassen. Bisher war man in Italien noch nicht so verfahren, doch nun forderten die dort stationierten germanischen Soldaten dieses Recht auch für sich. Dabei bestanden sie keineswegs darauf, zwei Drittel des Bodens zu erhalten, wie Honorius es mehr als ein halbes Jahrhundert früher den Westgoten in Gallien zugesagt hatte, sondern wollten sich, so erklärten sie, mit einem Drittel zufriedengeben, wie es zum Beispiel die Burgunder erhalten hatten.

Orestes scheint ihnen zunächst Versprechungen in dieser Richtung gemacht zu haben, vorausgesetzt, daß sie ihm helfen würden, Iulius Nepos zu entthronen. Als dieses Ziel erreicht war, änderte er jedoch seine Meinung. Trotz seiner langjährigen Verbundenheit mit Germanen und Hunnen war er doch Römer genug geblieben, um ein Gefühl dafür zu haben, daß eine derartige Regelung zwar durchaus für die Provinzen gelten konnte, nicht aber für das italische Mutterland, das unangetastet bleiben mußte. Seine Reaktion erfüllte Edward Gibbon mit Hochachtung. »Die gefährliche Bundesgenossenschaft mit diesen Fremden hatte die letzten Reste römischer Freiheit und Würde unterdrückt und beschädigt. ... Mit einer Geisteshaltung, die auch in jeder anderen Situation unsere Hochachtung verdiente, entschied sich Orestes dafür, sich lieber der Wut waffenstarrender Heerscharen preiszugeben, als den Ruin eines Volkes zu besiegeln, das unschuldig war. Er wies das unverschämte Ansinnen zurück.«

Doch diese feste Haltung kam zu spät, um den vorgezeichneten Lauf der Ereignisse aufhalten zu können. Die unzufriedenen und enttäuschten Soldaten fanden einen neuen Führer in einem der hohen Offiziere des Orestes, in Flavius Odoaker. Odoaker war ein Germane (ein Skire, vielleicht auch ein Ruger), dessen Vater als Gesandter Attilas in Konstantinopel gedient hatte. Nach Attilas Tod war er in die Armee des weströmischen Kaisers Anthemius eingetreten und hatte in der Folge Orestes geholfen, Iulius Nepos zu vertreiben. Nun aber, als sich beide als Feinde gegenüberstanden, verschanzte sich Orestes hinter den Mauern von Ticinum (Pavia). Doch die stark befestigte Stadt wurde belagert, gestürmt und geplündert. Ihr Bischof Epiphanites konnte zwar das Kircheneigentum schützen und

Frauen davor bewahren, vergewaltigt zu werden, aber er konnte Orestes nicht retten, der im August 476 in Placentia (Piacenza) hingerichtet wurde. Sein Bruder Paulus fiel in den Wäldern bei Ravenna, und Odoaker, der die Stadt einnahm, zwang Romulus am 4. September 476, auf den Thron zu verzichten. Romulus' Leben wurde geschont. Zusammen mit seiner Familie erhielt er den Palast des Lucullus bei Misenum, westlich von Neapel, als Exil angewiesen und dazu jährlich sechstausend Goldstücke für den Lebensunterhalt. Möglicherweise hat Romulus noch von 507 bis 511 gelebt.

Odoakers weiteres Schicksal wurde im Zusammenhang mit Iulius Nepos erwähnt, der noch vier Jahre lang in Dalmatien lebte und nominell »Kaiser des Westens« war.

Dennoch haben Gelehrte in Byzanz, im Italien der Renaissance und im achtzehnten Jahrhundert das Jahr 476 und die Abdankung des Romulus als den Epoche machenden Schlußpunkt des allmählichen Unterganges des Weströmischen Reiches angesehen. Der Name »Romulus« seines arglosen, jungen Monarchen, der auch der Name des legendären Gründers Roms ist, der der Sage nach mehr als zwölfhundert Jahre früher lebte, hat die menschliche Phantasie zu manchem dramatischen Spiel beflügelt, aber auch, wie im Falle des jungen Kaisers, zu spöttischer Verkehrung, zum Beispiel zu »Momyllus« (»kleiner Schandfleck«). Ebenso ist sein anderer, sonst von den Römern immer nur mit größter Ehrfurcht ausgesprochener Name »Augustus« durch die Verkleinerungsform »Augustulus« in eine spöttische Bezeichnung verwandelt worden. Unter ihr ist der letzte Kaiser Westroms allgemein bekannt.

Neuerdings zeichnet sich die Tendenz ab, dem Sturz des Romulus Augustulus weniger Bedeutung beizumessen, weil er nur ein Fall von vielen war, die zur schrittweisen Auflösung des Weströmischen Reiches beigetragen haben. Dennoch bedeutete sein Abgang, daß das letzte große Gebiet der damaligen westlichen Welt und das Herzstück des alten Römischen Reiches auf Gedeih und Verderb neuen, fremden Herrschern ausgeliefert war, die aus dem germanischen Raum kamen. Italien war ein weiteres germanisches Königreich geworden. Es gab kein Weströmisches Reich mehr. Seine sich lang hinziehende Auflösung wird man, wie Edward Gibbon schrieb, »stets im Gedächtnis behalten, und die Völker der Erde spüren sie noch immer«.

ERLÄUTERUNG EINIGER LATEINISCHER BEGRIFFE

Anm.: *SK* = »Späte Kaiserzeit« (4. und 5. Jh. n. Chr.)

AERARIUM. Wörtlich: »Schatzkammer«, »Staatskasse«. Das Vermögen des römischen Volkes. Das »aerarium Saturni«: der Staatsschatz, der im Saturntempel auf dem Forum Romanum aufbewahrt wurde.

ALIMENTA. Einrichtung zur Versorgung armer und verwaister freigeborener Kinder. Die Finanzierung der A. erfolgte aus Kapital, das in Form von Hypotheken auf italischem Grundbesitz angelegt war.

AMICUS PRINCIPIS. Wörtlich: »Freund des Kaisers«. Halboffizieller Titel, der an Senatoren und Ritter verliehen wurde, die bestimmte Privilegien bei Hofe genossen und häufig auch dem → »consilium principis« angehörten.

ANTONINIANUS. Moderne Bezeichnung einer von Caracalla eingeführten und nach ihm, Marcus Aurelius Antonius, benannten schweren Silbermünze. Sie wog anfangs eineinhalb »denarii«, wurde aber wohl zu zwei Denaren gehandelt.

AUGUREN. Eines der wichtigsten altrömischen Priesterkollegien, das noch bis zum 4. Jh. n. Chr. bestand. Den A. oblag die Deutung der nach altrömischem Glauben von den Göttern gesandten Zeichen (Vogelflug, Freßlust heiliger Hühner, Blitz, Donner u. a.), denen sich angeblich entnehmen ließ, ob ein Vorhaben gut oder schlecht ausgehen werde.

AUGUSTUS. Ehrenname, der Octavianus 27 v. Chr. vom Senat als höchste Auszeichnung zuerkannt wurde. Künftig wichtigster Bestandteil der Kaisertitulatur und bei mehreren gleichzeitig lebenden Titelträgern im Gegensatz zu → Caesar stets Bezeichnung des amtierenden bzw. ranghöchsten Kaisers. Etymologisch mit Augur (s. o.) und »augere« (»vergrößern«, »verherrlichen«) verwandt.

AUREUS. Standardgoldmünze, in der *SK* durch den leichteren »solidus« ersetzt.

AUXILIA. Wörtlich: »Hilfstruppen«. An Beispiele aus republikanischer Zeit anknüpfend, stellte Augustus zusätzlich zu den römischen → Legionen ein Heer von nichtrömischen Hilfstruppen auf, die etwa 150 000 Mann umfaßten. Spätestens von der Mitte des 1. Jahrhunderts an erhielten sie als Veteranen das römische Bürgerrecht. Ihre Offiziere allerdings waren von Anfang an römische Bürger. Seit Constantinus I. wurden die Fußtruppen des mobilen Feldheeres (→ »comitatenses«) als »auxilia« bezeichnet.

BASILIKEN. In den Städten des Westens des Römischen Reiches in der Nähe des Forums errichtete mehrschiffige Hallen für Versammlungszwecke. *SK:* (1) Große Gewölbebauten nach dem Vorbild der Kaiserthermen, z. B. die Basilica Nova des Maxentius. (2) Große christliche Kirchen nach dem Vorbild der frühen Basiliken.

CAESAR. Name des Diktators Gaius Iulius Caesar (gest. 44 v. Chr.), später Bestandteil der römischen Kaisertitulatur. Als Titel (ohne die Bezeichnung »Augustus«) auch kaiserlichen Prinzen oder anderen Personen verliehen, die als Thronerben ausersehen waren. *SK:* Zur Zeit der → Tetrarchie des Diocletianus war die Herrschaft über das Reich unter vier Herrschern aufgeteilt, von denen zwei (ranghöhere) den Titel Augustus und zwei (niedrigeren Ranges) den Titel Caesar trugen.

CASTRA PEREGRINA, CASTRA PEREGRINORUM. »Fremdenlager« auf dem Caelius, einem der Sieben Hügel Roms. Ursprünglich Unterkunft für Legionärsabteilungen (oder Einzelpersonen), die Rom besuchten, war die Anlage seit Septimius Severus Hauptquartier der → »frumentarii«.

COMES. »Begleiter« eines Amtsträgers oder Provinzstatthalters. *SK:* Als Titel ist »comes« mit einer Reihe hoher und höchster Ämter militärischen und zivilen Charakters verbunden. Aus »comes« entwickelte sich der italienische (»conte«), der französische (»comte«) und der englische (»count«) Grafentitel.

COMES SACRARUM LARGITIONUM. Eine Art Finanzminister, der seinen Namen von der Verwaltung kaiserlicher Spenden (»sacrae largitiones«) hatte; beaufsichtigte im *SK* die Finanzverwaltung und Münzprägung und war ständiges Mitglied im → »consistorium«.

COMITATENSES. Seit Diocletianus' Heeresreform ständige Marschreserve im Gegensatz zu den → »limitanei«.

COMITIA (»tributa«). Volksversammlung aus republikanischer Zeit, die in der Zeit des Prinzipates (s. »princeps«) noch für eine gewisse Zeit die niedrigen Amtsträger wählte und über Gesetze abstimmte, aber keine Macht mehr hatte.

CONSILIUM PRINCIPIS. Wörtlich: »Rat des → princeps«; »Kaiserrat«. Zur Zeit des Prinzipates ein Beirat aus Freunden des Kaisers (s. »amicus principis«), der später stärker institutionalisiert wurde. Hadrianus zog bei der Behandlung von Rechtsfragen Juristen hinzu. In der 2. Hälfte des 2. Jh.s Erweiterung des »consilium principis« durch besoldete Räte (»consiliarii«). Ab Diocletianus für »consilium principis« auch die Bezeichnung → »consistorium«.

CONSISTORIUM. »Kronrat« oder »Staatsrat«. Z. Zt. Diocletianus' aus dem »consilium principis« (s. o.) hervorgegangen. Der Name kommt vielleicht daher, daß die Mitglieder den sitzenden Kaiser umstanden. Im Gegensatz zum alten »consilium« zeichnete sich das neue »consistorium« durch eine feste Besetzung aus.

CORRECTOR. Seit Traianus waren »correctores« Sonderkommissare des Kaisers, um in Gebieten, die nicht unmittelbar der kaiserlichen Verwaltung unterstanden, Ordnung zu schaffen. Vor allem die italischen Verwaltungsbezirke wurden seit der Mitte des 3. Jh.s von »correctores« verwaltet.

CUBICULARII. »Kammerdiener« des kaiserlichen Haushaltes. Anfangs Sklaven und → Freigelassene, dann, wie im Orient, Eunuchen. Constantinus I. schuf das Amt des → »praepositus sacri cubiculi«, dessen Inhaber oft bedeutende Machtpositionen erreichten, wie z. B. unter Arcadius der Hofkämmerer Eutropius, der als erster Eunuch → Konsul wurde.

CURA PALATII. In der *SK* Beamte, die für die Sicherheit des kaiserlichen Palastes zuständig waren.

DENARIUS. »Zehner«, Münze zu ursprünglich 10 Asse. Bis Anfang des 3. Jh.s römische Standardsilbermünze. 25 Denare entsprachen einem → »aureus«. Im Laufe der Zeit Wertverlust.

DIÖZESEN. Von Diocletianus anstelle der alten → Provinzen 12 (später mehr) neu geschaffene Verwaltungseinheiten, an deren Spitze jeweils ein → »vicarius« stand, der einem → Prätorianerpräfekten untergeordnet war.

DIVUS. Ehrende Bezeichnung für den verstorbenen Gaius Iulius Caesar und nach ihm für die auf Antrag ihrer jeweiligen Nachfolger durch Senatsbeschluß nach ihrem Tod vergöttlichten Kaiser.

EQUITES. »Reiter«, »Ritter«. Besitzer eines vom Staat gestellten Pferdes, die ihren Kriegsdienst als Reiter ableisteten; sie bildeten die »equester ordo«, die »Reiterei« bzw. den »Ritterstand«. Als im 3. Jh. v. Chr. neben dem alten patrizischen Adel auch eine plebejische Nobilität entstand, bildeten die Ritter nach den Senatoren die einflußreichste Klasse der Bevölkerung Roms, die Oberschicht der Plebejer und den eigentlichen Geldadel. Augustus und andere

Kaiser nach ihm reformierten den Ritterstand und schufen aus seinen Mitgliedern eine dem Kaiser ergebene neue Beamtenschaft.

EXCUBITORES. »Wächter«. Eine von Leo I. aus Isaurern, seinen Landsleuten geschaffene, 300 Mann starke Palastgarde.

FORUM. »Marktplatz«. Der Hauptplatz jeder Stadt des Römerreiches, Zentrum des gesellschaftlichen, kulturellen, politischen und religiösen Lebens, meistens von bedeutenden Tempeln und anderen öffentlichen Bauwerken umgeben. In Rom schlossen sich an das bekannte »forum Romanum« weitere Foren an, die von Caesar, Augustus, Vespasianus, Nerva und Traianus erbaut wurden (die sog. Kaiserforen).

FREIGELASSENER. s. »libertus«

FRUMENTARII. Von »frumentum« (»Getreide«). Ursprünglich offenbar mit der Lebensmittelversorgung des Heeres befaßt, übernahmen die »frumentarii« später geheimdienstliche Aufgaben und versahen, wohl seit Traianus, den kaiserlichen Kurier- und Nachrichtendienst. Seit Septimius Severus waren ihre in Rom stationierten Einheiten in der → »castra peregrina« untergebracht.

HONESTIORES. Angehörige der Oberschicht (Ende 2., Anfang 3. Jh.). Zunächst nur eine Bezeichnung für die soziale, dann aber auch für die rechtliche Unterscheidung. Honestiores wurden von der Gesetzgebung begünstigt und bei Vergehen weniger hart bestraft als die unterprivilegierten »humiliores«, die Masse des Volkes.

IMPERATOR. Wörtlich: »Befehlshaber«. (1) Träger der militärischen Befehlsgewalt (→ »imperium«), daher »Heerführer«. (2) Ehrentitel, den die Soldaten oder der Senat einem siegreichen Feldherren verliehen. (3) Iulius Caesar machte den Titel zum Bestandteil seines Namens, als solchen, gewöhnlich vorangestellt, benutzten ihn auch die Kaiser.

IMPERIUM. Höchste Staatsgewalt, sowohl in militärischer als auch in zivil- und strafrechtlicher Hinsicht. Augustus, der das »imperium« mehrmals den Umständen entsprechend neu definierte, führte seine Übertragbarkeit als »imperium maius« ein auf Personen, die in Vertretung des Kaisers die oberste Amtsgewalt ausübten.

IUS LATII. »Latinisches Recht«; hat eine komplizierte Geschichte. Während der Kaiserzeit an Städte außerhalb Italiens verliehen als Vorstufe zum vollen Bürgerrecht. In diesen Städten erhielten zwar die Amtsträger das römische Bürgerrecht, nicht aber der Rest der Bevölkerung.

KLIENTEN. (1) Individuen, die nach altem italischen Rechtsverständnis in einem Hörigkeitsverhältnis zu ihrem jeweiligen »patronus« standen. (2) In der Kaiserzeit auch Staaten am Rande der römischen Welt, die zwar nominell ihre Souveränität behielten, aber als »Klientel-Staaten« von Rom abhängig waren.

KOHORTE. Eine militärische Einheit des römischen Heeres, die aus 6 Zenturien (»Hundertschaften«) bestand (vgl. auch Zenturio). 10 Kohorten bildeten eine → Legion. Als Kohorten wurden in der Kaiserzeit auch die selbständigen taktischen Einheiten der »Hilfstruppen« (→ »auxilia«) bezeichnet, die von einem → Präfekten oder einem → Tribunen kommandiert wurden. Außerdem waren die → Prätorianer, die Polizeitruppen und die Feuerwehr (→ »vigiles«) in Kohorten gegliedert.

KOLONIEN. Ansiedlungen von Römern auf Gebiet, das durch kriegerische Eroberungen gewonnen wurde.

KONSUL. Konsuln waren die beiden jährlich ernannten, gleichzeitig und gleichberechtigt amtierenden höchsten Beamten (Magistrate) der römischen Republik. Anfangs durften nur Patrizier, später (seit 367 v. Chr.) auch Plebejer gewählt werden. Seit Augustus wurde die äußere Pracht der Amtstracht erhöht, doch schwand die reale Macht der K. während der Kaiserzeit. Immer häufiger wurden die regulären Jahreskonsuln (»consules ordinarii«) von Stellvertretern (»consules suffecti«) abgelöst.

LEGATUS. Vom Senat ernannter Bevollmächtigter als Gesandter, Unterfeldherr oder Unterstatthalter; in der Kaiserzeit mit der Befehlsgewalt eines → Prätors. Seit Augustus Verwalter der »kaiserlichen« → Provinzen mit dem Oberbefehl über die Truppen (»legatus Augusti pro praetore« [Stellvertreter des Kaisers mit der Amtsgewalt eines Prätors]). Außerdem sind die »legati« seit Augustus Kommandeure der → Legionen.

LEGION. Römische Heereseinheit von, je nach Epoche, unterschiedlicher Stärke und Gliederung. Die Legionäre waren römische Bürger. Während der Kaiserzeit gab es etwa 25–30 Legionen, jede ungefähr 6000 Mann stark. Zu einer L. gehörten Fußsoldaten und Reiter. Seit Beginn des 2. Jh.s n. Chr. verlagerte sich das Schwergewicht des römischen Heeres mehr und mehr auf die Provinzen, aus deren Landbevölkerung sich nun die Legionen rekrutierten, sowie auf Verbände nichtrömischer »Bundesgenossen« (»foederati«), bis schließlich Angehörige reichsfremder Stämme das Kernheer stellten. Damit war der Bedeutungsrückgang der Legionen verbunden, bis sie im 4. Jh. ganz aufhörten, die Kerntruppen des Reiches zu bilden.

LIBERTINUS. Angehöriger des Standes der Freigelassenen. Jeder Freigelassene (»libertus«) blieb weiterhin als → Klient von seinem früheren Herren als seinem Patron abhängig. Die Bürgerrechte blieben ihm noch teilweise verwehrt. Doch seine Nachkommen, spätestens seine Enkel, waren den Freigeborenen (»ingenui«) politisch gleichgestellt. Als in der Kaiserzeit die einzelnen Bereiche des kaiserlichen Haushaltes immer mehr den Charakter von Regierungsdienststellen annahmen, gelangten vor allem unter Gaius (Caligula), Claudius und Nero Freigelassene, meist hellenisierte Orientalen, zu hohen Ämtern und einflußreichen Stellungen. Die Unterscheidung, der zufolge ein »libertinus« der Sohn eines »libertus« ist, läßt sich im allgemeinen Sprachgebrauch nicht aufrechterhalten.

LIMITANEI. Im Gegensatz zu den → »comitatenses« (der beweglichen Feldarmee) seit der Heeresreform des Diocletianus die stationären Truppen an den Grenzen des Reiches. Bildete ein Strom die Grenze, bezeichnete man die dort stationierten Truppen auch als »riparienses« oder »ripenses« (»Ufereinheiten«).

LUDI CAPITOLINI. Auch »ludi Romani« oder »ludi Magni« genannt, waren die ältesten und bedeutendsten öffentlichen Spiele Roms. Domitianus veranstaltete sie in Anlehnung an die griechischen Olympischen Spiele als Wettkampf.

LUDI SAECULARES. »Säkularspiele« (»Jahrhundertspiele«). In unregelmäßigen Abständen gefeierte Spiele im alten Rom, wodurch ursprünglich ein »Zeitalter« (»saeculum«) abgeschlossen wurde, die Mächte der Unterwelt beschwichtigt und Rom entsühnt werden sollte. Augustus gab ihnen, als er sie 17 v. Chr. wieder belebte, einen neuen Inhalt, indem er den Beginn eines neuen, glücklicheren Zeitalters hervorhob. Horaz schrieb das Festlied (»carmen saeculare«) dazu. Später fanden in unregelmäßigen Abständen noch mehrmals Säkularspiele statt, unter Claudius (47), Domitianus (88) und Septimius Severus (204) sowie anläßlich der Tausendjahrfeier Roms (248) unter Philippus I. Arabs.

MAGISTER EQUITUM. »Rittmeister«, »Kavalleriebefehlshaber«. In republikanischer Zeit Adjutant und Stellvertreter eines Diktators. Beide Ämter, das des »magister equitum« und das des Diktators, wurden in der Prinzipatszeit abgeschafft. *SK:* Reiterbefehlshaber bei den → »comitatenses« mit Befehlsgewalt über die Kommandeure der → »limitanei«. Im Westen wie im Osten gab es oft mehrere »magistri equitum«. Der »magister equitum in praesenti« bzw. »praesentalis« unterstand als Stabsoffizier im kaiserlichen Hauptquartier unmittelbar dem Kaiser.

MAGISTER MEMORIAE. *SK:*. Staatssekretär für Petitionen, dem → »magister scriniorum« unterstellt.

MAGISTER MILITUM. »Heermeister«. *SK:* Von Constantinus I. geschaffenes Amt. Neben dem, anfangs ranghöheren,

→ »magister equitum« gab es den »magister peditum« (den Infanteriebefehlshaber). Unter Theodosius I. erhielten beide Heermeister den Titel »magister utriusque militiae« (»Meister beider Waffengattungen«). Als »magistri militum in praesenti« bzw. »praesentalis« unterstanden sie unmittelbar dem Kaiser. Seit Constantius II. gab es auch »magistri militum« mit regional begrenztem Kompetenzbereich in einzelnen Reichsteilen. Oft war das Amt mit Germanen besetzt, die praktisch die Macht im Reiche ausübten, z. B. Stilicho.

MAGISTER OFFICIORUM. Von Constantinus I. geschaffenes Hofamt. Chef der kaiserlichen Kanzlei (»officium«), dem die Leiter der einzelnen Abteilungen (»scrinia«) unterstanden. Außerdem Chef der kaiserlichen Leibgarde (→ »scholae palatinae«), des Sicherheits- und Kurierdienstes, den seit Diocletianus und Konstantinus I. nicht mehr die → »frumentarii«, sondern die »agentes in rebus« versahen. Des weiteren Überwachung der Waffenproduktion, Kontrolle der Reichsverwaltung und Pflege der auswärtigen Beziehungen. Ständiges Mitglied des → »consistorium«.

MAGISTER PEDITUM. *SK:* Infanteriekommandeur bei den → »comitatenses« mit Befehlsgewalt über die Kommandeure der → »limitanei«. Vgl. → »magister militum«.

MAGISTER SCRINII bzw. SCRINIORUM. Leiter einer Unterabteilung (→ »scrinium«) der kaiserlichen Kanzlei (»officium«), dem → »magister officiorum« unterstellt.

MARTYRIUM. Erinnerungsmal an der Stelle, wo vermutlich ein Märtyrer begraben liegt.

NOTARII. Angehörige der Zunft der Stenographen, die bei den Sitzungen des → »consistorium« Protokoll führten. Sie machten oft schnell Karriere. Ihr Chef war der »primicerius notariorum«, dem der »secundarius notariorum« unterstand.

NUMERI. Seit Traianus/Hadrianus nichtrömische Truppeneinheiten, die, anders als die → »auxilia«, einheimische Bewaffnung und Kampfmethoden sowie ihre eigene Kommandosprache beibehielten. *SK:* Bezeichnung jeder beliebigen Feldtruppe.

ORNAMENTA. Insignien und Privilegien eines Amtes (Konsulat, Prätur, Quästur), ohne unbedingt das Amt zu bekleiden. Siegreiche Feldherren erhielten die »ornamenta triumphalia«, d. h. sie wurden wie ein Triumphator geehrt und mit den entsprechenden Insignien versehen, der → »triumphus« selbst aber stand nur dem → Prinzeps zu.

OVATIO. »Kleiner Triumph«.

PATER PATRIAE. »Vater des Vaterlandes«. Caesar führte den Titel »parens patriae«. Nachdem Augustus 2 v. Chr. als »pater patriae« bezeichnet worden war, fügten die meisten Kaiser diesen Titel ihren Namen hinzu.

PATRIARCH. (1) In griechisch abgefaßten späten biblischen Schriften wie dem apokryphen vierten Makkabäerbuch, dem Hebräerbrief und der Apostelgeschichte Bezeichnung der »Erzväter« Israels. (2) Offenbar vom Sprachgebrauch des vierten Makkabäerbuches abgeleitete Bezeichnung für das Oberhaupt der jüdischen Gemeinden Syropalästinas im 2. Jh. n. Chr. (3) Frühe Bezeichnung christlicher Bischöfe; ständiger Titel des Bischofs von Konstantinopel.

PATRICIUS. Nachkomme alteingesessener römischer Adelsfamilien, deren Mitglieder in der Königszeit dem → Senat angehörten. Nach dem Sturz des Königtums Inhaber der politischen Macht, bis sie sie nach den Ständekämpfen mit den Angehörigen führender plebejischer Familien teilen mußten, mit denen zusammen sie einen neuen Beamtenadel bildeten. Den Patriziern blieben jedoch einige Priesterwürden, vor allem die des → »pontifex maximus«, außerdem stellten sie den »Ersten des Senates« (»princeps senatus«). *SK:* Seit Constantinus I. wurde der Titel »patricius« (anfangs selten, später häufiger) als Auszeichnung an Ratgeber und Vertraute des Kaisers verliehen, bis er zum bloßen Titel verflachte. Seit Beginn des 5. Jh.s führten ihn die Heermeister (→ »magistri militum«) des Westens und in ihrer Nachfolge auch die unter kaiserlicher Oberhoheit in Italien regierenden germanischen Könige Odoaker und Theoderich d. Gr.

PIUS. »Pflichtgetreu« gegenüber den Göttern, dem Staat oder der Familie. Seit Antoninus Pius Bestandteil der Titulatur zahlreicher Kaiser. *SK:* Zusammen mit »felix« (»vom Glück begünstigt«) gehörte »pius« (nun mit christlichem Sinngehalt) zur Kaisertitulatur.

PONTIFEX MAXIMUS. Vorsteher des Kollegiums der »pontifices«. »Pontifices« waren nicht Priester im gewohnten Sinne, sondern bildeten Roms »oberste Kultbehörde«. Deshalb war der »pontifex maximus« eigentlich auch nicht Roms »Oberpriester«, sondern »der bedeutendste Amtsträger der römischen Staatsreligion«, der über Roms »Priester im engeren Sinne« die Aufsicht führte. Augustus übernahm das Amt 12 v. Chr. Seitdem hatte es jeder Kaiser inne, bis Gratianus es um 375 ablegte. Als erster Papst beanspruchte Leo I. den Titel »pontifex maximus«.

PRÄFEKT. Von »praefectus« »Vorsteher«, »Vorgesetzter«. Präfekten waren Inhaber verschiedener militärischer Kommandostellen und Träger verschiedener Ämter in der zivilen Verwaltung. Zu letzteren gehörten der Stadtpräfekt Roms (»praefectus urbi« bzw. »urbis Romae«), der Kommandeur der Prätorianergarde (→ Prätorianerpräfekt [»praefectus praetorio«]), die »praefecti annonae« (s. u.) und »vigilum« (s. vigiles) sowie einige Statthalter, die dem Ritterstand angehörten (→ »equites«).

PRAEFECTUS ANNONAE. Der für die Lebensmittelversorgung Roms zuständige Beamte.

PRAEPOSITUS SACRI CUBICULI. *SK:* Kaiserlicher Oberkämmerer, Chef der → »cubicularii«

PRÄTOR. Der »Vorangehende«. Die jährlich gewählten Prätoren (»praetores«) waren nach den Konsuln die ranghöchsten Beamten. In der frühen Prinzipatszeit (→ »princeps«) gab es 12 Prätoren, die oft wichtige Verwaltungsaufgaben wahrnahmen. Die meisten Provinzstatthalter waren frühere Prätoren. Als »Stadtprätor *(praetor urbanus)* war der P. für die städtische Gerichtsbarkeit zuständig.

PRÄTORIANER. Kaiserliche Leibgarde. Hat sich aus den Schutztruppen entwickelt, mit denen sich in später republikanischer Zeit die Politiker umgaben (»cohortes praetoriae«). Augustus unterhielt eine solche Schutztruppe. Sie bestand aus 9 → Kohorten, jede 500 Fußsoldaten und 90 Reiter stark, und wurde von 2 Prätorianerpräfekten (»praefecti praetorio«) (s. u.) befehligt. *SK:* Severus I. entließ die Prätorianer, die Diocletianus auf die Stärke einer bloßen Stadtgarnison reduziert hatte, und Constantinus I. schaffte sie endgültig ab, nachdem sie kurz wieder aufgelebt waren.

PRÄTORIANERPRÄFEKT. »Gardepräfekt« (»praefectus praetorio«). Kommandant der → Prätorianer. Das Amt wurde 2 v. Chr. von Augustus geschaffen. Kollegial mit zwei Rittern (→ »equites«) besetzt, bedeutete es die Spitze der ritterlichen Laufbahn. Schon unter Tiberius erlangte einer dieser Gardepräfekten ungeheuren Einfluß. In der Kaiserzeit gehörten sie wohl von Anfang an zum → »consilium« und nahmen neben ihren militärischen auch bedeutende zivile Aufgaben wahr, vor allem als Juristen. In der Zeit der → Tetrarchie fungierten die Gardepräfekten als Finanzminister der Tetrarchen. Als Constantinus I. die Prätorianer entließ, blieb das Amt der Prätorianerpräfekten erhalten, war aber auf den zivilen Bereich, einschließlich Finanz- und Rechtswesen, beschränkt. Seit etwa 395 gab es vier Prätorianerpräfekten, zwei für den Westen und zwei für den Osten.

PRÄTORISCHES EDIKT. Als oberster Gerichtsbeamter Roms veröffentlichte der → Prätor bei Amtsantritt die Grundsätze, nach denen er zu handeln gedachte. Sein Nachfolger konnte im darauffolgenden Jahr diese Verfügungen übernehmen, ändern oder ergänzen. So entstand neben dem Gesetzes- und Gewohnheitsrecht ein dritter Grundpfeiler römischen Rechtes, das prätorische Recht (»ius praetorium«).

PRINCEPS. »Der Erste«. Augustus wählte für sich diese »der Republik vertraute Bezeichnung«, um seine Stellung als Erneuerer der republikanischen Ordnung zu bekräftigen. Obwohl er die republikanische Form wahrte, war das von ihm verwirklichte Prinzipat doch eine de facto monarchische Herrschaft. Auch unter seinen Nachfolgern blieben die republikanischen Formen zunächst erhalten (die Kaiser bekleideten z. B. als → Konsuln republikanische Jahresämter), dennoch lief die Entwicklung auf eine Verstärkung der Position des Kaisers hinaus, bis unter Diocletianus offiziell die absolute Monarchie eingeführt wurde. Die Begriffe Prinzipat – Dominat (»dominus« [»Herr«]) kennzeichnen diese Entwicklung.

PRINCEPS IUVENTUTIS. »Erster der Jugend«. Die → »equites« hatten Augustus' Enkel Gaius und Lucius zu Führern der von ihm ins Leben gerufenen Jugendbewegung zur Wehrertüchtigung ernannt. Diese Ehre wurde auch nachfolgenden »Kronprinzen« verliehen. Später beanspruchten auch regierende Kaiser diesen Titel für sich.

PROCURATOR. Vertrauensmann, Vertreter von Klägern und Beklagten vor Gericht, Verwalter von Liegenschaften usw. In der Kaiserzeit hoher Beamter aus den Reihen der → »equites«. Die »procuratores« arbeiteten vorwiegend in der Finanzverwaltung, verwalteten aber auch kleinere Provinzen.

PROPRAETOR. Beamter im Range, aber nicht im Amt eines → Prätors. Z. B. ein »praetor«, der nach Ablauf seiner (in Rom verbrachten) Amtszeit nun als »propraetor« die ihm zugewiesene Provinz verwaltet. Entsprechend war das Verhältnis zwischen → Konsul und Prokonsul. Vgl. auch »legatus«.

PROTECTORES. »Beschützer«. *SK:* »Kadettenkorps«, Elitetruppe, die später in »protectores« und »protectores domestici« unterteilt wurde. Letztere rückten schnell zu »Regimentskommandeuren« auf. Unterstanden dem Kaiser unmittelbar und wurden unterschiedlich eingesetzt. Die »protectores divini lateris« (»Schützer der kaiserlichen Flanke«) bildeten die kaiserliche Leibgarde.

PROVINZ. Lateinisch: »provincia«. Ursprünglich »Geschäftsbereich« eines römischen Magistrates. Das Wort bürgerte sich dann für von den Römern eroberte und beherrschte Gebiete außerhalb Italiens ein. Dabei unterschied man seit Augustus senatorische und kaiserliche Provinzen. Die senatorischen Provinzen wurden von Prokonsuln, die kaiserlichen von → »legati« verwaltet, die dem Kaiser direkt unterstanden und militärische Befehlsgewalt hatten. *SK:* Diocletianus reorganisierte die Provinzen. Er verkleinerte sie und erhöhte dadurch ihre Zahl auf etwa 100. Sie wurden zu größeren Verwaltungseinheiten (→ Diözesen) zusammengefaßt.

QUÄSTOR. Die unterste Stufe der senatorischen Ämterlaufbahn. Ursprünglich vielleicht Untersuchungsrichter (abgeleitet von »quaerere« [»suchen«, »forschen«]), später Finanz- und Archivbeamter verschiedener Verwaltungszweige. Seitdem es Provinzen gab, den Statthaltern als Gehilfe vor allem in Finanzangelegenheiten beigegeben.

QUAESTOR SACRI PALATII. *SK:* Von Constantinus I. geschaffenes zentrales Hofamt, das in vielem dem eines modernen Justizministers entsprach. Sein Inhaber war ständiges Mitglied im → »consistorium«.

RATIONALIS. *SK:* Hoher Finanzbeamter; z. B. kontrollierten die »rationales rei privatae«, die einem → »comes« unterstanden, den kaiserlichen Privatbesitz. »Rationalis summae rei« hieß ein ebenfalls mit Finanzen zusammenhängendes Amt, dessen Inhaber später den Titel → »comes sacrarum largitionum« führte.

REPUBLIK. Die Periode der römischen Geschichte, die sich vom Ende der Königsherrschaft (legendäres Datum: 510 v. Chr.) bis zum Beginn des Prinzipates (31 v. Chr.) erstreckte.

Augustus legte größten Wert darauf, nicht als Begründer einer neuen Monarchie, sondern als »Retter« und »Wiederhersteller republikanischer Freiheit« zu gelten; er hielt an vielen republikanischen Formen fest und betonte immer wieder, seine Macht im Sinne und im Rahmen republikanischer Gesetze und Traditionen auszuüben (vgl. → »princeps«). Der Begriff »res publica« blieb für »Staatswesen«, »Staat« erhalten.

RIPARIENSES s. LIMITANEI

SALII. »Tänzer«, »Springer«. Altes römisches Kollegium von Tanzpriestern im Dienste einer Kriegsgottheit. »Salii« gab es nicht nur in Rom, sondern auch in anderen Städten Italiens.

SATURNALIEN. Altes bäuerliches Winterfest zu Ehren des Bauern- und Erntegottes Saturn. Es wurde am 17. Dezember gefeiert und dauerte unter Augustus drei, später sogar sieben Tage. In der Spätantike wurde das Fest auf Neujahr verschoben. Ob es auch etwas mit dem heutigen Weihnachtsfest zu tun hat, ist umstritten.

SCHOLAE PALATINAE. *SK:* Von Diocletianus geschaffene Leibgarde aus zwei, später mehreren Kavallerieregimentern zu je 500 Reitern. Ihren Namen verdankt sie dem Säulengang im Palast, wo sie stationiert war.

SCRINIUM. »Kapsel«, »zylinderförmige Schachtel zur Aufbewahrung der Schreibsachen«. Seit Diocletianus Unterabteilung der kaiserlichen Verwaltung. Die Leiter der einzelnen »scrinia« unterstanden dem → »magister officiorum«.

SENAT. »Ältestenrat«. Schon in der Königszeit bestehend, dann neben den Magistraten und der Volksversammlung (→ »comitia«) wichtigstes Verfassungsorgan der → Republik, das auch in der Kaiserzeit fortbestand, zwar mit eingeschränkter politischer, dafür aber zusätzlicher gerichtlicher Gewalt. Augustus setzte seine Mitgliederzahl auf 600 fest. Theoretisch war die Anerkennung durch den Senat für die Legitimation eines Kaisers notwendig, praktisch war jedoch die Anerkennung der Armee bzw. der Prätorianergarde ausschlaggebend. Nach der Reorganisation des Reiches unter Diocletianus und Constantinus I. war der Senat von Rom, dem auch die → »equites« angehörten, praktisch nur noch eine Adelsversammlung, die im 4. Jh. einen glänzenden, aber aussichtslosen Kampf um die alten Bildungsideale und die alte Religion führte. Constantius II. hatte auch in Konstantinopel nach römischem Vorbild einen Senat geschaffen. Er bestand bis zur Eroberung Konstantinopels durch die Osmanen (1453).

SESTERTIUS. Ursprünglich Silber-, dann Bronzemünze. Unter Augustus aus Messing. Mit sinkendem Gewicht weitergeprägt und als Verrechnungseinheit verwendet.

TETRARCHIE. »Viererherrschaft«. Von Diocletianus eingeführtes, kurzlebiges Herrschaftssystem, dem zufolge vier Kaiser gleichzeitig das Römische Reich regierten: zwei (höherrangige) Augusti (→ Augustus) und zwei (im Range niedrigere) Caesares (→ Caesar).

TRIBUNICIA POTESTAS. Tribunizische Gewalt, Befehlsgewalt eines Volkstribunen (→ »tribunus«). Weil der Tribun die Vollmacht hatte, Schützer des Volkes zu sein, haben Augustus und seine Nachfolger in Anlehnung an dieses republikanische Amt die »tribunicia potestas« zu einer wesentlichen Grundlage des Kaisertums gemacht. Augustus zählte seine Regierungsjahre von der Verleihung der »tribunicia potestas« an. Sie wurde auch Mitgliedern der kaiserlichen Familie verliehen, die wichtige Amtsträger waren und als Nachfolger auf dem Thron in Frage kamen.

TRIBUNUS. (1) Der Volkstribun (»tribunus plebis«) in der Zeit der Republik ein Vertreter der Plebejer mit der Vollmacht, sie vor Übergriffen der Patrizier (→ »patricius«) zu schützen. Seine Person war unverletzlich. Er besaß das Vetorecht gegenüber den Magistraten, sogar den → Konsuln, und auch gegenüber dem Senat. Er konnte Versammlungen der Plebejer einberufen, bindende Beschlüsse fassen und Strafen, sogar die Todesstrafe, verhängen. In der Kaiserzeit bestand das Tribunat, wie viele Einrichtungen der → Republik, weiter, besondere Bedeutung erlangte jedoch die, vom Amt des Volkstribunen losgelöste, → »tribunicia potestas«. (2) Der Militärtribun (»tribunus militum«). Ursprünglich einer von sechs Befehlshabern einer → Legion, später Stabsoffizier des → Legaten (»legatus«). Tribunen kommandierten auch die → Kohorten der Hilfstruppen (→ »auxilia«). *SK:* Tribunen kommandierten Truppeneinheiten ganz unterschiedlicher Art.

TRIUMPH. Siegesfeier eines römischen Feldherren (→ »imperator«). In der Kaiserzeit hatte nur der Kaiser Anrecht auf einen Triumph. Siegreiche Feldherren erhielten lediglich die Insignien eines Triumphators (→ »ornamenta«). Wesentliches Element eines Triumphes war eine feierliche Prozession vom Marsfeld zum Kapitol.

TRIUMVIRAT. »Dreimännerbund«. Erstes Triumvirat: Pompeius, Caesar, Crassus (60 v. Chr.; rein persönliche Übereinkunft, ohne gesetzliche Grundlage). Zweites Triumvirat: Marcus Antonius, Octavianus (der spätere Kaiser Augustus), Lepidus (43 v. Chr.; vom Senat lt. Gesetz vom 27. November 43 v. Chr. »zur Wiederherstellung der staatlichen Ordnung« bestellt. »Tresviri rei publicae constituendae«).

VESTALINNEN. Priesterinnen (in der Regel sechs) der Göttin Vesta, die im Haus der Vesta neben dem Tempel dieser Göttin auf dem Forum Romanum wohnten. Ihre Hauptaufgabe war, das heilige Feuer der Vesta zu hüten. Sie begannen ihren Dienst im Alter zwischen sechs und zehn Jahren und waren 30 Jahre lang zu absoluter Keuschheit verpflichtet. Verstießen sie gegen das Keuschheitsgebot, wurden sie in einem unterirdischen Verlies lebendig eingemauert. Ließ eine Vestalin das heilige Feuer ausgehen, peitschte man sie auf Befehl des → »pontifex maximus« aus. Er besaß über die Vestalinnen die »väterliche Gewalt« (»patria potestas«).

VEXILLATIONES. Unter einem »Banner« (»vexillum«) zusammengestellte Truppeneinheiten für Sonderaufgaben (»Sonderkommandos«). Sobald sie ihre Aufgaben erfüllt hatten, löste man sie wieder auf. *SK:* Seit Constantinus I. ständige Kavallerieabteilungen zur Verstärkung der → »comitatenses«.

VIGILES. Feuerwehr Roms. Vorstufen einer organisierten Feuerwehr gab es schon in republikanischer Zeit. Augustus stellte zunächst 23 v. Chr. eine Löschtruppe von 600 Sklaven auf, die er 6 n. Chr. in eine regelrechte »städtische Berufsfeuerwehr« aus 7 000 → Freigelassenen umwandelte, die nach militärischem Vorbild in 7 Kohorten zu je 1 000 Mann gegliedert war und von einem → »praefectus vigilum« kommandiert wurde. Die »vigiles« besaßen auch gewisse polizeiliche Vollmachten, sie waren nicht nur »Feuerwehrleute«, sondern auch, ihrem Namen »vigiles« (»Wächter«) entsprechend, eine Art polizeilicher »Nachtstreifen«.

VOLKSTRIBUN. s. TRIBUNUS

VOLKSVERSAMMLUNG s. COMITIA

ZENSOR. »Censores«. In republikanischer Zeit alle vier (später alle fünf) Jahre für die Dauer von 18 Monaten gewählte Beamte, welche die Bürgerlisten erstellten und die Liste der Senatoren auf den neuesten Stand brachten. Von Augustus bis Domitianus lassen sich die Kaiser noch zu »censores« wählen. Domitianus nimmt als letzter den Titel »censor perpetuus« (»Zensor auf Lebenszeit«) an.

ZENTURIO. In der römischen Armee aus der Truppe hervorgegangener (gewählter oder vom Kaiser ernannter) Führer einer »centuria« (»Hundertschaft«). Die Zenturionen hatten eine Rangordnung. Ihr Jahressold unter Augustus schwankte zwischen 3 750 und 15 000 »denarii« (→ »denarius«).

VERZEICHNIS LATEINISCHER UND GRIECHISCHER QUELLEN

Anm.: Wenn nicht ausdrücklich anders vermerkt, beziehen sich die Jahreszahlen auf die Zeit »nach Christus«.

Lateinische Quellen

Alarich, Breviarium des s. *Lex Romana Visigothorum*

Ammianus Marcellinus (um 330–395). Geboren in Antiochia. Lateinisch schreibender Grieche. Verfasser eines Geschichtswerkes (*res gestae*), das an die »Historien« des → Tacitus anknüpft. Es umfaßt die Zeit von 96–378. Erhalten sind aber nur die Bücher über die Jahre 353–378.

Anonymus Valesii oder *Excerpta Valesiana*. In der Ammianausgabe des H. Valesius (1636) enthaltene Fragmente zweier unbekannter lateinischer Historiker des 5. und 6. Jh.s. Das erste, im 5. Jh. verfaßt, ist eine Biographie des Kaisers Constantinus I. und geht auf eine Slg. Kaiserviten aus dem 4. Jh. zurück. Das zweite stammt aus dem 6. Jh. und umfaßt die Jahre 474–526, besonders die Herrschaft des Ostgoten Theoderich d. Gr.

Augustinus, Aurelius (354–430). Geboren in Thagaste, im h. Numidien; Bischof von Hippo Regius (Bône in Algerien). Zu seinen 93 Werken gehören die älteste erhaltene Autobiographie der »abendländischen« Literatur, »Bekenntnisse« (»Confessiones«), sowie theologisch-philosophische Schriften wie »Die Dreieinigkeit« (»De trinitate«) und »Der Gottesstaat« (»De civitate dei«).

Ausonius, Decimus Magnus (um 310–395). Geboren in Burdigala (Bordeaux), dort auch Lehrer für Grammatik und Rhetorik; Prinzenerzieher in Trier und 379 römischer Konsul. Sein Werk umfaßt Gedichte, darunter »Mosella«, die Schilderung einer Rhein- und Moselfahrt, und u. a. 25 Briefe.

Breviarium Alarici. Seit dem 16. Jh. übliche Bezeichnung der → *Lex Romana Visigothorum*.

Cervidius Scaevola, Quintus s. *Scaevola*.

Chronograph von 354. Unbekannter Verfasser eines illustrierten Jahrbuches, das in einer Ausgabe aus dem Jahre 354 vorliegt. Sie wurde von einem gewissen Valentinus in Auftrag gegeben und in der Folge erweitert.

Claudius Claudianus (um 400). Geboren in Alexandrien; Heide. Verfaßte in lateinischer Sprache Lobgesänge auf den Kaiser Honorius und den weströmischen »Reichsfeldherren« Stilicho, verunglimpfte in Schmähgedichten Stilichos oströmische Widersacher Rufinus und Eutropius und schrieb ein Epos »De raptu Paroserpinae« (Der Raub der Persephone«).

Codex Euricianus, Codex Iustinianus, Codex Theodosianus s. *Euricus, Iustinianus, Theodosius II*.

Epitome de Caesaribus. Kurzgefaßte Reichsgeschichte (bis einschließlich Theodosius I.), die sich als Ergänzung der »Caesares« (Reichsgeschichte in Kaiserbiographien) des Sextus Aurelius → *Victor* gibt, in Wirklichkeit aber nicht von ihm stammt, aber in ihren fruhesten Partien auf ihn zurückgreift.

Euricus. König der Westgoten (466–484) in Gallien und Spanien.

Mit seinem Namen verbunden ist der »Codex Euricianus«, die früheste Aufzeichnung germanischen Rechtes in lateinischer Sprache. Ein großer Teil ist erhalten.

Eutropius. 4. Jh. Hofbeamter (»magister memoriae«) des Kaisers Valens. Schrieb ein »Breviarium ab urbe condita« (einen »Abriß [der römischen Geschichte] seit Gründung der Stadt«), das von Romulus bis zu Valens' Thronbesteigung (364) reicht.

Festus Rufius. 4. Jh. Hofbeamter (»magister memoriae«) des Kaisers Valens. Schrieb ein »Breviarium rerum gestarum populi Romani« (einen »Abriß der Taten des römischen Volkes«), das von den Anfängen bis 372 reicht. Die erste Hälfte ist verloren.

Florus (2. Jh.). Stammt aus Nordafrika. Wahrscheinlich mit einem Freund des Kaisers Hadrianus identisch. Schrieb »epitome« der römischen Geschichte bis zu den Kriegen des Augustus. Wahrscheinlich auch der Autor eines unvollständig erhaltenen Dialoges über Vergilius.

Fronto, Marcus Cornelius (etwa 100 bis 166). In Cirta (Constantine) geboren. Redner (galt als größter Redner seit Cicero), Erzieher der kaiserlichen Prinzen Marcus Aurelius und Lucius Verus. Hinterließ u. a. einen teils in lateinischer, teils in griechischer Sprache abgefaßten Briefwechsel mit Antoninus Pius, Marcus Aurelius, Lucius Verus und Freunden.

Gregor von Tours (um 540–594). Geboren in Arverna; Bischof von Tours. Schrieb in einfachem Latein eine Geschichte der Franken (»Historiae Francorum«) sowie Heiligenviten und Wundergeschichten.

Hieronymus. Etwa 345–419. Priester, Mönch und Kirchenlehrer. Heiliger der katholischen Kirche. In Stridon im h. Dalmatien geboren, studierte er in Rom Grammatik, Rhetorik und Philosophie. Wandte sich dem Christentum zu und wurde 366 getauft. 382 von Papst Damasus I. zum theologischen Berater und päpstlichen Sekretär berufen. Lebte nach 386 als Einsiedler in Bethlehem. Beherrschte außer Latein Griechisch und Hebräisch. Seine bedeutendste Leistung ist die Übersetzung der Bibel ins Lateinische (die sog. Vulgata). »De viris illustribus« ist die erste Geschichte der christlichen Literatur (allerdings werden auch einige nichtchristliche Schriftsteller behandelt). Weitere Schriften sind dogmatisch-polemischer Natur (Darlegungen seiner eigenen Theologie und Auseinandersetzungen mit Andersgläubigen); ein hagiographisches Werk enthält legendäre Einsiedlerbiographien.

Historia Augusta. »Kaisergeschichte«. Bezeichnung einer wohl gegen Ende des 4. Jh.s entstandenen Slg. von Kaiserbiographien, welche die Jahre 117–284 (also die Kaiser, Thronanwärter und Usurpatoren von Hadrianus bis Carus, Carinus und Numerianus umfaßt). Der Teil für die Jahre 244–253 fehlt. Auch die Viten des Valerianus und Gallienus sind lückenhaft. Angebliche Verfasser sind sechs ansonsten unbekannte Autoren aus der Zeit von Diocletianus und Constantinus I. Ihre Namen sind wahrscheinlich fingiert. Entstehungszeit und Quellenwert der »Historia Augusta« sind umstritten.

Horatius (Quintus Horatius Flaccus; 65–8 v. Chr.) Neben Vergilius der bedeutendste Dichter nicht nur zur Zeit des Augustus, sondern Roms überhaupt. Geboren in Venusia als Sohn eines Freigelassenen, fand er nach wechselvollem Schicksal Aufnahme in den Kreis um den mit Augustus befreundeten Gaius Cilnius Maecenas, dem auch → Propertius und → Vergilius angehörten. Die Dichter dieses Kreises scheinen zumindest auf die Selbstdarstellung des Prinzeps und das von ihm repräsentierte neue Herrschaftssystem, wenn nicht auch auf die Politik selbst Einfluß genommen zu haben. Die Gedichte des Horatius (vor allem die sog. »Römeroden«) sind daher eine erstklassige Quelle zum Verständnis dieser Zeit. Horatius schrieb Epoden, Satiren, Oden, ein Lied für die Säkularfeier 17 v. Chr., Episteln und eine »Ars poetica«.

Iulianus Salvius. Aus Nordafrika stammender bedeutender Jurist des 2. Jh.s. Wirkte zur Zeit der Kaiser Hadrianus, Marcus Aurelius und Lucius Verus. Seine Hauptbedeutung liegt in der Zusammenfassung der → prätorischen Edikte (s. Erläuterungen) zum »edictum perpetuum« (unter Hadrianus). Seine »digesta« (90 Bücher) sind auszugsweise bei späteren Kommentatoren erhalten.

Iustinianus I. d. Gr. (Flavius Petrus Sabbatius Iustinianus) Kaiser in Ostrom (Konstantinopel), regierte von 527–565. Er versuchte, das alte Römische Reich wiederherzustellen, und gewann große Teile des ehemaligen Weströmischen Reiches, die von Vandalen, Goten und Franken erobert worden waren, wieder zurück. Doch die Wiederherstellung des alten Gesamtreiches mißlang. Dem Versuch, das alte Reich wiederherzustellen, entsprach der Rückgriff auf altrömische Traditionen durch die Schaffung einer umfangreichen Gesetzessammlung, die man später (ab 1583) als »corpus iuris civilis« bezeichnete. Das Werk, das 528–534 von mehreren Kommissionen unter entscheidender Mitwirkung des Juristen Gaius Tribonianus erarbeitet wurde, umfaßt: (1) den »Codex Iustinianus« (529 zum ersten Mal, 534 in neuer Fassung zum zweiten Mal veröffentlicht), (2) »Digesten« und »Pandekten«, (3) »Institutiones«, (4) »Novellae« (»Nachtragsgesetze«).

Lactantius (etwa: 240–320). In Nordafrika geborener christlicher Schriftsteller. Zu seinen Werken zur Verteidigung des Christentums gehören u. a. 7 Bücher »Divinae Institutiones« und eine Abhandlung »De mortibus persecutorum« (»Über die Todesarten der Verfolger«). Diocletianus hatte ihn um 290 als Rhetor in seine Residenz Nicomedia (Izmit) berufen. Sein Latein war so elegant, daß er den Beinamen »christlicher Cicero« erhielt.

Lex Romana Visigothorum. Gesetzbuch des Westgotenkönigs Alaricus' II. (484–507), daher seit dem 16. Jh. auch »breviarium Alarici« genannt. In Alaricus' »lex Romana« finden sich auch Gesetze des »Codex Theodosianus« und anderer römischer Gesetzessammlungen.

Livius, Titus (59 v. Chr.–17 n. Chr.). In Patavium (Padua) geboren, war er ein Freund des Augustus. Dessen Rückgriff auf römische Traditionen regte L. dazu an, eine Geschichte Roms »seit Gründung der Stadt« (»ab urbe condita«) zu schreiben. Von den ursprünglich 142 Büchern sind nur noch 35 erhalten.

Lucanus (Marcus Annaeus Lucanus; 39–65). In Corduba geboren; lebte in Rom. Anfangs mit Nero befreundet, nahm er 65 an der Pisonischen Verschwörung gegen ihn teil und mußte Selbstmord begehen. Zur Entfremdung mit dem Kaiser trug wohl auch sein unvollendet gebliebenes Hauptwerk »Pharsalia« (in den Handschriften: »De bello civili«) bei, das den Bürgerkrieg zwischen Caesar und Pompeius, 49–48 v. Chr., schildert.

Nemesianus (Marcus Aurelius Olympius Nemesianus). 2. Hälfte des 3. Jh.s, stammte aus Karthago. In seinem Lehrgedicht über die Jagd (»Cynegetica«), von dem die ersten 325 Verse erhalten sind, ist die Rede, daß er die Taten der Kaiser Carinus und Numerianus verherrlichen wollte.

Notitia Dignitatum. Staats- bzw. Ämterhandbuch. Wohl Anfang des 5. Jh.s zusammengestellt, in dem aber Daten und Angaben berücksichtigt wurden, die bis auf die Zeit um 300 n. Chr. zurückgehen.

Wichtige Informationsquelle über sämtliche militärischen und zivilen Ämter des Römischen Reiches der Spätantike.

Orosius (Paulus Orosius). Spanischer Priester und Geschichtsschreiber des 5. Jh.s. Angeregt von seinem Zeitgenossen → Augustinus schrieb er eine 7 Bücher umfassende »Geschichte wider die Heiden« (»Historia adversus paganos«), die Augustinus' Werk über den »Gottesstaat« ergänzen sollte.

Ovidius (Publius Ovidius Naso), 43 v. Chr. in Sulmo (Mittelitalien) geboren und 17/18 n. Chr. als Verbannter in Tomis (Konstanza) am Schwarzen Meer gestorben. Gehörte dem Ritterstand an, genoß eine sorgfältige Ausbildung in Rom und Athen, begann die Beamtenlaufbahn, wandte sich aber schon bald ganz der Dichtkunst zu. War mit → Horatius und → Propertius befreundet, mit → Vergilius nur flüchtig bekannt. Bereits sein erstes Werk »Amores« (»Liebeselegien«) machte ihn berühmt. Weitere Werke sind: die »Heroiden« (Liebesbriefe überwiegend mythischer Frauengestalten), die »Liebeskunst« (»Ars amatoria« oder »Ars amandi«), die »Remedia amoris« (»Heilmittel gegen die Liebe«). Höhepunkt von Ovidius' Schaffen: die »Metamorphoses« (»Verwandlungen«) und die »Fasti« (»Festkalender«). In den »Metamorphoses« schildert er an die 250 Verwandlungen aus der Welt der griechischen und römischen Götter und Heroen und in den »Fasti« römische Fest- und Kultbräuche. In der Verbannung schrieb er 5 Bücher »Klageelegien« (»Tristia«) und 4 Bücher »Briefe vom Schwarzen Meer« (»Epistulae ex Ponto«), in denen er das harte Schicksal seiner Isolation beklagt und von seiner Sehnsucht nach Rom singt.

Panegyrici latini. Bezeichnung für eine Sammlung von 12 Lobreden z. T. bekannter, z. T. aber auch unbekannter, meist aus Gallien stammender Autoren auf römische Kaiser. Die erste Rede hielt 100 → Plinius d. J. anläßlich der Verleihung des Konsulates. Sie gilt als Muster für alle späteren. Die letzte Rede ist eine anonyme Rede auf Constantinus I. aus dem Jahre 313. Die 8. Rede ist eine vermutlich 296/297 in Trier entstandene anonyme Rede auf Constantius I. Chlorus.

Papinianus, Aemilius. Römischer Rechtsgelehrter aus Afrika oder Syrien. Er war mit Septimius Severus befreundet, vielleicht sogar verschwägert, bekleidete hohe Staatsämter und war ab 203 Prätorianerpräfekt (s. Erläuterungen). Caracalla ließ ihn in Zusammenhang mit der Ermordung seines Bruders Geta hinrichten. Papinianus gilt als einer der bedeutendsten Klassiker des römischen Rechtes. Seine Hauptwerke sind: »Questiones« (37 Bücher) und »Responsa« (19 Bücher).

Paulus, Iulius. Jurist und Prätorianerpräfekt (s. Erläuterungen) aus dem frühen 3. Jh. Von seinen mehr als 200 Werken ging vieles in spätere Codices ein.

Petronius (Gaius Petronius Arbiter). Unter Nero hoher Staatsbeamter und »arbiter elegantiarum« (»Schiedsrichter des guten Geschmackes«). Verfasser eines mitunter derb-parodistischen Schelmenromans (»Saturae« oder »Satiricon«), dessen Kernstück, das berühmte »Gastmahl des Trimalchio« (»cena Trimalchionis«), fast vollständig erhalten ist. Der Teilnahme an der Pisonischen Verschwörung beschuldigt, wurde er von Nero in den Selbstmord getrieben und öffnete sich 66 selbst die Adern.

Plinius der Ältere (Gaius Plinius Secundus). 23/24 in Novum Comum (Como) geboren; starb als Opfer seines Forscherdranges, aber auch seiner Hilfsbereitschaft 79 beim Ausbruch des Vesuv. Von seinen Werken ist nur die enzyklopädische, 37 Bücher umfassende »naturalis historia« erhalten, praktisch ein Kompendium des gesamten Wissens seiner Entstehungszeit. Zu den anderen verlorenen Schriften gehörten eine 20 Bücher umfassende Darstellung der Römerkriege in Germanien und eine Geschichte der frühen Kaiserzeit von 31 n. Chr. ab. Beide dienten → Tacitus als Quellen.

Plinius der Jüngere (Gaius Plinius Caecilius Secundus) 61/62 – etwa 113. In Novum Comum (Como) geboren, Neffe und Adoptivsohn des → Plinius d. Ä., Freund des → Tacitus. Seine Dankrede an Kaiser Traianus für die Verleihung der Würde eines »consul suffectus« wurde bald veröffentlicht (→ »panegyrici latini«). Von größter Bedeutung für das Verständnis der traianischen Zeit sind seine in 10 Büchern gesammelten 120 Briefe.

Propertius, Sextus (etwa: 50–15 v. Chr.). In Asisium (Assisi) geboren, lebte er nach der Enteigung eines großen Teiles seines väterlichen Erbes durch Octavianus (Augustus) ohne politischen und militärischen Ehrgeiz in Rom. Dort gab er zwischen 29 und 15 v. Chr. 4 Bücher Elegien heraus. Er war früh mit → Ovidius befreundet, gehörte dem Dichterkreis um Maecenas an, zu dem auch → Vergilius zählte. Von → Horatius nimmt er keine Notiz. Zu Lebzeiten außerordentlich berühmt, war Propertius im Mittelalter so gut wie vergessen und wurde erst durch die Renaissance wieder bekannt. Er übte einen besonderen Einfluß auf Goethe aus.

Scaevola, Quintus Cervidius. Zweite Hälfte des 2. Jh.s. Jurist und Rechtsberater Marcus Aurelius'. Verfasser juristischer Werke, die heute verloren sind.

Scriptores Historiae Augustae s. *Historia Augusta*

Seneca der Jüngere (etwa 4 v. Chr. bis 65 n. Chr.) wurde in Corduba geboren. Römischer Staatsmann, stoischer Philosoph und Schriftsteller. Erzieher und Berater des Kaisers Nero sowie zusammen mit dem Prätorianerpräfekten Sextus Afranius Burrus 54–59 praktisch unumschränkter Herrscher des Römischen Reiches. In Ungnade gefallen, zog er sich nach dem Tode des Burrus (62) ins Privatleben zurück. Der Teilnahme an der Pisonischen Verschwörung verdächtigt, nahm er sich 65 auf Befehl Neros das Leben. Seine Werke umfassen philosophische Prosa und Dichtungen (Tragödien und Satiren, vor allem eine Schmähsatire auf Kaiser Claudius [»Divi Claudii apocolocyntosis«]).

Serenus Sammonicus der Ältere. Grammatiker und Polyhistor des späten 2. und frühen 3. Jh.s. 212 von Caracalla umgebracht. Verfasser einer Kuriositätensammlung mit dem Titel »res reconditae« (»Verborgenes«). Das Werk, das Septimius Severus und wahrscheinlich auch Caracalla gewidmet war, ist verloren.

Serenus Sammonicus der Jüngere. Nach der »Historia Augusta« ein Dichter des 3. Jh., den Severus Alexander sehr schätzte und der die Bibliothek seines Vaters (des Vorigen) seinem ehemaligen Schüler Gordianus II. vermacht haben soll. Vermutlich aber ist er eine fingierte Person.

Sidonius Apollinaris (Gaius Sollius Apollinaris Sidonius), ca. 430–488. Gallorömischer Adliger aus Lugdunum (Lyon), Schwiegersohn des Avitus, um 470 zum Bischof von Clermont-Ferrand gewählt. Schrieb Gedichte, Panegyriken und Kunstbriefe.

Suetonius (Gaius Suetonius Tranquillus). Wurde wahrscheinlich um 70 in Hippo Regius (Nordafrika) geboren. Sein Todesjahr ist unbekannt. Sekretär der Kaiser Traianus und Hadrianus und Freund → Plinius' d. J. Von seinen Werken sind nur die »Kaiserbiographien« (»De vita Caesarum«) vollständig erhalten. An ihnen wird u. a. die kritiklose Übernahme und Weitergabe billiger, historisch völlig unwichtiger Geschichten zur Unterhaltung kritisiert. Von dem biographischen Sammelwerk »De viris illustribus«, das von Dichtern, Rednern, Geschichtsschreibern, Grammatikern und anderen berühmten Männern handelt, sind nur Teile erhalten.

Tacitus (Publius[?] Cornelius). Etwa 55 geboren, sein Todesjahr ist unbekannt. Stammt wahrscheinlich aus dem h. Norditalien oder der h. Provence. War Konsul und Statthalter in Asien und ist einer der bedeutendsten römischen Geschichtsschreiber. Seine beiden Hauptwerke sind die »Historien« und die »Annalen«, zusammen 30 Bücher Kaisergeschichte vom Tode des Augustus bis zur Ermordung Domitianus'. Von den »Historien« sind nur die Bücher 1–4 sowie der Anfang des Buches 5 erhalten, die Jahre 69–70 (bis zum Ende des Bataveraufstandes); von den »Annalen« die Bücher 1–6 (Tiberius) und 11–16 (Claudius und Nero). Außerdem schrieb T. eine Biographie seines Schwiegervaters Agricola, eine Studie über Germanien (»De orgine et situ Germanorum«) und eine Erörterung der Beredsamkeit (»Dialogus de oratoribus«).

Theodosius II. 401 geboren. Oströmischer Kaiser 408–450. Ließ 438 eine Sammlung kaiserlicher Edikte (seit 312) veröffentlichen, die seinen Namen trägt (»Codex Theodosianus«) und auch im Westen des Römischen Reiches Gesetzeskraft hatte. Sie bildete die Grundlage der → »Lex Romana Visigothorum« sowie des »corpus iuris civilis« (s. Iustinianus I.)

Ulpianus (Domitius Ulpianus). Bedeutender römischer Jurist aus der Zeit der Kaiser Septimius Severus, Caracalla und Severus Alexander. Stammte aus Tyros in Phönizien. Sein schriftstellerisches Werk war sehr umfangreich. Zu seinen Hauptwerken gehören 81 Bücher Kommentare zum → prätorischen Edikt (s. Erläuterungen). Auszüge aus seinen Schriften machen nicht weniger als ein Drittel der »Digesten« aus (s. Iustinianus I).

Varro, Marcus Terentius (116–27 v. Chr.). Sohn einer begüterten Familie aus Reate, Dichter, vor allem aber bedeutendster altrömischer Universalgelehrter. Von seinem umfangreichen Werk sind nur noch 3 Bücher über den Landbau (»res rusticae«) erhalten sowie – lückenhaft – die Bücher 5–10 seiner Abhandlung der lateinischen Sprache (»de lingua Latina«), die ursprünglich 25 Bücher umfaßte.

Vegetius (Publius Vegetius Renatus). Verfaßte um 400 ein Militärhandbuch (»epitoma rei militaris« [»Abriß der Kriegskunde«]) und ein Lehrbuch der Veterinärmedizin (»mulomedicina« [wörtlich: »Maultierkunde«]).

Vergilius (Publius Vergilius Maro). 70–19 v. Chr., wurde in Andes bei Mantua geboren und starb in Brundisium. Nachdem er sein im Zuge der Landverteilung Octavianus' verlorenes väterliches Erbe möglicherweise durch Octavianus selbst zurückerhalten hatte, war er einer der glühendsten Anhänger des neuen »Ersten Mannes im Staate«, dessen staatsmännisches Wirken er verherrlichte. Als führender Kopf des Maecenas-Kreises (s. Horatius und Propertius) war er aber nicht nur Sprachrohr des Princeps, sondern beeinflußte auch sein Denken. Ganz im Sinne augusteischer Restaurationspolitik schrieb er sein Hauptwerk, das »Nationalepos« der Römer, die »Aeneis«. Vor der »Aeneis« hatte er die »Bucolica« (Hirtengedichte) verfaßt, in denen die Friedens- und Glückssehnsucht seiner schwer von den Bürgerkriegen heimgesuchten Generation zum Ausdruck kommt, und die »Georgica«, ein Lehrgedicht über den Landbau.

Victor, Sextus Aurelius. Aus Afrika stammender hoher römischer

Staatsbeamter unter Kaiser Iulianus und seinen unmittelbaren Nachfolgern. 361 Statthalter der Provinz Pannonia Secunda, 369 Stadtpräfekt Roms. Verfaßte moralisierende Kaiser-Kurzbiographien (»Caesares«) von Augustus bis Constantius II.

Griechische Quellen

Acta Pilati s. *Pilatusakten*

Arius. Um 260–336. Vermutlich libyscher Herkunft. Presbyter in Alexandria. Löste den sog. »arianischen Streit« aus, der nicht nur kircheninterne, sondern auch weittragende allgemeinpolitische Folgen hatte (vor allem germanische Völker wurden Anhänger seiner Lehre, des »Arianismus«). Von seinen Schriften sind 3 Briefe sowie Fragmente einer »Thalia« betitelten volkstümlichen Darstellung seiner Lehre erhalten.

Arrianos, Flavius. Um 95–175. Aus vornehmer Familie in Nicomedia (Izmit) in Bithynien. Glänzende römische Ämterlaufbahn unter Hadrianus, unter dem er auch römischer Statthalter von Kappadokien war. Griechischer Geschichtsschreiber, Geograph und Philosoph (Schüler Epiktetos'), dessen Werke jedoch größtenteils verloren sind. Zu den verlorenen gehören eine Diadochengeschichte, eine »Umsegelung des Schwarzen Meeres« sowie eine Beschreibung Indiens (»Indike«). Erhalten blieben dagegen die 7 Bücher der »Anabasis« (der Geschichte des Perserfeldzuges Alexanders d. Gr.), die als sein Hauptwerk gilt.

Athanasios. Um 295–373. Bischof von Alexandrien. Entschiedenster Gegner des → Arius, »Bekenner« und Kirchenlehrer; Heiliger der katholischen Kirche. Kämpfte in vielen seiner Schriften um die Durchsetzung des 325 in Nicaea formulierten Glaubensbekenntnisses. Sie sind hervorragende Primärquellen zur Kirchengeschichte und damit auch zur allgemeinen Geschichte des 4. Jh.s. Athanasios' Schriften wurden auch ins Syrische und Koptische übersetzt, wie seine in syrischer Fassung vorliegenden 13 »Osterbriefe« zeigen. Gleiches gilt für die Fragmente seines Traktates über die Jungfräulichkeit.

Cassius Dio Cocceianus. In Nicaea geborener Sohn eines römischen Senators und bereits unter Commodus (180–192) selbst Senator. Besonders Severus Alexander (222–235) nahestehend, bekleidete er mit diesem 229 das Konsulat. Seine in griechischer Sprache abgefaßte, aus 80 Büchern bestehende »Römische Geschichte« reicht von den Anfängen Roms bis zu seinem Konsulatsjahr 229. Allerdings liegen von den Büchern 1–35 nur Fragmente vor. Die Bücher 36–60 (69 v. Chr. bis 46 n. Chr.) sind mehr oder weniger erhalten. Für den Rest sind wir auf Auszüge und Zitate späterer byzantinischer Chronisten angewiesen.

Chrysostomos, Iohannes s. *Iohannes Chrysostomos*

Cyrillus von Alexandrien s. *Kyrillos von Alexandrien*

Dexippos, Publius Herennius. Griechischer Politiker und Historiker aus vornehmem Geschlecht. Um 210 geboren, erlebte er die Herulerinvasion (267) und wohl auch mindestens noch die Anfangsjahre des Kaisers Aurelianus. Seine »Chronik« reicht von der Urzeit bis zum Tode Claudius' II. Gothicus (Januar 270). Sie wurde später von → Eunapios bis zum Jahre 404 fortgesetzt. Auch seine Schrift »Skythika«, welche die Invasion der Goten und anderer Germanenstämme zum Gegenstand hat, dürfte die Zeitspanne von 238 bis gegen 270 umfaßt und die Germanenzüge Aurelianus' einbezogen haben. Die Verfasser der → »Historia Augusta« benutzten Dexippos als Quelle.

Dioskurides, Pedanius. Aus Anazarbus

in Kilikien. Militärarzt unter Claudius und Nero. Schrieb eine »Arzneikunde«, in der er in 5 Büchern etwa 600 Heilpflanzen sowie an die 1 000 Heilmittel nicht nur pflanzlicher, sondern auch tierischer oder mineralischer Art behandelt. Das griechische Werk wurde später ins Lateinische und in andere Sprachen übersetzt und wirkte weit über das Mittelalter hinaus in die Neuzeit hinein.

Eudokia, Aelia (urspr. Athenais) aus Athen. 421 vor der Hochzeit mit Theodosius II. getauft und 423 zur Augusta erhoben. Später (441) vom Hofe vertrieben. Verbrachte ihre letzten Lebensjahre (bis 460) in Jerusalem. Hier dichtete sie u. a. ein griechisches Epos über den Perserkrieg Theodosius' II., gab Passagen des Alten Testamentes dichterische Form und schuf vor allem ein langes Opus über einen Zauberer Kyprianos aus Antiochia.

Eunapios. Um 345 bis nach 414; aus Sardes. Heidnischer Philosoph (Neuplatoniker) und Geschichtsschreiber. Christenfeind und Bewunderer des »abtrünnigen« Kaisers Iulianus. Schrieb ein Geschichtswerk, das die nur bis 270 reichende Chronik des → Dexippos bis 404 fortsetzt. Das Werk ist verloren, aber viel zitiert. In den »vitae sophistarum« gibt er einen Überblick über die geistigen Größen seiner Zeit.

Eusebios. Etwa: 260–340; aus Palästina. Seit 313 Bischof von Caesarea maritima. Zu seinen Werken gehört eine Biographie Constantinus' I. und eine Kirchengeschichte, die unsere wichtigste Quelle für die Geschichte der ersten christlichen Jahrhunderte ist.

Galenos aus Pergamon. 129–199. Philosoph, vor allem aber Mediziner. Gladiatorenarzt in Pergamon, seit 169 kaiserlicher Leibarzt in Rom. Sein umfangreiches Werk ist ein Abriß der gesamten antiken Medizin. Noch das Mittelalter beugte sich seiner Autorität. Dabei geschah die Übermittlung des urspr. griechisch geschriebenen Werkes z. T. durch arabische Übersetzungen.

Gerontius. Wenig bekannter Autor des 5. Jh.s. Angeblich 383 in Rom geboren und 439 in Jerusalem gestorben. Gilt als Verfasser einer griechisch abgefaßten Biographie der heiligen Melania.

Herodes, Lucius Vibullius Hipparchus Tiberius Claudius Atticus aus Marathon. 101–177. Besitzer großer Reichtümer, die er wohltätig verwendete. Als Freund Hadrianus' Inhaber hoher Ämter in Athen, später in Städten Kleinasiens. 143 zusammen mit dem lateinischen Redner → Fronto Konsul. Mit ihm auch Lehrer der Prinzen Marcus Aurelius und Lucius Verus. Seine Schriften sind fast alle verloren bis auf eine ihm zugeschriebene Rede »Über die Staatsverfassung«, von der es nur eine lateinische Übersetzung gibt.

Herodianos. Um 180 geboren. Griechischer Geschichtsschreiber. Vielleicht aus Syrien stammender Freigelassener, der nachgeordnete Hofämter innehatte. Schrieb eine oberflächliche »Kaisergeschichte nach Marcus«, welche die knapp 60 Jahre vom Tode des Marcus Aurelius bis zur Thronbesteigung Gordianus' III. umfaßt. Die 8 Bücher dieses Werkes dienten als Quelle der → »Historia Augusta«.

Iohannes Chrysostomos (»Goldmund«). Ca. 354–407; aus Antiochia. Seit 398 Patriarch von Konstantinopel. Verherrlichte u. a. das Ideal mönchischen Lebens.

Iohannes Malalas s. *Malalas*

Iulianus, Flavius Claudius (römischer Kaiser 361–363). Verfolgte nach der Christianisierung des Reiches durch Constantinus I. eine Politik der Rückkehr zum Heidentum, die ihm den Beinamen Apostata (»Abtrünniger«) eintrug. Seine entscheidende Schrift »Gegen die Christen« ist verloren und nur aus der Erwiderung des → Kyrillos von Alexandria rekonstruierbar. Zu seinen weiteren Schriften gehören Lobreden auf

Constantius II. und Eusebia, theologische und philosophische Schriften, Satiren u. a. m.

Kyrillos von Alexandria. Patriarch von Alexandrien (412–444). Ein großer Teil seiner Briefe und Predigten richtete sich gegen den Patriarchen Nestorius von Konstantinopel, dessen Lehre von den »zwei Naturen in Christus« er bekämpfte. In weiteren Schriften wandte er sich »Gegen den gottlosen Iulianus« und setzte sich mit dessen Werk »Gegen die Christen« auseinander (s. Iulianus). Hinzu kommen umfangreiche Erläuterungen zum Alten und Neuen Testament. Die katholische Kirche verehrt Kyrillos als Heiligen und reiht ihn unter die »Bekenner und Kirchenlehrer« ein.

Leo I., der »Große«. Papst von 440 bis 461. Erster Papst, der den urspr. heidnischen Priestertitel »pontifex maximus« für sich beanspruchte. Erwarb sich im Westen des Römischen Reiches durch erfolgreiche Verhandlungen mit dem Hunnenkönig Attila und dem Vandalenkönig Geiserich hohes Ansehen als »Retter Roms«. In meisterhaft formulierten 120 Briefen und 96 Predigten brachte er seinen Anspruch auf den Vorrang des Papstes über die gesamte Kirche zum Ausdruck.

Libanios. Berühmter Redner aus Antiochia (314–ca. 393), eng befreundet mit Kaiser Iulianus. Alten griechischen Traditionen verbunden, hielt er auch an der alten Religion fest. Zwei von persönlicher Anteilnahme getragene Reden, welche die Persönlichkeit und das Werk Iulianus' würdigen, enthalten heftige Vorwürfe gegen das Christentum. Seine übrigen Schriften hängen mehr oder weniger mit seiner Tätigkeit als Rhetoriklehrer in Athen, Konstantinopel, Nicomedia und Antiochia zusammen.

Malalas, Iohannes. Etwa: 491–578. In Syrien, wohl in Antiochia, geboren. Die unter Malalas' Namen laufende »Chronographia« (18 Bücher) gilt als ältestes Beispiel einer byzantinischen Mönchschronik. Reich an Kuriositäten, war sie eher als »Volksbuch« denn als wissenschaftliches Werk gedacht. Historischen Quellenwert hat sie nur für die Geschichte des 6. Jh.s, obwohl sie mit der Erschaffung der Welt beginnt. In der uns erhaltenen Form, wahrscheinlich einem späteren Auszug, bricht die Darstellung 563 ab, obwohl sie urspr. bis 565 bzw. vielleicht sogar bis 574 gereicht haben muß.

Malchos. Um 500. Aus Philadelphia in Syrien stammender griechischer Historiker. Seine 7 Bücher »Byzantiaka« setzen die byzantinische Geschichte des → Priskos fort. Über den Zeitraum, den sie umfaßt, ob 473–480 oder 491–518 (die Zeit von Constantinus I. bis zu Anastasios I.), gibt es verschiedene Aussagen. Ob Malchos Christ war, ist ungeklärt.

Marcus Aurelius (Marcus Annius Verus = Imp. Caes. Marcus Aurelius Antoninus Augustus). Römischer Kaiser 161–180. Seine in griechischer Sprache abgefaßten »Selbstbetrachtungen« oder »Gespräche mit sich selbst« weisen ihren Verfasser als einen tiefen und feinsinnigen Denker aus. Der letzte bedeutende Stoiker der Antike.

Olympiodoros. Vor 380 bis nach 425. Griechischer Geschichtsschreiber aus Theben in Oberägypten. Heide. Setzte in 22 Büchern das Geschichtswerk des → Eunapios fort (besonders die Geschichte Westroms 407–425). In seinem Werk, Theodosius II. gewidmet, schildert er u. a. seine Erfahrungen als Gesandter bei den Hunnen um 412/413.

Onesimos. Aus Sparta oder Zypern. Wird der Zeit Constantinus' I. zugeordnet (4. Jh.). Verfasser zahlreicher Werke über Rhetorik.

Origines. Der bedeutendste Gelehrte des frühen Christentums. Vermutlich um 185 in Alexandrien geboren, um 254 in Tyros gestorben. Erlebte drei Christenverfolgungen (unter Septimius Severus, unter Maximinus Thrax und unter Decius). Schuf die erste textkritische Bibelausgabe, die nach ihren sechs nebeneinander herlaufenden Textkolumnen »Hexapla« (»die Sechsfache«) genannt wurde. Die einzelnen Spalten enthielten den hebräischen Originaltext, seine Umschreibung mit griechischen Buchstaben, die sog. Septuaginta-Bibelübersetzung sowie weitere Übersetzungen des Akylas, Symmachus und Theodotion. In weiteren Werken befaßte sich Origines mit der Bibelauslegung (Exegese), der Glaubenslehre (Dogmatik) und der Verteidigung des Christentums (Apologetik).

Philon von Alexandria (Philo Iudaeus). Vermutlich 15/10 v. Chr. bis 40/50 n. Chr.; jüdisch-hellenistischer Philosoph. Leiter der Abordnung, die sich bei Gaius (Caligula) über die Judenpogrome beschwerte, zu denen es während der Amtszeit des Präfekten Flaccus in Alexandrien gekommen war. Autor zahlreicher theologischer und philosophischer Werke.

Philostorgios. Etwa: 368–430/440. Arianischer Kirchenhistoriker. Setzte die Kirchengeschichte des → Eusebios bis 425 fort.

Philostratos II., Flavius. Um 170 geboren. Gehörte einer Familie an, die aus Lemnos stammte. Mitglied eines philosophischen Zirkels um Iulia Domna, der Frau des Kaisers Septimius Severus. Verfaßte eine Biographie des Wanderpredigers und Wundertäters Apollonius von Tyana, der im 1. Jh. n. Chr. gelebt hatte und sich über seinen Tod hinaus großer Wertschätzung erfreute.

Pilatusakten. Gefälschte Dokumente, die Vorwürfe gegen die Christen enthielten und unter Maximinus II. Daia (310–312) im Osten des Römischen Reiches kursierten.

Plotin (Plotinos). Etwa: 205–270. Geboren in Lykopolis (Ägypten), gestorben in Minturnae (in der Campania). Begründer des Neuplatonismus. Erst um 252 begann er, die Lehren, die er seit ca. 244 in seiner Schule in Rom verkündete, schriftlich niederzulegen. 54 seiner Schriften sind erhalten. Sein Schüler Porphyrios aus Tyros ordnete sie in Neunergruppen (»Enneaden«). Einerseits verstärkte Plotin den schon bei Platon angelegten Dualismus zwischen dem Reiche der Ideen und der wirklichen Welt, andererseits führte er die Ideenlehre Platons an die christliche Religion heran. Ihm zufolge besteht die Hauptaufgabe des Menschen in der Lossagung von allem Materiellen, auch vom Leibe. Nachhaltige Wirkung auf die frühe christliche Philosophie.

Prokopios aus Caesarea. Etwa: 500–565. Sekretär des oströmischen Feldherren Belisar und Historiker der Zeit Iustinianus' I. Bedeutendster Vertreter der oströmischen Geschichtsschreibung. Sein Hauptwerk »Über die Kriege« schildert in 8 Büchern die Kriege Iustinianus' gegen die Perser, die Vandalen und die Ostgoten. »De aedificiis« verherrlicht die Bauten Iustinianus' und ist für die Geschichte Konstantinopels von besonderer Bedeutung. Die bissige Schmähschrift (gegen Iustinianus und Belisar) mit dem Titel »Anekdota« (»Unveröffentlichtes«) galt lange Zeit als unecht. In ihr läßt Prokopios als Vertreter der Senatspartei seinem Unmut über die Herrschaft Iustinianus' freien Lauf.

Sallustius. Heidnischer, neuplatonischer Philosoph des 4. Jh.s. Prätorianerpräfekt für Gallien (361–363) und Konsul (363). Unterstützte zusammen mit → Eunapios und → Libanios den Versuch des Kaisers Iulianus, das Heidentum neu zu beleben, und verfaßte in griechischer Sprache eine Schrift »Die Götter und der Kosmos«.

Sokrates Scholastikos. Etwa: 380–450. Anwalt aus Konstantinopel. Setzte die Kirchengeschichte des → Eusebios bis 439 fort. Äußerst gewissenhaft, gibt er den Text zahlreicher

Urkunden (Konzilsakten, Briefe usw.) wieder, so daß sein Werk eine besonders wichtige Geschichtsquelle darstellt.

Sozomenos, Salamanes Hermeias. Anwalt in Konstantinopel zur Zeit Theodosius' II. Schrieb eine Fortsetzung der Kirchengeschichte des → Eusebius mit dem Ziel, das Werk seines Zeitgenossen Sokrates (s. o.) zu verbessern. Eine Epitome über die frühere Zeit ist verloren.

Themistios. Um 317–388. Aus Paphlagonien (an der Nordküste Kleinasiens) stammender oströmischer Senator. Einer der berühmtesten heidnischen Philosophen und Redner des 4. Jh.s. Verfasser zahlreicher Fest- und Gesandtschaftsreden.

Theodoretos. 393–(?)466. Bischof von Kyrrhos. Ergriff in den christologischen Streitigkeiten des 5. Jh.s Partei gegen → Kyrillos von Alexandria und wurde deshalb auf dem Konzil von Ephesos (431) amtsenthoben und verbannt, zwanzig Jahre später, auf dem Konzil zu Chalcedon (451), aber rehabilitiert. Hinterließ zahlreiche Schriften, darunter eine Kirchengeschichte, welche die des → Eusebios bis 428 fortsetzt. Wichtig auch eine Geschichte der Ketzereien und eine Geschichte des Mönchtums in Biographien. In der Schrift »Heilung hellenischer Krankheiten« vergleicht Theodoretos Christentum und Heidentum.

Zonaras, Iohannes. Erste Hälfte des 12. Jh.s. Kommandant der kaiserlichen Leibwache in Byzanz, Vorsteher der kaiserlichen Kanzlei und später Mönch. Verfaßte außer theologischen Schriften auch eine bis 1118 reichende Weltchronik, die u. a. deshalb wertvoll ist, weil er heute verlorene Schriften früherer Historiker (z. B. → Cassius Dio) zitiert, die wir auf diese Weise wenigstens zum Teil rekonstruieren können.

Zosimos. Griechischer Geschichtsschreiber des 5. Jh.s. Bekleidete unter Theodosius II. hohe Hofämter und wurde vielleicht unter Zenon getötet. Verfaßte eine »Neue Geschichte«. Sie behandelt die römische Kaiserzeit (ab Augustus etwas summarisch, ab Diocletianus ausführlicher) bis zur Einnahme Roms durch die Westgoten (410). Die Schrift ist ausgesprochen christenfeindlich.

QUELLENNACHWEIS DER DEUTSCHEN ÜBERSETZUNGEN

Deutsche Teilübersetzungen antiker Autoren beruhen auf folgenden Ausgaben:

I Ammianus Marcellinus: Römische Geschichte Bd. I. Übersetzer: Wolfgang Seyfarth. Darmstadt: Wissenschaftliche Buchgesellschaft 1968.
II Ammianus Marcellinus: Römische Geschichte Bd. II. Übersetzer: Wolfgang Seyfarth. Darmstadt: Wissenschaftliche Buchgesellschaft 1968.
III Ammianus Marcellinus: Römische Geschichte Bd. III. Übersetzer: Wolfgang Seyfarth. Darmstadt: Wissenschaftliche Buchgesellschaft 1970.
IV Ammianus Marcellinus: Römische Geschichte Bd. IV. Übersetzer: Wolfgang Seyfarth. Darmstadt: Wissenschaftliche Buchgesellschaft 1971.
V Aristides, Aelius: Die Romrede des Aristides, Aelius. Übersetzer: Richard Klein. Darmstadt: Wissenschaftliche Buchgesellschaft 1983.
VI Cassius Dio: Römische Geschichte Bd. IV. Übersetzer: Otto Veh. Zürich und München: Artemis 1986.
VII Cassius Dio: Römische Geschichte Bd. V. Übersetzer: Otto Veh. Zürich und München: Artemis 1987.
VIII Historia Augusta: Römische Herrschergestalten Bd. I. Übersetzer: Ernst Hohl. Zürich und München: Artemis 1967.
IX Historia Augusta: Römische Herrschergestalten Bd. II. Übersetzer: Ernst Hohl. Zürich und München: Artemis 1985.
X Kaiser Marc Aurel: Wege zu sich selbst. Übersetzer: Willi Teiler. Zürich: Artemis 1951.
XI Plinius der Jüngere: Briefe. Übersetzer: Helmut Kasten. Berlin: Akademie-Verlag 1982.
XII Suetonius, Gaius Tranquillus: Leben der Caesaren. Übersetzer: André Lambert. Zürich und Stuttgart: Artemis 1955.

Konkordanz

S. 30: XII. Augustus 79
S. 39: XII. Tiberius 68
S. 39: VI. 57,1,2–3
S. 61: XII. Nero 51
S. 88: XII. Otho 12
S. 78: XII. Vespasian 23
S. 83: VII. 66,18,5
S. 100: XI. 10. Buch, 97. Brief
S. 102 f.: VII. 68,6,3–4; 68,7,1; 68,7,3–4
S. 118: V. 99–101
S. 119: X. 6,30
S. 128 f.: VIII. Verus 10,6–8; 2,7; 2,8; 2,10
S. 132 f.: VII. 73,20,2
S. 138 f.: VII. 75,5,6–7; 74,5,1–2; 74,10,3
S. 138: VIII. Helvius Pertinax 12,1–3; 12,5–6
S. 151 f.: VIII. Pescennius Niger 6,5–6
S. 155: VIII. Clodius Albinus 12,1
S. 156: VII. 78,3,1–2
S. 160: VII. 77,7,1–2
S. 162: VIII. Geta 5,1–2; 7,1; 4,1

S. 176 f.: VIII. Alexander Severus 29,2; 31,5
S. 184: IX. Die drei Gordiane 6,2; 6,7
S. 186 f.: IX. Der jüngere Gordian 18,1; 20,6; 21,2; 18,2; 19,3; 19,5
S. 196: IX. Die drei Gordiane 31,4–5
S. 240: IX. Der vergöttlichte Aurelianus 45,5
S. 242: IX. Tacitus 11,1–3; 11,4
S. 249: IX. Carus, Carinus und Numerianus 3,8
S. 251: IX. Carinus 16,3; 16,1; 16,7; 17,4
S. 307: I. 16,10,9–12
S. 311 f.: II. 21,16,4–7; 21,16,8–9; 21,16,19
S. 318: I. 17,11,1
S. 321 f.: III. 25,4,16–17; 25,4,18–22
S. 323 f.: III. 25,10,12–15
S. 330 ff.: IV. 30,8,1–3; 30,8,10–11; 30,9,1–4; 30,9,6
S. 334 ff.: IV. 31,14,2–3; 31,14,5–7

REGISTER ZU DEN KARTEN UND PLÄNEN

(Mit antiken und modernen Namen. Die Zahlen verweisen auf die Kartennummern)

TEXTREGISTER

Band 64150

Michael Grant

Rätselhafte Etrusker

Porträt einer versunkenen Kultur

So rätselhaft wie das Volk der Etrusker selbst, so geheimnisvoll wie das Entstehen und Verlöschen ihrer Kultur, so fremd und faszinierend zugleich sind auch die archäologischen Funde und die spärlichen literarischen Zeugnisse, die sie uns hinterließen – abgefaßt in einer für uns noch immer weitgehend unverständlichen Sprache. Künden sie von Heiterkeit, Gelassenheit und Lebensfreude oder von Jenseitsfurcht und blinder Ergebenheit in die Macht unerbittlicher Gottheiten?
Wer waren die Etrusker? Woher kamen sie? Wie sahen sie sich selbst? Michael Grant, der international anerkannte Historiker, versucht den Schleier zu lüften und entwirft aus Tausenden von kenntnisreich zusammengetragenen Bruchstücken ein umfassendes, wissenschaftlich aktuelles Bild einer auch heute noch geheimnisvollen Kultur.

Band 64135

Peter France

Keine Angst vor der Antike

Mit den grenzenlosen Tücken der griechischen Grammatik und ihren endlosen unregelmäßigen Verben müssen sich heute nur noch wenige Schüler plagen. Eine humanistische Erziehung - noch bis vor 50 Jahren unverzichtbar für jeden, der es zu etwas bringen wollte - ist heute kein Bildungsideal mehr. Grund genug für Peter France, seine Leser auf eine spannende, vergnügliche Reise in die Welt der alten Griechen mitzunehmen, wo es so vieles zu entdecken gibt. In Kunst, Wissenschaft, Medizin, Politik, Philosophie, Sport und Literatur haben diese Menschen Entdeckungen gemacht und Maßstäbe gesetzt, die unser tägliches Leben noch heute bestimmen.
Peter France ist ein renommierter britischer Radio- und TV-Journalist, der seine ansteckende Begeisterung für die Antike erst im reiferen Alter entdeckt hat.
Mit zahlreichen Abbildungen